中国古代名著全本译注丛书

淮南子
译注

下

[汉]刘 安 著
陈广忠 译注

第十二卷　道应训

【题解】

"道"是万物的本原，又是自然界和人类社会发生、发展的总规律。这个规律，普遍存在于一切事物之中。《道应训》就是研究这个规律在各个方面的具体运用。文中通过五十馀则生动而富有哲理性的小故事，清楚地说明了"道之所行，物动而应"的问题。在每则故事之后，引用《老子》、《庄子》和《慎子》著述中的观点，进行了理论阐述。可以说，这是对"道"进行解说的十分巧妙的形式。把道家思想中深邃而抽象的哲理，赋予了形象而又具体的内容。

本文除了采摘《老》、《庄》来进行解说外，尚采用《吕览》、《韩非子》、《荀子》、《列子》等内容来验证道家学说。其撰述形式，与《韩非子·喻老》相近。

陶方琦《淮南许注异同诂》：(此)"许注本也。"

太清问于无穷曰："子知道乎？"[1] 无穷曰："吾弗知也。"又问于无为曰："子知道乎？"[2] 无为曰："吾知道。""子之知道，亦有数乎？"[3] 无为曰："吾知道有数。"曰："其数奈何？"无为曰："吾知道之可以弱，可以强；可以柔，可以刚；可以阴，可以阳；可以窈，可以明；可以包裹天地，可以应待无方。此吾所以知道之数也。"

太清又问于无始曰："乡者吾问道于无穷，无穷曰：'吾弗知之。'又问于无为，无为曰：'吾知道。'曰：'子之知道，亦有数乎？'无为曰：'吾知道有数。'曰：'其数奈何？'无为曰：'吾知道之可以弱，可以强；可以柔，可以刚；可以阴，可以阳；可以窈，可以明；可以包裹天地，可以应待无方，吾所以知道之数也。'若是，则无为知与无穷之弗知，孰是孰非？"[4] 无始曰："弗知之深，而知之浅；弗知内，而知之外；弗知精，而知之粗。"

太清仰而叹曰："然则不知乃知邪？知乃不知邪？孰知知之为弗知，弗知之为知邪？"无始曰："道不可闻，闻而非也；道不可见，见而非也；道不可言，言而非也。孰知形之不形者乎？"[5] 故《老子》曰："天下皆知善之为善，斯不善也。"[6] 故"知者不言，言者不知"也。[7]

【注释】

〔1〕太清：许慎注："太清，元气之清者也。" 道：指自然规律。无穷：许慎注："无形也。"

〔2〕无为：许慎注："有形而不为也。"

〔3〕数：道理，规律。

〔4〕无始：许慎注："未始有之气也。" 窈：俞樾《诸子平议》："窈读为'幽'，故与'明'相对。" "无为知"：《道藏》本、刘绩《补注》本同。据《庄子·知北遊》，"无为"下有"之"字。

〔5〕"形之不形"：《庄子·知北遊》作"形形之不形"。

〔6〕"天下"二句：引文见《老子》二章。

〔7〕"知者"二句：引文见《老子》五十六章。

【译文】

太清问无穷说："你了解道吗？"无穷说："我不了解道。"又向无为问道："你了解道吗？"无为说："我了解道。""你了解的道，它有道理吗？"无为说："我了解的道有道理。"太清说："它的道理是怎样的呢？"无为说："我了解的道，可以变得弱小，可以变得强大；能够变得柔软，能够变得刚强；能够成为阴，能够成为阳；能够幽暗，能够光明；能够包容整个天地，能够应对没有极限的变化。这就是我所了解的道。"

太清又向无始询问说："从前我向无穷问道，无穷说：'我不了解道。'又向无为询问，无为说：'我了解道。'我说：'你了解的道，它也有道理吗？'无为说：'我了解的道有道理。'我问：'它的道理是怎样的？'无为说：'我所了解的道，它可以变得弱小，能够变得强大；能够变得柔软，能够变得刚强；能够成为阴，能够成为阳；能够变得幽暗，能够变得光明；能够包容整个天地，能够应对没有极限的变化，这就是我所了解的道。'像这样，那么无为的了解和无穷的不了解，哪一个正确，哪一个是错误的呢？"无始回答说："说不了解它的是深刻的，而认为了解的是肤浅的；说不了解的，是处于道之内，而说了解的，是处于道的外部；说不了解的，是掌握了道的精华，而说了解它的，只是掌握了道的皮毛。"

太清仰天叹息说："这样说来，说不了解道的，才是了解了道吗？说了解道的，才是不了解道吗？谁知道自称了解道的是不了解，说不了解道的却是了解的呢？"无始回答说："道是不能够被听到的，听到的并不是道；道是不能被见到的，见到的并不是道；道是不能够被言传的，言传的并不是道。谁知道有形的形体是从无形的形体中产生的呢？"因此《老子》中说："天下的人都知道善是善的，那么不善就显露出来了。"所以"懂得'道'的人不说'道'，说'道'的人并不懂得'道'"。

白公问于孔子曰："人可以微言？"⁽¹⁾ 孔子不应。白公曰："若以石投水中，何如？"⁽²⁾ 曰："吴、越之善没者能取之矣。"⁽³⁾ 曰："若以水投水，何如？"孔子曰："菑、渑之水合，易牙尝而知之。"⁽⁴⁾ 白公曰："然则人固不可与微言乎？"孔子曰："何谓不可？谁知言之谓者乎！"⁽⁵⁾ 夫知言之谓者，不以言言也。争鱼者濡，逐兽者趋，非乐之也。⁽⁶⁾ 故至言去言，至为无为。夫浅知之所争者，末矣。⁽⁷⁾白公不得也，故死于洛室。⁽⁸⁾故《老子》曰："言有宗，事有君。夫唯无知，是以不吾知也。"⁽⁹⁾白公之谓也。

【注释】

〔1〕白公：名胜，春秋楚平王之孙，其父太子建。建被费无极谗害，白公曾奔吴。后被召回，为巢大夫，号白公。曾举兵杀死令尹子西、司马子期，控制楚都。后被叶公打败，自缢而死。事见《左传·哀公十六年》。　微言：密谋。《吕览·精谕》高诱注："微言，阴谋密事也。"王叔岷《淮南子斠证》：此文"微言"下当有"乎"字，文意较明。《吕览·精谕篇》、《列子·说符篇》、《文子·微明篇》皆有"乎"字。

〔2〕"以石投水中"：以石投水则不露痕迹，比喻密谋不为人知。俞樾《诸子平议》："中"字衍文。《列子·说符》、《吕览·精谕》并作"以石投水"。

〔3〕善没者：游泳高手。　能取之：喻密谋不能持久。

〔4〕菑：今山东境内菑河。　澠：一作绳水，源出山东淄博东北。易牙：春秋齐桓公宠臣，善调味，曾烹其子为羹以献桓公。管仲死后，他与竖刁、开方共同执政。其事载于《韩非子·二柄》、《十过》。并见本书《精神训》、《主术训》。　"易牙尝"句：其味不同，善味者能别之。喻不可合谋。

〔5〕谁：《道藏》本、刘绩《补注》本、《四库全书》本同。王念孙《读书杂志》："谁"当为"惟"，字之误也。《吕览·精谕》、《列子·说符》作"唯"。按：孙诒让《墨子间诂》："谁，与唯通。"

〔6〕濡：浸渍。　趋：奔走。

〔7〕浅知：浅薄的人。事见《庄子·知北游》、《列子·黄帝》。

〔8〕"白公不得"句：指不能理解孔子话的含意。　洛室：许慎注："楚杀白公于洛室之地也。"按：《道藏》本、刘绩《补注》本作"浴室"。《吕览·精谕》作"法室"。高诱注："法室，司寇也。一曰浴室，澡浴之室也。"而许慎注"洛室"乃为地名。

〔9〕《老子》曰"句：引文见《老子》七十章。

【译文】

白公胜对孔子说："我们可以谈谈心里话吗？"孔子没答应。白公又说：" 如果把石头扔进水里，会怎么样呢？" 孔子说：" 吴国、越国的游泳高手，能够把它取上来。" 白公说：" 如果把水倒进水里怎样？" 孔子说：" 菑、渑二河的流水相合在一起，易牙品尝就能知道它们味道的不同。" 白公说：" 那么这样说来人不能够谈谈心里话了吗？" 孔子说：" 怎么不可以？恐怕只有知道说话旨趣的人才可以吧！" 知道说话旨趣的人，不用说话而可以心里知道。在河边争鱼的人难免不沾湿衣裳，追逐野兽的人要拼命奔走，而不是喜欢这样做。所以最高妙的话就是不说，最有效的行动就是顺应事理。见识短浅的人所要争夺的，只是蝇头小利。白公胜不了解孔子话的真实含意，所以举兵反叛，最后死在浴室之地。所以《老子》中说：" 我的言论是有宗旨的，我讲的事理是有纲领的，因为人们无知，因此不怎么了解我。" 白公就是这样的人。

惠子为惠王为国法，已成而示诸先生，先生皆善之。[1] 奏之惠王，惠王甚说之，以示翟煎。[2] 曰："善！" 惠王曰："善，可行乎？" 翟煎曰："不可！" 惠王曰："善而不可行，何也？" 翟煎对曰："今夫举大木者，前呼邪许，后亦应之。此举重劝力之歌也，岂无郑、卫《激楚》之音哉？然而不用者，不若此其宜也。[3] 治国有礼，不在文辩。"[4] 故《老子》曰："法令滋彰，盗贼多有。"[5] 此之谓也。

【注释】

〔1〕惠子：即惠施。战国宋人，曾为魏惠王相。庄子好友。名家代表人物。《汉书·艺文志》"名家"有《惠子》一篇。 惠王：即魏惠王，名䓨，在位五十一年。

〔2〕翟煎：魏臣。

〔3〕邪许：打号子的声音。上古音相当 [zǐahǐa]。 郑卫之音：春秋、战国时流行于郑、卫二国的俗乐。《论语·阳货》："恶郑声之乱雅乐也。" 朱熹注："郑声，淫乐也。" 《激楚》：古代歌舞曲名。又指一种高

亢凄清的音调。《吕览·淫辞》无《激楚》二字。《文子·微明篇》作"虽郑卫胡楚之音"，知"激"字有误。

〔4〕文辩：美丽的辞藻。

〔5〕"《老子》曰"句：见于《老子》五十七章。

【译文】

惠施为相时，给魏惠王制定国法，方案完成后交给先生们议论，诸位先生都认为很好，把它报告给了魏惠王，魏惠王也很高兴，把它交给大臣翟煎。翟煎也说："好！"魏王说："既然不错，在国中颁行怎样？"翟煎说："不行！"惠王说："既然认为不错，而又不能实行，这是为什么呢？"翟煎回答说："现在工人搬运大木头，前面领头喊起'邪许'的号子，后面就会齐声响应。这是举起重物、勉励用力的歌子，难道就没有流行的郑、卫民歌和高亢的《激楚》之乐吗？但是他们却不去采用它，这是因为不如劳动号子更适合表达情趣。治理国家有礼法，而不在于美丽的词句。"因此《老子》中说："法令越分明，盗贼反倒越多。"说的就是这个意思。

田骈以道术说齐王，王应之曰："寡人所有齐国也。道术难以除患，愿闻国之政。"〔1〕田骈对曰："臣之言无政，而可以为政。譬之若林木无材，而可以为材。愿王察其所谓，而自取齐国之政焉已。虽无除其患，天地之间，六合之内，可陶冶而变化也。齐国之政，何足问哉？"〔2〕此老聃之所谓"无状之状，无物之象"者也。〔3〕若王之所问者，齐也；田骈所称者，材也。材不及林，林不及雨，雨不及阴阳，阴阳不及和，和不及道。〔4〕

【注释】

〔1〕田骈：即陈骈。战国齐国学者，学于彭蒙，游学稷下。田、陈上古音相近，可通。《汉书·艺文志》"道家"有《田子》二十五篇。其书已

亡，有辑本。　道术：指黄老道德之术。　齐王：即齐宣王。名辟彊，在位十九年。

〔2〕六合：指天地四方。泛指天下。　陶冶：化育铸成的意思。

〔3〕"此老聃"二句：引文见《老子》十四章。

〔4〕"林不及雨"句：许慎注："雨，然后材乃得生也。"此节化自《吕览·执一》。

【译文】

田骈用黄老道德之术游说齐宣王，宣王回答说："我所据有的是齐国。用道术难以消除国内的患祸，希望听听你对治国安邦的意见。"田骈回答说："我说的不是政事，但是能够帮助治政。比如就像林木现时没有成材，而日后可以成材一样。希望君王能从我说的道理中，自己能够得到有助于治理齐国的启发。即使我的言论现在不能除去某些祸患，但是可以上穷天体之奥，下究天人之秘，可以陶冶化育万物，应对万端变化。区区齐国之政，又有什么值得挂齿的呢？"这就是老聃所说的"没有形状的形状，没有物体的形象"了。像大王所询问的内容，是一个齐国；田骈所称说的，是材料。材料不如树林，树林不如雨水，雨水不如阴阳，阴阳比不上天和，天和不如大道。

白公胜得荆国，不能以府库分人。〔1〕七日，石乞入曰："不义得之，又不能布施，患必至矣。〔2〕不能予人，不若焚之，毋令人害我。"白公弗听也。九日，叶公入，乃发太府之货以予众，出高库之兵以赋民，因而致之。〔3〕十有九日而擒白公。〔4〕夫国非其有也，而欲有之，可谓至贪也。不能为人，又无以自为，可谓至愚矣。譬白公之嗇也，何以异于枭之爱其子也。〔5〕故《老子》曰"持而盈之，不如其已；揣而锐之，不可长保"也。〔6〕

【注释】

〔1〕得荆国：指杀死令尹子西、司马子期。

〔2〕石乞：许慎注："白公之党也。"按：《道藏》本、刘绩《补注》本作"乙"。

〔3〕叶公：楚叶县（今河南叶县南）大夫沈诸梁，字子高。灭白公后兼任楚国令尹、司马。　太府、高库：楚都粮库、兵库名。《道藏》本、刘绩《补注》本作"大"。　致：《道藏》本、刘绩《补注》本作"攻"。

〔4〕擒白公：《吕览·分职》作"十有九日而白公死"。《左传·哀公十六年》："白公奔山而缢。""乃烹石乞。"

〔5〕啬：吝啬。　枭之爱其子：许慎注："枭子长，食其母。"按：《说文》："枭，不孝鸟也。"以上化自《吕览·分职》。

〔6〕"故《老子》曰"句：引文见《老子》第九章。

【译文】

白公胜得到楚国政权以后，因贪财不肯把库府的财物分给众人。七天以后，石乞入见白公说："用不义的办法得到的财物，又不能够广泛施给大众，患祸必定会到来。不能够给予别人，不如烧掉它，不要使人用财物危害我们们。"白公没有听从他。到第九天，叶公率兵攻入，于是散发大府的财货给予大众，取出高库的兵器交给人民，凭借它们而攻打白公。十九天以后，白公被捉住。国家不是属于他所有，而想要占有它，可以说是最贪婪的了。不能把财物分给人民，又没有办法自己保有，可以说是最愚蠢的了。像白公这样吝啬的人，同枭鸟爱它的鸟儿又有什么区别？所以《老子》中说："要求圆满，不如不干；尖利锋芒，难保久常。"

赵简子以襄子为后，董阏于曰："无恤贱，今以为后，何也？"[1]简子曰："是为人也，能为社稷忍羞。"异日，知伯与襄子饮，而批襄子之首。[2]大夫请杀之，襄子曰："先君之立我也，曰'能为社稷忍羞'，岂曰能刺人哉！"处十月，知伯围襄子于晋阳，襄子疏队而击之，大败知伯，破其首以为饮器。[3]故《老子》曰："知其雄，守其雌，其为天下溪。"[4]

【注释】
　　[1] 赵简子：名鞅，春秋末晋卿，当时为晋主要执政者。　襄子：简子庶子，名无恤，其母为翟婢。后简子废太子伯鲁，立无恤为太子。后：《古文苑·樊毅〈修西岳庙记〉》章樵注："古者诸侯皆称后。"　董阏于：赵氏家臣，有谋略。曾主持修建晋阳城。在晋四卿争斗中，为保全赵鞅而自杀。
　　[2] 知伯：即荀瑶。当时在晋六卿中势力最大。　批：手击。《广韵》"齐"韵："批，击也。"
　　[3] 晋阳：周代唐国地，春秋为晋邑。今山西太原市。　疏：分开。《广韵》"鱼"韵："疏，分也。"　队：许慎注："军二百人为一队。"　饮器：溺器。以上见于《吕览·赏义》，《说苑·建本》亦载之。
　　[4] "故《老子》曰"句：引文见《老子》二十八章。

【译文】
　　赵简子立贱婢生的襄子为太子，家臣董阏于说："无恤出身卑贱，现在立他作为继承人，这是为什么呢？"简子说："他的为人，能够为国家忍受耻辱。"后来，知伯与赵襄子一起饮酒，知伯打了襄子一巴掌。无恤的随从要求杀掉知伯，赵襄子说："先君立我时，说我能够替国家忍受耻辱，难道我只能够杀人吗？"过了十个月，知伯率领韩、魏在晋阳包围了赵襄子，赵襄子分开队伍攻打知伯，把知伯打得大败，把他的头骨剖开来作溺器。所以《老子》中说："知道他自己是刚健的，却持守柔弱的地位，他成了天下的大溪谷。"

　　啮缺问道于被衣，被衣曰："正女形，壹女视，天和将至；[1] 摄女知，正女度，神将来舍，德将来附若美，而道将为女居。[2] 惷乎若新生之犊，而无求其故。"[3] 言未卒，啮缺继以雠夷，被衣行歌而去，曰："形若槁骸，心如死灰，直实知，不以故自持。[4] 墨墨恢恢，无心可与谋。[5] 彼何人哉？"故《老子》曰："明白四达，能无以知乎？"[6]

【注释】

〔1〕啮缺、被衣：尧时老人。啮缺，又见《庄子·齐物论》。壹：集中。　天和：天然的和气。

〔2〕摄：收敛义。　知：同"智"。　神：神明。　舍：停留。"德将来附若美"句：《道藏》本、刘绩《补注》本同。王念孙《读书杂志》：本作"德将为若美"。《庄子·知北遊》作"德将为女美，而道将为女居"。《文子·道原篇》作"德将为女容，道将为女居"。

〔3〕惷乎：无知无识的样子。《庄子·知北遊》作"瞳焉"。成玄英疏："无知直视之貌。"

〔4〕儵夷：许慎注："熟视不言。"　槁骸：枯骨。　"心如死灰"句：心意极静，不为外物所动。　"直实知"句：《道藏》本、刘绩《补注》本同。王念孙《读书杂志》：三字文不成义，当从《庄子》、《文子》作"真其实知"。按：真实，确实、实在。　自持：自我克制。

〔5〕墨墨恢恢：昏暗不明的样子。《庄子·知北遊》作"媒媒晦晦"。

〔6〕"故《老子》曰"句：引文见《老子》十章。

【译文】

啮缺向被衣问"道"，被衣说："端正你的形体，专一你的视线，自然的和气将要来到；收敛你的智巧，端正你的形态，神明就会来到这里，'德'将会显示你的完美，而'道'将成为你的安居之所。无知无识的样子，就像刚刚生下来的牛犊，而不去追求事故。"被衣的话还没有说完，啮缺直着眼睛不说话，好像精神停滞的样子，被衣一边走一边唱着歌离开，说："形体正静得像枯木、骸骨，心神沉静得像熄灭的灰烬，他确实悟出了道的真谛，不因此而有矜持之情。昏昏暗暗的样子，没有心机能和他一起商量谋划。他是什么人呢？"所以《老子》中说："洞彻明白，通达四方，能不用来知道吗？"

赵襄子攻翟而胜之，尤人、终人。[1] 使者来谒之，襄子方将食，而有忧色。[2] 左右曰："一朝而两城下，此人之所喜也。今君有忧色，何也？"襄子曰："江、河之大也，不过三日。飘风暴雨，日中不须臾。〔3〕今赵氏之德行无所积，今一朝两城下，亡其及我乎？"孔子闻之曰："赵氏其昌乎？"夫忧所以为昌也，而喜所以为亡也。胜非其难者也，贤主以此持胜，故其福及后世。〔4〕齐、楚、吴、越皆尝胜矣，然而卒取亡焉，不通乎持胜也。唯有道之主能持胜。孔子劲杓国门之关，而不肯以力闻；〔5〕墨子为守攻，公输般服，而不肯以兵知。〔6〕善持胜者，以强为弱。故《老子》曰："道冲而用之，又弗盈也。"〔7〕

【注释】

〔1〕翟：通"狄"，古族名。春秋前，长期活动于北方。前七世纪时，分为赤狄、白狄、长狄三部，通称北狄。这里指北狄的一支，叫鲜虞，分布在今河北正定一带。　"尤人、终人"：鲜虞二邑名。《国语·晋语七》、《列子·说符》作"左人、中人"。《吕览·慎大》作"老人、终人"。以《列子》说为是。两邑在今河北唐县一带。黄锡禧本"尤"上有"取"字。《道藏》本、刘绩《补注》本、《四库全书》本无。

〔2〕谒：报告。　方：正在。

〔3〕飘风：狂风。《老子》二十三章："飘风不终朝，暴雨不终日。"《列子·说符》作"日中不须臾"。

〔4〕"胜非"句：《道藏》本、刘绩《补注》本句下有"持之其难者也"句。《列子·说符》、《吕览·慎大》亦有此句。

〔5〕"孔子"二句：许慎注："杓，引也。古者县门下，从上杓引之者难也。"王念孙《读书杂志》："杓"当为"扚"。《玉篇》："扚，引也。"按：王说误。朱骏声《说文通训定声》："杓，又叚借为扚。"即牵引义。又郑良树《淮南子斠理》："孔子"下当有"之"字，《吕览》、《列子》皆作"孔子之劲"。　关：《说文》："以木横持门户也。"即城门之门闩。

〔6〕"墨子"二句：许慎注："墨子虽善为兵，而不肯以知兵闻也。"按：此条出于《墨子·公输》。《吕览·慎大》高诱注："公输般九攻之，墨子九却之。"墨子，春秋末墨家创立者，名翟。《汉书·艺文志》"墨家"著录《墨子》七十一篇，《道藏》本存五十三篇，《四库全书》本存六十三

篇。公输般：春秋、战国时鲁国人，为古代著名能工巧匠，被历代木工尊为"祖师"。

〔7〕"故《老子》曰"句：见于《老子》四章。

【译文】

赵襄子派人攻打鲜虞而取得了胜利，夺得了左人、终人两个城邑。使者向赵襄子报告这件事，赵襄子正准备吃饭，而面露忧虑的神色。身边的大臣们说："只用一个早上就攻下了两座城池，这正是人们所高兴的事。现在国君反倒忧虑起来，这是为什么？"赵襄子说："长江、黄河洪水猛涨的时候，不超过三天势头便要减弱了。狂风、暴雨，一天中不过一会儿时间。现在赵氏家族的恩德并没有多少积累，而一个早上两座城池被攻下，灭亡恐怕会临近我们了。"孔子听到这件事之后，说："赵氏大概要兴盛起来了吧！"经常深思忧虑，这是事业昌盛的原因；居功自傲，这是事业失败的开始。夺取一城一地的胜利，并非难事；保住它就是困难的事儿了。贤明的君主用深思多虑去持守胜利，因此他们的福泽可以影响到后代。齐、楚、吴、越都曾经有称霸中原的胜利，但是最终都走向了灭亡，主要是不能通晓保持胜利的道理。只有那些掌握了自然和社会规律的君主才能保持胜利。孔子的力气，一只手可以把关城门的横木举起来，但是不愿以多力向人炫耀；墨子善于进攻、防守，公输般很佩服，但是墨子不愿显示自己的军事才能。善于保持胜利的人，把强大的看成是弱小的。因此《老子》中说："道不可见，而用它又用不完。"

惠孟见宋康王，蹀足謦咳疾言曰："寡人所说者，勇有功也，不说为仁义者也。〔1〕客将何以教寡人？"惠孟对曰："臣有道于此，人虽勇，刺之不入；〔2〕虽巧有力，击之不中。〔3〕大王独无意邪？"〔4〕宋王曰："善！此寡人之所欲闻也。"惠孟曰："夫刺之而不入，击之而不中，此犹辱也。〔5〕臣有道于此，使人虽有勇弗敢制，虽有力不敢击。夫不敢刺，不敢击，非无其意也。臣有道于此，使人本无其意也。夫无其意，未有爱利之心也。臣有道于此，使天下丈夫、女子，莫不欢然皆欲爱利之心，此其贤于勇有力也，四累之上也。〔6〕大王独无意邪？"宋王曰："此寡人所欲得也。"惠孟对曰："孔、墨是已。孔丘、墨翟，无地而为君，无官而为长，天下丈夫、女子，莫不延颈举踵，而愿安利之者。〔7〕今大王，万乘之主也，诚有其志，则四境之内皆得其利矣。此贤于孔、墨也远矣。"宋王无以应。惠孟出，宋王谓左右曰："辩矣，客之以说胜寡人也。"〔8〕故《老子》曰："勇于不敢则活。"〔9〕由此观之，大勇反为不勇耳。

【注释】

〔1〕惠孟：《吕览·顺说》高诱注："惠盎者，宋人，惠施族也。"《列子·黄帝》亦作"惠盎"。　宋康王：战国宋君，名偃，被齐湣王伐灭。王念孙《读书杂志》："喋足"上当更有"康王"二字，今本脱去，则文义不明。《列子·黄帝篇》有"康王"二字。　蹀：踩脚。　謦：咳嗽。《说文》："謦，欬也。"《广韵》"迥"韵："謦，謦欬也。"　疾言：急遽而言。　说：通"悦"。喜欢。　"功"：《道藏》本、刘绩《补注》本同。《列子·黄帝》、《吕览·顺说》皆为"力"，当是。

〔2〕"人虽勇"句：《道藏》本、刘绩《补注》本同。王念孙《读书杂志》："人虽勇"上当有"使"字。今本脱"使"字，则与上句义不相属。《列子》、《吕氏春秋》皆有"使"字。

〔3〕"虽巧有力"句：《道藏》本、刘绩《补注》本同。王念孙《读书杂志》："有力"上本无"巧"字。《列子》、《吕氏春秋》皆无"巧"字。按：《文子·道德篇》作"虽巧，击之不中"。无"有力"二字。

〔4〕无意：指无意了解此道。

〔5〕辱：受辱。

〔6〕"爱利之心"：《道藏》本、刘绩《补注》本同。王念孙《读书杂志》："爱利之"下，不当有"心"字。《文子》、《列子》、《吕氏春秋》皆无

"心"字。"四累之上也"句：许慎注："此上凡四事，皆累于世，而男女莫不欢然为上也。"按：陈奇猷《吕氏春秋校释》："刺不入、击不中，一层；弗敢刺、弗敢击，二层；无其志，三层；欢然爱利，四层，即所谓四累。而四层中，欢然爱利，最为可贵，故欢然爱利之贤于勇有力，而居于四层之最上者。"

〔7〕"无地而为君"句：许慎注："以道富也。""无官而为长"句：许慎注："以德尊也。" 延颈举踵：伸长脖子，抬起脚跟。形容盼望心切。安利：安享而有利。

〔8〕辩：能言善辩。以上化自《列子·黄帝》、《吕览·顺说》。

〔9〕"故《老子》曰"句：见《老子》七十三章。王念孙《读书杂志》："老子曰"下脱"勇于敢则杀"一句。两句相对为文，单引一句，则文不成义。《文子·道德篇》亦有此句。

【译文】

惠孟谒见宋康王，康王跺脚、咳嗽、急躁地说："我所喜欢的，是勇敢而有力气的人，不喜欢推行仁义学说的人。您将用什么来教导我？"惠孟回答说："我这里有道术，使人即使很勇敢，刺杀他人却不能够进入；即使有力气，打击他人也不能够命中。难道大王无意了解此道吗？"宋王说："好！这是我所愿意听的事情。"惠孟说："那种刺杀他人而不能进入，打击他人而不能命中，但这样已经受辱了。我这里有道术，使人即使有勇力不敢刺杀，即使有力量不敢打击。不敢刺杀，不敢打击，不是没有击、刺的意图。我这里有道术，使他们根本没有刺杀的志向。没有刺杀的意向，但是还没有互爱互利之心。我这里有道术，让天下的丈夫女子，没有人不高兴地想具有互爱互利之心，这样比有勇力的人要超过许多，它要在前面四层之上，大王难道无意了解此道吗？"宋王说："这是我所愿意得到的。"惠孟回答说："孔丘、墨翟就是这样。孔子、墨子，没有土地而被称为素王，没有官职而被称为尊长，天下的丈夫女子，没有人不伸长脖子，翘起脚跟，而愿意得到他们的安乐与利益。现在大王是万乘之君，果真具有孔、墨的志向，那么四境范围之内，都能得到他们的利益。这比孔丘、墨翟又超出很多了。"宋王没有什么办法来回答。惠孟告辞后，宋王对左右的人说："真是个辩才，客人用他的观点说服了我。"因此《老子》中说："勇于'不敢'，就会活。"从这里可以看出，大的勇敢反而成为不勇敢了。

昔尧之佐九人，舜之佐七人，武王之佐五人。[1]尧、舜、武王于九、七、五者，不能一事焉。然而垂拱受成功焉，善乘人之资也。[2]故人与骥逐走，则不胜骥；[3]托于车上，则骥不能胜人。北方有兽，其名曰厥，鼠前而菟后，趋则顿，走则颠，常为蛩蛩駏驉取甘草以与之，厥有患害，蛩蛩駏驉必负而走。[4]此以其能托其所不能。故《老子》曰："夫代大匠斵者，希不伤其手。"[5]

【注释】

[1]"尧之佐九人"句：许慎注："谓禹、皋陶、稷、契、伯夷、倕、益、夔、龙也。""舜之佐七人"句：指禹、皋陶、稷、契、益、夔、龙。"武王之佐五人"句：许慎注："谓周公、召公、太公、毕公、毛公也。"

[2]垂拱：垂衣拱手。形容无所事事，不费力气。 资：助。

[3]骥：骏马。《说文》："千里马也。" 逐走：赛跑。

[4]厥：兽名。也叫厥鼠。前足短，后腿长。以上数句，见于《吕览·不广》。沈括《梦溪笔谈》卷二十四："契丹北境有跳兔，形皆兔也，但前足才寸许，后足几一尺，行则用后足跳，一跃数尺，止则蹶然扑地，生于契丹庆州之地大漠中。盖《尔雅》所谓'厥兔'也，亦曰'蛩蛩巨驉'也。" 菟：《道藏》本、刘绩《补注》本同。《别雅》卷四："菟，兔也。" 蛩蛩駏驉：许慎注："前足长，后足短，故能乘虚而走，不能上也。"按：亦称涿鹿。一说为两种动物。《说文》："蛩蛩，兽也。"《玉篇》："駏驉，兽，似骡。"又说为一物。《广韵》"钟"韵："蛩蛩巨虚，兽也。"与本文同。

[5]"故《老子》曰"句：引文见《老子》七十四章。

【译文】

从前尧的辅佐有九个贤臣，舜的辅佐有七人，周武王的辅佐有五人。尧、舜、周武王，同辅臣九、七、五相比，并不能具有他们一样的本事。虽然这样，却能垂衣拱手地得到成功，都是善于依靠他人的帮助。因此人和骏马赛跑，那么不能胜过骏马；把人托付在车子上，那么千里马也不能胜过人。北方有一种野兽，它的名字叫蹷鼠，前腿像老鼠前腿，而后腿像兔子后腿，快走就会头触地，奔跑就要跌倒，常常给前腿长后腿短的涿鹿送来甜美的青草。蹷鼠有了灾难危险，涿鹿便背起它逃命。这两种动物，各自利用自己长处，而把自己的短处寄托在对方身上。所以《老子》中说："代替木匠砍木头，很少不砍伤自己的手的。"

薄疑说卫嗣君以王术，嗣君应之曰："予所有者千乘也，愿以受教。"〔1〕薄疑对曰："乌获举千钧，又况一斤乎？"〔2〕

杜赫以安天下说周昭文君，文君谓杜赫曰："愿学所以安周。"〔3〕赫对曰："臣之所言不可，则不能安周，臣之所言可，则周自安矣。"此所谓弗安而安者也。故《老子》曰："大制无割"，"故致数舆无舆"也。〔4〕

【注释】

〔1〕薄疑：战国时人，卫臣。 卫嗣君：战国末卫平侯之子，秦贬其号为君。 王术：即统一天下之术。 千乘：古诸侯国地方百里，出车千乘，故称千乘之国。 "爱"：《道藏》本同。即施恩惠义。刘绩《补注》本、《四库全书》本作"受"，《吕览·务大》亦作"受"。

〔2〕千钧：一钧三十斤，千钧三万斤。以千钧喻王术，以一斤喻治国。

〔3〕杜赫：东周时人。 周昭文君：东周国君。 "文君"：《道藏》本、刘绩《补注》本同。王念孙《读书杂志》："文君谓杜赫曰"上脱"昭"字，当依上句及《吕览·务大篇》补。

〔4〕"大制"句：见《老子》二十八章。 "故致数"句：见《老子》三十九章。

【译文】

薄疑用统一天下之术游说卫嗣君，嗣君回答说："我所有的是千乘小国，希望你把统治千乘之国的方法教给我。"薄疑回答说："乌获可以举起千钧，又何况是一斤呢？"

杜赫用安定天下劝说周昭文君，昭文君对杜赫说："希望学习用来安定周朝的办法。"杜赫回答说："我所说的不能安定天下，那么就不能够安定周朝；我所说的可以安定天下，那么周朝自然就会安定了。"这就是杜赫所认为的，不说安定周朝而周朝自然可以安定了。因此《老子》中说："最完美的制器是不割伤万物的真朴之性。"因此"追求过多的荣誉，就没有荣誉"。

鲁国之法，鲁人为人妾于诸侯，有能赎之者，取金于府。〔1〕子赣赎鲁人于诸侯，来而辞不受金。〔2〕孔子曰："赐失之矣。夫圣人之举事也，可以移风易俗，而受教顺可施后世，非独以适身之行也。〔3〕今国之富者寡而贫者众，赎而受金，则为不廉；不受金，则不复赎人。自今以来，鲁人不复赎人于诸侯矣。"孔子亦可谓知礼矣。〔4〕故《老子》曰："见小曰明。"〔5〕

【注释】

〔1〕"人妾"：《道藏》本、刘绩《补注》本同。王念孙《读书杂志》：《吕览·察微》、《说苑·政理》、《家语·致思》"妾"上俱有"臣"字，于义为长。

〔2〕子赣：孔子弟子，姓端木，名赐，字子贡，也作子赣。善于经商，家累千金。

〔3〕举事：行事，办事。 移风易俗：改变旧的习俗。 教顺：教化，教训。以上出于《吕览·察微》。"受教顺"，王念孙《读书杂志》："教顺"上本无"受"字。《说苑》、《家语》并作"教导可施于百姓"，是其证。按：《道藏》本、刘绩《补注》本有"受"字。

〔4〕"知礼"：《道藏》本、刘绩《补注》本同。王念孙《读书杂志》：本作"知化"，谓知事理之变化也。

〔5〕"故《老子》曰"句：引文见《老子》五十二章。

【译文】

鲁国的法律,有鲁国人在诸侯国中为奴仆的,有人能够出钱赎回来,可以到官府里领取赎金。富商子赣从诸侯国中赎回了鲁国人,归来而推辞不接受赎金。孔子说:"端木赐这事做错了。圣人的行事,可以转移民风,改变习俗,而使人民接受教化,这样可以影响到后代,不只是用来适应自己品行的需要。现在国家中富裕的人少,而贫穷的人多,赎人而接受赎金,那么就是不廉洁;不接受赎金,那么就不会再去赎人。从今以后,鲁国不会有人从诸侯国中赎回奴仆了。"孔子也可以称得上是知道变化的人了。所以《老子》中说:"能观察细微,才是'明'。"

魏武侯问于李克曰:"吴之所以亡者,何也?"[1] 李克对曰:"数战而数胜。"[2] 武侯曰:"数战数胜,国之福,其独以亡,何故也?" 对曰:"数战则民罢,数胜则主侨,以侨主使罢民,而国不亡者,天下鲜矣。[3] 侨则恣,恣则极虑,上下俱极,吴之亡犹晚。[4] 此夫差之所以自刭于(千)[干]遂也。"[5] 故《老子》曰:"功成名遂身退,天之道也。"[6]

【注释】

〔1〕魏武侯:战国魏君,名击,文侯子,在位二十六年。《韩诗外传》卷十、《新序·杂事》五、《史记·魏世家》作"文侯"。《吕览·适威》作"武侯",误。 李克:又作里克,战国法家,曾为魏相十多年。 吴:指吴王夫差统治之时。

〔2〕"数战而数胜"句:指前494年,吴王夫差败越,越王求和。前489年,攻陈。前487年,攻鲁。前484年,败齐于艾陵。前482年,夫差会盟诸侯于黄池。前473年,越王勾践灭吴,夫差求和不成,自杀。

〔3〕罢:通"疲",疲惫。 侨:《集韵》"宵"韵:"矜也。"通作"骄"。

〔4〕"恣则极虑"句:《道藏》本同。刘绩《补注》本有"极物,罢则

怨，怨则"七字。

〔5〕"千遂"：《道藏》本、刘绩《补注》本作"干"。当正。春秋吴邑，在今江苏苏州市区西北。以上出自《吕览·适威》。并见《韩诗外传》卷十、《新序·杂事》五。

〔6〕"故《老子》曰"句：引文见《老子》九章。　遂：《广韵》"至"韵："成也。"

【译文】

魏武侯问李克说："强大的吴国遭到灭亡，是什么原因呢？"李克回答说："每次打仗都打了胜仗，（所以要灭亡）。"魏武侯说："每次打仗都打了胜仗，这是国家的福气，他们的国家却独独灭亡，这是什么缘故呢？"李克回答说："经常打仗，那么百姓就疲惫不堪；经常取得胜利，那么国君必然骄横。用骄横的国君驱使疲惫的百姓，而国家不灭亡的，天下是很少见的。骄傲就会放纵，放纵就会极尽外物之欲；百姓疲困就会怨恨，怨恨就会极尽巧诈的心机，国君和百姓都达到了极限，吴国的灭亡还算晚的呢！这就是吴王夫差在姑苏自杀的原因。"因此《老子》中说："功成名就，自身退隐，这是天道的规律。"

宁越欲干齐桓公，困穷无以自达。⁽¹⁾于是为商旅，将任车，以商于齐，暮宿于郭门之外。⁽²⁾桓公郊迎客，夜（问）［开］门，辟任车，爝火甚盛，从者甚众。⁽³⁾宁越饭牛车下，望见桓公而悲，击牛角而疾商歌。⁽⁴⁾桓公闻之，抚其仆之手曰："异哉！歌者非常人也！"命后车载之。桓公及至，从者以请。⁽⁵⁾桓公赣之衣冠而见，说以为天下。⁽⁶⁾桓公大说，将任之。群臣争之曰："客，卫人也，卫之去齐不远，君不若使人问之。问之而故贤者也，用之未晚。"桓公曰："不然。问之患其有小恶也。⁽⁷⁾以人之小恶而忘人之大美，此人主之所以失天下之士也。"凡听必有验,一听而弗复问,合其所以也。且人固难合也,权而用其长者而已矣。⁽⁸⁾当是举也,桓公得之矣。故《老子》曰:"天大、地大、道大、王亦大,域中有四大,而王处其一焉。"⁽⁹⁾以言其能包裹之也。

【注释】

〔1〕"宁越":《道藏》本同,刘绩《补注》本作"戚"。"宁戚"是,其为卫国贤人,家贫无资,饭牛至齐,干桓公,任大田、相国之职。《吕览·举难》及《氾论训》高诱注皆作"戚",为春秋时代人。而宁越为战国时代人,曾为周威烈王之师。两人相距约二百六十年。 达:接近,上达。

〔2〕商旅:商贩。 将:依持。《广雅·释言》:"将,扶也。" 任:装戴。 商:于大成《道应校释》:"商"疑本作"适"。《新序》作"适",《吕览》作"至"。

〔3〕"问":《道藏》本同。刘绩《补注》本、《四库全书》本作"开"。当是。 辟:通"避",避开。 爟:许慎注:"炬火也。"按:即火把,火炬。

〔4〕饭:喂养。 疾:急速。 商歌:商调的歌,低沉而悲壮。

〔5〕"及":《道藏》本、刘绩《补注》本同。王念孙《读书杂志》:"及"当为"反",字之误也。《吕览·举难》、《新序·杂事》并作"反"。

〔6〕赣:赐给。《说文》:"赐也。"

〔7〕小恶:小过失。

〔8〕"难合":《道藏》本、刘绩《补注》本同。王念孙《读书杂志》:"合"当为"全",言用人不可求全也。《吕览》、《新序》并作"全"。本则出自《吕览·举难》,并见《新序·杂事》五、《列女传·辩通》等。

〔9〕"故《老子》曰"句:见于《老子》二十五章。

【译文】

宁戚想要干求齐桓公,因为困穷没有办法得志。于是他依托商贩的载物之车,而到齐国做买卖。晚上借宿在郭门之外。齐桓公到郊外迎客,夜里开了郭门,让货车避开,路上火炬照得通红,随从的人很多。宁戚在车下喂牛，看到齐桓公而心中悲伤，敲打着牛角唱起悲凉凄楚的商歌。齐桓公听了，抚摸着他的仆人的手说："奇异啊！唱歌的是个不寻常的人！"于是命令让他坐上后车。齐桓公迎客回宫，随从的人请求安置宁戚。齐桓公赏赐他衣冠，宁戚拜见桓公，陈说治理天下的道理。桓公非常高兴，准备授他官职。众臣劝谏说："客人是卫国人，卫国离开齐国不远，君主不如派人查问他。查问之后，如果是卫国贤者，任用他也不晚。"齐桓公说："不能这样。查问他，是担心他有一些小的缺陷，因为别人小的缺陷，而忘记别人大的美德，这就是人君失去天下贤人的原因。"大凡听到别人所说必定要验证，听到一次而不再仔细询问，便往往和他们所想的结果相合。况且人本来就不是十全十美的，衡量后而使用别人的长处罢了。这是举荐人才的得当做法，桓公做到了。所以《老子》中说："天大、地大、道大、王亦大，国中有四大，而国君处于其一。"用它来说明国君能够包容天下的贤德之人。

大王亶父居邠，翟人攻之。⁽¹⁾事之以皮帛、珠玉而弗受，曰翟人所求者地，无以财物为也。⁽²⁾大王亶父曰："与人之兄居而杀其弟，与人之父处而杀其（予）[子]，弗为。⁽³⁾皆勉处矣，为吾臣与翟人奚以异？⁽⁴⁾且吾闻之也，不以其所养害其养。"⁽⁵⁾杖策而去。⁽⁶⁾民相连而从之，遂成国于岐山之下。⁽⁷⁾大王亶父可谓能保生矣。⁽⁸⁾虽富贵，不以养伤身；虽贫贱，不以利累形。⁽⁹⁾今受其先人之爵禄，则必重失之；[生之]所自来者久矣，而轻失之，岂不惑哉？⁽¹⁰⁾故《老子》曰："贵以身为天下，焉可以托天下；爱以身为天下，焉可以寄天下矣。"⁽¹¹⁾

【注释】

〔1〕大王亶父：即古公亶父。周朝第十三代先祖，也称周太王。文王

的祖父。　邠：同"豳"。在陕西邠县，今改作彬县。

〔2〕事：侍奉。　曰：《道藏》本、刘绩《补注》本同。《庄子·让王》、《吕览·审为》无此字。

〔3〕"予"：《道藏》本、刘绩《补注》本作"子"。　"弗为"：《道藏》本同。刘绩《补注》本、《四库全书》本有"吾"字。疑脱。

〔4〕勉处：好好地居住下去。　"翟人"：《道藏》本同。刘绩《补注》本有"臣"字。

〔5〕"不以其所养"句：杨树达《淮南子证闻》："不以其所养害其养"，文义不完。文当云："不以其所以养害其所养。""所以养"谓土地，"所养"谓人民也。《审为篇》："不以所以养害所养。"

〔6〕杖策：执鞭。指驱马而行。

〔7〕歧山：在今陕西岐山东北六十里。为周族发祥地。《道藏》本、刘绩《补注》本作"岐"。古籍歧、岐通用。

〔8〕保生：保全生命。《庄子·让王》、《吕览·审为》作"尊生"。

〔9〕累形：拖累形体。

〔10〕"所自来"：《道藏》本、刘绩《补注》本同。王念孙《读书杂志》："所自来"上当有"生之"二字。脱去二字，则文不成义。《庄子·让王》、《吕览·审为》、《文子·上仁篇》皆有"生之"二字。

〔11〕"故《老子》曰"句：引文见《老子》十三章。　焉：乃。

【译文】

大王亶父居住在邠地，狄人前来侵犯。他把珍贵的皮料、丝帛、珍珠、美玉奉献给狄人，而狄人不接受，说狄人所要得到的是土地，不把掠夺财宝器物作为自己的目的。大王亶父说："和别人的兄长居住在一起，而杀掉他的弟弟，和别人的父亲相处而杀掉他的儿子，我不干这样的事。你们都要好好地相处下去，给我当臣民与给狄人当臣民，又有什么不同呢？况且我听说过，不要因为那些土地等用来养生的东西，来危害所养的臣民。"驱马而离开了邠地。百姓绵延不绝地跟从他，便在岐山之下建立了国家。大王亶父可以说是能够保全自己生命的人。即使处于富贵之中，不因为用来养生的财富而伤害身体；即使处在贫贱之中，也不因为利益而拖累自己的形体。现在的人接受他的先人遗留下来的爵位俸禄，那么必定非常重视失去这些东西；而生命从先人那里继承下来已经很长久了，但是人们往往轻易失去它,这难道不是很糊涂吗?因此《老子》中说:"只有把天下看轻、把自己看重的人,才可以把天下的重任担负;只有把天下看轻、爱自己胜过爱天下的人,才可以把天下之权的重任交付给他。"

中山公子牟谓詹子曰:"身处江海之上,心在魏阙之下,为之奈何?"〔1〕詹子曰:"重生。重生则轻利。"〔2〕中山公子牟曰:"虽知之,犹不能自胜。"[詹子曰:"不能自胜]则从之。〔3〕从之,神无怨乎?不能自胜而强弗从者,此之谓[重伤]。〔4〕重伤之人,无寿类矣。"〔5〕故《老子》曰:"知和曰常,知常曰明,益生曰祥,心使气曰强。"〔6〕是故"用其光,复归其明"也。〔7〕

【注释】

〔1〕中山公子牟:即魏牟。战国时魏国的公子。因封于中山,故称。中山,战国时在今河北定州市一带。 詹子:即詹何。 魏阙:古代宫门外的阙门。为古代悬布法令的地方。代指朝廷。

〔2〕重生:重视保养生命。

〔3〕"则从之":《道藏》本同。刘绩《补注》本上有:"詹子曰:不能自胜"七字。疑脱。 从:即放纵。《吕览·审为》作"纵"。

〔4〕"此之谓":《道藏》本同。刘绩《补注》本下有"重伤"二字。《文子·下德篇》同。重伤,即再伤。《庄子·让王》、《吕览·审为》也有"重伤"二字。知脱去。

〔5〕寿类:指长寿之类的人。以上出自《庄子·让王》及《吕览·审为》。

〔6〕"故《老子》曰":见于《老子》五十五章。 常:指人类及自然规律。 益生:指贪图享受。 祥:妖祥。《玉篇》:"祥,妖怪。"

〔7〕"用其光"二句:见于《老子》五十二章。

【译文】

中山公子牟对詹何说:"身子在江湖上隐居,心思却挂念着朝廷权势,对此怎么办呢?"詹何说:"重视生命。重视生命那么就会轻视利益。"中山公子牟说:"虽然知道这一点,还不能够自我克制欲念。"詹何说:"不能够自我克制,就放纵自己的情感。放纵情感,精神还会有怨恨吗?不能够自我克制自己的欲念,而又勉强不能放纵自己,这就叫做再次伤害。再次伤害的人,不会成为长寿的一类人。"因此《老子》中说:"认识平和的叫'常',认识'常'的叫做'明',贪求生活享受的叫做妖祥,欲念支使精气的叫做逞强。"因此"使用它的光辉,又回归它的光明"。

楚庄王问詹何曰:"治国奈何?"⑴ 对曰:"何明于治身,而不明于治国。"楚王曰:"寡人得立宗庙社稷,愿学所以守之。"⑵ 詹何对曰:"臣未尝闻身治而国乱者也,未尝闻身乱而国治者也。故本任于身,不敢对以(未)[末]。"⑶ 楚王曰:"善!"故《老子》曰"修之身,其德乃真"也。⑷

【注释】

〔1〕楚庄王:陈奇猷《吕氏春秋校释》:考《庄子·让王篇》及本书《审为篇》载詹何与中山公子牟答问,则詹何当是楚顷襄王时人,则此文"楚王"盖指顷襄王,而《列子·说符》"庄"乃"襄"音近之误。

〔2〕立:有"主"、"奉"、"涖"诸说。《列子·说符》作"奉"。《大戴礼记·诰志》王聘珍解诂:"立,涖也。"

〔3〕"任":《道藏》本、刘绩《补注》本同。王念孙《读书杂志》:"任"当为"在",字之误也。《吕览·执一》、《列子·说符》作"在"。 "未":《道藏》本、刘绩《补注》本作"末"。当正。

〔4〕"故《老子》曰"句:引文见《老子》五十四章。

【译文】

楚顷襄王向詹何询问说:"怎么样才能把国家治理好呢?"詹何回答说:"我对于修身是懂得的,对于治理国家不大清楚。"楚王说:"寡人得以莅临宗庙和社稷之神,希望学习用来守护它的办法。"

詹何回答说:"我还不曾听说过国君自身正直而国家混乱的,也不曾听说过自身堕落而国家得到治理的。因此根本在于自身,不敢用末节来回答。"楚王说:"好!"因此《老子》中说:"修治自身,他的德性才能真诚。"

桓公读书于堂,轮人斫轮于堂下,释其椎凿,而问桓公曰:"君之所读书者,何书也?"〔1〕桓公曰:"圣人之书。"轮扁曰:"其人在焉?"桓公曰:"已死矣。"轮扁曰:"是直圣人之糟粕耳。"〔2〕桓公悖然作色而怒曰:"寡人读书,工人焉得而讥之哉?有说则可,无说则死。"〔3〕轮扁曰:"然!有说。臣(诚)〔试〕以臣之斫轮语之。〔4〕大疾则苦而不入,大徐则甘而不固,不甘不苦,应于手,厌于心,而可以至妙者,臣不能以教臣之子,而臣之子亦不能得之于臣。〔5〕是以行年六十,老而为轮。〔6〕今圣人之所言者,亦以怀其实,穷而死,独其糟粕在耳。"〔7〕故《老子》曰:"道可道,非常道;名可名,非常名。"〔8〕

【注释】

〔1〕轮人:《道藏》本、刘绩《补注》本同。 椎凿:槌子和凿子。 "所读书者":《道藏》本同。刘绩《补注》本、《四库全书》本无"书"字。

〔2〕直:只是。 糟粕:《说文》:"糟,酒滓也。""粕,糟粕,酒滓也。"

〔3〕悖然:盛怒变色的样子。 说:理由。

〔4〕"诚":《道藏》本同。刘绩《补注》本、《四库全书》本"试"。

〔5〕大疾:很快。《广雅·释诂一》:"疾,急也。" 苦:许慎注:"急意也。"按:又有粗糙、滞涩义。《吕览·诬徒》高诱注:"苦,不精至也。" 大徐:缓慢。 甘:许慎注:"缓意也。"按:又有光滑、松弛义。 厌:饱。《庄子·天道》作"应"。 至妙:最神妙的境界。

〔6〕"六"：《道藏》本同。《庄子·天道》、刘绩《补注》本作"七"。
〔7〕"怀其实"：指所掌握的规律、经验、精华，不能用言语表达出来。"实"，疑为"宝"字之误。以上出自《庄子·天道》，《韩诗外传》卷五亦有记载，彼文作"楚成王"。
〔8〕"故《老子》曰"句：引文见《老子》一章。

【译文】

齐桓公在殿堂上读书，轮人在堂下制作车轮，放下他的槌子和凿子，而向桓公询问说："国君阅读的是什么书？"齐桓公说："是圣人的书。"轮扁说："他们人还在吗？"桓公说："已经死了。"轮扁说："这些书不过是圣人遗留下来的糟粕罢了。"桓公听了，变了脸色而发怒说："我在此读书，你一个工匠怎能妄加议论呢？说得出道理还可以，说不出道理就把你处死。"轮扁说："是的！有话可说。我试着用我的斫轮来说说这个道理。太快了就急切而很难进入，太慢了就松弛而不牢固，不紧不慢，得心应手，而能够达到最奇妙的效果，这种技艺，我不能够教给我的儿子，而我的儿子也不能够从我这里得到它。因此，我已经是六十岁的人了，到老了还要做车轮。现在圣人所说的话，也是怀藏着宝贵的技艺，（无法传授），困穷而死去，只有能够言传的糟粕存在罢了。"因此《老子》中说："道，能够说出来的'道'，不是永恒的'道'；名，能够叫出来的'名'，不是永恒的'名'。"

昔者司城子罕相宋，谓宋君曰："夫国家之危安，百姓之治乱，在君行赏罚。"[1] 夫爵赏赐予，民之所好也，君自行之；杀戮刑罚，民之所怨也，臣请当之。"[2] 宋君曰："善！寡人当其美，子受其怨，寡人自知不为诸侯笑矣。"国人皆知杀戮之制，专在子罕也，大臣亲之，百姓畏之。居不至朞年，子罕遂（却）[劫]宋君而专其政。[3] 故《老子》曰："鱼不可脱于渊，国之利器，不可以示人。"[4]

【注释】

〔1〕司城：官名。春秋时宋国以避宋武公司空之名，改司空为司城。　子罕：有二人。春秋时司城乐喜，字子罕，宋之贤臣。战国时司城皇喜，亦字子罕，宋之篡臣。杀君夺权者当为后者。本节内容见于《韩非子》之《二柄》、《外储说右下》，并载于《韩诗外传》卷七、《说苑·君道》等。

〔2〕当：担当，承受。　怨：《韩非子·二柄》作"恶"。

〔3〕"却"：《道藏》本、刘绩《补注》本、《四库全书》本同。王念孙《读书杂志》："却"当为"劫"，字之误也。《韩子·外储说右篇》作"劫"，是其证。

〔4〕"故《老子》曰"句：引文见《老子》三十六章。帛书《老子》甲本作"邦"，帛书乙本作"国"。　利器：《老子》河上公注："权道也。"

【译文】

从前司城子罕担任宋国之相，他对宋君说："国家的安定和危险，百姓的治理和混乱，在于国君实行赏罚。封官晋爵，赏赐给予，这是百姓喜欢的事儿，请国君自己来掌握它；杀头判刑，逮捕处罚，这是百姓所怨恨的事儿，我请求担负这个职责。"宋君听了，说："好！我承受的都是美事，你担当的都是令人怨恨的事儿，我自己知道这样不会被天下诸侯取笑了。"宋国的上上下下，都知道杀戮之权，掌握在子罕手里，大臣亲近他，百姓畏惧他。等了不到一年，子罕便派人杀死了宋君而夺取了权力。所以《老子》中说："鱼儿不能从深渊中离开，国家的权柄，不能随便拿出来给人看。"

王寿负书而行，见徐冯于周，徐冯曰："事者应变而动，变生于时。〔1〕故知时者无常行。书者言之所出也，言出于知者，知者[不]藏书。"〔2〕于是王寿乃焚书而舞之。〔3〕故《老子》曰："多言数穷，不如守中。"〔4〕

【注释】

〔1〕王寿：古代好书之人。　徐冯：周代隐者。

〔2〕"知者藏书"：《道藏》本、刘绩《补注》本、《四库全书》本同。

王念孙《读书杂志》：当作"知者不藏书"。《太平御览·学部》十三引此有"不"字，《韩子·喻老篇》同。

〔3〕"于是王寿"句：许慎注："自喜焚其书，故舞之也。"按：以上见于《韩非子·喻老》。

〔4〕"故《老子》曰"句：引文见《老子》五章。

【译文】

　　王寿背负着书册而行走，在周地见到隐者徐冯。徐冯说："做事的人要顺应事物的变化而行动，事物的变化产生在相应的时期。因此知道时代变化的人，没有一成不变的行动。书籍是记载人的言论的，言论产生于智慧的人，因此聪明的人是不珍藏书籍的。"王寿听了，便把自己的书烧了，并且高兴地跳起舞来。因此《老子》中说："议论太多，注定行不通，还不如保持适中。"

　　令尹子佩请饮庄王，庄王许诺。〔1〕子佩疏揖，北面立于殿下，曰："昔者君王许之，今不果往。〔2〕意者，臣有罪乎？"〔3〕庄王曰："吾闻子具于强台。〔4〕强台者，南望料山，以临方皇，左江而右淮，其乐忘死。〔5〕若吾德薄之人，不可以当此乐也，恐留而不能反。"故《老子》曰："不见可欲，使心不乱。"〔6〕

【注释】

　　〔1〕令尹：官名。春秋战国时代楚国最高军政长官。　子佩：人名。时为楚令尹。　庄王：一作昭王。《说苑·正谏》："楚昭王欲之荆台游。"一作灵王。《后汉书·文苑传》作"楚灵王"。"庄王许诺"：《道藏》本同。王念孙《读书杂志》：《太平御览·人事部》一百九引，"庄王许诺"下有"子佩具于京台，庄王不往，明日"共十二字。今本脱去，当补入。

　　〔2〕疏揖：许慎注："徒跣也。揖，举手也。"按：朱骏声《说文通训定声》："疏，叚借为疋。"疋，《说文》："足也。"与许注相合。疏，即赤脚。揖，古代拱手之礼。疏揖，古代请罪的礼节。　果：诚心。许慎注："果，诚也。"

〔3〕意：想来。
〔4〕具：准备。　强台：又作京台、荆台，楚台名。
〔5〕料山：山名。一作猎山。　以：《文选·应休琏〈与满公琰书〉》注引作"北临方皇"。　方皇：水名。一说山名。以地望推之，当在江淮之间。
〔6〕"故《老子》曰"句：引文见《老子》三章。帛书《老子》甲、乙本"心"皆作"民"。

【译文】

令尹子佩置酒宴请楚庄王。庄王答应了。[子佩在豪华的京台准备停当，庄王却没有去。第二天，]子佩光着脚在北面殿下拜见说："昨天君王答应去赴宴，现在却不如约前去，想来大概是我有罪了吧！"楚庄王说："我听说你在京台准备了宴席。京台这个地方，向南可以望到料山，而脚下面临方皇之水，左面是长江，而右面是淮河，处于此地的快乐，可以使人忘掉死亡的威胁。像我这样德性浅薄的人，是不能够承受这样的欢乐的，我担心流连美景而不能够返回来。"因此《老子》中说："见不到能够引起贪欲之事，可以使心意不致混乱。"

晋公子重耳出亡，过曹，无礼焉。〔1〕厘负羁之妻谓厘负羁曰："君无礼于晋公子。〔2〕吾观其从者，皆贤人也。〔3〕若以相夫子反晋国，必伐曹，子何不先加德焉。"厘负羁遗之壶飧而加璧焉。〔4〕重耳受其飧而反其璧。及其反国，起师伐曹，克之，令三军无入厘负羁之里。〔5〕故《老子》曰："曲则全，枉则正。"〔6〕

【注释】

〔1〕重耳：春秋晋君，五霸之一。晋献公之子，在位九年，曾流亡十九年。　曹：周初封国，在今山东西部，都陶丘（今山东定陶西南）。此时曹君，名襄，在位三十五年。　"君无礼"句：指曹共公让重耳裸体捕鱼，而观其骈胁。事载《左传·僖公二十三年》、《国语·晋语四》、《韩

非子·十过》等。

〔2〕厘负羁：曹大夫。

〔3〕其从者：有狐偃、赵衰、颠颉、魏武子、司空季子等。

〔4〕飧：《玉篇》："熟食。"

〔5〕"起师伐曹"句：事在鲁僖公二十八年（晋文公五年），破曹，执曹共公。

〔6〕"故《老子》曰"句：引文见《老子》二十二章。

【译文】

晋公子重耳在外流亡，经过曹国，曹共公对他很不礼貌。曹大夫厘负羁的妻子对丈夫说："国君对晋公子重耳没有礼貌。我看晋公子的随从之人，都是贤人，如果他们来辅佐晋公子，那些人返回晋国之后，必定讨伐曹国，您为什么不首先对他们施加恩德呢？"于是厘负羁赠送重耳一壶熟食，并且底下放了一块玉璧。重耳接受了他赠与的食物，而把玉璧归还了厘负羁。等到重耳返国执政，起兵讨伐曹君，攻克了曹都，命令三军不要进入厘负羁的闾里。因此《老子》中说："委曲就能保全，弯曲就能伸直。"

越王勾践与吴战而不胜，国破身亡，困于会稽。⁽¹⁾忿心张胆，气如涌泉，选练甲卒，赴火若灭。然而请身为臣，妻为妾，亲执戈为吴兵先马走，果擒之于（千）[干]遂。⁽²⁾故《老子》曰："柔之胜刚也，弱之胜强也，天下莫不知，而莫之能行。"⁽³⁾越王亲之，故霸中国。⁽⁴⁾

【注释】

〔1〕越：古国名。相传始祖是夏代少康之庶子无馀，都会稽（今浙江绍兴）。 勾践：春秋末年越君，曾被吴打败，后灭吴，成为霸主。 吴：周太王之子太伯、仲雍建立的国家，都于吴（今江苏苏州）。 "困于会稽"句：事在鲁哀公元年（前494年）。见《左传·哀公元年》、《国语·越语上》等。

〔2〕吴兵：王念孙《读书杂志》：今本"吴王"作"吴兵"。《韩非子·喻老篇》作"吴王"。"千"：《道藏》本同。刘绩《补注》本作"干"。当正。以上见于《韩非子·喻老》。

〔3〕"故《老子曰》"句：引文见《老子》七十八章。

〔4〕亲之：指亲自实行它。　霸中国：指前473年，越灭吴。越与齐、晋会于徐州，周元王命越王为伯。

【译文】

越王勾践被吴王夫差打得大败，国破家亡，被围困在会稽山上。他心中愤怒，肝胆张大，怒气像泉水涌流，选练士卒，不怕赴汤蹈火。虽然这样，但是他请求吴王夫差允许让自己去当奴仆，妻子去当女奴，亲自执戈为吴王牵马开路，最后终于在干遂把吴王擒住。因此《老子》中说："柔弱可以胜过刚强，弱小可以胜过强大，天下没有人不知道这个道理，而没有人能够实行它。"越王亲自实行它，所以能够称霸中原。

赵简子死，未葬，中牟入齐。〔1〕已葬五日，襄子起兵攻围之，未合而城自（壤）[坏]者十丈。〔2〕襄子击金而退之。〔3〕军吏谏曰："君诛中牟之罪，而城自坏，是天助我，何故去之？"襄子曰："吾闻之叔向曰：'君子不乘人于利，不迫人于险。'使之治城，城治而后攻之。"中牟闻其义，乃请降。故《老子》曰："夫唯不争，故天下莫能与之争。"〔4〕

【注释】

〔1〕"赵简子死"事：时在前475年。　中牟：战国时赵献侯元年自耿（今山西河津西）迁都于此。故址在今河南南乐、山东聊城之间，当时的黄河东岸。

〔2〕"攻围之"：王念孙《读书杂志》：当作"攻之，围"。今本"之围"二字误倒，则文不成义。《韩诗外传》作"攻之，围"。按：本段尚

载于《新序·杂事》四、《韩诗外传》卷六。 "壤"：《四库全书》本同。《道藏》本、刘绩《补注》本作"坏"。当正。

〔3〕金：金属制的乐器。如钲等。

〔4〕"故《老子》曰"句：引文见《老子》二十二章。

【译文】

赵简子刚死，还没有安葬，中牟的守将叛降齐国。赵襄子安葬父亲五天以后，率领军队包围了中牟，大部队还没有合围，而城墙倒塌十来丈。襄子没有乘机攻打，却鸣金收兵。军吏进谏说："国君讨伐中牟的叛变之罪，而城墙自然倒塌，这是老天爷帮助我们，为什么反而退兵呢？"赵襄子说："我曾听叔向说过：'君子不在自己有利的时候，欺凌他人；不在别人危险的时候，胁迫他人。'让中牟守兵把城墙修好以后，再去攻打他们。"中牟将士听到赵襄子的义行，于是便请求投降。因此《老子》中说："只有不争，因此天下才没有人能够和它相争。"

秦穆公请伯乐曰："子之年长矣，子姓有可使求马者乎？"⁽¹⁾对曰："良马者，可以形容筋骨相也。⁽²⁾相天下之马者，若灭若失，若亡其一。⁽³⁾若此马者，绝尘弭辙。⁽⁴⁾臣之子皆下材也，可告以良马，而不可告以天下之马。臣有所与供儋缠采薪者九方堙，此其于马，非臣之下也，请见之。"⁽⁵⁾穆公见之，使之求马。三月而反，报曰："已得马矣，在于沙丘。"⁽⁶⁾穆公问："何马也？"对曰："牡而黄。"使人往取之，牝而骊。⁽⁷⁾穆公不说，召伯乐而问之曰："败矣！子之所使求者，毛物（牡）〔牝〕牡弗能知，又何马之能知！"⁽⁸⁾伯乐喟然（木）〔大〕息曰："一至此乎！⁽⁹⁾是乃其所以千万臣而无数者也。若堙之所观者，天机也。⁽¹⁰⁾得其精而忘其粗，在其内而忘其外,见其所见而不见其所不见,视其所视而遗其所不视。〔11〕若彼之所相者,乃有贵乎马者!"马至而果千里之马。故《老子》曰:"大直若屈,大巧若拙。"〔12〕

【注释】

〔1〕秦穆公:春秋秦君,名壬好,在位三十九年,为春秋五霸之一。 请:《道藏》本、《四库全书》本同,刘绩《补注》本作"谓"。伯乐:古代善相马者。 子姓:同姓子孙。

〔2〕形容:形体容貌。

〔3〕天下之马:指天下的名马。 "若灭"二句:许慎注:"若灭,其相不可见也。若失,乍入乍出也。若亡,髣髴不及也。"按:若灭若失,忽隐忽现,恍惚迷离的样子。指外部气质很难把握。若亡其一,似有似无的样子。

〔4〕绝尘:像离开尘世一样。 弭:《道藏》本同,刘绩《补注》本作"辙"。弭辙,不见痕迹。喻奔跑极为神速。俞樾《诸子平议·老子》:"古字彻与辙通。" 弭:消除。《玉篇》:"弭,息也,止也,灭也。"

〔5〕儋:《说文》:"何也。"段玉裁注:"俗作担。" 缠:即绳索。《鹖冠子·世兵》陆佃注:"缠,索也。" 九方堙:春秋时善相马者。《列子·说符》作"九方皋",《庄子·徐无鬼》作"九方歅"。

〔6〕沙丘:地名。

〔7〕"牡":《道藏》本、刘绩《补注》本作"牝"。当是。牝为母马。 骊:《说文》:"马深黑色。"

〔8〕"求者":《道藏》本、刘绩《补注》本同。王念孙《读书杂志》:"求"下脱"马"字。《郤正传》注及《白帖》引此,并有"马"字,《列子》同。 毛物:即毛色。 "牡牡":《道藏》本、刘绩《补注》作"牝牡"。当正。

〔9〕喟然:叹气的样子。《说文》:"喟,大息也。" "木":《道藏》本、刘绩《补注》本作"大"。当是。 一:乃,竟。

〔10〕天机:天然的特性。

〔11〕在:考察。《尔雅·释诂下》:"在,察也。"以上出自《列子·说符》、《庄子·徐无鬼》。

〔12〕"故《老子》曰"句:引文见《老子》四十五章。

【译文】

秦穆公对伯乐说:"您年纪已经很大了,你的家族中有能继承你的事业,善于相马的人吗？"伯乐回答说:"一般的好马,可以从形体外貌、骨骼上看出来。但是天下绝伦的千里马,它的特点忽隐忽现,就像丧失形体一样。像这样的马,飞驰得像要离开尘世,寻不到一点形迹。我的儿子都是平庸之辈,可以告诉他们选择一般的好马,而不能够告诉他们千里马的特征。我有一个朋友叫九方堙,是和我一样担柴伐薪的人,他对于相马之术,并不在我之下,请求国君接见他。"秦穆公接见了九方堙,派他到外地寻求千里马。去了三个月后回来说:"已经寻到了一匹千里马,在沙丘那个地方。"秦穆公问道:"是什么样的马呢？"回答说:"是一匹黄色公马。"穆公派人取回来,是一匹黑色的母马。穆公很不高兴,便把伯乐召来,并责问他说:"太差劲了！您所引荐的那个求马的人,连马的毛色、雌雄都分不清,又怎能知道什么好马呢！"伯乐听了,长叹一声说:"九方堙的相马技术竟达到这样神妙程度呵！这就是他超过我千万倍,而无法估量的地方。像九方堙所看到的,是马的天然特性。得到它的精髓而忘掉它的粗疏,看到内在特质而丢掉了表象,看到他应该见到的东西,而不去注视他所不需要的东西,考察了他应该考察的东西,而放弃了他所不必要考察的东西。像他这样的相马经验,比起那千里马要超过千万倍呵！"马带回来后,果然是一匹千里马。因此《老子》中说:"最正直好似枉曲,最灵巧好似笨拙。"

吴起为楚令尹,适魏,问屈宜若曰:"王不知起之不肖,而以为令尹。[1]先生试观起之为人也。"[2]屈子曰:"将奈何？"吴起曰:"将衰楚国之爵,而平其制禄;[3]损其有馀,而绥其不足;[4]砥砺甲兵,时争利于天下。"[5]屈子曰:"宜若闻之:昔善治国家者,不变其故,不易其常。今子将衰楚国之爵,而平其制禄;损其有馀,而绥其不足,是变其故、易其常也,行之者不利。宜若闻之曰:'怒者逆德也,兵者凶器也,争者人之所本也。'⁽⁶⁾今子阴谋逆德，好用凶器，始人之所本，逆之至也。⁽⁷⁾且子用鲁兵，不宜得志于齐，而得志焉。⁽⁸⁾子用魏兵，不宜得志于秦，而得志焉。⁽⁹⁾宜若闻之，非祸人不能成祸。吾固惑吾王之数逆天道，戾人理，至今无祸。⁽¹⁰⁾差！须夫子也。"⁽¹¹⁾吴起惕然曰："尚可更乎？"⁽¹²⁾屈子曰："成刑之徒，不可更也。⁽¹³⁾子不若敦爱而笃行之。"⁽¹⁴⁾《老子》曰："挫其锐，解其纷，和其光，同其尘。"⁽¹⁵⁾

【注释】

〔1〕吴起：战国中期法家、兵家。曾被楚悼王任为令尹，主持变法。后遭楚贵族杀害。《汉书·艺文志》"兵书略"有《吴起》四十八篇。魏：战国七雄之一。魏惠王时都大梁（今河南开封）。 屈宜若：楚大夫，流亡在魏国。《汉书·古今人表》作"屈宜咎"。《说苑·指武》作"屈宜臼"。疑"若"字误。

〔2〕"为人"：《道藏》本、刘绩《补注》本同。王念孙《读书杂志》："为人"本作"为之"。"为之"，谓为楚国之政也。《说苑·指武》正作"为之"。

〔3〕衰：削弱。 制禄：制定的俸禄。

〔4〕绥：安抚。《玉篇》："绥，安也。"

〔5〕砥砺：训练，磨炼。 时：马宗霍《淮南旧注参正》：《广雅·释言》："时，伺也。"此"时"字，盖亦谓伺时而动，以争利于天下也。按：以上化自《韩非子·和氏》。

〔6〕"本"：《道藏》本、刘绩《补注》本同。何宁《淮南子集释》：疑"本"字乃"末"字之误。俞樾《诸子平议》："本"字无义，乃"去"字之误。《说苑·指武》作"弃"。文异而义同。

〔7〕"始"：《道藏》本、刘绩《补注》本同。俞樾《诸子平议》："始"乃"治"字之误。《文子·下德篇》作"治人之乱，逆之至也"。 本：许慎注："本者，谓兵争也。"按：《道藏》本、刘绩《补注》本同。何宁《淮南子集释》：今本"末"亦误为"本"，义相反矣。

〔8〕"且子用鲁兵"二句：许慎注："吴起为鲁将，伐齐，败之。"按：

《史记·吴起列传》：吴起娶齐女为妻。齐攻鲁。鲁欲任吴起为将，但怀疑他。于是吴起杀妻，率兵攻齐，大破齐军。

〔9〕"子用魏兵"二句：许慎注："吴起为魏西河守，秦兵不敢东下也。"按：《史记·吴起列传》：魏文侯以吴起为将，攻秦，夺取五城，任为西河守，抵御秦、韩。

〔10〕戾：背离。

〔11〕差须：许慎注："意须也。"按：黄锡禧本注："差须，犹少待也。"《说苑·指武》作："嘻！且待夫子也。"朱骏声《说文通训定声》："差，又发声之词。"《诗·陈风·东门之枌》陆德明释文："差，作嗟。"嗟，上古音相当于［tsĭa］。须，《战国策·韩一》鲍彪注："言少待。"则正文应断作："差！须夫子也。"许注疑误。

〔12〕惕然：提心吊胆的样子。

〔13〕"成刑之徒"句：许慎注："刑祸已成于众。"按：即灾祸已在民众中形成。

〔14〕敦爱：宽厚待人。　笃行：专心施行。以上与《国语·越语下》、《尉缭子·兵令上》接近，并载于《说苑·指武》。

〔15〕"《老子》曰"句：引文见《老子》五十六章。

【译文】

　　吴起担任楚国令尹，到魏国去，向屈宜若询问说："楚王不知道我没有才干，而任命我为令尹。先生请试着观察一下我治理楚国的情况吧！"屈子问："你将怎样治政呢？"吴起说："将要削减楚国的爵位，并削平他们法定的俸禄；减少贵族的财富，而救济衣食不足的人。训练军队，伺机在天下争夺利益。"屈子说："我听说过：从前善于治理国家的人，不改变他们的原来的法规，不变化他们固定的准则。现在你将削减楚国的爵位，并削平他们法定的俸禄；减少贵族的财富，而救济衣食不足的人，这样是改变了他们的原来法观，变化了他们固定的准则，推行这样的办法是不利的。我听他人说：'愤怒是违背人的德性的，武器是凶残的器械，兵争是人们所要抛弃的。'现在你善用兵谋，背离道德，爱好使用凶器，治理人们所要抛弃的兵争，已经达到了大逆的地步了。况且你使用鲁国的军队，打败齐人，本不应该打败齐国，却得到了成功。你使用魏国的军队，本不应该战胜秦国，却得到了成功。我听说这样的话，不危害他人，自己不会造成危险。我本来疑惑我们国君数次背离天道,违背人的伦理,到今天没有灾祸,哦!这将要轮到您了!"吴起提心吊胆地说:"还可以变更吗?"屈宜若说:"灾祸已经在民众中形成,不能够变更了。您不如宽厚待人,而专心实行它。"因此《老子》中说:"不露锋芒,解脱它的纷争;含蓄着光辉,混同着垢尘。"

晋伐楚,三舍不止,大夫请击之。[1]庄王曰:"先君之时,晋不伐楚,及孤之身,而晋伐楚,是孤之过也,若何其辱群大夫?"[2]曰:"先臣之时,晋不伐楚,今臣之身,而晋伐楚,此臣之罪也,请王击之。"王俯而泣涕沾襟,起而拜君大夫。[3]晋人闻之曰:"君臣争以过为在己,且轻下其臣,不可伐也。"[4]夜还师而归。《老子》曰:"能受国之垢,是谓社稷主。"[5]

【注释】

[1]"晋伐楚"句:楚庄王之时,晋、楚之间发生了三次战争,晋皆战败。 三舍:古代行军,以三十里为一舍,三舍为九十里。

[2]"若何"句:《新序·杂事》四作:"如何其辱诸大夫也?大夫曰。""曰"上有"大夫"二字。此为承前省,亦可不出现。

[3]君:《道藏》本同。刘绩《补注》本作"群"。《广雅·释言》:"君,群也。"以上并载于《新序·杂事》四。

[4]"且轻下"句:于大成《道应校释》:"轻"上当夺"君"字。《新序》作"且君下其臣"。

[5]"《老子》曰"句:引文见《老子》七十八章。

【译文】

晋国讨伐楚国,攻入九十里而不停止,楚国大夫请求还击晋军。楚庄王说:"先君的时候,晋国人不讨伐楚国,等到我即位,而晋国讨伐楚国,这是我的过错,怎么能使众大夫受辱呢?"大夫们说:"先臣之时,晋国不侵犯楚国,到了我们这一代人执政,而晋国却侵伐楚国,这是臣下的罪过,请求君王出兵打击晋国人。"楚庄王俯伏在地上,痛哭流涕,眼泪把衣襟都沾湿了。他自责起来后,又拜谢众大夫。晋国人听到后,说:"楚国君臣争着以为自己有过错,而且国君屈尊以待臣下,不能够侵伐这样的国家。"于是,连夜班师回国。因此《老子》中说:"能够承受国家的屈辱,这才能算是国家的君主。"

宋景公之时,荧惑在心。⁽¹⁾公惧,召子韦而问焉。⁽²⁾曰:"荧惑在心,何也?"子韦曰:"荧惑,天罚也;⁽³⁾心,宋分野。⁽⁴⁾祸且当君。虽然,可移于宰相。"公曰:"宰相,所使治国家也,而移死焉,不祥。"子韦曰:"可移于民。"公曰:"臣死,寡人谁为君乎?宁独死耳。"⁽⁵⁾子韦曰:"可移于岁。"⁽⁶⁾公曰:"岁,民之命。岁饥,民必死矣。为人君而欲杀其民以自活也,其谁以我为君者乎?是寡人之命,固已尽矣!子韦无复言矣。"⁽⁷⁾子韦还走,北面再拜曰:"敢贺君。⁽⁸⁾天之处高而听卑,君有君人之言三,天必有三赏君。⁽⁹⁾今夕星必徙三舍,君延年二十一岁。"⁽¹⁰⁾公曰:"子奚以知之?"对曰:"君有君人之言三,故有三赏,星必三徙舍,舍行七(里)[星],三七二十一,故君移年二十一岁。⁽¹¹⁾臣请伏于陛下以司之。⁽¹²⁾星不徙,臣请死之。"公曰:"可!"是夕也,星果三徙舍。(救)[故]《老子》曰:"能受国之不祥,是谓天下之王。"⁽¹³⁾

【注释】
〔1〕宋景公:春秋末宋君,在位六十五年。 荧惑:即火星,为五星之一。 心:心宿,属东方苍龙七宿之一。宋国的分野。

〔2〕子韦：春秋末宋大夫，掌天文、星历等事。

〔3〕天罚：古代认为荧惑是灾星，运行到何处，下方国家就要遭殃。

〔4〕分野：古代天文学家把天空星宿划分若干区域，同世间国家或地区相配，称为分野。已见《天文训》。

〔5〕"臣"：刘绩《补注》本、《吕览·制乐》、《新序·杂事》四、《论衡·变虚》皆作"民"。

〔6〕岁：年成。

〔7〕"子韦"：《道藏》本、刘绩《补注》本同。王念孙《读书杂志》："韦"字因上下文而衍。《吕览·制乐》、《新序·杂事》、《论衡·变虚》无"韦"字。

〔8〕敢：表敬副词。有"冒昧"义。

〔9〕"天必有三赏君"句：《道藏》本、刘绩《补注》本同。王念孙《读书杂志》：《吕览》、《新序》、《论衡》皆作"天必三赏君"，无"有"字。

〔10〕舍：古人认为二十八宿是日、月、五星运行停留的地方，每行一宿叫一舍。

〔11〕"七里"：《道藏》本、刘绩《补注》本、《四库全书》本同。王念孙《读书杂志》："七里"当为"七星"，字之误也。七星，七宿也。《吕览》、《新序》、《论衡》皆作"舍行七星"。 移：《广韵》"支"韵："延也。"

〔12〕陛下：台阶之下。《说文》："陛，升高阶也。"以上载于《吕览·制乐》，《史记·宋世家》、《新序·杂事》四、《论衡·变虚》亦载之。

〔13〕"救"：《道藏》本、刘绩《补注》本作"故"。当正。 "（救）[故]《老子》曰"句：引文见《老子》七十八章。

【译文】

宋景公的时候，火星的运行侵犯了心宿。景公十分害怕，召子韦来询问这件事。说："火星侵犯心宿，这是为什么？"子韦说："荧惑运行到什么地方，上天就要惩罚下方的国家。心宿，是宋国的分野。灾祸将要降临到国君身上。虽然这样，可以把灾祸转嫁到宰相身上。"宋景公说："宰相，是我所任用来治理国家的，而灾祸转移到他身上，使他死掉，不吉祥。"子韦说："可以转移到百姓身上。"景公说："百姓死了，我还将给谁当国君呢？宁可让我自己死好了。"子韦说："可以转移给年成。"景公说："年成的好坏，关系到百姓的生命。年成不好,老百姓就要死去。当国君而要用杀害他的百姓来换取自己的活命,将有谁把我作为国君呢?这是我的命运,本来已经到头了。你不要再说了。"子韦返回身,快步面向北再次跪拜说:"我冒昧祝贺国君。上天处在高处,而能够听到下面的事情,国君说了三句应该说的话,上天必定三次赏赐你。今夜火星必定移动三舍,你可以延长年寿二十一岁。"宋景公说:"你怎么知道的?"子韦回答说:"国君说了三句应该说的话,因此上天有三次赏赐,火星必定移动三舍,每舍行进七星,(一星相当于一岁),三七二十一岁,所以国君增加二十一岁。请允许我伏在陛下观察它的变化。火星不移动,我请求为此事受死刑。"景公说:"可以!"这一天夜里,火星果然移动了三舍。所以《老子》中说:"能够承受国家的不祥,可以作为天下的君王。"

昔者公孙龙在赵之时,谓弟子曰:"人而无能者,龙不能与游。"〔1〕有客衣褐带索而见曰:"臣能呼。"公孙龙顾谓弟子曰:"门下故有能呼者乎?"对曰:"无有。"公孙龙曰:"与之弟子之籍。"后数日,往说燕王。〔2〕至于河上,而航在一汜,使善呼之一呼而航来。〔3〕故曰圣人之处世,不逆有伎能之士。〔4〕故《老子》曰:"人无弃人,物无弃物,是谓袭明。"〔5〕

【注释】
　　〔1〕公孙龙:战国名家代表人物。赵人。《汉书·艺文志》"名家"有《公孙龙子》十四篇。
　　〔2〕燕:周召公奭封于燕,都蓟(今北京西南)。《诗·大雅·韩奕》朱熹注:"燕,召公之国也。"战国为七雄之一。《吕览·应言》:"公孙龙说燕昭王以偃兵。"昭王于前311年至前279在位。
　　〔3〕航:两船相并为航,亦指单舟。 "一":刘文典《淮南鸿烈集解》:《北堂书钞》百三十八、《御览》七百七十引,并作"北",《艺文类聚》七十一作"水"。 汜:许慎注:"水涯也。"按:通"涘"。《说文》:"涘,水厓也。"

〔4〕"曰"：《道藏》本、刘绩《补注》本同。王念孙《读书杂志》："故"下"曰"字，因下文"故老子曰"而衍。 伎能：技艺才能。

〔5〕"故《老子》曰"句：引文见《老子》二十七章。

【译文】

从前公孙龙在赵国的时候，对弟子说："人如果没有技艺才能，我不能够和他交游。"有一个穿着破衣烂衫的客人，谒见公孙龙说："我能够呼叫。"公孙龙回头对他的弟子说："弟子中以前有善于呼叫的吗？"弟子回答说："没有。"公孙龙说："给他一个弟子的资格。"后来过了几天，公孙龙带领弟子去游说燕王息兵。到了黄河边上，而渡船在河的对岸。公孙龙让那个善于呼叫的弟子呼喊船夫。一声刚落，渡船就开了过来。因此圣人处在世间，不会背弃有一技之能的人。所以《老子》中说："人中没有弃置无用之人，万物中也没有无用的东西，这就叫做聪明。"

子发攻蔡，逾之。〔1〕宣王郊迎，列田百顷，而封之执圭。〔2〕子发辞不受，曰："治国立政，诸侯入宾，此君之德也；发号施令，师未合而敌遁，此将军之威也；兵陈战而胜敌者，此庶民之力也。夫乘民之功劳，而取其爵禄，非仁义之道也。"〔3〕故辞而弗受。故《老子》曰："功成而不居，夫唯不居，是以不去。"〔4〕

【注释】

〔1〕子发：楚宣王、威王时将军。 蔡：指下蔡。即今安徽凤台一带。 逾：越过。即战胜之意。

〔2〕宣王：战国楚君，叫熊良夫。在位三十年。这里的史实记载有误。蔡已于楚惠王四十二年被灭绝祀，不当再有七十余年后攻蔡之事。这里当指公子弃疾和楚灵王攻蔡之事。 列：通"裂"。 执圭：许慎注："楚爵功臣赐以圭，谓之执圭。比附庸之君也。"按：战国楚国设立的最高爵位，也称上执圭。

〔3〕"爵禄"：《道藏》本、刘绩《补注》本"禄"后有"者"字。以

上内容尚见于《荀子·强国》。

〔4〕"故《老子》曰"句：引文见《老子》二章。

【译文】

楚将子发攻打蔡国，旗开得胜。楚宣王亲自到郊外迎接，并割给他土地百亩，而封他为楚国执圭。子发坚辞不受，说："治理国家，制定政策，诸侯朝拜，这是国君的大德所致；指挥部队，号令三军，双方军队没有交锋而敌人逃跑，这是将军们的威力所致；出兵上阵，而战胜敌军，这是成千上万士兵的功劳。凭借他人的力量，建立一点功劳，便要取得爵号、俸禄，这不符合仁义之道的要求。"因此坚决辞去而不接受。所以《老子》中说："大功告成而不居功，正因为不居功，因此就不会丢掉功劳。"

晋文公伐原，与大夫期三日。⁽¹⁾三日而原不降，文公令去之。军吏曰："原不过一、二日将降矣。"君曰："吾不知原三日而不可得下也，以与大夫期；尽而不罢，失信得原，吾弗为也。"原人闻之曰："有君若此，可弗降也？"⁽²⁾遂降。温人闻，亦请降。⁽³⁾故《老子》曰："窈兮冥兮，其中有精。其精甚真，其中有信。"⁽⁴⁾故"美言可以市尊，美行可以加人"。⁽⁵⁾

【注释】

〔1〕原：今河南济源市北。晋文公因帮助周王室平定王子带叛乱，周襄王把原、温等四个城邑赐给他，温、原不服，故出兵讨伐。见于《左传·僖公二十五年》、《国语·晋语四》、《韩非子·外储说左上》、《吕览·为欲》等。

〔2〕"可弗降也"句：《新序·杂事》作"不可不降也"。

〔3〕温：即今河南温县。

〔4〕"故《老子》曰"句：引文见《老子》二十一章。

〔5〕"美言"二句：出自《老子》六十二章。

【译文】

晋文公讨伐原,和大夫约定三天期限。三天后原邑守将不投降,晋文公下令解围撤兵。军吏劝谏说:"原邑不超过一、二天就要投降了。"文公说:"我不知道原邑三天不能攻下,而和大夫约定期限;限期已到而不止兵,失去信用得到原,我是不干的。"原人听说以后说:"国君像这样明了信义,能够不投降吗?"于是举城投降。温地人听说后,也请求允许投降。因此《老子》中说:"它是那样的深远暗昧呵,在其中却涵有细微的精气。这细微的精气是很真实的,在它的中间却包含着信誉。"因此"美好的言论能够换取别人的尊仰,有美好行为的人能够有益于人"。

公仪休相鲁而嗜鱼,一国献鱼,公仪子不受。[1]其弟子谏曰:"夫子嗜鱼,弗受何也?"答曰:"夫唯嗜鱼,故弗受。夫受鱼而免于相,虽嗜鱼,不能自给鱼。毋受鱼而不免于相,则能长自给鱼。"此明于为人为己者也。故《老子》曰:"后其身而身先,外其身而身存,非以无私?故能成其私。"[2]一曰:"知足不辱。"[3]

【注释】

〔1〕公仪休:鲁博士,为鲁相。《史记·循吏列传》有记载。此条见于《韩非子·外储说右下》,并载于《韩诗外传》卷三、《新序·节士》等。

〔2〕"故《老子》曰"句:引文见于《老子》七章。"非以"句:《道藏》本、刘绩《补注》本作"非以其无私邪?"

〔3〕"一曰"句:见《老子》四十四章。

【译文】

公仪休担任鲁相,而特别喜欢吃鱼,全国的人都争着把鲜鱼献给他,公仪休拒绝接受。他的弟子劝谏说:"老先生特别爱吃鱼,(但是送鱼)你不接受,这是为什么?"公仪休回答说:"正因为我喜欢吃鱼,因此才不能够接受。接受了别人的鱼,而被免去相位,即使再喜欢吃鱼,也不能够吃到自己供给的鱼了。不接受别人的鱼,就不会免相,那么就能够长期靠俸禄买到鱼吃。"公仪休为官对人对己的标准是十分明确的。所以《老子》中说:"把自己放在最后,自己反而占先;把自己置之度外,自身反而得到保存。不正是因为他的无私吗?所以能够保全自己。"又说:"知道满足,不会遭到困辱。"

狐丘丈人谓孙叔敖曰:"人有三怨,子知之乎?"[1]孙叔敖曰:"何谓也?"对曰:"爵高者士妒之,官大者主恶之,禄厚者怨处之。"孙叔敖曰:"吾爵益高,吾志益下;吾官益大,吾心益小;吾禄益厚,吾施益博,是以免三怨,可乎?"故《老子》曰:"故贵必以贱为本,高必以下为基。"[2]

【注释】

〔1〕狐丘:地名。《荀子·尧问》作"缯丘"。 丈人:年长者之称。《荀子·尧问》作"封人"。 孙叔敖:春秋楚庄王令尹。蒍氏,名敖,字孙叔,一字艾猎。楚国期思(今河南淮滨)人。辅佐庄王称霸。以上见于《列子·说符》、《庄子·田子方》、《荀子·尧问》、《韩诗外传》卷七、《说苑·敬慎》等。

〔2〕"故《老子》曰"句:引文见《老子》三十九章。

【译文】

(身穿粗衣,白发,银须,白冠的)狐丘丈人对孙叔敖说:"(你由布衣擢为令尹),别人有三件事埋怨你,你知道吗?"孙叔敖说:"说的是什么?"丈人回答说:"爵位高了,大夫嫉妒你;权势大了,国君厌恶你;俸禄高了,百姓埋怨你。"孙叔敖说:"我的爵位越高,我的欲望更小;我的官位越大,我的心欲越小;我的俸禄多了,我广施于人。用这三条,是否可以免除大臣、国君、百姓对我的怨气呢？"因此《老子》中说："尊贵必须以卑贱作为根本，高大必须以低下为根基。"

大司马捶钩者，年八十矣，而不失钩芒。⁽¹⁾大司马曰："子巧邪！有道邪？"曰："臣有守也。臣年二十好捶钩，于物无视也，非钩无察也。"是以用之者，必假于弗用也，而以长得其用，而况持不用者乎，物孰不济焉？⁽²⁾故《老子》曰："从事于道者，同于道。"⁽³⁾

【注释】
〔1〕大司马：官名。《周礼·夏官》中有大司马，掌邦政。　捶：打，锻。　钩：许慎注："钓钩也。"按：又指一种兵器。　芒：指锋芒。
〔2〕假：借助。　"而况持不用者乎"句：《道藏》本同。刘绩《补注》本、《四库全书》本"持"下有"无"字。当据《庄子》补。　济：资助。以上见于《庄子·知北遊》。
〔3〕"故《老子》曰"句：引文见《老子》二十三章。

【译文】
大司马有个锻打兵器钩的工人，年纪已经八十多岁了，而打出的钩，锋芒一点也没减弱。大司马问道："你的技艺真巧妙呀！有道术吗？"捶钩者说："我守持着理念。我在二十岁的时候，就爱好打制兵器，对于其他的东西，什么也不看；不是钩，我是不关心的。"因此用心在捶钩方面，必定借助于不被使用的那部分精力，因而才能够长期得以用来捶钩，而何况持守的是无所不用的道呢，万物中哪个不受它资助呢？因此《老子》中说："从事于'道'的人，就与'道'相合。"

文王砥德脩政，三年而天下二垂归之。⁽¹⁾纣闻而患之曰："余夙兴夜寐，与之竞行，则苦心劳形；⁽²⁾纵而置之，恐伐余一人。"⁽³⁾崇侯虎曰："周伯昌行仁义而善谋，

（夫）[太]子发勇敢而不疑，中子旦恭俭而知时；⁽⁴⁾若与之从，则不堪其殃；⁽⁵⁾纵而赦之，身必危亡。冠虽弊，必加于头。⁽⁶⁾及未成，请图之。"⁽⁷⁾屈商乃拘文王于羑里。⁽⁸⁾

于是散宜生乃以千金求天下之珍怪，得骄虞、鸡斯之乘，玄玉百工，大贝百朋，玄豹、黄罴、青犴、白虎，文皮千合，以献于纣，因费仲而通。⁽⁹⁾纣见而说之，乃免其身，杀牛而赐之。文王归，乃为玉门，筑灵台，相女童，击钟鼓，以待纣之失也。⁽¹⁰⁾纣闻之曰："周伯昌改道易行，吾无忧矣。"乃为炮烙，剖比干，剔孕妇，杀谏者。文王乃遂其谋。⁽¹¹⁾故《老子》曰："知其荣，守其辱，为天下谷。"⁽¹²⁾

【注释】

〔1〕文王：姬姓，名昌。商纣王时为西伯，后在丰邑（今陕西西安沣河以西）建都。在位五十年。　砥：磨炼。　垂：边疆，疆界。朱骏声《说文通训定声》："垂，边境也。"

〔2〕夙兴夜寐：起早睡晚，形容勤奋不懈。　竞行：争逐。　苦心劳形：煞费用心，疲劳形体。

〔3〕纵：放纵。　余一人：古代帝王、天子自称。

〔4〕崇侯虎：崇国（今陕西户县）之侯，名虎。"周伯昌"句：向宗鲁《淮南校文》：《御览》六百九十七引《六韬》："崇侯虎曰：'今周伯昌怀仁而善谋。'"即此文所本。　"夫"：《道藏》本、刘绩《补注》本作"太"。当是。

〔5〕从：顺从。　不堪：忍受不了。

〔6〕弊：破败。

〔7〕图：谋划，图取。

〔8〕屈商：纣臣。　羑里：纣监狱名，在今河南汤阴市北。

〔9〕散宜生：西周初年大臣之一。学于太公望。　骄虞：古代传说中瑞兽。日行千里。　鸡斯：神马。　玄玉：黑色美玉。　工：许慎注："二玉为一工也。"　朋：许慎注："五贝为一朋。"　犴：古代北方一种野狗，形

如狐狸，黑嘴。　文皮：彩色的兽皮。　费仲：纣王佞臣。

〔10〕玉门：以玉饰门。　灵台：周代台名，用以游观。一说用来观测天象。

〔11〕遂：成就。

〔12〕"故《老子》曰"句：引文见《老子》二十八章。

【译文】

周文王砥砺德行，修治政事，三年之后，纣王天下的三分之二都归向了文王。商纣王听到后非常担忧地说："我起早睡晚，和他互相竞争，那么就会煞费用心，疲劳形体；如果放纵而置之不顾，恐怕讨伐到我的头上。"崇侯虎说："周伯昌推行仁义而善于谋划，太子姬发勇猛果敢而坚定，中子姬旦恭敬节俭而懂得天时；如果对他们顺从，那么将忍受不了他们带来的祸殃；如果放纵而赦免他们，我们自身一定灭亡。帽子即使很破，也一定要戴到头上。在他们还没有成功之时，请考虑制裁他们。"屈商于是把周伯昌拘禁起来，关在羑里监狱里。

在这时周文王大臣散宜生，便用千金购求天下奇珍异宝，得到奇兽骊虞、神马鸡斯、黑色美玉百工、大贝百朋，还有玄豹、黄黑、青犴、白虎，彩色兽皮一千盒，来献给商纣王，通过商纣王佞臣费仲而转达。商纣王见了这么多的宝物，心中欢喜，便把文王从监狱中放出来，并且杀牛设宴招待文王。文王（关押七年而）归来，于是便建起豪华的宫殿，修筑了用以游观的灵台，挑选年轻女子，击鼓作乐，用来等待商纣王的失政。商纣王听到这个消息说："周伯昌改变了道路，变易了行止，我没有忧虑了。"于是纣王设置了残酷的炮烙之刑，挖出比干的心脏，剖开孕妇的肚子，杀死劝谏之人。文王在这种情况下便实现了自己的计谋。因此《老子》中说："知道什么是荣耀，却持守卑辱的地位，可以成为天下的川谷。"

成王问政于尹佚曰："吾何德之行，而民亲其上？"[1]对曰："使之时而敬顺之。"[2] 王曰："其度安至？"[3]曰："如临深渊，如履薄冰。"[4] 王曰："惧哉！王人乎！"尹佚曰："天地之间，四海之内，善之则吾畜也，不善则吾雠也。〔5〕昔夏、商之臣，反雠桀、纣而臣汤、武；宿沙之民，皆自攻其君而归神农；〔6〕此世之所明知也，如何其无惧也？"故《老子》曰："人之所畏，不可不畏也。"〔7〕

【注释】

〔1〕成王：西周第二代君王，姬姓，名诵，武王之子。　尹佚：周初史官。《汉书·艺文志》"墨家"有《尹佚》二篇。
〔2〕时：按照季节。王念孙《读书杂志》："时"上当有"以"字。《说苑·政理》、《文子·上仁篇》并作"使之以时"。　敬顺：即敬慎，恭敬而谨慎。
〔3〕度：尺度，标准。　至：达到。
〔4〕"如临"二句：引文见《诗·小雅·小旻》。
〔5〕畜：马宗霍《淮南旧注参正》：畜，好也。与"雠"相对。吾畜吾雠，犹言好我雠我也。
〔6〕宿沙：许慎注："伏羲、神农之间，有共工、宿沙，霸天下者也。"按：宿沙，古代聚居东海之民族。又作夙沙、质沙。《吕览·用民》："夙沙之民，自攻其君，而归神农。"以上记载，亦见于《说苑·政理》。
〔7〕"故《老子》曰"句：引文见《老子》二十章。

【译文】

　　周成王向尹佚询问政事，说："我具有什么样的德行，而老百姓能亲附我？"尹佚回答说："按时使用他们，并且敬重而谨慎对待他们。"成王说："它的标准怎么达到？"尹佚说："好像面临了深渊，好像踏上了薄冰。"成王说："国君统治人民，真是担惊受怕呀！"尹佚说："天地之间、四海之内的人民，若善意对待他们，那么他们就对我友好；若恶意对待他们，那么他们就成为我的仇人。从前夏朝、商朝的大臣，反而把夏桀、商纣王作为仇人，而臣服商汤、周武王；宿沙的老百姓，都自发起来攻击他们的君主，而归顺神农氏，这些都是世上人民所明知的，怎么能够不惧怕呢？"因此《老子》中说："人们所畏惧的，不能够不畏惧。"

跖之徒问跖曰："盗亦有道乎？"[1] 跖曰："奚适其无道也！[2] 夫意而中藏者，圣也；入先者，勇也；出后者，义也；分均者，仁也；知可否者，智也。五者不备，而能成大盗者，天下无之。"由此观之，盗贼之心，必托圣人之道，而后可行。故《老子》曰："绝圣弃智，民利百倍。"[3]

【注释】

〔1〕跖：春秋时人，曾在泰山一带聚众起义。《庄子》有《盗跖》篇。

〔2〕奚：怎么。 适：往、到。 无：《道藏》本、刘绩《补注》本同。王念孙《读书杂志》："奚适其无道也"，本作"奚适其有道也"。"适"与"啻"同。言岂特有道而已哉，乃并勇义仁智五者皆备也。按："无"字可通，无须改字。以上见于《庄子·胠箧》、《吕览·当务》。

〔3〕"故《老子》曰"句：引文见《老子》十九章。

【译文】

跖的部下问跖说："做强盗也有道术吗？"跖说："什么地方没有道术呢？能够猜中屋里所藏的财物，这就叫圣智；能率先冲进去，这就叫勇敢；退却时走在后面，这就是义气；分配财物均匀，就是仁爱；知道能不能动手，这就是智慧。五种品德不具备，而成为大强盗的人，天下是没有的。"从这里可以看出，盗贼的心中，也一定依托圣人的仁、义、礼、智等道德观点，而后才能够通行。因此《老子》中说："弃绝圣智，抛弃聪明，对百姓有利百倍。"

楚将子发好求技道之士。[1] 楚有善为偷者，往见曰："闻君求技道之士，臣偷也，愿以技赍一卒。"[2] 子发闻之，衣不给带，冠不暇正，出见而礼之。左右谏曰："偷者，天下之盗也，何为之礼？"[3] 君曰："此非左右之所得与。"后无几何，齐兴兵伐楚，子发将师以当之，兵三却。楚贤良大夫，皆尽其计而悉其诚，齐师愈强。⁽⁴⁾于是市偷进请曰："臣有薄技，愿为君行之。"子发曰："诺。"不问其辞而遣之。偷则夜解齐将军之帱帐而献之。子发因使人归之，曰："卒有出薪者，得将军之帷，使归之于执事。"⁽⁵⁾明又复往，取其枕，子发又使人归之。明日又复往，取其簪，子发又使归之。齐师闻之，大骇。将军与军吏谋曰："今日不去，楚军恐取吾头。"则还师而去。故曰：无细而能薄，在人君用之耳。⁽⁶⁾故《老子》曰："不善人，善人之资也。"⁽⁷⁾

【注释】

〔1〕技道：技艺。

〔2〕"臣偷也"：王念孙《读书杂志》：《太平御览·人事部》一百十六、一百四十引此，并作"臣，楚市偷也"。 赍：备。

〔3〕"之礼"：《道藏》本、刘绩《补注》本同。王念孙《读书杂志》："之礼"当为"礼之"。《蜀志·郤正传》注引此，正作"何为礼之"。

〔4〕贤良大夫：有德行、有才能的人。这里指谋士。

〔5〕执事：主管政事的人。这里是对将军的尊称。

〔6〕"故曰"句：何宁《淮南子集释》：《太平御览》六百八十八引作"伎无细能无薄"。

〔7〕"故《老子》曰"句：引文见《老子》二十七章。

【译文】

　　楚国将军子发喜欢寻求有技艺的人。楚国有一个偷窃高手，去求见子发，说："听说你寻求有特殊技艺的人，我是个小偷，愿意凭着技艺在你部下做一个士兵。"子发一听说，衣服来不及系带子，帽子来不及扶端正，急忙出去接见他。左右的人劝谏说："小偷是天下的盗贼，为什么用礼节接待他？"子发说："这些事情不是你们所能参与的。"隔了没多久，齐国率兵侵犯楚国，将军子发带领部队前去抵挡，交战三次，三次大败。楚国的众多谋臣，都绞尽脑汁，出谋划策，而苦无良计，齐国部队士气更加旺盛。在这时市场上的偷者对子发进谏说："我有微薄的技艺，愿意献出来，帮助击退齐军。"子发说："好！"二话没说，便派他出发。偷者夜里潜入齐营，把齐将军的帷帐解下来，并献给子发。子发趁机派人送还给齐军，并说："士兵中有个打柴的人，得到了将军的帷帐，现在原物送还给执事。"第二天偷者又前往把齐将军的枕头给偷了回来，子发又派人给送了回去。又过一天，偷者又把齐将军头上的簪子给取了回来，子发再次派人给送了回去。齐国军队听说此事，十分恐慌。齐将军和军吏谋划说："现在不离开，楚国军队恐怕要取我的头了。"于是便班师而去。因此说：技艺是没有细小的，而才能是没有菲薄的，在于国君如何使用罢了。所以《老子》中说："不好的人，有时是好人的借鉴。"

颜回谓仲尼曰："回益矣。"[1] 仲尼曰："何谓也？"曰："回忘礼乐矣。"仲尼曰："可矣，犹未也。"异日复见，曰："回益矣。"仲尼曰："何谓也？"曰："回忘仁义矣。"仲尼曰："可矣，犹未也。"异日复见，曰："回坐忘矣。"[2] 仲尼造然曰："何谓坐忘？"[3] 颜回曰："隳支体，黜聪明，离形去知，洞于化通，是谓坐忘。"[4] 仲尼曰："洞则无善也，化则无常矣，而夫子荐贤，丘请从之后。"[5] 故《老子》曰："载营魄抱一，能毋离乎？专气至柔，能如婴儿乎？"[6]

【注释】
〔1〕颜回：春秋末鲁国人，名回，字子渊，孔子弟子，小孔子三十岁。 仲尼：孔子，名丘。排行老二，称仲；生于尼丘山，故字仲尼。益：增益，指进步。
〔2〕坐忘：许慎注："言坐自忘其身，以至道也。"按：指道家气功所

追求的静坐而忘掉物我的精神境界。

〔3〕造然:突然变化的样子。

〔4〕隳:《方言》:"坏也。"即废弃。 黜:废除。 化通:《庄子·大宗师》作"大通",即大道义。

〔5〕荐:先。以上见于《庄子·大宗师》。

〔6〕"故《老子》曰"句:引文见《老子》十章。 营魄:魂魄。

【译文】

　　颜回对他的老师孔子说:"我进步了。"孔子说:"你说的进步是什么?"颜回说:"我忘记礼乐了。"孔子说:"可以了,然而还不够。"过了几天,又去见老师,说:"我进步了。"仲尼说:"又怎样进步了?"颜回说:"我忘掉仁义了。"孔子说:"可以了,但是还不够。"隔了几天,又去见老师,说:"我坐忘了。"仲尼突然吃惊地问:"什么叫坐忘?"颜回说:"废弃肢体,丢掉聪明,离开躯体,抛弃心智,和大道融合混同,这就叫坐忘。"仲尼说:"和大道混同就没有偏好了,和万物一起变化就不拘于常理了,而你的境界已经先于贤人,我请求允许跟随在你的后面。"所以《老子》中说:"精神和形体合一,能不相离失吗?专精守气,致力柔和,能够像无欲的婴儿吗?"

　　秦穆公兴师,将以袭郑。[1]蹇叔曰:"不可。[2]臣闻袭国者,以车不过百里,以人不过三十里,为其谋未及发泄也,甲兵未及锐弊也,粮食未及乏绝也,人民未及罢病也,皆以其气之高与其力之盛,至,是以犯敌能威。[3]今行数千里,又数绝诸侯之地以袭国,臣不知其可也,君重图之。"[4]穆公不听,蹇叔送师,衰绖而哭之。[5]师遂行,过周而东。[6]郑贾人弦高矫郑伯之命,以十二牛劳秦师而宾之。[7]三帅乃惧而谋曰:"吾行数千里以袭人,未至而人已知之,其备必先成,不可袭也。"[8]还师而去。

当此之时，晋文公适薨未葬。[9]先轸言于襄公曰："昔吾先君与穆公交，天下莫不闻，诸侯莫不知。[10]今吾君薨未葬，而不吊吾丧，而不假道，是死吾君而弱吾孤也，请击之。"[11]襄公许诺。先轸举兵而与秦师遇于殽，大破之，擒其三军以归。[12]穆公闻之，素服庙临，以说于众。[13]故《老子》曰："知而不知，尚矣；不知而知，病也。"[14]

【注释】

〔1〕秦穆公：春秋秦君，嬴姓，名任好。在位三十九年。春秋五霸之一。　郑：古国名，开国君主是周宣王弟桓公友，分封于郑（今陕西渭南市华州区东），春秋时都新郑。"袭郑"事：见于《左传·僖公三十二年》《吕览·悔过》。

〔2〕蹇叔：宋隐士，后仕秦为相。

〔3〕锐：《文选·沈约〈游沈道士馆〉》张铣注："尽也。"　罢：通"疲"。疲惫。

〔4〕绝：通过。　图：谋划，考虑。

〔5〕衰绖：丧服。缀于胸前的麻布叫衰，系在腰或头上的麻带叫绖。衰，通"缞"。《玉篇》："缞，丧服也。"

〔6〕周：指周都洛阳北门。

〔7〕弦高：郑国商人。　矫：即假传义。

〔8〕三帅：指秦军统帅孟明视、西乞术、白乙丙。

〔9〕薨：古代称诸侯王之死叫薨。

〔10〕先轸：晋中军元帅。因食邑在"原"，又称原轸。　襄公：晋襄公，文公之子，在位七年。

〔11〕"未葬"事：在鲁僖公三十二年（前628年）。　死：以为君死，亦有"忘怀"之义。　弱：认为新君弱小，亦有"欺侮"之义。

〔12〕殽：《道藏》本同。刘绩《补注》本作"殽"。在今河南洛宁西北，西接三门峡市陕州区，东接渑池。　军：《道藏》本、刘绩《补注》本、《四库全书》本同。黄锡禧本、庄逵吉本作"帅"。军，指军帅、诸将。

〔13〕素服：白色丧服。　临：《集韵》"沁"韵："哭也。"　说：说解。以上见《吕览·悔过》。

〔14〕"故《老子》曰"句：引文见《老子》七十一章。

【译文】

秦穆公起兵，准备偷袭郑国。蹇叔说："不行！我听说偷袭别的国家，用兵车行程不能超过百里，用士兵行程不能超过三十里，因为他们的计谋还没有来得及泄露出去，甲兵的锋芒还没有被破坏，粮食还没有来得及断绝，人民还没有疲惫病困，全凭着将士的高涨的士气，和他们的旺盛斗志，到达敌阵以后，才能够进犯严敌，威服敌人。现在行军数千里，又多次穿过诸侯的地域，来偷袭其他的国家，我不知道这样会成功，希望君王再考虑这件事。"秦穆公没有听从。（出发之日），蹇叔前来送行，他披缞戴绖，为自己的儿子哭泣。部队于是向东进发，经过周都洛邑而向东。郑国商人弦高假称奉郑伯之命，用十二头牛犒劳秦师，以宾客之礼招待他们。秦军三帅见阴谋泄露，十分害怕，并且商量说："我们行军几千里来偷袭他国，没有到达而郑人已经知道了，他们的准备必定已经就绪，不能够袭击了。"于是回师西去。

在这个时候，晋文公刚死，还没有下葬。先轸对晋襄公说："从前我们先君和秦穆公有姻亲关系，天下没有人不知道的，诸侯国君没有人不了解的。现在我们国君死了还没有入葬，秦国却不来吊丧，经过我国境内却不向我们借道，这是认为我君死了，欺侮我新君弱小，请允许攻打秦军。"晋襄公同意了。先轸率兵与秦师在崤山相遇，大败秦师，活捉了秦军的三个主帅而回师。秦穆公听说，穿着白色丧服，来到祖先宗庙，痛哭流涕，面向众人陈说自己的罪过。因此《老子》中说："知道自己不知道的事情，是最好的；不知道而自以为知道，就要危险了。"

齐王后死，王欲置后而未定，使群臣议。⁽¹⁾薛公欲中王之意，因献十珥而美其一。⁽²⁾旦日因问美珥之所在，因劝立以为王后。齐王大说，遂尊重薛公。⁽³⁾故人

主之意欲见于外,则为人臣之所制。故《老子》曰:"塞其兑,闭其门,终身不勤。"〔4〕

【注释】
〔1〕齐王:指战国齐君威王。在位三十七年。
〔2〕薛公:名田婴,号靖郭君,孟尝君之父,时为齐相。 珥:用珠玉作的耳饰。以上见于《战国策·齐三》、《韩非子·外储说右上》。
〔3〕尊重:王念孙《读书杂志》:《群书治要》引,无"尊"字。
〔4〕"故《老子》曰"句:引文见《老子》五十二章。 兑:窍穴。俞樾《诸子平议·老子》:"兑,当读为穴。" 勤:劳。

【译文】
齐威王的王后死了,威王打算再立一个王后,还没有确定,让群臣议论。齐威王之子田婴想要迎合威王的心意,于是献给威王十个玉珥,而让威王指出哪个最美。第二天让十个美姬说出美珥的是哪一个,(猜中者),便劝说威王立为王后。齐威王非常高兴,(威王所爱者立为王后),便特别器重薛公。因此国君的意向欲望显露在外面,那么就要被臣下所制服。因此《老子》中说:"堵塞住他的穴窍,关闭他的门户,终生不会辛劳。"

卢敖游乎北海,经乎太阴,入乎玄阙,至于蒙谷之上,见一士焉,深目而玄鬓,泪注而鸢肩,丰上而杀下,轩轩然方迎风而舞。〔1〕顾见卢敖,慢然下其臂,遁逃乎碑。〔2〕卢敖就而视之,方倦龟壳而食蛤梨。〔3〕卢敖与之语曰:"唯敖为背群离党,穷观于六合之外者,非敖而已乎?〔4〕敖幼而好游,至长不渝,周行四极,唯北阴之未闚。〔5〕今卒睹(天)[夫]子于是,子殆可与敖为友乎?"〔6〕若士者齤然而笑曰:"嘻!子中州之民,宁肯而远至此?〔7〕此犹光乎日月而载列星,阴阳之所行,四时之所生，其比夫不名之地，犹突奥也。〔8〕若我南游乎冈㡇之野，北息乎沉墨之乡，西穷冥冥之党，东开鸿濛之光。〔9〕此其下无地而上无天，听焉无闻，视焉无眴，此其外犹有汰沃之（氾）〔沜〕。〔10〕其馀一举而千万里，吾犹（夫）〔未〕能之在。〔11〕今子游始于此，乃语穷观，岂不亦远哉？〔12〕然子处矣，吾与汗漫期于九垓之外，吾不可以久驻。"〔13〕若士举臂而竦身，遂入云中。〔14〕卢敖仰而视之，弗见，乃止驾，止柸治，悖若有丧也。〔15〕曰："吾比夫子，犹黄鹄与壤虫也，终日行不离咫尺，而自以为远，岂不悲哉？"〔16〕故《庄子》曰："小人不及大人，小知不及大知；朝菌不知晦朔，蟪蛄不知春秋。"〔17〕此言明之有所不见也。

【注释】

〔1〕卢敖：燕国人，秦始皇召为博士，入海求神仙，奏《录图书》，曰："亡秦者，胡也。"乃发兵三十万北击胡。《史记·秦始皇本纪》中称卢生。　北海：北方边远地区。　太阴：极北之地。　玄阙：北方大山。　蒙谷：北方山名。又为日入之处。　深目：眼珠深陷。　玄鬓：黑色的鬓发。《论衡·道虚》引作"玄准"。　泪注：许慎注："泪水。"此条诸说不一。《论衡·道虚》作"雁颈而鸢肩"。《艺文类聚·灵异部》上作"渠颈而鸢肩"，《太平御览》三百六十九引《庄子》作"卢敖见若士深目鸢肩"，《太平御览·地部》二引作"泪注而鸢肩"。王念孙《读书杂志》："泪，水'当作'渠'，'大'，皆字之误也。主'渠颈'说。刘文典《淮南鸿烈集解》主"雁颈"说。于省吾《淮南子新证》："注'当读为'胝'。《说文》：'胝，项也。'"即"渠胝而鸢肩"。本注采《论衡》说。　鸢肩：两肩耸起像鹰。　丰：丰满。　杀：有消瘦义。　轩轩然：飘然起舞的样子。《论衡·道虚》作"仙仙然"。

〔2〕慢然：《论衡·道虚》作"樊然"，忙乱的样子。　遁：隐藏。

〔3〕就：靠近。　倨：许慎注："楚人谓倨为倦。"按：《说文》："居，蹲也。"倨，即蹲坐义。　蛤梨：蚌类。

〔4〕党：乡里。周代五百家为一党。 穷：尽，遍。《说文》："穷，极也。"

〔5〕渝：《说文》："变汙也。"《尔雅·释言》："渝，变也。"即改变义。《论衡·道虚》作"至长不偷解"。 阙：《说文》"开也"。即开辟，打开义。亦合文义。《道藏》本、刘绩《补注》本作"阚"。即窥探义。

〔6〕"天"：《道藏》本、刘绩《补注》本作"夫"。当正。

〔7〕龤然：《集韵》"仙"韵："一曰：笑而见齿皃。" 中州：中原地区。 "而远"：刘家立《淮南内篇集证》作"远而"。

〔8〕突奥：《道藏》本、刘绩《补注》本作"宎"，王铎本作"窔"。《释名·释宫室》："宎，室中东南隅谓之宎。"《说文》段玉裁注："亦作突。"《尔雅·释宫》郝懿行义疏："宎，或作突。"知"突"字不误。奥，屋的西南角。

〔9〕冈㝢之野：无边无际的地方。王念孙《读书杂志》："冈"当为"罔"。《论衡》、《蜀志》注、《太平御览》并作"罔"。 沉墨之乡：无声无息的地方。 冥冥之党：幽深渺茫。党，《左传·哀公五年》杜预注："所也。"即处所。 开：王念孙《读书杂志》："开"当为"关"。"关"与"贯"同。《论衡》作"东贯鸿濛之光"。 鸿濛之光：日所出之地。

〔10〕眴：《说文》："旬，目摇也。旬，旬或从句。"马宗霍《淮南旧注参正》：引申之，亦即目无所见之意。 汰沃之氿：指四海之地。"氿"：《道藏》本、刘绩《补注》本作"氾"。《广雅·释丘》："氾，厓也。"

〔11〕举：有腾飞义。 "夫"：《道藏》本、刘绩《补注》本作"未"，当是。

〔12〕穷观：全部观察到。

〔13〕汗漫：虚无缥缈。指某个仙人。 九垓：许慎注："九天之外。"按：即九重天。

〔14〕竦身：耸身。竦，通"耸"。

〔15〕"止杯治"句：《道藏》本、刘绩《补注》本、《四库全书》本同。黄锡禧本、庄逵吉本无"止"字。当误。许慎注："楚人谓恨不得为杯治也。"《论衡·道虚》作"心不怠"。《三国志·蜀书·郤正传》裴松之注作"止杯治"。"止"当为"心"之误。"杯治"、"不怠"、"杯治"，叠韵连绵词。有不愉快之义。 悙若：郁郁不乐的样子。

〔16〕蠰虫：幼虫。 咫尺：许慎注："八寸为咫，十寸为尺。"按：以上亦见于《论衡·道虚》。

〔17〕人：《道藏》本、刘绩《补注》本、《四库全书》本同。《庄子·逍遥遊》作"年"。 朝菌：许慎注："朝生暮死之虫也，生水上，状似蚕蛾，一名孳母，海南谓之虫邪。"王念孙《读书杂志》："朝菌"本作"朝

秀"。后人据《庄子·逍遥游》改之也。《文选·辩命论》李善注引《淮南子》"朝秀不知晦朔"。　晦朔：每月第一天和最后一天。　蟪蛄：虫名，生于夏初，死于夏末。一说即寒蝉，春生夏死，夏生秋死。

【译文】

卢敖到北海游观，经过北方极远之地，进入到北方的玄阙山，一直到达蒙谷山，在这里见到一个士人，眼珠深深陷下去，双鬓长满黑发，长长的颈子，耸起的双肩，上部丰满，而下部消瘦，飘飘然正在迎风起舞。他回过头看到卢敖，慢慢地放下双臂，逃到石碑后面隐藏起来。卢敖靠近去看他，他正蹲坐着像乌龟壳，而在吃蛤蜊。卢敖同他谈论说："只有我卢敖是背离人群，辞别乡里，看尽了天地四方的景象，除了我还有谁呢？我小时候爱好游观，到了年长，始终不改变，我游遍了四方极远之处，只有北阴还没有到达。今天忽然在这里看到你，你大概可以和我交个朋友吧？"那个人露出牙齿笑着说："嘻！你是中原的人，怎么愿意跑到这么遥远的地方？但这里还是日月照耀，而天上布满了繁星，阴气、阳气在这里运行，春夏秋冬四季在这里产生，这同那些没有名字的地方相比，还不过是堂屋的一个角落罢了。像我向南游到无边无际的地方，往北边休息在无声无息之处，向西走到幽深渺茫的地方，向东到达太阳升起的地方。这些地方下面没有地，而上面没有天，听起来没有声音，看起来没有形象，从这里向外，还有四海水天交接之地；再向外，一展翅就是千万里，我还没有到达过。现在你只开始游历到这个地方，却说已经看尽了天地四方的景致，难道不是相差得很远吗？那么你就留在这儿吧，我和汗漫约定到九天之外见面，我不能够久留了。"那个人说完，举起双臂，耸了一下身子，便进入到云中。卢敖仰起头来观看，直到望不见了，才停止观看，心里很不痛快，茫然好像丢失了什么。卢敖说："我同这个人相比，就像黄鹄同小虫一样，一整天奔走不离开咫尺之地，却自以为很远，难道不是可悲的吗？"所以《庄子》中说："寿命短的赶不上寿命长的，才智小的比不上才智大的。只活一个早上的菌类，不知道一个月的开头和结束；生命只有一个夏季的蟪蛄，不知道春、秋两季。"这是说，明察的人也有看不见的地方。

（季）〔宓〕子治亶父三年，而巫马期绖衣短褐，易容貌，往观化焉。⁽¹⁾见夜鱼释之。⁽²⁾巫马期问焉，曰："凡子所为鱼者，欲得也。今得而释之，何也？"渔者对曰："（季）〔宓〕子不欲人取小鱼也。所得者小鱼，是以释之。"巫马期归，以报孔子曰："（季）〔宓〕子之德至矣。⁽³⁾使人暗行，若有严刑在其侧者。⁽⁴⁾（季）〔宓〕子何以至于此？"孔子曰："丘尝问之以治，言曰'诚于此者刑于彼'，（季）〔宓〕子必行此术也。"⁽⁵⁾故《老子》曰："去彼取此。"⁽⁶⁾

【注释】

〔1〕"季子"：《道藏》本、刘绩《补注》本同。王念孙《读书杂志》："季"当为"宓"，字之误也。《群书治要》引此"季子"作"宓（音孚）子"，《吕览·具备》同。按：《史记·仲尼弟子列传》载："宓不齐，字子贱。少孔子三十岁。"为单父宰，有治政才能。 亶父：又作单父，在今山东单县。 巫马期：《史记·仲尼弟子列传》："字子期。少孔子三十岁。" 绖衣：古代的一种丧服。脱帽，用布包发髻。《广韵》"问"韵："绖，丧服。"《吕览·具备》作"短褐衣弊裘"，《孔子家语·屈节解》作"阴免衣，衣敝裘"。

〔2〕"见夜鱼"句：《道藏》本、刘绩《补注》本同。王念孙《读书杂志》、《太平御览·鳞介部》七引作"见夜鱼者释之"，《群书治要》引作"见夜渔者得鱼则释之"。

〔3〕至：指达到很高的境界。《玉篇》："至，极也。"

〔4〕暗行：黑暗中行事。指独自行事。

〔5〕诚：《道藏》本、刘绩《补注》本同。诚，告诫义。王念孙《读书杂志》：各本及庄本"诚"字皆误作"诫"。《群书治要》引此，正作"诚"。《吕氏春秋》、《家语》并同。按：刘文典《淮南鸿烈集解》：王谓"诫"当为"诚"，是也。"刑"为"形"假，言诚于此者则形于彼也。又按：以上化自《吕览·具备》，亦载于《孔子家语·屈节解》。

〔6〕"故《老子》曰"句：引文见《老子》十二、三十八、七十二章。

【译文】

宓子治理亶父三年之后,巫马期头戴绔巾,身着粗衣,改变容貌,微服去观察他的治政变化。看到夜里打鱼的人,把捕到的鱼扔到水里。巫马期便问:"你捕鱼为的是得到鱼,现在把捕到的鱼又放回水里,这是为什么呢?"打鱼的人回答说:"宓子不希望人捕取小鱼,所得到的是小鱼,因此又放回水中。"巫马期回去后,把此事报告孔子说:"宓子的道德教化已经达到很高的境界了。即使人在黑夜里行事,就好像有严刑在自己身边一样。宓子怎么能达到这种境界呢?"孔子说:"我曾经询问他如何治理国家,他说:'在这些地方告诫过,在那些地方就成了法规。'宓子必定实行的是这种方法。"因此《老子》中说:"抛弃浮华,取其厚实。"

罔两问于景曰:"照照者,神明也?"[1]景曰:"非也。"罔两曰:"子何以知之?"景曰:"扶桑受谢,日焰宇宙;焰焰之光,辉烛四海。[2]阖户塞牖,则无由入矣。[3]若神明,四通并流,无所不极,上际于天,下蟠于地,化育万物而不可为象,俯仰之间而抚四海之外,照照何足以明之?"[4]故《老子》曰:"天下之至柔,驰骋天下之至坚。"[5]

【注释】

〔1〕罔两:有两说。许慎注:"罔两,水之精物也。"按:指水中之怪物。《庄子·齐物论》郭象注:"罔两,景外之微阴也。"即影子外层的淡影。本书采后说。 景:《说文》:"光也。" 照照:光明的样子。《道藏》本、刘绩《补注》本作"昭昭"。 神明:许慎注:"罔两恍惚之物,见景光明,以为神也。"按:当指变化莫测的道的变化。

〔2〕扶桑:日所出之木。 谢:《楚辞·大招》王逸注:"谢,去也。"有衰落、代谢义。 焰:《道藏》本、刘绩《补注》本作"照"。其义同。

〔3〕阖:关闭。《说文》:"阖,一曰闭也。"

〔4〕蟠:曲伏。 照照:《道藏》本同。刘绩《补注》本作"昭昭"。

此则亦见于《庄子·寓言》，而内容不同。

〔5〕"故《老子》曰"句：引文见《老子》四十三章。

【译文】

罔两问日光说："光明的东西，是道的不测变化吗？"日光说："不是的。"罔两说："你怎么知道的呢？"日光说："太阳黄昏落下，早晨升起，光芒照射宇宙，灿烂的光辉，洒遍了四海。关闭门户，堵塞窗户，那么便没有办法进入了。而像道的莫测变化，四通八达，一起流向四方，没有什么地方不能到达，上面可以到达太空，向下可以蜷伏在大地之上，化孕了万物，而不能够成为形象，一俯一仰之间，可以安抚四海之外，光明的东西又怎么能够把它搞明白呢？"因此《老子》中说："天下最柔弱的东西，可以奔驰在天下最坚硬的东西中间。"

光耀问于无有，曰："子果有乎？其果无有（子）[乎]？"⁽¹⁾无有弗应也。光耀不得问，而就视其状貌，冥然忽然，视之不见其形，听之不闻其声，搏之不可得，望之不可极也。⁽²⁾光耀曰："贵矣哉！孰能至于此乎？予能有无矣，未能无无也。及其为无无，又何从至于此哉？"⁽³⁾故《老子》曰："无有入于无间，吾是以知无为之有益也。"⁽⁴⁾

【注释】

〔1〕光耀、无有：许慎注："光耀可见，而无有至虚者。""子"：《道藏》本、刘绩《补注》本作"乎"。当正。"子果"二句：许慎注："有形生于无形，何以能生物，故问果有乎？其无有也？"

〔2〕"就视"：《庄子·知北游》作"孰"。　冥然：深远的样子。"忽然"：空旷的样子。《庄子》作"空然"。　"视之"三句：见于《老子》十四章。

〔3〕"予能"二句：许慎注："言我能使形不可得，未能殊无形也。"

"无无":《庄子》作"无有"。以上见于《庄子·知北游》。

〔4〕"故《老子》曰"句：引文见《老子》四十三章。

【译文】

光耀问无有说："你是真有呢？还是没有呢？"无有没有答应。光耀得不到回答，而就近仔细看它的形状和外貌，深远而又空旷，看不见它的形体，听不到它的声音，摸不到它的形体，望不到它的边际。光耀说："真是可贵啊！谁能够达到这种境界呢？我能达到'无'的境界，不能够达到'无无'的境界。等到达'无'，又不免成为'有'了，又怎么能达到这种境界呢？"所以《老子》中说："看不见的力量，能进入到没有空隙的地方；我因此知道'无为'的好处。"

白公胜虑乱，罢朝而立，到杖策，錣上贯颐，血流至地而弗知也。〔1〕郑人闻之，曰："颐之忘，将何不忘哉？"〔2〕此言精神之越于外，智虑之荡于内，则不能漏理其形也。〔3〕是故神之所用者远，则所遗者近也。故《老子》曰："不出户，以知天下；不窥牖，以见天道。其出弥远，其知弥少。"〔4〕此之谓也。

【注释】

〔1〕"白公"句：许慎注："白公将为父复雠，起兵乱，因思虑之也。"虑：谋划。 杖：执持。 策：马鞭。 錣：马鞭头上的刺针。 颐：面颊。《广雅·释亲》："颐，颔也。"

〔2〕"郑人"几句：事载《左传·哀公十六年》。白公胜父亲太子建流亡郑国时被杀。这时郑国因为被晋侵略而向楚求救。楚令尹子西准备发兵相救。白公报仇心切，十分愤怒。因思虑集中在报仇上，忘记一切。

〔3〕越：泄散。 漏：补空。 理：调整，调理。以上化自《列子·说符》、《韩非子·喻老》。

〔4〕"故《老子》曰"句：引文见《老子》四十七章。

【译文】

白公胜准备叛乱,退朝后站着,倒执马鞭,马鞭头上的刺针向上扎进了面颊,鲜血流到地上,他却一点也不知道。郑国人听到此事,说:"面颊被扎都忘记了,将还有什么不能忘记呢?"这是说精神泄散在外部事物上,思虑在内部动荡,那么就不能修补理顺他的形体了。因此精神使用在遥远的地方,那么就会遗忘自己的身体。所以《老子》中说:"不出大门,而能知道天下事;不望窗户,能认识天道。走得越远,知道得越少。"说的就是这样的事。

秦皇帝得天下,恐不能守,发边戍,筑长城,脩关梁,设障塞,具传车,置边吏,然刘氏夺之,若转闭锤。[1]

昔武王伐纣,破之牧野,乃封比干之墓,表商容之间,柴箕子之门,朝成汤之庙;[2]发钜桥之粟,散鹿台之钱;[3]破鼓折枹,弛弓绝弦,去舍露宿,以示平易;[4]解剑带笏,以示无仇。[5]于此天下歌谣而乐之,诸侯执币相朝,三十四世不夺。[6]故《老子》曰:"善闭者,无关键而不可开也;善结者,无绳约而不可解也。"[7]

【注释】

[1]秦始皇:即嬴政。战国秦君。平定六国,建立秦朝。前246至前210年在位。 长城:于鬯《校淮南子》:姚广文云:"高诱序,淮南以父讳长,故其所著诸'长'字皆曰'脩'。《人间训》'将筑脩城'。此'长'字盖讳之未尽者。"按:秦长城,《人间训》载:"西属流沙,北击辽水,东结朝鲜。" 传车:传达命令的马车。 刘氏:指刘邦。 闭锤:古代编织衣物的架子,上有转轴,似纺锤形,转动灵活。许慎注:"闭锤,格也,上之锤,所以编薄席。反覆之易。"

[2]武王:周武王,周朝建立者,姬姓。灭商,建立周王朝,都镐(今陕西长安沣河以东)。 牧野:地名,在今河南淇县西南。 商容:商代贤者,曾被纣王废黜。 "柴箕子"句:许慎注:"纣死,箕子亡之朝鲜,旧居空,故柴护之也。" 成汤:商朝的建立者。任用伊尹为相,消灭夏朝。

〔3〕钜桥：商代粮仓名。因仓侧水上古有大桥而得名。在今河北曲周县东北。　鹿台：大台名，纣王所筑。在今河南汤阴朝歌镇南，亦为贮藏财物之所。

〔4〕抱：《道藏》本同。王萦本作"枹"。《说文》："枹，击鼓杖也。"

〔5〕笏：记事之手板。用玉、象牙、竹、木制成。

〔6〕币：《说文》："帛也。"　三十四世：从周武王到周赧王，共三十四代。加上"共和"执政，为三十五代。

〔7〕"故《老子》曰"句：引文见《老子》二十七章。

【译文】

秦始皇取得天下，担心不能守住它，于是发兵到边疆戍守，修筑万里长城，修建关卡、桥梁，设置险阻、障塞，准备了传车，派遣了关防官吏，然而刘氏夺取秦朝政权，就像转动闭锤一样容易。

从前周武王讨伐商纣王，在牧野把纣王打败，于是加高增大了比干墓地，旌表商容的里闾，保护好箕子的家门，朝拜成汤的宗庙；发放钜桥仓里的粮食，散发鹿台的钱币；剖开战鼓，折断鼓槌，松开弓弩，断绝弓弦，离开房舍，露宿在外，以此来表示平和简易；解下利剑，带笏上朝，以此来表示没有仇敌。在这时天下唱起歌谣来庆贺，四方诸侯拿着丝帛来朝拜，这样一直统治了三十四代，而没有人夺取。因此《老子》中说："善于关闭的人，没有门闩，却不可以打开；善于打结的人，没有绳结，但不能够解开。"

尹需学御，三年而无得焉，私自苦痛，常寝想之。〔1〕中夜梦受秋驾于师。〔2〕明日往朝，师望之，谓之曰："吾非受道于子也，恐子不可（子）〔予〕也。〔3〕今日将教子以秋驾。"尹需反走，北面再拜曰："臣有天幸，今夕固梦受之。"〔4〕故《老子》曰："致虚极，守静笃，万物并作，吾以观其复也。"〔5〕

【注释】

〔1〕尹需：古代善御之人。《吕览·博志》作"尹儒"。　寝想：即睡

觉中也在考虑。

〔2〕秋驾：善御之术。陈奇猷《吕氏春秋校释》："愚谓秋驾者，盖类似今人所谓飞车之术。"

〔3〕"师望之，谓之"：《吕览·博志》作"望而谓之"。 "受"：《道藏》本、刘绩《补注》本同。《吕览·博志》、《四库全书》本作"爱"。爱，吝啬之义。《老子》四十四章："甚爱必大费。" "子"：《道藏》本、刘绩《补注》本作"予"。当正。

〔4〕天幸：非人力所致的好运气。郑良树《淮南子斠理》：《类说》引此作"大幸"。 固：本来。以上见于《吕览·博志》及《庄子》佚文。

〔5〕"故《老子》曰"句：引文见《老子》十六章。 虚：空虚无欲。笃：坚守。《尔雅·释诂下》："笃，固也。" 复：回复。

【译文】

尹需学习驾驭马术，三年而没有得到要领，私下里自己感到很痛苦，常常睡觉时也在考虑。一次半夜中梦见老师教给他驾驭的绝技。第二天去拜见老师，老师望着他，对他说："我不是对你吝啬驾技，担心你不能够接受它。今日准备教你驾驭的妙技。"尹需听了，退回几步，面向北又拜了一次老师，并说："我有好运气，昨晚本来已经在梦中接受了老师的技艺。"所以《老子》中说："尽量使心灵虚寂，要切实坚守清静，万物都在生长发展，我从而观察它的循环往复。"

昔孙叔敖三得令尹，无喜志；三去令尹，无忧色。〔1〕延陵季子，吴人愿一以为王而不肯。〔2〕许由，让天下而弗受。晏子与崔杼盟，临死地不变其仪。〔3〕此皆有所远通也。〔4〕精神通于死生，则物孰能惑之？

【注释】

〔1〕"昔孙叔敖"二句：见《庄子·田子方》、《吕览·知分》。

〔2〕"延陵季子"二句：见《吕览·知分》。延陵季子，本书凡四见。 "一"：杨树达《淮南子证闻》："一"字义不可通。《吕览·知分》无"一"字。

〔3〕"晏子"二句：见《吕览·知分》及本书《精神训》。
〔4〕远通：通达。

【译文】

　　从前孙叔敖三次担任令尹，没有高兴的意向；三次失去令尹，也没有忧虑的神色。延陵季子，吴国上下都愿意把他立为君王，而他却坚决不肯。尧让天下给许由，而他坚辞不受。崔杼弑君，胁迫晏子与他同谋，晏婴面临死地，而不改变自己的信念。这些人都是能够通达事物变化的人。精神上对死生已经明达，那么外物中还有什么能迷惑他呢？

　　荆有佽非，得宝剑于干队。⁽¹⁾还反度江，至于中流，阳侯之波，两蛟挟绕其船。⁽²⁾佽非谓枻船者曰："尝有如此而得活者乎？"⁽³⁾对曰："未尝见也。"于是佽非瞋目禨然攘臂拔剑曰："武（王）〔士〕可以仁义之礼说也，不可劫而夺也。⁽⁴⁾此江中之腐肉朽骨，弃剑而已，余有奚爱焉？"⁽⁵⁾赴江刺蛟，遂断其头。⁽⁶⁾船中人尽活，风波毕除。荆爵为执圭。孔子闻之，曰："夫善载！腐肉朽骨弃剑者，佽非之谓乎？"⁽⁷⁾故《老子》曰："夫唯无以生为者，是贤于贵生焉。"⁽⁸⁾

【注释】

　　〔1〕佽非：春秋楚勇士。　干队：许慎注："干国在今临淮，出宝剑，盖为莫邪、洞鄂之形也。"按：临淮，在今安徽凤阳境内。队，通"隧"，山间小道。
　　〔2〕阳侯之波：见本书《览冥训》。《楚辞·哀郢》王逸注："阳侯，大波之神。"蛟：许慎注："龙属也。鱼满二千五百斤，蛟来为之主也。"
　　〔3〕枻：短桨。《楚辞·九歌·湘君》洪兴祖补注："楫谓之枻。"古楚语。　"尝有"：俞樾《诸子平议》："尝"下脱"见"字。《吕览·知分》作

"子尝见有……"。按：《知分》无"有"字。俞说未必是。

〔4〕瞋目：即瞪大眼睛。《道藏》本、刘绩《补注》本、《四库全书》本作"瞑目"，似与文义不符。　敦然：盛怒的样子。　攘臂：捋起袖子，表示振奋。　"王"：《道藏》本、刘绩《补注》本作"士"。当正。　劫：劫迫。

〔5〕"此江中"句：《吕览·知分》同。下文"腐肉朽骨"句，《知分》作"不以腐肉朽骨而弃剑者"。陈奇猷《吕氏春秋校释》谓"腐肉朽骨"为自指。孙锵鸣《吕氏春秋高注补正》"腐肉朽骨"指蛟。以孙说为长。　爱：吝惜。

〔6〕赴：有跳入义。

〔7〕载：俞樾《诸子平议》：当为"哉"，声之误也。"哉"下脱"不以"二字。《吕氏春秋》正作"夫善哉，不以……"。按：《诗·大雅·大明》"文王初载"，马瑞辰《毛诗传笺通释》："载、哉古亦通用。"俞樾校"载"有误。以上见于《吕览·知分》。

〔8〕"故《老子》曰"句：引文见《老子》七十五章。

【译文】

楚国有一个叫佽非的人，在干国山间小道上得到一柄宝剑。他返回渡江时，到了江心，阳侯之波掀起巨浪，两条蛟龙夹绕在船的左右。佽非对划船的人说："曾经见到像这种情况，而船上的人还能够活下去的吗？"船工回答说："不曾见到过。"佽非听了，猛然怒目圆睁，捋起袖子，拔出宝剑说："武士可以用仁义道理去说服，不能够劫迫而强夺他的志向。这两蛟不过是江中腐朽的尸骨，最多不过抛弃宝剑罢了，我又有什么吝惜的呢？"于是跳入江中，刺杀两蛟，割下了两蛟之头。船上之人都得到了保全，风波全部平息了。楚王赐给他最高的执圭之爵位。孔子听说此事后，说："太好啦！不因为腐朽尸骨的威胁而抛弃宝剑的，大概说的就是佽非吧？"因此《老子》中说："不看重生命的人，比过分看重生命的人高明。"

齐人淳于髡以从说魏王，魏王辩之，约车十乘，将使荆。⁽¹⁾辞而行，人以为从未足也，复以衡说，其辞若然。⁽²⁾魏王乃止其行而疏其身。失从心志，而有不能成衡之事，是其所以固也。⑶夫言有宗，事有本。⑷失其宗本，技能虽多，不若其寡也。故周鼎著倕，而使龁其指，先王以见大巧之不可也。⑸故《慎子》曰："匠人知为门，能以门，所以不知门也。⑹故必杜，然后能门。"

【注释】

⑴齐：周初分封的诸侯国，开国君主是吕尚，都营丘。春秋晚期政权归陈氏，成为战国七雄之一。前221年为秦所灭。　淳于髡：战国齐学者，以博学著称，齐威王时为大夫。并见于《史记·滑稽列传》。　从：通"纵"，即合纵。　魏王：即魏惠王，名莹，在位五十年。

⑵人：《道藏》本、《道藏辑要》本、刘绩《补注》本同。孙诒让《札迻》改为"又"，非。　"人以为"三句：许慎注："从说，说诸侯之计，当相从也。衡说，从之非是，当横，更计也。"按：衡，即连横。张仪连横，连六国以事秦。苏秦合纵，合六国以抗秦。

⑶"心志"：王念孙《读书杂志》：今本"之"作"心"者，因"志"字而误。《吕览·离谓》作"失从之意"，是其证。　固：《广雅·释言》："陋也。"即鄙陋义。

⑷"言有宗"二句：见于《老子》七十章。

⑸"故周鼎"二句：已见本书《本经训》。　"不可也"：《道藏》本、刘绩《补注》本同。王念孙《读书杂志》："不可"下脱"为"字。《吕氏春秋》作"不可为也。"按：以上见于《吕览·离谓》。

⑹《慎子》：战国赵人慎到，学黄老之术，后为法家。《汉书·艺文志》"法家"收《慎子》四十二篇。"慎到"事见《史记·孟子荀卿列传》。

【译文】

　　齐国学者淳于髡以合众弱攻一强的理论说服魏王，魏王认为他很辩达，给他装束十乘车子，准备让他出使到楚国去。告辞准备出发的时候，人们认为他的合众之说不够周密，于是他又以连横的观点说服魏王，他的言论还是原来的样子。魏王（觉得他反复无常），便停止了他的出使，而逐渐疏远了他。失去了合纵的志向，而又不能够成就连横的事业,这样的原因是由于他的鄙陋造成的。言论要抓住主旨,事理要掌握根本。失掉根本宗旨,技艺即使很多,不如少一点更好。因此在周朝的鼎上铸上倕的形象,而使自己咬住手指,先王以此来表明大巧是不值得施行的。因此《慎子》中说:"匠人知道造门,知道能用它来守护,不知道门所以能用来守护的原因。所以必须加上关、钥,才能用来守护。"

墨者有田鸠者,欲见秦惠王。[1]约车申辕,留于秦,周年不得见。[2]客有言之楚王者,往见楚王。[3]楚王甚悦之,予以节,使于秦。[4]至,因见(予之将军之节)惠王,而说之。[5]出舍,喟然而叹,告从者曰:"吾留秦三年不得见,不识道之可以从楚也。"[6]物固有近之而远,远之而近者。[7]故大人之行,不掩以绳,至所极而已矣。[8]此所谓《筦子》枭飞而维绳者。[9]

【注释】

〔1〕墨:指墨家学派。《汉书·艺文志》"墨家"云:"墨家者流,盖出于清庙之守。" 田鸠:即田俅子。战国初齐人,墨子弟子。《汉书·艺文志》"墨家"有《田俅子》三篇。 秦惠王:即秦惠文王,名驷,秦孝公之子,在位二十七年。

〔2〕申:有捆扎义。 "周年":《吕览·首时》作"三年"。本节亦作"三年"。当是。

〔3〕楚王:指楚威王。战国楚君,在位十一年。

〔4〕节:符节。

〔5〕"予之将军之节":《道藏》本、刘绩《补注》本、《四库全书》本同。陈昌齐《淮南子正误》:"予之将军之节"六字,乃是上文"予以节"的注语。今误入此句中,文义遂不可晓。《吕览·首时》:"楚王说之,与将军之节如秦。至,因见惠王。"

〔6〕喟然:叹息声。 识:知道。

〔7〕"物固有"二句:《吕览·首时》高诱注:"留秦三年不得见惠王,近之而远也;从楚来,至而得见,远之而近也。"

〔8〕掩：《兵略训》"掩节而断割"，高诱注："掩，覆也。"即覆盖义。

〔9〕《筦子》：《汉书·艺文志》"道家"有《筦子》八十六篇。《史记》有《管晏列传》。管子，春秋时颍上（今安徽颍上）人。名夷吾，字仲，谥敬，又称管敬仲。前651年相齐桓公，助桓公成就霸业。"枭飞而维绳"：许慎注："言为士者，上下无常，进退无恒，不可绳也。以喻飞枭，从下绳维之，而欲翱翔，则不可也。"按：《管子·宙合》："鸟飞准绳，此言大人之义也。"疑"维"当作"准"。

【译文】

墨家学派有个叫田鸠的人，想求见秦惠王。他停下车子，捆扎起车辕，止留在秦国，整整三年没见到秦惠王。客人中有人向楚王推荐了田鸠，田鸠从秦到楚拜见楚王。楚王非常高兴，给予他一个符节，派他出使到秦国去。到了秦，因此得见秦惠王，惠王很喜欢他。出了客舍，田鸠长长地叹了一口气，他告诉随行的人说："我滞留在秦国三年，没有见到国君，不知道通向秦君的道路可以从楚国来实现。"万物中本来就有想靠近它却离得很远，想远离它却能够接近的情况。因此德行高尚的人的行动，不是像踩着绳子行走一样，但是到达终点却是一致的。这就是《管子》所说，枭鸟飞行进退上下，但符合准绳是一致的。

丰水之深千仞，而不受尘垢，於金铁针焉，则形见于外，非不深且清也，鱼鳖龙蛇，莫肯之归也。〔1〕是故石上不生五谷，秃山不游麋鹿，无所阴蔽隐也。〔2〕

【注释】

〔1〕丰水：源出陕西长安西南秦岭山中，北流至西安入渭水。周代建有丰京。　千：何宁《淮南子集释》："千仞"当作"十仞"。《玉烛宝典》七、《贞观政要》五《公平篇》、《太平御览》八百十三引皆作"十仞"。《文子·上德篇》同。按：《四库全书》本在《上礼》，何引误。　"於"：《道藏》本、刘绩《补注》本作"投"。疑"於"字误。　"金铁针"：《道藏》本、刘绩《补注》本同。王念孙《读书杂志》："金铁"下不当有"针"

字。今作"金铁针"者，一本作"铁"，一本作"针"，而后人误合之耳。《太平御览·珍宝部》十二引无"针"字。何宁《淮南子集释》:《贞观政要》五引作"金铁在焉"，亦无"针"字。《玉烛宝典》七引作"金针投之"，为一本作"针"之证。

〔2〕"无所阴蔽隐也"句:《道藏》本、刘绩《补注》本同。王念孙《读书杂志》:"隐"字盖"蔽"字之注，而误入正文者。(《广雅》:"蔽，隐也。")《文子》无"隐"字，是其证。

【译文】

丰水的深度有千仞，而不被尘垢污染，把金、针投入水中，它们的形体可以清晰显示出来，不能不说是既深又清。但是鱼鳖龙蛇，没有肯归入水中的。因此石头上生不出五谷来，荒山秃岭上没有麋鹿遨游，因为没有什么地方可以隐蔽它们。

昔赵文子问于叔向曰:"晋六将军，其孰先亡乎?"[1]对曰:"中行、知氏。"[2]文子曰:"何乎?"对曰:"其为政也，以苛为察，以切为明，以刻下为忠，以计多为功。[3]譬之犹廓革者也，廓之，大则大矣，裂之道也。"[4]故《老子》曰:"其政闷闷，其民纯纯;其政察察，其民缺缺。"[5]

【注释】

〔1〕赵文子:即赵武，又称赵孟。春秋晋大夫赵朔子。晋景公讨伐赵氏，他随母庄姬姬养于宫中，后被继立为赵氏后嗣。曾执晋政。 叔向:春秋晋大夫，羊舌氏，名肸。在晋平王时曾任太傅。 晋:周初分封的诸侯国。开国君主是周成王弟叔虞，都于唐。春秋晚期被韩、赵、魏所瓜分。 六将军:指范氏、中行氏、知氏、韩氏、赵氏、魏氏六卿，统领军队。

〔2〕中行:即中行寅。也叫中行文子。姓荀氏。 知氏:即知伯瑶，姓荀氏。

〔3〕"以苛为察"句:以烦琐苛刻为明察。 切:责备、责难。 刻下:苛刻严峻对待下民。

〔4〕廓：扩张。《原道训》高诱注："廓，张也。"
〔5〕"故《老子》曰"句：引文见《老子》五十八章。　憪憪：质朴的样子。　纯纯：诚挚的样子。　察察：苛求的样子。　缺缺：破败的样子。

【译文】
　　从前赵文子向叔向请教说："晋国六将军中，哪一家先灭亡呢？"叔向回答说："中行氏、知氏。"赵文子问："为什么呢？"叔向回答说："他们处理政事，把苛刻作为明察，把责难作为明辨，把严峻对待下民作为忠君，把计谋多作为功劳。比如就像扩张皮革，扩张开来，大是大了，但是却导致破裂。"因此《老子》中说："政治宽厚，人民就淳朴忠诚；政治严苛，人民就抱怨不满。"

　　景公谓太卜曰："子之道何能？"〔1〕对曰："能动地。"〔2〕晏子往见公，公曰："寡人问太卜曰：'子之道何能？'对曰：'能动地。'地可动乎？"晏子默然不对，出见太卜，曰："昔吾见句星在房、心之间，地其动乎？"〔3〕太卜曰："然！"晏子出，太卜走往见公曰："臣非能动地，地固将动也。"田子阳闻之，曰："晏子默然不对者，不欲太卜之死；往见太卜者，恐公之欺也。〔4〕晏子可谓忠于上而惠于下矣。"故《老子》曰："方而不割，廉而不刿。"〔5〕

【注释】
　　〔1〕景公：春秋齐君，名杵臼。庄公异母弟。崔杼弑君后，被立为齐君，在位五十八年。　太卜：占卜之官。周代叫卜正。
　　〔2〕动地：即地震。
　　〔3〕句星：又作钩星。客星的一种。　房：房星，又叫天驷，东方苍龙七宿第四宿。　心：东方苍龙七宿的第五宿。　"昔吾"二句：许慎注："句星，客星也。驷，房。句星守房、心，则地动也。"
　　〔4〕田子阳：齐臣，又作陈子阳。此则见于《晏子春秋·外篇》，并

载《论衡·变虚》。

〔5〕"故《老子》曰"句：引文见《老子》五十八章。　廉：《广雅·释言》："棱也。"即棱角义。　刿：《说文》："利伤也。"有割伤义。

【译文】

齐景公问太卜说："你的本领能做什么？"太卜回答说："我能使大地震动。"晏子拜见景公，景公说："我问太卜说：'你的本领能做什么？'他回答说：'能使大地震动。'大地能够震动吗？"晏子沉默了一会，没有回答，出来后见了太卜，说："前些日子我观察钩星出现在房、心之间，大地将要发生地震吗？"太卜说："是的！"晏子出来，太卜跑着去拜见景公说："我不能使大地震动，大地本来将要自己震动。"田子阳听说这件事后，说："晏子沉默没有回答景公的问话，是不想让太卜因欺君之罪而被处死；又去见太卜，是担心景公被欺骗。晏子可以说是既忠于国君又爱护部下。"因此《老子》中说："行为方正，却不伤害人；有棱角，但不至于把人划伤。"

魏文侯觞诸大夫于曲阳。〔1〕饮酒酣，文侯喟然叹曰："吾独无豫让以为臣子！"〔2〕蹇重举白而进之，曰："请浮君！"〔3〕君曰："何也？"对曰："臣闻之，有命之父母，不知孝（于）[子]；〔4〕有道之君，不知忠臣。夫豫让之君，亦何如哉？"〔5〕文侯受觞而饮，釂而不献，曰："无管仲、鲍叔以为臣，故有豫让之功。"〔6〕故《老子》曰："国家昏乱有忠臣。"〔7〕

【注释】

〔1〕觞：进酒，劝酒。　曲阳：在今河北曲阳大沙河之东，因在太行山曲之南而得名。

〔2〕酣：饮酒痛快。　"吾独"句：许慎注："豫让事知伯，而死其难，故文侯思为臣。"按："豫让"事亦载《史记·刺客列传》。　子：《道藏》本同。刘绩《补注》本、《四库全书》本作"乎"。

〔3〕蹇重：文侯臣。　白：古代罚酒的酒杯。《汉书·叙传》颜师古注："白者，罚爵之名也。"　浮：罚。

〔4〕有命：指掌握命运。　"于"：《道藏》本、刘绩《补注》本作"子"。当正。

〔5〕"夫豫让之君"二句：许慎注："豫让相其君，而君见杀，亦何如？不足贵也。"

〔6〕釂：喝干杯中酒。　献：主人进酒给宾客。　"而饮，釂而不献"：《道藏》本、刘绩《补注》本无下"而"字。《说苑·尊贤》作："受浮而饮之，釂而不让。"据此，当有两"而"字。　鲍叔：亦名鲍叔牙。春秋齐贤大夫。少与管仲友善。以知人荐贤著称。因举桓公仇人管仲为相，使齐桓公成为春秋霸主。《史记·管晏列传》等有记载。

〔7〕"故《老子》曰"句：引文见《老子》十八章。

【译文】
　　魏文侯在曲阳设宴招待群大夫，饮酒正痛快，魏文侯叹了口气说："我只是没有像豫让那样的人给我做臣子！"大夫蹇重举起罚酒的杯子说："请允许罚国君一杯！"文侯说："为什么呢？"蹇重回答说："我听说过，掌握了自己寿夭、祸福的父母，没有必要知道谁是孝子；掌握了大道的国君，没有必要知道谁是忠臣。豫让效忠的君主，（最终因不得人心而被杀），他又算得了什么呢？"文侯接受罚酒的杯子，一饮而尽，并不进酒给蹇重，说："就是因为国君没有选定像管仲、鲍叔牙那样德才超群的人，所以才成就了豫让的功劳。"因此《老子》中说："国家昏乱，才有所谓忠臣。"

　　孔子观桓公之庙，有器焉，谓之宥卮。⁽¹⁾孔子曰："善哉！（乎）〔予〕得见此器。"⁽²⁾颜顾曰："弟子取水。"⁽³⁾水至，灌之。其中则正，其盈则覆。⁽⁴⁾孔子造然革容曰："善哉！持盈者乎！"⁽⁵⁾子贡在侧曰："请问持盈？"⁽⁶⁾曰："揖而损之。"⁽⁷⁾曰："何谓揖而损之？"曰："夫物盛而衰，乐极则悲，日中而移，月盈而亏。是故聪明睿知,守之以愚;⁽⁸⁾多闻博辩,守之以俭;武力毅勇,守之以畏;富贵广大,守之以陋;德施天下,守之以让。此五者,先王所以守天下而弗失也。反此五者,未尝不危也。"故《老子》曰:"服此道者不欲盈。夫唯不盈,是以能弊而不新成。"⁽⁹⁾

【注释】
〔1〕桓公:鲁桓公,春秋鲁君,名子允,在位十八年。 宥卮:古代的一种盛水器。西安半坡出土盛水陶罐,尖底、口小、腹大,重心居中,即古老宥卮之原形。此物又叫宥坐、右坐,后代称欹器。取"持中"之意。宥,通"右"。杜预、刘徽、祖冲之等曾加以仿造。
〔2〕"乎":《道藏》本同。刘绩《补注》本作"予"。当正。
〔3〕"颇顾曰":《道藏》本、刘绩《补注》本作"顾曰"。《荀子·宥坐》作"顾谓弟子曰",《孔子家语·三恕》同。颇,《说文》"头偏也"。顾,《说文》"还视也"。即回头看。二字义近。疑"颇"为衍文。
〔4〕"其中则正"句:许慎注:"中,水半卮中也。"按:指水装适中就会端正。 "其盈则覆"句:装满了就会倾覆。
〔5〕造然:突然。 革:改变。 持盈:持满。
〔6〕子贡:孔子弟子。春秋末卫国人。姓端木,名赐,字子贡,也作子赣。善于经商和游说。
〔7〕挹:《道藏》本同。通"抑"。《玉篇》:"抑,损也。"刘绩《补注》本作"益"。《四库全书》本同。
〔8〕睿知:明智,智慧。此则出自《荀子·宥坐》,亦载于《韩诗外传》卷三、《孔子家语·三恕》、《说苑·敬慎》等。
〔9〕"故《老子》曰"句:引文见《老子》十五章。

【译文】
孔子和他的弟子去参观鲁桓公的宗庙,那里有一种巧器,名叫宥卮。孔子说:"好啊!我得以能够见到这个宝物。"回头对弟子说:"你们取水来。"水送到后,灌至容器中。装得正适中就会端正,满了就会倾覆。孔子见了,突然改变面容说:"好啊!这才是持盈之道啊！"弟子子贡在旁边，问孔子说："请问如何保持满而不倾呢？"孔子说："抑制而减少它。"子贡问："什么叫持盈之道呢？"孔子说："万物极盛就要走向灭亡，快乐到极点就要走向悲哀，太阳过正午就要移动，月亮满了就要变亏缺。因此聪明智慧的人，要用无知来持守；见闻广博的人，要用浅陋来持守；勇武刚强的人，要用畏惧来持守；富足尊贵的人，要用节俭来持守；德泽施予天下的人，要用谦让来操守。这五个方面，是先王用来持守天下而不失去的原则。违反这五个原则，没有不曾遭到危险的。"因此《老子》中说："保持这种处世之道的人，不肯自满。正因为不自满，所以在失败之后，而又能得到更新成功。"

武王问太公曰："寡人伐纣，天下是臣杀其主而下伐其上也。〔1〕吾恐后世之用兵不休，斗争无已，为之奈何？"太公曰："甚善！王之问也。夫未得兽者，惟恐其创之小也；〔2〕已得之，惟恐伤肉之多也。王若欲久持之，则塞民于兑，道全为无用之事、烦扰之教，彼皆乐其业、供其情，昭昭而道冥冥。〔3〕于是乃去其督而载之木，解其剑而带之笏；〔4〕为三年之丧，令类不蕃；〔5〕高辞卑让，使民不争。〔6〕酒肉以通之，竽瑟以娱之，鬼神以畏之。繁文滋礼以拿其质，厚葬久丧以亶其家。〔7〕含珠鳞施纶组，以贫其财；〔8〕深凿高垄，以尽其力；家贫族少，虑患者寡。以此移风，可以持天下弗失。"故《老子》曰："化而欲作，吾将镇之以无名之朴也。"〔9〕

【注释】

〔1〕是：以为是。《汉魏丛书》本断句作"寡人伐纣天下"，动宾搭配不当，不可取。

〔2〕"夫未得兽"二句：许慎注："猎禽恐不能杀，故恐其创小也。"

〔3〕兑：洞穴。指耳目鼻口。 "全"：《道藏》本、刘绩《补注》本同。俞樾《诸子平议》："全"乃"令"字之误。"令"犹"使"也，"道"与"导"同，谓导使为无用之事，烦扰之教也。 "供"：《道藏》本、刘绩《补注》本同。王念孙《读书杂志》："供"当为"佚"，"佚"与"逸"同，安也。 "昭昭"句：向宗鲁《淮南校文》："昭昭"上脱"释"字。"释"与"舍"同。

〔4〕瞀：许慎注："被发也。"俞樾《诸子平议》：瞀，当为鍪。鍪者，兜鍪也。作"瞀"者，叚字耳。 "木"：许慎注："鹜鸟冠也。知天文者冠鹜。"按：依此注，"鹜鸟"为家鸭，恐误。王念孙《读书杂志》引之曰："木"当为"术"，字之误也。"术"即"鹬"字也。《说文》："鹬，知天将雨[鸟]也。"盖"鹬"字本有"述"音，故其字或作鹬，又通作"术"耳。又按：《广雅·释鸟》："鹬子，鹬也。"曹宪注："鹬，音述。"《集韵》"术"韵："鹬，翠羽鸟也。或作鹬。"鹬即翠鸟，古人以羽为饰。

〔5〕蕃：繁衍。

〔6〕高辞：华美的词藻。 卑让：低下，谦让。

〔7〕弇：掩蔽。 亶：杨树达《淮南子证闻》："亶"，当读为"殚"。《说文》："殚，殛尽也。"

〔8〕"含珠"句：向宗鲁《淮南校文》："含珠鳞施"为句，"纶组"下脱二字，本书《齐俗篇》"含珠鳞施，纶组节束"。此文"纶组"下脱"节束"二字。当依《齐俗篇》补。 鳞施：《吕览·节丧》高诱注："施玉于死者之体如鱼鳞也。"即金缕玉衣。 纶组：用青丝绳做成的阔带子。用作佩印或绶带。

〔9〕"故《老子》曰"句：引文见《老子》三十七章。

【译文】

周武王问姜太公说："我讨伐商纣王，天下人认为这是臣子弑君而下讨伐上，我担心后世学我的样子，用兵不止，争斗不休，对这样的事该怎么办呢？"太公听了说："这个问题提得好！（这就像打猎一样），在没有得到野兽的时候，只担心它的伤口小了些；等到捕得了野兽，又担心伤口太大了。国君要想长久地统治国家，那么就要把老百姓的耳目口鼻堵塞起来，引导他们去干那些无用的事情，对他们进行烦琐的教化，使他们都能够喜欢自己的工作，使他们的性情得到安逸，由明白人变成糊涂虫。在这个时候，便去掉他们的盔甲，而戴上华美的羽饰；解下他们的利剑，带上朝拜用的笏板；实行三年之丧，使他们同族繁衍不快；使用华丽的词藻，卑谦的礼节，使百姓不去争斗。用美味佳肴塞满肚子，用竽瑟来使他们娱乐，用鬼怪来使他们敬畏。繁文琐礼，来掩盖他们质朴的本质；厚葬久丧，来使他们的家产消耗干净。口含珠宝，身穿玉衣，佩着印绶，来使他们的财产变成泥土；深挖战壕，高筑城墙，用来耗尽他们的体力。家家贫困，族族人少，考虑患祸的人就很少了，用这种办法改变风气，可以长久地持守天下而不会失去。"因此《老子》中说："人们在生长变化中，物质生活欲望可能发生，我将用'无名之朴'（道）来镇服它们。"

第十三卷　氾论训

【题解】

本篇的宗旨是"博说世间、古今得失,以道为化,大归于一"。涉猎众多,内容广泛,而都归结到"道"这个核心之中。

本训首先用大量篇幅阐明了作者的历史观,指出物质文明和科学技术的发展,是战胜自然、随着时代发展而产生的。

对于法制和礼乐制度,"不宜则废之"。法与时变,礼与俗化,反对崇旧循古。"治国有常,而利民为本;政教有经,而令行为上。苟利于民,不必法古;苟周于事,不必循旧"。体现了作者进步的历史观。圣人治政,不能凝滞不化,"论事而为之治"。

对于任人,要看主流。认为"自古及今,五帝三王,未有能全其行者也"。不能以"人之小过揜其大美"。

对社会流行的鬼神崇拜,作者认为是社会需要,而不是真有效验。这种无神论思想是值得肯定的。

陶方琦《淮南许注异同诂》:序目有"因以题篇"字,高注本也。

古者有鍪而绻领以王天下者矣,其德生而不辱,予而不夺。〔1〕天下不非其服,同怀其德。〔2〕当此之时,阴阳和平,风雨时节,万物蕃息,乌鹊之巢,可俯而探也,禽兽可羁而从也,岂必褒衣博带句襟委章甫哉?〔3〕

【注释】

〔1〕鍪:高诱注:"头著兜鍪帽,言未知制冠也。一说鍪,放发也。"按:鍪,古代武士的头盔。秦、汉前称"胄",后称"兜鍪"。《广韵》

"尤"韵:"鍪,兜鍪。""放发"义见《道应训》许慎注:"瞀,被发也。"知高、许注异。又朱骏声《说文通训定声》:"鍪之言蒙也,冒也,所以冒首。"即包头义。以其说为长。　绻领:翻领。《文子·上礼篇》作"卷领"。　"辱":《道藏》本、刘绩《补注》本同。王念孙《读书杂志》:"不辱"本作"不杀"。《文子·上礼篇》作"不杀"。

〔2〕非:高诱注:"犹讥呵也。"按:即讥刺义。　怀:归附。

〔3〕和平:和洽平静。　蕃息:繁衍生长。　褒衣博带:高诱注:"褒衣谓方与之衣,如今吏之左衣也。博带,大带。"按:指宽衣大带。古代儒生的服饰。　句襟:高诱注:"今之曲领(曲领)褒衣也。"按:指曲领衣。　委:高诱注:"委貌冠。"按:《释名·释首饰》:"委貌,冠形委曲之貌,上小下大也。"　章甫:《释名·释首饰》:"殷冠名也。甫,丈夫也。服之所以表章丈夫也。"以上化自《晏子春秋·谏》、《荀子·哀公》、《庄子·马蹄》。

【译文】
　　古代三皇以前的君王有头戴兜鍪,翻卷领部,而统治天下。他们实行德政,使人民繁衍而不加杀害;给予百姓财物,而不夺取。天下的人不讥议他们的服饰,而共同含怀他们的德泽。在这个时候,阴气、阳气平静和洽,风雨按时来临,万物旺盛生长。乌鸦、喜鹊的鸟巢,可以俯下身子,取出卵来;禽兽可以牵着而跟随主人,难道一定需要儒生的宽衣大带,穿着曲领衣,戴着帽子吗?

古者民泽处复穴,冬日则不胜霜雪雾露,夏日则不胜暑热蚊虻,圣人乃作,为之筑土构木,以为宫室,上栋下宇,以蔽风雨,以避寒暑,而百姓安之。〔1〕伯余之初作衣也,緂麻索缕,手经指挂,其成犹网罗;〔2〕后世为之机杼胜複,以便其用,而民得以掩形御寒。〔3〕古者剡耜而耕,摩蜃而耨,木钩而樵,抱甀而汲,民劳而利薄。〔4〕后世为之耒耜耰锄,斧柯而樵,桔皋而汲,民逸而利多焉。〔5〕古者大川名谷,冲绝道路,不通往来也，乃为窬木方版，以为舟航，故（也）[地]势有无，得相委输。[6] 乃为（靬）[鞬]蹄而超千里，肩负儋之勤也，而作为之楺轮建舆，驾马服牛，民以致远而不劳。[7] 为鸷禽猛兽之害伤人，而无以禁御也，而作为之铸金（鍜）[锻]铁，以为兵刃，猛兽不能为害。[8] 故（居）[民]迫其难，则求其便；[9] 困其患，则造其备。人各以其所知，去其所害，就其所利。[10] 常故不可循，器械不可因也，则先王之法度，有移易者矣。[11]

【注释】

〔1〕处：居处。 复穴：垒土或挖土为窟穴。《说文》："覆，地室也。"复（複），通"覆"。"蛊"：《道藏》本、刘绩《补注》本作"蛊"。《广韵》"送"韵有"蚛"字，有虫咬义。可参考。 作：高诱注："起也。"即兴起义。 构：架构。 "宫室"：王念孙《读书杂志》：《御览·居处部》二引作"室屋"。 栋：屋的正梁。 宇：屋边。以上化自《周易·系辞下》。

〔2〕伯余：高诱注："黄帝臣。《世本》曰：'伯余制衣裳。'一曰：伯余，黄帝。" 緂：高诱注："锐。"按：朱骏声《说文通训定声》："叚借为剡。"《说文》："剡，锐利也。"即揉搓变细义。 索：使成绳状。 缕：麻线。 经：横线。 挂：分别，区分。《集韵》"齐"韵："挂，别也。"

〔3〕机杼：织布机。机以转轴，杼以持纬。 胜複：通"滕複"。《说文》："滕，机持经者。"《汉语大字典》："织布机上的机件之一，即'筘'。用来确定经纱的密度，保护经纱的位置。"又《说文》："複，机持缯者。"即织布机卷轴。

〔4〕剡：锐利。 耨：古代一种类似锹的农具。 "摩蜃"句：高诱注："蜃，大蛤。摩令利，用之耨。耨，除苗秽也。" 木钩：以木为镰。 甄：瓮、坛一类的容器。

〔5〕耒耜：古代一种像犁的农具。木把叫"耒"，犁头叫"耜"。 櫌：农具名。用来捣碎土块，平整土地。 柯：斧柄。 桔皋：古代井中汲水的工具。

〔6〕冲：通"衡"。冲绝，即横绝。 窬木：中空的木头。《说文》：

"窬,一曰空中也。" 方版:两船并行。 "也":《道藏》本、刘绩《补注》本作"地"。 委输:运送。以物置于舟车中叫"委",转运到它处交卸叫"输"。

〔7〕"鞂":《道藏》本、刘绩《补注》本、《四库全书》本同。王念孙《读书杂志》:"鞂"当为"鞮"。《说文》:"鞮,柔革也。" 蹻:草鞋。 负儋:背负肩担。《说文》:"儋,何也。"俗作"担"。 勤:辛劳。 楺轮:使木弯曲作车轮。

〔8〕"锻":《道藏》本、刘绩《补注》本同。《道藏辑要》本、《四库全书》本作"锻",当是。

〔9〕"居":《道藏》本、刘绩《补注》本作"民",当正。

〔10〕"以其所知"句:《文子·上礼篇》作"各以其智"。

〔11〕因:因循。"古者"以下五段,可与《周易·系辞下》相参。

【译文】

古时候人们居处在水泽和窟穴之中,冬天则经不住霜雪雾露的侵袭,夏天则挡不住暑热蚊虻,圣人于是起来给他们垒土架木,而筑成屋室,上面是梁,下面是檐,用来遮蔽风雨,以便躲避严寒酷暑,而百姓得到安居。伯余开始教人制作衣裳,揉搓麻皮,织成绳子和麻线,用手指牵挂经线,把条条分开,织成的就像罗网形状,后代根据它的原理制成织布机,方便了使用,而百姓因此能够掩蔽身体,抵御风寒。古时候磨快耜来耕田,磨利蛤蜊来耨草,用木镰来伐木,抱着甄来打水,百姓辛劳而得利很少。后代给他们造出了耒耜、耰和锄,用斧头来伐木,用桔槔从井中取水,百姓安逸而得到很多利益。古时候大川深谷,道路阻绝,不能互通往来。于是便把中空的木头合并到一起,用来作为舟船,因此地势有利无利都能够得到运输之便。于是造出柔软的皮鞋、草鞋,而使人能到达千里之外。又由于用肩膀负担沉重的担子,特别辛苦,因此便楺木为轮,制造了车子,驾驭马,降服牛,使百姓可以到达远方而不辛劳。因为凶禽猛兽杀害人类,没有办法禁止抵御,便因此熔化金属,打制了铁器,做成了兵刃,猛兽便不能够伤害人民。所以百姓在困难的逼迫下,就要求得到生存的方便;被患祸所困扰,就要制造相应的防卫工具。人们各自凭借他们所具有的智慧,去避免遇到的祸害,而靠近对他们有利的事情。因此常规不能一成不变去依循，器械也不能够因循不变，那么先王的法度，也有可以改变的地方。

古之制，婚礼不称主人；[1]舜不告而娶，非礼也；[2]立子以长，文王舍伯邑考而用武王，非制也；[3]礼三十而娶，文王十五而生武王，非法也。[4]夏后氏殡于阼阶之上，殷人殡于两楹之间，周人殡于西阶之上，此礼之不同者也。[5]有虞氏用瓦棺，夏后氏堲周，殷人用椁，周人墙置翣，此葬之不同者也。[6]夏后氏祭于暗，殷人祭于阳，周人祭于日出以朝，此祭之不同者也。[7]尧《大章》，舜《九韶》，禹《大夏》，汤《大濩》，周《武象》，此乐之不同者也。[8]故五帝异道，而德覆天下；三王殊事，而名施后世。此皆因时变而制礼乐者。譬犹师旷之施瑟柱也，所推移上下者，无寸尺之度，而靡不中音。故通于礼乐之情者能作。音有本，主于中，而以知榘彠之所（周）[用]者也。[9]

【注释】
〔1〕"古之制"二句：高诱注："当婚者之身，不称其名也，称诸父兄师长。"按：出自《春秋公羊传》隐公二年、桓公八年。
〔2〕"舜不告"二句：高诱注："尧知舜贤，以二女妻舜。不告父，父顽，常欲杀舜，舜知告则不得娶也。不孝莫大于无后，故《孟子》曰：'舜不告，犹告耳'。"按：出自《孟子·离娄下》。
〔3〕"立子以长"几句：高诱注："伯邑考，武王兄。废长立圣，以庶代嫡，圣人之权耳。"按：伯邑考，文王长子。据《帝王世纪》载：伯邑考被纣王烹死。
〔4〕"礼三十"句：《周礼·地官·媒氏》："令男三十而娶，女二十而嫁。"
〔5〕殡：停放灵柩。 阼阶：大堂前东面的台阶。《广韵》："暮

韵:"阼,阼阶,东阶。" 楹:大堂的柱子。

〔6〕"有虞氏"句:高诱注:"有虞氏,舜世也。瓦棺,陶瓦也。""夏后氏"句:高诱注:"夏后氏,禹世,无棺椁,以瓦广二尺,长四尺,侧身累之,以蔽土,曰堲周也。"按:《广韵》"质"韵:"堲,烧土葬也。"椁:棺材外面的套棺。　墙:《仪礼·既夕礼记》郑玄注:"墙,柩饰也。"即装饰灵柩的布帐。　翣:棺饰。形以扇,在路以障车,入椁以障柩。

〔7〕暗:指中夜。　阳:指平旦之时。俞樾《诸子平议》:此文本《礼记·祭义篇》,其文曰:"殷人祭其阳。"郑注曰:"阳,读为'曰雨曰旸'之旸,谓日中时也。"　朝:高诱注:"庭也。"按:又俞氏引郑玄注:"朝,日出时也。"以上化自《礼记·檀公》、《祭义》。

〔8〕《大章》:尧乐名。见于《吕览·古乐》。《白虎通·礼乐》亦有解说。　《九韶》:舜乐。已见本书《齐俗训》。《尚书·益稷》有"箫韶九成"之语。《吕览·古乐》作"九招"。　《大夏》:禹乐。已见本书《齐俗训》。《吕览·古乐》作"《夏篇》九成"。　《大護》:汤乐。已见本书《齐俗训》。《道藏》本、刘绩《补注》本作"濩"。《周礼·大司乐》郑玄注作《大濩》。　《武象》:周武王乐。《吕览·古乐》作《大武》。

〔9〕榘矱:规矩、法度。　"周":《道藏》本、《四库全书》本同。《文子·上礼篇》、刘绩《补注》本作"用"。当正。

【译文】
　　古代的制度,举行婚礼不能称呼主人,必称父兄师长;舜娶二妃没有告诉父亲,不符合古礼的规定;继承君位要立嫡长子,周文王没有立嫡长子伯邑考,而立武王,不符合立嗣的要求;礼制规定三十娶妻,文王十五岁便生下武王,不符合娶妻的规定。夏后氏国君死去灵柩停放在大堂东面的台阶上,殷朝国君停柩在大堂两个柱子之间,周朝天子停柩在大堂西阶之上,这是殡礼规定的不同。有虞氏安葬尸体用陶瓦制的棺,夏后氏用土烧成瓦砌成堲周,殷朝君主用外棺,周朝君主设置墙和翣,这是葬礼的不同。夏后氏中夜时在室中祭祀,殷朝君主日中时在堂上祭祀,周朝君主日出时在庭院中祭祀,这是祭祀礼节的不同。尧时用《大章》之乐,舜时用《九韶》之乐,禹时用《大夏》之乐,汤时用《大護》之乐,周朝用武王的《武象》之乐,这是音乐制度的不同。因此五帝虽采用不同的制度,但是德泽覆盖天下;三王从事的事业不同,而名声却延续到后代。这都是按照时代的不同,而制订出的适宜的礼乐制度。比如就像乐师师旷的手施加在瑟的柱子上,上下移动的位置,没有用寸、尺去度量,但是却没有不合音律的。因此通达礼乐道理的人,才能进行适宜的弹奏。音声在外部扩散,而它的内部有一定的规律;在其中有规律主宰,因而要知道乐律法则的使用方法。

鲁昭公有慈母而爱之,死,为之练冠,故有慈母之服。〔1〕阳侯杀蓼侯而窃其夫人,故大飨废夫人之礼。〔2〕先王之制,不宜则废之;末世之事,善则著之。〔3〕是故礼乐未始有常也。故圣人制礼乐,而不制于礼乐。治国有常,而利民为本;政教有经,而令行为上。〔4〕苟利于民,不必法古;苟周于事,不必循旧。〔5〕

【注释】

〔1〕鲁昭公:春秋末鲁君,在位三十二年。 慈母:指抚养自己成长的庶母、保姆。 练冠:古代丧服,服一年之丧。《仪礼·丧服》规定三月。以上化自《礼记·曾子问》。

〔2〕"阳侯"二句:高诱注:"阳侯,阳陵国侯也。蓼侯,皋陶之后,偃姓之国侯也,今在庐江。古者大飨饮酒,君执爵,夫人执豆。阳侯见蓼侯夫人美艳,因杀蓼侯而娶夫人。由是废致夫人之礼。记所由废也。"按:古蓼国在今安徽寿县、霍邱及河南固始一带。

〔3〕著:使之显著。

〔4〕"治国"以下几句:见于《战国策·赵二》。

〔5〕"苟利于民"以下几句:见于《商君书·更法》。《说苑·善谋》亦载之。

【译文】

鲁昭公对抚养自己的慈母十分爱戴,她死了以后,替她服丧一年,所以就有了为慈母服丧的规定。阳侯看中了蓼侯夫人的美貌,在宴飨时杀了蓼侯,夺了他的夫人,因此就有了大飨时废除夫人执豆之礼。先王的制度，不适宜就要废除它；末世出色的政绩，也要让它显明。可见礼乐的规定是没有常规的。因此圣人制订礼乐，而不被礼乐所制约。治国有常则，而以有利于人民为根本；刑赏、教化有法规，而政令通行才是最大的要求。只要有利于百姓，就不必遵循古制；只要符合大事，不必依循旧章。

夫夏、商之衰也，不变法而亡；三代之起也，不相袭而王。⁽¹⁾故圣人法与时变，礼与俗化。衣服器械，各便其用；法度制令，各因其宜。故变古未可非，而循俗未足多也。⁽²⁾

【注释】
〔1〕三代：指夏禹、商汤、周武王。 袭：因袭。
〔2〕"故变古"二句：化自《商君书·更法》。亦载于《新序·善谋》。

【译文】
　　夏、商的衰败，是因为不变法而灭亡的；禹、汤、武王三代的兴起，是不互相因袭而称王的。因此圣人执政，法律和时代一起变动，礼制与习俗一起变化。衣服、器械，各自方便他们的使用；法令制度，各自依照他们的适宜情况而制订。因此改变古制无可非议，而依循旧俗不值得赞美。

　　百川异源，而皆归于海；百家殊业，而皆务治于。⁽¹⁾王道缺而《诗》作；⁽²⁾周室废，礼义坏，而《春秋》作；《诗》、《春秋》，学之美者也，皆衰世之造也。儒者循之，以教导于世，岂若三代之盛哉？以《诗》、《春秋》为古之道而贵之，又有未作《诗》、《春秋》之时。（失）［夫］道之缺也，不若道其全也。⁽³⁾诵先王之

《诗》、《书》，不若闻得其言；闻得其言，不若得其所以言；[4]得其所以言者，言弗能言也。[5]故道可道者，非常道也。[6]

【注释】

〔1〕百家：《汉书·艺文志》"诸子略"："凡诸子百八十九家。""治于"：《道藏》本、刘绩《补注》本作"于治"。当正。

〔2〕缺：衰败。

〔3〕"失"：《道藏》本同。刘绩《补注》本作"夫"。当正。

〔4〕"诵先王"以下四句：《文子·上义篇》："诵先王之书，不若闻其言；闻其言，不若得其所以言。"

〔5〕"得其"二句：高诱注："圣人所言微妙，凡人虽得之，口不耐以言。"

〔6〕"故道"二句：高诱注："常道，言深隐幽冥，不可道也。犹圣人之言，微妙不可求。"按：引文见《老子》一章。

【译文】

百川的源流虽有不同，但是都归于大海；百家从事的事业不同，而都务求治世。王道衰微，而具有讽刺意味的《诗》得以创作；周室衰落，礼义败坏，而《春秋》得以产生；《诗》、《春秋》，都是学问中精美的东西，而是在衰败之世创作出来的。儒家遵循它，用来教导世人，难道还能像三代之时那样繁盛吗？如果认为《诗》、《春秋》是古代的法则而去尊重它，那还有没有创作《诗》、《春秋》的时候。称道它的衰败，不如称道它的兴盛。诵读先王的《诗》、《书》，不如听到他们说的话；听到他们说的话，不如得到他们所以这样说的原因；得到他们这样说的原因，不如称说他们不能说出口的东西。因此对于"道"来说，能够说出来的"道"，不是永恒的"道"。

周公事文王也，行无专制，事无由己，身若不胜衣，言若不出口；[1]有奉持于文王，洞洞属属，如将不能，恐失之，可谓能子矣。[2]武王崩，成王幼少，周公继文王之业，履天子之籍，听天下之政，平夷狄之乱，诛管、蔡之罪，负扆而朝诸侯，诛赏制断，无所顾（间）[问]。[3]威动天地，声慑海内，可谓能武矣。[4]成王既壮，周公属籍致政，北面委质而臣事之，请而后为，复而后行，无擅恣之志，无伐矜之色，可谓能臣矣。[5]故一人之身而三变者，所以应时矣。何况乎君数易世，国数易君？人以其位，达其好憎；以其威势，供嗜欲，而欲以一行之礼，一定之法，应时偶变，其不能中权，亦明矣。[6]

【注释】
〔1〕专制：独断。
〔2〕奉持：伺候尊长。 洞洞属属：婉顺的样子。 籍：高诱注："图籍也。籍，或作阼。"按：朱骏声《说文通训定声》："籍，叚为阼。"阼，《说文》："主阶也。"代指帝位。
〔3〕"平夷狄"句：高诱注："夷狄滑夏，平除之也。""诛管、蔡"句：管叔鲜，周公弟。蔡叔度，周公兄。他们同纣子武庚一起举行周初大叛乱。事载《帝王世纪》、《史记·周本纪》等。已见于本书《齐俗训》。 "负扆"句：高诱注："负，背也。扆，户牖之间，言南面也。"按：扆，指绣有斧纹的屏风，天子或诸侯坐于其下听政。 "间"：《道藏》本、刘绩《补注》本作"问"。当正。顾问，顾视询问。
〔4〕慑：威慑。
〔5〕属：委托，交付。 致：归。 委质：指人臣拜见人君时，屈膝而委体于地。质，形体。 擅恣：擅权放纵。 伐矜：骄傲自夸。《广韵》"月"韵："自矜曰伐"。矜，各本篆作"矜"。《吕览·士容》高诱注："矜，大也。"
〔6〕"供嗜欲"：王念孙《读书杂志》：当作"供其嗜欲"。 "而欲以"几句：高诱注："一行之礼，非随时礼也。一定之法，非随时法也。故曰'不能中权'，权则因时制宜，不失中道也。"

【译文】

周公事奉文王，行动自己不专断，事情不由自己决定，身体紧张得像不能承受衣裳，嘴里紧张得像不能说话；对文王侍奉周到，他婉顺得像不能胜任大事，又担心出现过失，可以说能尽到为子之道了。武王驾崩，周成王年纪很小，周公继承文王的事业，脚踏天子之主阶，处理天下的政事，平定夷狄的叛乱，惩罚管叔、蔡叔的大罪，靠着天子的宫殿屏风，而使天下诸侯朝拜，诛杀赏罚，专制决断，没有什么顾视询问的。威风震动天地，名声慑服四海，可以说是勇武果断了。成王已经成年，周公把权位归还给成王，自己面朝北屈膝以臣礼事奉成王，每事必请示后才去行动，再次禀白才接着去干，没有擅自、放恣的意向，没有骄傲居功的神色，可以说是尽了臣子之道。这样一人之身经三次变化，是用来适应时势的转变。何况国君经常面临世道变化，国家多次变更国君的情况呢？人君凭着他的地位，（行其所好），去其所憎；用他的威势，满足他的嗜欲要求。如果想用片面的礼节，根据一时而确定的法律，想来应付时势，适应变化，这样不能符合权变的要求也是很明显的。

故圣人所由曰道，所为曰事。[1] 道犹金石，一调不更；事犹琴瑟，每终改调。[2] 故法制礼义者，治人之具也，而非所以为治也。[3] 故仁以为经，义以为纪，此万事不更者也。若乃人考其身才，而时省其用，虽日变可也，天下岂有常法哉！[4] 当于世事，得于人理，顺于天地，祥于鬼神，则可以正治矣。[5]

【注释】

〔1〕由：有遵循义。《尔雅·释诂上》："由，自也。" 事：指每一时代的各种活动及典章制度、风俗规范等，统称之为"事"。

〔2〕每：郑良树《淮南子斠理》：《记纂渊海》五二引"每"作"曲"。

〔3〕"治人"：《文子·上义篇》无"人"字。

〔4〕"身"：《道藏》、《道藏辑要》本同。刘绩《补注》本、黄锡禧本

无此字。

〔5〕祥：和顺。　正治：整治。

【译文】

　　因此圣人所遵循的叫做"道"，所行的叫做"事"。"道"就像金钟石磬一样，其声调是不改变的；所行之事就像琴瑟一样，曲终都可以改变声调。因此法制礼义，是统治人民的工具，而不是作为治理的目的。因此用"仁"作为经，用"义"作为纪，这是万代也不会改变的。至于像用人考核他的才能，而按时察看他们的政绩，即使说每天有新的变化也是可以的，天下难道有什么固定不变的常规吗？同社会时事相合，符合人的常理，顺应天地的变化，对鬼神和顺，那么就能得到整治了。

　　古者民醇、工庞、商朴、女重，是以政教易化、风俗易移也。[1] 今世德益衰，民俗益薄，欲以朴重之法，治既弊之民，是犹无镳衔橜策锬而御駻马也。[2] 昔者神农无制（今）[令]而民从，唐、虞有制令而无刑罚，夏后氏不负言，殷人誓，周人盟。[3] 逮至当今之世，忍诟而轻辱，贪得而寡羞，欲以神农之道治之，则其乱必矣。[4]

【注释】

　　〔1〕醇：纯厚，不虚华。　庞：《道藏》本、刘绩《补注》本作"厖"。桂馥《说文义证》："厖通作庞。"《广韵》："江"韵："厖，厚也。"即厚实义。　扑：《道藏》本同。刘绩《补注》本作"朴"。《尚书·梓材》孙星衍今古文注疏："朴，亦同扑。"商扑，高诱注："不为诈也。"　女重：高诱注："贞正无邪也。"按：《广韵》："肿"韵："重，善也。"

　　〔2〕朴重：质朴，厚重。　镳衔：马口中所含之铁。　橜：马口中所衔横木，即马衔。王念孙《读书杂志》："衔"下本无"橜"字。　駻：同骍。《说文》段玉裁注："駻之言悍也。"即凶悍之马。

〔3〕"今":《道藏》本、刘绩《补注》本作"令"。 盟:古代杀牲畜歃血作为信誓。

〔4〕询:骂。

【译文】

古时候的人民淳厚,工匠厚实,商人淳朴,女子贞正,因此政令教化容易推行,风俗容易转变。现在世道德性一天天衰落,百姓习俗更加浅薄,要用质朴厚重的传统办法,治理已经道德败坏的百姓,就像没有镳衔和鞭锲,而驾驭强悍的烈马一样。从前神农氏没有制度法令而百姓听从,唐尧、虞舜有制度命令而没有刑罚,夏后氏不违背诺言,商人喜欢发誓,周人则要歃血结盟。等到当今的社会,可以忍受辱骂而轻视侮辱,贪得无厌缺少羞耻,要用神农的方法治理百姓,那么造成混乱是一定的了。

伯成子高辞为诸侯而耕,天下高而。⁽¹⁾今时之人,辞官而隐处,为乡邑之下,岂可同哉?

古之兵,弓剑而已矣,槽柔无击,脩戟无(别)[刺]。⁽²⁾晚世之兵,隆冲以攻,渠幨以守,连弩以射,销车以斗。⁽³⁾古之伐国,不杀黄口,不获二毛,于古为义,于今为笑。⁽⁴⁾古之所以为荣者,今之所以为辱也。古之所以为治者,今之所以为乱矣。

【注释】

〔1〕伯成子高:尧时人。其事见于《吕览·长利》、《庄子·天地》。 "而":《道藏》本、刘绩《补注》本作"之"。

〔2〕"槽柔"句:高诱注:"木矛也。无击,无铁刃也。"按:又作"仇矛"。《释名·释兵器》:"仇柔,头有三叉,言可以讨仇敌之矛也。" "别":《道藏》本同。刘绩《补注》本、《道藏辑要》本作"刺"。当正。

〔3〕隆冲:冲破敌阵的战车。 渠幨:高诱注:"堑也。一曰:渠,甲名也。《国语》曰'奉文渠之甲'是也。幨,幌,所以御矢也。"按:高

注有两义：其一指护城河。其二指盾牌和护甲。据《墨子·备城门》载"渠"、"渠答"义，当为一种守城设备。　连弩：装有机栝，可以连发数矢的弓。　销车：指一种装有机关、连弩发射，以牛牵引，载插利刃之战车。

〔4〕黄口：幼儿。　二毛：有白发的老人。

【译文】

尧时伯成子高拒绝担任诸侯而去耕田，天下人认为他是高洁之士。现在的世人，辞去官职而去归隐，将会被乡间之人所鄙视，难道能与伯成子高相同吗？

古代的兵器，仅仅是弓和剑罢了，木矛没有锋刃，长戟没有刺锋。晚世的兵器，用战车来攻打城池，用渠幨来守城，用连弩来射击，用销车来冲锋。古代侵伐别的国家，不杀幼儿，不捕杀白发老人，在古代是符合道义的，在今天会成为笑料。古代被看成光荣的举动，今天则成为耻辱的事情。古代所用来治理国家的办法，今天变成造成混乱的原因。

夫神农、伏牺，不施赏罚而民不为非，然而立政者不能废法而治民；[1]**舜执干戚而服有苗，然而征伐者不能释甲兵而制疆暴。**[2]**由此观之，法度者，所以论民俗而节缓急也；**[3]**器械者，因时变而制宜适。**[4]

【注释】

〔1〕立：刘文典《淮南鸿烈集解》：《御览》二百七十一引"立"作"莅"。

〔2〕"舜执"句：高诱注："舜之初，有苗叛，舜执干戚而舞于两阶之间，有苗服从之。以德化怀来也。"按：干，盾。古代舞具。疆：通"强"。以上出于《韩非子·五蠹》。

〔3〕论：知晓。

〔4〕"宜适"：《道藏》本同。《群书治要》、刘绩《补注》本"适"下有"也"字。

【译文】

神农和伏牺，不施加赏罚，而百姓不会为非，然而后代的执政者不能废除法律治理百姓；舜执干戚舞蹈而有苗归服，然而当今的征伐者不能放弃武器而制服强暴。从这里可以看出，法令制度，是用来明辨民间习俗节制缓急的；器械物用，也是要依照时势变化，而制造适宜合适的产品。

夫圣人作法，而万物制焉；[1]贤者立礼，而不肖者拘焉。[2]制法之民，不可与达辱；[3]拘礼之人，不可使应变。耳不知清浊之分者，不可（今）[令]调音；[4]心不知治乱之源者，不可令制法。必有独闻之耳，独见之明，然后能擅道而行矣。[5]

夫殷变夏，周变殷，春秋变周，三代之礼不同，何古之从？大人作而弟子循。知法治所由生，则应时而变；[6]不知法治之源，虽循古终乱。今世之法藉与时变，礼义与俗易，为学者循先袭业，据籍守旧教，以为非此不治，是犹持方（柄）[枘]而周员凿也，欲得宜适致固焉，则难矣。[7]

【注释】

〔1〕物：《群书治要》引作"民"。
〔2〕拘：有束缚、限制义。以上化自《商君书·更法》。
〔3〕制法：被法制所制约。"达辱"：《道藏》本、《道藏辑要》、刘绩《补注》本皆作"远举"。当是。
〔4〕"今"：《道藏》本、刘绩《补注》本作"令"。
〔5〕耳：《文子·上义篇》作"聪"。 擅：任意，随意。
〔6〕循：遵循。
〔7〕藉：《道藏》本、刘绩《补注》本作"籍"。朱骏声《说文通训定声》："藉，叚借又为籍。" "柄"：《道藏》本、刘绩《补注》本作"枘"。

当正。枘,榫子,榫头。　致:精致,细密义。

【译文】
　　圣人制定法规,而百姓被制服;贤人建立礼制,而不肖的人被束缚。被法制制服的百姓,不能够和他远游高举;被礼俗拘泥之人,不能够使他适应变化。耳朵不能够分辨清浊之声的人,不能够让它来调整音律;心里不知道治乱根本的人,不能够使他制定法律。一定要有独特的听觉,特殊的视觉,这样就能够随意取道而行事。

　　殷朝取代夏朝,周朝改变商朝,春秋改变周朝,三代的礼节是不同的,遵从什么古代呢?不过是长辈制订法律弟子遵循罢了。知道法律所产生的原因,可以适应时势变化;不知道法律所产生的根源,即使遵循古代,最终也要造成混乱。现实社会的法令条文与时代一起变化,礼仪和习俗一起转移,从事学问的人却遵循先人,沿袭旧业,根据法籍守旧教,认为不是这样不能治理,这就像拿着方形的榫头,而要和圆形的榫眼相合,要想达到适宜和牢固,那是很困难的。

　　今儒、墨者称三代、文、武而弗行,是言其所不行也;非今时之世而弗改,是行其所非也。称其所是,行其所非,是以尽日极虑而无益于治,劳形竭智而无补于主也。今夫图工好画鬼魅而憎图狗马者,何也?[1]鬼魅不世出,而狗马可日见也。夫存危治乱,非智不能;道而先称古,虽愚有馀。[2]故不用之法,圣王弗行;不验之言,圣王不听。[3]

【注释】
〔1〕鬼魅:鬼怪。此文化于《韩非子·外储说左上》。
〔2〕"道而":《道藏》本、刘绩《补注》本同。《群书治要》、《文子·上义篇》"道"字在"而"字下。

〔3〕"故不用"以下四句：《文子·上义篇》作："故不用之法，圣人不行也；不验之言，明主不听也。"皆不作"圣王"。

【译文】

现在儒、墨称颂三代、周文、周武而不实行，这就是称说他们不能够实行的东西；非议现在的社会而不加改变，这样就是实行他们所非议的东西。称颂他们所认为正确的，而实行的是他们所非议的，因此冥思苦想却对于治理没有帮助，辛劳形体竭尽智虑却对于国君没有补益。现在的画工爱好画鬼怪，却厌恶画狗马之类，这是什么原因呢？鬼魅在世上没有出现，而狗马是每天可以见到的。保存危国，治理乱世，没有贤智之人是不能实现的；而称道先人古代，即使愚蠢的人智术也是有馀的。因此不能使用的法律，圣王也不能够推行它；没有验证的言论，即使是圣王也不能够听从。

天地之气，莫大于和。〔1〕和者阴阳调，日夜分而生物。〔2〕春分而生，秋分而成，生之与成，必得和之精。〔3〕故圣人之道，宽而栗，严而温，柔而直，猛而仁。〔4〕太刚则折，太柔则卷，圣人正在刚柔之间，乃得道之本。积阴则沉，积阳则飞，阴阳相接，乃能成和。〔5〕

【注释】

〔1〕和：和谐之气。
〔2〕"和者"二句：《文子·上仁篇》："和者，阴阳调，日夜分。"无"而生物"三字。
〔3〕"春分"四句：《文子·上仁篇》："故万物春分而生……"，有"故万物"三字。　精：指和气中的精微之气。
〔4〕栗：坚硬。以上数句化自《尚书·舜典》及《皋陶谟》。
〔5〕飞：飞扬，上扬。　"积阴"以下四句：郑良树《淮南子斠理》："积阴"四句疑当在"和之精"下。

【译文】

天地之间的气体，没有什么比和气更大的了。有了和气，阴阳可以协调，日夜分明，而万物滋长。万物春分时候开始生长，秋分开始成熟，生长和成熟，必然得到和气中的精微之气。因此圣人的治政方法，宽松而坚定，严厉而温和，柔软而正直，威猛而仁惠，过分刚强就会折断，过分柔软就会卷曲，圣人正好处在刚柔之间，才能得到"道"的根本。阴气积聚了就会沉溺，阳气积累了就会上扬，阴气、阳气相互交接，才能成为和气。

夫绳之为度也，可卷而伸也，引而伸之，可直而（睎）[睎]，故圣人以身体之。[1] 夫脩而不横，短而不穷，直而不刚，久而不（志）[忘]者，其唯绳乎？[2] 故恩推则懦，懦则不威；[3] 严推则猛，猛则不和；爱推则纵，纵则不令；[4] 刑推则虐，虐则无亲。[5]

【注释】

[1] 伸：《道藏》本同。刘绩《补注》本作"怀"。《文子·上仁篇》同。怀，有包容义。"睎"：《道藏》本同。刘绩《补注》改作"睎"。《四库全书》本同。《说文》："睎，望也。" 体：行。

[2] "志"：《道藏》本、刘绩《补注》本作"忘"。

[3] 推：推移。恩推，即推恩，亦即推爱。

[4] 纵：放纵义。

[5] 虐：害。

【译文】

绳作为度量的准则，可以卷曲，可以包容，引申下去，可以直视远望，因此圣人用自身来实行它。修长而不会阻隔，短小而又无穷，平直而不刚强，永久而不会被遗忘，恐怕只有绳了吧！所以恩义推演下去就会懦弱，懦弱则不成威仪；严厉推移下去就会猛烈，猛烈就会失去和谐；慈爱推演下去就会放纵，放纵就无法禁止；刑法推演下去就会暴虐，暴虐就没有人亲附。

昔者齐简公释其国家之柄，而专任其大臣将相，摄威擅势，私门成党，而公道不行。⁽¹⁾故使陈成田常、鸱夷子皮得成其难，使吕氏绝祀而陈氏有国者，此柔懦所生也。⁽²⁾

【注释】

〔1〕齐简公：春秋末齐君，在位四年。　大臣：指陈成子。

〔2〕陈成田常：当为陈成常。陈，姓。名恒。成，谥号。常，字。陈、田，上古音音近相通。　鸱夷子皮：田氏之党。其事见《韩非子·说林上》《墨子·非儒》，并见于《说苑·指武》。　难：指前481年，齐简公用阚止谋逐田氏，田常杀阚止及简公。"绝祀"事：前379年，齐康公卒，吕氏绝祀。

【译文】

从前齐简公放弃他的国家权柄，而专门任用田成子等大臣将相，他们依仗权势，专横跋扈，私自结成徒党，而公室的政令却得不到通行。因此才能使陈成常、鸱夷子皮弑君阴谋得以成功，使吕氏齐国灭绝，而陈氏夺取国家政权，这是柔弱所造成的。

郑子阳刚毅而好罚，其于罚也，执而无赦。⁽¹⁾舍人有折弓者，畏罪而恐诛，则因猘狗之惊，以杀子阳，此刚猛之所致也。⁽²⁾今不知道者，见柔懦者侵，则矜于为刚毅；⁽³⁾见刚毅者亡，则矜于为柔懦。此本无主于中，而闻见舛驰于外者也，故终身而无所定趋。⁽⁴⁾譬犹不知音者之歌也，浊（一）[之]则郁而无转，清之则燋而不讴。⁽⁵⁾及至韩娥、秦青、薛谈之讴，侯同、曼声之歌，愤于志，积于内，盈而发音，则莫不比于律而和于人心。⁽⁶⁾何则？中有本主，以定清浊，不受于外，而自为仪表也。

【注释】

〔1〕郑子阳：郑君。一说为郑相。其事见于《吕览·适威》、《首时》。

〔2〕舍人：战国秦汉时，贵族的宾客、亲信左右，皆称舍人。 猘狗：疯狗。《集韵》"霁"韵："猘，狂犬也。"

〔3〕"矜"：王念孙《读书杂志》："矜"皆当为"务"。

〔4〕"本无"：陈观楼《淮南子正误》作"无本"。 舛驰：即背道而驰。 趋：归附。

〔5〕"一"：《道藏》本、刘绩《补注》本作"之"。当正。 郁：沉郁。 燋：通"憔"。《集韵》"宵"韵："憔悴，忧患也。" 讴：高诱注："和也。"按：《说文》："讴，齐歌也。"即齐声唱歌义。

〔6〕韩娥：韩国女歌手。曾在齐国雍门演唱，"馀音绕梁三日不绝"。事见《列子·汤问》。 秦青：秦国歌手，以教唱为业。 薛谈：秦青弟子。 侯同、曼声：古代歌手。

【译文】

郑子阳刚毅而好施惩罚，他对于处罚别人，执持而不赦免。舍下有人折断了弓箭，害怕因罪而被杀，便利用疯狗惊吓众人之机，杀死子阳。这就是刚强猛烈而造成的后果。现在那些不懂得道的人，看到柔弱的人，便要侵扰，则务求表现得刚毅；见到刚毅的人，便要逃亡，则力求表现得懦弱。这些人都是没有根本之道主宰胸中，而表现在外部的所闻所见，都与根本之道背道而驰，因此终身没有安定和归宿。比如就像不知道音律的人唱歌，重浊之处便沉郁而不婉转，轻清之处则忧悲而不和调。至于像古代歌星秦青、韩娥、薛谈的演唱，侯同、曼声的歌喉，愤激之情出自内心，积聚在胸膛之中，充满之后而发出声音，那么没有不与音律相谐和，而同人的感情相融通。为什么这样呢？因为心中有根本在主宰，以此来确定清浊之声，并且不受外部干扰，那么自己就形成一定风格了。

今夫盲者行于道，人谓之左则左，谓之右则右，遇君子则易道，遇小人则陷沟壑。(1)何则？目无以接物也。(2)故魏两用楼翟、吴起而亡西河，湣王专用淖齿而死于东庙，无术以御之也。(3)文王两用吕望、召公奭而王，楚庄王专任孙叔敖而霸，有术以御之也。[4]

【注释】

〔1〕"遇君子"句：《意林》作"遇君子则得其平易"。

〔2〕接：见。

〔3〕"魏两用"句：高诱注："魏文侯任楼翟、吴起，不用他贤，秦伐，丧其两河之地。"按：一说楼翟为魏文侯弟楼季；一说为楼廧、翟强二人。《吕览·长见》、《观表》载吴起守西河事。西河，战国魏郡名，在今陕西东部黄河西岸地区。载于《韩非子·难一》。事见《战国策·魏三》。 湣王：战国齐君，田氏，在位十七年。曾与秦并称东西帝。在五国联合攻齐时，他逃到莒（今山东莒县）被杀。 淖齿：楚将，奔齐为臣。湣王无道，淖齿杀之，擢其筋，悬于庙门，三日而死。载于《战国策·秦三》、《齐六》、《韩非子·奸劫弑臣》等。

〔4〕"文王"句：高诱注："吕望，太公吕尚也，善用兵谋。奭，召康公，善理民财。"

【译文】

现在盲人在道上行走，人们告诉他左就向左，告诉他右就向右，遇到君子就容易走平路，遇到小人那么就会陷入沟壑之中。为什么这样呢？因为眼睛没有办法同外物相接触。因此魏文侯两次任用楼翟、吴起而丢掉了西河之地；齐湣王独独信任淖齿，而被吊死在东庙，这是因为没有权术来驾驭臣下而造成的。周文王两次任用吕望、召公奭而称王，楚庄王专门任用孙叔敖而称霸天下，这是因为有权术来驾驭他们才能取得成功。

夫弦歌鼓舞以为乐，盘旋揖让以脩礼，厚葬久丧以送死，孔子之所立也，而墨子非之。[1]兼爱、上贤、右鬼、非命，墨子之所立也，而杨子非之。[2]全性保真，不以物累形，杨子之所立也，而孟子非之。[3]趋舍人异，各有晓心。[4]故是非有处，得其处则无非，失其处则无是。丹穴、太蒙、反踵、空同、大夏、北户、奇肱、脩股之民，是非各异，习俗相反，君臣上下，夫妇父子，自以相使也。⁽⁵⁾此之是，非彼之是也；⁽⁶⁾此之非，非彼之非也。譬若斤斧椎凿之各有所施也。⁽⁷⁾

【注释】

〔1〕盘旋：回旋周转。 揖让：拱手谦让。 "而墨子"句：《墨子》中有《节用》、《节葬》、《非乐》等，反对贵族奢侈享乐、厚葬久丧的习俗。

〔2〕"兼爱"以下：亦为《墨子》篇名。 杨子：战国初期道家，魏人。主张"贵生"、"重己"等，曾一度盛行。《列子》有《杨朱》篇。

〔3〕"全性保真"二句：《韩非子·显学》："不以天下大利，易其胫之一毛。"此记载是对杨朱学术思想的准确阐释。 "而孟子"句：高诱注："孟子受业于子思之门，成唐、虞、三代之德，叙《诗》、《书》、孔子之意，塞杨、墨淫辞，故'非之'也。"

〔4〕晓心：明了于心。

〔5〕"丹穴"以下：高诱注："丹穴，南方当日下之地。太蒙，西方日所入处也。反踵，国名，其人南行，武迹北向。空同，戴胜极下之地。大夏，在西方。北户，在南方。奇肱、脩股之民，在西南方。凡此八者，皆九州之外，八寅之域者也。" "自"：《道藏》本、刘绩《补注》本作"有"。

〔6〕此：指华夏。彼，指八寅之地。

〔7〕施：高诱注："宜。"

【译文】

用琴瑟伴奏唱歌，击鼓跳舞来作乐，回旋进退，反复谦让来学习礼义，丰厚的葬品，长时间服丧来送别死者，这是孔子所提倡的，而墨子对此有非议。兼受、上贤、右鬼、非命，是墨子所创立的，但是杨朱对此有非议。保全天性，不因为外物而拖累形体，这是杨子创立的学说，而孟子却非议它。采纳和舍弃，因人而异，各自对自己的学说都很明了。因此是与非各自都有一定的环境，得到它的环境则没有非，失去它的环境就没有是。丹穴、太蒙、反踵、空同、大夏、北户、奇肱、脩股这些九州之外的人民，他们是非观各不相同，风俗习惯相反，但是君臣上下，夫妇父子之间，有用来互相支使的法规。这里的"是"，不是那个地方的"是"；这里的

"非"，也不是那个地方的"非"。比如就像斤斧、椎凿，各自都有适宜的用处。

禹之时，以五音听治，悬钟鼓磬铎，置鞀，以待四方之士。[1]为号曰："教寡人以道者击鼓，谕寡人以义者击钟，告寡人以事者振铎，语寡人以忧者击磬，有狱讼者摇鞀。"[2]当此之时，一馈而十起，一沐而三捉发，以劳天下之民。[3]此而不能达善效忠者，则才不足也。[4]

【注释】
〔1〕禹：高诱注："颛顼后五世鲧之子也，名文命。受禅成功曰禹。" 五音：宫、商、角、徵、羽。 磬：石制敲击乐器。 铎：大铃。古代宣布政教法令或战争时使用。 鞀：有柄的小鼓。
〔2〕狱讼：指官司案件。
〔3〕馈：吃饭。此则化自《鬻子·禹政》及《吕览·谨听》，并载于《韩诗外传》卷三、《史记·鲁世家》、《说苑·敬慎》等。 劳：忧。
〔4〕达善：指通达善道。 效忠：指献出忠心。

【译文】
夏禹执政的时候，用五音来处理政事，悬挂钟、鼓、磬、铎，设置鞀，用来接待四方来归的豪杰之士。并发出号令说："用道理来教诲我的就打鼓，用大义劝谕我的就敲钟，把发生的事情告诉我的就摇起铎，要把心事告诉我的就击磬，有官司诉讼要使我判决的摆动鞀。"在这个时候，吃一顿饭要起来十几次，洗一次头要多次挽住头发，就是这样来忧劳天下的民事。像这样而不能通达善道、献出忠心的人，是才能不够罢了。

秦之时，高为台榭，大为苑囿，远为驰道，铸金人，发谪戍，入刍稾，头会箕赋，输于少府。[1]丁壮丈夫，西至临洮、狄道，东至会稽、浮石，南至豫章、桂林，北至飞狐、阳原,道路死人以沟量。⁽²⁾当此之时,忠谏者谓之不祥,而道仁义者谓之狂。

逮至高皇帝,存亡继绝,举天下之大义,身自奋袂执锐,以为百姓请命于(室)[皇]天。⁽³⁾当此之时,天下雄俊豪英,暴露于野泽,前蒙矢石,而后堕溪壑,出百死而绐一生,以争天下之权;⁽⁴⁾奋武厉诚,以决一旦之命。⁽⁵⁾当此之时,丰衣博带而道儒、墨者,以为不肖。⁽⁶⁾逮至暴乱已胜,海内大定,继文之业,立武之功,履天子之图籍,造刘氏之貌冠,总邹、鲁之儒、墨,通先圣之遗教,戴天子之旗,乘大路,建九旒,撞大钟,击鸣鼓,奏《咸池》,扬干戚。⁽⁷⁾当此之时,有立武者见疑。⁽⁸⁾一世之间,而文武代为雌雄,有时而用也。

今世之为武者,则非文也;为文者,则非武也。文武更相非,而不知时世之用也。此见隅曲之一指,而不知八极之广大也。⁽⁹⁾故东面而望,不见西墙;南面而视,不睹北方。唯无所向者,则无所不通。⁽¹⁰⁾

【注释】

〔1〕驰道:驰马所行之道。 "铸金人"句:高诱注:"秦始皇二十六年,初兼天下,有长人见于临洮,其高五丈,足迹六尺。放写其形,铸金人以象之,翁仲、君何是也。" 适戍:被贬谪去戍边。当时修长城四十万,戍五岭五十万,修骊山墓五十万。适,通"谪"。 刍藁:牲口吃的草。《慧琳音义》卷三十六注引《考声》:"藁,禾黍茎也。" 头会:按人口多少收赋税。 箕赋:喻多取民财之意。 少府:官名。掌山海池泽收入,为皇帝私府。位列九卿之一。

〔2〕临洮:在今甘肃岷山,以临洮水而得名。 狄道:又作"氐道"。在今甘肃武山县东南,古为氐族所居。 会稽:即今浙江会稽山。 浮石:东海岛屿名。 豫章:西汉郡名。在今江西南昌。 桂林:秦郡名,

治所在今广西桂平市西南。　飞狐：古太行山要隘名。在今河北涞源县北、蔚县南。　阳原：高诱注中一说在今太原，即晋中阳泉市。一说在今河北阳原县熊耳山一带。当以后者为是。

〔3〕高皇帝：即汉高祖刘邦。字季，即位易名邦。　奋袂：挥动衣袖。　"室"：《道藏》本、刘绩《补注》本作"皇"。当正。皇天，上天。

〔4〕给：通"代"。《说文》："代，更也。"即换取义。

〔5〕厉：激励。　诫：庄逵吉《淮南子校刊》：《御览》引"诫"作"威"。

〔6〕丰衣：宽大之衣。儒者之服。

〔7〕"继文"二句：高诱注："继文王受命之业，武王诛无道之功。"按：见于《吕览·不广》。　"图籍"、"貌冠"：王念孙《读书杂志》：本作"履天子之籍，造刘氏之冠"。"貌"为衍文，且"图"不可以言"履"也。按：高诱注作："高祖于新丰所作竹皮冠也。一曰委貌冠。"朱骏声《说文通训定声》："籍，叚借又为阼。"　大路：大车，天子所乘，也作大辂。　九斿：天子之旗名。《广韵》"尤"韵："斿，旌旗之末垂者。"《咸池》：黄帝之乐。

〔8〕疑：怪异。亦有被猜疑、怀疑之义。

〔9〕隅曲：室中狭小之处。

〔10〕"故东面"以下几句：化自《吕览·去尤》。

【译文】

秦始皇统治的时候，筑起了高高的台榭，修起了大大的苑囿，开辟了远远的驰道，铸成十二个金人，遣发负罪的犯人，征收粮草，按照人口多少收缴赋税，搜刮的财物全部送入少府之中。青壮年男子征发戍边，西边到达临洮、狄道，东边到达会稽、浮石，南边到达豫章、桂林，北边到达飞狐、阳原，在道路上死去的人填满了沟壑。在这个时候，提出忠告劝谏的人被认为是不吉利，而称道仁义的人被认为是疯子。

等到高皇帝起兵，使灭亡之国复存，断绝之嗣得续，高举天下之义旗，亲自挥动衣袖，手执兵器，为百姓向皇天请命。在这个时候，天下的英雄豪杰，都风餐露宿在原野大泽之中，前面的人蒙受利箭，后面的人坠入溪壑，百人拼死，而往往只有一人生还，来争夺天下之权；奋起武力，激励威风，而来决定一时的命运。在这个时候，穿着宽衣系着大带，而称道儒术的人，被认为是不肖之人。等到战胜暴乱，海内平定，继承文王受命之业，建立武王诛杀无道之功，踏着天子之阶，制造刘氏之冠，总括儒、墨之精华，变通先圣的遗训，擎着天子的龙旗，乘着大辂，树起九斿，撞起大钟，敲起鸣鼓，奏起《咸池》之乐，举起干戚起舞。在这个时候，有建立武备的人被怀疑。一世之间，而文、武的重要地位互相更换，这是根据时代不同而决定的。

现在社会上从事武力活动的人，便非议文人；从事文化活动的人，便非议武力。文、武互相非议，而不知道它们对时世的用处。这些人都只是见到角落中的一指之地，却不知道八极的广大无边。因此面向东而望，不能见到西边墙壁；面向南而看，也见不到北方。只有没有固定方向的人，才能任何地方都能通达。

国之所以存者，道德也；[1] 家之所以亡者，理塞也。尧无百户之郭，舜无植锥之地，以有天下；禹无十人之众，汤无七里之分，以王诸侯。文王处歧周之间也，地方不过百里，而立为天子者，有王道也。[2] 夏桀、殷纣之盛也，人迹所至，舟车所通，莫不为郡县，然而身死人手，为天下笑者，有亡形也。故圣人见化以观其征。[3] 德有昌衰，风先萌焉。[4] 故得王道者，虽小必大；有亡形者，虽成必败。夫夏之将亡，太史令终古先奔于商，三年而桀乃亡；[5] 殷之将败也，太史令向艺先归文王，朞年而纣乃亡。[6] 故圣人之见存亡之迹、成败之际也，非乃鸣条之野、甲子之日也。[7] 今谓疆者胜，则度地计众；[8] 富者利，则量粟称金。若此，则千乘之君无不霸王者，而万乘之国无不破亡者矣。[9] 存亡之迹，若此其易知也，愚（夬）[夫]惷妇，皆能论之。[10]

【注释】

〔1〕"国之"二句：高诱注："道德施行，民悦其化，故国存也。"按

《文子·上仁篇》作"得道也"。

〔2〕歧：《道藏》本、刘绩《补注》本作"岐"。岐周，在今陕西岐山县东北，周族古公亶父从豳迁来此地。

〔3〕征：形迹。

〔4〕"德有"二句：高诱注："风，气也。萌，见也。言有盛德者，谓文王也。伯夷、太公先见之。有衰德者，谓桀〔纣也〕。太史令终古及向艺先去之也。"

〔5〕终古：传说为夏桀内史。桀凿池为夜宫，男女杂处，三旬不朝，终古泣谏，不听，遂奔商。

〔6〕向艺：殷纣时史官。又作"向挚"。以上见于《吕览·先识》。

〔7〕"非乃"二句：高诱注："汤伐桀，禽于鸣条。武王诛纣，以甲子克之。"按：鸣条，在今山西运城市盐湖区安邑镇北。甲子，《史记·殷本纪》："甲子日，纣兵败。"

〔8〕疆：《谷梁传·隐公七年》范宁注、陆德明释文："疆，本又作壃，亦作强。"

〔9〕"无不霸王"、"无不破亡"：王念孙《读书杂志》：两"不"字皆后人所加。于大成《氾论校释》：《鹖冠子·武灵王》："今世之言兵也，皆强大者必胜，弱小者必灭，是则小国之君无霸王者，而万乘之主无破亡也。"王说是也。

〔10〕夬：《道藏》本、刘绩《补注》本作"夫"。当正。　论：辨别。

【译文】

诸侯国之所以存在的原因，是施行道德的缘故；大夫之家之所以灭亡的原因，是因为道德堵塞的缘故。尧没有百户人家的范围，舜没有立锥之地，而却能拥有整个天下；禹没有十人之众，汤没有七里的区域，而却能成为诸侯之王。文王处在岐周之地，土地不过百里，而能被立为天子，因为施行的是仁义之道；夏桀、商纣王强盛的时候，人迹所到达的地方，舟车所能通行之处，没有不建成郡县的，虽然如此，但是自己却死在别人手中，而被天下人所耻笑，这是因为事先就有了灭亡的征兆。因此圣人看到变化而能观察它的迹象。德性有兴盛、衰落的时候，而从民风中首先会反映出来。因此能够得到为王正道的，即使处于极小范围之内，也一定能强大；有了灭亡的征兆，即使一时成功，将终究要失败。夏朝将要灭亡的时候，太史令终古首先逃到了商，三年夏桀便正式灭亡；殷朝将要失败的时候，太史令向艺首先归向文王，一年后商纣王就灭亡了。因此圣人见到存亡的迹象，成败互相交替的时候，不一定始于在鸣条汤伐桀，甲子之日武王伐纣。现在说强大的必定胜利，那么就想到度量土地，计算人口；说到富贵的必定有利益，那么就想到计量谷子，称量金子。如果像这样想，那么千乘的国君没有能够称王称霸的，而万乘之君没有破国亡家的。存亡的迹象，如果像这样容易知道，那么愚蠢的男女，也都能够辩说清楚了。

赵襄子以晋阳之城霸，智伯以三晋之地擒，湣王以大齐亡，田单以即墨有功。⑴ 故国之亡也，虽大不足恃；道之行也，虽小不可轻。由此观之，有在得道，而不在于大也；⑵ 亡在失道，而不在于小也。《诗》云："乃眷西顾，此惟与宅。"⑶ 言去殷而迁于周也。

【注释】

〔1〕赵襄子：战国赵君，名无恤，在位五十一年。 智伯：智瑶。三晋：指智伯兼有范、中行氏土地。高诱注谓"智氏兼有韩魏"，恐误。"田单"句：高诱注："燕伐齐而灭之，得七十城，唯即墨未下，田单以市吏率即墨市民以击燕师，破之，故曰'有功'也。"按：田单，齐将。以火牛阵破燕将乐毅军，收复十馀城。被齐襄王任为相国。 即墨：在今山东平度市南。二句见于《吕览·行论》。

〔2〕"有"：《道藏》本作"存"。刘绩《补注》本、《文子·上仁篇》同。

〔3〕"《诗》云"句：引文见《诗·大雅·皇矣》。高诱注："纣治朝歌，在东。文王国于岐周，在西。天乃眷然顾西土，此唯居周，言我宅也。"按：眷，眷恋。宅，安居。

【译文】

赵襄子凭借着晋阳之城而成为战国霸主，智伯占有三晋广大土地而被擒住，齐湣王拥有广袤的齐国而灭亡，田单依靠孤城即墨建立奇功。因此灭亡的国家，即使很大也不值得依靠；推行大道的国家，即使很小也不能够轻视。从这里可以看出，存在取决于道，而不在于国大；灭亡在于失道，而不在于国小。因此《诗》中说："于是眷恋西顾，这里的土地好给他安身。"说的是离开商朝而迁往周地。

故乱国之君，务广其地，而不务仁义；务高其位，而不务道德，是释其所以存，而造其所以亡也。⑴故桀囚于焦门，而不能自非其所行，而悔不杀汤于夏台。⑵纣拘于宣室，而不反其过，而悔不诛文王于羑里。⑶二君处强大势位，修仁义之道，汤、武救罪之不给，何谋之敢当？⑷若上乱三光之明，下失万民之心，谁微汤、武，孰弗能夺也？⑸今不审其在己者，而反备之于人，天下非一汤、武也，杀一人，则必有继之者也。且汤、武之所以处小弱而能以王者，以其有道也。桀、纣之所以处强大而见夺者，以其无道也。今不行人之所以王者，而反益己之所以夺，是趋亡之道也。

武王克殷，欲筑宫于五行之山。⑹周公曰："不可。夫五行之山，固塞险阻之地也，使我德能覆之，则天下纳其贡职者迥也；使我有暴乱之行，则天下之伐我难矣。"此所以三十六世而不夺也，周公可谓能持满矣。⑺

【注释】
〔1〕造：达到。《说文》："造，就也。"
〔2〕焦门：监狱名。焦，通"巢"。即南巢。在今安徽巢湖西南。夏台：监狱名。汤被囚于此。在今河南禹州南。
〔3〕宣室：宫殿名。一说是监狱。 反：悔。 羑里：监狱名。在河南汤阴。
〔4〕当：《群书治要》引作"虑"。

〔5〕三光：日、月、星。 谁：《道藏》本作"虽"。刘绩《补注》本同。

〔6〕五行之山：即太行山。

〔7〕三十六：本书《道应训》作"三十四世"。 持满：即保持成业之意。本书《道应训》又作"持盈"。

【译文】

因此说乱国的君主，只务求增加土地，却不务求增加仁义；务求增加权势，而不务求增加道德，这样是放弃了他们生存的条件，而走向灭亡道路。所以夏桀被囚禁在焦门，而不能省悟自己的罪过，反而后悔不把商汤杀死在夏台。商纣王被拘禁在宣室，而不反省自己的过失，却后悔不把周文王杀死在姜里。夏桀、商纣处于强大之势的时候，假令能修仁义之道，汤、武挽救自己的罪过尚且来不及，怎么敢产生叛乱之谋呢？如果上面扰乱了日、月、星的光辉，下面失去了万民的拥护，即使不是商汤、周武，谁又不能夺取他们的政权呢？现在不审查自己的无道之行，反而防备天下之人，其实天下不是只有一个汤、武，杀掉一个汤、武，那么必有继承之人。而且汤、武之所以由处在弱小的地位，而能够成为天下之王，是因为他们的有道造成的。桀、纣之所以处在强大的地位，而权力被夺，是因为他们的无道造成的。今天不推行汤、武所以凭借称王的大道，反而增加桀、纣所以被夺取政权的失道，这是走向灭亡的道路。

周武王打败了商纣王，准备在太行山上修筑宫室。周公说："不行！太行山，是地势险要、关塞阻隔的地方，假使我的德泽能够覆盖天下之人，那么天下之人缴纳他们的贡职就会迂回难行；假使我有暴乱的行为，那么天下的人讨伐我就困难了。"这就是周朝延续三十四代而权力不会被夺的原因。周公可以说是能够保持成业的了。

昔者《周书》有言曰："上言者，下用也；〔1〕下言者，上用也。"〔2〕上言者，常也；下言者，权也。"〔3〕此存亡之术也，唯圣人为能知权。言而必信，期而必当，天下之高行也。〔4〕直躬其父攘羊而子证之；〔5〕尾生与妇人期而死之。〔6〕直而证父，信而溺死，虽有直信，孰能贵之？

夫三军矫命,过之大者也。[7] 秦穆公兴兵袭郑,过周而东。[8] 郑贾人弦高将西(败)[贩]牛,道遇秦师于周、郑之间,乃矫郑伯之命,犒以十二牛,宾秦师而却之,以存郑国。[9] 故事有所至,信反为过,诞反为功。[10] 何谓失礼而有大功?昔楚恭王战于阴陵,潘尪、养由基、黄衰微、公孙丙相与篡之。[11] 恭王惧而失体,黄衰微举足蹴其体。[12] 恭王乃觉,怒其失礼,奋体而起,四大夫载而行。昔苍吾绕娶妻而美以让兄,此所谓忠爱而不可行者也。[13] 是故圣人论事之局曲直,与之屈伸偃仰,无常仪表。[14] 时屈时伸,卑弱柔如蒲韦,非摄夺也;[15] 刚强猛毅,志厉青云,非本矜也,以乘时应变也。[16]

【注释】

〔1〕《周书》:高诱注:"周史之书。" 上言:指明智之言。

〔2〕下言:指不智之言。

〔3〕权:权变。以上疑为《周书》逸文。今本《尚书》之《周书》无其文。当化自《韩非子·说林》。

〔4〕当:《吕览·大乐》高诱注:"合也。"

〔5〕直躬:楚人名。以直道立身之意。其事见于《论语·子路》、《吕览·当务》、《韩非子·五蠹》等。 攘:高诱注:"凡六畜自来而取之曰攘也。"按:有自行占有义。这里指偷窃。

〔6〕"尾生"句:高诱注:"尾生,鲁人,与妇人期于梁下,水至溺死也。"按:《文子·道德篇》作"信而死女"。其事见于《战国策·燕一》、《庄子·盗跖》等。

〔7〕矫:《吕览·悔过》高诱注:"擅称君命曰矫。"即假托义。

〔8〕袭:偷袭。 周:指东周都城雒邑(今河南洛阳)。 郑:指郑国都城(今河南新郑)。

〔9〕"败":《道藏》本、刘绩《补注》本作"贩"。当正。 犒:高诱注:"牛羊曰犒。"按:即犒劳义。事见《左传·僖公三十三年》、《吕览·悔过》等。

〔10〕诞：欺骗。

〔11〕楚恭王：春秋楚君，名审，在位三十一年。阴陵：也叫鄢陵，在今河南鄢陵西北。"昔楚恭王"句：高诱注："恭王与晋厉战于阴陵，吕锜射于恭王，中厥（目），因而擒之。""潘尪"句：四人为楚大夫。其中养由基为神射手。 篡：夺取。

〔12〕失体：违背礼节，有失大体。指坐着不能起来。 蹴：踢。

〔13〕"昔苍吾绕"句：高诱注："苍吾绕，孔子时人。以妻美好，推与其兄，于兄则爱矣，而违亲近曲顾之义，故曰'不可行'也。"

〔14〕"局"：《道藏》本、刘绩《补注》本同。《文子·道德篇》无"局"字。顾广圻《校淮南子》："局"疑"居句"二字之误合。按：《大戴礼记·劝学》王聘珍解诂："倨，直也。句，曲也。"倨，通"居"。顾说可供参考。

〔15〕"卑"：《道藏》本、刘绩《补注》本同。王念孙《读书杂志》："弱柔"上不当有"卑"字。《荀子·不苟篇》"柔从若蒲苇"，亦无"卑"字。 韦：《道藏》本、刘绩《补注》本同。刘家立《淮南内篇集证》"韦"作"苇"。 摄：杨树达《淮南子证闻》：当读为"慑"。

〔16〕"本"：《道藏》本、刘绩《补注》本同。王念孙《读书杂志》："本"当为"夸"。夸矜与摄夺相对为文。《文选〈甘泉赋〉》注引此正作"夸"。按：夸矜，有自夸、骄傲义。

【译文】

　　从前《周书》上说过："明智之言，被臣下使用；不智之言，被君主使用。明智之言，是永久可行的；不智之言，是权变暂用而已。"这就是君主掌握存亡的权术，只有圣人能够知道权变事宜，不失其道。说话要讲究信用，约会应当如期赴约，这就是天下人公行的高尚的品德。楚国有个直躬，他的父亲偷了羊，而儿子去作证；鲁国尾生与女子在桥下约会，女子失期未至，他抱柱淹死。正直而证明父亲偷窃，守信而自己被淹死，即使有正直、守信的品德，谁能认为他高贵呢！假传君命，调动三军，这是最大的罪过。秦穆公发兵偷袭郑国，过了周都向东进发。郑国商人弦高准备到京都贩牛，在周、郑之间遇到了秦国的军队，于是假传郑伯的命令，用十二头牛犒劳秦军，而使秦军退走，从而保存了郑国。因此行事超过了限度，守信用反而成为过错，欺骗反而成为有功。什么叫失礼而有大功呢？从前楚恭王在阴陵与晋厉公大战，（被射中左眼）。潘尪、养由基、黄衰微、公孙丙互相配合把恭王夺了回来。恭王恐惧得爬不起来，黄衰微举起脚踢了他一下。恭王于是才清醒，对黄衰微失礼非常愤怒，振作身子爬了起来，四大夫载着他向后逃去。从前苍吾绕娶了个妻子，长得十分漂亮，他就把妻子让给了自己的兄长。这虽然是钟爱其兄，但是却不能这样做。因此圣人研究事情的曲直，而和它们一起屈伸俯仰，没有固定的法式。一时卷曲，一时伸张；柔弱如蒲草芦苇，不是为了害怕而改变志向；刚强猛毅，志气激励，上贯青云，不是为了自夸骄傲，而都是用来趁着时势应对变化。

夫君臣之接，屈膝卑拜，以相尊礼矣；至其迫于患也，则举足蹴其体，天下莫能非也。是故忠之所在，礼不足以难之也。孝子之事亲，和颜卑体，奉带运履。[1]至其溺也，则捽其发而拯，非敢骄侮，以救其死也。[2]故溺则捽父，祝则名君，势不得不然也，此权之所设也。[3]故孔子曰："可以共学矣，而未可以适道也。[4]可与适道，未可以立也。[5]可以立，未可与权。"权者，圣人之所独见也。[6]故忤而后合者，谓之知权。[7]合而后忤者，谓之不知权。不知权者，善反丑矣。故礼者，实之华而伪之文也，方于卒迫穷遽之中也，则无所用矣。[8]是故圣人以文交于世，而以实从事于宜，不结于一迹之涂，凝滞而不化。[9]是故败事少，而成事多，号令行于天下，而莫之能非矣。

【注释】

〔1〕奉：《说文》："承也。"即捧。 "运"：李哲明《淮南义训疏补》："运履"当作"进履"。"进"与"奉"词义相类。《汉书·张良传》有

"进履"之文。

〔2〕捽：《说文》："持头发也。"即揪住义。　拯：高诱注："升也。出溺曰拯。"按：即拯救义。

〔3〕祝：祝祷。

〔4〕共学：指仁者、勇者共同学习。　适：之，往。"故孔子"以下数句：见于《论语·子罕》。

〔5〕立：高诱注："立德、立功、立言。"按："三立"见于《左传·襄公二十六年》。

〔6〕独见：独立察见。

〔7〕"故忤而"句：高诱注："忤，逆，不合也。权，因事制宜，权量轻重，无常形势。能令丑反善，合于宜适，故圣人独见之也。"

〔8〕伪：为，即人为。　卒：急促。通"猝"。　邅：困窘。

〔9〕结：聚。

【译文】
　　君臣之间的相见，臣下屈膝低身下拜，以此来表示尊重礼节；等到国君迫于危难，那么便举脚踢他的身体，天下也没有人能非议他们。因此忠贞所存在的地方，礼节是不能够责难他们的。孝子事奉双亲，颜色温和，躬身行礼，捧着衣带，送上鞋子。等到父亲淹没水中，那么就会揪住头发而解救他。不是敢于骄横地侮辱他，而是为了解救他于死难之中。因此溺水时就揪住父亲，祭祀祝祷时则称呼为"君"，时势使人不能不这样做，这是权变所要求的。因此孔子说："可以和仁者、勇者共同学习，但是未必可以和他们共同达到善道；可以和他们一起达到善道，但是未必可以立功、立德、立言；可以立德、立功、立言，未必可以和他们达到权变的要求。"权变是圣人所独自明察的。因此先背离而后融合，叫做知道权变。先融合而后背离，叫做不知道权变。不知道权变的人，会由美好返回丑恶。所以礼节是实际的浮华和人为的文饰，当正处于急切困穷的时候，那么就没有什么用处了。因此圣人用礼节来与世人交接，而用实际对待适宜的事情，不拘泥于一个脚印的道路，凝固而不变化。因此失败的事情少，而成功的事情多，号令在天下通行，而没有人来非议他。

猩猩知往而不知来，乾鹄知来而不知往，此脩短之分也。⁽¹⁾昔者苌弘，周室之执数者也。⁽²⁾天地之气，日月之行，风雨之变，律历之数，无所不通。然而不能自知，车裂而死。⁽³⁾苏秦，匹夫徒步之人也，（鞇）[鞄]跻嬴盖，经营万乘之主，服诺诸侯，然不能自免车裂之患。⁽⁴⁾徐偃王被服慈惠，身行仁义，陆地之朝者三十二国，然而身死国亡，子孙无类。⁽⁵⁾大夫种辅翼越王句践，而为之报怨雪耻，禽夫差之身，开地数千里，然而身伏属镂而死。⁽⁶⁾此皆达于治乱之机，而未知全性之具者。故苌弘知天道而不知人事，苏秦知权谋而不知祸福，徐偃王知仁义而不知时，大夫种知忠而不知谋。

圣人则不然，论世而为之事，权事而为之谋。是故舒之天下而不窕，内之寻常而不塞。⁽⁷⁾使天下荒乱，礼义绝，纲纪废，姜弱相乘，力征相攘，臣主无差，贵贱无序，甲胄生虮虱，燕雀处帷幄，而兵不休息。⁽⁸⁾而乃始服属奥之貌、恭俭之礼，则必灭抑而不能兴矣。⁽⁹⁾天下安宁，政教和平，百姓肃睦，上下相亲，而乃始立气矜，奋勇力，则必不免于有司之法矣。⁽¹⁰⁾是故圣人者，能阴能阳，能弱能姜，随时而动静，因资而立功。物动而知其反，事萌而察其变，化则为之象，运则为之应，是以终身行而无所困。

【注释】

〔1〕"猩猩"句：高诱注："猩猩，北方兽名，人面兽身，黄色。《礼记》曰：'猩猩能言，不离走兽。'见人往走，则知人姓字。此'知往'也。又嗜酒，人以酒搏之，饮而不能息，不知当醉，以擒其身，故曰'不

能知来'也。"按：亦见于《尔雅·释兽》。 "乾鹄"句：高诱注："乾鹄，鹊也。人将有来事忧喜之征，则鸣。此'知来'也。知岁多风，多巢于木枝，人皆探其卵，故曰'不知往'也。"按：《论衡·实知》作"鸦鹊"，《本草纲目·禽部》作"干鹊"。

〔2〕苌弘：周灵王、景王、敬王时大夫，掌管历法方术。

〔3〕"然而"二句：高诱注："晋范、中行氏之难，以畔其君也。周刘氏与晋范氏世为婚姻，苌弘事刘文公，故周人助范氏。至敬王二十八年，晋人让周，周为杀苌弘以释之，故曰'而不能自知，车裂而死'也。"王念孙《读书杂志》：《庄子·胠箧》释文《淮南子》曰："苌弘铍裂而死。"据此，则古本本作"铍裂"。按：其事见《左传·哀公三年》、《韩非子·难言》等。

〔4〕苏秦：战国东周洛阳人。曾联合五国攻秦。后在齐从事反间活动，暴露后被车裂而死。 匹夫：平民。 鞜：《道藏》本、刘绩《补注》本、《四库全书》本同。鞜，《广韵》"姥"韵："鞜勒名。"即带嚼的马笼头。当作"鞜"。《说文》"柔革也"。即柔软的皮革。 蹻：本书《脩务训》高诱注："履也。"即鞋类。 赢：高诱注："籯囊也。"按：《广雅·释器》："籯，笼也。"即笼箱之类。赢，通"籯"。 "苏秦"以下数句：高诱注："苏秦相赵，赵封之为武安君。初，带籯囊，担步盖，历说万乘之君，合东山之众，利病之势，无所不下，使诸侯服从，无有不服诸者，故曰'服诺诸侯，不自免于车裂之患'。"按：《汉书·艺文志》"纵横家"有《苏子》三十一篇。可参见《史记·苏秦列传》、马王堆汉墓帛书《战国纵横家书》。

〔5〕徐偃王：相传为周穆王时徐国国君，穆王巡狩，诸侯共尊徐为王。后穆王令楚王派人灭其国。并见本书《人间训》、《说山训》。《韩非子·五蠹》、《史记·秦本纪》等亦有记载。 被服：《汉书·河间献王传》颜师古注："被服，言常居处其中也。"有身怀义。 三十二：《韩非子·五蠹》作三十六，《论衡·非韩》作三十二。

〔6〕大夫种：即文种。春秋末年越国大夫，楚郢人。越被吴击败，困守会稽，他献计越王，得免亡国。又帮助越王复国，灭吴。后越王听信谗言，逼文种自杀。 雪耻：洗刷耻辱。 属镂：利剑名。

〔7〕寻常：八尺曰寻，倍寻曰常。

〔8〕荒乱：荒废紊乱。 姜：《广雅·释诂四》："强也。"朱骏声《说文通训定声》："姜，通强。"下"姜"字同。 乘：加。 攘：侵夺。 差：差别；失当。

〔9〕属臾：从容、恭敬之意。 灭抑：消灭，隐没。

〔10〕矜：自大。

【译文】

猩猩知道以往而不知道将来,乾鹄知道将来而不知道以往,这是各有长处、短处的分别。从前大夫苌弘,是周王室执掌历数的专家。天地的阴阳之气,上天的日、月运行,自然界的风雨变化,律历的计算方法,没有不精通的。虽然如此,但是却不能预知自己的命运,被剖开肚子而死。苏秦是个平民出身的人,脚踏革鞋,带着箱笼行李,周旋往来于诸侯国君之间,使诸侯服从应诺,然而最后免不了被车裂而死。徐偃王对人民含怀慈惠,亲身实行仁义之政,沿着陆路而来朝拜的有三十二个国家,虽然如此,最后身死国灭,连子孙同族类的人都不存在了。大夫文种辅助越王句践,而替越王报了深仇,洗刷耻辱,擒住了吴王夫差,开拓疆土数千里,但是最后自己倒在利剑之下。这些人都是通达治乱机变的人,但是不知道保全性命的办法。因此苌弘知道天道规律而不了解人事,苏秦知道权谋而不知道祸福变化,徐偃王知道仁义而不知道时势,大夫文种知道效忠而不知道保全自身。

圣人则不是这样,研究时势变化而根据它行事,权衡事情大小而依据它谋划。因此在天下舒展开来而没有间隙,纳入寻常之内而不会堵塞。假使现在天下荒废紊乱,礼义断绝,纲纪废止;强大欺压弱小,用武力相侵夺;国君、臣下没有区别;高贵、卑贱失去秩序;战士盔甲生了虮虱,燕子、麻雀居留在帷帐之中,而战争还不停息。而在这时才开始表现出恭敬的样子,从事恭顺、节俭的礼节,那么必然被消灭或抑制,而不能兴起了。天下安定,刑赏教化平和,百姓恭顺和睦,国君、臣下互相亲近,而在这时却开始显示傲气蛮横,振奋勇力,那么有司对他的处罚一定是不能避免的了。因此圣人能阴能阳,能弱能强,随着时势而行止,凭着天生的资质而建立功业。万物活动而能够知道它的反面,事物萌发了而能明察它的变化;变化了就能为它描绘形象,运动了就能为它适应变动,因此一生行事而没有什么困惑的。

故事有可行而不可言者,有可言而不可行者,有易为而难成者,有难成而易败者。所谓可行而不可言者,趋舍也;[1]可言而不可行者,伪诈也;易为而难成者,

事也；难成而易败者，名也。此四策者，圣人之所独见而留意也。⁽²⁾

【注释】
〔1〕趋舍：取得、舍弃。《文子·微明篇》作"取舍"。
〔2〕"四策"：《文子·微明篇》作"四者"。

【译文】
所以事情有的可以实行，但是不可以用语言表达出来；有的可以用语言表达出来，却不能够实行；有的容易实行，却很难得到成功；有的很难成功，而且容易失败。所说的可以实行而不能用语言表达出来的，是取得与舍弃；能够用语言表达出来，而不能够实行的，是虚伪和欺诈；容易做而难以成功的，是事业；难以成功而容易失败的，是名声。这四个方面，是圣人独自明察而注意的事。

诎寸而伸尺，圣人为之；⁽¹⁾小枉而大直，君子行之。⁽²⁾周公有杀弟之累，齐（植）[桓]有争国之名。⁽³⁾然而周公以义补缺，桓公以功灭丑，而皆为贤。⁽⁴⁾今以人之小过，掩其大美，则天下无圣王贤相矣。故目中有疵，不害于视，不可灼也；⁽⁵⁾喉中有病，无害于息，不可凿也。河上之丘冢，不可胜数，犹之为易也。⁽⁶⁾水激兴波，高下相临，差以寻常，犹之为平。⁽⁷⁾

【注释】
〔1〕诎：弯曲。同"诎"。
〔2〕枉：弯曲。
〔3〕"周公"句：高诱注："诛管、蔡也。""植"：《道藏》本、刘绩《补注》本作"桓"。"齐桓"句：高诱注："自莒先入，杀子纠也。"
〔4〕"然而周公"句：高诱注："谓翼成王以致太平，七年归政，北面

为臣。故曰'以义补缺'也。""桓公"句：高诱注："立九合一匡之功，以灭争国之恶。"

〔5〕疵：高诱注："赘。"按：指眼中斑、痣等小毛病。 灼：炙烤。

〔6〕"河上"几句：高诱注："言河上本非丘垄之处，有易之地犹多，以大言之也。以谕万事多覆于少。"按：丘冢，似指黄河中沙丘。

〔7〕"水激"几句：高诱注："虽有激波，犹以为平，平者多也。"

【译文】

在寸上弯曲，在尺上伸直，圣人做这样的事；在小处弯曲，而在大处伸直，君子做这样的事。周公有杀掉弟弟的牵累，齐桓公有与公子纠争国的恶名。但是周公用大义来弥补自己的缺陷，桓公用立功来消除自己的丑事，而天下都认为他们是贤人。现在因为别人小的过失，掩盖别人大的美德，那么天下便没有圣王和贤相了。就像眼中有疵点，不妨碍视力，就不能炙烤；喉咙中有毛病，对呼吸没有妨碍，就不能挖凿。黄河上的高丘，不可能全部数出来，（从大处来说），它仍然是平易的。水流激荡，波浪涌起，高、低互相迫近，相差有一丈高低，总还算是平坦的。

昔者曹子为鲁将兵，三战不胜，亡地千里。(1)使曹子计不顾后，足不旋踵，刎颈于陈中，则终身为破军擒将矣。(2)然而曹子不羞其败，耻死而无功，柯之盟，揄三尺之刃，造桓公之胸，三战所亡，一朝而反之，勇闻于天下，功立于鲁国。(3)

【注释】

〔1〕曹子：即曹沫，又叫曹刿。据载鲁君与齐君在柯（今山东阳谷东）相会，他持剑相从，挟持齐君订立盟约。见于《公羊传·庄公十三年》、《鹖冠子·世兵》、《战国策·齐六》、《吕览·贵信》等，并载于《史记·齐世家》。

〔2〕陈：《战国策·楚一》吴师道注："陈，古阵字。"即阵列义。

〔3〕揄：《道藏》本、刘绩《补注》本作"揄"。《说文》："揄，引也。"

即执持义。俞樾《诸子平议·扬子太玄》:"揄,当读为揄。""一朝"句:高诱注:"复汶阳之田也。"按:汶阳,在今山东泰安西南一带。

【译文】
　　从前曹沫为鲁君率兵与齐国打仗,三次交战都没有取得胜利,失去的土地上千里。假使曹沫考虑问题不顾后果,脚步不需回转,便可以自杀在阵中,那么终身便是失败的军队、被擒住的将领了。但是曹沫不把他的失败看作羞耻之事,值得羞耻的是到死还没有建立功勋,在鲁、齐两君会盟于柯地时,他抽出三尺利剑,逼近桓公的胸口,三次战争所失去的土地,一个早上便全部返回鲁国,勇武闻名于天下,功劳长存于鲁国。

　　管仲辅公子纠而不能遂,不可谓智;[1]遁逃奔走,不死其难,不可谓勇;[2]束缚桎梏,不讳其耻,不可谓贞。[3]当此三行者,布衣弗友,人君弗臣。然而管仲免于束缚之中,立齐国之政,九合诸侯,一匡天下。使管仲出死捐躯,不顾后图,岂有此霸功哉?[4]

【注释】
　　[1]公子纠:齐襄公之弟。襄公死后,在争夺齐国政权过程中失败,被其弟公子小白(齐桓公)逼死。　遂:成功。
　　[2]"遁逃"二句:高诱注:"不死子纠之难也。"
　　[3]桎梏:木制的脚镣、手铐之类的刑具。指鲍叔牙迎管仲,脱其桎梏,桓公任以相国之职。
　　[4]出死:殉义之死。　捐躯:为国家、正义而死,称捐躯。后图:后来的计划。

【译文】
　　管仲辅佐公子纠回国夺权而不能成功,不能算是有智谋;逃跑奔走,没有死于公子纠之难中,不能算是勇敢;被捆绑囚禁,不忌讳自己的耻辱,不能说是贞节。面对着这三种品行,平民不会和他交朋友，国君不用他作臣下。但是管仲从囚禁中免于一死，管理齐国的政事，九合诸侯，一匡天下。假使管仲殉义而死，抛弃身体，不考虑以后的打算，难道会成就这样的霸王之业吗？

今人君论其臣也，不计其大功，总其略行，而求小善，则失贤之数也。⑴故人有厚德，无问其小节；而有大誉，无疵其小故。夫牛蹄之涔，不能生鳣鲔；⑵而蜂房不容鹄卵，小形不足以包大体也。

【注释】

〔1〕略：《广雅·释言》："要也。"略行，即主要的品行。　数：指统治方法。
〔2〕涔：雨水。　鳣：高诱注："大鱼，长丈馀，细鳞，黄首，白身，短头，口在腹下。"按：即鳇鱼。　鲔：高诱注："大鱼，亦长丈馀，仲春二月从河西上，得过龙门，便为龙。"按：指鲟鱼。

【译文】

假如国君评论他的臣下，不去考虑他的大功，集中考量他的主要品德，而只求小的好处，就会失去求贤之道。所以人有大的美德，不去过问他的小节；人有大的荣誉，不要挑剔小的毛病。牛蹄大的小坑，不能生长出大鱼；而蜂房里不能容纳天鹅的蛋，小的形状不能够包容大的形体。

夫人之情，莫不有所短。诚其大略是也，虽有小过，不足以为累。⑴若其大略非也，虽有闾里之行，未足大举。⑵夫颜（喙）［啄］聚，梁父之大盗也，而为齐忠臣；⑶段干木，晋国之大驵也，而为文侯师。⑷孟卯妻其嫂，有五子焉，然而相魏，宁其危，解其患。⑸景阳淫酒，被发而御于妇人，威服诸侯。⑹此四人者，皆有所短，然而功名不灭者，其略得也。⁽⁷⁾季襄、阵仲子，立节抗行，不入洿君之朝，不食乱世之食，遂饿而死，不能存亡接绝者何？⁽⁸⁾小节伸而大略屈。故小谨者无成功，訾行者不容于众。⁽⁹⁾体大者节疏，蹠距者举远。⁽¹⁰⁾自古及今，五帝三王，未有能全其行者也。故《易》曰："小过，亨，利贞。"⁽¹¹⁾言人莫不有过，而不欲其大也。

【注释】
〔1〕诚：如果。　大略：大的德行和才略。
〔2〕举：举用。
〔3〕"喙"：《道藏》本、刘绩《补注》本、《四库全书》本同。王念孙《读书杂志》："喙"当作"啄"，字之误也。郑良树《淮南子斠理》：《记纂渊海》五引此正作"啄"。按：又作"涿"、"烛"、"斫"、"濁"等，皆音近通假。　梁父：今山东泰安东南。其事见《左传·哀公二十七年》、《晏子春秋·外篇》、《韩诗外传》卷九，并载于《史记·孔子世家》等。
〔4〕段干木：战国初魏人，姓段干，名木。原为市侩，曾求学于子夏。　驵：高诱注："一曰：驵，市侩也。言魏国之大侩也。"按：即市场上牲口交易人。其事见于《吕览·尊师》、《举难》、《察贤》、《下贤》，并载于《史记·魏世家》。
〔5〕孟卯：战国辩士，齐人，曾为魏相。其事见《战国策·秦四》、《魏三》，皆作"芒卯"。《韩非子·显学》作"孟卯"。　娗，《广韵》"皓"韵："俗嫂字。"
〔6〕景阳：楚将。见于《战国策·燕三》，并载《史记·楚世家》。　御：制。指调戏。
〔7〕略：高诱注："道也。"按：刘绩《补注》："略，大略也。"指大的品行。
〔8〕季襄：高诱注："鲁人，孔子弟子。"王念孙《读书杂志》："襄"当为"哀"。《史记·仲尼弟子列传》："公晳哀，字季次。"此言"季哀"，即"季次"也。　阵：《道藏》本、刘绩《补注》本作"陈"。陈仲子，高诱注："齐人，孟子弟子，居於陵也。"其事见《孟子·滕文公下》、《荀子·非十二子》、《韩非子·外储说左上》等。　洿：污秽。
〔9〕小谨：小心谨慎。　訾行：诋毁别人的品行。高诱注："一说

訾，毁也。"按：化自《管子·形势》。
〔10〕疏：长大。 蹠：足。 距：大。通"巨"。
〔11〕"故《易》曰"：引文见《周易·小过》。

【译文】
　　在人的性情中，没有不存在欠缺的地方。如果他的大的方面值得肯定，即使有小的差错，也不能够成为他的拖累。假若他的大的品行不好，即使得到乡里的赞誉，也不能够授以大任。颜啄聚，是山东梁父的大盗，却成为齐国的忠臣；段干木，是晋国的牲口市场经纪人，却成为魏文侯的老师；孟卯娶了他的嫂子，生了五个孩子，但是做魏相，平息了魏国的危险，解除了魏国的祸患；景阳醉酒，披着头发，调戏楚王宠妃，而声威使诸侯慑服。这四个人，品行中都有缺陷，但是功名不能磨灭，他们的大的品行是值得肯定的。季哀、陈仲子，树立名节，行为高尚，不进入污浊国君的朝廷，不吃乱世的食物，于是便饿死了。他们不能保存灭亡了的国家，接续断绝的家族，这是为什么？小的才略举用而大的才略废止了。因此小心谨慎的人干不成大事，诋毁他人品行的人不能被众人容纳。身材高大的人关节长，脚步大的人跨度远。从古到今，五帝三王，没有是品行全备的。因此《易》中说："小事错误，无伤大体，仍能亨通、有利，其利在品行端正。"说的是人没有不存在过错，而不愿意酿成大的过错罢了。

　　夫尧、舜、汤、武，世主之隆也；⑴齐桓、晋文，五霸之豪英也。⑵然尧有不慈之名，舜有卑父之谤，汤、武有放弑之事，伍伯有暴乱之谋，是故君子不责备于一人。⑶方正而不以割，廉直而不以切，博通而不以訾，文武而不以责。⑷求于一人，则任以人力，自脩则以道德。⑸责人以人力，易偿也；自脩以道德，难为也。难为则行高矣，易偿则求赡矣。夫夏后氏之璜，不能无考；⑹明月之珠，不能无颣。⑺然而天下宝之者，

何也？其小恶不足妨大美也。今志人之所短，而忘人之所脩，而求得其贤乎天下，则难矣。⁽⁸⁾

【注释】

〔1〕隆：盛。

〔2〕五霸：春秋五霸是：齐桓公、晋文公、宋襄公、楚庄公、秦穆公。

〔3〕"然尧有"句：高诱注："谓不以天下予子丹朱也。"按：此事尚见于《吕览·当务》、《庄子·盗跖》、《竹书纪年》等。"舜有"句：高诱注："谓瞽叟降在庶人也。"按：亦见于《吕览·当务》、《韩非子·忠孝》。"汤、武"句：高诱注："殷汤放桀南巢，周武杀纣宣室。""伍伯"句：出自《吕览·当务》。

〔4〕割：分割，切割。 切：《广韵》"屑"韵："刻也。"即苛刻义。 博通：广博精通。

〔5〕"求于一人"：王念孙《读书杂志》：刘本无"一"字，是也。《文子·上义篇》作"于人以力，自脩以道"。

〔6〕璜：半璧曰璜。 考：璧有瑕疵。《玉篇》："考，瑕衅也。"《文子·上义篇》作"瑕"。

〔7〕颣：斑点，瑕疵。《说文》："颣，丝节也。"

〔8〕"其"：王念孙《读书杂志》：衍"其"字。《艺文类聚·宝部》上引此无"其"字。按：《文子·上义篇》亦无"其"字。

【译文】

尧、舜、商汤、周武，是君王中事业最为隆盛的；齐桓、晋文，是五霸中的英豪。然而尧有不爱儿子的坏名声，舜有使父卑贱的非议，商汤、周武有流放、杀死桀、纣的举动，五霸有刀兵侵伐的计谋，因此君子对任何一个人都不应求全责备。对端正公平的人而不要专门摘取他的缺点，对廉洁正直的人而不要过分苛刻，对广博精通的人而不要加以诋毁，对文武具备的人而不要加以责备。寻求贤人，就要用他的才能；自我修养，就要用道德。寻求贤人任以才能，是容易实现的；用道德自我修养，是难于办到的。难于办到的，就必待高行之人；容易实现的，是需求淡薄的人。夏禹时的玉璜，不能没有污点；明月之珠，不能没有瑕疵。然而天下的人都把它作为宝物，这是为什么？它的小毛病不能妨碍它的大的美德。现在光记住别人的短处，而忘记别人的长处，想在天下寻求到贤人，那么就很难了。

夫百里奚之饭牛，伊尹之负鼎，太公之鼓刀，宁戚之商歌，其美有存焉者矣。[1]众人见其位之卑贱，事之洿辱，而不知其大略，以为不肖。[2]及其为天子三公，而立为诸侯贤相，乃始信于异众也。

【注释】

〔1〕"夫百里奚"句：春秋秦大夫。原为奴隶，曾为人喂牛。作为陪嫁送往秦，逃到楚，秦穆公以五张牡黑羊皮赎回，后帮助穆公成就霸业。见于《孟子·万章》、《吕览·慎人》，并载于《韩诗外传》卷六等。"伊尹"句：伊尹曾为厨师，负鼎俎，调五味，以求汤，汤任为贤相。见于《吕览·本味》，并载于《韩诗外传》卷七、《史记·殷本纪》等。"太公"句：高诱注："河内汲人。有屠、钓之困，卒为文王佐，翼武王伐纣也。"按：汲，即今河南卫辉市。其地有太公庙、太公祠、姜太公墓等。其事见于《楚辞·离骚》、《战国策·秦五》，并载于《韩诗外传》卷七等。"宁戚"句：高诱注："宁戚，卫人也，商旅于齐，宿郭门外，疾世商歌，以干桓公。桓公夜出迎客，闻之，举以为大田。其歌曲在《道应》说也。"

〔2〕洿辱：污浊，耻辱。

【译文】

百里奚饲养牲口，伊尹做厨师烹调，姜太公敲击屠刀，宁戚商歌车下，他们的美德存在于其中。平常的人看到他们地位卑贱，从事的行业污浊屈辱，而不知道他们的雄才大略，便认为他们不贤德。等到他们担任天子三公，而成为诸侯贤相，才开始相信他们确实与常人不同。

夫发于鼎俎之间，出于屠酤之肆，解于累绁之中，兴于牛颔之下，洗之以汤沐，被之以燫火，立之于本朝之上，倚之于三公之位，内不惭于国家，外不愧于诸侯，符势有以内合。⁽¹⁾ 故未有功而知其贤者，尧之知舜；功成事立而知其贤者，市人之知舜也。⁽²⁾ 为是释度数而求之于朝肆草莽之中，其失人也必多矣。何则？能效其求，而不知其所以取人也。

【注释】

〔1〕俎：切肉用的砧板。　酤：酒店。　肆：指作坊。　累绁：绳索捆绑之义。《说文》："绁，系也。"　兴：兴起。　祓：《说文》："除恶祭也。"古代为消灾求福而举行的一种祭祀活动。　爟火：古代掌火之官。《周礼·夏官》有"司爟"之职。这里指举火。　符势：符验的情势。
〔2〕"故未有"以下几句：见于《吕览·审应》。

【译文】

从厨房鼎俎之中兴起的吕望，在屠场和酒店作坊中出现的伊尹，由囚禁中释放出来的管仲，在牛颔下兴起的宁戚，国君用热水给他们洗沐，举火为他们祓除不祥，使他们站立在朝廷之上，排列于三公之位，对内不有惭于国家，对外不有愧于诸侯，符应的形势与国君内心相合。因此没有功劳而知道他人贤德的，尧对舜就是这样；功绩建立事业成功而知道他人贤德的，市人对舜就是这样。但是因为这样而放弃求贤的准则和方法，而却在早晨的店铺和草莽之中寻找贤人，那么失去的贤人也就多了。为什么这样呢？能够仿效贤君求贤的方法，而不知道他们所用来求贤的标准。

夫物之相类者，世主之所乱惑也；⁽¹⁾ 嫌疑肖象者，众人之所眩耀。⁽²⁾ 故佷者类知而非知，愚者类仁而非仁，戆者类勇而非勇也。⁽³⁾ 使人之相去也，若玉之与石，美之与恶，则论人易矣。⁽⁴⁾ 夫乱人者，芎䓖之与藁本也，蛇床之与蘪芜也，此皆相似者。⁽⁵⁾ 故剑工或剑之似莫邪者，唯欧冶能名其种；⁽⁶⁾ 玉工眩玉之似碧卢者，唯猗顿不失其情。〔7〕暗主乱于奸臣，小人之疑君子者，唯圣人能见微以知明。〔8〕故蛇举首尺，而脩短可知也；〔9〕象见其牙，而大小可论也。薛烛庸子见若狐甲于剑，而利钝识矣；〔10〕臾儿、易牙，淄、渑之水合者，尝一哈水如甘苦知矣。〔11〕故圣人之论贤也，见其一行而贤不肖分矣。孔子辞廪丘，终不盗刀钩；〔12〕许由让天子，终不利封侯。〔13〕故未尝灼而不敢握火者，见其有所烧也；未尝伤而不敢握刀者，见其有所害也。〔14〕由此观之，见者可以论未发也，而观小节足以知大体矣。故论人之道，贵则观其所举，富者观其所施，穷则观其所不受，贱则观其所不为，贫者观其所不取。〔15〕视其更难，以知其勇；〔16〕动以喜乐，以观其守；委以财货，以论其人；〔17〕振以恐惧，以知其节，则人情备矣。

【注释】

〔1〕类：类同，类似。

〔2〕嫌疑：疑惑难明的事理。　肖象：类似，近似。　眩耀：迷惑。

〔3〕"故很者"句：高诱注："很者自用，像有知，非真知。"按：《说文》："很，不听从也。"即违逆、自用义。　"愚者"句：高诱注："愚者不能断割，有似于仁，非真仁也。"　"戆者"句：高诱注："戆者不知畏危难，有似于勇，非真勇。"按：《说文》："戆，愚也。"

〔4〕"美之与恶"句：王念孙《读书杂志》：本作"葵之与苋"。《群书治要》及《尔雅》疏、《埤雅》、《续博物志》引此，并作"葵之与苋"，是其证。

〔5〕芎藭：香草名。生于川中者名川芎。《说文》："营，营藭，香草也。芎，司马相如说，营或从弓。"　藁本：香草名。根可入药。　蛇床：植物名。根可入药。　蘪芜：芎藭的幼苗。《本草经》："蘪芜，味辛温，去三虫，久服轻身。"蘪，通"蘼"。

〔6〕欧冶：古代著名铸剑工匠。

〔7〕碧庐：青黑色美玉。　猗顿：高诱注："鲁之富人，能知玉理，不失其情也。"按：事出《尸子·治天下》，并见于《孔丛子》及《史记·秦始皇本纪》、《货殖传》等。

〔8〕疑：通"拟"。有模拟义。

〔9〕首尺：指昂首的尺寸高低。

〔10〕薛烛庸子：高诱注："薛，齐邑也。烛庸氏子，通利剑。"于大成《氾论校释》："薛烛"为人名，不以"薛"为"齐邑"也。《吴越春秋·阖闾内传》"以示薛烛"，《越绝书·越绝外传》"名薛烛"，《文选·张景阳〈七命〉》"形震薛烛"。庸子亦当为人名。　狐甲：俞樾《诸子平议》："狐"疑"爪"字之误。若爪甲者，言其小也。

〔11〕曳儿：齐人，善辨味。《庄子·骈拇》作"俞儿"。　易牙：春秋齐人，善辨味，为齐桓公之宠臣。　淄：《集韵》"之"韵："水名，出泰山梁父县。"即今山东新泰羊流河。　渑：《左传·昭公十三年》杜预注："渑水出齐国临淄县北，入时水。"　哈：口。

〔12〕"孔子"二句：高诱注："廪丘，齐邑，今属济阴。齐景公养孔子，以言未见从，道未得行，不欲虚禄，辞而不受，故不复利人刀钩也。"按：廪丘，春秋齐邑，在今河南范县境。其事见《吕览·高义》，并载于《说苑·立节》。

〔13〕"许由"二句："许由，隐者，阳成人，尧欲以天下与之，洗耳而不就，故曰'不利于封侯'也。"按：事见《吕览·求人》、《庄子·逍遥游》，亦见于《论衡·书虚》。

〔14〕刀：《道藏》本、刘绩《补注》本作"刃"。

〔15〕"故论人之道"以下六句：亦见于《韩诗外传》卷三、《史记·魏世家》。

〔16〕更：经历。《文子·上义篇》作"处"。

〔17〕人：通"仁"。

【译文】

万物种类之间互相类似，是造成国君迷惑的原因；疑惑难辨，这是众人受迷惑的原因。因此刚愎自用的人类似有智慧而实际没有智慧，愚昧的人类似仁惠而却不是仁惠，刚直而愚蠢的人类似勇敢却不是勇敢。假使人与人之间的差别，像宝玉和石头，美好与丑恶一样明确，那么评论的人就很容易了。能够扰乱人心的，就像芎䓖和藁本，蛇床和蘪芜一样，叶、茎、花的形状都很相似。因此剑工往往被表面上似莫邪的剑所迷惑，只有欧冶能说出它的类别；玉工往往被外表像碧庐那样的宝玉所迷惑，只有倚顿不会弄错它的特性。昏乱的国君被奸臣所迷惑，小人模仿君子，只有圣人能够看到微小变化而知晓清楚。因此从蛇昂起头的高低，就能够知道它的长短了；见到大象的牙齿，而象的大小便能够说清楚了。薛烛、庸子，看见像爪甲那样的东西放到剑锋上，那么剑的利、钝便知道了；淄、渑之水混合到一起，臾儿、易牙品尝一口水，而甘苦味道便分辨出来了。因此圣人议论贤人，看到他的一个方面的品行，而贤、不肖便可以分别开来了。孔子辞去廪丘的封地，百姓最后连刀钩也没有偷窃的；许由辞让天子之位，最后对贪图封侯的人是不利的。因此不曾被火灼伤而不敢掌火的人，是因为看到火在燃烧而害怕；不曾受到伤害而不敢拿刀的人，是因为看到刀会有伤害而担心。由此看来，从看到的现象可以议论未曾发生的事情；而看到小节便能够知道大体了。因此评论人的方法，尊贵的人就要看他的举动，富贵的人就要看他的施舍情况，不显贵的人就要看他的不接受财物，地位低下的人就要看他所不做的事情，贫困的人就要看他不求取的东西。看他经受的患难，就知道他的勇力；用喜乐来感动他，可以观察他的守持；把财货委托给他，可以评论他的仁德；用恐惧之事来震慑他，可以知道他的节操，这样对人的情性的考察便全备了。

古之善赏者，费少而劝众；[1]善罚者，刑省而奸禁；[2]善予者，用约而为德；[3]善取者，入多而无怨。[4]

【注释】
〔1〕"古之善赏者"二句：高诱注："赵襄子行之是。"
〔2〕"善罚者"二句：高诱注："齐威王行之是也。"
〔3〕"善予者"二句：高诱注："秦穆公行之是。"
〔4〕"善取者"二句：高诱注："齐桓公行之是也。"

【译文】
古代善于赏赐的国君，费财少却可以勉励大众；善于处罚的国君，刑法简约而奸邪可以被禁止；善于给予的国君，施用很少却可以成为大德；善于取得的国君，收入多而别人没有怨言。

赵襄子围于晋阳，罢围而赏有功者五人，高赫为赏首。⑴左右曰："晋阳之难，赫无大功，今为赏首，何也？"⑵襄子曰："晋阳之围，寡人社稷危，国家殆，群臣无不有骄侮之心，唯赫不失君臣之礼。"故赏一人，而天下为忠之臣者，莫不终忠于其君。⑶此赏少而劝善者众也。

【注释】
〔1〕高赫：赵氏臣。此条见于《韩非子·难一》、《十过》及《吕览·义赏》，并载于《说苑·复恩》、《史记·赵世家》等。
〔2〕"左右曰"以下：高诱注："智伯求地于赵襄子，不与；智伯率韩、魏以围之。三月不克，赵氏之臣张孟谈潜与韩、魏通谋，反智伯，而杀之。张孟谈之力也，故曰'高赫无大功也'。"
〔3〕终：尽。

【译文】
赵襄子被围困在晋阳，解围之后奖励有功之臣五人，高赫列为首功。左右的人说："晋阳被围之难中，高赫没有大功，现在却得了头赏，这是为什么？"赵襄子说："晋阳被围，我们社稷危急，国家危险，群臣中没有人不存在骄恣轻侮的心情，只有高赫没有失去君臣的礼节。"因此赏赐一人，而作为天下忠君的臣子，没有不尽忠于他的国君。这就是赏赐虽少却可以勉励很多为善之人。

齐威王设大鼎于庭中，而数无盐（今）[令]曰："子之誉日闻吾耳，察子之事，田野芜，仓廪虚，囹圄实，子以奸事我者也。"⑴乃烹之。齐以此三十二岁道路不拾遗。此刑省奸禁者也。

【注释】

〔1〕齐威王：战国齐君，在位三十七年。　无盐：战国齐邑，在今山东东平县东。　"今"：《道藏》本、刘绩《补注》本作"令"。当正。此事亦载于《史记·田敬仲完世家》。其文作"阿大夫"。

【译文】

齐威王设置大鼎于厅堂之中，而一一列举无盐县令的罪状时说："赞誉你的话一天天传到我的耳朵里，考察你的政绩，田野荒芜，仓库空虚，监狱人满为患，你用奸谋来侍奉我。"于是便把他烹了。齐国从此三十二年间，在道路上没有人拾取丢失的东西。这是刑罚少却可以禁止奸邪的例子。

秦穆公出游而车败，右服失马，野人得之。〔1〕穆公追而及之岐山之阳，野人方屠而食之。穆公曰："夫食骏马之肉，而不还饮酒者，伤人。〔2〕吾恐其伤汝等。"遍饮而去之。处一年，与晋惠公为韩之战。〔3〕晋师围穆公之车，梁由靡扣穆公之骖，获之。〔4〕食马肉者三百馀人，皆出死为穆公战于车下，遂克晋，虏惠公以归。〔5〕此用约而为得者也。

【注释】

〔1〕"右服"句：四马车，两马在中间为"服"，两马在边为"骖"。《吕览·爱士》作"右服失"，无"马"字。

〔2〕还：《礼记·檀弓》郑玄注："犹疾也。"

〔3〕"与晋惠公"句：高诱注："晋惠公夷吾倍秦纳己之赂，秦兴兵伐晋，战于晋地韩原也。"按：晋惠公，名夷吾，春秋晋君，在位十四年。韩：指晋地韩原。

〔4〕梁由靡：晋臣。　扣：牵。

〔5〕"虏惠公"句：见于《左传·僖公十五年》、《吕览·爱士》及《韩诗外传》卷十、《说苑·复恩》、《史记·秦本纪》等。

【译文】

秦穆公到外地出游而车子坏了,中间驾车的一匹马跑丢了,被野人捉住了。秦穆公追着一直赶到岐山的南面,野人正在煮马肉吃。穆公说:"吃了马肉,不快点喝些酒的话,有伤身体。我担心伤了你们大家。"野人都喝了酒,穆公才离开。隔了一年,秦穆公与晋惠公在韩原发生战斗。晋军包围了穆公的车子,晋大夫梁由靡牵住穆公车上的骖马,即将捉住穆公。这时吃马肉的三百多人,都出死力在车下为穆公拼杀,于是战胜了晋军,又俘虏了晋惠公而回师。这是施用很少而能成为大德的例子。

齐桓公将欲征伐,甲兵不足。令有重罪者,出犀甲一戟;[1]有轻罪者,赎以金分;[2]讼而不胜者,出一束箭。[3]百姓皆说,乃矫箭为矢,铸金而为刃,以伐不义而征无道,遂霸天下。[4]此入多而无怨者也。

【注释】

[1] 犀甲:坚固的甲。 戟:古代的一种兵器。长一丈六尺。
[2] 金分:出金的分量。
[3] 束:十二支为束。
[4] 矫:《说文》:"揉箭箝也。"矫箭,即治箭义。 刃:五刃,指刀剑矛戟矢。以上见于《国语·齐语》,《管子·中匡》、《小匡》。

【译文】

齐桓公将要举行征伐,武器不够用,下令有重罪的人,出一副硬甲、一个戟;有轻罪的,按照出金分量多少赎罪;打官司不胜的,出十二支箭。百姓都很高兴,于是修治箭矢,冶炼金属为兵器,用来讨伐不义之国,而征伐无道之君,于是齐桓公得以称霸天下。这是收入多而没有怨恨的例子。

故圣人因民之所喜而劝善,因民之所恶以禁奸。故赏一人而天下誉之，罚一人而天下畏之。故至赏不费，至刑不滥。[1]孔子诛少正卯，而鲁国之邪塞；[2]子产诛邓析，而郑国之奸禁。[3]以近论远，以小知大也。故圣人守约而治广者，此之谓。[4]

【注释】
〔1〕"故至赏"二句：高诱注："赏当赏，不虚费。刑当刑，不伤善。"
〔2〕"孔子"二句：高诱注："少正，官；卯，其名也。鲁之诤人。孔子相鲁七日，诛之于东观之下。刑不滥也。"按：事载《史记·孔子世家》、《论衡·讲瑞》、《说苑·指武》等。
〔3〕"子产"二句：高诱注："邓析，诡辩奸人之雄也。子产诛之，故奸止也。《传》曰：'郑驷歂杀邓析，而用其竹刑。'邓析制刑，书之于竹，郑国用之，不以人废言也。"按：见于《荀子·宥坐》、《吕览·离谓》及《说苑·指武》等。
〔4〕"此之谓"：《道藏》本同。刘绩《补注》本有"也"字。

【译文】
　　因此圣人按照百姓所喜欢的事情，而勉励他们做善事；依照百姓所厌恶的，而禁止奸邪之事。因此赏赐一人，而得到天下人民赞誉；惩罚一人，而天下百姓畏惧。所以最高的奖赏是不虚费钱财，最高的刑罚是不伤害好人。孔子杀了少正卯，而鲁国的奸邪就被堵塞住了；子产诛杀邓析，而郑国的奸诈便被禁止了。用近的来使人知道远的，用小的来使人知道大的。因此圣人持守简约而治理广大，说的就是这样的事。

　　天下莫易于为善，而莫难于为不善也。[1]所谓为善者，静而无为也；所谓为不善者，躁而多欲也。适情辞无所诱或，循性保真，无变于己，故曰为善易。[2]越城郭，逾险塞，奸符节，盗管金，篡弑矫诬，非人之性也，故曰为不善难。[3]

【注释】

〔1〕"天下"二句：高诱注："为善，静身无欲，信仁而已，慎其天性，故'易'。为不善，贪欲无厌，毁人自成，戾其天性，故'难'也。"

〔2〕"适情辞"：《道藏》本同。刘绩《补注》本、黄锡禧本、《群书治要》、《文子·上德篇》有"馀"字。疑脱。

〔3〕奸：高诱注："私，亦盗也。" 符节：古代朝廷用作凭证的信物，用竹、木、金属制成，上书文字，剖分为二，各执其一，以两片相合为验。 管：高诱注："牡籥也。"按：即钥匙。 金：金印。 篡弑：弑君篡位。 矫诬：假托君命，进行诬陷。

【译文】

天下没有比从事善事容易的了，而没有什么比从事不善之事要困难的了。所说的从事善事，清静而顺应自然；所说的从事不善之事，急躁而多嗜欲。适合自己的情性，离开多馀的东西，没有什么能被引诱迷惑的；依照性情，保存天性，对自己没有什么要改变的，因此说从事善事是容易的。越过城郭，穿过险关要塞，盗窃符节，偷得管钥、印玺，谋杀国君，假冒诬陷，不符合人的天性，因此说从事不善的事是困难的。

今人所以犯囹圄之罪，而陷于刑戮之患者，由嗜欲无厌，不循度量之故也。〔1〕何以知其然？天下县官法曰："发墓者诛，窃盗者刑。"〔2〕此执政之所司也。夫法令者网其奸邪，（勤）〔勒〕率随其踪迹，无愚夫惷妇，皆知为奸之无脱也，犯禁之不得免也。〔3〕然而不材子不胜其欲，蒙死亡之罪，而被刑戮之羞；〔4〕然而立秋之后，司寇之徒继踵于门，（不）〔而〕死市之人血流于路，何则？〔5〕惑于财利之得，而蔽于死亡之患也。夫今陈卒设兵，两军相当，将施令曰："斩首拜爵，而屈挠者要斩。"〔6〕然而队阶之卒，皆不能前遂斩首之功，而后被要斩之罪，是去恐死而就必死也。〔7〕故利害之反，祸福之接，不可不审也。

【注释】

〔1〕厌：满足。《集韵》"艳"韵："厌，足也。"

〔2〕发：发掘。

〔3〕"勤"：《道藏》本、《道藏辑要》本同。刘绩《补注》本、《四库全书》本作"勒"。勒率，高诱注："勒，主问吏。"按：《说文》："勒，马头络衔也。""率，捕鸟毕也。"知二字有罗网义。

〔4〕不材子：不成器之子。

〔5〕司寇：官名，掌管刑狱、纠察等事。"不"：《道藏》本、刘绩《补注》本作"而"。当正。 死市：即弃市。

〔6〕"斩首"：《群书治要》引有"者"字。 拜：授给官职。

〔7〕队阶：队列。《群书治要》作"队伯"。 遂：成。 要斩：古酷刑之一。将犯人身体斩为两段。要，同"腰"。

【译文】

现在的人犯有监禁之罪，而陷于被杀戮的患祸之中，是由于嗜欲无度，不遵守法规行事而造成的。怎么知道是这样的呢？天下悬挂官方的法律说："掘发坟墓的人要被处死，盗窃的要受刑罚。"这是执法机构所管理的事情。法律网罗那些奸邪之人，罗网随着他们的踪迹，不管愚蠢的男女，都知道从事奸邪活动是无法脱身的，触犯禁令是不能够避免刑法的。虽然这样，那些不成器的人，遏制不住他们的嗜欲，冒着死亡的大罪，而遭受刑戮的羞辱；虽然这样，但是立秋之后，司寇之类官员，一个接着一个来到门上，而死于市曹之人的鲜血流到大路之上，这是为什么呢？因为被一点财利所迷惑，而被死亡的患祸所蒙蔽。现在陈列军队，列置武器，两方军队互相敌对，将军发号施令说："杀敌的人能够授予爵位，而退缩的要受到腰斩。"即使这样，队列中的士兵，都不能向前成就斩首之功，而却在后面受到腰斩之罪，这样是想离开可能的死亡而走向必定死亡之路。因此或利或害相反的结果，或祸或福的交替，是不能够不审查清楚的。

事或欲之，适足以失之；或避之，适足以就之。楚人有乘船而遇大风者，波至而自投于水。⑴非不贪生而畏死也，或于恐死而反忘生也。⑵故人之嗜欲，亦犹此也。齐人有盗金者，当市繁之时，至掇而走。⑶勒问其故，曰："而盗金于市中，何也？"⑷对曰："吾不见人，徒见金耳。"志所欲则忘其为矣。是故圣人审动静之变，而适受与之度，理好憎之情，和喜怒之节。⑸夫动静得，则患弗过也；⑹受与适，则罪弗累也；好憎理，则忧弗近也；喜怒节，则怨弗犯也。故达道之人，不苟得，不让福；⑺其有弗弃，非其有弗索；常满而不溢，恒虚而易足。⑻

【注释】

⑴"波至而"：王念孙《读书杂志》："波至而"下，当有"恐"字。《群书治要》、《意林》、《艺文类聚·舟车部》、《白帖》六十三、《御览·地部》三十六、《舟部》二引此，皆作"波至而恐"。

⑵或：《孟子·告子上》朱熹集注："或，与惑同。疑怪也。"即迷惑义。

⑶繁：众多。 掇：偷取。此事化自《吕览·去宥》、《列子·说符》。

⑷勒：高诱注："主问吏。"按：亦有"羁捕"义。

⑸受与：即取予。

⑹过：《道藏》本同。刘绩《补注》本作"遇"。

⑺让：辞让；拒绝。

⑻虚：无欲。

【译文】

有的事情想得到它，恰好能够失去它；有的事情想避免它，却能够成就它。楚国有人乘船而遇到大的风浪，波涛涌来，非常恐惧而跳入水中。不是不想贪生，而害怕死掉；因为被死亡的危险所迷惑，反而忘掉了生命。因此人的贪欲，也就像这样。齐国有人偷盗金子的，正当市场上人多之时，到那里偷了就跑。羁捕的人问他，说："你敢在市场上偷盗金子，这是为什么？"回答说："我没有见到人，只见到金子。"心中想的是欲望，那么就会忘记其他的行为。因此圣人审查动静的变化，掌握适当取予的尺度，而理顺爱憎的情感，调和喜怒的节度。动静适当，那么祸害就不会遇到；取予合适，那么罪邪就不能牵累；爱憎的道理顺畅了，那么忧虑就不会接近了；喜怒调节好了，那么怨恨就不会侵犯了。因此通达大道的人，不苟且所得，不排除福气；为他所有的不抛弃，不为他所有的不索求；常常充满而不外溢，经常无欲而容易得到满足。

今夫霤水足以溢壶榼，而江、河不能实漏卮。[1]故人心犹是也。自当以道术度量，食充虚，衣御寒，则足以养七尺之形矣。若无道术度量而以自俭约，则万乘之势不足以为尊，天下之富不足以为乐矣。孙叔敖三去令尹而无忧色，爵禄不能累也；荆佽非两蛟夹绕其船而志不动，怪物不能惊也。圣人心平志易，精神内守，物莫足以惑之。[2]

【注释】

〔1〕霤水：屋檐下的积水。《说文》："霤，屋水流也。" 榼：古代盛水或贮酒的器具。《说文》："榼，酒器也。" 漏卮：《文选·曹丕〈典论·论文〉》吕延济注："酒器也。"这里指四漏之酒器。

〔2〕易：平和。

【译文】

现在屋檐下的淋水能够把壶、榼盛满，而长江、黄河也不能把漏卮装满。因此人的心理也就是这样。自己应当以道术来约束，吃的食物能够充满肚子，衣服能够抵御寒冷，那么便足以能够养活人的七尺之形了。如果没有用道术来进行衡量，而对自己加以检束，那么据有万乘之势的国君也不会感到尊贵,拥有天下的财富也不值得快乐。孙叔敖三次离开令尹之位而没有忧虑的神色,爵位、俸禄不能够拖累他;荆国佽非渡江,两条蛟龙夹持绕着他的渡船,而他心志不动,奇异的事物不能使他惊恐。圣人的心志平和简易,精神在内部持守,万物就不能够惑乱它。

夫醉者俯入城门,以为七尺之闺也;⑴超江、淮,以为寻常之沟也。⑵酒浊其神也。⑶(法)〔怯〕者夜见立表,以为鬼也;⑷见寝石,以为虎也。惧揯其气也。⑸又况无天地之怪物乎?⑹

夫雌雄相接,阴阳相薄,羽者为雏鷇,毛者为驹犊,柔者为皮肉,坚者为齿角,人弗怪也;⑺水生蜦蝘,山生金玉,人弗怪也;⑻老槐生火,久血为燐,人弗怪也;⑼山出枭阳,水生罔象,木生毕方,井生坟羊,人怪之,闻见鲜而识物浅也。⑽天下之怪物,圣人之所独见。利害之反覆,知者之所独明达也;同异嫌疑者,世俗之所眩惑也。

【注释】

〔1〕闺:上圆下方的小门。
〔2〕超:跨过之义。
〔3〕浊:乱。
〔4〕"法":《道藏》本、刘绩《补注》本作"怯"。当正。 表:古代测量日影以记时的标杆。
〔5〕揯:夺。
〔6〕"无":诸本同,唯《百子全书》本作"夫"。当是。
〔7〕鷇:幼鸟。 驹犊:幼马、小牛。
〔8〕蜦:大蚌。《集韵》"讲"韵:"蚌,或作蜦。" 蝘:蛤蜊。并见本书《说山训》、《说林训》、《本经训》。

〔9〕"久血为燐"句：高诱注："血精在地，暴露百日，则为燐，遥望焖焖若燃火也。"按：出于《列子·天瑞》，《说文》载与《淮南子》说同。燐火，即液态磷化氢（P_2H_4），遇氧发光。

〔10〕枭阳：高诱注："山精也。人形，长大，面黑色，身有毛，若反踵，见人而笑。"按：载于《尔雅·释兽》，《楚辞·哀时命》，并见于《博物志》二。　罔象：高诱注："水之精也。"按：出于《国语·鲁语》，《庄子·达生》，并载于《史记·孔子世家》，《说苑·辨物》等。《说文》："蝄，蝄蜽，山川之精物也。淮南王说，蝄蜽状如三岁小儿，赤黑色，赤目，长耳，美发。"与此异。　毕方：高诱注："木之精也。状如鸟，青色，赤脚，一足，不食五谷也。"按：见于《山海经·海外南经》，《西次三经》等。　坟羊：高诱注："土之精也。鲁季子穿井，获土缶，其中有羊也。"按：见于《鲁语·国语》，并见于《说苑·辨物》，《史记·孔子世家》等。

【译文】
　　喝醉酒的人俯身进入城门，认为是七尺的闺门；跨过长江、淮河，认为是平常的水沟。是因为酒醉而使他的神志混乱。胆怯的人夜里看到树立的圭表，以为是鬼；看到躺在地上的大石，认为是老虎。是由于恐惧而夺走了他的勇气。又何况是天地之间奇怪的事物呢？
　　雌性、雄性互相交配，阴气、阳气互相迫近，有羽毛类的生成幼鸟；有毛类的生成马驹、牛犊，柔软的为皮肉，坚硬的为牙齿和硬角，人们是不奇怪的；水中生出蚌蛤，山里生出金玉，人们不觉得奇怪；枯死的槐树可以生出火，血液凝固久了有燐火出现，人是不觉得奇怪的；山里产生枭阳，水中生出罔象，木中生出毕方，井里生出坟羊，人们就奇怪了，是由于听的、看的少，而认识万物肤浅的原因。天下的奇异之物，是圣人能够独自明察的；利害的反复变化，是智慧的人所独自明白通达的；同与不同，疑惑难明，是世俗之人所迷惑的地方。

　　夫见不可布于海内，闻不可明于百姓，是故因鬼神机祥而为之立禁，总形推类而为之变象。⑴ 何以知其然也？世俗言曰："飨大高者，而彘为上牲；⑵ 葬死人者，裘不可以藏；相戏以刃者，太祖䩄其肘；⑶ 枕户橉而卧者，鬼神蹍其首。"⁽⁴⁾此皆不著于法令，而圣人之所不口传也。夫飨大高而羧为上牲者，非羧能贤于野兽麋鹿也，而神明独飨之，何也？以为羧者，家人所当畜，而易得之物也，故因其便以尊之。⁽⁵⁾裘不可以藏者，非能具绨绵曼帛，温暖于身也，世以为裘者，难得贵贾之物也，而可传于后世，无益于死者，而足以养生，故因其资以詟之。⁽⁶⁾相戏以刃，太祖軵其肘者，夫以刃相戏，必为过失；过失相伤，其患必大；无涉血之仇争忿斗，而以小事自内于刑戮，愚者所不知忌也，故因太祖以累其心。⁽⁷⁾枕户橉而卧，鬼神履其首者，使鬼神能玄化，则不待户牖之行；⁽⁸⁾若循虚而出入，则亦无能履也。⁽⁹⁾夫户牖者，风气之所从往来；而风气者，阴阳粗㧖者也，离者必病，故托鬼神以申诫之也。⁽¹⁰⁾凡此之属，皆不可胜著于书策竹帛，而藏于（宫）[官]府者也，故以礼祥明之。⁽¹¹⁾为愚者之不知其害，乃借鬼神之威以声其教，所由来者远矣。而愚者以为礼祥，而佷者以为非，唯有道者能通其志。⁽¹²⁾

【注释】

〔1〕因：借助。 礼祥：即忌讳之义。 变：通"辨"，辨明。
〔2〕大高：高诱注："祖也。一曰上帝。"
〔3〕軵：《览冥训》高诱注："推也。"
〔4〕户橉：门槛。《说林训》高诱注："橉，户限也，楚人谓为橉。"知为楚语。 蹍：踩，踏。《主术训》高诱注："蹍，蹈也。"
〔5〕当：《道藏》本作"常"。刘绩《补注》本同。当、常通。
〔6〕藏：《礼记·檀弓》："葬也者，藏也。" "非"：《道藏》本、刘绩《补注》本同。依义视之，似脱"不"字。 绨：平滑而有光泽的丝织品。 绵：丝绵。 曼帛：高诱注："细帛也。" 裘：皮衣。 资：利用。 詟：禁忌。

〔7〕累：有使之恐惧义。《战国策·秦一》高诱注："累，忧也。"

〔8〕玄化：神妙变化。"之"：《道藏》本、刘绩《补注》本同。王念孙《读书杂志》：《太平御览·居处部》十二引作"而"。

〔9〕虚：孔窍。"无"：《道藏》本、刘绩《补注》本同。以文义视之，疑衍。

〔10〕"粗"：《道藏》本、刘绩《补注》本、《四库全书》本同。引申有比并义。黄锡禧本、庄逵吉本作"相"。　拥：竞逐，角力。　离：通"罹"。遭受。

〔11〕宫：《道藏》本同。刘绩《补注》本作"官"。当正。

〔12〕很：狠戾。

【译文】

所看见的东西不可能在天下宣布，所听到的东西不可能向百姓说明，因此便按照鬼神所显示的凶吉，而为百姓立下禁戒；汇合各种形象，加以类推，而为百姓辨明现象。怎么知道是这样的呢？世俗之人说："用祭品供奉祖先，而猪是上等的供品；埋葬死人，皮裘不能够陪葬在坟墓里；用刀来互相嬉闹，长辈会推开他的胳膊；枕着门槛而睡觉的人，鬼神会踩在他的头上。"这些内容都是不记载在法令上的，而圣人也不会口传下来的。用祭品供奉祖先，而猪是上等的祭品，不是说猪比野兽麋鹿要胜一些，而神灵独自享用它，这是为什么？因为猪是农家的常畜，是容易得到的东西，所以借用它的方便而尊重它。皮裘不能够埋葬，不是说不具有粗细丝帛使身体温暖的特点，世俗认为皮裘是难得的价格昂贵之物，能够传给后代，对死者也没有益处，而对活着的人可以用来保养身体，因此按照实际用处而禁止用它下葬。用刀来互相嬉闹，长辈推开他的胳膊，因为用刀来互相嬉闹，必然造成过失；因为过失而伤害，造成的祸患一定很大；没有涉及流血的仇恨，就因为小事进行争斗，而使自己投入刑罚之中，这是愚蠢的人所不知道忌讳的，因此借由长辈劝阻而使他们害怕。枕着门槛睡觉，鬼神踩着他的头，而假使鬼神能够变化，那么不必要依靠门窗而行进。如果依照孔窍而进出，那么也能踩着人的头。门窗，是风气所从此往来的地方；而风气是阴气、阳气相冲突而形成的，遭受风邪的人一定生病，因此依托鬼神来说服告诫他。凡此之类，都是不能够全部记载在书册竹帛之中，而珍藏在官府之内的，因此用吉凶、兆征来说明它。因为愚蠢的人不知它的危害，于是借鬼神的威力来声明他的教旨，它的来历已经是很久远的了。而愚蠢的人认为是吉凶，狠戾的人认为不正确，只有掌握大道的人才能够通达旨意。

今世之祭井、灶、门、户、箕、帚、(曰)[臼]、杵者，非以其神为能飨之也，恃赖其德，烦(若)[苦]之无已也。⁽¹⁾是故以时见其德，所以不忘其功也。⁽²⁾触(右)[石]而出，肤寸而合，不崇朝而雨天下者，唯太山；⁽³⁾赤地三年而不绝流，泽及百里而润草木者，唯江、河也。⁽⁴⁾是以天子袟而祭之。⁽⁵⁾故马免人于难者，其死也葬之；牛，其死也，葬以大车为荐。⁽⁶⁾牛马有功，犹不可忘，又况人乎？此圣人所以重仁袭恩。⁽⁷⁾故炎帝于火死而为灶，禹劳天下死为社，后稷作稼穑而死为稷，羿除天下之害死而为宗布。⁽⁸⁾此鬼神之所以立。

【注释】

〔1〕"曰"：《道藏》本、刘绩《补注》本作"臼"，当正。 恃赖：依恃凭借。 "若"：《道藏》本、刘绩《补注》本作"苦"，当是。

〔2〕见：使显现。

〔3〕"右"：《道藏》本、刘绩《补注》本作"石"。当正。 肤寸：喻范围小。 崇：朱骏声《说文通训定声》："崇，叚借为终。"终朝，指日旦至食时。以上见于《公羊传·襄公三十一年》，并载于《说苑·辨物》、《风俗通·正失》等。

〔4〕赤地：指大旱。

〔5〕袟：《道藏》本、刘绩《补注》本、《四库全书》本作"秩"。《集韵》"质"韵："袟，祭有次也。"即祭祀有次序。《玉篇》："秩，品也。"即品级。皆通。

〔6〕荐：《广雅·释器》："席也。"即铺垫义。王念孙《读书杂志》：《艺文类聚·兽部》上、《太平御览·礼仪部》三十四、《兽部》八引此，

并作:"故马免人于难者,其死也葬之,以帷为衾;牛有德于人者,其死也葬之,以大车之箱为荐。"

〔7〕袭:积累。《俶真训》高诱注:"袭,重也。"

〔8〕"故炎帝"句:高诱注:"炎帝神农,以火德王天下,死托祀于灶神。"于大成《氾论校释》:《事物纪原》八、《野客丛书》二十并引作:"炎帝王于火,死而为灶。""禹劳天下"句:高诱注:"劳力,谓天下治水之功也,托祀于后土之神。""后稷"句:高诱注:"稷,周弃也。"按:当见于《左传·昭公二十八年》、《国语·鲁语》等。 "羿除天下"句:高诱注:"羿,古之诸侯,河伯溺杀人,羿射其左目。风伯坏人屋室,羿射中其膝。又诛九婴、窫窳之属,有功于天下,故死托祀于宗布。此尧时羿,非有穷后羿。"按:宗布,攘除灾祸之神。

【译文】

现在社会上祭祀井、灶、门、户、帚、臼、杵,不是认为它的神能够享用祭品,而是想依赖诸神的恩德,(因此人们便经常使用它们),不断烦劳辛苦它们。因此能够按照时节使它们的德泽显现,以便不致忘记它们的功德。云气碰到石头而升起,在肤寸之地聚合起来,很短的时间内可以布满天下的,只有泰山的云雨;大旱三年,而没有断流,润泽百里,而滋养草木的,只有长江、黄河。这就是天子按照规定品级来祭祀它的原因。所以在祸患中能够使主人免于一死的马,死后也要给它安葬;(对人有恩惠)的牛,死了要用大车箱作为安葬的铺垫。牛马对人有功劳,还不能忘记,又何况人呢?这就是圣人增益仁惠、积累恩德的原因。所以炎帝以火王天下,死后被奉为灶神;禹为天下辛劳治水,而死后托为土地神;后稷教人种植五谷,而死后成为谷神;羿为天下除害,而死后成为宗布之神。这就是鬼神所以树立的原因。

北楚有任侠者,其子孙数谏而止之,不听也。[1] 县有贼,大搜其庐,事果发觉,夜惊而走。[2] 追,道及之。其所施德者皆为之战,得免而遂反。语其子曰:"汝数止吾为侠,今有难,果赖而免身,而谏我,不可用也。"⑶知所以免于难,而知所以无难。⑷论事如此,岂不或哉?

【注释】
〔1〕侠:古代指爱打抱不平、重义轻生的人。《史记》有《游侠列传》。
〔2〕发觉:被觉察。 走:逃跑。
〔3〕"而":《艺文类聚·人部》十七引作"汝"。
〔4〕"而知":《道藏》本、刘绩《补注》本、《四库全书》本"而"下有"不"字,当脱。

【译文】
北楚有行侠仗义的人,他的子孙多次劝谏制止他,都不听从。县里发生杀人案,有司大肆搜查他的房舍,与案件有牵连的事果然被发觉,他夜里惊慌地出逃。有司追捕他,并在路上赶上了他。受他施舍恩德的朋友,都出力为他死战,得以幸免,并返回了家。任侠者告诉他的儿子:"你们多次制止我干侠义之事,今天有了祸患,果然依仗他们而能免于一死,你们劝谏我的话,是不值得听从的。"他知道所以免除祸患的原因,而不知道用怎样的办法才能没有灾难。议论事情像这样,难道不是很糊涂吗?

宋人有嫁子者,告其子曰:"嫁未必成也。⑴有如出,不可不私藏。⑵私藏而富,其于以复嫁易。"其子听父之计,窃而藏之。君公知其盗也,逐而去之。⑶其父不自非也,而反得其计;知为出藏财,而不知藏财所以出也。为论如此,岂不勃哉?

【注释】
〔1〕宋人:《韩非子·说林上》作"卫人"。此则又见于《吕览·遇合》。 成:终。
〔2〕出:指休弃。《左传·庄公二十七年》孔颖达疏引《释例》

曰："出者，谓犯七出而见绝者也。"

〔3〕君公：《吕览·遇合》作"姑妐"。《尔雅·释亲》："妇称夫之父曰舅，称夫之母曰姑，姑舅在，则曰君舅、君姑。"君舅，即君公。

【译文】

宋国有人出嫁女儿的，父亲告诉他的女儿说："出嫁不一定能终了一生。假如被休弃，不能不私自积蓄。私自攒钱而富有，对于再嫁就容易了。"他的女儿听从了父亲的主意，偷偷地把财物隐藏起来。她的公公知道了她的偷窃行为，把她驱逐出了家门。而她的父亲不认为自己有过失，反而认为是自己的计谋得到实现；知道为了怕被赶出门而藏匿财物，而不知道藏匿财物正是被抛弃的原因。提出的观点像这样，难道不是太背离事理了吗？

今夫僦载者，救一车之任，极一牛之力，为轴之折也，有（如）［加］辕轴其上以为造，不知轴辕之趣轴折也。〔1〕楚王之佩玦而逐菟，为走而破其玦也，因佩两玦以为之豫。〔2〕两玦相触，破乃逾疾。乱国之治，有似于此。

【注释】

〔1〕僦：雇车运送。《字汇》："僦，雇也。" 救：通"逑"。《说文》："逑，敛聚也。" 任：装载。《道应训》许慎注："载也。" 有：通"又"。"如"：《道藏》本、《四库全书》本同。刘绩《补注》本作"加"，当正。 辕：车辕。车前驾牲口的直木。 造：通"簉"。《文选·张衡〈西京赋〉》薛综注："簉，副也。"即辅贰义。 趣：通"促"。催促，急迫。

〔2〕玦：环形有缺口的佩玉。 豫：《说山训》高诱注："备也。"俗作"预"。

【译文】

现在雇车运送货物的人，堆满了一车子货物，牛的力气用尽了，造成了车轴的折断。原来是在车子上，又增加了一副车辕和车轴，以便备用，却不知道增加备用的一套车轴、车辕，正是促成车轴折断的原因。楚王身上佩带玉玦而去追赶野兔，因为奔跑而使玉玦碰破了，他因此又佩带了两块玉玦来作预备。两块玉玦互相碰撞，破碎的更快了。混乱国家的治理，同这样有些相似。

夫鸥目大而睡不若鼠，蚈足众而走不若蛇。[1]物固有大不若小，众不若少者。及至夫强之弱，弱之强；危之安，在之亡也，非圣人孰能观之？[2]大小尊卑，未足以论也。唯道之在者为贵。何以明之？天子处于郊亭，则九卿趋，大夫走，坐者伏，倚者齐。[3]当此之时，明堂太庙，悬冠解剑，缓带而寝，非郊亭大而庙堂狭小也，至尊居之也。天道之贵也，非特天子之为尊也，所在而众仰之。夫蛰虫鹊巢，皆向天一者，至和在焉尔。[4]帝者诚能包禀道，合至和，则禽兽草木莫不被其泽矣，而况兆民乎？[5]

【注释】
〔1〕"睡"：《道藏》本、刘绩《补注》本、《四库全书》本同。黄锡禧本、庄逵吉本作"睍"。睍，古文视字。疑"睡"字误。　蚈：多足虫。即马蚿。见《时则训》等。
〔2〕"在"：《道藏》本、刘绩《补注》本作"存"。
〔3〕郊：《说文》："距国百里为郊。"五十里为近郊，百里为远郊。趋：奔跑。
〔4〕"天一"：《广雅·释天》："太岁也。"与本文不符。杨树达《淮南子证闻》："'天一'当为'太一'。"按："太一"指天。《庄子·徐无鬼》成玄英疏："大一，天也。"亦指北极神。
〔5〕"包禀道"：疑有脱文。

【译文】
鸥鸟眼睛大视力却不如老鼠，马蚿足多跑起来却不如蛇。万物中本来就有大不如小的，多不如少的。至于那些强大走向衰弱，衰弱走向强大；危险走向平安，存在走向灭亡，不是圣人谁能观察清楚？可见大小、尊卑的事情，不值得论道。只有"道"存在的地方，才是尊贵的。怎样能说明这个问题？天子处于郊外亭舍的时候，那么九卿便要奔向他，大夫奔跑着来到面前；坐着的人趴在地上，靠着的人也整齐一致。在这个时候，在明堂太庙里，却可以悬挂起帽子，解下佩剑，宽松衣带而睡去，并不是郊外亭舍宽大而庙堂狭小，而是最尊贵的天子居于其中。天道的尊贵，更不只是像天子那样的尊崇，所在的地方众人仰慕他。那些蛰伏的昆虫，鸟鹊的巢儿，都向着北极神，是因为最高的和气存在于其中。天子果真能够禀受天道，融合最高的和气，那么飞禽走兽，野草树木，没有不覆盖着他的德泽，而何况万民呢？

第十四卷　诠言训

【题解】

诠言，就是阐明精微之言的意思。用"至理之文"（即"道"）去解释人事、治乱中的诸多具体问题。

本文认为，天地万物都产生于混沌不分、充满质朴元气的"太一"，并且形成五光十色的物质世界。"同出于一，所为各异"。"方以类别，物以群分"。"道"生成天地万物之后，就不再独立存在，消融于万物之中。"物物者，亡乎万物之中"。

文中强调怡养天性的重要。"原天命，治心术，理好憎，适情性，则治道通矣"。"节寝处，适饮食，和喜怒，便动静，而邪气不生"。

把"道"用在政治上，就是要"无为而治"，这是治国、安民、成就霸业的根本。什么叫"无为"？"智者不以位为事，勇者不以位为暴，仁者不以位为惠，可谓无为矣"。

陶方琦《淮南许注异同诂》：序目无"因以题篇"字，许注本也。

洞同天地，浑沌为朴，未造而成物，谓之太一。[1] 同出于一，所为各异，有鸟、有鱼、有兽，谓之分物。[2] 方以类别，物以群分。[3] 性命不同，皆形于有；隔而不通，分而为万物，莫能及宗。[4] 故动而为之生，死而为之穷，皆为物矣，非不物而物物者也。[5] 物物者，亡乎万物之中。[6]

【注释】

〔1〕洞同：无形的样子。《缪称训》："洞同覆载而无所碍。"浑沌：指

天地未分前的元气状态。《论衡·谈天》:"元气未分,浑沌为朴。" 朴:指天地未分前的质朴状态。 太一:许慎注:"元神,总万物者。"按:1993年湖北荆门郭店出土《太一生水》,是较早关于"太一"之记载。

〔2〕一:指太一。 "分物":刘家立《淮南内篇集证》:谓之"分物","分"乃"方"字之误。作"分"者,乃涉下文而误也。按:方物,即辨别名物之义。《国语·楚语下》"不可方物",韦昭注:"方,犹别也。物,名也。"

〔3〕"方以类别"二句:化自《周易·系辞上》,并载于《礼记·乐记》等。

〔4〕"及":《道藏》本、刘绩《补注》本、《四库全书》本同。王念孙《读书杂志》:"及"皆当为"反",字之误也。 宗:本。

〔5〕不物:许慎注:"不物之物,恍惚虚无。"按:不物,即不成为物之物,以其无形而非物。

〔6〕"物物者"二句:许慎注:"物物者,造万物者也。此不在万物之中也。"按:物物,即创造万物而成为物。《庄子·山木》:"物物而不物于物,则胡可得而累邪?"

【译文】

无形的天地,混沌不分,充满质朴的元气,没有创造而形成万物,称呼这种状态叫"太一"。万物都共同产生于"太一",所形成的物种却各不相同,有鸟、有鱼、有兽,称呼它们是要区别名分。同类事物聚集在一起以相分别,万物又进一步按群体加以分类。虽然性质、命运是不同的,但都是从有形中产生的;由于互相阻隔而不沟通,便分别形成了不同的事物,万物一旦产生以后,便无法返回到混沌状态。因此活动的时候叫做生存,死亡的时候叫做穷尽,都已经成为万物了,穷尽不是恍惚虚无,而是又投入创造万物之中。"道"创造万物之后,便消散在万物之中了。

稽古太初,人生于无,形于有,有形而制于物。〔1〕能反其所生,若未有形,谓之真人。〔2〕真人者,未始分于太一者也。圣人不以名尸,不为谋府,不为事任,不为智主;〔3〕藏无形,行无迹,遊无朕;〔4〕不为福先,不为祸始。保于虚无，动于不得已。

【注释】

〔1〕稽古：稽考古代。《广雅·释言》："稽，考也。" 太初：天地未分前的混沌状态。《列子·天瑞》："太初者，气之始也。" "人生于无"：庄逵吉《淮南子校刊》：《御览》此下有注云："当太初天地之始，人生于无形，无形生于有形也。"

〔2〕真人：指修真得道的人。"真人"始见于《庄子·天下》，《淮南子》凡九见。

〔3〕名尸：名位的主人。许慎注："尸，主。"《庄子·应帝王》成玄英疏："尸，主也。无为名誉之主也。" 谋府：计谋产生的地方。 事任：负担、从事。 智主：智巧的主人。以上数句化自《庄子·应帝王》。

〔4〕朕：即形迹义。许慎注："朕，兆也。"

【译文】

考察古代天地未分之时，人是从无形中产生的，无形生出有形，有了形体之后，就要被万物制约了。能够返回到它所产生之时，像没有形体那样，他就叫真人。真人是从太一不曾分别的时候产生的。圣人不做名位的主人，不成为出谋划策的机关，不要负担任何事情，不充当智慧的主人；隐藏起来没有形体，行动起来没有痕迹，遨游起来没有征兆；不走在幸福的前面，也不成为灾祸的开始。心境保持在虚无状态，行动皆非出于己意。

欲福者或为祸，欲利者或离害。(1) 故无为而宁者，失其所以宁，则危；无事而治者，失其所以治，则乱。星列于天而明，故人指之；义列于德而见，故人视之。人之所指，动则有章；(2) 人之所视，行则有迹。动有章则词，行有迹则议。(3) 故圣人掩明于不形，藏迹于无为。

【注释】

〔1〕离：遭受。通"罹"。

〔2〕章:《吕览·大乐》高诱注:"形也。"

〔3〕"词":言,说词。王念孙《读书杂志》引之曰:"词"当为"诃"。诃,谓相讥诃也,动有章则人诃之,行有迹则人议之也。

【译文】

想要得到幸福的,有时会成为灾祸;想要求得利益的,有时会遭到灾难。因此静虚无为而安宁的,失去所用来造成安宁的根本,就会危险;顺应自然而治理的,失掉用来治理的根本,便会混乱。星辰排列在天上而放光明,因此人们才指向它;大义分列在道德中而被人察见,因而人们才看着它。人们所指出的地方,运动起来就会有形象;人们所看见的东西,行动起来便有痕迹。运动起来就有形象,便有讥诃产生;行动起来有痕迹,就有非议出现。因此圣人把聪明掩盖在不露形体之中,把痕迹隐藏在没有作为之中。

王子庆忌死于剑,羿死于桃棓,子路菹于卫,苏(奉)[秦]死于(日)[口]。〔1〕

人莫不贵其所有,而贱其所短,然而皆溺其所贵,而极其所贱。〔2〕所贵者有形,所贱者无朕也。〔3〕故虎豹之强来射,猿貁之捷来措。〔4〕人能贵其所贱,贱其所贵,可与言至论矣。

【注释】

〔1〕"王子庆忌"句:许慎注:"王子庆忌者,吴王僚之弟子。阖闾弑僚,庆忌勇健,亡在郑。阖闾畏之,使要离刺庆忌也。"按:庆忌,吴王僚之子。其事载于《吕览·忠廉》、《吴越春秋·阖闾内传》、《战国策·魏策》等,并见《史记·吴世家》。 "羿死于"句:许慎注:"棓,大杖,以桃木为之,以击杀羿。犹是已来,鬼畏桃也。"按:《说文》:"棓,梲也。""梲,木杖也。"二注同。事载《孟子·离娄下》,《说山训》亦载之。 "奉":《道藏》本、刘绩《补注》本作"秦"。当正。"日":《道藏》本、刘绩《补注》本作"口"。 "苏秦"句:许慎注:"苏秦好说,为齐所杀。"

〔2〕溺：沉溺。
〔3〕朕：形迹。
〔4〕来：招来。 揩：通"箝"。《说文》："箝，刺也。"

【译文】
庆忌勇捷而死于剑下，羿善射而死于桃棒，子路忠直被剁成肉酱，苏秦雄辩死在嘴上。

没有人不珍视他的长处，而轻视他的短处。但是又都沉溺在他的长处之中，而把他的短处看得极小。所珍视的长处是有形的，而所轻视的短处是无形的。因此虎豹的强暴，却招来射击；猿狖的敏捷，而遭到刺杀。人们能够珍重他所轻视的，轻视他所珍重的，便可以和他谈论最高的道理了。

自信者，不可以诽誉迁也；⁽¹⁾知足者，不可以势利诱也。故通性之情者，不务性之所无以为；⁽²⁾通命之情者，不忧命之所无奈何；⁽³⁾通于道者，物莫不足滑其调。⁽⁴⁾

詹何曰："未尝闻身治而国乱者也，未尝闻身乱而国治者也。"矩不正，不可以为方；规不正，不可以为员。身者事之规矩也，未闻枉己而能正人者也。

【注释】
〔1〕迁：变更。
〔2〕性：指天性、本性。《庄子·庚桑楚》："性者，生之质也。"
〔3〕命：指天命、命运。《鹖冠子·环流》："命者，自然者也。"以上化自《庄子·达生》。
〔4〕"物莫"句：王念孙《读书杂志》：当作"物莫足滑其和"。今本"莫"下衍"不"字，"和"字又误作"调"。按：《说文》："调，和也。""调"字不误。

【译文】
自信的人，不能够用诽谤、赞誉来改变他；知足的人，不能够用权势、利益来诱惑他。所以通达天性情理的人，不从事本性所无法做到的事情；通达命运之情的人，不担忧命运所不能支配的遭遇；通晓大道的人，万物中没有什么能扰乱他的天和。

詹何说："不曾听说过自身修治而国家混乱的，不曾听说自身混乱而国家得到治理的。"矩不正，不能够做出方形；规不正，不能够画出圆形。自身就是万事的规和矩，没有听说过自身不正而能使别人端正的。

原天命，治心术，理好憎，适情性，则治道通矣。[1] 原天命，则不惑祸福；治心术，则不忘喜怒；[2] 理好憎，则不贪无用；适情性，则欲不过节。不惑祸福，则动静循理；不妄喜怒，则赏罚不阿；不贪无用，则不以欲用害性；[3] 欲不过节，则养性知足。凡此四者，弗求于外，弗假于人，反己而得矣。

【注释】

[1] 心术：指"心"认识事物的方法和途径，与"思想"相似。心术，本书凡四见。

[2] 忘：《道藏》本、刘绩《补注》本作"妄"。朱骏声《说文通训定声》："忘者，妄也。"

[3] "欲用"：《四库全书》本、《道藏》本同，刘绩《补注》本、《文子·符言篇》无"用"字。"原天命"以下十二句，亦载于《韩诗外传》卷二，《文子·符言篇》略同。

【译文】

理清天命的根源，治理好思想，理顺好憎关系，调整适宜的情性，那么治世之道就畅通了。搞清天性的根源，就不会受灾祸、幸福的迷惑；治理好思想，就不会妄生欢喜、愤怒之情；理顺好憎关系，就不会贪得无用之物；协调适宜的情性，那么欲望就不会超过限度。不受灾祸、福祥的迷惑，那么行动、静止都能依循道理；不妄生欢喜、愤怒之情，那么实行赏罚便不会偏袒；不贪得无用之物，就不会因为欲望妨碍天性；欲望不超过限度，那么就能保养天性知道满足。这四个方面，不需要向外部寻求，不必要向他人求借，返身自求即可得到。

天下不可以智为也，不可以慧识也，不可以事治也，不可以仁附也，不可以强胜也。五者皆人才也，德不盛，不能成一焉。德立则五无殆，五见则德无位矣。[1] 故得道则愚者有馀，失道则智者不足。度水而无游数，虽强必沉；[2] 有游数，虽羸必遂。又况托于舟航之上乎？

【注释】

〔1〕"五见"句：许慎注："五事皆见，而德无所立位。"按：见，《庄子·则阳》成玄英疏："显也。"
〔2〕数：技艺。

【译文】

天下不能够用智术来统治，不能够凭聪明来认识，不能够用本事来治理，不能够用仁术来使人归附，不可以用强力来取得胜利。这五个方面，都是人的才能的表现，如果德行不隆盛，那么就不能使一件成功。德行树立，那么五个方面都不会出现危险；五个方面都能突现，那么德行便无法立位了。因此得道之人，就是愚笨的也会有馀力；失道的人，就是聪明的也会感到不足。渡水而没有游泳技术，即使很强壮，也必定要沉下去；有游泳技术，即使很瘦弱，也一定能成功。又何况依托在舟船之上呢？

为治之本，务在于安民；安民之本，在于足用；足用之本，在于勿夺时；勿夺时之本，在于省事；省事之本，在于节欲；节欲之本，在于反性；反性之本，在于去载。[1]

去载则虚，虚则平。平者道之素也，虚者道之舍也。〔2〕

能有天下者，必不失其国；能有其国者，必不丧其家；能治其家者，必不遗其身；能脩其身者，必不忘其心；能原其心者，必不亏其性；能全其性者，必不惑于道。故广成子曰："慎守而内，周闭而外；多知为败，毋视毋听；抱神以静，形将自正。"〔3〕不得之己而能知彼者，未之有也。故《易》曰："括囊，无咎无誉。"〔4〕

【注释】

〔1〕去载：抛弃外面的文饰。以上亦载于《齐民要术·种谷第三》，其引文"务在安民"，无"于"字。

〔2〕素：本色。"虚者"句：《韩非子·扬权》："虚心以为道舍。"道舍，藏道之处所。

〔3〕广成子：黄帝时人。居空同之山。"慎守"以下数句：化自《庄子·在宥》。

〔4〕"故《易》曰"：见于《周易·坤卦》。孔颖达《周易正义》："括，结也。'囊'所以贮物，以譬心藏知也。闭其知而不用，故曰'括囊'。功不显物，故曰'无誉'。不与物忤，故曰'无咎'。"

【译文】

治理国家的根本，在于安定百姓；安定百姓的根本，在于满足他们的用度；满足用度的根本，在于不要耽误生产时节；不耽误生产时节的根本，在于节省官事；节省官事的根本，在于节制贪欲；节制贪欲的根本，在于返回天性；返回天性的根本，在于抛弃外表的粉饰。抛弃外表的粉饰，就能达到虚静，虚静就能平定。平定是"道"的本色，虚静是"道"的归宿。

能够统治好天下的人，必定不会失去一国；能够统治好一国的，必定不会丧失一家；能够统治好一家的，必定不会丧失自身；能够修治好自身的，一定不会遗忘他的心灵；能够使心灵回到根本的，肯定不会亏损他的天性；能够保全他的天性的，必定不会对

"道"产生迷惑。因此广成子说:"谨慎守持自己的内心,周密地堵塞外欲;多智巧就要失败,不要外视邪听;怀抱精神,清虚安静,形体将自然平正。"自己不能够得到道旨,而要能够了解别人的,没有这样的事。因此《周易》中说:"束结囊口,内无所出,外无所入,则无咎无誉。"

能成霸王者,必得胜者也;能胜敌者,必强者也;能强者,必用人力者也;能用人力者,必得人心也;[1]能得人心者,必自得者也;能自得者,必柔弱也。[2]强胜不若己者,至于与同则格;[3]柔胜出于己者,其力不可度。故能以众不胜成大胜者,唯圣人能之。

【注释】
〔1〕"人心也":《道藏》本、刘绩《补注》本同。《文子·符言篇》"心"下有"者"字。
〔2〕"也":《道藏》本、刘绩《补注》本同。《文子·符言篇》作"者"。
〔3〕"强胜"二句:许慎注:"言人力能与己力同也,己以强加之,则战格也。"按:其内容亦见本书《原道训》。

【译文】
能够成就霸王之业的,必然是得胜的人;能够战胜敌人的,必然是强大的人;能够强大的人,必定是运用人民力量的人;能够用人民力量的人,必然得到了人心;能够得到人心的人,必定是得到道旨的人;能够自己掌握道旨的人,必定是柔弱的人。强者能胜过不如自己的人,至于同自己力量相同的,就要格斗;以柔弱胜过自己力量之上的,他的力量是不可度量的。因此能够用众人不可战胜的力量而能成就大的胜利,只有圣人能够做到这一点。

善游者,不学刺舟而便用之;[1]劲筋者,不学骑马而便居之;[2]轻天下者,身不累于物,故能处之。泰王亶父处邠，狄人攻之；⑶事之以皮币珠玉而不听，乃谢耆老而（徒）〔徙〕岐周，百姓携幼扶老而从之，遂成国焉。⑷推此意，四世而有天下，不亦宜乎？⑸

无以天下为者，必能治天下者。霜雪雨露，生杀万物，天无为焉，犹之贵天也；⑹厌文搔法，治官理民者，有司也，君无事焉，犹尊君也。⑺辟地垦草者，后稷也；决河浚江者，禹也；听狱制中者，皋陶也；⑻有圣名者，尧也。故得道以御者，身虽无能，必使能者为己用；不得其道，伎艺虽多，未有益也。

【注释】

〔1〕刺：撑船叫刺。
〔2〕劲筋：指肌腱或韧带强劲的。
〔3〕泰王：即太王。"泰"与"太"通。此条已见本书《道应训》。
〔4〕谢：辞别。《玉篇》："谢，辞也。"耆老：六十曰耆，七十曰老。《说文》："耆，老也。"《释名·释长幼》："六十曰耆。""徒"：《道藏》本、刘绩《补注》本作"徙"。当正。
〔5〕推：推演，推行。　四世：太王、王季、文王、武王。
〔6〕无为：没有什么行动。《韩诗外传》卷二作"无事"。
〔7〕厌：《尔雅·释诂下》邢昺疏："谓厌倦也。"厌文，指劳于案牍，所以治官。　搔：《说文》："括也。"即总括义。搔法，挈执法度，所以理民。《韩诗外传》卷二作"执法"。
〔8〕听狱：判决案件。　制中：适中，处理恰当。《韩诗外传》卷二作"执中"。此节亦见于《尸子·仁意》，并载于《韩诗外传》卷二。

【译文】

善于游泳的人，不学习撑船，却能便于使用船只；筋骨强健的人，不学习骑马，却能便于跨在马身上；看轻天下的人，不被外物拖累，所以能够安然相处。太王亶父居住在邠地，狄人来侵犯他们；用兽皮、丝帛、珠玉来事奉狄人，他们还不停止进攻，于是太王告别长老而迁到岐周居住，百姓扶老携幼追随他，便又形成了一个国家。推行他的这种意旨，周人四代夺取了天下，不也是应该的吗？

不把天下据为己有的人，必定能够统治天下。下霜雪，降雨露，万物生长和死亡，虽然上天没有什么作为，却还是要尊重天道；劳形案牍，掣持法度，管理官府，统治万民，是有司的职责，国君不做什么事情，但还是要尊重国君。开辟土地，垦辟草莱，是后稷的职责；疏通长江、黄河，是禹的功劳；处理案件，公正严明，是皋陶的所为；而有圣贤之名的，是尧。因此掌握道术来驾驭臣下，即使无能，也必定能使有才智的人为己所用；不能掌握道术，技艺即使很多，也无济于事。

方船济乎江，有虚船从一方来，触而覆之。[1]虽有忮心，必无怨色。[2]有一人在其中，一谓张之，一谓歙之，再三呼而不应，必以丑声随其后。[3]向不怒而今怒，向虚而今实也。人能虚己以遊于世，孰能訾之？[4]

【注释】

〔1〕方船：并船。
〔2〕忮：猜忌之心。
〔3〕"一谓"二句：许慎注："持舟楫者，谓近岸为歙，远岸为张也。"按：以上化自《庄子·山木》。
〔4〕訾：毁谤，诋毁。

【译文】

两船相并从长江渡过，有条空船从一方驶来，撞到上面而方舟翻了身。即使有猜忌之心，也必定没有埋怨的神色。如果有一个人在船上，一会儿呼唤他离得远一点，一会儿要近一点，再三呼唤而对方毫无反应，必定用骂声跟在后头。刚才不发怒，而现在发怒；刚才是空船，而现在是有了人的原因。人如果能够使自己意念空虚而在世上遨游，谁能够诽谤他呢？

释道而任智者，必危；⁽¹⁾弃数而用才者，必困。有以欲多而亡者，未有以无欲而危者也；有以欲治而乱者，未有以守常而失者也。故智不足免患，愚不足以至于失宁。⁽²⁾守其分，循其理，失之不忧，得之不喜。故成者非所为也，得者非所求也。入者有受而无取，出者有授而无予。因春而生，因秋而杀；所生者弗德，所杀者非怨，则几于道也。

【注释】
〔1〕释：放弃。《吕览·长见》高诱注："弃也。"
〔2〕"故智"句：刘文典《淮南鸿烈集解》："'足'下当有'以'字。《群书治要》引正作'故智不足以免患'。"

【译文】
　　放弃道术而任用智巧的，必然危险；抛弃术数，而任用才智的，必然困惑。有因为贪欲多而灭亡的，没有因为无欲而危险的；有用欲望来治理而混乱的，没有因为遵守常法而失败的。因此智巧不能够免除祸患，愚笨不至于就会失去安宁。持守他的职分，依循他的道理，失去它不忧虑，得到它不欢喜。因此成功的不是自己所作为的，得到的也不是自己所寻求的。收入的是有所接受而没有索取，付出的是有所给予而没有施舍。随着春季而生长，跟着秋季而枯死；得到生长的不去感恩，遭受肃杀的也没有怨恨，那么便接近于"道"了。

　　圣人不为可非之行，不憎人之非己也；脩足誉之德，不求人之誉己也。不能使祸不至，信己之不迎也；不能使福必来，信己之不攘也。⁽¹⁾祸之至也，非其求所生，故穷而不忧；福之至，非其求所成，故通而弗矜。⁽²⁾知祸福之制，不在于己也，故闲居而乐，无为而治。〔3〕圣人守其所以有，不求其所未得；求其所无，则所有者亡矣；〔4〕脩其所有，则所欲者至。〔5〕故用兵者，先为不可胜，以待敌之可胜也；治国者，先为不可夺，以待敌之可夺也。舜脩之历山，而海内从化；文王脩之歧周，而天下移风。使舜趋天下之利，而忘脩己之道，身犹弗能保，何尺地之有？〔6〕故治未固于不乱，而事为治者必危；〔7〕行未固于无非，而急求名者必剉也。〔8〕福莫大无祸，利莫美不丧。动之为物，不损则益，不成则毁，不利则病，皆险也，道之者危。〔9〕故秦胜乎戎，而败乎殽；〔10〕楚胜乎诸夏，而败乎柏莒。〔11〕故道不可以劝而就利者，而可以宁避害者。〔12〕故常无祸，不常有福；常无罪，不常有功。〔13〕

【注释】

〔1〕攘：排除、排斥义。《说文》："攘，除也。"

〔2〕"福之至"：《道藏》本同。刘绩《补注》本有"也"字。 矜：许慎注："自伐其功也。"按：《本经训》高诱注："矜，自大也。"即自我夸耀义。

〔3〕制：主宰。《道藏辑要》本作"至"。 闲居：指避人独居。《后汉书·梁统传》："闲居可以养志。" 无为而治：指顺应自然规律而治理。

〔4〕〔5〕"求其所无"、"脩其所有"：王念孙《读书杂志》：本作"求其所未得"、"脩其所己有"。《群书治要》、《文子·符言篇》同。 "至"：《群书治要》引，"至"下有"矣"字。

〔6〕趋：追逐。

〔7〕"故治未固"句：许慎注："治不乱之道，尚未牢固也。"

〔8〕剉：挫败。《说文》："剉，折伤也。"

〔9〕动：有为。 "不损则益"：陶鸿庆《读淮南子杂记》：当作"不益则损"。 险：危难。 道：蹈，踏。《尔雅·释诂下》："道之为言

蹈也。"

〔10〕"故秦"二句：许慎注："秦穆公胜西戎，为晋所败于殽。"殽：《道藏》本、刘绩《补注》本作"殽"。

〔11〕"楚胜"二句：许慎注："楚昭王服诸夏，而吴败之柏莒。"按：柏莒在今湖北麻城东北。此则见《吕览·义赏》。

〔12〕劝：《说文》："勉也。"即鼓励义。

〔13〕常：通"尚"。即崇尚义。

【译文】

圣人不做让人非议的举动，不憎恨别人非议自己；修身足以使人能够称颂自己的德行，不求别人赞誉自己。不能够使灾祸不到来，但能确信自己不会迎取它；不能够使幸福一定来到，但能确信自己不会排斥它。灾祸的到来，不是圣人要求而产生的，因此身处穷困却不忧虑；福祥的到来，不是圣人要求成功的，因此处境畅达却不骄傲。知道祸福的主宰不在于自己，因此避人独居而快乐，顺应自然规律而处理事务。圣人持守已经具有的东西，不寻求他所没有得到的东西；寻求他所没有的东西，那么就会失去他已经具有的；修治他所具有的，他所想得到的就会到来。因此善于用兵的人，首先作好自己不可胜的准备，以便等待战胜敌人的时机；善于治理国家的人，先要做好不可被夺的准备，然后等待夺取敌国的时机。舜在历山耕田，而四海之民都跟从他的教化；文王在岐周治政，而天下随着转移风俗。假使舜追逐天下的利益，而忘记修治自己的道德，自身还不能够保住，又哪会有一尺的土地呢？因此治理国家没有比不动乱更牢靠的，而人为地去治理的必定有危险；行事没有比无非议更稳固的，而急于求名必定受到挫败。最大的幸福是没有灾祸，最美好的利益是没有丧亡。有为活动造成的万物，不是增益就是损害，不是成功就是毁坏，不是利益就是危害，这些都是险恶不可行的，踏上这条路的人就会有危险。因此秦穆公对西戎作战胜利，但是在崤山被晋军击败；楚王对诸夏取得了胜利，而在柏莒被吴国打垮。因此对于"道"来说，不能够用劝勉的办法使人接近利益，而可以用宁静的办法使人避开祸害。因此崇尚没有灾祸，不崇尚幸福；崇尚没有罪过，不崇尚有功劳。

圣人无思虑，无设储；⁽¹⁾来者弗迎，去者弗将；⁽²⁾人虽东西南北，独立中央。故处众枉之中，不失其直；天下皆流，独不离其坛（城）[域]。⁽³⁾故不为善，不避丑，遵天之道；不为始，不专己，循天之理；⁽⁴⁾不豫谋，不弃（特）[时]，与天为期；⁽⁵⁾不求得，不辞福，从天之则。不求所无，不失所得；内无旁祸，外无旁福；⁽⁶⁾祸福不生，安有人贼？⁽⁷⁾为善则观，为不善则议。⁽⁸⁾观则生（贵）[责]，议则生患。⁽⁹⁾故道术不可以进而求名，而可以退而脩身；不可以得利，而可以离害。⁽¹⁰⁾故圣人不以行求名，不以智见誉。法脩自然，己无所与。⁽¹¹⁾

【注释】

〔1〕设储：设置储备。

〔2〕将：送行。《尔雅·释言》："将，送也。"

〔3〕"天下"：《文子·符言篇》"天下"前有"与"字。"城"：《道藏》本、《道藏辑要》本同，《文子·符言篇》、刘绩《补注》本作"域"。坛域，界限，范围。

〔4〕专己：个人独断。以下数句，亦与1973年湖南长沙马王堆三号汉墓出土帛书《称》内容相似。

〔5〕预谋：事先谋划。"特"：《道藏》本、刘绩《补注》本作"时"。当正。　期：《玉篇》："当也。"有相合义。

〔6〕"旁祸"、"旁福"：《文子·符言篇》作"奇祸"、"奇福"。

〔7〕贼：害。《说文》："贼，败也。"

〔8〕"为善"句：许慎注："众人之所观也。"按：《说文》："观，谛视也。"即细看义。

〔9〕"贵"：《道藏》本、刘绩《补注》本、《四库全书》本同。王念孙《读书杂志》引之曰："贵"当为"责"，字之误也。《文子·符言篇》作"劝即生责"。

〔10〕离：避开。

〔11〕"法脩自然"：《文子·符言篇》作"治随自然"。

【译文】

圣人没有思索考虑，没有设置储备；来到的不去迎接，离开的不去欢送；人们虽然处在东西南北四方，圣人却独自处在中央。因此圣人处于众多枉曲之中，不会失去他的平直；天下的人都随波逐流，圣人独自处于自己的界域之中。因此圣人不从事善事，不避开丑事，遵循天道的规律；不作为开始，不个人独断，依循自然的法则；不事先谋划，不抛弃天时，和自然变化相合；不追求得利，不推辞幸福，按照天的法则行事。不去寻求所没有的东西，不会失去所得到的东西；内部没有意外的灾祸，外部没有意外的幸福；灾祸、幸福不会产生，哪会有人受害呢？从事善事的就会被人看到，从事不善的事情就会有人非议。被人看到就要产生责备，产生非议就要出现患祸。因此道术不能够进而求取名位，却能够退而修治自身；不能够得到利益，却可以避开祸害。因此圣人不用行止求取名利，不用智术得到赞誉。法规依照自然而产生，自己没有什么参与的。

虑不胜数，行不胜德，事不胜道。为者有不成，求者有不得。人有穷，而道无不通，与道争则凶。故《诗》曰："弗识弗知，顺帝之则。"〔1〕有智而无为，与无智者同道；有能而无事，与无能者同德。其智也，告之者至，然后觉其动也；使之者至，然后觉其为也。〔2〕有智若无智，有能若无能，道理为正也。故功盖天下，不施其美；泽及后世，不有其名。道理通而人为灭也。〔3〕名与道不两明，人（受）〔爱〕名则道不用，道胜人则名息矣。〔4〕道与人竞长。章人者，则道息也。〔5〕人章道息，则危不远矣。〔6〕故世有盛名，则道如日至矣。〔7〕

【注释】

〔1〕"故《诗》曰"：引文见《诗·大雅·皇矣》。　则：法则。
〔2〕"使之者至"：俞樾《诸子平议》："'使之者至'上，当有'其能也'

三字。

〔3〕为:《道藏》本、刘绩《补注》本作"伪"。

〔4〕"受":《道藏》本、刘绩《补注》本同,《文子·符言篇》作"爱"。

〔5〕"则":《道藏》本、刘绩《补注》本作"息"。

〔6〕"人章道息":《文子·符言篇》作"道息而名章,则危"。"人",彼作"名"。以上数句,与《韩诗外传》卷一相似。

〔7〕"道如":《道藏》本、刘绩《补注》本作"衰之"。

【译文】

思虑不能胜过天数,行止不能胜过德性,行事不能超过道术。行事有不能成功的地方,寻求有不能得到的地方。人有穷困的时候,而"道"没有不能通达地方,和"道"相争就要发生凶祸。因此《诗》中说:"好像不识不知,顺着天帝的自然法则。"有智术而无所行事,与没有智术的人,道术相同;有才能而无所事事,和无能的人,德性相同。他的智术,告诉他才可以来到,然后能够感觉到他的活动;他的才能,使唤他才可以来到,然后才能够感觉到他的存在。有智慧像没有智慧,有才能像没有才能,这样的道理就是正确的了。因此功劳覆盖天下,也不施舍他的美德;恩泽延及后代,却不享有他的名声。道理通达而人的虚伪就消失了。名位与道术两者是不能同时显明的,人爱好名位,那么道术便不能被使用;道术胜利,名声便熄灭了。道术和人为比赛竞争。彰明人为的,道术便要熄灭。人为彰明,道术熄灭,就离危险不远了。所以世上有盛名的人,那么衰败之日便要来到了。

欲尸名者,必为善;[1] 欲为善者,必生事。事生则释公而就私,(货)[背]数而任己。[2] 欲见誉于为善,而立名于为质,则治不脩故,而事不须时。[3] 治不脩故,则多责;[4] 事不须时,则无功。责多功鲜,无以塞之,则妄发而邀当,妄为而要中。[5] 功之成也,不足更责;[6] 事之败也,不足以弊身。[7] 故重为善若重为非,而几于道矣。

【注释】

〔1〕尸名：做名位的主人。《尔雅·释诂上》："尸，主也。"

〔2〕"货"：《道藏》本、刘绩《补注》本、《四库全书》本同。《文子·符言篇》作"倍"。庄逵吉《淮南子校刊》作"背"。当正。

〔3〕质：《道藏》本、刘绩《补注》本同。《文子·符言》作"贤"。

〔4〕"治不脩故"：《文子·符言篇》作"治不顺理"。

〔5〕邀当：求取当得之物。 要中：取得适中。要，通"徼"。《玉篇》："徼，要也。求也。"马宗霍《淮南旧注参正》："'要中'与'邀当'义相承，'要'犹'邀'也，'中'犹'当'也。"

〔6〕更：抵偿。

〔7〕"不足以弊身"句：《道藏》本、刘绩《补注》本、《四库全书》本同。《文子·符言篇》作"事败足以灭身"，无"不"字。 弊：《玄应音义》卷二十注："弊，仆顿也。"

【译文】

想要成为名声主人的人，必然先推行善事；想要推行善事的人，必然要生出事端。生出事端，就要放弃公道而趋向私道，背离自然规律而任用自己的智术。如果想要被人称誉而做善事，就要在任用贤才上立下名声，那么治理国家就不会遵循原有的规定，而行事也不会等待时机了。治理国家不遵循已有的规定，就会有很多责难；行事不会等待时机，就不会有功劳。责备多而功劳少，又没有办法敷衍过去，那么就会任意行事而想求取事情妥当，胡乱行动而想求取事情成功。功业的成功，不能够偿还对他的责难；事情的失败，足以使他自身倒台。因此把做好事看得像做坏事那样严重，（不轻易去做），那么就同"道"接近了。

天下非无信士矣，临货分财，必探筹而定分，以为有心者之于平，不若无心者；[1]天下非无廉士也，然而守重宝者，必关户而全封，以为有欲者之于廉，不若无欲者也。[2]

【注释】

〔1〕探筹：许慎注："捉筹也。"按：犹今抽签。 "无心者"：《道藏》

本、刘绩《补注》本同。黄锡禧本"者"下有"也"字。

〔2〕全封：何宁《淮南子集释》：《文子·符言篇》作"全封"。《玉篇》："全，具也，完也。"全封，谓完具其封缄也。

【译文】

　　天下并不是没有讲究信誉之人，但面对财物进行分配时，必定由抽签才能决定份额，因为人们认为有心的人对于公平，不如没有心的竹签更为公平；天下不是没有清廉之士，但是在守护贵重宝物的时候，必须关紧门户并全部封闭，因为人们认为有欲望的人对于廉洁，不如没有欲望的门窗之类更为可靠。

　　人举其疵则怨人，鉴见其丑则善鉴。⁽¹⁾人能接物而不与己焉，则免于累矣。⁽²⁾

　　公孙龙粲于辞而贸名，邓析巧辩而乱法，苏秦善说而亡。⁽³⁾国由其道，则善无章；⁽⁴⁾脩其理，则功无名。⁽⁵⁾故以巧斗力者，始于阳，常卒于阴；⁽⁶⁾以慧治国者，始于治，常卒于乱。使水流下，孰弗能治？激而上之，非巧不能。⁽⁷⁾故文胜则质掩，邪巧则正塞之也。

【注释】

〔1〕疵：指毛病、错误。　鉴：镜子。

〔2〕"人能"二句：许慎注："'而不与己'，若镜人形，而不有好憎也。"

〔3〕"公孙龙"句：许慎注："公孙龙以白马非马、冰不寒、炭不热为论，故曰'贸'也。"　粲：即鲜明义。　贸名：指变换概念。《说文》："贸，易财也。"　"邓析"句：许慎注："邓析教郑人以讼，讼不俱回，子产诛之也。"按：事载《吕览·离谓》。　"苏秦"句：许慎注："苏秦死于齐也。"

〔4〕国：《道藏》本、《道藏辑要》本断句亦归下句。而刘绩《补注》本以"亡国"断句。

〔5〕"功"：《道藏》本、刘绩《补注》本作"巧"。　脩：《道藏》

本、刘绩《补注》本同。《国语·晋语五》："修，行也。"修，通"脩"。即推行、施行义。王念孙《读书杂志》云："脩"当为"循"。按：王说无据。

〔6〕"故以巧"以下几句：许慎注："言知巧之所施，始之于阳善，终之于阴恶也。"按：以上几句化自《庄子·人间世》。

〔7〕激：水势受阻后腾涌或飞溅为激。常用作潜水坝，以抬高水位。《孟子·告子上》："激而行之，可使上山。"

【译文】
别人指出自己的缺点，那么就会抱怨别人；镜子能够看见自己的美丑，那么才是好镜子。如果人们同外物交接，能像明镜一样，不掺杂自己的私欲，那么就会免于拖累了。

公孙龙明于词辩而扰乱概念，邓析能言善辩而扰乱法律，苏秦善于游说而自己被杀。治国如果依照他们的学说，虽然很好，但却没有规章；推行他们的理论，虽然很巧，但却没有名类之分。因此用巧妙来斗力的人，从善开始，常常得到恶的结果；用智慧治国的人，从治开始，常常到乱终结。使水流往低处，哪个不能做到？使水受阻上激，没有巧妙的办法做不到。因此文采突出那么朴实就被掩盖了，邪恶巧施那么正直就被堵塞了。

德可以自脩，而不可以使人暴；道可以自治，而不可以使人乱。虽有贤圣之宝，不遇暴乱之世，可以全身，而未可以霸王也。〔1〕汤、武之王也，遇桀、纣之暴也；〔2〕桀、纣非以汤、武之贤暴也，汤、武遭桀、纣之暴而王也。故虽贤王必待遇，遇者能遭于时而得之也，非知能所求而成也。

【注释】
〔1〕宝：宝物。喻道德。
〔2〕"汤、武"以下几句：见于《吕览·长攻》，《管子·首时》亦有类似记载。

【译文】

　　推行德行可以使自我得到修养,而不能够使人暴虐;实行道术能够修治自身,而不能够使人混乱。即使有圣贤的道德,不遇上残暴混乱的社会,能够保全自身,却不可以称霸天下。汤、武称王,是因为遇到夏桀、商纣的残暴;桀、纣不是因为汤、武的贤德而残暴,但汤、武却是遇到桀、纣的残暴而称王。因此即使是贤君也必定等待机遇,掌握机遇的人,能碰到良机而得到成功,而不是靠智术才能寻求成功的。

　　君子脩行而使善无名,布施而使仁无章。故士行善而不知善之所由来,民赡利而不知利之所由出,故无为而自治。[1] 善有章则士争名,利有本则民争功,二争者生,虽有贤者弗能治。故圣人揜迹于为善,而息名于为仁也。

【注释】

〔1〕赡:《小尔雅·广诂》:"足也。"

【译文】

　　君子修身实践而使善事没有声名,布施恩惠使仁义没有光彩。所以士推行善事却不知善事的来由,百姓得到利益却不知利益从何处出现,因此顺应自然而自身便得到修治。善事能够昭明,那么士人便要争夺名声;利益有了来源,那么百姓便要争功。两个方面争斗产生,即使有贤才的人也不能治理。因此圣人在推行善事之中掩盖形迹,在施行仁惠之时熄灭名声。

　　外交而为援,事大而为安,不若内治而待时。[1] 凡事人者,非以宝币,必以卑辞。事以玉帛,则货殚而欲不餍;[2] 卑体婉辞,则谕说而交不结;[3] 约束誓盟,则约定而反无日。[4] 虽割国之锱锤以事人,而无自恃之道,不足以为全。⑸若诚外释交之策,而慎脩其境内之事;⑹尽其地力,以多其积;厉其民死,以牢其城;⑺上下一心,君臣同志,与之守社稷,欨死而民弗离,则为名者不伐无罪,而为利者不攻难胜,此必全之道也。⑻

【注释】
〔1〕外交:古代指人臣私见诸侯。
〔2〕殚:《说文》:"殚尽也。" 餍:满足。此节化自《荀子·富国》。
〔3〕婉辞:委婉谦逊的言辞。《说文》:"婉,顺也。" 谕说:告晓、陈说。
〔4〕反:背叛。
〔5〕锱锤:许慎注:"六两曰锱,倍锱曰锤。"按:《说文》:"锱,六铢也。""锤,八铢也。"与本注异。知非许注,疑为高注羼入。 自恃:自我依赖,自我节制。
〔6〕"外释交":陈观楼《淮南子正误》:当为"释外交"。
〔7〕厉:通"励"。《说文》:"励,勉力也。"即勉励义。
〔8〕"欨":《道藏》本、刘绩《补注》本作"敩"。敩,通"效"。"欨"当为"效"字之讹。 为名者:指贪求仁义名声的国家。

【译文】
　　用交往他国来作为援助,以侍奉大国而求得安定,不如治理内部而等待时机。凡是侍奉别人,不是用珍宝、丝帛,则必定用卑下的言语。用玉帛侍奉他人,那么货财耗尽而贪欲却不能满足;卑躬屈节,委婉谄谀,告晓陈说而交往不成;订立条约,结盟立誓,就会盟约立定而很快背叛。即使只割取少量钱财来侍奉他国,若无自我保护的办法,也不能够用来保全国家。假若果真能够抛弃同外国交接的办法,而谨慎地修治他的境内之事;尽量发挥土地的效力,来多积累储备;勉励百姓不怕牺牲,来牢固守卫城池;上下同心,国君、臣下志向一致,和他们一起守护社稷,就是教民去死,民众也不会离散,那么贪求名声的国家就不会讨伐这样的无罪之国,而贪图利益的国家也不会进攻这样难以战胜之国,这是保全国家的最好办法。

民有道所同道，有法所同守，为义之不能相固，威之不能相必也，故立君以壹民。⁽¹⁾君执一则治，无常则乱。君道者，非所以为也，所以无为也。何谓无为？智者不以位为事，勇者不以位为暴，仁者不以位为（患）[惠]，可谓无为矣。⁽²⁾夫无为则得于一也。⁽³⁾一也者，万物之本也，无敌之道也。

【注释】
〔1〕"民有道"二句：许慎注："民凡所道行者同道，而法度有所共守也。" 必：《玉篇》："果也。"有效果义。
〔2〕"患"：《道藏》本、《四库全书》本同。刘绩《补注》本、《文子·道德篇》作"惠"，当是。
〔3〕一：指万物的普遍本质。《老子》三十九章："万物得一以生。"

【译文】
百姓所行之道与国君同道，那么百姓与国君同守法度，因为大义不能使上下坚持同道，威力不能一定达到惩戒的效果，所以要设立国君来统一人民。国君掌握了"道"就能得到治理，没有法规就会引起混乱。国君治国之道，不是要使其有所作为，而要使他"无为"。什么叫"无为"？聪明的人不凭借自己的职位行事，勇敢的人不利用职务施行暴虐，仁爱之人不拿官位推行恩惠，可以说做到"无为"了。实行"无为"就能得到"一"。"一"就是万物的本质特点，它是无敌的根本道路。

凡人之性，少则昌狂，壮则暴强，老则好利。⁽¹⁾一身之身既数既变矣，又况君数易法，国数易君？⁽²⁾人以其位通其好憎，下之径衢，不可胜理。⁽³⁾故君失一则乱，甚于无君之时。故《诗》曰："不愆不忘，率由旧章。"⁽⁴⁾此之谓也。

【注释】

〔1〕昌狂：恣意妄行。

〔2〕"一身之身既数既变矣"：《道藏》本、《道藏辑要》本同。刘绩《补注》本、《四库全书》本无下"既"字。中立本、庄逵吉本改上"身"作"人"。

〔3〕径衢：指小路和大道。《说文》："径，步道也。""四达谓之衢。"

〔4〕"故《诗》云"：引文见于《诗·大雅·假乐》。 愆：过失。率：依循。

【译文】

大凡人的性情，年少的时候非常狂妄，进入到壮年就很粗暴强硬，到了老年就好贪图利益。一人之身就已经多次发生变化，又何况是国君多次改变法律，国家多次更换国君呢？人们凭借官位表达他的爱、憎之情，向下可以影响到大街小巷，这是不能全部理清楚的。因此国君失去了"道"的根本，国家就比没有国君之时还要混乱。因此《诗》中说："不要犯错，不要遗忘，遵从先王的制度典章。"说的就是这样的情况。

君好智则倍时而（住）[任]己，弃数而用虑。⁽¹⁾天下之物博而智浅，以浅赡博，未有能者也。独任其智，失必多矣。故好智，穷术也。好勇，则轻敌而简备，自恃而辞助。⁽²⁾一人之力，以围强敌，不杖众多而专用身才，必不堪也。⁽³⁾故好勇，危术也。好与则无定分，上之分不定，则下之望无止。⁽⁴⁾若多赋敛，实府库，则与民为雠。少取多与，数未之有也。故好与，来怨之道也。仁智勇力，人之美才也，而莫足以治天下。由此观之，贤能之不足任也，而道术之可脩明矣。⁽⁵⁾

【注释】

〔1〕智：智术、智巧。 "住"：《道藏》本、刘绩《补注》本作"任"。

〔2〕自侩：自恃。钱大昕《廿十史考异·太史公自序》："侩，与负同。" 辞助：许慎注："不受傍人之助。"
〔3〕"围"：《道藏》本、《四库全书》本同。刘绩《补注》本作"御"。王念孙《读书杂志》："围"当为"圉"，字之误也。"圉"与"御"同。杖：依凭。 身：己。
〔4〕好与：爱好给予。
〔5〕脩：《文子·道德篇》作"因"。

【译文】

　　国君爱好智术，那么就会违背时势，任凭己意行事；抛弃自然规律，而专用个人的思虑。天下的万物是无比广博的，而智术与之相比，是肤浅的。用肤浅的智术去求得广博的知识，是不能够得到成功的。专门任用他的智术，失去的东西必然很多。因此国君爱好智术，是一种穷困不达的方法。国君爱好勇力就会轻视敌人，轻敌就会疏于防备；自负勇力，就会拒绝他人的帮助。用一个人的力量去抵御强大的敌人，不依靠大众的人力，而却只凭自身的才能，必定是不堪一击的。因此说国君爱好勇力，这是一种危险的方法。国君爱好给予，就没有固定的份额限制；上面的份额限制不能确定，那么下面的欲望就不能停止。如果多征赋敛，充实府库，就会与百姓为仇。如果取得少而给予多，差数就没有办法获得了。因此国君爱好施与，也是招致怨恨的一种办法。仁惠、智术、勇敢、强力，都是人的优异的才能，但却不能够用来治理天下。从这里可以看出，贤德、才能是不能够任用的，而道术才能修治国家，这是很明白的。

　　圣人胜心，众人胜欲；[1]君子行正气，小人行邪气。[2]内便于性，外合于义，循理而动，不系于物者，正气也。推于滋味，淫于声色，发于喜怒，不顾后患者，邪气也。[3]邪与正相伤，欲与性相害，不可两立，一植一废，故圣人损欲而从事于性。[4]目好色，耳好声，口好味，接而说之，不知利害，嗜欲也。[5]食之不宁于体，听之不合于道，视之不便于性，三宫交争，以义为制者，心也。[6]割痤疽，非不痛也；饮毒药，非不苦也；[7]然而为之者，便于身也。渴而饮水，非不快也；饥而大飧，非不赡也，然而弗为者，害于性也。[8]此四者，耳目鼻口不知所取去，心为之制，各得其所。由是观之，欲之不可胜，明矣。

【注释】
〔1〕"圣人胜心"句：许慎注："心者，欲之所生也。圣人止欲，故胜其心，而以百姓为心也。""众人胜欲"句：许慎注："心欲之，而能胜之也。"按：胜，任。
〔2〕正气：刚正之气。
〔3〕推：推重。《道藏》本同。刘绩《补注》本作"重"。
〔4〕植：立。"损"：于大成《诠言校释》："损"当作"捐"。谓弃其欲而从其性也。
〔5〕接：即交合、接受义。
〔6〕宫：《道藏》本、刘绩《补注》本、《四库全书》本同。许注作"三关"，《吕览·贵生》作"四官"。三宫，即三关，指食、视、听。以上化自《吕览·贵生》。
〔7〕痤：痈。 疽：恶疮。
〔8〕飧：《正字通》："食也。"

【译文】
　　圣人任凭心灵处事，众人任凭欲望处事；君子所行的是正气，小人所行的是邪气。内部适宜于性情，外部合于道义，依循道理而行动，不同外物相牵连，这是正气。推重滋味，沉溺于音乐美色，喜怒时常发作，而不顾后果的，则是邪气。邪气和正气互相伤害，欲望与天性相互危害，两者不能并立，一个树立，一个则要废止，因此圣人抛弃贪欲而随从天性。眼睛爱好美色，耳朵爱听音乐，嘴巴贪吃美味，接受物欲并且喜爱它，不知道利害关系，这就是欲望。吃了美味对身体不安宁，听了佳音对于大道不适合，看了美色对于天性不适宜,三个感官交相争斗,用大义来控制它们,起主宰作用的就是心灵。割去痤疽,不是不痛;喝下治病之药,不是不苦;但是要这样做,是为了有利于身体。渴了喝生水,不是不痛快;饿了大吃,不是不需要,但是不能这样做,这有害于自己的天性。这四个方面,耳目鼻口不知道取舍,而由心灵对他们加以控制,使它们各得其所。从这里可以看出,欲望是不能够任意行事的,这是很明白的。

凡治身养性,节寝处,适饮食,和喜怒,便动静,使在己者得,而邪气因而不生。⁽¹⁾岂若忧痕疵之与痤疽之发,而豫备之哉?⁽²⁾夫函牛(也)[之]鼎沸,而蝇蚋弗敢入。⁽³⁾昆山之玉瑱,而尘垢弗能污也。⁽⁴⁾

【注释】

〔1〕"使":《四库全书》本同。《道藏》本作"内"。《文子·符言篇》同。 "凡治身"以下数句:亦见于《黄帝内经·素问·上古天真论》。

〔2〕痕:妇女腹中鼓胀病。《玉篇》:"痕,腹中病。" 疵:《说文》:"病也。"疑作"疝"。《说文》:"疝,腹病也。"即男子疝气。

〔3〕"也":《道藏》本、刘绩《补注》本作"之"。当正。 函牛(也)[之]鼎:许慎:"受一牛之鼎也。"按:函,有包容义。 蚋:蚊子。《后汉书·崔骃传》李贤注引《说文》:"秦谓之蚋,楚谓之蚊。"

〔4〕瑱:杨树达《淮南子证闻》:"瑱"当读为"缜"。《礼记·聘义》郑注:"缜,致也。"

【译文】

凡是修治身心,保养天性,节制寝居,饮食适当,喜怒平和,动静适宜,在自我方面掌握养生之道,那么邪气因此而不会产生。难道还要像忧虑痕疵、痤疽的发生,而事先预备吗?能够容纳一条牛的大鼎,水在里面沸腾,而苍蝇、蚊子之类是不敢进入的。昆仑山的美玉纹理细密,而尘土污垢是不能够玷污它的。

圣人无去之心，而心无丑；无取之美，而美不失。故祭祀思亲，不求福；飨宾修敬，不思德。唯弗求者能有之。[1] 处尊位者，以有公道而无私说，故称尊焉，不称贤也；[2] 有大地者，以有常术而无钤谋，故称平焉，不称[智]也。[3] 内无暴事以离怨于百姓，外无贤行以见忌于诸侯，上下之礼，袭而不离，而为论者莫然不见所观焉，此所谓藏无形者。[4] 非藏无形，孰能形？

【注释】
[1]"唯弗求"句：许慎注："言不求而所求至也。"
[2]私说：偏私的见解。
[3]钤谋：即权谋。"不称"：《道藏》本、刘绩《补注》本、《四库全书》本"称"下有"智"字。当脱。
[4]礼：杨树达《淮南子证闻》："礼"疑"体"字之误。 袭：《小尔雅·广言》："合也。" 莫然：寂静无所见的样子。

【译文】
　　圣人在心里没有丑的东西要抛弃的，因而心中不存在丑；对于美好的东西没有什么要得到的，因而自身的美也不会失去。因此祭祀祖先的时候，只思念亲人，不需要求福；宴飨宾客，表达敬意，不想得到恩惠。只有不去寻求幸福、恩德的人，才能得到它们。处在尊宠地位的人，因为持有公道而没有偏见，所以才称为尊宠，不称作贤德；据有大地的人，因为掌握常规而没有权谋，所以称为公平，不称为智慧。对内没有残暴的举动来招致百姓怨恨，对外没有贤行被诸侯嫉妒，上下礼敬，相合而不分离，而进行评议的人，处于虚静状态而看不到什么，这就是所说的藏于无形。不是藏于无形，谁能够看不见形体呢？

　　三代之所道者，因也。[1] 故禹决江河，因水也；后稷播种树谷，因地也；汤、武平暴乱，因时也。故天下可得而不可取也，霸王可受而不可求也。在智，则人与之讼；⁽²⁾ 在力，则人与之争。未有使人无智者，有使人不能用其智于己者也；⁽³⁾ 未有使人无力者，有使人不能施其力于己者也。⁽⁴⁾ 此两者，常在久见。⁽⁵⁾ 故君贤不见，诸侯不备；不肖不见，则百姓不怨；百姓不怨，则民用可得。诸侯弗备，则天下之时可承。⁽⁶⁾ 事所与众同也，功所与时成也，圣人无焉。故《老子》曰："虎无所措其爪，兕无所措其角。"⁽⁷⁾ 盖谓此也。

【注释】

〔1〕因：即按照规律之义。《吕览》有《贵因》，下文即本《贵因》。

〔2〕"在"：王念孙《读书杂志》："在"皆当为"任"，字之误也。讼：《说文》："争也。"以手曰争，以言曰讼。

〔3〕"未有"句：许慎注："言己不能使敌国遇而无智也。"按：《道藏》本注"遇"作"愚"。"有使人"句：许慎注："使人之智不能于己。"

〔4〕"未有"二句：许慎注："言己不能使人无智力，但能使人不以智力加于己。"

〔5〕常：朱骏声《说文通训定声》："长也。"

〔6〕承：许慎注："若汤、武承桀、纣而起。"按：承，通"乘"。趁着。

〔7〕"故《老子》曰"句：引文见《老子》五十章。 兕：似野牛的动物，青色，有角。

【译文】

三代之所以成功的办法，是按照规律行事。因此禹疏通长江、黄河，是按水的流向规律行事的；后稷播种五谷，是按土地规律行事的；汤、武平暴除乱，是按时势的要求行事的。因此天下能够得到而不可强取；霸王可以接受而不可以强求。任用智术，就将会有人和他争讼；使用强力，就会有人和他争高低。自己不能使别人没有智力，但是能使人不能用他的智力强加于己；自己不能使别人没有力量，但是能使人不能施展他的力量强加于己。这两个方面，是长久存在而被人看到的道理。因此国君贤德不显现出来,诸侯便不加防备;国君的不肖不显现出来,那么百姓便不去埋怨;百姓不埋怨,那么民众的力量便可以得到了。诸侯不加防备,那么天下贤人可以乘机而起。事业与众人的期待相同,功劳是随时势而成就的,圣人没有参与其事。因此《老子》中说:"猛虎用不上它的爪,兕牛用不上它的角。"大概说的就是这样的事。

鼓不灭于声,故能有声;[1]镜不没于形,故能有形。[2]金石有声,弗叩弗鸣;管箫有音,弗吹无声。[3]圣人内藏,不为物先倡;[4]事来而制,物至而应。饰其外者伤其内,扶其情者害其神,见其文者蔽其质。[5]无须臾忘为质者,必困于性;[6]百步之中,不忘其容者,必累其形。故羽翼美者伤骨骸,枝叶美者害根茎,能两美者,天下无之也。[7]

【注释】

〔1〕〔2〕"鼓不灭"以下数句:《文子·上德篇》:"鼓不藏声,故能有声;镜不没形,故能有形。"

〔3〕"无声":《道藏》本、刘绩《补注》本、《文子·上德篇》同。于大成《诠言校释》:《意林》引《文子·上德篇》作"不声",《喻林》六十六引《淮南》,正作"弗声"。

〔4〕"先倡":《文子·上德篇》作"不为物倡"。无"先"字。

〔5〕扶:扶佐、呵护。 质:《文子·符言篇》作"真"。

〔6〕"无须臾"二句:许慎注:"常思为质,不修自然,则性困也。"按:《文子·符言篇》"无"作"夫","质"作"贤"。

〔7〕"故羽翼"句:许慎注:"鹄鹰一举千里,则形如尘芳,以其翮美也。" 茎:《文子·符言篇》作"荄"。

【译文】

鼓不会藏起声音,所以才能有声音;镜子不隐没人形,所以才能照见形体。金钟、石磬可以发出声音,不敲是不响的;管、箫可以吹出音调,不吹是没有声响的。圣人内心深藏道术,不因外物而首先倡导;事情来到而加以控制,外物来临而加以应对。粉饰外部的,会损伤他的内部;呵护他的情感的,会伤害他的精神;显现他的文饰,就会掩盖他的质朴。经常思考不忘质朴的,必然使自然天性受到困扰;百步之中,不忘自己面容的,必然拖累他的形体。因此羽毛翅膀漂亮的,会损伤它的骨骸;树木枝叶茂盛的,必然妨害它的根茎,能够两全其美的,天下是没有的。

天有明,不忧民之晦也,百姓穿户凿牖,自取照焉;地有财,不忧民之贫也,百姓伐木芟草,自取富焉。[1] 至德道者若丘山,嵬然不动,行者以为期也。[2] 直己而足物,不为人赣,用之者亦不受其德,故宁而能久。[3] 天地无予也,故无夺也;日月无德也,故无怨也。[4] 喜得者必多怨,喜予者必善夺,唯灭迹于无为,而随天地自然者,唯能胜理,而为受名。[5] 名兴则道行,道行则人无位矣。[6] 故誉生则毁随之,善见则怨从之。[7]

【注释】

〔1〕芟:《说文》:"刈草也。"即割草。以上化自《慎子·威德》,《黄帝四经·称》亦略同。

〔2〕德:通"得"。 嵬然:高大的样子。 "行者"句:许慎注:"行道之人,指以为期。"

〔3〕"直己"句:许慎注:"己,己山也。言山特自生万物,以足百姓,不为百姓故生之也。"按:直:特,只。 赣:赐予。

〔4〕德:施予恩德。

〔5〕胜理:许慎注:"理,事理情欲也。胜理去之。""为受":王念孙《读书杂志》:当作"无爱"。《韩诗外传》作"无爱名"。

〔6〕"道行":王念孙《读书杂志》:"道行"脱"不"字。按:以上亦载于《韩诗外传》卷一。

〔7〕怨:《文子·符言篇》作"恶"。

【译文】

上天有光明,不必忧虑人民的昏暗,百姓可以开通门户,打开窗子,自己得到光明;大地有财物,不必忧虑人民的贫困,百姓砍伐木头,割取野草,自己得到富裕。因此得到最高道术的人,像山雄伟挺立不动,行道之人指着它作为自己的期望。大山只是依其本性生出万物,而使百姓富足,不是特意要赐给百姓,而使用它的财富也不需承受它的恩赐,因此安宁而能持久。天地没有给予,因此也没有夺取;日月既然没有施予恩德,所以也没有怨恨。喜欢得到的人必然怨气多,喜欢给予的人必然善于夺取,只有消灭形迹在无为之中,而随着天地自然变化的人,才能够战胜欲望而不贪慕名声。名声兴起,那么道术就行不通了;道术通行,那么人便没有名位了。因此赞誉产生,那么毁谤便伴随而来;善事出现,怨恨便随之跟从。

利则为害始,福则为祸先。唯不求利者为无害,唯不求福者为无祸。侯而求霸者,必失其侯;霸而求王者,必丧其霸。故国以全为常,霸王其寄也;〔1〕身以生为常,富贵其寄也。能不以天下伤其国,而不以国害其身者,为可以托天下也。〔2〕

【注释】

〔1〕寄:寄托。
〔2〕为:《四库全书》本同。《道藏》本作"焉"。《道应训》亦作"焉"。"为可以"句:许慎注:"言不贪天下之利,故可以天下托也。"

【译文】

利益就是祸患的开始,灾祸常是幸福的先导。只有不求利益的人,才没有祸害;只有不求幸福的人,才没有灾祸。称侯的人追求当霸主,必然失去侯位;称霸的人追求当天子,必然丧失霸主之位。因此国家以完整为常法,霸业寄托在它的上面;身体以生存为常道,富贵寄托在它上面。能够不因为天下之利伤害他的国家,而又不因为国家之利伤害他的身体的人,便可以寄托天下了。

不知道者,释其所已有,而求其所未得也。苦心愁虑,以行曲故。⑴福至则喜,祸至则怖;神劳于谋,智遽于事。⑵祸福萌生,终身不悔。己之所生,乃反愁人。⑶不喜则忧,中未尝平。持无所监,谓之狂生。⑷

【注释】
〔1〕愁:张双棣《淮南子校释》:王引之曰:"愁,读为揫。《尔雅》曰:'揫,聚也。'积心、揫虑,其义一也。" 曲故:曲巧。《脩务训》高诱注:"曲故,巧诈。"
〔2〕遽:通"剧"。劳剧。
〔3〕"己之"二句:许慎注:"祸福皆生于己,非旁人也。"按:刘文典《淮南鸿烈集解》:《御览》七百三十九引作"乃反怨人"。
〔4〕"持无"二句:许慎注:"(时)[持]无所监,所监者非元德,故为狂生。"按:监,借鉴。

【译文】
不了解"道"的人,放弃他所已经具有的,而寻求他所没有得到的。劳苦心志,集中心思,而实行曲巧的办法。好事来到了就欢喜,祸事来到了就恐惧;精神疲劳在计谋上,智术劳累在事务上。这样一来,灾祸自然产生,终身不知悔恨。对于从自己身上发生的,(不去忧虑),反而埋怨别人。生活中不是欢喜就是忧愤,心中不曾平静过。自己所持守的标准没有办法借鉴,叫做"狂生"。

人主好仁,则无功者赏,有罪者释;好刑,则有功者废,无罪者诛。及无好者,诛而无怨,施而不德。放准循绳，身无与事，若天若地，何不覆载？⁽¹⁾ 故合而舍之者，君也；⁽²⁾ 制而诛之者，法也。民已受诛，怨无所灭，谓之道。⁽³⁾ 道胜则人无事矣。

【注释】
〔1〕放：依照。《广雅·释诂四》："放，依也。"
〔2〕"舍"：《道藏》本、刘绩《补注》本同。《文子·道德篇》作"和"。
〔3〕"怨无所灭"：《道藏》本同。《文子·道德篇》作"无所怨憾"。

【译文】
　　人主爱好仁惠，那么没有功劳的人就会受到奖赏，有罪的人会得到释放；人主爱好刑杀，那么有功的人便会被废黜，无罪的人被诛死。没有私好的圣主，诛罚罪人而不招来怨言，施舍众人而不求报恩。依照水准，遵循绳墨，自身没有参与任何事情，就像天、地一样，怎么不能够覆盖运载？因此融合万物而使它们平和，是国君的职责；制裁并诛罚罪人，是法律的要求。百姓已经被诛罚，而自己没有什么遗憾的，这就是符合"道"的要求。大道取胜，那么百姓就没有事可做了。

　　圣人无屈奇之服，无瑰异之行。⁽¹⁾ 服不视，行不观，言不议，通而不华，穷而不慑，荣而不显，隐而不穷，异而不见怪，容而与众同，无以名之，此之谓大通。⁽²⁾

【注释】
〔1〕屈奇之服：许慎注："屈，短；奇，长也。服之不中，身之灾也。"按：即奇装异服。　瑰异：特异。《文子·符言篇》作"诡异"。
〔2〕"服不视"句：许慎注："其所服，众不观视也。"　"隐而不穷"句：《文子·符言篇》作"隐而不辱"。　大通：最高的通达。本书凡五见。其义取自《庄子·大宗师》、《庄子·秋水》。

【译文】

圣人没有长短不合身的服饰，没有奇异的行止。他的服饰，别人不去看；他的行动，别人不注意；他的言论，别人不议论。显达而不奢华，失意而不担心，荣华而不显贵，隐居而不困窘，特异而不被人觉得奇怪，仪容与众人相同，没有什么办法来称谓他，这就叫"大通"。

升降揖让，趋翔周遊，不得已而为也，非性所有于身。⁽¹⁾情无符检，行所不得已之事，而不解构耳，岂加故为哉？⁽²⁾故不得已而歌者，不事为悲；不得已而舞者，不矜为丽。⁽³⁾歌舞而不事为悲丽者，皆无有根心者。⁽⁴⁾

【注释】

〔1〕升降：升，通"登"。《汉书·礼乐志》："登降跪拜。"揖让：拱手礼让。为宾主相见之礼。 趋翔：疾步走。"遊"：《道藏》本、刘绩《补注》本同。疑当作"旋"。《精神训》："趋翔周旋。"《本经训》高诱注："堂，明堂，所以升降揖让脩礼容，故曰周旋。"

〔2〕符检：符合应验。 解构：有偶合、偶然之义。 "岂加故为哉"句：《四库全书》本同。《道藏》本作"岂加故焉哉"。"为"作"焉"。许慎注："岂故者，遭时宜而制礼，非故为。"于鬯《香草续校书》：姚广文云"加"衍字。

〔3〕"矜"：蒋礼鸿《淮南子校记》："矜"当作"务"，字之误也。

〔4〕"不"：《道藏》本、刘绩《补注》本、《四库全书》本同。杨树达《淮南子证闻》：衍"不"字。

【译文】

上殿下堂，拱手辞让，疾步周旋，是不得已而做出的，不是人的天性所具有的。感情与实际不相一致，做出那些不得已的事情，而不是偶然的，难道要故意这样做吗？因此不得已而唱歌的，不会做出悲哀的表情；不得已而跳舞的，不务求展现美丽的舞姿。唱歌、跳舞勉强做出的悲哀的感情、美丽的舞姿，都不是植根于心中的。

善博者不欲牟，不恐不胜。⁽¹⁾平心定意，捉得其齐。⁽²⁾行由其理，虽不必胜，得筹必多。⁽³⁾何则？胜在于数，不在于欲。⁽⁴⁾驰者不贪最先，不恐独后。⁽⁵⁾缓急调乎手，御心调乎马，虽不能必先哉，马力必尽矣。何则？先在于数，而不在于欲也。是故灭欲则数胜，弃智则道立矣。

【注释】

〔1〕博：古代类似下棋的游戏。《论语·阳货》邢昺疏："博，局戏也，六箸十二棋也。" 牟：《玉篇》："取也。"即取胜义。

〔2〕"捉"：王念孙《读书杂志》："捉"当为"投"。投得其齐，谓投箸也。 齐：许慎注："得其适。"按：即适宜、适中义。

〔3〕得筹：博弈中获得的筹箸。泛指有所获得。筹，即筹码。

〔4〕欲：贪欲。

〔5〕驰：许慎注："竞驱也。"按：即赛马。

【译文】

善于下棋的人不想先夺取胜利，不担心不能战胜对方。平静心绪，安定神情，投箸适度。行棋按照这样的道理，即使不一定会赢，得到的筹码必然很多。为什么这样呢？取胜在于掌握技艺，不在于欲望。善于赛马的人，不会跑到最前面，也不担心单独落到后头。快慢在手里调节，驾驭的心思协调在马身上，虽然不能跑在最前面，马的力量必定是用尽了。为什么这样呢？跑在前面在于掌握技艺，而不在于欲望。因此消灭怨望，那么技艺就会得到胜利；抛弃智术，那么道术就能够确立了。

贾多端则贫，工多技则穷，心不一也。⁽¹⁾故木之大者害其条，水之大者害其深。⁽²⁾有智而无术，虽钻之不通；⁽³⁾有百技而无一道，虽得之弗能守。故《诗》

曰:"淑人君子,其仪一也;其仪一也,心如结也。"⁽⁴⁾君子其结于一乎?

【注释】

〔1〕端:头绪。

〔2〕条:《说文》:"小枝也。"杨树达《淮南子证闻》:"条"当作"修",字之假也。修者,长也。

〔3〕"有智"二句:许慎注:"虽有智慧,钻之弥牢,无术不能达也。"

〔4〕"故《诗》曰"句:引文见《诗·曹风·鸤鸠》。 淑:善。

【译文】

商人经营的头绪多就会贫穷,工匠多技艺就会困窘,这是因为心思不能专一的原因。因此树干大的影响枝条生长,水势大了就影响到它的深度。有智慧却没有方法,即使钻挖它也不能开通心窍;有百种技艺而没有一样道术,即使得到也不能持守。因此《诗》中说:"善人君子,他的行为始终如一呀!他的行仪始终如一呀,心意坚定好像凝结了呀。"君子的心意可能是凝结在一点上的吧!

舜弹五弦之琴,而歌《南风》之诗,以治天下;⁽¹⁾周公(散)[殽]脄不收于前,钟鼓不解于县,以辅成王,而海内平;⁽²⁾匹夫百晦一守,不遑启处,无所移之也。⁽³⁾以一人兼听天下,日有馀而治不足,使人为之也。

处尊位者如尸,守官者如祝宰。⁽⁴⁾尸虽能剥狗烧彘,弗为也,弗能无亏。⁽⁵⁾俎豆之列次,黍稷之先后,虽知,弗教也;弗能,无害也。不能祝者,不可以为祝,无害于为尸。不能御者,不以为仆,无害于为佐。⁽⁶⁾故位愈尊而身愈佚,(宫)[官]愈大而事愈少。⁽⁷⁾譬如张琴,小弦虽急,大弦必缓。⁽⁸⁾

【注释】

〔1〕"舜弹"以下三句：许慎注："古琴五弦，至周有七律，增为七弦也。《南风》，恺乐之风。"按：此条载于《越绝书》、《新语·无为》，并见《韩诗外传》卷四、《史记·乐书》等。《南风》，古诗名，《孔子家语·辨乐》亦载其内容。

〔2〕"散"：《道藏》本同，刘绩《补注》本、《四库全书》本作"㪚"，当正。㪚，《礼记·曲礼上》陆德明释文："熟肉有骨曰㪚。" 臑：许慎注："前肩之美也。"按：即牲畜的前肢。事见《尸子·分》、《荀子·王霸》。

〔3〕"匹夫"句：许慎注："百晦之田，一夫一妇守也。" 晦：《汉书·古今人表》颜师古注："古亩字。" 遑：闲暇。 启处："启"指伸直腰股坐，也叫"跪"。处，指坐。此句见《诗·小雅·四牡》。

〔4〕尸：古指代表死者接受祭祀的人。 祝宰：祝指男巫，祠庙中司祭礼之人。宰，指祭祀时负责宰杀牲畜的人。

〔5〕"尸虽能"三句：许慎注："尸不能治狗彘，事不亏也。"

〔6〕佐：通"左"。指君位。

〔7〕佚：通"逸"，安乐义。 "宫"：《道藏》本、刘绩《补注》本作"身"。当作"官"。

〔8〕琴：顾广圻《校淮南子》："琴"疑作"瑟"。

【译文】

舜弹奏五弦之琴，而唱起了《南风》之诗，用来治理天下；周公饭食放在面前没有空闲去吃，钟、鼓悬挂着不解下来，忙着辅佐成王，而使海内平定；普通农民夫妇耕作百亩之田，没有闲空休息，没有什么地方能够移动。贤君用一个人的力量而能兼治天下，时间还是有馀的，但政事还不够处理，这是安排百官去处理它们。

天子处在尊位就好像尸主，百官持守官位就好像祝宰。尸主虽然能剥狗、烧猪，但不去干，即使不会干，对他也没有什么损失。祭祀陈列祭品的排列次序，食物的摆放先后，尸主虽然知道，也不需要教导祝人；即使不知道，对他也没有什么妨害。不能够主持祝告的人，不可以担任祝，但对于尸主是没有妨害的。不能驾驭车马的，不能够当车仆，但是对于君王没有妨碍。因此地位越尊贵的人，身子越安逸；官职越大的人，而事情越少。比如弹瑟，小弦即使很急切，大弦必定很和缓。

无为者，道之体也；执后者，道之容也。⁽¹⁾无为制有为，术也；执后之制先，数也。⁽²⁾放于术则强，审于数则宁。今与人（弁民）[卞氏]之（譬）[璧]，未受者，先也；⁽³⁾求而致之，虽怨不逆者，后也。三人同舍，二人相争。争者各自以为直，不能相听。一人虽愚，必从旁而决之。非以智，不争也。⁽⁴⁾两人相斗，一嬴在侧，助一人则胜，救一人则免。⁽⁵⁾斗者虽强，必制一嬴。非以勇也，以不斗也。（内）[由]是观之，后之制先，静之胜躁，数也。⁽⁶⁾倍道弃数，以求苟遇；变常易故，以知要庶；⁽⁷⁾遇则自非，中则以为候；⁽⁸⁾暗行缪改，终身不寤，此之谓狂。⁽⁹⁾有滑则诎，有福则嬴；⁽¹⁰⁾有过则悔，有功则矜，遂不知反，此谓狂人。

【注释】
〔1〕容：陶鸿庆《读淮南子札记》："容"读为"庸"，庸，用也。
〔2〕之：陶鸿庆《读淮南子札记》：当作"以"。
〔3〕"弁民之譬"：《道藏》本同。刘绩《补注》本作"卞氏之璧"。当正。卞氏之璧，指楚人卞和发现的宝玉。亦载于本书《说山训》。本于《韩非子·和氏》。 "未受者"句：指楚厉王、武王；下文"求而致之"，指楚文王。
〔4〕"非以智，不争也"句：《道藏》本同。刘绩《补注》本作"非以智也，以不争也"。
〔5〕嬴：瘦弱。《说文》："嬴，瘦也。" 救：《说文》："止也。"即制止义。
〔6〕"内"：《道藏》本、刘绩《补注》本作"由"，当是。
〔7〕要庶：拦截，阻挡。庶：通"遮"。本书凡三见。
〔8〕遇：《道藏》本同。刘绩《补注》本、《四库全书》本作"过"。 候：《文选·谢惠连〈西陵遇风献康乐〉》李周翰注："时也。"即时机义。
〔9〕缪改：假装改正。
〔10〕滑：《道藏》本同。《广韵》"没"韵："滑，乱也。"本书《精神训》高诱注亦同。刘绩《补注》本、《四库全书》本作"祸"。 嬴：《道

藏》本同。刘绩《补注》本："赢，同盈，气满也。"按：通"盈"。《说文》："盈，器满也。"

【译文】
　　顺应自然，是"道"的主体；行事持后，是"道"的功用。无为控制有为，是"术"；持掌后面，制服先头，是"数"。依循一定的"术"，就会强大；审慎地运用"数"，就会安宁。现在给人和氏之璧，而没有接受，是因为先前未得识宝之人；通过自己寻求得到它，即使招致怨恨也不拒绝，是因为后来遇到识宝之人。三个人同住一舍，有两个人互相争吵。争吵的人，各自都认为自己是正确的，不能相互听取对方意见。剩下的这个人即使很愚笨，必定能从旁边裁决这件事。不是因为有智慧，而是因为没有参与争吵。两个人互相搏斗，一个瘦弱的人在旁边，帮助一个人，那么就能取胜；制止一个，就能免于灾祸。搏斗的人即使力量很强，必定被瘦弱的人所制服。不是因为有勇力，而是因为没有加入搏斗之中。从这里可以看出，后面的制服前面的，安静的战胜急躁的，这是掌握了"数"。背离道术，抛弃规律，来寻求苟且的机遇；改变常规，变易法度，而用智术来捕拦时机；对于过失，就自己加以非难；符合目标，又认为时机来到；暗地行事，假装改正，终身不觉悟，这样的人就叫作癫狂。有混乱就屈服，有好事就满足；有过错就后悔，有功劳就骄傲，终身不知道返回，这就是"狂人"。

　　员之中规，方之中矩，行成兽，止成文，可以将少，而不可以将众。〔1〕蓼菜成行，瓶瓯有堤，量粟而（舂）[舂]，数米而炊，可以治家，而不可以治国。〔2〕涤杯而食，洗爵而饮，浣而后馈，可以养家老，而不可以飨三军。〔3〕

【注释】
　　〔1〕"行成兽"句：许慎注："有谓古礼执羔麋鹿，取其跪乳，群而不党。"按：本书《泰族训》："员中规，方中矩，动成兽，止成文，可以愉

舞，而不可以陈军。"指模拟兽类舞蹈。"止成文"句：许慎注："文谓威仪文采。"

〔2〕蓼菜：《说文》："蓼，辛菜，蔷虞也。"蓼有数种，皆水生。瓶：古代汲水瓦器。 瓯：盛物的小盆。 堤：许慎注："瓶瓯下安也。"杨树达《淮南子证闻》："堤"当读为"提"。《说文》："提，挈也。""提"谓用手提挈之处，旧说未安。 "舂"：当作"舂"。"数米"句：见于《庄子·庚桑楚》。

〔3〕浣：洗涤。 馈：进食于长者。

【译文】

圆阵符合规的要求，方阵符合矩的要求，行动时排成兽形，停止时整齐划一，这样只能够带领很少的人，却不能够带领大众。像蓼菜一样排列成行，像瓶、瓯一样有提手，计量谷物把它舂碎，计算米的多少来烧饭，这样的人可以治理大夫之家，而不可以治理诸侯之国。像洗碗吃饭，洗爵饮水，洗净后才进食于长者，这样可以奉养家中老人，却不能够招待三军。

非易不可以治大，非简不可以合众；[1]大乐必易，大礼必简；易故能天，简故能地；大乐无怨，大礼不责；四海之内，莫不系统，故能帝也。[2]

【注释】

〔1〕简：简约。

〔2〕系统：联属而统率。《类篇》："系，联也。"《玉篇》："统，总也。"

【译文】

不是平易的不能治理大众，不是简约的不可以集合众人；大的音乐必定简易，大的礼节一定简单；因为简易才能像天一样广博，因为简单才能像地一样辽阔；大的音乐没有哀怨，大的礼节没有责备；四海之内，没有不能统率在一起的，所以才能够成为帝王。

心有忧者，筐床（在）[衽]席弗能安也，菰饭牦牛弗能甘也，琴瑟鸣竽弗能乐也。⁽¹⁾患解忧除，然后食甘寝宁，居安遊乐。由是观之，性有以乐也，死有以哀也。⁽²⁾今务益性之所不能乐，而以害性之所以乐，故虽富有天下，贵为天子，而不免为哀之人。

【注释】

〔1〕筐床：方正安适的卧床。《诗·召南·采蘋》毛亨传："方曰筐。""在"：《道藏》本、刘绩《补注》本作"衽"。当正。衽席，柔软的卧席。《说山训》作"茌席"。 菰：《广雅·释草》："菰，蒋也。其米谓之彫胡。" 牦牛：小牛。

〔2〕性：《道藏》本同，刘绩《补注》本作"生"。俞樾《群经平议·礼记二》："性与生，古通用。" 死：蒋礼鸿《淮南子校记》："死"字衍。"性有以乐也，有以哀也"作一句读。

【译文】

心中有忧愁，舒适的床席不能使他安乐，美味佳肴不能使他觉得甜美，弹起琴瑟吹起竽来也不能使他快乐。患祸解除，忧虑消释，然后才能吃得香睡得安，居处平静，游观快乐。从这里可以看出，生存有带来欢乐的地方，也有带来悲哀的地方。现在务求增加性情中所不能欢乐的地方，而来妨害性命中所能快乐的地方，因此即使据有天下的财富，尊贵如同天子，却不免成为悲哀之人。

凡人之性，乐恬而憎悯，乐佚而憎劳。心常无欲，可谓恬矣；⁽¹⁾形常无事，可谓佚矣。遊心于恬，舍形放佚，以俟天命。⁽²⁾自乐于内，无急于外。虽天下之大，不足以易其一概；⁽³⁾日月廋而无溉于志。⁽⁴⁾故虽贱如贵，虽贫如富。

【注释】

〔1〕悯：即忧愁义。

〔2〕舍：马宗霍《淮南旧注参正》："舍"犹"息"也，"休"也。"放"：《道藏》本同。刘绩《补注》本、《四库全书》本作"於"。当是。

〔3〕概：古代刮平斗斛用的木板。《韩非子·外储说左上》："概者，平量者也。"一概，喻极少。

〔4〕廋：许慎注："隐也。"按：有隐藏、藏匿义。　溉：灌。"日月"句：许慎注："己自隐藏，不以他欲灌其志也。"

【译文】

　　大凡人的天性，喜欢恬静而憎恶忧虑，喜欢安逸而憎恶劳苦。心里常常没有欲望，可以说是恬静的了；自身常常没有事情，可以说是安逸的了。心思游动在恬静之间，形体休息在安逸之中，用来等待天命。自己在内心得到快乐，不要在外部急切寻求。即使用天地这样大的地方，也不能换取他的一概之量；即使日、月隐藏起来，也不能够平息自己的志向。因此虽然地位低贱，却很尊贵；虽然贫困，却很富裕。

　　大道无形，大仁无亲，大辩无声，大廉不嗛，大勇不矜。〔1〕五者无弃，而几乡方矣。〔2〕

　　军多令则乱，酒多约则辩。乱则降北，辩则相贼。〔3〕故始于都者，常大于鄙；〔4〕始于乐者，常大于悲；〔5〕其作始简者，其终本必调。〔6〕今有美酒嘉肴以相飨，卑体婉辞以接之，欲以合欢。争盈爵之间，反生斗。〔7〕斗而相伤，三族结怨，反其所憎。〔8〕此酒之败也。

【注释】

　　〔1〕嗛：《说文》："口有所衔也。"即贪食义。此节化自《庄子·齐物论》。

　　〔2〕"五者"二句：许慎注："方，道也。庶几向于道也。"

　　〔3〕降北：打败仗投降。

　　〔4〕〔5〕〔6〕"常大于鄙"、"常大于悲"、"其终本必调"：《道藏》本、

刘绩《补注》本同。都，《说文》："有先君之旧宗庙曰都。"又《集韵》"模"韵："都，美也。"鄙，《说文》："五鄼为鄙。"又《玉篇》："鄙，鄙陋。"调：通"稠"。《玉篇》："稠，多也，大也。"《庄子》作"巨"。王念孙《读书杂志》：两"大"字，一"本"字，皆义不可通。《庄子·人间世》："且以巧斗力者，始乎阳，常卒于阴；以礼饮酒者，始乎治，常卒乎乱。凡事亦然。始乎谅，常卒乎鄙。其作始也简，其将毕也必巨。"即《淮南》所本也。

〔7〕"争盈爵"二句：许慎注："爵，所以饮，争满不满之间。"按：爵，古代酒器。

〔8〕三族：《周礼·春官·小宗伯》郑玄注："三族谓父、子、孙。"

【译文】

大道没有形体，大的仁惠没有偏爱，大的辩说没有声音，大的廉洁不贪食物，大的勇敢不骄傲。五个方面都不抛弃，可以接近于道了。

军队中命令多了就会引起混乱，宴席上酒规多了就会产生辩论。军队混乱就会投降败逃，辩论多了就要互相侵害。因此有时开始是美好的，而结局常是可鄙的。开始时享受快乐，常常由悲哀作结束；开始起于简单的，它的结果一定是复杂的。现在用美酒佳肴来招待宾客，屈下身体，言辞和婉来接待他人，想来求得欢娱。在斟酒的浅满之间，反而发生争斗。争斗而相伤，双方三族结下怨仇，反而成为所憎恨的人。这是饮酒取乐的失败。

《诗》之失僻，《乐》之失刺，《礼》之失责。〔1〕徵音非无羽声也，羽音非无徵声也。五音莫不有声，而以徵羽定名者，以胜者也。〔2〕故仁义智勇，圣人之所备有也，然而皆立一名者，言其大者也。〔3〕

【注释】

〔1〕"《诗》之"句：许慎注："《诗》者，衰世之风也，故邪而以之正。小人失其正，则入于邪。"按：僻，有邪僻、僻陋义。"《乐》之"句：

许慎注："乡饮酒之乐歌《鹿鸣》,《鹿鸣》之作,君有酒肴,不召其臣,臣怨而刺上者,非也。"按:刺,有怨刺义。 "《礼》之"句:许慎注:"《礼》无往不复,有施于人则责之。"按:责,责难。

〔2〕"五音"三句:许慎注:"徵音之中有羽声,而以徵音名之者,羽音徵,以著言者也。"顾广圻《校淮南子》:注文"羽音徵","徵"当作"微"。

〔3〕"然而"句:许慎注:"立一名,谓仁义智勇兼以圣人之言。"

【译文】

《诗》的失误,在于小人走上邪僻之路;《乐》的失误,在于怨刺的产生;《礼》的失误,在于苛责。徵音中不是没有羽声,(是羽声微弱);羽音中也不是没有徵声,(是徵声微弱)。五音之中没有不具备其他的音调的,而用徵、羽来确定名称,是因为它们能胜过其他的音调。因此仁、义、智、勇,是圣人所具备的,但是都只确定一个名类,说的是圣人的突出一点罢了。

阳气起于东北,尽于西南;阴气起于西南,尽于东北。阴阳之始,皆调适相似,日长其类,以侵相远。〔1〕或热焦沙,或寒凝水。故圣人谨慎其所积。

水出于山,而入于海;稼生于野,而藏于廪,见所始则知终矣。〔2〕

【注释】

〔1〕"以侵相远"句:许慎注:"言阳气自大寒日月〔日〕长温,以致大热,与大寒相远也。"按:侵,《说文》:"渐进也。"即逐渐之义。

〔2〕"水出"以下数句:亦见于本书《泰族训》。

【译文】

阳气从东北兴起,消失在西南;阴气兴起于西南,终结在东北。阴气、阳气从开始产生,其协调适应的情况都是相似的。阴、阳二气一天天增长,而逐渐成为大寒、大热这样差别很大的气候。有时热起来能把沙子烤焦,有时冷起来使水结冰。因此圣人谨慎地对待他所要积累的东西。

水从山间流出，却汇于大海；庄稼从田野上生出，却藏实于仓库，看见开始就知道它的终结了。

席之先藋䕩，樽之上玄樽，俎之先生鱼，豆之先泰羹。(1) 此皆不快于耳目，不适于口腹，而先王贵之：先本而后末。(2)

【注释】

(1)"席之先"句：许慎注："席之先所从生，出于藋与䕩苇也。"按：藋，《道藏》本同。《汉书·货殖传》颜师古注："藋，薍也，即今之荻也。"藋，字应作"萑"。《说文》："萑，薍也。"䕩，于大成《诠言校释》："䕩"当为"䔿"。"樽之上"句：许慎注："樽，酒器。所尊者玄水。"按：玄樽，《史记·礼书》作"玄尊"，亦称玄酒，古代祭祀用水。也指薄酒。"俎之先"句：许慎注："祭俎上肴以生鱼也。""豆之先"句：许慎注："木豆谓之豆。所盛大羹，不调五味。"按：泰羹，古代祭祀用不调五味的汁。以上载于《荀子·礼论》、《大戴礼记·三本》等。

(2)"而先王"句：许慎注："贵之，以祭宗庙。"

【译文】

席子是从藋、䔿而来，樽是从祭祀的玄酒而来，俎是从祭祀的生鱼而来，豆是从古代祭祀用的肉汁而来。这些用具粗陋不能娱人耳目，不能适合人体的需用，但是先王很珍视它们：是因为先王重视祭祀的本原而轻视末节的享受。

圣人之接物，千变万轸，必有不化而应化者。(1) 夫寒之与暖相反，大寒地坼水凝，火弗为衰其暑；(2) 大热烁石流金，火弗为益其烈。寒暑之变，无损益于己，质有之也。(3)

圣常后而不先，常应而不唱；(4) 不进而求，不退而让;随时三年,时去我走;⁽⁵⁾去时三年,时在我后;无去无就,中立其所。

【注释】

〔1〕轸:《文选·枚乘〈七发〉》李善注引许慎曰:"轸,转也。"即转动。

〔2〕坼:《说文》:"裂也。"即分裂,裂开。

〔3〕"质有之也"句:许慎注:"言人质不可变为火。"

〔4〕"圣":《道藏》本、刘绩《补注》本同。黄锡禧本"圣"下有"人"字。

〔5〕"走":《文子·符言篇》同。《道藏》本、刘绩《补注》本、《四库全书》本作"先"。其前后四句,疑有讹误,其义不明。

【译文】

圣人同外物相交接,千变万化,必有应付变化的不变之道。寒冷与温暖相反,大寒之时,土地冻裂,水流凝固,火不会减少它的炽热;大热之时,熔化石块,烧化金属,火也不因此增加它的猛烈。寒暑的变化,对水、火都没有损失、增加,因为它的特质是不会改变的。

圣人常常在后面而不跑到前面,常常响应而不首先倡导;不前进却去寻求,不退步而能辞让;随着时间三年,时间离去我在前面;离开时间三年,时间又在我的后面;没有离开,也没有靠近的,处于中间状态,立在固有处所。

天道无亲,唯德是与。有道者不失时与人,无道者失于时而取人。⁽¹⁾直己而待命,[时]之去不可迎而反也;⁽²⁾要遮而求合,时之去不可追而援也。⁽³⁾故不曰我无以为而天下远,不曰我不欲而天下不至。

【注释】

〔1〕"有道"句:许慎注:"失时,失其时。非失其时以与人。"

〔2〕直己：使自己正直。 "之去"：《道藏》本、《四库全书》本同。刘绩《补注》本作"时之至"。《文子·符言篇》作"时之至不可迎而返也"。依《文子》补"时"字。

〔3〕要遮：即拦截、阻挡义。《管子·君臣下》："要，遮止之也。"遮，《说文》："遏也。" 援：拉。《说文》："援，引也。"

【译文】
　　天道没有和谁亲近，只和德相亲近。有道的人不失去机会而给予他人，无道的人失去时机而向他人索取。有道的人使自己正直而等待命运，时机的到来不能够迎接而让它返回；无道的人想拦截时机而求得全合，时机的离去不能够追回而把它拉住。因此不要说，我没有什么办法做到因为天下的事情很遥远；也不要说，我不想达到目标因为天下之事不能到来。

　　古之存己者，乐德而忘贱，故名不动志；〔1〕乐道而忘贫，故利不动心。名利充天下，足以概志。〔2〕故兼而能乐，静而能澹。〔3〕故其身治者，可与言道矣。自身以上，至于荒芒尔远矣；〔4〕自死而天地无穷尔滔矣。〔5〕以数杂之寿，忧天下之乱，犹忧河水之少，泣而益之也。〔6〕龟三千岁，浮游不过三日。〔7〕以浮游而为龟忧养生之具，人必笑之矣。故不忧天下之乱，而乐其身之治也，可与言道矣。

【注释】
　　〔1〕存己：保全自己。 "故名"句：许慎注："不以名移志也。"
　　〔2〕"足以"句：《道藏》本同。刘绩《补注》本、《四库全书》本作"不足以概志"。概：有感动义。通"慨"。
　　〔3〕兼：于大成《诠言校释》："'兼'读为'歉'。《说文》：'歉，歉食不满也。'" 澹：通"赡"。充实，富足。
　　〔4〕"尔"：《道藏》本同。刘绩《补注》本、《四库全书》本作"亦"。

下文"尔"同上。 "自身"以下二句：许慎注："身以上，从己生以前至于荒芒。荒芒，上古时也。故远矣。"

〔5〕"自死"以下二句：许慎注："从己身死之后，至天地无穷。滔，曼长也。"

〔6〕杂：许慎注："杂，匝也。人生子，从子至亥为一匝。"按：通"匝"。《说文》："帀，周也。"

〔7〕"龟三千"句：许慎注："龟吐故内新，故寿三千岁。""浮游"句：许慎注："浮游，渠略也。生三日死也。""渠略"为秦晋间方言。按：亦见于本书《说山训》。

【译文】

古代善于保存自己的人，喜欢修德而忘记下贱，因此功名不能使他动心；喜欢大道而忘记贫困，所以利益不能够转移他的心志。名位、利益充满天下，却不能够动摇他的意志。因此贫苦而能得到安乐，宁静而能得到充实。因此自身得到治理的人，就可以和他谈论"道"了。从自身往上算，一直到上古之时，也是很遥远的了；从自身死后，直到天地无穷尽之时，也是很漫长的了。用有限的一轮寿命，去忧虑天下的祸乱，就像忧虑黄河之水减少，用流泪来使水增加一样。龟可以活到三千岁，浮游寿命不过三天。拿浮游来忧虑龟的养生的条件，人们必定要取笑它。因此不忧虑天下的祸乱，而喜欢修治自身的人，便能够和他谈论"道"了。

君子为善，不能使富必来；⁽¹⁾不为非，而不能使祸无至。福之至也，非其所求，故不伐其功；祸之来也，非其所生，故不悔其行。内脩极而横祸至者，皆天也，非人也。⁽²⁾故中心常恬漠，累积其德。⁽³⁾狗吠而不惊，自信其情。故知道者不惑，知命者不忧。

【注释】

〔1〕富：《道藏》本、《四库全书》本同。刘绩《补注》本作"福"。朱骏声《说文通训定声》："富，叚借为福。"

〔2〕极：许慎注："中。"按：《原道训》高诱注："极，亦至也。"即达到很高境界之义。

〔3〕"累积其德"句：《道藏》本、刘绩《补注》本、《四库全书》本同。《文子·符言篇》作"不累其德"。今依《文子》。

【译文】
君子从事善事，不能期望幸福一定到来；不做坏事，也不能使灾祸不来。幸福的到来，不是自己寻求而来到的，所以不要夸耀自己的功劳；灾祸的到来，也不是自己想要产生的，所以不必要后悔自己的行止。内心修炼达到很高的程度，而却大祸来临，都是天命，不是人力所造成的。因此心中经常处于恬淡无欲的状态，不拖累自己的德性。即使狗狂叫也不吃惊，自己相信心中的真诚。因此了解"道"的人不迷惑，知道命运的人不忧虑。

万乘之主卒，葬其骸于旷野之中，祀其鬼神于明堂之上，神贵于形也。〔1〕故神制则形从，形胜则神穷。〔2〕聪明虽用，必反诸神，谓之太冲〔3〕。

【注释】
〔1〕明堂：许慎注："庙之中谓之明堂也。""神贵"句：许慎注："以人神在堂，而形骸在野。"

〔2〕"故神制"二句：《文子·符言篇》作："故神制形则从，形胜神则穷。"按：制，宰制。

〔3〕"聪明"二句：许慎注："聪明虽用于内以守，明〔则〕神安而身全。"太冲：指一种极其和谐的精神状态。许慎注："冲，调也。"即调和义。

【译文】
万乘的天子死去，在旷漠荒野之中埋葬他的尸体，在明堂之上祭祀他的神灵，可见精神比形体要尊贵。因此精神宰制，那么形体便要跟从；形体强盛，那么精神就要困穷。聪明即使被使用，（使自身得到安全），最后必然还要返回到精神，这就叫做"太冲"。

第十五卷　兵略训

【题解】

本篇是研究军事问题的重要文献。本训认为，战争的产生是由于人类的生存斗争，战争胜败的根本在于政治，取决于民心的向背。"兵之胜败，本在于政"。

用兵要掌握三策、三势和二权。用兵要依"道"而行，就是要掌握天、地、人这些军事活动的规律。指挥作战要懂得三隧、四义、五行、十守的原则，根据客观条件指挥战争。

本训是研究汉代战争思想和理论的完整的传世文献，是对《孙子兵法》、《孙膑兵法》、《六韬》等先秦军事思想的继承和发展。其中的军事辩证法，具有一定的借鉴作用。

陶方琦《淮南许注异同诂》：（此）"许注本也。"

古之用兵，非利土壤之广，而贪金玉之略，将以存亡继绝，平天下之乱，而除万民之害也。〔1〕凡有血气之虫，含牙带角，前爪后距；〔2〕有角者触，有齿者噬，有毒者螫，有蹄者趹。〔3〕喜而相戏，怒而相害，天之性也。人有衣食之情，而物弗能足也，故群居杂处，分不均，求不赡，则争；争则强胁弱而勇侵怯。人无筋骨之强，爪牙之利，故割革而为甲，铄铁而为刃。贪昧饕餮之人，残贼天下，万人搔动，莫宁其所。〔4〕有圣人（敕）〔勃〕然而起，乃讨强暴，平乱世，夷险除秽，以浊为清，以危为宁，故不得不中绝。〔5〕

兵之所由来者远矣。黄帝尝与炎帝战矣，颛顼尝与共工争矣。〔6〕故黄帝战于涿鹿之野，尧战于丹水之浦，舜伐有苗，启攻有扈，自五帝而弗能偃也，又况衰世乎？〔7〕

【注释】

〔1〕土壤：王叔岷《淮南子斠证》：日本古钞卷子本作"壤土"。"略"下有"也"字。　略：许慎注："获得也。"按：即掠夺义。《文子·上义篇》作"赂"，指财物。　存亡继绝：使灭亡之国复存，断绝之嗣得续。

〔2〕带角：王叔岷《淮南子斠证》：古钞卷子本"带角"作"戴角"。　距：《说文》："鸡距也。"即后爪。

〔3〕螯：刘文典《淮南鸿烈集解》：《御览》九百四十四引作"螙"。王叔岷《淮南子斠证》：古钞卷子本作"蛒"。"螙"与"螯"同，"蛒"即"螙"之省。　趹：用后蹄踢。《集韵》"霁"韵："趹，踶也。""踶"或作"蹄"。

〔4〕贪昧：贪财昧利。　饕餮：贪财曰饕，贪食曰餮。　㥯：《道藏》本、刘绩《补注》本作"搔"。《文子·上义篇》作"骚"。《说文》："骚，扰也。"

〔5〕"敕"：《道藏》本、刘绩《补注》本作"勃"。当正。　中绝：许慎注："谓若殷王中相绝灭。"

〔6〕"黄帝"句：许慎注："炎帝，神农之末世也。与黄帝战于阪泉，黄帝灭之。"按：其事亦载于《吕览·荡兵》、《列子·黄帝》、《大戴礼记·五帝德》等。"颛顼"句：许慎注："共工与颛顼争为帝，触不周山。"按：本书《天文训》已载之。

〔7〕"故黄帝"句：许慎注："黄帝与蚩尤战于涿鹿。涿鹿，在上谷。"按：即今河北涿鹿。亦即上文阪泉。事见《庄子·盗跖》，亦载于《史记·五帝本纪》。　"尧战"句：许慎注："尧以楚伯受命，灭不义于丹水。丹水，在南阳。"按：载于《吕览·召类》。依许注，丹水在今河南西南部。　"舜伐"句：许慎注："有苗，三苗。"按：载于《荀子·议兵》，亦见本书《原道训》、《齐俗训》。　"启攻"句：许慎注："禹之子启伐有扈于甘，甘在右扶风郡。"按：载于《尚书·甘誓》、《庄子·人间世》，《史记·夏本纪》亦载之。甘，在今陕西户县一带。　偃：停息。

【译文】

　　古代用兵的人,不是谋图土地的广阔,贪图掠夺别人的金玉珍宝,而是想用来保存灭亡的国家,继续绝灭的世族,平定天下的叛乱,而消除万民的危害。大凡有生命的动物,嘴里含牙,头上长角,前面有爪,后面有距;有角的会抵触,有牙齿的来噬咬,有毒的动物刺人,有蹄子的动物踢人。喜欢时互相嬉闹,发怒时互相伤害,这是天然的本性。人类有衣食的需要,而物质常常不能够来满足他们,因此成群地居住、杂乱地相处在一起,分财不均,需求不能满足,那么就要争斗;争斗时强者威胁弱者,勇敢者侵犯怯懦者。人类没有强健的筋骨,尖利的爪牙,因此就切割皮革而制成铠甲,冶炼金属而做成兵刃。贪财昧利、凶狠残暴之人,残害天下,使万人骚动,没有办法使他们安居。于是圣人愤怒地挺身而起,讨伐强暴,安定乱世,平息危险,除去污秽,把浑浊变得清澈,把危险变成安宁,因此强暴之人不得不中途灭绝。

　　战争的由来已经是很遥远的了。黄帝曾经和炎帝发生战争,颛顼曾经和共工发生争夺。因此黄帝在涿鹿原野上战胜炎帝,尧与南蛮战于丹水岸边,舜讨伐有苗,启攻打有扈氏,从五帝以来就不曾停止,又何况衰败之世呢?

　　夫兵者,所以禁暴讨乱也。炎帝为火灾,故黄帝擒之;共工为水害,故颛顼诛之。教之以道,导之以德而不听,则临之以威武;临之威武而不从,则制之以兵革。故圣人之用兵也,若栉发耨苗,所去者少,而所利者多。[1] 杀无罪之民,而养无义之君,害莫大焉;殚天下之财,而赡一人之欲,祸莫深焉。使夏桀、殷纣,有害于民而立被其患,不至于为炮烙;晋厉、宋康,行一不义而身死国亡,不至于侵夺为暴。[2] 此四君者,皆有小过而莫之讨也,故至于攘天下,害百姓,肆一人之邪,而长海内之祸,此大论之所不取也。[3] 所为立君者,以禁暴讨乱也。今乘万民之力，而反为残贼，是为虎傅翼，曷为弗除？

夫畜池鱼者必去猵獭，养禽兽者也必去豺狼，又况治人乎？[4]

【注释】

〔1〕栉：《说文》："梳比之总名也。"即梳头义。　耨：锄草。

〔2〕晋厉：春秋晋君，名寿曼，在位八年。以残暴著称。　宋康：战国宋君，名偃，在位四十七年。曾以革囊盛血，悬而仰射，名曰射天。

〔3〕攘：乱。　肆：放纵。　大论：即伦常大道。《文子·上义篇》作"天伦"。

〔4〕猵：獭类动物。　獭：水獭。　"也"：《道藏》本同。刘绩《补注》本无"也"字，《文子·上义篇》同。

【译文】

军队是用来禁止暴力和讨伐叛乱的。炎帝兴起火灾，因此黄帝擒住了他；共工造成水害，所以颛顼杀了他。用"道"来教导他，用"德"引导他，而都不听从，便用武力威胁使他害怕；用武力威胁而不听从，便用兵革来制服他。因此圣人的用兵，就像梳头和锄草一样，所去掉的少，而得到的多。杀戮无罪的百姓，而奉养没有道义的君主，危害没有比这样再大的了；耗尽天下的资财，而来满足一个人的贪欲，灾祸没有比这样更深的了。假使夏桀、殷纣，对于百姓有危害，能立即遭到祸患，也不至于制造炮烙之刑；晋厉公、宋康王，推行一次不义之事，而能身死国灭，也不至于侵夺暴虐他国。这四个国君，都是有小的过失，而没有人能讨伐他们，因此才能够侵伐天下，残害百姓。放纵一个人的邪恶，而增加海内的灾祸，这是伦常大道所不能容许的。古来设立国君的目的，是用来禁止暴力讨伐叛乱的。现在依靠着万民的力量，而反过来残害百姓，这是给老虎添上翅膀，为什么不消除掉呢？

在池塘中放养鱼类，必然先除掉吃鱼的猵獭；畜养飞禽走兽，必然先除去豺狼，又何况是治理人世呢？

故霸王之兵，以论虑之，以策图之，以义扶之，非以亡存也，将以存亡也。⁽¹⁾故闻敌国之君，有加虐于民者，则举兵而临其境，责之以不义，刺之以过行。⁽²⁾兵至其郊，乃令军师曰："无伐树木，毋扣坟墓，毋爇五谷，毋焚积聚，毋捕民虏，毋收六畜。"⁽³⁾乃发号施令："其国之君，傲天（海）[侮]鬼，决狱不辜，杀戮无罪，此天之所以诛也，民之所以仇也。⁽⁴⁾兵之来也，以废不义而复有德也。⁽⁵⁾有逆天之道、帅民之贼者，身死族灭。⁽⁶⁾以家听者禄以家，以里听者赏以里，以乡听者封以乡，以县听者侯以县。"克国不及其民，废其君而易其政，尊其秀士，而显其贤良；⁽⁷⁾振其孤寡，恤其贫（窍）[穷]；⁽⁸⁾出其囹圄，赏其有功。百姓开门而待之，淅米而储之，唯恐其不来也。⁽⁹⁾此汤、武之所以致王，而齐桓、晋文之所以成霸也。故君为无道，民之思兵也，若旱而望雨，渴而求饮，夫有谁与交兵接刃乎？故义兵之至也，至于不战而止。⁽¹⁰⁾

【注释】

〔1〕论：《文子·上义篇》作"谋"。　策：计谋。

〔2〕刺：列举。《战国策·齐一》高诱注："刺，举也。"过行：过失的行为。

〔3〕师：《道藏》本、刘绩《补注》本同。《文子·上礼篇》作"帅"。"扣"：《道藏》本、刘绩《补注》本同。《四库全书》本作"抉"。王念孙《读书杂志》引之曰："扣"乃"抇"字之误。按：王叔岷《淮南子斠证》：古钞卷子本作"无掘坟墓"。《吕览·怀宠》、《文子·上义篇》并同。爇：许慎注："烧也。"按：《说文》同。即燃烧义。　六畜：马、牛、羊、猪、鸡、犬。

〔4〕"施令"：《道藏》本同。刘绩《补注》"令"下有"曰"字。"海"：

《道藏》本、刘绩《补注》本作"侮",当正。傲天侮鬼,傲视天命,侮辱鬼神。　不辜:无罪。

〔5〕复:王叔岷《淮南子斠证》:古钞卷子本"复"作"授"。《文子》同。

〔6〕帅:《吕览·辩士》高诱注:"率也。"

〔7〕秀士:德才优秀之士。　贤良:汉代选拔官吏,叫贤良方正。汉武帝时称贤良文学。

〔8〕振:救济。　恤:抚恤。　"窍":《道藏》本、刘绩《补注》本作"穷"。当正。

〔9〕淅:许慎注:"渍也。"按:即淘米。

〔10〕"至于":《文子·上义篇》作"至于境"。　"不战而止":"兵至其郊"至此,化自《吕览·怀宠》。

【译文】

因此诸侯霸主和君王的用兵,按照伦理来考虑它,用计策来谋划它,用大义来扶助它,不是用来消灭存在的国家,而是将用来保存灭亡的国家。因此听到敌国的君主,如有在百姓头上施加暴虐的,就举兵来到他的边境,用不合道义来责备他,用行为的过失来责难他。军队来到他的国家的郊外,于是国君命令军帅说:"不要砍伐他们的树木,不要挖掘坟墓,不要焚烧五谷,不要烧毁积聚的财物,不要逮捕民众作为俘虏,不要掠夺六畜。"军帅便发布命令说:"他们国家的君主,傲视天命,侮辱鬼神,判决案件处理不公,杀戮无罪之人,这是上天诛灭他的原因,百姓所以仇恨的理由。我们军队的来临,是为了废除不义之君,而恢复有德之人的君位。有悖逆上天的意志,率领民众为害的,本人要被处死,家族要被诛灭。率领全家听从的,全家享受俸禄;带领全里听从的,把全里赏给他;率领全乡听从的,把全乡封给他;带着全县听从的,拿一县封他为侯。"战胜敌国不涉及他的老百姓,废黜他的国君而改换他的政治,尊重有才德的秀士,尊显贤良之人;赡养孤寡之人,抚恤贫困之家;释放监狱囚犯,奖励有功人员。百姓开门来等待义军,淘米并储存起来,只担心军队不来到。这就是商汤、周武王所以能够称王,而齐桓、晋文所以称霸的原因。因此国君干出不合道义之事,人民就思念义兵的到来,就像大旱而盼望雨水,口渴而求得饮水一样,还有谁会和义兵交战呢?所以义兵的到来,可以达到不发生战斗而能制止暴乱的目的。

晚世之兵,君虽无道,莫不设渠堑傅堞而守。[1] 攻者非以禁暴除害也,欲以侵地广壤也。是故至于伏尸流血,相支以日。[2] 而霸王之功不世出者,自为之故也。夫为地战者,不能成其王;为身战者,不能立其功。举事以为人者,众助之;举事以自为者,众去之。众之所助,虽弱必强;众之所去,虽大必亡。

【注释】

〔1〕渠堑:指护城河。《墨子·备城门》孙诒让间诂引苏云:"渠,堑也。所以防踰越者。"王叔岷《淮南子斠证》:古钞卷子本:"渠堑"作"深堑"。《御览》引"堑"亦作"堑"。 傅堞:许慎注:"傅,守也。堞,城上女墙。"指城上如齿状的矮墙。

〔2〕相支:即相持。

【译文】

晚世的用兵,国君即使很无道,但是没有不开渠堑引水而依靠城堞来把守的。攻打他国的人不是用来禁止暴力消除祸害的,而是用来侵略土地扩张领土。因此就成为伏尸流血、旷日持久的战争。而称霸、称王者的功绩不能在世上出现,是因为只为自己的缘故。为了争夺土地而战的人,不能够成为王;为自身而战的,不能立下功劳。行事而为了他人的,众人帮助你;行事而为了自己的,众人离开你。众人所帮助的,即使柔弱也必定会坚强;众人所离开的,即使强大也必定要灭亡。

兵失道而弱,得道而强;将失道而拙,得道而工;国得道而存,失道而亡。所谓道者,体员而法方,背阴而抱阳;[1] 左柔而右刚,履幽而戴明,变化无常;得一之原，以应无方，是谓神明。⑵夫员者，天也；方者，地也。天员而无端，故不可得而观；⑶地方而无垠，故莫能窥其门。天化育而无形象，地出长而无计量，浑浑沉沉，孰知其藏？⑷凡物有朕，唯道无朕。⑸所以无朕者，以其无常形势也。轮转而无穷，象日月之行；若春秋有代谢，若日月有昼夜。⑹终而复始，明而复晦，莫能得其纪。⑺制刑而无刑，故功可成；⑻物物而不物，故胜而不屈。⑼

【注释】

〔1〕体：依据。　法：效法。

〔2〕神明：指"道"的莫测变化。《经法》："道者，神明之原也。"

〔3〕"故不可"句：《文子·自然篇》作"故不得观其形"。

〔4〕出：《道藏》本同。刘绩《补注》本、《四库全书》本作"生"，古钞卷子本同。《吕览·大乐》高诱注："出，生也。"　浑浑沉沉：浑厚深沉的样子。王念孙《读书杂志》："沉"当作"沉"。沉与象、量、藏为韵，若作"沉沉"，则义既不合，而韵又不谐矣。

〔5〕朕：形象。"凡物"二句，《文子·自然篇》作"夫物有胜，唯道无胜"。朕、胜古通。

〔6〕代谢：指更替变化。

〔7〕纪：头绪。

〔8〕制刑：规定形体。刑，《文子·自然篇》作"形"。

〔9〕物物：即创造万物。　屈：《吕览·安死》高诱注："尽也。"

【译文】

用兵失去"道"就会变弱，得到"道"就会变强；将领失掉"道"而变得拙劣，得到"道"而变得精巧；国家得到"道"而存在，失去"道"而灭亡。所说的"道"，是根据天圆而效法地方，背着阴而抱着阳；左边柔弱而右边刚强，踩着幽暗而顶着光明，变化没有一定的常规。掌握了"道"的根本，可以应对无穷的形势变化,这就叫神明。圆形的,指的是天;方形的,指的是地。上天是圆形的而没有端倪,所以不能够看到它的形体;大地是方形的而没有边际,因此没有办法观察到它的门牖。上天化育万物而没有形象,大地生长万物而无法计量,浑厚深沉,谁知道它蕴藏着什么?凡是物体都有形象,只有"道"是无形的。之所以没有形象的原因,是因为它没有固定的形体架势。像轮子转动而没有穷尽,像日、月周而复始的运行;似春、秋那样更替变化,如日、月的运行形成昼、夜一样。结束了又开始,明亮了又阴暗,没有人能够得到它的头绪。规定形体而又没有形体,因此大功可以告成;创造了万物而又不成物,所以能够取胜而不会穷尽。

刑,兵之极也;至于无刑,可谓极之矣。

是故大兵无创,与鬼神通;⁽¹⁾五兵不厉,天下莫之敢当;⁽²⁾建鼓不出库,诸侯莫不慴悇沮胆其处。⁽³⁾故庙战者帝,神化者王。⁽⁴⁾所谓庙战者,法天道也;神化者,法四时也。⁽⁵⁾脩政于境内,而远方慕其德;制胜于未战,而诸侯服其威,内政治也。

【注释】

〔1〕大兵:大的战争。《礼记·月令》:"国有大兵。"以上二句与《六韬·武韬·发启》相同。

〔2〕五兵:五种兵器。《庄子·天道》成玄英疏:"五兵者,一弓,二殳,三矛,四戈,五戟也。"

〔3〕建鼓:古代召集军队或发号施令用的鼓。 慴悇:恐怖义。《说文》:"慴,惧也。"《集韵》"蒸"韵:"悇,怖也。" 沮:丧。

〔4〕庙战:指谋于庙堂而胜敌。也称庙算、庙胜。 神化:神妙的变化。

〔5〕法:古钞卷子本作"则"。

【译文】

刑杀是战争达到的顶点;由此而达到没有刑杀,可谓是战争达到的最高境界了。

因此大的战争却没有创伤，因为它与鬼神相通；各种兵器不加磨砺，天下却没有人敢于阻挡；不从府库里拿出建鼓，诸侯在其所居之处没有不恐惧而丧胆的。因此庙战胜利的，则可以称帝；具有神妙变化的，可以称王。所说的庙战，就是效法天道的规律；所说的神化，是取法四季的变化。在境内修明政治，而远方人民仰慕他的德行；在没有进行战争之前，能制服对方而取胜，而诸侯信服他的威力，这是因为内政得到了治理。

古得道者，静而法天地，动而顺日月；喜怒而合四时，叫呼而比雷霆；[1]音气不戾八风，诎伸不获五度。[2]下至介鳞，上及毛羽，条脩叶贯，万物百族。[3]由本至末，莫不有序。是故入小而不偪，处大而不窕；[4]浸乎金石，润乎草木；宇中六合，振豪之末，莫不顺比。[5]道之浸洽，滒淖纤微，无所不在，是以胜权多也。[6]

【注释】

〔1〕"叫呼"：《文子·自然篇》作"号令"。

〔2〕诎伸：即屈伸。《广雅·释诂》："诎，屈也。" 获：许慎注："误也。"按：获，《文子·自然篇》作"变"。 五度：许慎注："五行也。"

〔3〕脩：王念孙《读书杂志》："脩"当作"循"。循，谓循其序也。按：条脩，有条理次序义。

〔4〕偪：许慎注："偪，迫也。"按：《玉篇》："偪，与逼同。" 窕：有空隙义。

〔5〕宇中：许慎注："或曰，宇中，四宇也。" 顺比：顺从比应。

〔6〕浸洽：浸渍，沾润。 滒淖：泥泞柔和之貌。并见本书《原道训》、《脩务训》。 权：权变。

【译文】

古时候得道的人，静止时效法天地，行动时顺应日、月变化；喜怒而合乎四时之变，叫呼和雷霆相比并。音声不背戾八风，屈伸不乱五行。下到介虫、鳞虫，上到毛虫、羽虫，依照条理次序积聚贯通，系联万物百族。从根本到末梢，没有不是条理分明的。因此进入小的地方而不觉得逼迫，处于大的地方而不觉得有空隙；浸渍到金石之中，滋润到草木之内；大到四宇、六合，小到毫毛末端，没有不顺从比应的。大道的浸润，柔和而微小，没有什么地方不存在的，因此得道者胜利的权变就多了。

夫射，仪度不得，则格的不中；⁽¹⁾骥，一节不用，而千里不至。夫战而不胜者，非鼓之日也，素行无刑久矣。⁽²⁾故得道之兵，车不发轫，骑不被鞍，鼓不振尘，旗不解卷，甲不离矢，刃不尝血，朝不易位，贾不去肆，农不离野，招义而责之，大国必朝，小城必下，因民之欲，乘民之力，而为之去残除贼也。⁽³⁾

故同利相死，同情相成，同欲相助。⁽⁴⁾顺道而动，天下为向；因民而虑，天下为斗。猎者逐禽，车驰人趋，各尽其力。⁽⁵⁾无刑罚之威，而相为斥阓要遮者，同所利也。⁽⁶⁾同舟而济于江，卒而遇风波，百族之子，捷捽招杼船，若左右手，不以相得，其忧同也。⁽⁷⁾故明王之用兵也，为天下除害，而与万民共享其利。民之为用，犹子之为父，弟之为兄，威之所加，若崩山决塘，敌孰敢当？故善用兵者，用其自为用也；不能用兵者，用其为己用也。用其自为用，则天下莫不可用也；用其为己用，所得者鲜矣。

【注释】

〔1〕仪度：法则，标准。《说文》："仪，度也。" 格的：许慎注："格，射之椹质也。的，射准也。" 按：格，即箭靶。椹质，即靶。的，箭靶的

中心。
　　〔2〕鼓之日：许慎注："谓陈兵击鼓，斗之日。"
　　〔3〕轫：许慎注："车不［下］支。"按：《说文》："轫，碍车也。"即阻止车轮的木头。　招：《主术训》高诱注："举也。"即举示义。
　　〔4〕"故同利"三句：于大成《兵略校释》：《六韬·武韬·发启》："同病相救，同情相成，同恶相助，同好相趋。"《史记·吴王濞列传》文略同。《文子·自然篇》作"同行者相助"。
　　〔5〕趋：《说文》："走也。"即奔跑、疾行义。
　　〔6〕斥：许慎注："候也。"按：斥候，侦察、瞭望义。　闉：许慎注："塞也。"按：即堙塞义。　要遮：即拦截义。本书凡三见。
　　〔7〕百族之子：指各个乘船者。　捷：许慎注："疾取也。"按：《吕览·贵卒》高诱注："捷，疾也。"　捽：《说文》："持头发也。"有取义。招：疑通"棹"。《黄帝内经·五藏生成篇》王冰注："招，谓掉也，摇掉不定也。"棹，《说文》："櫂所以进船也。"招、棹上古音相近。　杼：马宗霍《淮南旧注参正》："杼"者，《说文》训"机之持纬者"。引申之义为"持"。当风波卒发时，落帆卧樯即所以持船之危，故曰杼船。　得：《道藏》本同，刘绩《补注》本、《四库全书》本作"德"。以上数句，与《孙子·九地篇》略同。

【译文】
　　射箭的规则不能掌握，那么就不能射中靶心；骏马一点节制都没有，就没有办法到达千里之地。战争没有打胜，不是在于陈兵击鼓之日，而是平素行事长久没有法规造成的。所以得道的军队，兵车不用发轫，骑兵不用披鞍，战鼓不震动尘土，军旗不解开卷束，盔甲不遭到箭矢，刀刃不尝到血味，朝廷不移动位置，商人不离开店铺，农夫不离开田野，只要举示大义而责让敌人，那么大的国家必定来朝拜，小的城池必定被攻下，这是按照人民的愿望，借助百姓的力量，而替他们消除残暴罢了。
　　因此利益相同的，可以互相去死；感情相同的，双方便能成全；欲望相同的，可以互相帮助。顺应大道而行动，天下人民会因此而响应；按照人民的意愿而考虑行事，天下之人会为之而战斗。就像打猎的人追逐飞禽，车子急驰，人群奔跑，各自尽到自己的力量。没有刑罚的威胁，而相互去等候、拦遮的原因，是由于利益相同而造成的。乘船的人从长江渡过，突然遇到风波，同船的乘客，急忙抓住棹，共同操持行船，就像左右手一样，不是因为互相有恩德，而是因为他们的忧虑是相同的。所以英明的君主的用兵，是为天下人解除患害，而和万民共同享受他们的利益。百姓被使用，就像儿子为父亲，弟弟为哥哥一般，威力所施加的地方，就像山崖崩摧，水塘决堤，敌人谁敢来阻挡？因此善于用兵的人，要使他们为自己而战；不善于用兵的人，要使他们为主帅而战。要使他们为自己而战，那么天下人没有不可以使用的；要使他们为主帅而战，所得到的效果是很少的。

兵有三诋。⑴治国家，理境内；行仁义，布德惠；立正法，塞邪隧；⑵群臣亲附，百姓和辑；⑶上下一心，君臣同力；诸侯服其威，而四方怀其德；脩政庙堂之上，而折冲千里之外；⑷拱揖指挥，而天下响应，此用兵之上也。⑸地广民众，主贤将忠，国富兵强，约束信，号令明，两军相当，鼓錞相望，未至兵交接刃，而敌人奔亡，此用兵之次也。⑹知土地之宜，习险隘之利，明奇政之变，察行陈解续之数，维抱绾而鼓之，白刃合，流矢接，涉血属肠，舆死扶伤，流血千里，暴骸盈场，乃以决胜，此用兵之下也。⑺今夫天下皆知事治其末，而莫知务脩其本，释其根而树其枝也。

【注释】
〔1〕诋：许慎注："要事也。"按：通"柢"。《说文》："柢，木根也。"即根本、要则。
〔2〕隧：指地道、墓道。引申指邪道。
〔3〕和辑：和睦融洽。
〔4〕庙堂：宗庙和明堂。这里指朝廷。　折冲：使敌人战车后撤。冲，古代战车的一种。以上化自《吕览·召类》。

〔5〕拱揖指挥：从容安舒，指挥若定。指挥，又作"指麾"、"指挥"。

〔6〕錞：许慎注："錞于，大钟也。"按：古代军用乐器。《集韵》"谆"韵："錞，錞于也。圜如碓头，大上小下，所以和鼓。""兵交"：《文子·上义篇》作"交兵"。

〔7〕奇政：指一般、特殊的变化。《孙子兵法·埶篇》："奇正是也。"解赎：《道藏》本、《四库全书》本同，刘绩《补注》本作"续"。即往来通达义。 抱：《道藏》本同，刘绩《补注》本作"炮"。《说文》："枹，击鼓杖也。"即鼓槌。 "维抱绾"句：许慎注："绾，贯。抱系于臂，以击鼓也。"王叔岷《淮南子斠证》：古钞卷子本作"绾枹而鼓之"。"属"：王叔岷《淮南子斠证续补》："属"字无义，古钞卷子本作"履"，是也。"履"谓践履也。《吕览·期贤》、《新序·杂事》五并有"履肠涉血"之文。

【译文】

用兵有三个要则。治理国家，整治境内；推行仁义，布施德惠；建立正确的法规，堵塞奸邪之道；使群臣亲近归附，百姓和洽；上下一心，君臣同心协力；诸侯信服他的威力，而四方之民感怀他的德泽；在庙堂修治政事，而御敌于千里之外；从容安舒，指挥若定，而天下响应，这是用兵的上策。土地宽广，人民众多，国君贤明，将帅忠诚，国家富饶，军队强大，守约诚信，号令要分明，两军力量相当，军鼓、大钟之声相闻，还没有等到双方士兵开始交手，而敌人奔走逃亡，这是用兵的中策。知道土地的适宜用途，熟悉险阻、关隘的便利，明了一般、特殊的变化，明察布阵、往来通行的情况，绾起枹而鼓之，白刃相交，流矢相接，蹚着鲜血，踩着肚肠，车子装着死的，人们扶着伤的，流血千里，尸骨遍野，才能够决胜，这是用兵的下策。现在天下的人都知道治理末节，而不知道修治根本，就像抛弃树根而树立起它的枝叶一样。

夫兵之所以佐胜者众，而所以必胜者寡。〔1〕甲坚兵利，车固马良，畜积给足，士卒殷轸，此军之大资也，而胜亡焉；〔2〕明于星辰日月之运，刑德奇赅之数，背乡左右之便，此战之助也，而全亡焉。〔3〕良将之所以必胜

者，恒有不原之智，不道之道，难以众同也。⁽⁴⁾

夫论除谨，动静时，吏卒辨，兵甲治，正行五，连（行）[什]伯，明鼓旗，此尉之官。⁽⁵⁾前后知险易，见敌知难易，发斥不亡遗，此候之官也。⁽⁶⁾隧路亟，行辎治，赋丈均，处军辑，井灶通，此司空之官也。⁽⁷⁾收藏于后，迁舍不离，无淫舆，无遗辎，此舆之官也。⁽⁸⁾凡此五官之于将也，犹身之有股肱手足也，必择其人，技能其才，使官胜其任，人能其事。⁽⁹⁾告之以政，申之以令，使之若虎豹之有爪牙，飞鸟之有六翮，莫不为用，然皆佐胜之具也，非所以必胜也。⁽¹⁰⁾

兵之胜败，本在于政。政胜其民，下附其上，则兵强矣；民胜其政，下畔其上，则兵弱矣。⁽¹¹⁾故德义足以怀天下之民，事业足以当天下之急，选举足以得贤士之心，谋虑足以知强弱之势，此必胜之本也。⁽¹²⁾

【注释】

〔1〕佐：即佐助义。

〔2〕殷：许慎注："众也。"按：众多。 轸：许慎注："乘轮多盛貌。"按：殷轸，联绵词，众多义。

〔3〕刑德：本书《天文训》中指肃杀之气和旺气。《汉书·艺文志》"数术略"有《刑德》七卷，《五音奇胲刑德》二十一卷。 奇胲：许慎注："阴阳奇秘之要，非常之术。"按：《汉书·艺文志》"数术略"有《五音奇胲用兵》二十三卷。

〔4〕不原之智：即无法测度的智慧。 以：古钞卷子本作"与"。

〔5〕"夫论除"句：许慎注："论除，为贤除吏。谨，慎也。"按："论"通"抡"。《说文》："抡，择也。"即除官。又《说文》："谨，慎也。"知为许说。 辨：《荀子·议兵》杨倞注："治也。""兵甲治"句：王念孙《读书杂志》引之曰："兵甲治"下，当有"此司马之官也"一句。 行五：二十五人为行，五人为伍。 "行"：《道藏》本、刘绩《补注》本作

"什"。当正。十人为什,百人为佰。"伯"通"佰"。 尉:许慎注:"军尉,所以尉镇众也。""此尉之官"句:王叔岷《淮南子斠证》:此下更有"营军辨,赋地极,错军处,此司马之官也"。并有注:"军司马,司主兵马者也。"

〔6〕发:派遣。 斥:斥候。侦察敌情的士兵。 候:许慎注:"军候,候望者也。"按:《说文》:"候,伺望也。"指负责侦察、送迎、守望的官员。

〔7〕隧:许慎注:"道也。"按:即地道。 亟:许慎注:"言治军隧道疾。"按:通"棘"。《尔雅·释诂上》:"棘,疾也。"即急速义。行辎:许慎注:"道路辎重。""赋丈均"句:许慎注:"赋,治。军垒尺丈均平。"按:《尔雅·释言》:"赋,量也。" 辑:和谐。 司空:负责修缮工程的官员。

〔8〕舆:许慎注:"众也。候领舆众,在军之后者。"

〔9〕能:王念孙《读书杂志》:"能"字衍。"抟其才"亦谓度其才也。

〔10〕六翮:《说文》:"翮,羽茎也。"指健羽。 具:必备条件。

〔11〕畔:通"叛"。叛离。

〔12〕选举:选择举荐贤才。

【译文】

对于用兵,用来帮助胜利的条件很多,但是能够用来取得必胜的条件很少。铠甲坚固,兵器锋利,兵车牢固,战马优良,蓄积丰富,给养充足,士卒众多,这些都是军队取得胜利的大的凭借,但是胜利却不存在;明察日月星辰的运行,掌握刑德、阴阳变化的规律,熟悉背反、左右的便利,这是对战胜的佐助,然而往往不起作用。高明的将领之所以能取得必胜的原因,常常有无法测度的智慧,不可以说出来的道理,很少和众人的想法相同。

谨慎地选择官吏,授给官职,行止符合时机变化,官兵得到整治,武器装备停当,(这是司马的官职所管辖的)。整肃队伍,配合什佰,明察旗鼓的变化,这是尉官的职责。知道前后危险平夷,看见敌人便知道强弱程度,派遣斥候不要忘记遗留的标志,这是负责侦察、守望官员的职责。急速修整道路,行装辎重的运输,修筑大小合适的堡垒,驻军安定,水井、锅灶能够相通,这是司空的官职所管理的。在后面收藏战利品,转移、住宿不会离散,没有过量的装载，没有遗失的辎重，这是舆官的职责。这五个官职对于作战的将领，就像自身的股臂、手足一样，所以一定要选择合适的人选，度量他们的才能，使官吏能够胜任他们的工作，各人能够尽力于他们的事业。把政事告诉他们，把命令向他们申明，使他们像虎豹具有爪牙，飞鸟长有健羽一样，没有不被自己所用的。然而这些都是帮助胜利的工具，不是用来取得必胜的条件。

战争的胜败，根本在于政治。政治能够胜过他的百姓，臣下能够归附他的国君，那么军队就会强大；百姓胜过他们的政治，臣下背叛他们的国君，那么兵力就会减弱。因此施行德泽、奉行大义完全能够感化天下的百姓，事业成就完全可以应对天下的危急之事，举荐贤才完全能够得到贤人的心愿，计谋思虑完全能够知道强弱的形势，这是取得胜利的根本。

地广人众，不足以为强；坚甲利兵，不足以为胜；高城深（地）［池］，不足以为固；严令繁刑，不足以为威。⁽¹⁾为存政者，虽小必存；⁽²⁾为亡政者，虽大必亡。

昔者楚人地，南卷沅、湘，北绕颍、泗，西包巴、蜀，东裹郯、淮。⁽³⁾颍、汝以为洫，江、汉以为池。⁽⁴⁾垣之以邓林，绵之以方城。⁽⁵⁾山高寻云，溪肆无景。⁽⁶⁾地利形便，卒民勇敢。蛟革犀兕，以为甲胄；脩铩短铍，齐为前行；⁽⁷⁾积弩陪后，错车卫旁；⁽⁸⁾疾如锥矢，合如雷电，解如风雨。⁽⁹⁾然而兵殆于垂沙，众破于柏举。⁽¹⁰⁾楚国之强，大地计众，中分天下，然怀王北畏孟尝君，背社稷之守，而委身强秦，兵挫地削，身死不还。⁽¹¹⁾

【注释】

〔1〕"坚甲"以下数句：载于《荀子·议兵》，并见于《韩诗外传》卷四、《史记·礼书》。"地"：《道藏》本、刘绩《补注》本作"池"。当正。

〔2〕存政：使人民生存的政治。《说文》："存，恤问也。"引申有生

存义。

〔3〕"楚人地"：《道藏》本、刘绩《补注》本同。古钞卷子本作"昔楚之地"，无"人"字。 卷：许慎注："屈取也。" 沅：《说文》："水。出牂牁故且兰，东北入江。"按：源于贵州云雾山，经湖南，入洞庭湖。湘：《说文》："水。出零陵阳海山，北入江。"按：源出广西兴安县海阳山西麓，经湖南，入洞庭湖。 颍：《说文》："水。出颍川阳城乾山，东入淮。"按：源于河南登封嵩山西南，经安徽正阳关入淮河。 泗：《说文》："受沛水，东入淮。"古泗水源于山东泗水县东蒙山南麓，经山东、江苏徐州入淮河。 巴、蜀：古诸侯国名，在今重庆和四川成都一带。郯：在今山东郯城。 淮：《道藏》本、刘绩《补注》本同。古钞卷子本作"邳"。邳，即江苏邳州市。

〔4〕汝：《说文》："水。出弘农卢氏还归山，东入淮。"源于河南鲁山县大盂山，经安徽入淮河。 洫：壕沟。 池：护城河。

〔5〕垣：城墙。 邓林：许慎注："洿水上险。"按：依许注，当在今陕西勉县境内。 绵：络绕义。 方城：许慎注："楚北塞也。在南阳叶。"按：春秋楚长城，在今河南方城县北至邓州市一带。以上载于《荀子·议兵》，亦见于《韩诗外传》卷四、《史记·礼书》。

〔6〕肆：极。

〔7〕铩：《玉篇》："长刃矛也。" 铍：许慎注："小矛也。"按：《说文》："矛也。"训同。 前行：前列。

〔8〕积弩：许慎注："连弩。"按：装有机栝，可以连发之弩。 错车：铜铁装饰的车。

〔9〕锥矢：许慎注："锥，金蔟箭羽之矢也。"按：《战国策·齐一》高诱注："锥矢，小矢。喻劲疾也。"指箭头小而速度极快之矢。古钞卷子本"锥"作"鍭"。

〔10〕殆：失败。《说文》："殆，危也。" 垂沙：今河南唐河西南。柏举：在今湖北麻城一带。此事发生在楚怀王二十八年（前301年）。以上载于《荀子·议兵》、《战国策·楚三》，并载于《韩诗外传》卷四、《史记·礼书》、《史记·楚世家》等。

〔11〕"大"：王念孙《读书杂志》："大"当为"支"，字之误也。《大戴礼·保傅篇》卢辩注："支，犹计也。"而陈昌齐《淮南子正误》："大地"，据文当为"丈地"之讹，"丈"与"大"形近也。 怀王：战国楚君，被秦扣留，死于秦。在位三十年。 孟尝君：战国齐国贵族，名田文。曾任齐相。为战国四君子之一。 "身死"句：楚怀王死于前297年。其事亦见于《史记·楚世家》等。

【译文】

　　土地广阔，人口众多，不能够认为强大；坚固的铠甲、锐利的兵器，不能够认为胜利；高耸的城墙，深深的护城河，不能认为坚固；严酷的法令，烦琐的刑罚，不能认为有威严。实行使人民生存的政治，即使弱小也一定能存在；实行严酷的政治，即使强大也一定会灭亡。

　　从前楚人的土地，南面席卷沅水、湘江，北面环绕颍水、泗水，西部包含巴、蜀，东部包括郯城、邳州。以颍水、汝水作为壕沟，把长江、汉水当作护城河，以邓林为墙垣，拿方城用来缠绕。高山升向云端，溪深不见影子。地形便利，士卒勇猛果敢。用蛟龙、犀牛、兕牛的皮做成甲胄；锻制长矛、短矛，整齐地在队前排列；连弩靠在后，错金战车护卫在旁；快速如短箭，聚合如雷电，分散如风雨。但是楚军在垂沙被秦军打败，在柏举被吴师攻破。楚国的强大，土地辽阔，人口众多，几乎平分天下，但是楚怀王在北面畏惧齐国孟尝君，背离自己的社稷，而屈身侍奉强秦，军队被挫败，土地被削去，自身也困死在秦国。

　　二世皇帝，势为天子，富有天下。[1]人迹所至，舟楫所通，莫不为郡县。[2]然纵耳目之欲，穷侈靡之变，不顾百姓之饥寒穷匮也。[3]兴万乘之驾，而作阿房之(官)[宫]，发闾左之戍，收太半之赋，百姓之随逮肆刑，挽辂首路死者，一旦不知千万之数。[4]天下敖然若焦热，倾然若苦烈，上下不相宁，吏民不相憀。[5]戍卒陈胜，兴于大泽，(壤)[攘]臂袒右，称为大楚，而天下响应。[6]当此之时，非有牢甲利兵，劲弩强冲也，伐棘枣而为矜，周锥凿而为刃，剡撕筊，奋儋钁，以当脩戟强弩，攻城略地，莫不降下。[7]天下为之麋沸蚁动，云彻席卷，方数千里。[8]势位至贱，而器械甚不利。然一人唱而天下应之者，积怨在于民也。[9]

【注释】

〔1〕二世皇帝：许慎注："二世，秦始皇少子胡亥也。"

〔2〕楫：船桨。

〔3〕侈靡：奢侈糜烂。　穷匮：穷尽。《汉书·高帝纪》颜师古注："匮，空也。"

〔4〕兴：兴起。　"官"：《道藏》本、刘绩《补注》本作"宫"。当正。阿房宫，在今陕西西安阿房村。　闾左：里门之左。秦时居于此者为贫民。　"发闾左"句：许慎注："秦皆发闾左民，未及发而秦亡也。"太半之赋：指三分之二的赋税。　随逮：许慎注："应召也。"按：有相从被捕义。　肆刑：许慎注："极刑。"按：马宗霍《淮南旧注参正》指被捕者众多。　挽：古钞卷子本作"枕"。辂：许慎注："辂，挽辇横木也。"按：即车辕上供人牵挽的横木。　首路：头朝路。《广雅·释诂四》："首，向也。"

〔5〕敖：《荀子·富国》杨倞注："敖，读为熬。"敖然，忧虑的样子。　倾然：悲伤的样子。《国语·吴语》韦昭注："倾，伤也。"憀：许慎注："赖。"按：憀，通"赖"。有依赖义。

〔6〕"陈胜"几句：许慎注："陈胜，字涉。汝阴人也。大泽，沛蕲县。袒右，脱右臂衣也。"按：汝阴，即今安徽阜阳。古钞卷子本"汝阴"作"汝南"。大泽乡，在今安徽宿州市埇桥区大泽乡镇。　"壤"：《道藏》本、刘绩《补注》本作"攘"。攘，有卷起义。　袒右：脱去右边衣袖。　大楚：亦称"张楚"。陈胜建立的政权。《史记·陈涉世家》："陈涉乃立为王，号为张楚。"

〔7〕棘枣：许慎注："酸枣也。"王叔岷《淮南子斠证》：古钞卷子本正作"樲枣"。王念孙《读书杂志》："棘枣"本作"樲枣"。《史记·司马相如传》索隐：《淮南子》云："伐樲枣以为矜。"《说文》："樲，酸小枣也。"　矜：许慎注："矛柄。"按：《说文》段玉裁注同。今作"矜"。"周锥凿"句：许慎注："周，内也。然矜以内钻凿也。"按：锥凿，即矛头。　剡：《说文》："锐利也。"　撕：《集韵》"咸"韵："芟也。"引申有削义。　𥯤：李哲明《淮南义训疏补》："𥯤"借为"棳"。《玉篇》："棳，刺木也。"《文选·长杨赋》注："撕，举手拟也。"依文义当作"撕剡𥯤"，举锐利之刺木也。于义至明。按：朱骏声《说文通训定声》："撕𥯤，犹揭竿也。"　儋：古"担"字。　鑱：《说文》："大钼也。"即大锄之类。强弩：劲矢。

〔8〕糜沸：混乱的样子。

〔9〕唱：《说文》："导也。"即倡导义。

【译文】

秦二世皇帝,据有天子的权势,占有天下的财富。凡是人迹到达的地方,舟船通航之处,没有不建立郡县的。然而放纵耳目的奢欲,穷尽奢侈糜烂的生活,完全不顾老百姓的饥饿寒冷和财物的穷尽。发起万乘车辆,而修建阿房之宫,征发闾左的贫民,收取天下大半的赋税,百姓随从被捕、遭到极刑,挽着车辕头朝大路挣扎死去的,一个早晨就有成千上万。天下人民像焦烤灼热一样饱受煎熬,悲痛就像服用苦药一样猛烈,上下不得安宁,官吏百姓失去相互依靠。前往戍守渔阳的士卒陈胜,从大泽乡兴起,挽起胳膊,露出右臂,号称"大楚",而天下像回声一样响应。在这个时候,没有坚固的铠甲、尖利的兵器,坚硬的弓弩和强大的冲车,砍伐酸枣作为矛柄,纳入矛头作为锋刃,举起锐利的木棍,拿起扁担、锄头,用来作为长戟强弩,攻打城池,占领土地,没有不被攻下的,敌人没有不投降的。天下因此像蚂蚁出洞一样混乱,风起云涌,席卷天下,方圆达数千里。义兵势力地位都是最低贱的,而兵器也最为简陋。然而一人倡导而天下响应,是因为在人民中积聚了怨恨。

武王伐纣,东面而迎岁,至汜而水,至共头而坠,彗星出而授殷人其柄。[1]当战之时,十日乱于上,风雨击于中,然而前无蹈难之赏,而后无遁北之刑,白刃不毕拔,而天下传矣。[2]是故善守者无与御,而善战者无与斗,明于禁舍开塞之道,乘时势、因民欲,而取天下。

【注释】

〔1〕岁:许慎注:"太岁在寅。"按:即岁星。古人认为岁星在寅是吉兆。 "汜":《道藏》本、刘绩《补注》本同。当作"氾",讹作"汜"。古地名。在今河南中牟县南。 共头:山名。在今河南济源市境内。 坠:即崩落。 "彗星出"句:许慎注:"时有彗星,柄在东方,可以扫西人也。"按:天文学家张钰哲认为,根据哈雷彗星回归理论,"武王伐纣"时"彗星出",应在前1057年。夏商周断代工程定在前1046年1月20日。

〔2〕"十日":已见《本经训》。疑指气象学上的"假日"现象。 遁

北：败逃。"传"：《道藏》本同。刘绩《补注》本作"得"。古钞卷子本作"傅"。"得"字是。以上见于《荀子·儒效》。

【译文】

周武王讨伐商纣王的时候，正对着东方出现的岁星；到达汜地的时候，发生大水；来到了共头山，大山崩坠；这时彗星又出现在东方，而把彗柄交给殷人。当战斗开始之时，十个太阳在天空出现，狂风暴雨夹杂而至，但是周武王的军队，对首先冲向危险的没有赏赐，而对后面败逃的没去处罚，利刃没有全部拔出来，而天下就获得了。因此善于防守的，没有人和他相抵御；而善于战斗的，没有人和他相交战，明了进退、开塞的道理，乘着有利的时势，按照百姓的欲望，而去夺取天下。

故善为政者积其德，善用兵者畜其怒。德积而民可用，怒畜而威可立也。故文之所以加者浅，则势之所胜者小；[1]德之所施者博，则威之所制者广；威之所制者广，则我强而敌弱矣。故善用兵者，先弱敌而后战者也，故费不半而功自倍也。汤之地方七十里而王者，脩德也；智伯有千里之地而亡者，穷武也。故千乘之国，行文德者王；万乘之国，好用兵者亡。故全兵先胜而后战，败兵先战而后求胜。[2]德均，则众者［胜］寡；[3]力敌，则智者胜愚；[4]者侔，则有数者禽无数。[5]

凡用兵者，必先自庙战。主孰贤，将孰能，民孰附，国孰治，蓄积孰多，士卒孰精，甲兵孰利，器备孰便，故运筹于庙堂之上，而决胜乎千里之外矣。[6]

【注释】

〔1〕文：指礼乐制度及文德教化。《论语·子罕》朱熹注："道之显谓

之文,盖礼乐制度之谓。""故文之"二句:《文子·下德篇》作:"故文之所加者深,则权之所服者大。""胜"作"服"。《汉书·刑法志》、古钞卷子本亦同。

〔2〕"故全兵"二句:许慎注:"德先胜之,而后乃战,汤、武是也。"

〔3〕"众者":《道藏》本同。刘绩《补注》本"者"下有"胜"字。古钞卷子本同。《四库全书》本作"则众者胜",无"寡"字。

〔4〕"胜愚":古钞卷子本作"制遇"。

〔5〕"者侔":《道藏》本同,刘绩《补注》本、《四库全书》本作"势侔"。古钞卷子本作"智侔"。 侔:许慎注:"等。"按:《说文》:"侔,齐等也。"训正同。《文子·上德篇》作"智同"。

〔6〕"主孰贤"以下八句:化自《孙子·计篇》。 运筹:策划。

【译文】

　　因此善于执政的必先积累他的恩德,善于用兵的必先积聚他的怒气。积累恩德那么百姓能够被他使用,怒气积聚那么威风能够树立。因此礼乐制度和文德教化所施加的地方是肤浅的,那么势力所胜过的地方就会很小;恩德所施加的地方是广博的,那么威力所制服的地方就会很大;威力所制服的地方是广大的,那么就会我方强胜而敌方变弱了。因此善于用兵的人,首先削弱敌人而后才去交战,所以花费不过一半的力量而起到加倍的效果。商汤土地方圆七十里而称王,是修治德政的结果;智伯有千里之地却最终灭亡,是穷兵黩武的结局。因此千乘之国的君主,推行文德的可以称王;万乘之国的天子,爱好用兵的就会灭亡。因此称为"全兵"的战争,先有道德的胜利,而后才去战争;而称为"败兵"的战争,则是由于先战争,而后求得胜利。在双方恩德平均的情况下,那么人多的胜过人少的;在彼此力量相匹敌的情况下,那么聪明的战胜愚笨的;在双方智术相当的情况下,那么有作战方法的擒住没有方法的。

　　大凡用兵,必定首先在天子庙堂制订作战计划。诸侯国君哪些贤明,将军哪个有才能,百姓哪些人归附,国家哪个治理得好,积蓄哪个国家多,士兵哪个精悍,武器哪些锋利,器械哪些轻便,因此虽然谋划在天子的宫室之内,而却能够决胜于千里之外。

夫有形埒者，天下讼见之；⁽¹⁾有篇籍者，世人传学之，世此皆以形相胜者也，善形者弗法也。⁽²⁾所贵道者，贵其无形也。无形则不可制迫，不可度量也，不可巧计也，不可规虑也。⁽³⁾智见者，人为之谋；形见者，人为之功；⁽⁴⁾众见者，人为之伏；器见者，人为之备。动作周还，倨句诎伸，可巧诈者，皆非善者也。⁽⁵⁾善者之动也，神出而鬼行，星耀而玄遂；⁽⁶⁾进退诎伸，不见朕垠；⁽⁷⁾鸾举麟振，凤飞龙腾，发如秋风，疾如骇龙；⁽⁸⁾当以生系死，以盛乘衰，以疾掩迟，以饱制饥；⁽⁹⁾若以水灭火，若以汤沃雪，何往而不遂？何之而不（用）达？⁽¹⁰⁾在中虚神，在外漠志，运于无形，出于不意，与飘飘往，与忽忽来，莫知其所之。⁽¹¹⁾与条出，与间入，莫知其所集。⁽¹²⁾卒如雷霆，疾如风雨，若从地出，若从天下，独出独入，莫能应圉。⁽¹³⁾疾如鏃矢，何可胜偶？⁽¹⁴⁾一晦一明，孰知其端绪？未见其发，固已至矣。

【注释】

〔1〕讼：公。

〔2〕世：《道藏》本、刘绩《补注》本无此字。 "善形者"：古钞卷子本无"形"字。

〔3〕"度量"：古钞卷子本作"量度"。 计：《道藏》本、刘绩《补注》本作"诈"。 规虑：指按常规来思考。

〔4〕功：《道藏》本、刘绩《补注》本同。何宁《淮南子集释》："功"，古残卷作"巧"。下言"可巧诈者"是也。

〔5〕周还：同"周旋"。 倨句：直曲。矩之直为倨，折而衡者为句。本书《缪称训》有"诎伸倨佝"。

〔6〕"神出而鬼行"句：喻用兵神奇迅速，不可捉摸。 "遂"：《道藏》本、刘绩《补注》本、《四库全书》本作"逐"。王念孙《读书杂

志》:"逐"当为"运"。玄运,天运也。《览冥篇》:"星耀而玄运。"

〔7〕"螯":刘绩《补注》本作"螯",并注云:"古圻字"。黄锡禧本作"螯"。《字汇补》引作"螯"。"螯"字误。馀皆为异体。义同"垠"。朕螯,形体。

〔8〕秋风:王念孙《读书杂志》:此本作"猋风"。今本"猋风"作"秋风",字之误也。 骇龙:许慎注:"龙鱼也,飞之疾者也。"

〔9〕系:《道藏》本、《四库全书》本同。刘绩《补注》本作"击"。系,通"击"。

〔10〕"用":《道藏》本、《四库全书》本同。刘绩《补注》本:疑衍"用"字。古钞卷子本亦无"用"字。

〔11〕虚:使空虚。 漠:使淡漠。 飘飘、忽忽:轻疾的样子。王叔岷《淮南子斠证》:古钞卷子本"飘"、"忽"二字并不迭,是也。"与飘往、与忽来",与下文"与条出,与间入"文正相对。

〔12〕"与条出"三句:于大成《兵略校释》:《六韬·龙韬·王翼》:"闇忽往来,出入若神。"又《军势》:"倏而往,忽而来。"顾广圻《校淮南子》:"条"疑当作"倏","间"疑当作"闇"。按:倏闇,有幽暗义。以上可参考《荀子·议兵》。

〔13〕"应圉":应,受。圉,边界。古钞卷子本作"壅圉"。

〔14〕镞:箭头。《尔雅·释器》邢昺疏:"镞,箭头也。"古钞卷子本作"鏃"。 偶:指影像。《类篇》:"偶,像人。"古钞卷子本作"耦"。

【译文】

凡是具有形体的,天下人都能看得到;记载在书籍中的,世人都能学习到,这些都是凭着形体而取胜的。所以最好的形体是没有形体,是无法效法的。所值得珍视的是"道",以它的无形为贵。无形的东西是不能够制服逼迫的,是不能度量的,是不能以机巧诈伪对待它的,是不能够按照常规来思考的。智慧显现出来的,人们会谋划对付;形象显现出来的,人们会采取行动对待;人多势众而显现出来的,人们就会因此而潜伏;器械被人看到的,人们便为此早做防备。举动周旋,直曲不定,能够成为机巧诈伪的,都不是好的战争行动。好的战争行动,像神灵一样出现,而像鬼魂一样行动;像星星一样闪耀,而像天体一样运行;前进后退,隐蔽出击,不见形迹;像鸾鸟举翼,像麒麟奋起;像凤凰翱翔,像蛟龙升腾;发动如疾风,迅速像闪电;应当用活着来打击死亡,用强盛追逐衰败;用快速袭击迟缓,用饱食来制服饥饿;像用大水扑灭烈火,如用热水浇灌大雪,这样军队通往何方不能成功?到哪里不能通达呢?(用兵之道),在内心使精神空虚,在外部使心志淡漠,在无形的领域运行,在意想不到中出击,和迅疾一起往来,和轻疾一起出入,没有人知道它所往何处。与飚风一起出现,和幽暗一起进入,没有人知道它停留在何处。突然暴发如雷霆,迅疾如风雨,像从地下突出,如同天上降临,在天地间独往独来,没有边界的限制。快如镞矢,怎么能胜过影子的形象?明暗不定,怎么能知道它的头绪?没有见到军队的出发,就已经达到要求了。

故善用兵者,见敌之虚,乘而勿假也,追而勿舍也,迫而勿去也;〔1〕击其犹犹,陵其与与;〔2〕疾雷不及塞耳,疾霆不暇掩目。〔3〕善用兵,若声之与响,若镗之与鞈,眯不给抚,呼不给吸。〔4〕当此之时,仰不见天,俯不见地,手不麾戈,兵不尽拔,击之若雷,薄之若风,炎之若火,陵之若波。〔5〕敌之静不知其所守,动不知其所为。故鼓鸣旗麾,当者莫不废滞崩阤,天下孰敢厉威抗节而当其前者?〔6〕故凌人者胜,待人者败,为人杓者死。〔7〕

【注释】

〔1〕假:宽纵之义。

〔2〕犹犹:迟疑。 与与:犹豫。与"犹与"义同。

〔3〕"疾雷"句:许慎注:"用[闻]疾雷之声,不暇复塞耳。""疾霆":王叔岷《淮南子斠证》:"疾霆"不得言"掩目","霆"当为"电"。

〔4〕"善用兵":《道藏》本、刘绩《补注》本同。古钞卷子本"兵"下有"者"字。 镗:《说文》:"钟鼓之声。" 鞈:许慎注:"鼓鞞声。"按:通"馨"。《说文》:"馨,鼓声也。"

〔5〕薄:借为"迫"。逼近。

〔6〕阤:通"弛"。《说文》:"弛,弓解也。"有溃陷义。 厉威:振奋

威风。

〔7〕杓:许慎注:"所击也。"杨树达《淮南子证闻》:"杓"当读为"的"。《诗·宾之初筵》毛传:"的,质也。""的"为射质,故注云:"所击"。按:古钞卷子本作"的"。

【译文】

　　因此善于用兵的人,看见敌人的空虚,乘着时机而不要宽容他们,追击而不要放弃,迫近而不要离开;在敌人迟疑之时打击他们,乘着他们犹豫之时进攻;像迅雷到达来不及塞上耳朵,像闪电划过来不及闭上眼睛。善于用兵的人,就如声响和回声,像擂鼓与响声;像灰尘迷眼来不及抚摸,呼气来不及吸气一样神速。在这个时候,向上看不到天,俯身看不到地,手中不挥动戈,军队没有全部开拔,而打击敌人如迅雷,迫近敌人像疾风,像烈火一样烧向敌人,像波涛一样凌驾敌人之上。敌人停顿,不知道怎样把守;敌人活动,不知道怎么抵抗。因此军鼓齐鸣,军旗所向,阻挡的人没有不停止而崩溃的,天下的人谁敢扬威抗衡而在前面阻挡他们呢?因此驾驭敌人的人能够取胜,等待敌人进攻的人要失败,给敌人当靶子的人要死亡。

　　兵静则固,专一则威,分决则勇,心疑则北,力分则弱。〔1〕故能分人之兵,疑人之心,则锱铢有馀;不能分人之兵,疑人之心,则数倍不足。故纣之卒,百万之心;武王之卒,三千人皆专而一。〔2〕故千人同心,则得千人力;万人异心,则无一人之用。将卒吏民,动静如身,乃可以应敌合战。故计定而发,分决而动,将无疑谋,卒无二心,动无堕容,(已)[口]无虚言,事无尝试,应敌必(敌)[敏],发动必亟。〔3〕故将以民为体,而民以将为心,心诚则支体亲刃,心疑则支体挠北。〔4〕心不专一,则体不节动;将不诚必,则卒不勇敢。〔5〕故良将之卒，若虎之牙，若兕之角，若鸟之羽，若蚈之足。〔6〕可以行，可以举；〔7〕可以噬，可以触；强而不相败，众而不相害，一心以使之也。故民诚从其令，虽少无畏；〔8〕民不从令，虽众为寡。〔9〕故下不亲上，其心不用；卒不畏将，其刑不战。〔10〕守有必固，而攻有必胜；不待交兵接刃，而存亡之机固已形矣。〔11〕

【注释】

〔1〕北：失败。《史记·乐书》："北者，败也。"

〔2〕"故纣"四句：古钞卷子本作"故纣之卒百万，而有百万之心。武王卒三千，皆专而为一"。数句本自《尚书·泰誓》、《管子·法禁》。

〔3〕堕：《道藏》本、刘绩《补注》本同。古钞卷子本作"惰"。堕通"惰"。 已：《道藏》本、刘绩《补注》本作"口"。当正。 敌：《道藏》本、刘绩《补注》本作"敏"。当正。

〔4〕"亲刃"：《道藏》本、《四库全书》本同。刘绩《补注》本作"亲力"。 挠北：屈服，投降。

〔5〕诚必：诚信。古钞卷子本亦作"诚必"。《管子·侈靡》集校引何如璋云："必者，诚信无贰之谓。"

〔6〕蚈：许慎注："马蠸也。"按：已见本书《时则训》。

〔7〕举：谋划。《吕览·异宝》高诱注："犹谋也。"

〔8〕其：古钞卷子本无"其"字。《太平御览》二七一引同。

〔9〕寡：古钞卷子本作"累"。

〔10〕刑：古残卷作"形"。刑，通"形"。

〔11〕机：指关键。

【译文】

军队静止就会稳固，专一就会有威力，职分确定就会勇猛，心中疑惑就要失败，力量分散就会变弱。所以能够分散对方的兵力，疑惑对方的军心，那么就是很少的力量都是有馀的；不能够分散敌人的兵力，疑惑对方的军心，就是数倍于敌的力量也是不够的。因此商纣王的军队百万人，却有百万条心；周武王的军队，只有三千人,但都能意志专一。所以千人同心,那么就能发挥千人的力量;万人异心,那么就连一人的力量也无法使用。将帅、士兵、官吏、百姓,行止就如同人身一样,才可以应对敌人、会同作战。因此计谋确定而发兵,职分明确而行动,将军没有疑惑的计策,士卒没有二心,行动没有懒散的神色,口中没有假话,事情没有试着干的打算,应对敌人必定敏捷,发起进攻必定急速。所以将帅以人民为主体,而人民以将帅为中心,心中坚实那么肢体可以亲自受刃,心中疑惑那么可以屈膝投降。意志不能专一,那么身体不能节制行动;将帅不能诚信作战,那么士卒就不会勇敢。因此良将的士卒,像老虎的爪牙,如兕牛的利角,似鸟的羽毛,像马蚈的众足。可以行动,可以占领,可以啮咬,可以顶撞,强壮而不会相互损伤,众多而不会互相妨害,这是因为由同一个心意加以支配而造成的。因此百姓果真听从号令,即使人少也没有畏惧;百姓不听从号令,即使众多也同极少一样。所以臣下不亲近君主,他们的心意就不能被使用;士卒不畏惧将帅,他们的身体就不会用来作战。守卫必定有坚固的阵地,而攻取一定要取得胜利;不需要等待双方交兵开火,而存亡的关键就已经形成了。

兵有三势,有二权。[1]有气势,有地势,有因势。将充勇而轻敌,卒果敢而乐战,三军之众,百万之师,志厉青云,气如飘风,声如雷霆,诚积踰而威加敌人,此谓气势;[2]硤路津关,大山名塞,龙蛇蟠,却笠居,羊肠道,发笱门,一人守隘,而千人弗敢过也,此谓地势;[3]因其劳倦、怠乱、饥渴、冻喝,推其㯥㯥,挤其揭揭,此谓因势。[4]善用间谍,审错规虑,设蔚施伏,隐匿其形,出于不意,敌人之兵,无所适备,此谓知权;[5]陈卒正,前行选,进退俱,什伍抟,前后不相捝,左右不相干,受刃者少,伤敌者众,此谓事权。[6]权势必形,吏卒专精,选良用才,官得其人,计定谋决,明于死生，举错得失，莫不振惊。[7] 故攻不待冲隆云梯而城拔，战不至交兵接刃而敌破，明于必胜之攻也。[8]

【注释】
〔1〕三势：气势，指军队的斗志。地势，指选取有利的地形。因势，指善于抓住战机。 二权：知权，指懂得灵活掌握战机。事权，指行事的权宜或权能。
〔2〕踰：古钞卷子本"踰"上有"精"字。《玄应音义》卷十三注："踰，胜也。"
〔3〕硖：通"狭"。 津：渡口。 蟠：许慎注："冤屈也。"按：《说文》："冤，曲也。""冕"字误。又《集韵》"桓"韵："蟠，曲也。"即弯曲义。 "却笠居"句：许慎注："却，偃覆也。笠，登。"按：《后汉书·文苑列传》李贤等注引《淮南子》作"簦笠居"。簦笠，指山形高低起伏如竹笠。 "羊肠道"句：许慎注："羊肠，一屈一伸。""发笱门"句：许慎注："发笱，竹笱，所以捕鱼。其门可入而不可出。"按：笱，竹制捕鱼器。可进不可出。《后汉书·文苑列传》李贤等注引《淮南子》作"鱼笱门"。古钞卷子本作"蕟笱"。
〔4〕暍：《说文》："伤暑也。"即中暑。 捨捨：许慎注："欲卧也。"按：古钞卷子本作"摇摇"。《太平御览·兵部》二引此亦同。 挤：许慎注："排也。"按：《说文》同。即排挤使坠下之意。 揭揭：许慎注："欲拔也。"按：即动摇不定的样子。
〔5〕间谍：许慎注："人，军之反间也。"按：古钞卷子本"人"作"谍"。 蔚：许慎注："草木盛曰蔚。"按：即草木茂盛。
〔6〕选：有整齐之义。《经义述闻》："选与齐同义。" 抟：聚集义。 撚：许慎注："揉蹈也。"按：即践踏义。
〔7〕失：古钞卷子本作"时"。
〔8〕云梯：许慎注："可依云而立，所以瞰敌之城中。" 攻：古钞卷子本作"数"。

【译文】
用兵有三势，有二权。三势指的是气势、地势、因势。将帅充满勇气而轻蔑敌人，士卒果决勇敢而乐于战斗，三军的士卒，百万的军队，斗志激昂气冲青云，怒气若狂风，吼声如雷霆，精诚积聚斗志旺盛，可以征服和威慑敌人，这就叫气势；狭窄山路，大河险关，名山大塞，像龙蛇一样盘曲，像竹笠一样起伏，像羊肠一样屈伸，像鱼笱一样险峻，一个人把守要隘，而千人不能通过，这就是所说的地势；根据对方士卒的疲劳困倦、松懈混乱、饥饿干渴、寒冷暑热的情况，推动敌军中动摇不定的情绪，乘着他们的人心动荡的时机，这就是所说的因势。善于使用间谍刺探情报，审慎地安排作战计划，设置埋伏，隐藏起他们的形迹，出于敌人的意料之外，敌人的军队，没有办法适应准备，这就是懂得灵活掌握战机的"知权"；队列整齐，前进一致，进退划一，士兵紧密配合，团结一致，前后不要相互践踏，左右不能互相干涉，这样受伤的人少，而杀伤敌人众多，这就是掌握行事权变的"事权"。权变形势一经形成，官吏士卒要专一精粹；选拔有才能的人，任官要适当；计谋一旦确定，明确了生死之别；举止措施得于时势，这样敌人没有不震动心惊的。因此攻打敌人不需要凭借冲隆、云梯而可以攻破城池，战斗不达到兵刃相接而敌人被击溃，明确了取得胜利的方法，才能这样。

故兵不必胜，不苟接刃；⁽¹⁾攻不必取，不为苟发。故胜定而后战，钤县而后动。⁽²⁾故众聚而不虚散，兵出而不徒归。唯无一动，动则凌天振地，扤泰山，荡四海，鬼神移徙，鸟兽惊骇。⁽³⁾如此，则野无校兵，国无守城矣。⁽⁴⁾

【注释】
〔1〕苟：苟且，随便。
〔2〕钤：通"权"。权县，即权其轻重。钤，古钞卷子本作"权"。《汉书·刑法志》颜师古注引服虔曰："县，称也。"
〔3〕扤：摇动义。《说文》："扤，动也。"
〔4〕校兵：许慎注："敌家之兵，不来相交复也。"按：当指进行操练比武之兵。古钞卷子本注文"交"作"校"。

【译文】
因此用兵不一定能取胜，不要苟且交兵；攻打不一定能夺取，不为此苟且发兵。所以能确定胜利之后才去战斗,权衡轻重后才去行动。因此人马聚集而不要平白解散,军队出发而不要空手而归。不动则已,行动就要凌驾上天,震动大地,摇动泰山,振荡四海,鬼神为之迁徙,鸟兽惊恐逃走。像这样,那么野外没有操练的士兵,国都无需守城了。

静以合躁,治以持乱,无形而制有形,无为而应变,虽未能得胜于敌,敌不可得,胜之道也。[1] 敌先我动,则是见其形也;彼躁我静,则是罢其力也。[2] 形见则胜可制也,力罢则威可立也。视其所为,因与之化;观其邪正,以制其命。饵之以所欲,以罢其足;彼若有间,急填其隙。极其变而束之,尽其节而朴之。[3] 敌若反静,为之出奇;彼不吾应,独尽其调;[4] 若动而应,有见所为;彼持后节,与之推移。[5] 彼有所积,必有所亏,精若转左,陷其右陂。[6] 敌溃而走,后必可移;敌迫而不动,名之曰奄迟。[7] 击之如雷霆,斩之若草木,耀之若火电,欲疾以遫,人不及步铫,车不及转毂,兵如植木,弩如羊角,人虽众多,势莫敢格。[8] 诸有象者,莫不可胜也;诸有形者,莫不可应也。是以圣人藏形于无,而遊心于虚,风雨可障蔽,而寒暑不可开闭,以其无形故也。[9] 夫能滑淖精微,贯金石,穷至远,放乎九天之上,蟠乎黄卢之下,唯无形者也。[10]

【注释】

〔1〕"持":王念孙《读书杂志》:"持"当为"待",字之误也。待,犹御也,言以治御乱也。《孙子·军争》"以治待乱",即《淮南子》所本。《文选·〈五等论〉》李善注引此文"治以待乱",尤其明证矣。"敌不可

得，胜之道也"句：何宁《淮南子集释》、张双棣《淮南子校释》等皆未断开，则义不可通；刘典爵《兵略韵读》云："敌"前疑脱"使"字。亦未断开。细绎文义，当以断开为胜。

〔2〕罢：通"疲"。即疲敝义。

〔3〕朴：《道藏》本同。刘绩《补注》本、《四库全书》本作"仆"。仆，使倒下。

〔4〕"独尽"句：许慎注："言我尽之调以待敌也。"调：刘典爵《兵略韵读》：为避孙权之孙"和"讳，改"和"为"调"。全书共五处。

〔5〕"彼持"句：许慎注："彼谓敌。'持后节'，敌在后，使先己。"

〔6〕"右陂"：许慎注："西也。"何宁《淮南子集释》：唐本《玉篇》引许叔重曰："陂，面也。"许训"陂"为"面"，"面"犹"旁"也。此"西"字盖形近而讹。

〔7〕奄迟：淹留迟缓。

〔8〕遫：同"速"。 锔：王引之、于鬯、马宗霍、于省吾、陈直等皆有说。章太炎《淮南子札记》：按"锔"借为"蜎"。《尔雅·释鱼》云："蜎，蠉。"《说文》："蠉，虫行也。"由虫行引申为凡行之谊。 格：阻止、阻挡。《小尔雅·广诂》："格，止也。"

〔9〕开：王念孙《读书杂志》："开"当为"关"。寒暑无所不入，故不可关闭。作"开"则义不可通矣。

〔10〕滑淖：柔和。亦见本书《脩务训》。 放：许慎注："寄。"按：通"旁"。《汉书·食货志》颜师古注："旁，依也。"有依存、寄托义。 蟠：《玉篇》："纡回而转曲也。"即曲伏义。 卢：通"垆"。《说文》："垆，刚土也。"黄卢，指黄泉。

【译文】

用安静来对付急躁，用治理来对付混乱，用无形来控制有形，用无为而来应对变化，即使不能对敌人取得胜利，敌人也不能得到什么，这是能取胜的主要办法。敌人在我面前活动，那么这样就能见到他们形迹了；他们躁动而我方安静，那么这样就使他们的力量疲敝了。敌人形迹出现，那么胜利便有把握了；敌人力量疲敝，那么威风便可以树立了。观察敌人的行动，就趁势和他们一起变化；观察他们的邪道与正路，而用来控制敌人的命运。用敌人所想干的事情来引诱他们，用来疲乏他们的足力；敌人如果有了间隙，便及时打进他们的空隙。尽量根据敌人的变化而来控制他们，用尽各种办法对他们进行节制，而使敌人失败。敌人如果返回宁静，我方则对他们出奇制胜；敌人如果不加理睬，我方尽量用各种方法调动他；敌人如果活动而响应，就要使他们的所为显现出来；敌人如果从后面节制，要设法把他们转移到前面来。敌人有所聚积，必定有所亏缺；敌人的精锐转往左边，就在右边设下陷阱。敌人如果崩溃逃走，从后追击而能随时转移；敌人迫近而不活动，战术上叫淹留。要用雷霆之力来打击，像割草木一样来斩杀，要像火、电的光芒那样，极为神速地迫近敌人。使敌人来不及逃避，车子来不及转轮，而被消灭。士兵就像挺立的树木，弓弩发射就像旋风，敌人即使众多，对待这样的情势，也没有敢阻击的。众多有形象出现的事物，没有什么不可以战胜的；很多现出形体的东西，没有不能够对付的。因此圣人把形体隐藏在无形之中，而心灵游弋在空虚之处，风雨不能够堵塞隐蔽它，而寒暑也不能够阻挡它，因为它是无形的原因。能够柔和细微，贯通金石，穷尽最远的地方，上达九天之上，下伏九泉之下，只有无形才能达到这个要求。

善用兵者，当击其乱，不攻其治；不袭堂堂之寇，下击填填之旗；[1]容未可见，以数相持；彼有死形，因而制之。敌人执数，动则就阴，以虚应实，必为之禽。[2]虎豹之动，不入陷阱；[3]麋鹿不动，不离置罘；飞鸟不动，不絓网罗；[4]鱼鳖不动，不摆唇（啄）[喙]。[5]物未有不以动而制者也。是故圣人贵静。静则能应躁，后则能应先，数则能胜疏，博则能禽缺。[6]

【注释】
　　[1]堂堂：阵容盛大的样子。　"下"：《道藏》本同。刘绩《补注》本、《四库全书》本作"不"。　填填：许慎注："旗立牢端。"按：军威整肃的样子。以上几句化自《孙子·军争》。
　　[2]执数：指掌握作战规律。
　　[3]"之"：《道藏》本同。刘绩《补注》本、《四库全书》本作"不"。

〔4〕絓：即悬挂义。《玉篇》："絓，悬也。"

〔5〕擩：《说文》："贯也。"即贯穿义。 "啄"：《道藏》本、刘绩《补注》本作"喙"。当正。

〔6〕数：《说文》："计也。"即谋划周密之义。 "博"：俞樾《诸子平议》："博"当作"抟"，字之误也。《说文》："抟，圜也。"故与"缺"相对为文。

【译文】

善于用兵的人，应当在混乱之时打击敌人，不能在治平之时攻击敌人；不要偷袭阵容严整的敌人，不要攻打旗帜整齐的军队；看不见敌人阵容时，必须用数目相当的队伍来准备对抗；敌人有死亡的征兆出现时，便趁机来制服敌人。敌人如果掌握了作战规律，我方一旦活动，敌人隐蔽在暗处，用空虚对付我方实力，那么必定被敌人擒住。虎豹不出来活动，不会落入陷阱之中；麋鹿不出来活动，不会投入兽网之内；飞鸟不出来活动，不会被网罗捕获；鱼鳖不出来活动，不会被钓钩钩住。万物没有不是因为出来活动而被制服的。因此圣人珍视清静。清静就能够应付敌人的躁动，处于后位则能够对付前头，计划周密那么能胜过计划粗疏的，军队完整则能擒住队列残缺的兵士。

故良将之用卒也，同其心，一其力，勇者不得独进，怯者不得独退。〔1〕止如丘山，发如风雨，所凌必破，靡不毁沮；动如一体，莫之应圉。〔2〕是故伤敌者众，而手战者寡矣。〔3〕夫五指之更弹，不若卷手之一挃；〔4〕万人之更进，不如百人之俱至也。〔5〕今夫虎豹便捷，熊罴多力，然而人食其肉而席其革者，不能通其知而壹其力也。〔6〕

【注释】

〔1〕"勇者"二句：载于《孙子·军争》。

〔2〕沮：毁坏。《集韵》"语"韵："沮，败也。" 圉：阻塞义。

〔3〕手战：徒手搏斗。
〔4〕挃：许慎注："捣也。"按：《慧琳音义》卷七十八注引许慎注：《淮南子》作"挃，搏也"。《广雅·释诂》："搏，击也。"
〔5〕更：许慎注："代也。"按：有交互义。
〔6〕便捷：行动迅速。

【译文】
　　因此高明的将领使用士兵，和他们同心，与他们合力，勇猛的人不能够单独前进，胆怯的人也不能独自后退。静止像山丘，出发如风雨，所攻击的敌人必定被打败，没有不被粉碎的；全军行动如整体，没有人能够应对抵御的。因此杀伤敌人众多，而徒手搏斗的情形就少了。用五指更换弹奏，不如挠起手指一拨；万人交替前进，不如百人的一起到达。现在虎豹行动迅速，熊罴雄壮多力，虽然如此，但是人们却能够吃它们的肉，用它们的皮作席垫，是因为它们不能彼此沟通自己的智能，而聚合各自的力量。

　　夫水势胜火，章华之台烧，以升勺沃而救之，虽涸井而竭池，无奈之何也。⁽¹⁾举壶榼盆盎而以灌之，其灭可立而待也。⁽²⁾今人之与人，非有水火之胜也，而欲以少耦众，不能成其功，亦明矣。⁽³⁾兵家或言曰："少可以耦众。"此言之所将，非言所战也。或将众而用寡者，势不齐也；⁽⁴⁾将寡而用众者，用力谐也。⁽⁵⁾若乃人尽其才，悉用其力，以少胜众者，自古及今，未尝闻也。

【注释】
　　〔1〕章华：许慎注："楚之高台。"按：已见本书《原道训》。　升勺：古代容量单位。《周礼·考工记·玉人》："勺，一升。"王念孙《读书杂志》："升"当为"斗"。
　　〔2〕榼：《道藏》本同。刘绩《补注》本、《四库全书》本作"榼"。榼，《说文》"酒器也"。此指盛水器。　盎：一种腹大口小的盛水器。

〔3〕耦：《庄子·齐物论》陆德明释文："耦，匹也。"即匹敌。
〔4〕"势不齐"句：许慎注："势不齐，士不同力也。"
〔5〕谐：《尔雅·释诂下》："和也。"

【译文】

水的功用可以胜过火，但如果是豪华的章华之台燃烧，用升、勺浇灌来救火，即使让水井干涸、池塘枯竭，也没有办法扑灭。如果举起壶、槛、盆、盎来灭火，只需站着等待一会儿，大火就被扑灭。现在人与人之间，没有水、火相克的关系，而想用少数来对付众人，不能成就他的功劳也是很明显的了。兵家有人这样说："少数人可以对付众人。"这里说的是所带领的军队数量，不是说实际战斗的军队数量。有的带领的人虽多，而可以使用的人却很少，是士卒不能同心协力的原因；有的带领的人少而可以使用的人多，是大家同心合力的原因。至于像战斗双方每个人都发挥了他们的才智，彼此都使出了他们的力量，而还能以少胜多的，从古到今，还没有听到过。

神莫贵于天，势莫便于地，动莫急于时，用莫利于人。凡此四者，兵之干植也，然必待道而后行，可一用也。⁽¹⁾夫地利胜天时，巧举胜地利，势胜人。故任天者可迷也，任地者可束也，任时者可迫也，任人者可惑也。夫仁勇信廉，人之美才也，然勇者可诱也，仁者可夺也，信者易欺也，廉者易谋也。将众者有一见焉，则为人禽矣。由此观之，则兵以道理制胜，而不以人才之贤，亦自明矣。

是故为麋鹿者，则可以罝罘设也；⁽²⁾为鱼鳖者，则可以网罟取也；⁽³⁾为鸿鹄者，则可以矰缴加也；⁽⁴⁾唯无形者，无可（佘）［奈］也。⁽⁵⁾是故圣人藏于无原，故其情不可得而观；运于无形，故其陈不可得而经。⁽⁶⁾无法无仪，来而为之宜；无名无状，变而为之象；深哉睮瞒，远哉悠悠；[7] 且冬且夏，且春且秋，上穷至高之末，下测至深之底，变化消息，无所凝滞。建心乎窈冥之野，而藏志乎九旋之渊，虽有明目，孰能窥其情？[8]

【注释】

〔1〕干植：疑为"干桢"。《说文》："榦，筑墙崇木也。"朱骏声《说文通训定声》："植于两边者曰榦，植于两崇者曰桢。"榦桢为古代筑墙板。引申有主干义。

〔2〕"是故为麋鹿"二句：许慎注："麋鹿有兵，而不能以间[斗]，无术之军也。"按："麋鹿"喻没有战斗力。

〔3〕"为鱼鳖"二句：许慎注："鱼鳖之兵，散而不集。"按：指散漫松懈。

〔4〕"为鸿鹄"二句：许慎注："鸿鹄之兵，高而无被。"按：指高傲轻敌。

〔5〕"佘"：《道藏》本作"柰"，刘绩《补注》本同。当作"柰"。

〔6〕经：马宗霍《淮南旧注参正》：《诗·大雅·灵台》毛传云："经，度之也。"本文义亦为"度"。言圣人设陈，运于无形，不可得而测度也。

〔7〕瞒瞒：深远的样子。　悠悠：长远的样子。

〔8〕九旋：许慎注："九回之渊，至深者也。"

【译文】

　　神妙的事物中没有比天道更尊贵的了，形势没有比地利更方便的了，行动没有比时机更急切的了，功用没有比人和更为有利的了。这四个方面，都是战争的主要因素，然而必须有待"道"的规律才能行得通，可以使其中的一种发挥作用。地利能够胜过天时，巧妙举动能够胜过地利，时势胜过人和。所以听凭天道的人，可能受迷惑；任凭地利的人，可能受束缚；听凭时机的人，可能被逼迫；听凭人和的人，可能受惑乱。仁惠、勇敢，信义、廉洁，虽然是人的美德，然而勇敢的人能够被引诱，仁惠的人能够被强夺，信义之人容易被欺骗，廉洁的人容易被图谋，率领大众的将军，有一点弊端出现，那么就要被人擒捉。从这里可以看出，战争是以道理取胜，而不是凭人的贤能取胜，也是十分明白的。

因此像麋鹿那样不能战斗之兵,可以被兽网捕住;像鱼鳖那样的分散之兵,可以被鱼网捕得;像鸿鹄那样的高举之兵,可以被箭矢射中。只有无形的军队,才对他没有办法。所以圣人在没有源头的地方藏起形体,因此不能够看见他的情状;活动在无形之中,因此他的阵势不能够被人掌握。没有法规,没有仪度,战事到来而为它做出适宜的行动;没有名称,没有形象,随着战事发展而为它变幻景象;幽深呵玄妙,遥远呵渺茫;不论是冬是夏,不论是春是秋,都能向上达到最高的境地,向下达到最深的底层,时时处于变化的消长之中,没有凝滞的时候。心灵立于幽深广漠之地,心志隐藏在九旋深渊之中,即使有明亮的眼睛,谁又能够看到他的情志?

兵之所隐议者,天道也;[1]所图画者,地形也;所明言者,人事也;[2]所以决胜者,铃势也。[3]故上将之用兵也,上得天道,下得地利,中得人心,乃行之以机,发之以势,是以无破军败兵。及至中将,上不知天道,下不知地利,专用人与势,虽未必能万全,胜铃必多矣。[4]下将之用兵也,博闻而自乱,多知而自疑,居则恐惧,发则犹豫,是以动为人禽矣。

【注释】
〔1〕隐议:《广雅·释诂》:"隐,度也。"《经义述闻·左传下》王引之按:"议,读为仪。仪,度也。"即揆度义。《泰族训》作"隐义",《俶真训》作"隐仪"。其义同。
〔2〕人事:人世上各种事情。
〔3〕铃势:指权变形势。铃,通"权"。
〔4〕胜铃:即胜利的权柄。

【译文】
战争所要进行考察的,是天道的变化;所要进行绘制的,是地形的位置;所要明白议论的,是人事的安排;所用来决定胜负的,是权变和气势。因此上等将领的用兵，上得天道的规律，下得地形之便，中得人心之用，于是用机变来推行它，根据趋势来发动它，因此没有失败的军队和失败的战争。至于中等将领的用兵，上不知天道的变化，下不了解地形便利，专靠使用人力与气势，虽然不能全部取胜，但是胜利的权柄的掌握必定很多。下等将领的用兵，见闻广博而自相混乱，知识很多而自我怀疑，平居则恐惧害怕，出发则犹豫不决，因此动辄被敌人所擒。

今使两人接刃，巧拙不异，而勇士必胜者，何也？⁽¹⁾其行之诚也。夫以巨斧击桐薪，不待利时良日而后破之。⁽²⁾加巨斧于桐薪之上，而无人（刃）[力]之奉，虽顺招摇，挟刑德，而弗能破者，以其无势也。⁽³⁾故水激则（浒）[悍]，矢激则远。⁽⁴⁾夫栝淇卫箘簬，载以银锡，虽有薄缟之幨，腐荷之矰，然犹不能独射也。⁽⁵⁾假之筋角之力，弓弩之势，则贯兕甲而径于革盾矣。⁽⁶⁾夫风之疾，至于飞屋折木；虚举之下大达，自上高丘，人之有所推也。⁽⁷⁾是故善用兵者，势如决积水于千仞之堤，若转员石于万丈之溪，天下见吾兵之必用也，则孰敢与我战者？⁽⁸⁾故百人之必死也，贤于万人之必北也，况以三军之众，赴水火而不还踵乎？虽佻合刃于天下，谁敢在于上者？⁽⁹⁾

【注释】
〔1〕勇士：刘绩《补注》本同。《道藏》本作"勇澂"。何宁《淮南子集释》：疑"澄"字是也。《说文》作"澂"，"清也"。《说山篇》高注："澄，止水也。"引申之，有静而清澈之意。此谓勇而静且明者必胜也。按：桂馥《说文义证》："澂，俗作澄。"
〔2〕桐：《经义述闻·〈尔雅〉下》王引之按："桐之言童也，小木之名

也。"按：桐薪，指小木。

〔3〕"刃"：《道藏》本同，刘绩《补注》本作"力"。当正。"滛"：《道藏》本、刘绩《补注》本作"摇"。当正。招摇，即北斗斗杓第七星。已见本书《天文训》。　刑德：许慎注："刑，十二辰也。德，十日也。"

〔4〕"悍"：《道藏》本、刘绩《补注》本作"悍"。当正。"故水"二句：载于《吕览·去宥》，并见《鹖冠子·世兵》、《说苑·说丛》及贾谊《鵩鸟赋》。

〔5〕"夫栝"句：许慎注："栝，蒳若也。淇卫，箘簬箭之所出也。"按：刘绩《补注》本注作"栝，箭栝也"。栝，箭末扣弦处。《庄子·齐物论》成玄英疏："栝，箭栝。"淇，依许注，乃春秋卫地，即淇水。箘，《说文》："箘簬也。"即竹名，可作箭杆。　"载以"句：许慎注："载，饰也。饰箭以银锡。"　缟：白绢。　幨：车帷。可以御兵。　"腐荷"二句：《北堂书钞·武功部》十三"箭四十八"引作："淇卫箘簬，饰以银锡，虽有薄缟之幨，腐荷之橹，然犹不能穿也。"按：橹，指盾牌。

〔6〕径：达。

〔7〕"虚举"三句：许慎注："虚举，不驾也。风疾飞之，下大迟，复上高丘也。"孙诒让《札迻》："举"拟当作"轝"，即"舆"之俗。"大迟"宋本作"大达"，疑当作"大逵"。注同。此似言疾风能飞屋折木，而虚轝不能自下大逵而上高丘，必藉人力推之，以喻兵势之得失。按：虚举，指不驾的空车。逵，四通八达之路。

〔8〕"是故"以下数句：化自《孙子·形篇》、《埶篇》，亦载于《吕览·适威》。

〔9〕"虽眺"二句：许慎注："眺，卒也。虽卒然合，与天下争，人谁敢在其上者。"按：眺，疑通"眺"。《广雅·释诂一》："眺，疾也。"有猝然义。

【译文】
　　现在使双方交兵，灵巧、笨拙不差多少，而勇敢、沉静的人必定胜利，这是为什么呢？因为他们的行动是真诚的。用巨斧去劈开小木，不需要等待有利的时机和好的日子，而后就能剖开。如果把大斧放在小木之上，而没有惯性的力量来冲击，即使顺应北斗的运行规律，挟藏着刑德的威力，也不能劈开，因为它没有气势起作用。因此水力激起便凶猛有力，箭头急速便能射得远。把箭栝、淇卫箘簬制成的箭杆，涂上银锡，即使是用薄薄的白绢制成的车帷，用腐朽荷叶制成的盾牌，也还不能射穿。但借助筋角的力量，弓弩的势力，那么便可以贯通兕甲而穿过皮制之盾。疾风劲吹，可以使房屋倒塌、树木拔起；即使是空车从大路上滑下，又上高丘，必须要靠人力推动才能行进。因此善于用兵的人，掌握有利的形势，就像在千仞的大堤上决堤放水，就如在万丈深渊中转动圆石，天下之人看到我方的士卒一定能胜利，那么谁敢和我军交战呢？所以敢于牺牲的一百人，胜过一定会投降的一万人，何况有三军那样众多的兵力，奔赴水火之中而不回头的士卒呢？即使突然在天下交兵，又有谁敢于凌驾在他们之上呢？

所谓天数者，左青龙，右白虎，前朱鸟，后玄武。〔1〕所谓地利者，后生而前死，左牡而右牝。〔2〕所谓人事者，庆赏信而刑罚必，动静时，举措疾。此世传之所以为仪表者，因也，然而非所以生。〔3〕仪表者，因时而变化者也。是故处于堂上之阴，而知日月之次序；〔4〕见瓶中之冰，而知天下之寒暑。夫物之所以相形者微，唯圣人达其至。

【注释】

〔1〕"左青龙"以下四句：许慎注："角亢为青龙，参（伐）〔井〕为白虎，星张为朱鸟，斗牛为玄武。用兵者，右参（伐）〔井〕，左角亢，背斗牛，乡星张，此顺北斗之铨衡也。"按：语亦见《吴子·治兵》、《礼记·曲礼》。

〔2〕"后生"二句：许慎注："高者为生，下者为死；丘陵为牡，溪谷为牝。"

〔3〕必：肯定，坚决。　因：《道藏》本同。《四库全书》本作"固"。

〔4〕于：俞樾《诸子平议》："'于'字，衍文也。"按：此数句化自《吕览·察今》。而其文无"暑"字。

【译文】

所说的天道规律，指的是左边是青龙，右边是白虎；前面是朱雀，后边是玄武。所说的地利，就是处高的可以生存，处下的就会死亡；左面是丘陵，而右面是深谷。所说的人事，对赏赐讲究信用，对处罚坚决实行，行动停止合于时势，举止措施行动迅速。这些就是社会上流传下来的用作法则的东西，本来就是这样的，然而它不是产生法则的根本之道。法规的产生，是根据时代发展变化的。所以察看堂上的阴影，就知道日、月运行的次序；看到瓶子中水的情况，就知道天下寒暑的变化。能使事物显现出形象来的原因是微妙的，只有圣人能通达它的微小的变化。

故鼓不与于五音，而为五音主；水不与于五味，而为五味调；将军不与于五官之事，而为五官督。故能调五音者，不与五音者也；能调五味者，不与五味者也；能治五官之事者，不可揆度者也。[1]是故将军之心，滔滔如春，旷旷如夏，湫漻如秋，典凝如冬，因形而与之化，随时而与之移。[2]

【注释】

〔1〕揆度：揣度，估量。

〔2〕旷旷：明朗的样子。　湫漻：清寂。已见本书《原道训》。"典凝"句：许慎注："典，常。凝，正也。常正如冬也。"吴承仕《淮南旧注校理》：注文"正"字并当作"止"，形近而讹也。俞樾《诸子平议》："典凝"犹坚凝也。

【译文】

因此鼓虽不参与五音，却为五音的主导；水不参与五味，但能调和五味；将军不参与五官之事，但能成为五官的督导。因此能够协调五音的，必是不参与五音的；能够调和五味的，必是不参与五味的；能够治理五官之事的，必是不能够测度的。因此将军的心灵，和暖就像春天，明朗就像夏天，清寂就像秋天，经常凝思就像冬天，按照形象而和外物一起变化，随着时势而和外物一起转移。

夫景不为曲物直,响不为清音浊,观彼之所以来,(名)[各]以其胜应之。⁽¹⁾是故扶义而动,推理而行,掩节而断割,因资而成功。⁽²⁾使彼知吾所出,而不知吾所入;知吾所举,而不知吾所集。始如狐狸,彼故轻来;合如兕虎,敌故奔走。夫飞鸟之挚也,俯其首;⁽³⁾猛兽之攫也,匿其爪。虎豹不(水)[外]其爪,而噬不见齿。⁽⁴⁾故用兵之道,示之以柔,而迎之以刚;示之以弱,而乘之以强;为之以歙,而应之以张;⁽⁵⁾将欲西,而示之以东;先忤而后合,前冥而后明;若鬼之无迹,若水之无创。故所乡非所之也,所见非所谋也。举措动静,莫能识也。若雷之击,不可为备;所用不复,故胜可百全。与玄明通,莫知其门,是谓至神。⁽⁶⁾

【注释】

〔1〕"名":《道藏》本、刘绩《补注》本作"各"。当正。 胜:指相应的取胜方法。

〔2〕扶义:仗义。 "掩节"句:许慎注:"掩,覆也。复其节制断割也。"按:《说文》:"掩,敛也。"引申为按照义。断割,即决断义。

〔3〕挚:《大戴礼记·夏小正》王聘珍解诂:"读曰击。"

〔4〕"水":《道藏》本、刘绩《补注》本作"外"。当正。 "虎豹"二句:《北堂书钞·武功部》四、《谋策》五:"虎豹不外其牙,而噬犬不见其齿。"

〔5〕歙:收敛义。《集韵》"叶"韵:"歙,敛气也。"

〔6〕玄明:深远而光明的境界。《北堂书钞·武功部》五、《兵势》十:"明与玄通,莫知其门。"

【译文】

影子不因为弯曲的东西而伸直,回声不因为清音而变浊,考察敌人所从来的方向,各自按照相应取胜的方法对待它。因此仗义而行动，推崇道理而行事，申明节制而加以决断，凭借各种条件才能取得成功。使敌人知道我所出发的地方，而不知道我所进入之地；知道我方的行动，而不知道我方的集结。开始行动的时候就像狐狸一样，敌人因此轻易进攻；合击就像凶虎那样凶猛，敌人因此而奔逃。飞鸟抓取食物，俯下脑袋；猛兽夺取食物，藏起利爪。虎豹不把它的利牙暴露在外，而狗噬咬食物也不见门齿。因此用兵的方法，把柔和显示给敌人，而用刚强来迎击他们；把弱小出示给对方，而用强大作为凭借；用收敛来对付它，而用扩张来接应；将要往西，而先表示向东；先要背离而后才会合；前面昏暗，而后面光明；像鬼神没有形迹，像水一样没有创痕。因此所指向的地方，不是所要前往的地方；所见到的事物，也不是所要图谋的。举止措施，前进停止，没有人知道它的动向。像迅雷出击，不能够提前做好准备；所采用的方法不重复，所以百战百胜。上与幽暗、光明相通，没有人知道它的门径，这就是最高的神明。

兵之所以强者，民也；[1] 民之所以必死者，义也；义之所以能行者，威也。是故合之以文，齐之以武，是谓必取；[2] 威仪并行，是谓至强。[3] 夫人之所乐者，生也；而所憎者，死也。然而高城深池，矢石若雨，平原广泽，白刃交接，而卒争先合者，彼非轻死而乐伤也，为其赏信而罚明也。[4]

【注释】
[1]"民也"：《文子·上义篇》作"必死也"。
[2]"合之以文"以下：化自《孙子·行军》。
[3]仪：《道藏》本、刘绩《补注》本同。《文子·上义篇》作"义"。
[4]"然而高城"以下数句：化自《六韬·龙韬·励军》。

【译文】
军队之所以强大的原因，是因为有了不怕死的百姓；百姓之所以不怕牺牲，就是为了大义；而大义所以能够推行的原因，是威力所致。因此要用仁惠来聚合他们，要用军法来统一他们，这就是所说的必定能取得胜利；威严和道义一起得到推行，这就是所说的达到了最强大的要求。人们所喜欢的，是生存；而所憎恨的，是死亡。然而修筑起高高的城墙，挖起深深的护城河，利箭礧石像雨点，在广阔的原野上，手执利刃相拼搏，而士兵争着抢先交锋，他们不是轻视死亡而喜欢负伤，而是因为对他们赏罚有信而处罚严明的结果。

是故上视下如子，则下视上如父；[1]上视下如弟，则下视上如兄。上视下如子，则必王四海；下视上如父，则必正天下；上亲下如弟，则不难为之死；[2]下事上如兄，则不难为之亡。[3]是故父子兄弟之寇，不可与斗者，积恩先施也。故四马不调，造父不能以致远；弓矢不调，羿不能以必中；君臣乖心，则孙子不能以应敌。[4]是故内脩其政，以积其德；外塞其丑，以服其威；察其劳佚，以知其饱饥。[5]故战日有期，视死若归。故将必与卒同甘苦，俟饥寒，故其死可得而尽也。[6]

【注释】

〔1〕"是故上视下"几句：化自《孙子·地形》。

〔2〕"亲"：《文子·上义篇》作"视"。《太平御览》卷二百八十一引此，亦作"视"。

〔3〕事：《道藏》本、《文子·上义篇》同。刘绩《补注》本作"视"。

〔4〕孙子：许慎注："名武，吴王阖闾之将军也。"按：《汉书·艺文志》"兵书略"有《吴孙子兵法》八十二篇。《史记》有《孙子列传》。

〔5〕其：《文子·上义篇》无"其"字。

〔6〕"俟"：王叔岷《淮南子斠证续补》："俟"当为"供"，字之误也。"供"与"共"同。影宋本《御览》二八一引此正作"共饥寒"。

【译文】

　　因此国君看待臣下像儿子,那么臣下就会把国君看作父亲;国君把臣下看成弟弟,那么臣下就会把国君看成兄长。国君把臣下看成儿子,那么必定可以统治天下;臣下把国君看作父亲,那么必定可以使天下端正;国君亲近臣下如弟弟,那么臣下不会把死亡看成难事;臣下把国君看作兄长,那么臣下不难为国君而献身。因此凡是父子兄弟关系的强盗,不能够和他格斗,他们之间事先积累并施行了恩德。因此驷马不协调,造父也不能凭借它们到达远方;弓矢搭配不好,后羿也不一定能射中;君臣之间离心离德,那么兵家孙武也不能来迎敌。所以在内部修治政治,来积累他的恩德;外部堵塞丑恶的行为,以施行他的声威;考察人民的劳逸情况,来了解他们的温饱饥饿。因此交战的时候,百姓就会把死亡看作回归一样。因此将领必须和士卒同甘共苦,共同忍受饥寒的威胁,那么士卒就会尽力去为战斗而死了。

　　故古之善将者,必以其身先之。暑不张盖,寒不被裘,所以程寒暑也;(1) 险隘不乘,士陵必下,所以齐劳佚也;(2) 军食熟然后敢食,军井通然后敢饮,所以同饥渴也;合战必立矢射之所及,[所]以共安危也。(3) 故良将之用兵也,常以积德击积怨,以积爱击积憎,何故而不胜?

【注释】

　　〔1〕程:估量、衡量。何宁《淮南子集释》:宋本《御览》引"程"作"均"。以下文字亦载于《尉缭子·战威》、《六韬·龙韬·励军》等。

　　〔2〕"士":《道藏》本、刘绩《补注》本作"上"。王叔岷《淮南子斠证》:"上"当为"丘"。"丘陵"与"险隘"相对为文。刘子《新论·兵术篇》正作"丘陵必下"。

　　〔3〕矢射:《意林》引作"矢石"。《吕览·贵直》同。 "以共":《道藏》本、刘绩《补注》本同。王念孙《读书杂志》:"以共安危"上,当有"所"字。刘文典《淮南鸿烈集解》:《意林》引作"所以同安危也","以"

上尚未脱"所"字。

【译文】
　　因此古代善于担任将领的人，必定亲自走在士卒的前面。暑天不张起车盖，冬天不披上皮裘，以便用来估量寒暑的变化；险要、狭隘之处不乘车，丘陵地带必定下车，以便用来和士卒等同劳逸；全军的饭食熟了，然后自己才敢吃饭；军队的水井畅通了，然后才敢取水喝，以便同士卒同受饥渴；双方军队交锋时必定站在弓箭的射程之内，以便和士卒同安危。因此良将的用兵，常常用积累恩德的军队打击聚积怨恨的敌国，用积累仁爱的队伍打击积聚憎恨的敌军，还有什么原因不能取胜呢？

　　主之所求于民者二：求民为之劳也，欲民为之死也。民之所望于主者三：饥者能食之，劳者能息之，有功者能德之。民以偿其二积，而上失其三望，国虽大，人虽众，兵犹且弱也。[1] 若苦者必得其乐，劳者必得其利，斩首之功必全，死事之后必赏，四者既信于民矣，主虽射云中之鸟，而钓深渊之鱼；[2] 弹琴瑟，声钟竽；敦六博，投高壶，兵犹且强，令犹且行也。[3] 是故上足仰，则下可用也；[4] 德足慕，则威可立也。

【注释】
　　[1] 二积：王念孙《读书杂志》："二积"当作"二责"。二责，谓为主劳，为主死，故曰"主之所求于民者二"，"求"犹"责"也。《御览·兵部》十二引此，正作"责"。
　　[2] 全：《列子·天瑞》张湛注："犹备也。"即全备。"死事"句：许慎注："死事，以军事死，赏其后子孙。"
　　[3] 敦：投掷义。《诗·邶风·北门》郑玄注："敦，犹投掷也。"　六博：古代的一种博戏，共十二棋，六黑六白，两人相搏，每人六棋，故名。　投高壶：古人宴会时的游戏。设特制之壶，宾主以次投矢壶中，多

者为胜,负者饮。见《礼记·投壶》。

〔4〕"是故上"二句:出自《荀子·议兵》。

【译文】

　　国君对百姓有两个要求:要求百姓为他服劳役,要求百姓为他战斗牺牲。百姓对国君也有三种期盼:饥饿的时候能供给食物,疲劳的时候能得到休息,有功劳能授予赏赐。百姓已经报偿国君的"二责",而国君失去他的"三望",国家即使很大,人口即使很多,军队也要走上衰弱之路。如果能使辛苦的人一定能得到快乐,劳作的人一定能得到利益,有斩首杀敌立功的人必定赏赐,为国捐躯的人亲属必须受到奖赏,如果这四个方面已经取信于民了,国君即使高射云中的飞鸟,垂钓深渊之鱼;弹起琴瑟,欣赏钟竽之声;掷六博,投高壶,(尽兴而乐),那么军队仍然强盛,号令仍然能行得通。因此国君足以使人景仰,那么臣下便可以被使用;德行足以使人敬慕,那么威望便可以树立了。

　　将者必有三隧、四义、五行、十守。[1]所谓三隧者,上知天道,下习地形,中察人情。所谓四义者,便国不负兵,为主不顾身,见难不畏死,决疑不辟罪。[2]所谓五行者,柔而不可卷也,刚而不可折也,仁而不可犯也,信而不可欺也,勇而不可陵也。所谓十守者,神清而不可浊也,谋远而不可慕也,操固而不可迁也,知明而不可蔽也,不(食)[贪]于货,不淫于物,不嗑于辩,不推于方,不可喜也,不可怒也。[3]是谓至于窈窈冥冥,孰知其情?发必中诠,言必合数,动必顺时,解必中揍;[4]通动静之机,明开塞之节,审举措之利害,若合符节,疾如弩,势如发矢。[5]一龙一(地)[蛇],动无常体;[6]莫见其所中,莫知其所穷。攻则不可守,守则不可攻。

【注释】

〔1〕隧：通"遂"。《精神训》高诱注："遂，通。"即通达义。

〔2〕负：《说文》："恃也。"即依恃义。 决疑：指决断疑难。

〔3〕慕：《文选·范晔〈后汉书·逸民传论〉》刘良注："取也。" "食"：《道藏》本、刘绩《补注》本作"贪"。当正。 嗌：《齐俗训》高诱注："贪求也。" 方：刘文典《淮南鸿烈集解》：《御览》引，"方"作"名"。

〔4〕诠：《慧琳音义》卷八十一注引《淮南子》云："所以陈治乱之体曰诠。" 揍：许慎注："理也。"按：通"腠"。《仪礼·乡饮酒礼》郑玄注："理也。"

〔5〕弙弩：即张弩，把弓拉满。二句化自《孙子·埶篇》。

〔6〕"地"：《道藏》本、刘绩《补注》本作"蛇"。二句并载于《庄子·山木》、《吕览·必己》。

【译文】

担任将领的人必须掌握三隧、四义、五行、十守。所说的三隧，指的是：上通晓天道，下熟习地形，中体察民情。所说的四义，指的是：便利国家，不擅用兵权；为国君，不顾自身危难；遇到困难，不惧怕牺牲；处理疑难问题，而不逃避招来的罪责。所说的五行，指的是：柔和而不能卷曲，刚强而不能够折断，仁惠而不可侵犯，守信而不能够被欺骗，勇敢而不可侵凌。所说的十守，指的是：神志清明而不能够使它混浊，智谋深远而不能被夺取，操行坚定而不能改变，智虑明察而不能蒙蔽，不贪得财货，不迷恋外物，不耍弄巧言，不抬高自己的名声，不能随便欢喜，也不能随意发怒。这就是说修养达到了深远玄渺的境地，谁能知道他的内情？行事必须符合治国的要求，言语必须符合规律，行动必须顺应天时，解说必须符合条理；通达动静的机变，明察开塞的节制，审辨举措的利害关系，就像合乎符节那样紧密，迅速如发射弓弩，气势如利箭离弦。忽如龙飞，忽如蛇行，行动没有固定的常规；没有人见到他所投中的地方，没有人知道他的穷尽。进攻，那么敌人便不能守住；防卫，那么敌人不能攻下。

盖（间）[闻]善用兵者，必先脩诸己，而后求诸人；[1]先为不可胜，而后求胜。[2]脩己于人，求胜于敌。

己未能治也,而攻人之乱,是犹以火救火,以水应水也,何所能制?今使陶人化而为埴,则不能成盆盎;[3]工女化而为丝,则不能织文锦。同莫足以相治也,故以异为奇。两爵相与斗,未有死者也,鹯鹰至则为之解,以其异类也。[4]故静为躁奇,治为乱奇,饱为饥奇,佚为劳奇,奇正之相应,若水火金木之代为雌雄也。[5]善用兵者,持五杀以应,故能全其胜;[6]拙者处五死以贪,故动而为人擒。[7]

【注释】
〔1〕"间":《道藏》本、刘绩《补注》本作"闻"。当正。
〔2〕"先为"二句:载于《孙子·形篇》。
〔3〕"今使"二句:许慎注:"陶人化为埴,陶人复变为埴土,不能化埴土也。"按:埴,《说文》"黏土也"。以下数句,化自《吕览·不屈》。
〔4〕爵:通"雀"。《说文》:"雀,依人小鸟也。"
〔5〕奇正:指作战的常法和变法。
〔6〕五杀:许慎注:"五行。"
〔7〕五死:指五行相克。

【译文】
　　听说善于用兵的人,必定首先修治自身,然后才能要求他人;首先使自己立于不败之地,而后才去求得胜利。对于他人,要修治自身;对于敌人,要务求胜利。自身不能够修治,而想攻破他国动乱,就像用火来救火,用水来对付水一样,怎么能够制服呢?现在使陶人把陶器毁化为黏土,那么它不能再制成盆盎了;让工女把缣帛还原成丝,那么也不能再织成文锦了。因为相同的东西是不能互相再制作的,所以应该把相异视为奇变。两个雀儿相互争斗,不会有死亡发生;但是鹰、鹯来到,便自动解开,因为它们是不同的种类。因此清静是躁乱的奇变;治理是混乱的奇变,温饱是饥饿的奇变,安逸是劳苦的奇变,对于用兵奇正的相互对应变化,就像水火、金木互相转化为主次一样。善于用兵的人，持守五杀来应付变化，因此能够保全他的胜利；笨拙的人处于五死而贪得，因此行动便被人擒住。

兵贵谋之不测也，形之隐匿也，出于不意，不可以设备也。[1]谋见则穷，形见则制。故善用兵者，上隐之天，下隐之地，中隐之人。隐之天者，无不制也。[2]何谓隐之天？大寒甚暑，疾风暴雨，大雾冥晦，因此而为变者也。[3]何谓隐之地？山陵丘阜，林丛险（怛）[阻]，可以伏匿而不见形者也。[4]何谓隐之人？蔽之于前，望之于后，出奇行陈之间，发如雷霆，疾如风雨，擎巨旗，止鸣鼓，而出入无形，莫知其端绪者也。[5]

【注释】

〔1〕"出于不意"二句：化自《孙子·计篇》。《六韬·虎韬·临境》文义同。

〔2〕"隐之天者"二句：刘家立《淮南内篇集证》：此以天、地、人并举，下文方解释其义。羼入"隐之天者，无不制也"二句，殊为不伦。

〔3〕甚暑：指酷暑。

〔4〕"怛"：《道藏》本、刘绩《补注》本作"阻"。当正。

〔5〕擎：许慎注："卷取也。"

【译文】

战争可贵的是计谋不为人预料，形迹的隐匿，出于敌人的意料之外，使之不能够加以防备。计谋被人识破那么就会走上穷途，形迹出现那么就会被制服。因此善于用兵的人，向上把形迹隐藏在天上，向下隐藏在地上，中间隐藏在人群之中。隐藏在天上，没有什么不能制服的。什么叫隐藏在天上？大寒酷暑，疾风暴雨，大雾昏暗，按照这种气候而对应变化。什么叫隐藏在地下？山陵高丘，林深险阻，可以潜伏而不见形迹。什么叫隐藏在人中间？在前面隐藏了它,望它又像在后头,在行阵之中奇异地出现,发动如雷霆,迅猛如风雨,卷起巨旗,停止鸣鼓,而出入不见形迹,没有人知道它的端倪。

故前后正齐,四方如绳,出入解渎,不相越凌,翼轻边利,或前或后,离合聚散,不失行伍,此善修行陈者也。⁽¹⁾明于(音)[奇]正赜、阴阳、刑德、五行,望气、候星、龟策、机祥,此善为天道者也。⁽²⁾设规虑,施蔚伏,见用水火,出珍怪,鼓噪军,所以营其耳也。⁽³⁾曳梢肆柴,扬尘起揭,所以营其目者,此善为诈祥者也。⁽⁴⁾錞钺牢重,固植而难恐,势利不能诱,死亡不能动,此善为充干者也。⁽⁵⁾剽疾轻悍,勇敢轻敌,疾若灭没,此善用轻出奇者也。⁽⁶⁾相地形,处次舍,治壁垒,审烟斥,居高陵,舍出处,此善为地形者也。⁽⁷⁾因其饥渴冻喝、劳倦怠乱,恐惧窘步,乘之以选卒,击之以宵夜,此善因时应变者也。⁽⁸⁾易则用车,险则用骑,涉水多弓,隘则用弩,昼则多旌,夜则多火,晦冥多鼓,此善为设施者也。⁽⁹⁾凡此八者,不可一无也,然而非兵之贵者也。

【注释】
〔1〕解渎:《道藏》本同,刘绩《补注》本作"续"。即往来通达之意。 越凌:越过。 "翼轻"句:许慎注:"翼,军之翼,在边而利。"按:翼、边指行军中左右翼。军轻则行动便利。

〔2〕"音":《道藏》本、刘绩《补注》本作"奇"。当正。 正:《道藏》本、刘绩《补注》本同。陈观楼《淮南子正误》:"正"字后人所加。"奇赜"以下皆二字连读。上文"明于阴阳奇赜之数",高注:"奇赜,阴阳奇秘之要。"是其证。 望气:古代占卜,望云气附会人事,预言吉

凶。 候星：占验星象，以定吉凶。 机：通"禨"。禨祥，吉凶。

〔3〕蔚伏：埋伏。 见：《道藏》本、刘绩《补注》本同。疑衍。鼓噪：击鼓呼叫。《广韵》"号"韵："噪，欢呼也。"

〔4〕梢：木梢。 肆：《广韵》"至"韵："恣也。"即放肆义。堨：尘埃。 祥：通"佯"。

〔5〕錞：装在矛戟柄端的铜套。 钺：古代用作砍杀的兵器，用青铜制成，形状似斧。《玉篇》："钺，斧也。" 固植：坚定的意志。《楚辞·招魂》王逸注："植，志也。"植，通"志"。 充：许慎注："盈。"按：即充满义。 干：许慎注："强。"按：即坚强义。

〔6〕剽疾：勇敢敏捷。《史记·留侯世家》："楚人剽疾。" 轻悍：轻生强悍。 灭没：谓无影无声。

〔7〕烟斥：何宁《淮南子集释》："烟"为"堙"，形近而误也。上文"而相为斥阓要遮者"，许注："阓，塞也。"按：孙诒让《札迻》："烟、阓同声，叚借字。"何说不确。

〔8〕窘步：因惶急而不得前行。

〔9〕易：平地。 "涉水"句：许慎注："水中不可引弩，故以弓便。" "隘则"句：许慎注："隘可以手弩以为距。"按：弩，即用机械发射的弓。 "昼则"二句：见于《孙子·军争》。

【译文】

因此阵列前后整齐，四方像绳墨一样平直；出入往来，不得互相超越；兵分左右两翼，行动轻便；时前时后，分离、聚合，不乱队形，这是善于布阵的做法。明了奇秘、阴阳、刑德、五行变化，望云气，验星象，占卜龟策，显示吉祥，这是善于利用天道的做法。制订计策，设置埋伏，用水、火二法，做出奇异的举动，军中击鼓喧哗，这是用来惑乱敌人听觉的办法。拖起树枝干柴，扬起尘土，用来迷惑敌人的视觉，这是善于使用伪装的办法。意志像錞、钺那样牢固厚重，决心坚定而难以使之恐惧，权势、利益不能够引诱他，用死亡的威胁不能慑动他，这是善于教导人具有坚强意志的方法。勇猛敏捷，轻生强悍，勇敢而轻视敌人，迅疾像一闪即逝，这是善于使用轻骑而出奇制胜的方法。考察地形，安下营寨，修筑工事，审视险要阻塞，居处山陵，安排好宿营的退路，这是善于使用地形的办法。根据敌人饥渴、寒热、劳倦、怠乱、恐惧、困窘的情况，精选士卒乘机进攻，连夜不停地攻击敌人，这是根据时势变化采用相应的措施的方法。平易之地用车攻，险阻之地用骑兵，渡水之地多用弓箭，狭隘之地多用强弩，白天多设旌旗，夜里多用篝火，昏暗的时候多用战鼓，这是善于使用军事设施的方法。这八个方面，缺一不可。但是这并不是战争最值得珍视的办法。

夫将者必独见独知。⁽¹⁾独见者，见人所不见也；独知者，知人所不知也。见人所不见，谓之明；知人所不知，谓之神。［神］明者，先胜者也。⁽²⁾先胜者，守不可攻，战不可胜者，攻不可守，虚实是也。⁽³⁾上下有隙，将吏不相得；所持不直，卒心积不服，所谓虚也。⁽⁴⁾主明将良，上下同心，气意俱起，所谓实也。若以水投火，所当者陷，所薄者移，牢柔不相通，而胜相奇者，虚实之谓也。⁽⁵⁾

【注释】
〔1〕独见：指高超的眼光，卓越的见解。
〔2〕"明者"：《道藏》本同，刘绩《补注》本、《四库全书》本"明"上有"神"字。当脱。
〔3〕"战不可胜者"句：《道藏》本同，刘绩《补注》本"者"字涂去。 虚实：指强弱、劳逸、众寡、真伪等。
〔4〕"卒心"句：许慎注："积怨不服之也。"
〔5〕薄：迫近。

【译文】
担任将领的人必须有独见之明、独知之慧。独见指的是，看见别人见不到的；独知指的是，知道别人所不知道的。看见别人所见不到的，叫做"明"；知道别人所不知道的，叫做"神"。"神明"，就是首先取胜的意思。首先取胜，是说把守时不能够被攻破，战斗时不可被取胜，攻打敌人，使对方无法防守，虚、实的道理就是这样。君、臣有矛盾，将吏不能相互支持；将帅所持守的不是正道，士卒内心积聚不满，这就是所说的"虚"。国君英明，将帅精良，君臣同心，意气共同激励，这就是所说的"实"。就像把水投到火中，所阻挡的被攻陷，所迫近的被赶走，坚固、柔弱本不相通连，而胜利却能不同地出现，说的是虚、实的问题。

故善战者不在少，善守者不在小，胜在得威，败在失气。

夫实则斗，虚则走；盛则强，衰则北。吴王夫差地方二千里，带甲（士）〔七〕十万，南与越战，栖之会稽；[1] 北与齐战，破之艾陵；[2] 西遇晋公，擒之黄池。[3] 此用民气之实也。其后骄溢纵欲，距谏喜（訷）〔谀〕；[4] 忧悍遂过，不可正喻；[5] 大臣怨怼，百姓不附；[6] 越王选卒三千人，擒之（于）〔干〕隧，因制其虚也。[7] 夫气之有虚实也，若明之必晦也。故胜兵者非常实也，败兵者非常虚也。善者能实其民气，以待人之虚也；不能者虚其民气，以待人之实也。故虚实之气，兵之贵者也。[8]

【注释】

[1]"士"：《道藏》本、刘绩《补注》本作"七"。当正。 "南与越战"句：事在前494年。《史记·吴太伯世家》亦载此事。

[2]"北与齐战"句：事在前489年。亦载于《史记》。 艾陵：春秋齐地名，在今山东莱芜境内。

[3]"西遇"二句：许慎注："（智）〔晋〕公，谓平侯也。擒晋，服晋。"按：平侯，当为定侯。事在前501年。载《左传·哀公十三年》。《史记》亦载其事。黄池，即黄亭，在今河南封丘西南。

[4]"距谏"句：指重用佞臣太宰嚭，杀忠臣伍子胥。 "訷"：《道藏》本、刘绩《补注》本作"谀"。当正。

[5] 忧：许慎注："勇急也。"按：忧悍，骁勇凶悍。 遂过：酿成过

失。《广韵》"至"韵:"遂,成也。"

〔6〕怨怼:怨愤。

〔7〕"于":《道藏》本、刘绩《补注》本、《四库全书》本同。当作"干"。《战国策·魏一》作"干遂",《秦一》作"干隧"。干,通"邗"。干隧,在今江苏苏州市区西北。

〔8〕气:指军队的精神状态及斗志。

【译文】

　　所以善于打仗的人,不在乎人少;善于把守的人,不在乎地方小。胜利在于得到威力,失败在于失掉志气。

　　"实",则能进行战斗;"虚",就会逃跑。气盛就会强大,气衰就会败北。吴王夫差,土地方圆两千里,披甲的士卒七十万,在南面与越人战斗,越王勾践被围困在会稽;在北面和齐国作战,在艾陵大败齐师;在西方和晋定侯会盟,在黄池擒住晋君。这是使用百姓的"实"。在这以后,夫差骄傲滋长,放纵情欲;拒绝劝谏,喜欢奉承;骁勇凶悍,不能改过,不听劝谕;大臣怨愤,百姓不能归附。于是越王勾践精选士卒三千人,在干隧擒住吴王。这是凭借情势制服了吴王的"虚"。气是有虚实的,就像光明必定有昏暗一样。因此胜利的战争不是经常处于"实"的情况,失败的战争也不是经常处于"虚"的情况。善于作战的将领能够使他的民气充实,而等待敌人的民气空虚;不善战的将领使他的民气空虚,而用来等待敌人的民气充实。因此虚、实二气,是兵家所珍视的。

　　凡国有难,君自宫召将,诏之曰:"社稷之命在将军耳,今国有难,愿请子将而应之。"⁽¹⁾将军受命,乃令祝史太卜,斋宿三日,之太庙,钻灵龟,卜吉日,以受鼓旗。⁽²⁾君入庙门,西面而立。将入庙门,趋至堂下,北面而立。主亲操钺持头,授将军其柄,曰:"从此上至天者,将军制之。"复操斧持头,授将军其柄,曰:"从此下至渊者,将军制之。"将已受斧钺,答曰:"国不可从外治也,军不可从中御也,二心不可以事君,疑志不可以应敌。臣既以受制于前矣,鼓旗斧钺之威,臣无还请,愿君亦以垂一言之命于臣也。〔3〕君若不许,臣不敢将。君若许之,臣辞而行。"乃爪鬋,设明衣也,凿凶门而出。〔4〕乘将军车,载旌旗斧钺,累若不胜。〔5〕其临敌决战,不顾必死,无有二心。是故无天于上,无地于下,无敌于前,无主于后。进不求名,退不避罪,唯民是保。利合于主,国之实也,上将之道也。〔6〕如此,则智者为之虑,勇者为之斗,气厉青云,疾如驰骛,是故兵未交接,而敌人恐惧。〔7〕若战胜敌奔,毕受功赏,吏迁官,益爵禄,割地而为调;决于封外,卒论断于军中。〔8〕顾反于国,放旗以入斧钺,报毕于君,曰:"军无后治。"乃缟素辟舍,请罪于君。〔9〕君曰:"赦之!"退齐服。〔10〕大胜三年反舍,中胜二年,下胜期年。〔11〕

兵之所加者,必无道之国也,故能战胜而不报,取地而不反,民不疾疫,将不夭死,五谷丰昌,风雨时节,战胜于外,福生于内,是故名必成而后无馀害矣。

【注释】

〔1〕"凡国有难"以下内容:化自《六韬·龙韬·立将》。 耳:《道藏》本、刘绩《补注》本作"即"。王念孙《读书杂志》:"即"当为"身"。《艺文类聚·武部》,《太平御览·兵部》五、七十一,《仪式部》一引此并作"身"。按:"耳"字是。

〔2〕宿:于大成《兵略校释》:《北堂书钞》百二十、《御览》三百四十、又六百八十引无"宿"字。 太庙:天子的社庙。

〔3〕垂:《荀子·富国》杨倞注:"下也。"于大成《兵略校释》:《六韬》作"愿君亦垂一言之命于臣"。

〔4〕爪鬋：许慎注："鬋爪，送终大礼，去手足爪。"按：本书《齐俗训》许注："鬋，断也。"明衣：丧衣。 凶门：许慎注："凶门，北出门也。将军之出，以丧礼处之，以其必死也。"

〔5〕累若：忧虑的样子。

〔6〕实：《道藏》本、刘绩《补注》本同。王念孙《读书杂志》："实"当为"宝"，字之误也。《孙子·地形篇》："唯民是保，而利合于主，国之宝也。"此即《淮南》所本。

〔7〕驰骛：奔走。《广韵》"遇"韵："骛，驰也。"

〔8〕"卒论断"句：许慎注："言有罪而诛。"按：论断，定罪。

〔9〕缟素：白色丧服。 辟舍：避开正房，寝于他处，以示不敢宁居。

〔10〕齐：《道藏》本、刘绩《补注》本同。《诗·大雅·思齐》陆德明释文："齐，本亦作斋。"

〔11〕"大胜三年"句：许慎注："大胜敌者，还三年，乃反故舍也。"

【译文】

大凡国家发生战祸，国君在宫中召见将军，命令他说："国家的命运在将军手上，现在国家有了危难，希望你带领军队去应敌。"将军接受了命令，于是下令祝、史、太卜，斋戒三天，来到太庙，钻刻灵龟，卜定吉日，并且接受国君授予的战鼓、军旗。国君进入太庙之门，面向西站立。将军进入庙门，快步走到堂下，面向北站立。国君亲自拿着黄钺，执掌钺首，把柄交给将军，说："从这以上一直到天上，将军控制它。"又拿起斧，持着斧头，把斧柄交给将军，说："从这以下一直到深渊，将军控制它。"将军已经接受了斧钺，回答说："国家不能够从外部来治理，军队不可以由宫廷来统领，二心不能够侍奉国君，心里疑惑不能够应对敌人，我既然已经在前面接受了命令，旗鼓、斧钺的威力，臣不请求归还，希望国君也要为此下一道命令。君王如果不允许，我不敢为将。君王如果允许，我便告辞而出征。"于是便依丧礼剪去手、足指甲，安排好了丧衣，凿开北门而离开，(以示必死之决心)。乘着将军之车，载着旌旗、斧钺，忧愁不堪。但他们面临敌人决战的时候，则奋不顾身，一心报效国君。因此作战起来上面没有天，下面没有地，前面就像没有敌人，后面也没有帝王。前进不是为了求名，后退不害怕获罪，一心一意只求保护百姓。利益符合国君的要求，这是国家最宝贵的,这是上等将领的治军之道。像这样,那么聪明的人便为他谋划,勇敢的人去为他战斗,豪气上达青云,迅疾如骏马奔驰,因此双方军队没有交接,而敌人便恐惧了。如果战斗胜利,敌人溃逃,战事完毕,论功行赏,军吏升官,增加爵禄,划分土地而封赏升官;在境外作出决定,在军中对有罪的人判处罪刑。返回国后,降下军旗,而送还斧钺,报告完毕,对国君说:"将军回师后没有治军之责。"于是便穿上白色的丧服,辟舍居住,并向国君请罪。国君说:"免罪!"退下后,穿上斋戒的服装。获得大胜的主将三年后返回故舍,获得中等胜利的将领两年后返回故舍,获得下等胜利的将领一年后返回故舍。

战争所施加的地方,必定是无道的国家,所以能够战胜而不报告,夺取土地而不归还。百姓不发生大的疾病,将军也不会战死;五谷昌盛,风雨按时来临;在外战胜敌国,对内造福人民。因此功名必定成功,而对后世没有任何危害。

第十六卷　说山训

【题解】

本训以寓言、箴言等形式解说大道之旨以及自然和人世间诸多事理,其多如山,因以名篇。

《说山训》中强调要防患于未然:"良医常治无病之病,故无病;圣人常治无患之患,故无患。"文中强调要掌握事物的特性:"磁石能引铁,及其于铜则不行矣。"做事要讲究先后次序:"染者先青而后黑则可,先黑而后青则不可。"文中指出看问题不要绝对化:"嫫母有所美,西施有所丑。亡国之法,有可随者;治国之俗,有可非者。"万事万物都是相反相成的:"砥石不利,而可以利金;檠不正,而可以正弓。"

陶方琦《淮南许注异同诂》:(此)"高注本也。"

魄问于魂曰:"道何以为体?"[1] 曰:"以无有为体。"[2] 魄曰:"无有有形乎?"魂曰:"无有。""何得而闻也?"[3] 魂曰:"吾直有所遇之耳。[4] 视之无形,听之无声,谓之幽冥。[5] 幽冥者,所以喻道,而非道也。"[6] 魄曰:"吾闻得之矣。[7] 乃内视而自反也。"[8] 魂曰:"凡得道者,形不可得而见,名不可得而扬。[9] 今汝已有形名矣,何道之所能乎?"魄曰:"言者,独何为者?"[10] "吾将反吾宗矣。"[11] 魄反顾魂,忽然不见,反而自存,亦以沦于无形矣。[12]

【注释】

〔1〕魄：高诱注："人阴神也。"魂：高诱注："人阳神也。"按：古指精神离开形体而存在者为魂，依形体而存在者为魄。

〔2〕"以无有"句：高诱注："道无形，以无有为体也。"

〔3〕"何得而"句：王叔岷《淮南子斠证》：《天中记》二三引"何得而闻也"上，亦有"魄曰：无有"四字。《法苑珠林》百十六引有"魄曰：有形也。若也无有"九字。

〔4〕直：但，只。

〔5〕幽冥：幽深、暗昧之义。

〔6〕"幽冥者"二句：高诱注："似道而非道也。"

〔7〕"闻"：《道藏》本、刘绩《补注》本同。王念孙《读书杂志》："闻"字涉上文而衍。 得：有知晓义。

〔8〕内视：内心照察。 自反：指返回原貌。

〔9〕扬：高诱注："犹称也。"按：即举扬、称扬义。

〔10〕"言者"句：高诱注：魄谓魂曰："子尚无形，何故有言？"

〔11〕"吾将"句：高诱注："宗，本也。魂言将反于无有。"

〔12〕"反而"二句：高诱注："魄反而自存，亦以入于无形之中矣。"按：自存，自察之义。《尔雅·释诂下》："存，察也。"

【译文】

魄向魂询问说："道用什么作为形体呢？"魂回答说："道用无有作为自己的形体。"魄说："无有它有形体吗？"魂回答说："没有。"魄又问："没有形体，你怎么知道它的呢？"魂回答说："我只是凭遭遇而知道它。看它没有形体，听它没有声音，称呼它叫幽冥。幽冥，只是用来比喻道，而不是道。"魄说："我知道了你说的内容。就是凭内心照察而让它恢复原貌的意思。"魂说："凡是得道的，形体不能够看见，名声不能够称扬。现在你已经有了形体和名声，怎么能得到道呢？"魄说："你正在说话，怎么是没有形体呢？"魂说："我打算返回到根本即无形之中去。"魄回头来看魂，忽然之间不存在了，自己反身自察，也已经消失在无形之中了。

人不小学，不大迷；[1]不小慧，不大愚。

人莫鉴于沫雨，而鉴于澄水者，以其休止不荡也。[2]

【注释】

〔1〕"人不"二句：高诱注："小学不博，不能通道，故大迷也。"学：《广雅·释诂四》："觉也。"小觉，即小的觉悟。《文子·上德篇》作"小觉"。

〔2〕"人莫"几句：高诱注："沫雨，雨潦上覆瓮也。澄，止水也。荡，动也。'沫雨'，或作'流潦'。"按：沫雨，指骤雨成潦，泡沫浮泛于水面者。《文子·上德篇》作"流潦"。

【译文】

人拘于小觉而不广博，（不能通达道旨），就会大迷；人卖弄聪明，（不能通晓变化），就特别愚蠢。

没有人用雨水泡沫来照镜子的，而必须用静止的清水，因为它停止不再动荡。

詹公之钓，千岁之鲤不能避；[1]曾子攀枢车，引辂者为之止也；[2]老母行歌而动申喜，精之至也。[3]瓠巴鼓瑟，而淫鱼出听；[4]伯牙鼓琴，而驷马仰秣；[5]介子歌龙蛇，而文君垂泣。[6]故玉在山而草木润，渊生珠而岸不枯。[7]蚓无筋骨之强，爪牙之利，上食晞堁，下饮黄泉，用心一也。[8]

【注释】

〔1〕"詹公"二句：高诱注："詹公，詹何也。古得道善钓者，有精之术，故得千岁之鲤也。"王念孙《读书杂志》：《初学记·鳞介部》、《太平御览·资产部》十四、《鳞介部》八引此，并作"詹公之钓，千岁之鲤"。无"不能避"三字。按："詹何"事，载《列子·汤问》。

〔2〕"曾子"二句：高诱注："曾子至孝，送亲丧悲哀，攀援枢车，而挽者感之，为之止。"按：曾子，孔子弟子曾参，以孝出名。《汉书·艺文志》："《孝经》者，孔子为曾子陈孝道也。"枢车，载枢出殡之车。引辂者，拉灵枢的人。

〔3〕"老母"二句：高诱注："申喜，楚人也。少亡其母，闻乞人行歌

声，感而出视之，则其母，故曰：'精之至'。"按：事见《吕览·精通》。

〔4〕"瓠巴"二句：高诱注："瓠巴，楚人也，善鼓瑟。淫鱼喜音，出头于水而听之。"按：载于《列子·汤问》、《荀子·劝学》、《大戴礼记·劝学》等。《说文》："鱏，鱼名。从鱼，覃声。传曰：伯牙鼓琴，鱏鱼出听。"与此稍异。

〔5〕"百牙"二句：高诱注："仰秣，仰头吹吐，谓马笑也。"按：百牙，亦作伯牙。春秋时人，精琴艺。只有好友钟子期能识音。事见《荀子·劝学》、《大戴礼记·劝学》等。

〔6〕"介子"二句：高诱注："介子，介推也。从晋文公重耳出奔翟，遭难绝粮，介子推割肌啗之。公子复国，赏从亡者，子推独不位，故歌曰：'有龙矫矫，而失其所。有蛇从之，而啖其口。龙既升云，蛇独泥处。'龙以喻文公，蛇以自喻也。于是文公觉悟，求介子推不得而号泣之。"按：事载《左传·隐公二十四年》、《吕览·介立》、《史记·晋世家》、《新序·节士》、《说苑·复恩》、《韩诗外传》卷二等亦记其事。

〔7〕"故玉"句：高诱注："玉，阳中之阴也。故能润泽草木。""渊生"句：高诱注："珠，阴中之阳也，有光明，故岸不枯。"按：事见《荀子·劝学》、《大戴礼记·劝学》，并见《史记·龟策列传》。

〔8〕晞：高诱注："干也。"埈：高诱注："土尘也。楚人谓之埈。"按：载于《荀子·劝学》、《大戴礼记·劝学》，亦见于《说苑·杂言》。

【译文】
　　詹何的钓术，千年的鲤鱼也不能够避开；曾子攀扶柩车送丧，拉灵车的人也要停下为之哭泣；老母在路上行乞歌唱，感动了申喜，乃是精诚达到极点所致。瓠巴鼓起瑟来，而淫鱼也要浮来倾听；伯牙鼓起琴来，驷马也会仰首吐沫而乐；介子推唱起"龙蛇"之歌，而晋文公泪流不止。因此美玉在山巅之中，草木也因之而得到滋润；珍珠生于深渊，而岸畔草木也不会枯死。蚯蚓没有强壮的筋骨，尖利的爪牙，向上可以吃到晒干的尘土，向下可以饮到黄泉之水，这是用心专一的原因。

　　清之为明，杯水见牟子；〔1〕浊之为暗，河水不见太山。视日者眩，听雷者聋。〔2〕

人无为则治，有为则伤。⁽³⁾无为而治者，载无也。⁽⁴⁾为者，不能有也；⁽⁵⁾不能无为者，不能有为也。⁽⁶⁾人无言而神，有言者则伤。无言而神者载无，有言则伤其神。⁽⁷⁾之神者，鼻之所以息，耳之所以听，终以其无用者为用矣。⁽⁸⁾物莫不因其所有，而用其所无。⁽⁹⁾以为不信，视籁与竽。⁽¹⁰⁾

【注释】

〔1〕牟子：瞳人。《说文》段玉裁注："牟，俗作眸。"

〔2〕聋：《道藏》本、刘绩《补注》本同。《玉篇·耳部》："聹，《淮南子》曰：'听雷声者聹。'注云：'耳中聹聹然。'《埤苍》：'耳中声也'。"聹，即耳鸣。当是异本。

〔3〕"人无为"二句：高诱注："道贵无为，故治也。有为则伤，道不贵有为也。伤，犹病也。"按：伤，损害。

〔4〕"无为"二句：高诱注："言无为而能致治者，常载行其无为。"按：载，载行。

〔5〕"为者"二句：高诱注："为者，有为也。'有'谓好憎、情欲，不能恬澹静漠，故曰'不能无为'。"按：王念孙《读书杂志》："不能有也"，本作"不能无为也"。《文子·精诚篇》作"为者，不能无为也"。

〔6〕"不能"二句：高诱注："不能行清静无为者，不能大有所致其治，立其功也，故曰'不能有为也'。"

〔7〕"无言"句：高诱注："道贵无言，能致于神。载，行也。常行其无言也。""有言"句：高诱注："道贱有言，而多反有言，故自伤其神。"

〔8〕"无用者"：高诱注："谓鼻耳中空处也。"

〔9〕"物莫"二句：高诱注："以其所无用为用也。"按：《老子》二章："有无相生。"

〔10〕"视籁"句：高诱注："籁，三孔籥也，以其管孔空处以成音也，故曰'视籁与竽'也。"按：竽，一种管乐器，汉初有十二管。

【译文】

清水是透明的，一杯水中可以瞧见瞳子；混浊之水是昏暗的，用整个黄河水也不能照见太山。眼睛盯着太阳会觉得眩晕，倾听雷声会震聋耳朵。

人君顺应道的规律，社会便能得到治理，违背规律就要受到损害。顺应规律治理国家，常推行"无为"；背离规律治理国家，就不能做到"无为"。不能做到"无为"，便不能够大有作为。（人们顺应自然），不用言语，便可达到神化的效果；（背离自然法则），妄发议论，就会受到损害。不用说话而能达到神化的效果，是实行的"无为而治"；妄发议论，那么就会伤害它的神化效果。达到神化的人，虽然也用鼻子呼吸，用耳朵听声音，最终却是凭借中空才获得大用的。万物没有不按照它具有的特点，而使用它们无用的地方。如果认为这种说法不可信，请看籁与竽。

念虑者不得卧，止念虑，则有为其所止矣。〔1〕两者俱亡，则至德（约）[纯]矣。〔2〕

圣人终身言治，所用者非其言也，用所以言也。〔3〕歌者有诗，然使人善之者，非其诗也。〔4〕鹦鹉能言，而不可使长[言]。〔5〕是何则？得其所言，而不得其所以言。故循迹者，非能生迹者也。〔6〕

神蛇能断而复续，而不能使人勿断也；神龟能见梦元王，而不能自出渔者之笼。〔7〕

【注释】

〔1〕"止念虑"二句：高诱注："止，犹去也。强自抑去念虑，非真无念虑，则与物所止矣。"

〔2〕"约"：《道藏》本、刘绩《补注》本作"纯"。当正。"两者"二句：高诱注："两者，念虑与强不念虑也。忘二者则神内守，故'至德纯一也'。"

〔3〕"非其言"：高诱注："非其所常言也。""用所以言"句：高诱注："用所以言者，用当所治之言。"

〔4〕"然使人"二句：高诱注："善之者，善其音清和也，不善其诗。故曰'非其诗'也。"

〔5〕鹦鹉：《说文》："鹦，鹦䳇，能言鸟也。""长"：高诱注："主也。"王念孙《读书杂志》："长"下当有"言"字，《艺文类聚·鸟部》中、《太平御览·羽族部》十一引此，皆有"言"字。

〔6〕"故循迹"二句：高诱注："循，随也。随人故迹，不能创基造制，自为新迹，如鹦鹉知效人言，不能自为长主之言也。"

〔7〕元王：春秋宋君，名佐，在位十五年。时尚未称王。"神龟"二句：高诱注："宋元王夜梦见得神龟而未获也。渔者豫且捕鱼得龟，以献元王，元王剥以卜。故曰'能见梦元王，而不能自出渔者之笼'也。"按：事载《庄子·外物》，亦见于《论衡·讲瑞》。

【译文】

思念考虑事情的人，不得安睡；抛开了思虑，强行抑制念虑，那么种种行为便会止息下来。念虑与不念虑全部忘掉，那么便可以达到精神内守、至德纯一的境界。

圣人终身都在讲治理，他们所用的不是说的那些话，而是用产生这些话的基本精神。唱歌的歌词有诗句，然而使人喜欢的，不是其中的诗歌。鹦鹉能够模仿人说话，而不能够使它自主说话。这是为什么呢？它能够模仿人说话，而不知道模仿人说话的原因。因此只追随别人形迹的人，不是能开创新的道路的人。

神蛇断了能够重新再长出，但是不能使人不把它斩断；神龟能够显灵被宋元王梦见，但是不能够从捕鱼者的渔笼之中逃脱。

四方皆道之门户牖向也，在所从窥之。⁽¹⁾故钓可以教骑，骑可以教御，御可以教刺舟。⁽²⁾

越人学远射，参天而发，适在五步之内，不易仪。⁽³⁾世已变矣，而守其故，譬犹越人之射也。

月望，日夺其光，阴不可以乘阳也。⁽⁴⁾日出，星不见，不能与之争光也。故末不可以强于本，指不可以大于臂。下轻上重，其覆必易。一渊不两鲛。⁽⁵⁾

水定则清正，动则失平，故惟不动，则所以无不动也。

【注释】

〔1〕窥：窥视。

〔2〕"故钓"四句：高诱注："此四术者，皆谨敬，加顺其道，故可以相教。"

〔3〕参天：向高空。　适：恰好。　仪：射箭之法。

〔4〕"月望"三句：高诱注："月十五日，与日相望，东西中绳，则月食，故夺月光也。差则亏，至晦则尽，故曰'阴不可以乘阳也'。"按：月望，农历每月十五日。

〔5〕鲛：高诱注："鱼之长，其皮有珠，今世以为刀剑之口是也。一说：鱼二千斤为蛟。"按：《文子·上德篇》："一渊不两蛟，一雌不二雄，一即定，两即争。"疑"一渊不两鲛"下有脱文。

【译文】

　　四面八方都是"道"的门户、窗口，看你从什么位置上去观察。因此钓鱼的人可以教骑马，骑马的人可以教驾驭，驾驭的人可以教行舟，（这四种技艺谨慎的道理是相通的）。

　　越国人学习远射技术，往往向高空发射，正好落在五步距离之内，这是不知道要改变射箭方向的缘故。社会已经变化了，却还墨守旧规矩，就像越人学习射术一样。

　　每月十五日，（太阳与月亮东西正处一绳），月亮无光，这是阴不能凌驾在太阳之上的缘故。太阳出现，星辰就看不见了，因为它们不能和太阳争夺光辉。因此末技不能胜过根本，手指不能够大过胳膊。一件物体下面轻上面重，一定很容易倾覆。一个深渊中不会生活两条蛟龙，（一个栖息地不会并存两个雄兽。一个安定，两个就会引起争斗）。

　　水流平定，那么就会清澈平稳，震动就会失去水的平定，因此只有不动，那么就没有什么不能在其中活动的。

　　江、河所以能长百谷者，能下之也。夫惟能下之，是以能上之。

　　天下莫相憎于胶漆，而莫相爱于冰炭，胶漆相贼，冰炭相息也。〔1〕

墙之坏,愈其立也;冰之泮,愈其凝也,以其反宗。[2]

泰山之容,巍巍然高,去之千里,不见埵块,远之故也。[3]

秋毫之末,沦于不测。是故小不可以为内者,大不可为外矣。[4]

【注释】

〔1〕"天下"句:高诱注:"胶漆相持不解,故曰'相憎'。一说:胶入漆中则败,漆入胶亦败,以多少推之,故曰'相憎'也。""而莫"句:高诱注:"冰得炭则解归水,复其性,炭得冰则保其炭,故曰'相爱'。"

〔2〕"墙之坏"二句:高诱注:"坏,反本还为土。故曰愈其立也。"按:愈,通"踰"。《说文》:"踰,越也。"即超过、胜过义。"冰之泮"三句:高诱注:"泮,释,反水也。宗,本也。"按:泮,通"判",分散义。

〔3〕埵块:土块。此条亦见于《论衡·说日》。

〔4〕"是故"二句:高诱注:"小不可为内,复小于秋豪之末,谓无有也,无有无形者至大,不可为外也。"

【译文】

长江、黄河之所以能够成为百谷之长,是因为比百谷低下。正是因为江、河比百谷低下,所以才能大于百川。

天下万物中没有什么比胶、漆那样互相憎恨的了,也没有什么比冰、炭更相爱的了。胶、漆互相残害,冰、炭互相消灭。

土墙的倒塌,(回归本土),胜过它的直立;冰冻消释,(复为流水),胜过它的凝结,因为它们都回到了根本。

泰山的雄姿,巍然高耸;距离它千里,看到它不会有一个土块大,这是因为距离远的原因。

秋毫那样细小的东西,可以沦没到无法测量之地。因此小的东西不能够作为"内",大的东西也不可以成为"外"。

兰生幽宫,不为莫服而不芳;舟在江海,不为莫乘而不浮;君子行义,不为莫知而止休。[1]

夫玉润泽而有光，其声舒扬，涣乎其有似也；[2] 无内无外，不匮瑕秽；[3] 近之而濡，望之而隧。[4]

夫照镜见眸子，微察秋毫，明照晦冥。故和氏之璧、随侯之珠，出于山渊之精。君子服之，顺祥以安宁；[5] 侯王宝之，为天下正。

【注释】
〔1〕"不为"句：《文子·上德篇》作"君子行道，不为莫知而止"。
〔2〕舒扬：和缓。 涣乎：鲜明的样子。 有似：指有似君子之风。
〔3〕匿：藏匿。 瑕：玉斑。 秽：污秽。
〔4〕濡：柔顺。 隧：深远，精深。《诗·秦风·小戎》孔颖达疏："隧者，深也。"
〔5〕服：佩带。

【译文】
兰草生长在幽深的宫殿中，不因为没有人佩带而没有芳香；大船航行在江海之上，不因为没有人乘坐而不漂浮；君子推行大义，不因为没有人了解而停止。

美玉润泽而有光彩，它的声音舒缓而上扬，色彩鲜明好像有君子的风度；不分内外，表里如一，没有一点瑕疵污秽；接近它有柔顺之感，远望它又感到十分幽深。

照镜子可以见到眸子，秋毫之末都可以明察，光辉可以照耀昏暗。因此和氏之璧、随侯之珠，由高山、深渊的精华所产生。君子佩带它，和顺吉祥而安静。侯王重视它，用来作为天下平正的标准。

陈成子恒之劫子渊捷也；[1] 子罕之辞其所不欲，而得其所欲；[2] 孔子之见黏蝉者；[3] 白公胜之倒杖策也；[4] 卫姬之请罪于桓公；[5] 子见子夏曰："何肥也？"[6] 魏文侯见之反披裘而负刍也；[7] 兒说之为宋王解闭结也，此皆微眇可以观论者。[8]

【注释】

〔1〕"陈成子"句：高诱注："陈成子将杀齐简公，使勇士十六人胁其大夫子渊捷，欲与分国，捷不从，故曰'劫之'也。"按：子渊捷，春秋末齐大夫。事载《左传·昭公二十六年》，亦见于《新序·义勇》。

〔2〕子罕：春秋宋国贤臣。本书四见。 不欲：指不以玉为宝。 所欲：指不以贪为宝。载于《韩非子·喻老》，亦见本书《精神训》。

〔3〕"孔子"句：载于《庄子·达生》、《列子·黄帝》。孔子对痀偻黏蜩绝技，十分赞赏，对"用志不分"给以肯定。

〔4〕"白公胜"句：载于《列子·说符》、《韩非子·喻老》，亦见本书《道应训》。

〔5〕"卫姬"句：高诱注："卫姬，卫女，齐桓公夫人也。桓公有伐卫之志，卫姬望见桓公色而知之，故请公杀，赎卫之罪也。"按：载于《吕览·精谕》，亦见于《列女传》。

〔6〕"子见子夏"事：载于《韩非子·喻老》，亦见本书《精神训》。

〔7〕"魏文侯"句：高诱注："知其皮尽，则毛无所傅也。"按：载于《晏子春秋·内篇杂上》、《吕览·观世》，亦见于《新序·杂事》。

〔8〕"兒说"句：高诱注："结不可解者而能解之，解之以不解。"按：兒说，战国宋大夫，善辩者。宋王，指宋元王。事载《吕览·君守》，亦载本书《人间训》。

【译文】

陈成子恒胁迫子渊捷弑君，（子渊捷誓不相从）；子罕辞掉他不认为是宝物的美玉，而把不贪财作为宝贝；孔子看见痀偻黏蝉，为其技艺之精深所动；白公胜思虑谋反，杖策误倒刺伤自己都不觉得；卫姬观色知道齐桓公欲伐卫，请杀己以赎卫之罪；曾子见子夏说："为什么这样胖呢？"魏文侯见到反穿着皮裘而背柴草的人，（说皮子磨尽毛则无所依附）；兒说为宋元王解闭结，以"不解"来解开它，这些事情都是见始知终的，可以通过观察得到的。

人有嫁其子而教之曰："尔行矣，慎无为善。"曰："不为善，将为不善邪？"应之曰："善且由弗为，况不善乎？"此全其天器者。[1]

拘囹圄者，以日为脩；当死市者，以日为短。⁽²⁾日之脩短有度也，有所在而短，有所在而脩也，则中不平也。⁽³⁾故以不平为平者，其平不平也。

嫁女于病消者，夫死则后难复处也。⁽⁴⁾故沮舍之下，不可以坐；⁽⁵⁾倚墙之旁，不可以立。

【注释】

〔1〕天器：天性。
〔2〕死市：即弃市。
〔3〕中：心中。
〔4〕消：病名，也叫消渴。以渴饮多尿为主症的一种疾病，类似今糖尿病、尿崩症等。
〔5〕沮舍：坏屋子。《诗·小雅·小旻》毛亨传："沮，坏也。"

【译文】

有人家要出嫁自己女儿，教导她说："你出嫁后，一定不要做好事。"女儿回答说："不做好事，难道要做那些不好的事情吗？"父亲回答说："善事尚且不做，何况不善呢？"这是在说保全天性的道理。

拘禁在牢狱里的人，认为日子太长了；判处弃市之罪的人，又认为时光太短了。日子的长短是有一定规定的，有时所处的境地认为短，有时所处的境地认为长，这是心中不能平定的缘故。因此用不平定的思想来处理平正的事情，他的公平也就是不公平的了。

嫁女儿给患消渴病的人，丈夫死去就难以嫁人了，（因为人们认为这个女子妨碍丈夫）。因此不能坐在要倒塌的屋子里；不能靠在倾斜的墙壁下。

执狱牢者无病，罪当死者肥泽，刑者多寿，心无累也。⁽¹⁾

良医者，常治无病之病，故无病；圣人者，常治无患之患，故无患也。

夫至巧不用剑，善闭者不用关楗；[2]淳于髡之告失火者，此其类。[3]

以清入浊，必困辱；以浊入清，必覆倾。君子之于善也，犹采薪者，见一介掇之，见青葱则拔之。[4]

【注释】

〔1〕执：主管。"罪当死"句：高诱注："计决，心之无外思。一说：治当死者，罪已定，无忧，故肥泽也。"刑者：指受宫刑的人。

〔2〕"夫至巧"句：高诱注："巧在心手，故不用剑。""善闭者"句：高诱注："善闭其心。闭其心，故不关楗也。"

〔3〕"淳于髡"句：高诱注："淳于髡，齐人也。告其邻突将失火，使曲突徙薪。邻人不从，后竟失火。言者不为功，救火者焦头烂额为上客。刺不备豫。喻凡人不知豫闭其情欲，而思得人救其祸。"按：亦见《说苑·权谋》。

〔4〕介：《道藏》本同。刘绩《补注》本作"芥"。掇：拾取。

【译文】

主管牢狱的人，没有恐惧之病；判处死刑的人，身子发胖，面有光泽；处以宫刑的人，反而长寿，因为这些人心里头没有拖累。

高明的医生，常常治疗没有疾病的人，因此才能不使病症发生；圣人常治理没有发生患祸的问题，因此不会发生祸患。

心手至巧的人不使用利剑，善于关闭内心的人不需要用门闩；淳于髡告诉即将失火的人家，（将有灾祸发生），都是属于这一类的问题。

让心中清澈的人进入混浊的地方，必然受到困辱；使心中混浊的人进入清澈的地方，一定要遭到倾覆。君子对于好的事情，就像采伐薪柴一样，看见一棵小草也要拾取，见到青绿色的植物也要拔取。

天二气则成虹，地二气则泄藏，人二气则成病，阴阳不能且冬且夏。[1]月不知昼，日不知夜。

善射者发不失的，善于射矣，而不善所射。[2]善钓者无所失，善于钓矣，而不善所钓。故有所善，则有不善矣。

钟之与磬也，近之则钟音充，远之则磬音章。[3]物固有近不若远，(逮)[远]不如近者。[4]

今曰稻生于水，而不能生于湍濑之流；[5]紫芝生于山，而不能生于盘石之上；慈石能引铁，及其于铜，则不行也。[6]

【注释】

〔1〕"地二气"句：高诱注："阴阳相干，二气也。""人二气"句：高诱注："邪气干正气，故成病。""阴阳"句：高诱注："阴不能阳，阳不能阴，冬自为冬，夏自为夏也。"
〔2〕"而不善"句：高诱注："所射者死，故曰不善。"
〔3〕充：大。　磬：古代打击乐器，用玉或石制成。
〔4〕"逮"：《道藏》本、刘绩《补注》本作"远"。当正。
〔5〕湍濑：急流。
〔6〕"慈石"句：载于《吕览·精通》等。

【译文】

天空中有阴阳二气结合便成为彩虹；大地上有阴阳二气相干，就会使所藏的财物泄散；人有二气相冲突，就要产生疾病。阴气不能既主冬又主夏，阳气不能既主夏又主冬，各有专责。月亮不知道白天，太阳不知道黑夜，不能相互兼顾。

善于射箭的发箭不离准的，对于射术是很精通的了，而对于被射的人来说就是不善的了。善于垂钓的人不会失去所钓的鱼儿，可以说是精通钓术的了，而对于所钓的鱼来说就是不善的了。因此有所善，那么就有所不善了。

金钟和石磬，离近的时候钟音洪亮，离远了那么磬音清扬。万物中本来就有近的不如远的，远的不如近的。

现在说稻子要生长在水中,而不能生长在急流之中;紫芝生长在高山之上,但是不能生长在磐石之上;慈石能够吸引铁器,但是对于铜器,就不行了。

水广者鱼大,山高者木脩;广其地而薄其德,譬犹陶人为器也,揲(挺)[挺]其土而不益厚,破乃愈疾。⑴
圣人不先风吹,不先雷毁,不得已而动,故无累。
月盛衰于上,则蠃蛖应于下,同气相动,不可以为远。⑵
执弹而招鸟,挥梲而呼狗,欲致之,顾反走。⑶ 故鱼不可以无饵钓也,兽不可以虚器召也。

【注释】
⑴"挺":《道藏》本、刘绩《补注》本作"挺"。当正。揲挺,椎之使薄。揲,通"鍱"。《说文系传》:"鍱,今之铁叶也。"挺,《集韵》"仙"韵:"揉也。"愈:更加。
⑵"月盛衰"几句:载于《吕览·精通》,亦见于本书《天文训》。
⑶梲:《道藏》本、刘绩《补注》本作"棁"。朱骏声《说文通训定声》:"挩,叚借为棁。"棁,指梁上的短柱。

【译文】
宽阔的水面鱼儿大,高峻的大山树木高;务求增广土地而削弱他的德行,比如就像陶人制造器物,槌打土坯而不增加厚度,那么它的破碎就更快了。
圣人不站到风的前面,受到吹打;不站在雷电下,受到击毁,不得已顺应外物而行动,因此没有拖累。
月亮在天上有圆缺的变化,那么在地上蚌蛤便同它相感应,阴气相同而相互对应变化,不能够使它们远远分离。
手拿弹子招引鸟儿,挥舞棍棒来呼唤狗儿,主观上想要得到它们,结果它们跑得更远了。所以鱼儿不能够没有鱼饵而钓取,野兽不能够用空器来招引。

剥牛皮，鞹以为鼓，正三军之众，然为牛计者，不若服于轭也。[1]

狐白之裘，天子被之而坐庙堂，然为狐计者，不若走于泽。[2]

亡羊而得牛，则莫不利也；[3]断指而免头，则莫不利为也。故人之情，于利之中则争取大焉，于害之中则争取小焉。

将军不敢骑白马，亡者不敢夜揭炬，保者不敢畜噬狗。[4]

【注释】

[1]鞹：去毛的皮。　轭：驾车时套在牲口脖子上的曲木。
[2]狐白：狐腋下的白毛。
[3]利：《道藏》本同，刘绩《补注》本"利"下有"失"字。
[4]"将军"句：高诱注："为见识者。一说：白，凶服，故不敢骑也。"保者：有三说：城堡；酒保；保姆。取"城堡"说。

【译文】

剥去牛皮而制成鼓，虽然可以纠正三军的行列；但是如果替牛考虑，不如套上轭拉车子。

用狐腋下白毛做成皮裘，天子穿上它，坐在庙堂之上；但是为狐考虑，不如让它奔走在大泽之中。

失去一只羊而得到一头牛，就没有人不以失去是有益的；砍断手指而免除头部之害，没有人不认为这样做是得利的。因此在人的感情上，对于利益就要争着取得多一点；对于灾祸，就要争取尽可能少一些。

将军不敢骑容易被人识别的白马；逃亡的人不敢夜里举火把；守护城堡的人不敢畜养咬人的狗。

鸡知将旦，鹤知夜半，而不免于鼎俎。[1]

山有猛兽，林木为之不斩；园有螫虫，藜藿为之不采。

为儒而踞里闾,为墨而朝吹竽,欲灭迹而走雪中,拯溺者而欲无濡,是非所行,而行所非。[2]

今夫暗饮者,非尝不遗饮也,使之自以平,则虽愚无失矣。[3]是故不同于和,而可以成事者,天下无之矣。[4]

【注释】

〔1〕"鹤知"二句:高诱注:"鹤夜半而鸣也。以无知谋,不能免于鼎俎。以喻将军当兼五材,不可以无权谲。"

〔2〕"为儒"句:高诱注:"儒尚礼仪,踞里闾,非也。"按:踞,指蹲坐。《广韵》"御"韵:"踞,蹲也。""为墨"句:高诱注:"墨道尚俭,不好乐,县名朝歌,墨子不入,吹竽,非也。"按:朝,朝歌,曾为纣都,在今河南淇县。

〔3〕暗饮:在暗室中饮酒。 遗:散溢。 使:有举起义。《大戴礼记·卫将军文子》卢辩注:"使,举也。"

〔4〕和:和调,和适。

【译文】

雄鸡知道天将破晓,鹤知道夜半之时,但是最终都免不了进入鼎俎之中。

山里有猛兽,树木因之而不被砍伐;园子里有螫毒之虫,藜藿因之而不会被采摘。

从事儒学讲究礼仪,却蹲坐在里闾,(就不必要了);信奉墨学不好音乐,但进入朝歌吹竽,(就不必要了);想要消灭足迹而只在雪中奔跑;拯救落水的人而想不沾湿身体,这些都不是他们所要实行的,而实行的这些又都是不必要的。

现在暗室中饮酒的人,酒未尝不散溢在外,如果自己能把酒杯举平,那么即使是愚蠢的人也不会洒掉酒。因此不能在平和上相协同,而能够成就大事的,天下是没有的。

求美则不得,不求美则美矣。[1]求丑则不得丑,求不丑则有丑矣。不求美又不求丑,则无美无丑矣,是谓玄同。[2]

申徒狄负石自沉于渊，而溺者不可以为抗。[3]弦高诞而存郑，诞者不可以为常。[4]事有一应，而不可循行。

人有多言者，犹百舌之声；[5]人有少言者，犹不脂之户也。[6]

六畜生多耳目者不详，谶书著之。[7]

【注释】

〔1〕"不得"：《道藏》本同。刘绩《补注》本、《四库全书》本"得"下有"美"字。"求美"二句：高诱注："己自求美名，则不得美名也；而自损，则有美名矣。"

〔2〕玄同：指与道混同为一。

〔3〕"申徒狄"二句：高诱注："申徒狄，殷末人也。不忍见纣乱，故自沉于渊。抗，高也。"按：载于《庄子·盗跖》、《荀子·不苟》。

〔4〕"弦高"二句：高诱注："弦高矫郑伯之命，以十二牛犒秦师而却之，故曰'诞而存郑'。诞，非正也。故曰'不可以为常'也。"按："弦高"事，《淮南子》凡五见。诞，有欺骗义。

〔5〕百舌：鸟名，也叫反舌，鸣叫如百鸟之鸣，故名。立夏后鸣叫，夏至后无声。

〔6〕"人有"二句：高诱注："言其不鸣，故不脂之，喻无声也。一说：不脂之户难开闭，亦喻人少言语也。"按：不脂之户，喻话少。

〔7〕详：通"祥"。吉祥义。

【译文】

心里自求美名，那么就不会得到美名；自己不寻求美名，就会得到美名。心里自求丑名，那么就不会得到丑名；寻求不丑，就会得到丑名。不寻求美又不寻求丑的，那么就会无美无丑了。这就和"道"相统一了。

申徒狄不忍见纣之乱，背负着石头自己沉没到深渊之中，但溺水的人不能够成就这样的高节；弦高用欺骗秦军的手段保存了郑国，但是不能够把欺骗作为常德。事情往往只有一点有应验，而不能够作为规律来遵循。

　　人有喜欢多言的,就像百舌鸟一样喋喋不休;人有很少言谈的,就像难于开闭的门枢一样。

　　六畜之中,有多生出耳朵、眼睛的,被认为不吉祥,谶书中就有这样的记载。

　　百人抗浮,不若一人挈而趋,物固有众而不若少者。⁽¹⁾引车者二六而后之,事固有相待而成者。⁽²⁾两人俱溺,不能相拯,一人处陆则可矣。故同不可相治,必待异而后成。⁽³⁾

　　千年之松,下有茯苓,上有兔丝;⁽⁴⁾上有丛蓍,下有伏龟。⁽⁵⁾圣人从外知内,以见知隐也。

　　喜武,非侠也;⁽⁶⁾喜文,非儒也;好方,非医也;好马,非驵也;知音,非瞽也;知味,非庖也。此有一概而未得主名也。⁽⁷⁾

【注释】

〔1〕抗:举起。　浮:通"匏"。朱骏声《说文通训定声》:"浮,叚借为匏。"即匏瓜,俗称"瓢葫芦"。　挈:提。

〔2〕"引车者"句:高诱注:"辕三人,两辕六人,故谓二六。一说:十二人。"杨树达《淮南子证闻》:"疑当作引车者二,而六后之,""六而"二字误倒耳。

〔3〕"故同"二句:高诱注:"同,谓君所谓可,臣亦曰可,君所谓否,臣亦曰否,犹以水济水,谁能食之,是谓'同',故不可以相治。异,谓济君之可,替君之否,引之当道,是谓'异'也,故可以成事也。"

〔4〕"千年之松"句:王念孙《读书杂志》:《吕览·精通》注、《太平御览·药部》六、《嘉祐本草补注》、《埤雅》引此,皆无"千年之松"四字。　茯苓:菌类植物。寄生于山林松根,状如块珠,可入药。　兔丝:俗称菟丝子。蔓生,茎细长,常缠绕于其他植物上。可入药。

〔5〕丛蓍:丛生的蓍草。

〔6〕侠：指重义轻生的人。
〔7〕一概：一端。　主名：主要名称的内容。

【译文】

百人在水中举起一个瓢，不如一个人拿着它走，万物中本来就有众多而不如很少的。牵引车子要两人，而后面要有六个人扶辕，事物中本来就有相互依存而成功的。两个人一起淹没在水中，不能互相拯救，而一个人处在岸上，则可以救人了。因此与国君持有相同见解的，不能治理国家，必须有待不同的意见才能成功。

千年的老松树下面，长有茯苓，上面缠绕着菟丝子；上有丛生的蓍草，下面就有俯伏的神龟。圣人从外部现象可知内部规律，从显现的现象而知道隐藏的问题。

喜欢武力的人，并不都是侠客；热爱文学的人，不见得是儒生；爱好方技的人，也不都是医生；喜爱马的人，不都是养马的；通晓音乐的人，不见得都是瞽师；善于品味的人，不一定是厨师。这些人都是只掌握一部分知识，而没有掌握主要内容。

被甲者，非为十步之内也，百步之外，则争深浅，深则达五藏，浅则至肤而止矣。死生相去，不可为道里。

楚王亡其猿，而林木为之残；[1]宋君亡其珠，池中鱼为之殚。[2]故泽失火而林忧。上求材，臣残木；上求鱼，臣干谷；上求楫，而下致船；[3]上言若丝，下言若纶；[4]上有一善，下有二誉；上有三衰，下有九杀。[5]

大夫种知所以强越，而不知所以存身；苌弘知周之所存，而不知身所以亡。知远而不知近。[6]

【注释】

〔1〕"楚王"句：高诱注："楚王，庄王旅也。猿捷躁，依木而处，故残林以求之。"按：楚王，指楚庄王，春秋楚君，五霸之一，在位二

十三年。

〔2〕宋君：春秋末宋国国君，名头曼。在位六十四年。 殚：尽。

〔3〕揖：《道藏》本、刘绩《补注》本作"楫"。《诗·周南·螽斯》王先谦《诗三家义集疏》："揖、辑、集古字通用。"《集韵》"缉"韵："楫，通作辑。"疑揖、楫通。

〔4〕纶：大绳。

〔5〕衰：衰减。 杀：减削，降格。

〔6〕"知远"句：高诱注："远，谓强越、存周也。近，谓其身也。"

【译文】

被挂盔甲的人，不是为了十步之内的徒手搏斗，而在百步之外，那么便可以争个深浅。深的可以到达五脏，浅的那么只能伤及皮肤罢了。死生的相互距离，不能用道路里程来计算。

楚庄王养的猿猴跑了，林木因此而被砍伐；宋君在池中丢失了它的宝珠，池中之鱼因此而被消灭干净。因此大泽失火，而树木担忧被殃及。国君求美材，臣下便去砍木头；国君求鱼，臣下就会使溪谷干涸；国君需要桨，而臣下就要运来船；国君说的是细丝，臣下说成是大绳；国君有一个长处，臣下便有双倍赞誉；国君想要减少三分，臣下便有九等降格。

大夫文种知道使越国强大，但是不知道如何保存自己；苌弘只知道使周朝存在，而不知道自己是如何被杀的。他们都是知道大的国事，而不知道自身之事。

畏马之辟也，不敢骑；[1]惧车之覆也，不敢乘，是以虚祸距公利也。

不孝弟者，或詈父母；生子者，所不能任其必孝也，然犹养而长之。[2]

范氏之败，有窃其钟负而走者，铿然有声，惧人闻之，遽掩其耳。[3]憎人闻之可也，自掩其耳悖矣。[4]

升之不能大于石也，升在石之中。夜之不能脩于岁

也，夜在岁之中。仁义之不能大于道德也，仁义在道德之包。⁽⁵⁾

【注释】
〔1〕躄：于大成《说山校释》："躄"当读如"躃"。《吕览·尽数》高诱注："躃，不能行也。"《史记·平原君虞卿列传》正义云："躃，跛也。"
〔2〕任：保证。
〔3〕"范氏"几句：高诱注："范氏，范吉射，范会之玄孙，范鞅献子之子昭子也。败者，赵简子伐之，故人窃其钟也。一曰：知伯灭范氏也。"按：事见《吕览·自知》，亦见于《史记·晋世家》、《十二诸侯年表序》。铿然，钟声响亮的样子。《说文》："铿，钟声也。"《吕览·自知》作"况然"。
〔4〕悖：糊涂。
〔5〕"仁义"二句：高诱注："仁义小，道德大也。在道德包裹，犹升在斛之中，夜在岁之内也。"

【译文】
担心马狂奔容易摔倒，而不敢骑马；害怕车子倾覆，而不敢乘车，这是用空祸来阻挡共知的利益。

不讲究孝悌的人，有的会骂父母；生下儿子，不能保证他能必定守孝，但还是要抚养而使他长大。

范昭子失败的时候，有人偷了他家的钟，背着它逃走时，叮当有声。小偷害怕别人听到，赶忙捂上自己的耳朵。害怕别人听到是可以的，但是捂上自己的耳朵，那么就违背事理了。

升不能比石大，升的容量范围在石之中；黑夜不能比一年的岁月长，因为黑夜的时间在一年岁月之中。仁义不能比道德大，仁义包含在道德之中。

先针而后缕，可以成帷；先缕而后针，不可以成衣。针成幕，蔂成城，事之成败，必由小生，言有渐也。⁽¹⁾

染者先青而后黑则可，先黑而后青则不可。工人下漆而上丹则可，下丹而上漆则不可。万事犹此，所先后上下，不可不审。

水浊而鱼噞，形劳则神乱。[2] 故国有贤君，折冲万里。[3]

【注释】

〔1〕蔂：盛土器。《孟子·滕文公上》朱熹集注："蔂，土笼也。"

〔2〕噞：《说文》："噞喁，鱼口上见也。"即呼吸困难。

〔3〕"故国有"二句：高诱注："冲，兵车。所以冲突敌城也。言贤君德不可伐，故能折远敌之冲车于千里之外，使敌人不敢至也。魏文侯礼下段干木，而秦兵不敢至，此之谓也。"按："万里"，《文子·上德篇》作"千里"。

【译文】

先拿针后穿线，可以连成帷帐；先用线后用针，那么不可以做成衣服。用针可以连成帷幕，用盛土器可以垒成城墙，事情的成功失败，必须从小的地方开始，说的是事物要有一个渐进发展的过程。

染制衣服时，先上靛青后上黑色则是可以的，先染上黑色而后再染上靛青就不能上色。工人先涂漆而后上红色是可以的，先上红色后涂漆则是不行的。各种事物都是按照这种规律，具有先后、上下的次序，不能够不审查清楚。

水混浊那么鱼就呼吸困难，形体疲劳精神就会混乱。因此国家有贤明的国君，便可以在千里之外击退敌人的军车。

因媒而嫁，而不因媒而成。因人而交，不因人而亲。行合趋同，千里相从；趣不合，行不同，对门不通。[1] 海水虽大，不受觡芥。[2] 日月不应，非其气。[3] 君子不容非其类也。

人不爱倕之手，而爱己之指；[4] 不爱江、汉之珠，而爱己之钩。

【注释】

〔1〕趣:《玉篇》:"趋也。"
〔2〕胾:腐肉。
〔3〕"日月"二句:高诱注:"阴燧取火,方诸取水,气相应也。非此不得,故曰:'不应,非其气'也。"
〔4〕倕:尧时巧工。

【译文】

可以依靠媒人而出嫁,但是不能靠媒人就能成功。可以通过他人引见而交往,但是不能因人的介绍而一定能亲近。

如果行动相合,趋向相同,即使行千里也可以相从;行动不合,趋向不同,即使是对门也不能沟通。

海水虽然很多,也不能容纳芥籽大的臭肉。太阳、月亮不能感应,与它们的气不相同有关。君子也不容许不同类的人混杂。

人们不喜爱倕的巧手,而爱自己的手指;不喜爱长江、汉水产的宝珠,而喜欢自己的带钩。

以束薪为鬼,以火烟为气。〔1〕以束薪为鬼,揭而走;〔2〕以火烟为气,杀豚烹狗。〔3〕先事如此,不如其后。

巧者善度,知者善豫。〔4〕

羿死桃部,不给射;〔5〕庆忌死剑锋,不给搏。〔6〕

灭非者,户告之曰:"我实不与我謑乱。"〔7〕谤乃愈起。止言以言,止事以事,譬犹扬堁而弭尘,抱薪而救火。流言雪污,譬犹以涅拭素也。〔8〕

【注释】

〔1〕束薪:捆束的干柴。
〔2〕揭:离去。《说文》:"去也。"
〔3〕"以火烟"二句:高诱注:"以火烟为吉凶之气,杀牲以禳之,惑也。"
〔4〕豫:预备。《尔雅·释诂上》郝懿行义疏:"豫,通作预备。"

〔5〕"羿死"句：高诱注："桃部，地名。羿，夏之诸侯，有穷君也。为弟子逢蒙所杀，不及摄（己）[弓]而射也。"按：本书《诠言训》中"桃棓，大杖，以桃木为之，以击杀羿。犹是已来，鬼畏桃也"。《诠言训》为许注，本训为高注，二注异。以许说为胜。

〔6〕"庆忌"句：高诱注："庆忌，吴王僚之子也。要离为阖闾刺之，故死剑，不及设其捷疾之力。"按：不给，不及。

〔7〕"謏"：刘典爵《淮南子韵读》谓当作"嫂"。当是。《道藏》本、刘绩《补注》本作"谀"。疑误。

〔8〕流言：带有诽谤性的话。 雪：洗刷。《吕览·观表》高诱注："雪，拭也。"涅：一种矿物，可作黑色染料。

【译文】

夜晚看见捆束的干柴以为是鬼，把火烟往往看成是吉祥之气。把束薪作为鬼魂，会惊恐地逃走；把火烟作为吉祥之气，就会杀猪烹狗去祭祀它。起先的人都是这么做的，不如后来的人会慢慢搞清它。

手巧的人善于掌握尺度，聪明的人善于预先准备。

后羿死于桃棒之下，来不及射箭；庆忌死在利剑之下，来不及搏斗。

想消除非议的人向家家户户告诉说："我确实没有和嫂子乱伦。"自己这样到处乱说，非议就会愈来愈多。用多言制止流言，用多事来制止事端，比如就像扬起尘土来消除灰尘，抱着干柴去救火。用流言洗刷污秽，就像用黑色矿石去擦拭白色素丝一样。

矢之于十步贯兕甲，于三百步不能入鲁缟。〔1〕骐骥一日千里，其出致释驾而僵。〔2〕

大家攻小家则为暴，大国并小国则为贤。〔3〕

小马，非大马之类也；〔4〕小知，非大知之类也。〔5〕

被羊裘而赁，固其事也；〔6〕貂裘而负笼，甚可怪也。〔7〕

【注释】

〔1〕鲁缟：鲁国产的白绢。

〔2〕出:《吕览·达郁》高诱注:"出,罢也。"致:《后汉书·荀爽传》李贤注:"犹尽也,极也。""骐骥"二句:高诱注:"释,税。僵,仆也。犹矢于三百步不能穿鲁缟,言力竭势尽也。"按:释,解除。僵,仆倒。

〔3〕"大家"二句:高诱注:"(夏)〔衰〕世不能尚德,苟任劳力,而以辟土(折)〔拓〕境并兼人国为贤也。"

〔4〕非:《吕览·别类》:"小马,大马之类也。"无"非"字。"小马"句:高诱注:"小马不可以进道致千里,故得与大马同类。"顾广圻《校淮南子》:注"不"字疑当作"亦"。

〔5〕"小知"句:高诱注:"小知不可以治世长民,故不得与大知同类也。"

〔6〕赁:给人作雇工。《说文》:"赁,庸也。"

〔7〕笼:盛土器。

【译文】

箭在十步之内可以射穿兕牛之甲,在三百步之外则不能穿透鲁国的细绢。骐骥一日可行千里,等到它气力用尽,移下车驾,就会倒下。

强大的大夫之家攻打弱小的大夫之家,那么这是强暴的行为;大的诸侯国推行恩德,并吞小国,则是贤德行为。

小马也是大马一类的,(可以到达千里之遥);小聪明却不是和大智慧同类的,(治世结果大不相同)。

穿着羊裘去当雇工干活,本来就是他自己的事情;穿着貂裘而背土笼,确实值得奇怪了。

以絜白为污辱,譬犹沐浴而抒溷,薰燧而负彘。〔1〕

治疽不择善恶丑肉而并割之,农夫不察苗莠而并耘之,岂不虚哉?〔2〕

坏塘以取龟,发屋而求狸,掘室而求鼠,割唇而治龋,桀、跖之徒,君子不与。〔3〕杀戎马而求(弧理)〔狐狸〕,援两鳖而失灵龟,断右臂而争一毛,折镆邪而争锥刀,用智如此,岂足高乎?〔4〕

宁百刺以针，无一刺以刀。宁一引重，无久持轻。宁一月饥，无一旬饿。万人之蹎，愈于一人之隧。[5]

【注释】

〔1〕絜：《道藏》本、《四库全书》本作"洁"。戴震《方言》卷三疏证："洁、絜古通用。"抒：《说文》："挹也。"即汲出、舀出义。溷：《释名·释宫室》："厕，或曰溷，言溷浊也。"薰燧：高诱注："烧薰自香也。楚人谓之薰燧。"按：薰，香草。

〔2〕丑肉：陶鸿庆《读淮南子札记》："'丑肉'二字，当是高为'恶'字作注，而乱入正文者。" 莠：杂草。

〔3〕发：开掘。 狸：也叫野猫、山猫。 龋：龋齿，虫牙，蛀牙。

〔4〕"孤理"：《道藏》本、刘绩《补注》本作"狐狸"。

〔5〕蹎：高诱注："楚人谓蹎为蹎。"按：即跌倒义。 隧：即坠落义。通"坠"。

【译文】

用洁净的双手去干耻辱的事儿，就像沐浴之后去掏厕所；就像身上薰上香味以后去背小猪。

治疗毒疮，不管好肉坏肉一起割掉它；农民锄地，不管禾苗、莠草也一起锄掉它，岂不是不合实际吗？

破坏塘坝以后去逮乌龟，毁掉屋子去捉山猫，挖掘内室去逮老鼠，割掉嘴唇去治疗龋齿，是夏桀、盗跖一类人所干的事，君子是不会参与的。杀掉战马而去寻求狐狸，提着两只鳖而失掉灵龟，砍去右臂而去争夺一毛，折断镆邪而去抢夺一把小刀，像这样使用智慧，难道值得推崇吗？

宁愿用针刺一百次，不要用刀砍一次；宁愿一次拉重物，不要长久持轻物。宁愿一月吃不饱，不能一旬没饭吃。万人的跌倒，比一人从高空坠落要好。

有誉人之力俭者，（舂）[舂]至旦，不中员呈，犹谪之，察之，乃其母也。[1] 故小人之誉人，反为损。

东家母死,其子哭之不哀。西家子见之,归谓其母曰:"社何爱速死,吾必悲哭社。"[2] 夫欲其母之死者,虽死亦不能悲哭矣。谓学不暇者,虽暇亦不能学矣。[3]

见䆫木浮而知为舟,见飞蓬转而知为车,见鸟迹而知著书,以类取之。[4]

【注释】

〔1〕"舂":《道藏》本、刘绩《补注》本作"舂"。当正。舂,把谷物捣碎。 中:符合。 员呈:指完成工作的人数和时间的指标。《说文》:"员,物数也。"呈,通"程"。 谪:责备。

〔2〕社:高诱注:"江淮谓母为社。"爱:吝惜。

〔3〕"谓学"二句:高诱注:"言有事务,不暇学,如此曹人,虽闲暇无务,亦不能学也。"

〔4〕䆫木:空木。《原道训》高诱注:"䆫,空也。舟船之属也。"

【译文】

有人赞誉别人尽力俭省的,但是舂谷时到天明,也没有完成指标,还要责备她,了解一下,却原来是自己的母亲。因此小人赞誉别人,反而成了诋毁。

东边有户人家的母亲死了,她的儿子哭得不怎么悲哀。西边一户人家的儿子见到这一情况,回去对他的母亲说:"妈妈,你何必吝惜自己的生命,不如快点死掉,(你如果死掉),我一定十分悲痛地哭你。"一个想要自己母亲死掉的人,即使他的母亲当真死了,也决不会真正悲痛的。同样,一个说自己没有闲暇学习的人,即使有了空闲,也决不会好好学习的。

看到空木头在水里能浮起来,便知道可以作船;观察到飞蓬旋转,而懂得可以造车子;看到鸟兽足迹,而知道可以造成文字,这是按照各自类同的现象,而得到启示。

以非义为义,以非礼为礼,譬犹倮走而追狂人,盗

财而予乞者，窃简而写（沷）[法]律，蹲踞而诵《诗》《书》。⁽¹⁾

割而舍之，镆邪不断肉。执而不释，马氂截玉。⁽²⁾圣人无止，无以岁贤昔、日愈昨也。⁽³⁾

马之似鹿者千金，天下无千金之鹿。⁽⁴⁾玉待碬诸而成器，有千金之璧，而无锱锤之碬诸。⁽⁵⁾

【注释】

〔1〕倮：赤体。同"裸"。 "沷"：《道藏》本、刘绩《补注》本作"法"。当正。 踞：踞坐。坐时两脚底和臀部着地，两膝上耸。

〔2〕氂：马尾。

〔3〕"圣人"二句：高诱注："贤、俞，犹胜，互文。言今岁胜于昔岁，今日胜于昨日，喻圣人自脩进也。"无以：杨树达《淮南子证闻》："以"与"己"同。刘家立《淮南内篇集证》作"是以"，属下读。可相参。

〔4〕"马之"二句：载于《韩非子·外储说右上》。

〔5〕碬诸：攻玉之石。又见本书《说林训》、《脩务训》等。 锱锤：高诱注："六铢曰锱，八铢曰锤，言其贱也。"按：喻微小。

【译文】

把不义当作义，拿无礼作为礼，比如就像赤裸狂奔而去追赶疯子，偷盗财物送给乞讨者，盗窃竹简去写法律，蹲坐而去诵读《诗》、《书》。

切割而又舍弃它，就是镆邪也不能割下肉来。抓住它而不停地磨下去，就是马尾也可以截下美玉。圣人不会停止进步，因此今年胜过去年，今日胜过昨日。

马的形体像鹿一样，能价值千金；但是天下没有千金之鹿。美玉有待碬诸才能磨成玉器，有千金的璧玉，但是没有价值锱铢的碬诸。

受光于隙，照一隅；受光于牖，照北壁；受光于户，照室中无遗物，况受光于宇宙乎？⁽¹⁾天下莫不藉明于其前矣。由此观之，所受者小，则所见者浅；所受者大，则所照者博。

江出岷山，河出昆仑，济出王屋，颖出少室，汉出嶓冢，分流舛驰，注于东海。[2] 所行则异，所归则一。

通于学者若车轴，转毂之中，不运于己，与之致千里，终而复始，转无穷之源。不通于学者若迷惑，告之以东西南北，所居聆聆，背而不得，不知凡要。[3]

寒不能生寒，热不能生热；不寒不热，能生寒热。故有形出于无形，未有天地能生天地者也，至深微广大矣。

【注释】

〔1〕宇宙：高诱注："四方上下曰宇，往古来今曰宙。谓四极之内，天地之间。"按：亦见于本书《齐俗训》。

〔2〕舛：《玉篇》："相背也。"

〔3〕聆聆：明了的样子。　凡要：大要，纲要。

【译文】

从空隙处接受光照，可以照到一个角落；从南窗户里受光，可以照耀北面墙壁；从门里接受光照，可以照见室中，没有物体不能照射到，何况从宇宙中接受光照呢？天下没有什么物体不在它面前借助它的光明。从这里可以看出，所受光的地方小，那么所见到的就肤浅；所受光的地方大，那么所照耀的地方就广阔。

长江出自岷山，黄河发源于昆仑，济水源于王屋，颖水出自少室山，汉水出自嶓冢，各个水流虽背道而驰，但最后都流注到东海之中。所行的路线各自不同，但是最后的归向是一致的。

对于通晓学问的人，就像围绕车轴旋转一样，不朝自己方向运行，可以到达千里，终而复始，转行在无穷无尽的天地之中。不能通晓学问之道的人，像迷惑不清似的，告诉他东南西北，(所处的地方)，好像明白了。但离开这个地方，又不得而知，就又不能得到要领了。

寒冷不能生出寒冷，酷热也不能产生酷热，不寒冷也不酷热，才能生出寒热来。因此有形的物体产生于无形的本源之中，没有天地，能够生出天地来，真是极其精微、奥妙而又广博啊。

雨之集无能沾，待其止而能有濡；[1] 矢之发无能贯，待其止而能有穿，唯止能止众止。[2] 因高而为台，就下而为池，各就其势，不敢更为。

圣人用物，若用朱丝约刍狗，若为土龙以求雨。刍狗，待之而求福；[3] 土龙，待之而得食。[4]

鲁人身善制冠，妻善织履，往徙于越而大困穷。[5] 以其所修而游不用之乡，譬若树荷山上，而畜火井中。[6]（樔）[操]钩上山，揭斧入渊，欲得所求，难也。[7] 方车而蹠越，乘桴而入胡，欲无穷，不可得也。[8]

【注释】

[1]"雨之集"二句：高诱注："集，下也。比其至，未能有所沾，止者所至，故能有濡时。"按：濡，浸湿义。

[2]"唯止"句：高诱注："止，喻矢止乃能穿物。一曰：止已情欲，乃能止归从物，令不得已乎！"按：前"止"，矢止。中"止"，有"穿"义。后"止"，止归。

[3]"刍狗"句：高诱注："求，犹得。待刍狗之灵而得福也。"

[4]"土龙"句：高诱注："土龙致雨，雨而成谷，故得待土龙之神而得谷食。"

[5]"鲁人"三句：载于《韩非子·说林上》，亦见《说苑·反质》。

[6]畜火：储蓄火苗。古人钻燧取火，每季颁新火于国中，火种相传，务使不尽。

[7]"樔"：《道藏》本、刘绩《补注》本作"操"。 钩：《道藏》本、刘绩《补注》本作"钓"。《广雅·释器》："钓，钩也。"

[8]方：并。《文选·王延寿〈鲁灵光殿赋〉》张铣注："方，谓二车相并而入。" 蹠：到达。 桴：竹木筏子。

【译文】

下雨的时候,不能立即浸透地面,等待它停止以后,才能浸渍下去;箭发射的时候,不能穿透靶子,等到它停下来才能射穿箭靶。只有像箭头停止时那样,才能贯穿万物,使万物归附。依托高地而筑台,靠近低处而掘池,各自利用它们的地势,不敢有所变更。

圣人使用外物,就像用红丝缠束刍狗,如同制造土龙来求雨一样。祭祀土狗,依靠它赐给幸福;祈求土龙,依靠它送来衣食。

鲁国某人善于做帽子,妻子善于织鞋子,如果迁徙到东南的越国,就会陷入大的困境之中。凭他们所擅长的技艺,而来到不需要的地方,就像把荷花栽到山上,而把火种收藏在水井之中。拿着钓钩上山,举着斧头来到深渊,想要得到所需要的东西,就非常困难了。驾着车子到越国去,乘着木筏到北方胡地,想不穷困,是不可能的。

楚王有白猿,王自射之,则搏矢而熙;[1]使养由其射之,始调弓矫矢,未发而蝯拥柱号矣,有先中中者也。[2]

卨氏之璧,夏后之璜,揖让而进之,以合欢;夜以投人,则为怨,时与不时。

画西施之面,美而不可说;规孟贲之目,大而不可畏,君形者亡焉。[3]

人有昆弟相分者,无量,而众称义焉。[4]夫唯无量,故不可得而量也。

【注释】

〔1〕熙:嬉戏。朱骏声《说文通训定声》:"熙,叚借又为嬉,即娭。"此则载于《庄子·徐无鬼》、《吕览·博志》。

〔2〕养由其:春秋楚大夫,善射,能百步穿杨。 矫:纠正。"有先中"句:高诱注:"有先未中必中之征,精相动也。"按:事载《吕览·博志》,亦见《说苑·尊贤》等。

〔3〕"君形"句：高诱注："生气者，人形之君，规画人形，无有生气，故曰'君形亡'。"按：君形，主宰形体的东西，即"神"。并见本书《览冥训》、《说林训》。

〔4〕无量：多不可计。

【译文】

楚王庭中有一个白猿，国王亲自射它，便抓着箭杆而嬉戏；命养由其去射它，开始调整弓箭，没有射出而白猿就已经抱着树干号哭，已经具有虽未射但是必定能射中的征兆。

禺氏之美玉，夏后氏之璜，拱手来进献，而俱各欢喜；夜里投向人，那么就会招来怨恨，有合时与不合时的区别。

打扮西施的面庞，美丽而不能使人喜欢；描画孟贲的眼睛，硕大而不能使人害怕，这是支配形体生命的生机已经不存在了。

有兄弟几人去分割财产，不计较数量，而众人称誉符合大义。只有无法计量，因此才不能够来计算。

登高使人欲望，临深使人欲窥，处使然也。射者使端，钓者使人恭，事使然也。〔1〕

曰："杀罢牛可以赎良马之死。"〔2〕莫之为也。杀牛，必亡之数。〔3〕以必亡赎不必死，未能行之者矣。

季孙氏劫公家，孔子说之，先顺其所为，而后与之入政。〔4〕曰："与枉与直，如何而不得？与直与枉，勿与遂往。"〔5〕此所谓同污而异涂者。

【注释】

〔1〕"登高"以下数句：亦见于《说苑·说丛》。

〔2〕罢：通"疲"。疲弱。

〔3〕"杀牛"二句：高诱注："牛者，所以植谷者，民之命，是以王法禁杀牛，民犯禁杀之者诛。故曰'必亡之数'。"

〔4〕"季孙氏"几句：高诱注："大夫季桓子斯，一曰康子肥。胁定公

而专其政。"按：季孙氏，鲁大夫，名斯，专鲁政。一说为季康子，名肥。公家，指鲁定公。春秋末鲁君，在位十五年。

〔5〕与：通"举"。选拔。 枉：不直，邪恶。 遂：顺。引文载于《论语·为政》。

【译文】

登临高丘使人想远望，面临深渊使人想往下看，这是所处的环境使他这样做。射箭的时候使人端正，钓鱼的时候使人恭敬，所从事的事情使他这样。

有人说："杀掉疲弱的老牛，能够换回骏马的死去。"却没有人这样做。杀牛，必定使它死亡。用必定死去的牛，换回不一定死去的马，是不可能行得通的。

鲁季孙氏胁持鲁定公，孔子对此事很高兴，首先顺着季氏，而后和他一起入朝参政。因此人们说："把不正直的人置于正直的人领导之下，不正直的人怎能不得到益处呢？把正直之人置于不正直之人领导之下，正直的人就不能和不正直的人一同前进。"这就是所说的同是存在不正之人影响，但是最终的道路就不一样。

众曲不容直，众枉不容正。故人众则食狼，狼众则食人。

欲为邪者，必相明正；欲为曲者，必达直。公道不立，私欲得容者，自古及今，未尝闻也。此以善托其丑。〔1〕

众议成林，无翼而飞；〔2〕三人成市虎，一里挠椎。〔3〕

夫游没者，不求沐浴，已自足其中矣。故食草之兽，不疾易薮；水居之虫，不疾易水，行小变而不失常。〔4〕

【注释】

〔1〕"此以善"句：高诱注："托，寄。若丽姬欲杀太子申生，先称之

于献公,然后得行其害,此其类也。"按:"丽姬"事,见《左传·僖公四年》及九年,《国语·晋语》等。

〔2〕"众议"二句:高诱注:"众人皆议,平地生林,无翼之禽能飞,凡人信之,以为实然。"按:载于《战国策·秦三》。

〔3〕"三人"句:高诱注:"三人从市中来,皆言市中有虎。市非虎处,而人信以为有虎,故曰'三人成市虎'。"按:载于《战国策·秦三》、《魏二》及《邓析子·转辞》等。 "一里"句:高诱注:"一(人)[里]之人皆言能屈椎者,人则信之也。"按:挠,通"桡",弯曲义。推,《道藏》本作"椎"。《释名·释用器》:"椎,推也。"推,可通"椎"。

〔4〕"故食草"以下几句:载于《庄子·田子方》。

【译文】

歪曲多了不允许正直存在,偏邪多了而不允许公正容身。因此人多可以吃掉狼,狼多了那么就会吃掉人。

想走邪路的人,必定表明自己是正派的;想干不正当事情的人,必定先相互表示自己的正直。公正之道没有树立起来,而私欲能得到限制的,从古到今,没有听说过。这就是丽姬之类用自己的美好面孔,却寄托了害人的丑行。

众多的议论,就像平地能生出树林,不用长翅膀也能散布到四方;三个人说市场上有老虎,一里之人说椎子能弯曲,其他人便会信以为真。

游泳的人不要沐浴,在水中遨游已足够了。因此吃草的野兽,不担心更换湖泽;水中的动物,不担心改换水域,实行小的变动,不会改变固有的习惯。

信有非礼而失礼。⑴尾生死其梁柱之下,此信之非者;⑵孔氏不丧出母,此礼之失者。⑶

曾子立孝,不过胜母之闾。⑷墨子非乐,不入朝歌之邑。⑸曾子立廉,不饮盗泉。⑹所谓养志者也。⑺

纣为象箸而箕子唏,鲁以偶人葬而孔子叹,故圣人见霜而知冰。⑻

【注释】

〔1〕"信有"句：《道藏》本、刘绩《补注》本同。王念孙《读书杂志》：当作"信有非而礼有失"。

〔2〕拄：《道藏》本、刘绩《补注》本作"柱"。《集韵》"虞"韵："拄，通作柱。""尾生"二句：高诱注："尾生，鲁人，与妇人私期桥梁之下，故尊其誓，水至不去，没溺而死，故曰'信之非'也。"按：事载《庄子·盗跖》。

〔3〕"孔氏"二句：高诱注："孔氏，子上，名白，仲尼曾孙，孔伋之子。后出子白之母，卒于外。"按：事见《礼记·檀弓》。出母，指被父休弃的生母。

〔4〕"立孝"：《文选·吴季重〈答东阿王书〉》李善注引《淮南子》："曾子至孝，不过胜母里。""曾子"条，亦载于《新序·杂事》三、《说苑·说丛》等。 胜母：古地名。

〔5〕"墨子"句：亦载于《新序·杂事》三等。

〔6〕"曾子"句：《尸子》、《说苑·说丛》、《论衡·问孔》、《新序·节士》等载为"孔子"事，知"曾子"误。 盗泉：古泉名，在山东泗水县。

〔7〕养志：涵养高尚的情操和志趣。

〔8〕唏：叹息。《类篇》："歔欷，惧皃。"事载《韩非子·喻老》、《说林》上，已见本书《缪称训》。 偶人：土木制成的人像。载于《孟子·梁惠王上》，亦见于《论衡·薄葬》。

【译文】

信约有不可推行的，而礼节也有失败的地方。尾生淹死在桥柱之下，这是信约不可推行的地方；孔子曾孙子上不为休弃的生母守孝，这是礼节的失败。

曾子建立孝道，不经过"胜母"的里巷；墨子非难音乐，不进入朝歌的大门；孔子提倡廉洁，不喝"盗泉"之水。这是所说的涵养高尚的人。

商纣王造了象牙筷子，而箕子叹息；鲁国用木偶人殉葬，而孔子哀叹，因为圣人看见寒霜而知道冰雪即将来临。

有鸟将来，张罗而待之。得鸟者，罗之一目也。今为一目之罗，则无时得鸟矣。今被甲者，以备矢之至，

若使人必知所集，则悬一札而已矣。〔1〕事或不可前规，物或不可虑，卒然不戒而至，故圣人畜道以待时。〔2〕

觊屯犁牛，既㸹以犅，（泱）〔决〕鼻而羁，生子而牺，尸祝斋戒，以沈诸河，河伯岂羞其所从出，辞而不享哉？〔3〕

得万人之兵，不如闻一言之当。〔4〕得隋侯之珠，不若得事之所由。得呙氏之璧，不若得事之所适。

【注释】

〔1〕札：指铠甲上的金属片。《广雅·释诂四》："札，甲也。"

〔2〕"不可虑"：《道藏》本、刘绩《补注》本同。《文子·上德篇》作"不可预虑"。"故圣人"句：高诱注："道能均化，无不禀受，故圣人畜养以待时，时至而应，若武王伐纣也。"

〔3〕"觊屯"以下几句：高诱注："觊屯，丑牛貌。犁牛，不纯色。㸹，无角。犅，无尾。（泱）〔决〕鼻羁头而牵。"按："泱"，《道藏》本作"决"。当是。决鼻，即穿鼻。牺，用作宗庙祭祀的毛色纯一的牛。尸，指代表死者受祭祀的活人。祝，祭祀时司祭礼的男巫。沈，古代祭水神的仪式。因向水中投设祭品而得名。河伯，黄河之神。

〔4〕"得万"二句：高诱注："当，谓明天时地利，知人之言，可以不战屈人之兵。"

【译文】

有鸟儿将要飞来，张开罗网来等待它；得到鸟儿的，仅仅是罗网中的一个网眼罢了。现在只制造一个网眼的网，那么便没有机会得到鸟儿了。士兵穿上铠甲，是用来防备利箭射中的。如果让人知道箭所射中的地方，那么悬挂一个甲片就可以了。有些事情事前不能够规划好，有的事情也不能够提前估计到，有时会突然在没有戒备的情况下到来，因此圣人蓄养道德以等待时机。

丑陋而又毛色不纯的牛，既秃角又无尾，但还要穿上鼻子牵着它；生下小牛作为牺牲，尸祝斋戒数日，然后把小牛沉入河中，（求得吉祥），难道河神因为它的出身而感到耻辱，推辞而不享用吗？

得到万人之多的士卒，不如得到适当的一句话，（因为可以不战而屈人之兵）。得到隋侯的宝珠，不如得到事情所产生的缘由；获得和氏之璧，不如得到事情的适宜的结局。

撰良马者，非以（遂）[逐]狐狸，将以射麋鹿；[1]砥利剑者，非以斩缟衣，将以断兕犀。故高山仰止，景行行止，乡者其人。[2]

见弹而求鸮炙，见卵而求晨夜，见麑而求成布，虽其理哉，亦不病暮。[3]

象解其牙，不憎人之利之也；死而弃其招簀，不怨人取之。[4] 人能以所不利利人，则可。[5]

狂者东走，逐者亦东走，东走则同，所以东走则异。[6]溺者入水，拯之者亦入水，入水则同，所以入水者则异。故圣人同死生，愚人亦同死生。圣人之同死生，通于分理；愚人之同死生，不知利害所在。

【注释】

[1] 撰：选择。通"选"。"遂"：《道藏》本、刘绩《补注》本作"逐"。当正。

[2] "故高山"三句：高诱注："言有高山，我仰而止之；人有大行，我则而行之。故曰'乡者其人'也。"按：语出《诗·小雅·车辖》。又载于《晏子春秋·问下》、《史记·孔子世家赞》等。

[3] "见弹"句：高诱注："弹可以弹鸮鸟，而我因望其求炙也。""见卵"句：高诱注："鸡知将旦，鹤知夜半，见其卵，因望其夜鸣，故曰'求晨夜'。"按：以上二句化自《庄子·齐物论》。 麑：粗麻，可织布。又见本书《齐俗训》、《说林训》。

[4] 招簀：床上垫塞架柱的方形小木。又指床。招，当通"柖"。《广雅·释器》："浴床谓之柖。"簀，《说文》："床栈也。"

[5] "人能以"句：高诱注："'所不利'，若子罕不利玉人之宝。利，

若玉人自得玉以为宝。故曰'可'也。"

〔6〕"狂者"几句：载于《韩非子·说林上》。亦载于《金楼子·杂记》。

【译文】
　　挑选良马的目的，不是用来追赶狐狸，而是用来射杀麋鹿；砥砺利剑的目的，不是用来砍断细绢做成的衣服，将用来斩杀兕、犀。因此高山是令人仰望的，大道是让人前行的，向着这方面努力，是品德高尚的人。
　　看见弹弓就想吃到烤鸦肉，看到鸡蛋就想让它打鸣，看到麻而要求它织成布，即使它的道理是正确的，所说的也是太早了。
　　大象脱掉它的牙齿，不憎恨别人得到它；人死后抛弃的床铺，不埋怨别人拿走它。子罕能够用自己不认为是宝的美玉，而让玉人受利，则是可取的。
　　神经错乱的人向东走，追赶的人也向东走，向东走的方向是相同的，但是东走的原因是不同的。落水者沉入水中，拯救的人也扑向水中，进入水中是相同的，但是入水的目的是不同的。因此圣人把死生看成是相同的，愚蠢的人也把死生看成是相同的。圣人的同生死，是通达了命运的道理；愚蠢的人的同生死，是不知道利害所在的地方。

　　徐偃王以仁义亡国，国亡者非必仁义。[1]比干以忠靡其体，被诛者非必忠也。[2]故寒者"颤"，惧者亦"颤"，此同名而异实。

　　明月之珠，出于蚌蜄；[3]周之简圭，生于垢石；[4]大蔡神龟，出于沟壑。[5]

　　万乘之主，冠锱锤之冠，履百金之车。[6]牛皮为鼓，正三军之众。

　　欲学歌讴者，必先徵羽乐风；[7]欲美和者，必先始于《阳阿》、《采菱》。[8]此皆学其所不学，而欲至其所欲学者。

【注释】

〔1〕徐偃王：已见本书《氾论训》。本书凡四见。

〔2〕比干：《淮南子》中凡九见。

〔3〕"明月"二句：高诱注："珠有夜光、明月，生于蚌中。"按：蚌蜄，即蚌蛤。

〔4〕"周之"二句：高诱注："简圭，大圭，美玉，生于石中，故曰'生于垢石'。"

〔5〕大蔡：大龟名。亦是地名，周初封国，在今河南上蔡一带。

〔6〕"万乘"三句：高诱注："六铢曰锱，八（两）[铢]为锤，言贾直少。物有贱而在上，有贵而在下。"

〔7〕乐风：高诱注："乐风者，上以风化下，下以风刺上，故曰'风'也。"按：乐风，指音乐的教化作用。

〔8〕"必先"：王念孙《读书杂志》：《北堂书钞·乐部》一、《艺文类聚·乐部》一、《太平御览·乐部》三引此，无"必先"二字。《阳阿》、《采菱》：楚声歌曲名。见于《楚辞·招魂》、《大招》。已见本书《人间训》。

【译文】

徐偃王因为仁义而使自己国家灭亡，但是国家灭亡的原因不一定在仁义。比干因为忠直而被诛，而被杀的人不一定都是忠直之士。因此受寒的人打颤，害怕的人也打颤，这是名称相同，而内容不同。

明月之珠，出于蚌蛤之内；周代的大圭，产于粗石之中；大蔡神龟，出于沟壑之内。

万乘的天子，头上戴的虽然是价值很轻的帽子，但是脚可以踏上价值百金的车子。牛皮即使很微贱，但是做成战鼓可以整肃三军部队。

想要学习唱歌的，必定要先学习五音和音乐的教化意义；要想达到优美和谐的音调，首先学习《阳阿》、《采菱》。这些都是学习他们认为不需要学习的基础技能，从而才能达到想要学习高妙音乐的目的。

耀蝉者，务在明其火；[1]钓鱼者，务在芳其饵。明其火者，所以耀而至之也；芳其饵者，所以诱而利之也。[2]

欲致鱼者先通水，欲致鸟者先树木。水积而鱼聚，木茂而鸟集。好弋者先具缴与矰，好鱼者先具罟与罠，未有无其具而得其利。⑶

遗人马而解其羁，遗人车而税其軏。⑷所爱者少，而所亡者多。故里人谚曰："烹牛而不盐，败所为也。"⑸

【注释】

〔1〕耀蝉：古代南方夜间捕蝉之法。喻人主招致贤士必先自明其德。事载《吕览·期贤》、《荀子·致仕》等。

〔2〕"明其火"以下四句：高诱注："明火香饵，则蝉、鱼至。以言治国明其德，美其政，天下之人如蝉、鱼归明火香饵也。"

〔3〕缴：拴在箭上的生丝绳。 矰：短箭。 罟：细网。 罠：《道藏》本、刘绩《补注》本同。高诱注："罠，细网。"《文选·宋玉〈高唐赋〉》刘良注："罠，网也。"庄逵吉本作"罬"。

〔4〕税：通"脱"。解下。軏：即车衡上穿过缰绳的大环。

〔5〕"烹牛"二句：高诱注："烹羹不与盐，不成羹，故曰'败所为'。"

【译文】

捕蝉的人，务求使火明亮；钓鱼的人，力求使钓饵芳香。使火明亮的目的，以便照耀而使蝉飞来；使钓饵芳香的目的，是用来引诱鱼上钩。

想让鱼游来必须首先沟通水路，想让鸟来栖息应该首先多种树。水聚积了鱼才多，树木茂盛鸟儿就会聚集。喜欢射猎的人首先要准备好细绳和短箭，爱好捕鱼的人首先要预备好大网和小网，没有见到用具不足而能得到利益的。

赠送给别人马匹而解下它的马笼头，送给人车子而去掉穿缰绳的大环。所吝惜的东西尽管很少，但是所失去的东西必然很多。因此乡里俗谚说："烧牛肉而舍不得放盐，所做的食物是失败的。"

桀有得事，尧有遗道，嫫母有所美，西施有所丑。⑴故亡国之法，有可随者；治国之俗，有可非者。

琬琰之玉，在洿泥之中，虽廉者弗释；⑵弊箄甑瓾，在衲茵之上，虽贪者不搏。⑶美之所在，虽污辱，世不能贱；恶之所在，虽高隆，世不能贵。⑷

春贷秋赋，民皆欣；春赋秋贷，众皆怨。得失同，喜怒为别，其时异也。

为鱼德者，非挈而入渊；为猿赐者，非负而缘木，纵之其所而已。⑸

【注释】

〔1〕"桀有"句：高诱注："谓知作瓦以盖屋，遗后世也。""尧有"句：高诱注："遗，失。谓不能放四凶，用十六相是也。一说：不传丹朱而禅舜天下，有不慈之名，故曰'有遗道'也。" 嫫母：古代丑女，品行端正，故曰"有所美"。一说为黄帝妻。 西施：古越国美女。越王勾践献给吴王夫差。虽容仪光艳，未必贞正，故曰"有所丑"。

〔2〕琬琰：美玉。 洿泥：污泥。 释：舍弃。

〔3〕箄：《道藏》本、刘绩《补注》本同。当作"箅"。覆盖甑底的竹席。《说文》："箅，蔽也，所以蔽甑底。" 甑：古代做饭用的陶器。 瓾：高诱注："甑带。" 衲：《道藏》本、刘绩《补注》本同。当作"旆"。《原道训》有"席旆茵"。旆茵，毡褥。《说文通训定声》："旆，叚借为毡。" 搏：取。

〔4〕"美之"以下六句：高诱注："'世不能贱'者，喻贤者在下位卑污之处；'世不能贵'者，喻小人在上位高显之处。"

〔5〕"纵之"句：高诱注："喻为政，官方定物，能文者居文官，能武者居武官，故曰'纵之其利而已'也。"按：《文子·上德篇》作"纵之所利而已"。

【译文】

夏桀作瓦遗留后代，这是值得肯定的；尧有欠缺的地方，（不能流放四凶，任用贤人）；嫫母虽丑，但有美好的德行；西施虽美，但贞操不够。因此亡国的法律中，有能够照着实行的；治理得好的国家的习俗，也有不能推行的。

琬琰这样的美玉,放在污泥之中,即使是清廉的人也不会放弃;破烂的盖席和陶甄、甄带,放到毡褥之上,即使是贪财的人也不会去取。贤者所处的地方,即使是在污秽屈辱之处,世人也不能认为他卑贱;小人所存在的地方,即使是处于高显之处,世人也不能认为他高贵。

春天饥荒时借出粮食,秋天丰收时收取赋税,老百姓都非常高兴;如果在春天饥荒时收赋税,秋季丰收时借出,众人都会怨恨。得失相同,喜怒却根本不同,这是由于它的季节不同而造成的。

对鱼施加恩德,不是携带它进入深渊;对猿猴赐恩,不是背着它攀援树枝,放开它们而让它回到所生活的地方就行了。

貂裘而杂,不若狐裘而粹,故人莫恶于无常行。[1]
有相马而失马者,(犹)[然]良马犹在相之中。[2]
今人放烧,或(㯱)[操]火往益之,或接水往救之,两者皆未有功,而怨德相去亦远矣。[3]
郢人有买屋栋者,求大三围之木,而人予车毂,跪而度之,巨虽可,而长不足。[4]

【注释】

[1] 粹:纯粹。
[2] 失:不知。"犹":《道藏》本、刘绩《补注》本作"然"。当正。"(犹)[然]良马"句:高诱注:"良马有夭寿、骨法,非能相不知,故曰'在相之中'。"
[3] 放:王叔岷《淮南子斠证》:方、放古通。"放烧"犹"方烧"。按:方,正在。"㯱":《道藏》本、刘绩《补注》本作"操"。 接:杨树达《淮南子证闻》:"接"字无义,疑假作"喭"。字或作"啑"。《一切经音义》卷八引《字书》:"啑,喋也,谓以口微吸之也。"
[4] 郢:高诱注:"楚都,在今江陵北,郢是也。"按:即今湖北荆州纪南城。 栋:屋中正梁。 毂:车轮中心的圆木。 长:高诱《淮南子注》叙:"以父讳长,故其所著,诸长字皆曰'脩'。"《太平御览》百八十七、九百五十二两引,皆作"长"。应作"脩"。

【译文】

毛色不纯的貂皮之裘,不如毛色纯粹的狐皮之裘,因此人们对没有固定行为的人,是非常讨厌的。

有相马而不识良马的,但是千里马仍然在相马人的范围之内。

现在有人正在烧荒,有人拿着火把去增加火势,有人用嘴含水去救火,两者都没有效果,但是产生怨恨和恩德的区别是很大的。

楚国郢都有人买造房屋的大梁,需求大三围的木头,而有人给他一个车毂,跪下来去度量,粗细虽然可以,但是长度不够。

蘧伯玉以德化,公孙鞅以刑罪,所极一也。[1]病者寝席,医之用针石,巫之用糈藉,所救钧也。[2]

狸头愈鼠,鸡头已瘘,虻散积血,斫木愈龋,此类之推者也。[3]膏之杀鳖,鹊矢中猬,烂灰生(绳)[蝇],漆见蟹而不干,此类之不推者也。[4]推与不推,若非而是,若是而非,孰能通其微?

天下无粹白狐,而有粹白之裘,掇之众白也。[5]善学者,若齐王之食鸡,必食其蹠数十而后足。[6]

【注释】

〔1〕"蘧伯玉"句:高诱注:"伯玉,卫大夫蘧瑗。赵简子将伐卫,使史默往视之,曰'蘧伯玉为政,未可以加兵'。故曰'德化'也。"按:亦见本书《主术训》。 "公孙鞅"句:高诱注:"卫公子叔痤之子,自魏奔秦,相孝公,制相坐法,故曰'以刑罪'。秦封为商君,因曰商鞅。"按:商鞅,本书凡九见。 极:《广韵》"职"韵:"至也。"即达到义。

〔2〕针石:针,指古代治病用的骨针、竹针、石针等。石,指砭石,以石刺病。 糈:祭神用的精米。 藉:指菅、茅之类的野草。

〔3〕狸头:指狸猫之头。 鼠:指鼠瘘,也叫瘰疬。《蜀本草》:"疗鼠瘘。" 鸡头:《说文》:"茨,鸡头也。"俗称鸡头实。 瘘:恶疮。 虻:牛虻、木虻之类。 积血:淤血。 斫木:即啄木鸟。 龋:即蛀齿。 类:物类。

〔4〕膏：液体状油脂。　矢：粪便。《玄应音义》卷十三注："矢，粪矢也。"　中：杀。　"绳"：《道藏》本、刘绩《补注》本作"蝇"。当正。

〔5〕"粹白狐"：《吕览·用众》作"粹白之狐"。　掇：拾取。

〔6〕蹢：鸡足踵。喻学取道众多。以上化自《吕览·用兵》。

【译文】

　　蘧伯玉为政，用大德感化了邻国；公孙鞅制法，因滥施刑罚而获罪，他们达到极点都是一致的。病人躺在席子上，医生用针石去扎，女巫用糈藉去求神，用来救人的目的是一样的。

　　狸猫的头，可以治疗鼠瘘；鸡头实能治愈恶疮；牛虻可以消散积血；啄木鸟可以治疗龋齿，这是物类之间互相推度的例子。油膏能杀死鳖，鹊粪能杀死刺猬，腐烂的木灰能生出苍蝇，清漆遇到蟹而不能干燥，这是物类之间不能推度的例子。能够推度与不能够推度，像不是而是，像是而不是，谁能通晓它们之间的微妙关系呢？

　　天下没有纯白的狐，但是却有纯白狐裘，它是取自众狐之身。善于学习的人，就像齐王吃鸡一样，必定吃下鸡足踵几十个才能满足。

　　刀便剃毛，至伐大木，非斧不克。[1]物固有以寇适成不逮者。[2]

　　视方寸于牛，不知其大于羊。总视其体，乃知其大，相去之远。

　　孕妇见兔而子缺唇，见麋而（不）[子]四目。[3]

　　小马大目，不可谓大马；大马之目眇，所谓之眇马，物固有似然而似不然者。[4]故决指而身死，或断臂而顾活，类不可必推。[5]

【注释】

〔1〕克：截断。

〔2〕"寇"：《道藏》本、刘绩《补注》本同，皆误。当作"尅"。克，制胜。

〔3〕"不"：《道藏》本同，刘绩《补注》本作"子"。当正。

〔4〕眇：《说文》："一目小也。"又《周易·复卦》陆德明释文引《字书》云："眇，盲也。"以上可与《墨子·小取》相参。所谓：《道藏》本同，刘绩《补注》本作"可谓"。

〔5〕顾：反而。以上化自《吕览·别类》。

【译文】

刀便于剃毛，至于用来砍伐大木，没有斧头便不能截断。事物中本来就有以其能胜之力，而恰好在别的地方就变成力所不能及的缺陷。

只看到牛一寸见方的地方，自然不知道它比羊大。总起来看它的形体，才知道它的形体巨大，牛羊大小相距是很远的。

怀孕的女子看到兔子，生下的孩子成为兔唇；看见麋子，而生下的孩子有四只眼。

小马大眼睛，不能称作大马；大马的眼睛瞎了，可以叫做瞎马。万物中本来就有像这样而不是这样的。因此有的断了手指而身体会死去，有的断了臂却能够活下来，物类变化不一定能推度出来。

厉利剑者必以柔砥，击钟磬者必以濡木，毂强必以弱辐，两坚不能相和，两强不能相服。〔1〕故梧桐断角，马（鳌）[鬐]截玉。〔2〕

媒但者，非学谩他，但成而生不信；〔3〕立僵者，非学斗争，僵立而生不让。〔4〕故君子不入狱，为其伤恩也；不入市，为其倅廉。〔5〕积不可不慎者也。

走不以手，缚手，走不能疾；飞不以尾，屈尾，飞不能远。物之用者，必待不用者。故使止见者，乃不见者也；〔6〕使鼓鸣者，不鸣也。

【注释】

〔1〕厉：磨砺。　柔砥：马宗霍《淮南旧注参正》："柔砥"即柔石也。

濡木：即柔木。《类篇》："濡，柔也。"

〔2〕"螯"：《道藏》本同，刘绩《补注》本改作"鳌"。当是。

〔3〕但：高诱注："犹诈也。"按：通"诞"。欺骗。　谩他：《道藏》本同，刘绩《补注》本作"谩也"。王念孙《读书杂志》："他"与"诧"同。谩诧，诈欺也。

〔4〕立憻：立勇以示威。《列子·说符》张湛注："憻，勇。"

〔5〕剉：通"剉"。羞辱。

〔6〕"止见者"：于大成《说山校释》："止"当作"目"，萧江声、陶鸿庆已校正。

【译文】

磨利剑必须用沾湿的柔石，敲钟、磬必须用软木，车毂强硬的必定要用弱辐，两样坚固的东西不能相互协调，两个强大的东西不能互相服帖。所以梧桐可以割断牛角，马尾巴可以截断玉石。

做媒妁行骗的人，不一定是要学骗人的，但欺骗成功就产生了不信任；树立勇武精神的人，不是要学争斗，但勇武树立就会产生不谦让。因此君子不入狱中，因为它会挫伤恩德；不入市场，因为它会有辱廉洁。积累恩德不能不谨慎啊。

跑步虽不用手，但若捆住手，就不能跑得快；鸟飞行不用尾巴，但屈起尾巴，就不能飞得很远。物品之所以具有一定功用，必定依赖没有功用的部分。因此能够使眼睛看见的东西，乃是不能看见的部分；能使鼓发出声响的地方，乃是自身不发声响的部分。

尝一脔肉，知一镬之味；[1]悬羽与炭，而知燥湿之气，以小（朋）[明]大。[2]见一叶落，而知岁之将暮；睹瓶中之冰，而知天下之寒，以近论远。[3]

三人比肩，不能外出户；一人相随，可以通天下。

足蹍地而为迹，暴行而为影，此易而难。[4]

庄王诛里史，孙叔敖制冠浣衣；[5]文公弃荏席、后霉黑，咎犯辞归。[6]故桑叶落而长年悲也。[7]

【注释】

〔1〕脔：切成小块的肉。 鑊：古代无足的大锅。

〔2〕"悬羽"二句：高诱注："燥，故炭轻；湿，故炭重。"按：此为古代测量湿度的方法。类似今天平的原理。"朋"：《道藏》本、刘绩《补注》本作"明"。当正。

〔3〕"睹瓶中"以下三句：亦载于本书《兵略训》。 论：知。

〔4〕"足蹍地"三句：高诱注："蹍，履。履地迹自成，行日中影自生，是其易。使迹正影直，是其难也。"按：蹍，踩。 暴：日照。

〔5〕"庄王"二句：高诱注："里史，佞臣。恶人死，叔敖自知当见用，故制冠浣衣。"按：庄王，楚庄王。里史，楚佞臣。孙叔敖，楚令尹。

〔6〕"文公"二句：高诱注："晋文弃其卧席之下霉黑者，咎犯感其捐旧物，因曰：'臣从君周旋，臣之罪多矣，臣犹自知之，况君乎？请从此亡。'故曰'辞归'。"按：苴席，苴草做的席子。咎犯，晋文公重耳之舅。曾随文公流亡十九年。后辅佐晋文公称霸。载于《韩非子·外储说左上》，亦见《说苑·复恩》、《论衡·感类》等。

〔7〕洛：《道藏》本、刘绩《补注》本作"落"。

【译文】

品尝一小块肉，可以知道一锅菜肴的味道；在平衡物两边悬挂羽毛和木炭，可以测定天气湿度变化情况，这是用小的事物来说明大的内容。看见一片落叶，就知道一年内的时间将要到头了；看见瓶子中的结冰情况，就知道天下的寒冷变化，这是用近处推知远处发生的变化。

三个人并着肩膀，不能从门户出去；一个个人鱼贯相随，可以通达天下。

想脚踩到地下，使足迹平正；在日光下行走，而使影子正直，这是看起来容易做到，而实际很难的事。

楚庄王杀了佞臣里史，于是孙叔敖裁制帽子，洗好衣服，准备去任令尹；晋文公抛弃苴席，让面目霉黑的流亡者随后返国，于是咎犯要求辞归乡里。因此见到桑树落叶，而年长的人心里悲伤。

鼎错日用而不足贵，周鼎不爨而不可贱，物固有以不用而为有用者。[1]地平则水不流，重钧则衡不倾，物

之尤必有所感。⑵物固有以不用为大用者。⑶

先倮而浴则可，以浴而倮则不可。先祭而后飨则可，先飨而后祭则不可。⑷物之先后，各有所宜也。

祭之日而言狗生，取妇夕而言衰麻，置酒之日而言上冢，渡江、河而言阳侯之波。⑸

【注释】

〔1〕"鼎错"句：高诱注："错，小鼎，虽日见用，不能和五味，故'不足贵'。"按：《说林训》高诱注："错，小鼎。"疑"错"当为"错"。"周鼎"句：高诱注："周家大鼎，不日炊火以休味，而能和味，故曰'不可贱'。"

〔2〕倾：倾斜。"物之尤"句：高诱注："尤，过。轻重则衡低卬，故曰'必有所感'。"按：尤，过失。

〔3〕"物固"句：高诱注："衡行物，物所不用，然用之，乃知物之轻重。故曰'以不用为大用'也。"

〔4〕飨：食。

〔5〕狗生：杨树达《淮南子证闻》："狗生"乃詈人之辞。"狗生"犹言"畜产"也。"渡江河"句：高诱注："阳陵国侯溺死，其神能为大波，为人作害，因号阳侯之波。舟人所不欲言。"按：阳侯之波，本书凡三见。

【译文】

小鼎每天都在使用，但是不能调和五味，不值得珍贵；周朝大鼎不炊火，但能和五味，不能认为低贱。事物中本来就有把不用而作为有用的，周鼎便是这样。土地平旷，那么水便不会流动；重量均等，那么秤便不会倾斜，万物的轻重，必然都可以用衡器反映出来。事物中常有把不用而作为大用的，衡器就是这样。

先裸体再沐浴则是可以的，已经沐浴再裸体则是不行的。先祭祀而后食用则是可以的，先食用然后再祭祀则是对神灵的不敬。事物的先后次序，各自都有适当的要求。

祭祀的时候说母狗生小狗，娶媳妇的日子说穿戴孝服，置酒宴飨的时候却说上坟，渡江、河时说阳侯的波涛，（这些都是不适宜的）。

或曰知其且赦也，而多杀人；或曰知其且赦也，而多活人。其望赦同，所利害异。故或吹火而灭，所以吹者异也。[1] 烹牛以飨其里，而骂其东家母，德不报而见殆。[2]

文王污膺，鲍申伛背，以成楚国之治；[3] 裨谌出郭而知，以成子产之事。[4]

侏儒问径天高于修人，修人曰："不知。"[5] 曰："子虽不知，犹近之于我。"故凡问字，必于近者。[6]

【注释】

[1]"故或"句：《道藏》本、刘绩《补注》本作："故或吹火而然，或吹火而灭。"疑此有脱文。

[2]"而见殆"：《道藏》本、刘绩《补注》本"而"下有"身"字。殆：危害。

[3]"文王"句：高诱注："文王，楚武王之子熊疵。污膺，陷胸。"按：文王，楚文王，春秋楚君，在位十三年。污，有虚下义。"鲍申"句：高诱注："鲍申，楚相。伛背，偻。"按：伛背，即驼背。

[4]"裨谌"句：高诱注："裨谌，郑大夫。谋于野则获，谋于国则否。郑国有难，子产载如野，与议四国之事。故曰'成子产之事'。"

[5]径：《集韵》"径"韵："直也。"王念孙《读书杂志》："天高"上不当有"径"字，盖衍文也。

[6]字：《道藏》本、刘绩《补注》本作"事"。字，有名、号义。

【译文】

有人说，知道自己将要被赦免了，而要多杀人；有的说，知道将要赦免自己，要多使一些人存活。他们要求赦免自己的愿望是相同的，但是造成的利害关系是根本不同的。因此有的人吹火而能使火燃烧，有的人吹火而火灭，所用来吹火的方法是不相同的。烹杀牛来招待乡亲，但是却骂起了东家之母，恩惠没有人报答，而自身却危险了。

楚文王胸部内陷，鲍申有驼背，但是却成就了楚国的大治；裨谌一出郭便知道治国之策，而助成子产的治政。

侏儒问高个子天有多高，高个子说："不知道。"侏儒说："你即使不知道，还是比我要接近一些。"因此询问事情，一定要找同事情相接近的人。

寇难至，躄者告盲者，盲者负而走，两人得活，得其所能也。[1] 故使盲者语，使躄者走，失其所也。

（邢）[郢]人有鬻其母，为请于买者曰："此母老矣，幸善食之而勿苦。"[2] 此行大不义而欲为小义者。

介虫之动以固，贞虫之动以毒螫，熊罴之动以攫搏，兕牛之动以觝触，物莫措其所脩，而用其所短也。[3]

治国者若耨田，去害苗者而已。[4] 今沐者堕发，而犹为之不止，以所去者少，所利者多。

【注释】

[1] 躄：两腿瘸。
[2] "邢"：《道藏》本、刘绩《补注》本作"郢"。当正。 鬻：卖。
[3] 介虫：即有甲壳之动物，如龟鳖之属。 "贞虫"句：高诱注："贞虫，细要蜂、蜾蠃之属。无牝牡之合曰贞，而有毒，故能螫。"按：螫，用毒刺刺人。 攫：抓取。 措：放置。
[4] 耨：《玉篇》："除草也。"

【译文】

强盗来了，瘸子告诉瞎子。瞎子背着他逃走了，两个人都活了下来，各自都发挥了自己的才能。如果使瞎子报信，让瘸子背人逃走，这就失去了各自的长处。

郢都有人卖他的母亲，对买的人请求说："我的妈妈年纪老了，请好好抚养她，不让她受苦。"这是干了大的缺德事，而却想行一点小义。

龟鳖之类介虫的活动凭着坚硬的甲壳；细腰蜂、果蠃之类贞虫活动，用它们的毒刺；熊罴之类活动用它们的搏取；兕牛之类的活动用角牴触，万物中没有弃置它们的长处，而使用它们短处的。

治理国家就像锄田一样，除去有害的莠草罢了。现在洗头的人虽然掉下头发，但还不停止洗头，因为所失掉的头发少，而所得到的好处多。

砥石不利，而可以利金。[1] 檃不正，而可以正弓。[2] 物固有不正而可以正，不利而可以利。[3]

力贵齐，知贵捷。[4]

得之同，遫为上；[5] 胜之同，迟为下。所以贵镆邪者，以其应物而断割也。劙靡勿释，牛车绝辚。[6]

为孔子之穷于陈、蔡而废六艺，则（感）[惑]；[7] 为医之不能自治其病，病而不就药，则勃矣。[8]

【注释】

[1] 金：指刀剑之类。
[2] 檃：矫正弓的器具。通"㯳"。《脩务训》高诱注："㯳，矫弓之材。"
[3] "物固"二句：高诱注："不正者檃，正者弓也。不利者砥，利者金也。"
[4] 齐：《尔雅·释诂下》："疾也。"即迅疾义。
[5] 遫：《广雅·释诂一》："张也。"当作"遬"。《吕览·辩士》高诱注："疾也。"《汉书·宣帝纪》颜师古注："遬，古速字。"
[6] 劙：高诱注："切。" 辚：高诱注："楚人谓门切为辚，车行其上则断之。"按：即门槛。
[7] 陈：周初诸侯国，治所在今河南淮阳。 蔡：周初国名。在今河南上蔡。 六艺：《诗》、《书》、《礼》、《乐》、《易》、《春秋》。 "感"：《道藏》本、刘绩《补注》本作"惑"。当正。
[8] 勃：通"悖"。违背事理。

【译文】

砥石不锋利，但是可以使金属锋利；檃是不正的，但是可以使弓端正。万物中本来就有不正的而可以帮助正的；不锋利的但可以使物锋利。

力量可贵在爆发力，智慧可贵在敏捷。

所得到的东西相同，快速为上策；所取得的胜利相同，迟缓为下策。所以人们珍视镆邪的原因，是因为物体接触它便能立即割断；摩擦不放松，就是牛车过门槛，也能使它折断。

因为孔子被围困在陈、蔡，而要求废除六艺，就糊涂了；因为当医生的不能自己治疗自己的疾病，因而生病不吃药，那么就是荒谬的了。

第十七卷　说林训

【题解】

天下万物之理众多，若林之聚，故名说林。其名当源于《韩非子·说林》。

文中强调法随时变，不能凝滞僵化，那种"以一世之度制治天下"，就像刻舟求剑一样可笑。文中指出事物之间是互相依存和转化的，"水火相憎，鼎䰞在其间，五味以和"。要透过表面现象，分清事物的类别。"菌苗类絮，而不可为絮；麠不类布，而可以为布"。强调坚持不懈的重要："故跬步不休，跛鳖千里；积累不辍，可成丘阜。"

陶方琦《淮南许注异同诂》：(此)"高注本也。"

以一（出）〔世〕之度制治天下，譬犹客之乘舟，中流遗其剑，遽契其舟挬，暮薄而求之。⁽¹⁾其不知物类亦甚矣。

夫随一隅之迹，而不知因天地以游，惑莫大焉。虽时有所合，然而不足贵也。譬若旱岁之土龙，疾疫之刍灵，是为帝者也。⁽²⁾

曹氏之裂布，蚨者贵之，然非夏后氏之璜。⁽³⁾

【注释】

〔1〕"出"：《道藏》本、刘绩《补注》本作"世"。当正。　"挬"：《道藏》本、刘绩《补注》本、《四库全书》本同。高诱注："船弦板。"王

念孙《读书杂志》:"桅"当为"椻",本字作"舣"。《广雅》:"舣谓之舷。"按:此条载于《吕览·察今》。

〔2〕刍灵:《道藏》本、刘绩《补注》本同。《四库全书》本作"刍狗"。 是:《周易·未济卦》焦循章句:"犹时也。"

〔3〕曹氏:俞樾《诸子平议》:"氏"为衍文。"曹"疑当读为"褿"。《广雅·释器》:"褿,襜也。"裂布,即馀布。 蛛:《广韵》"尤"韵:"蛛蝺虫。"指患蟏蛸疮。民间用曹布烧成灰,可治之。

【译文】

凭借着一个朝代的制度来治理天下,就像客人乘船,到达中流,剑落入水中,于是急忙在船舷边刻上记号,天晚的时候再到船舷边求剑。这样的人不知道事物类别的变化,也太厉害了。

如果只知道去追随一个角落的痕迹,而不知道按照天地的变化去游观,没有比这还要糊涂的了。虽然有时能够与时相合,但是这样不值得珍视。比如就像干旱时用来求雨的土龙,得疾病时用来祈求消灾的刍狗,这些只是暂时得到尊崇的事物。

把孩童垫的尿布烧成灰,是患蟏蛸病的人所珍视的,但是终究不是夏朝的玉璜。

无古无今,无始无终,未有天地而生天地,至深微广大矣。

足以蹍者浅矣,然待所不蹍而后行;⁽¹⁾智所知者褊矣,然待所不知而后明。⁽²⁾

游者以足蹶,以手抔,不得其数,愈蹶愈败;⁽³⁾及其能游者,非手足者矣。

鸟飞反乡,兔走归窟,狐死首丘,寒将翔水,各哀其所生。⁽⁴⁾

【注释】

〔1〕"足以蹍":《文子·上德篇》作"足所践"。蹍,踩,踏。

〔2〕褊:狭小。以上数句化自《庄子·徐无鬼》。
〔3〕蹶:蹈,踏。 㧓:《玉篇》:"推也。"有划、拨义。
〔4〕首丘:狐狸死时,头向丘穴。载于《楚辞·哀郢》。 寒将:水鸟。一说蝉的一种。 哀:高诱注:"犹爱也。"按:《文子·上德篇》作:"各依其所生。"

【译文】

（大道）没有古,也没有今;没有开始,也没有终结;没有天地,而生出了天地,它是极其精深广大的啊!

用脚践踏的地方是很狭窄的,然而却要依靠脚踏不到的地方,而后才能前行;用智力所了解的东西是很少的,然而却需要依靠智慧把握不住的对象,而后才能明达。

游泳的人用脚踩水,用手划水,不掌握它的技术,越蹬沉的越快;等到能够运用自如的时候,不一定需要手足了。

鸟飞要返回故乡,兔子跑出去要回到窝里,狐死的时候头朝着洞穴,寒将在水面飞翔,各自都很爱它生长的地方。

毋贻盲者镜,毋予躄者履,毋赏越人章甫,非其用也。〔1〕
椎固(百)〔有〕柄,不能自椓。〔2〕目见百步之外,不能自见其眦。〔3〕
狗彘不择甂瓯而食,偷肥其体,而顾近其死。〔4〕凤皇高翔千仞之上,故莫之能致。〔5〕
月照天下,蚀于詹诸;〔6〕腾蛇游雾,而殆于蝍蛆;〔7〕乌力胜日,而服于鵻礼,能有脩短也。〔8〕

【注释】

〔1〕贻:赠送。 躄:足跛。 章甫:殷朝冠名。此句载于《庄子·逍遥游》。
〔2〕"百":《道藏》本同。刘绩《补注》本作"有"。 椓:高诱注:"击也。"

〔3〕眦：眼角。《集韵》"卦"韵："眦，亦书作眥。"《说文》："眥，目匡也。"

〔4〕甄：盆类的瓦器。 瓯：小盆。 偷：贪。

〔5〕"故莫"句：高诱注："非圣德君不致。故曰'莫之能致'也。"

〔6〕"蚀于"句：高诱注："詹诸，月中虾蟆，食月，故曰'食于詹诸'。"

〔7〕腾蛇：传说中能飞的蛇。亦载于本书《主术训》、《泰族训》。殆：畏惧。 蜘蛆：蟋蟀。

〔8〕乌：三足乌。高诱注："乌在日中而见，故曰'胜日'。" 服：畏惧。 雏礼：鸟名，又叫鸭鹅。高诱注："间蚕时晨鸣人舍者，鸿鸟皆畏之，故曰'能有脩短也'。"

【译文】

不要把镜子送给瞎子，不要给脚跛的人送鞋子，不要把礼帽赏给越地人，因为这不是他们所需要的。

椎子固然有柄，但是只凭自己却不能敲打安装。眼睛可以见到百步之外，但是却不能见到自己的眼角。

猪、狗不选择食盆，贪吃而肥了躯体，反而会接近死亡。凤凰高翔在千仞之上，不是圣德之君不能使它归来。

月光照遍天下，但是被月中蟾蜍所食；飞蛇能在大雾中遨游，但是害怕蟋蟀；三足乌的力量胜过太阳，而被雏礼所制服，才能是有长有短的。

莫寿于殇子，而彭祖为夭矣。〔1〕

短绠不可以汲深，器小不可以盛大，非其任也。〔2〕

怒出于不怒，为出于不为。

视于无形，得其所见矣；听于无声，则得其所闻矣。〔3〕

【注释】

〔1〕殇子：未成年而死的人。 "而彭祖"句：高诱注："彭祖，盖楚先，寿四百岁，不早归，故曰以为'夭'。一说：彭祖，盖黄帝时学仙

者。"按：载于《庄子·齐物论》、《列子·力命》，并见于《神仙传》等。

〔2〕绠：汲井绳。　任：职责。语本《庄子·至乐》。

〔3〕"怒出于"以下六句：载于《邓析子·转辞》。

【译文】

长寿的没有超过未成年而死的，短命的没有比得上八百岁的彭祖了。

短绳不能够到深井打水，小器皿不能够盛大物品，这都不在它的职责之内。

愤怒出自于无所愤怒，有为出自于无所为。

在无形的地方观察，那么就能看到他所看见的东西，在无声的地方倾听，那么就能得到他所听见的声音。

至味不慊，至言不文，至乐不笑，至音不叫，大匠不斫，大豆不具，大勇不斗，得道而德从之矣。〔1〕譬若黄钟之比宫，大簇之比商，无更调焉。〔2〕

以瓦钽者全，以金钽者跋，以玉跄者发，是故所重者在外，则内为之掘。〔3〕

逐兽者目不见太山，嗜欲在外，则明所蔽矣。

听有音之音者聋，听无音之音者（听）[聪]；〔4〕不聋不（听）[聪]，与神明通。〔5〕

【注释】

〔1〕慊：快意。　叫：喧哗、呼叫。　豆：古代食器，形似高脚盘。以上化自《吕览·贵公》。彼文作"大庖不豆"。

〔2〕比：并随。　更：更改。

〔3〕钽：通"注"。赌注。　全：高诱注："全者，全步徐。"按：即步伐徐缓义。　跋：高诱注："跋者，刺跋走。"按：有急速奔跑义。跄：《道藏》本、刘绩《补注》本作"钽"。　发：高诱注："发者，疾迅。"按：即迅疾义。　掘：通"拙"。笨拙义。以上载于《庄子·达生》、《吕

览・去尤》、《列子・黄帝》。

〔4〕"听"：《道藏》本、刘绩《补注》本作"聪"。当正。下"听"字误同。

〔5〕神明：指自然之道。

【译文】

最好的味道人吃了没有快意，最好的言语是不加文饰，最好的乐曲人听了不会发笑，最动听的音乐人听了不会呼叫，最高明的工匠不用斧斫，最大的食器不盛食物，最大的勇敢不去争斗，得道之人德便跟从它。比如十二律中黄钟和五音中宫音相并随，太蔟和商音相并随，不需要更换其他的调式。

用瓦来做赌注的步伐徐缓，用黄金做赌注的人急速奔跑，用美玉做赌注的神色不安，因此所重视的东西在金玉这些外物，那么内心必然笨拙。

追逐野兽的人，眼睛不会见到太山，嗜欲用在外物上，那么光明便被蒙蔽了。

听有声音的音乐的人，耳朵会变聋；听没有声音的音乐的人，耳朵会听得清楚；耳朵不聋也听不清楚的人，和神明相通达。

卜者操龟，筮者端策，以问于数，安所问之哉？[1]

舞者举节，坐者不期，而抃皆如一，所极同也。[2]

日出汤谷，入于虞渊，莫知其动，须臾之间，俯人之颈。[3]

人莫欲学御龙，而皆欲学御马；莫欲学治鬼，而皆欲学治人，急所用也。[4]

解门以为薪，塞井以为臼，人之从事，或时相似。

【注释】

〔1〕筮：古代用蓍草占卜叫筮。 策：即蓍草。《集韵》"麦"韵："策，蓍也。"

〔2〕拚：《说文》："拊手也。"即击拍，鼓掌。
〔3〕汤谷：日所出之地。　虞渊：太阳落山之处。
〔4〕"人莫"以下五句：高诱注："御龙、治鬼，不益世用。故以御马、治人为急务矣。"

【译文】

占卜的人拿的是龟甲，卜筮的人用的是蓍草，却来向方技求问，哪里是他们应该问的事情呢？

跳舞的人按照节拍起舞，坐着观看的人不约而同地拍手相和，他们所达到的意境是相同的。

太阳从汤谷出发，落到虞渊，没有人觉察到它的运动，在很短的时间内，就让人低着头去看它了。

没有人愿意学习驾龙的，而都想学习驾驭骏马；没有人要学治鬼的，而都想学治理百姓，是考虑为世急用的缘故。

劈下门户作为柴火，塞上水井作为杵臼，人们从事的某些事情，有时与它一样愚蠢。

水火相憎，鬻在其间，五味以和；[1]骨肉相爱，谗贼间之，而父子相危。[2]

夫所以养而害所养，譬犹削足而适履，杀头而便冠。[3]

昌羊去蚤虱而来蛉穷，除小害而致大贼，故小快害大利。[4]

墙之坏也，不若无也，然逾屋之覆。[5]

【注释】

〔1〕鬻：《广韵》"祭"韵："小鼎。"高诱注："鬻，小鼎。一曰：鼎无耳为鬻。"

〔2〕"骨肉"三句：高诱注："楚平王、晋献公是也。"

〔3〕"夫所以养"三句：高诱注："'所以养'，喻谗贼。'害所养'，喻骨肉。杀，亦削也。头大冠小，不相宜，削杀其头以便冠，愚之至。"

〔4〕昌羊：即菖蒲。　蛉穷：虫名，即蚰蜒。多生在墙屋烂草中，好闻脂香。

〔5〕"墙之坏"三句：高诱注："不若其无为墙。屋之覆为败屋，墙之坏，更为土，归于本。故曰逾屋之覆。"按：逾：超过。

【译文】

水、火互不相容，小鼎处在中间，五味就得到了调和；骨肉之间相亲相爱，而谗贼之人处在中间，那么父子之间也会相互发生危害。

用所养的谗佞之人，而来危害被养活的骨肉，比如就像削去脚来适应鞋子大小，把脑袋削掉来适应帽子的方便一样愚蠢。

菖蒲可以除去跳蚤、虱子，而反招来蛉穷，除去小害而招来大害，因此只想到小的痛快，那么就会妨害大的利益。

围墙毁坏成为土，不如没有墙，但比房屋的倾覆要好得多。

璧瑷成器，磁诸之功；〔1〕镆邪断割，砥厉之力。

狡兔得而猎犬烹，高鸟尽而强弩藏。〔2〕

蛊与骥致千里而不飞，无糗粮之资而不饥。〔3〕

失火而遇雨，失火则不幸，遇雨则幸也。故祸中有福也。

【注释】

〔1〕瑷：一种孔大边小的玉。　磁诸：治玉之石。

〔2〕"狡兔"二句：载于黄石公《三略》、《韩非子·内储说下》，亦见于《史记·越王句践世家》、《淮阴侯列传》等。

〔3〕蛊：虫咬，被虫咬残。《道藏》本作"蛋"。糗：干粮。《广韵》"有"韵："干饭屑也。"

【译文】

璧、瑷成为器物，是磁诸的功劳；镆邪能够断割，是砥砺的力量。

得到狡兔而烹杀猎犬，射尽高鸟而收起强弩。

虻虫依附骐骥可以到达千里，不必飞翔，没有食粮也不会饥饿。

失火而遇到大雨，失火是不幸的，但是遇到雨水是幸运的。因此祸中有福。

鬻棺者，欲民之疾病也；$^{(1)}$畜粟者，欲岁之荒饥也。$^{(2)}$

水静则平，平则清，清则见物之形，弗能匿也，故可以为正。$^{(3)}$

川竭而谷虚，丘夷而渊塞，唇竭而齿寒。$^{(4)}$

河水之深，其壤在山。

【注释】

〔1〕鬻：卖。
〔2〕荒：高诱注："荒，大饥，粟不熟。"
〔3〕匿：逃避。
〔4〕"川竭"二句：载于《庄子·胠箧》、《邓析子·转辞》。"唇竭"句：何宁《淮南子集释》："'竭'当'揭'。《战国策·韩策》高诱注：'揭，犹反也。'按：揭，有翻裂义。"唇竭"句载于《庄子·胠箧》、《吕览·权勋》、《战国策·韩二》等。

【译文】

卖棺材的人，希望百姓生大病；积蓄粮食的，想的是年成有大饥荒。

水流安静就会平稳，平稳就会清澈，清澈则能见到物体的形体，不能够加以匿藏，因此能够平正。

大川枯竭，那么山谷就会空虚；丘陵削平，那么深渊便要堵塞；嘴唇翻裂，那么牙齿就会寒冷。

河水的深度，是由它岸壁的高山决定的。

钩之缟也，一端以为冠，一端以秣$^{(1)}$；冠则戴致之，秣则蹑履之。$^{(2)}$

知己者,不可诱以物;明于死生者,不可却以危。[3]故善游者不可惧以涉。

亲莫亲于骨肉,节族之属连也。心失其制,乃反自害,况疏远乎?[4]

圣人之于道,犹葵之与日也,虽不能与终始哉,其乡之诚也。[5]

【注释】

[1] 钧:通"均",平均。《文子·上德篇》作"豹"。《说文》:"豹,白约,缟也。"即白色的缟。 缟:白色精细的丝织品。 练:同"袜",袜子。

[2] 致:王念孙《读书杂志》:"致"当为"颐",字之误也。《广韵》:"颐,颐戴物也。""颐"亦戴也。

[3] 却:王念孙《读书杂志》:"却",当为"劫"。

[4] "心失其制"二句:高诱注:"言心失制度,则自害身也。"疏远:喻他人。

[5] 葵:《广韵》"脂"韵:"菜也,尝倾叶向日,不令照其根。"即葵菜。

【译文】

把白绢分成两半,一方用来做帽子,一方用来做袜子;帽子戴在头上,袜子却穿在脚下。

知道自己命运的人,不能够用外物来诱惑他;对死生明辨的人,不能够用危险来使他退缩。因此善于游泳的人,不能够用涉水来使他害怕。

没有比对自己的骨肉更亲近的了,关节筋骨也连接在一起,但是如果心脏失去了对它的控制,那么反而会危害自己,何况是对疏远的他人呢?

圣人和"道"之间,就像葵菜和太阳一样,即使两者不能共终始,它的向日之心是真诚的。

(官)[宫]池涔则溢,旱则涸。[1]江水之原,渊泉不能竭。

盖非橑，不能蔽日；[2] 轮非辐，不能追疾。然而橑、辐未足恃也。

金胜木者，非以一刀残林也；土胜水者，非以一璞塞江也。[3]

蹙者见虎而不走，非勇，势不便也。

【注释】

〔1〕"官"：《道藏》本、刘绩《补注》本作"宫"。当正。宫池，即辟雍或泮宫之池水。　涔：多水。

〔2〕橑：车盖弓。

〔3〕"璞"：《道藏》本、刘绩《补注》本作"墣"。墣，土块。《说文》："墣，块也。"

【译文】

辟雍的池水，遇到积雨，就要漫出来；稍微干旱，就要干涸。长江的源头，来自深潭的泉水，不会枯竭。

车盖没有车盖弓，不能遮蔽太阳；车轮没有车辐，不能加速行走。虽然这样，但是光有车盖弓和车辐，是不能够依恃的。

金属能够克木，不是说用一把刀就能伤害森林；土可以战胜水，不能说用一块土就能堵塞长江。

瘸腿的人看到老虎而不能跑开，不是勇敢，而是情势不方便这样做。

倾者易覆也，倚者易轧也，几易助也，湿易雨也。[1]

设鼠者机动，钓鱼者泛杭，任动者车鸣也。[2]

刍狗能立而不能行，蛇床似蘼芜而不能芳。[3]

谓许由无德，乌获无力，莫不丑于色，人莫不奋于其所不足。[4]

【注释】

〔1〕轵：本书《览冥训》高诱注："推也。" 几：高诱注："近也。"

〔2〕设：设置。引申有捕获义。 泛：钓浮。 杭：王念孙《读书杂志》：字当作"抌"。《说文》："抌，动也。"按：《文选·王褒〈四子讲德论〉》张铣注："杌，动也。"《集韵》"没"韵："抌，通作杌。"杭，疑为"杌"之误。 任：辇，人拉的车。

〔3〕"蛇床"句：高诱注："蛇床臭，蘪芜香。"

〔4〕丑：高诱注："丑，犹怒。一曰：愧也。" 奋：有严厉义。

【译文】

倾斜的东西容易颠覆，斜靠着的东西容易推走，接近的东西容易帮助，潮湿的地方容易接受雨水。

设置捕捉老鼠的机关一动，（则捕到老鼠）；钓鱼的浮子活动，（便钓到了鱼）；车子一拉起来，（便会发出吱扭之声）。

刍狗能够站立，而不能够行走；蛇床形状像蘪芜，但是没有芳香。

说许由没有德性，乌获没有力气，没有人听到不感到羞愧的，人们没有不对他人不足的地方十分严厉的。

以兔之走，使大如马，则逮日归风；[1]及其为马，则又不能走矣。

冬有雷电，夏有霜雪，然而寒暑之势不易，小变不足以妨大节。

黄帝生阴阳，上骈生耳目，桑林生臂手，此女娲所以七十化也。[2]

终日言，必有圣之事；百发之中，必有羿、逢蒙之巧，然而世不与也，其守节非也。

【注释】

〔1〕归风：追风。

〔2〕"黄帝"句：高诱注："黄帝，古天神也。始造人之时，化生阴

阳。"按：本书凡十见。　上骈、桑林：传说中古神名。　"此女娲"句：高诱注："女娲，王天下者也。七十变造化也。"按：事载《楚辞·天问》。

【译文】
　　凭着兔子奔跑的速度，假使它能够像马一样大，那么可以赶上太阳，追上巨风；等到它像马一样大，那么就又不能够奔跑如飞了。
　　冬天可以有雷电，夏季也可能有霜雪，但是寒冷、暑热的趋势是不能够改变的，小的变化不能够妨害大的节气。
　　黄帝帮助她生出阴阳，上骈帮助她生出耳目，桑林帮助她生出胳膊、手指，这就是女娲每天七十次变化产生人类的过程。
　　一整天说话，必定有通达圣明的事儿；百次发射之中，一定会出现羿、逢蒙那样的绝技。虽然这样，但是世人不赞许这样做，他们没有掌握真正的技巧。

　　牛蹄彘颅亦骨也，而世弗灼，必问吉凶于龟者，以其历岁久矣。
　　近敖仓者，不为之多饭；⁽¹⁾临江、河者，不为之多饮，其满腹而已。⁽²⁾
　　兰芝以芳，未尝见霜；⁽³⁾鼓造辟兵，寿尽五月之望。⁽⁴⁾
　　舌之与齿，孰先陇也？⁽⁵⁾錞之与刃，孰先弊也？⁽⁶⁾绳之与矢，孰先直也？⁽⁷⁾

【注释】
〔1〕敖仓：秦代所置谷仓，故址在今河南荥阳北。
〔2〕其：通"期"。希望。
〔3〕芝：《文子·上德篇》作"芷"。即白芷。香草名。
〔4〕"鼓造"二句：高诱注："鼓造，盖谓枭。一曰虾蟆。今世人五月望作枭羹，亦作虾蟆羹，言物不当为用。"按：鼓造，指枭鸟。世人五月初五日作枭汤以辟邪。
〔5〕陇：《道藏》本同，刘绩《补注》本、《四库全书》本作"砻"。

《广雅·释诂三》:"砻,磨也。"即磨尽义。

〔6〕"镦之"二句:高诱注:"镦,矜下铜镦也。镦不朽而刃先弊。"按:镦,矛戟柄下端的金属套。

〔7〕直:《文子·上德篇》作"折"。

【译文】

　　牛蹄和猪头也是骨头,但是世人不用来烧灼,必定向龟甲询求吉凶,因为它经历年岁很久的原因。

　　接近敖仓的人,并不因此而多吃饭;靠近黄河、长江的人,不因此而多喝水,只希望饱腹就行了。

　　兰草、江芷散发芳香,但是不曾见过寒霜;鼓造可以避开武器,但是寿命在五月初就要结束。

　　舌头和牙齿,谁先磨尽呢?矛镦和刃口,谁先破缺呢?缴绳和箭头,谁先折断呢?

　　今鳝之与蛇,蚕之与蠋,状相类而爱憎异。〔1〕

　　晋以垂棘之璧得虞、虢,骊戎以美女亡晋国。

　　聋者不歌,无以自乐;盲者不观,无以接物。〔2〕

　　观射者遗其艺,观书者忘其爱;〔3〕意有所在,则忘其所守。

【注释】

〔1〕"今鳝"三句:高诱注:"人爱鳝与蚕,畏蛇与蠋,故曰'异也'。"按:鳝,《说文》段玉裁注:"今人所食之黄鳝也。"蠋,蛾蝶类的幼虫。

〔2〕接:高诱注:"见也。"按:即观看义。

〔3〕艺:高诱注:"事。"按:《史记·司马相如列传》裴骃集解引徐广曰:"射准的曰艺。"指射击的目标。

【译文】

　　现今的鳝和蛇,蚕和蠋,形状相似而人们对它们的爱憎不同。

　　晋国用垂棘的美玉得到了虞、虢两国,而骊戎用美女骊姬乱了晋国。

耳聋的人不唱歌,自己没有办法从中取乐;瞎子看不见东西,没有办法观看外物。

观看射箭比赛的人会忘记射箭的靶子,看书入迷的人会忘记他的所爱;精神有所凝思的地方,就会遗忘他的守持。

古之所为不可更,则推车至今无蝉匷。〔1〕

使但吹竽,使氏厌窍,虽中节而不可听,无其君形者也。〔2〕

与死者同病,难为良医;与亡国同道,难与为谋。

为客治饭而自藜藿,名尊于实。〔3〕

【注释】

〔1〕推车:即椎车,用整块圆木做车轮的原始车子。《盐铁论·散不足篇》:"古者椎车无柔",《世务篇》:"无徒用椎车之语。" 蝉匷:古代车子的一种。较椎车结构复杂。

〔2〕但:高诱注:"古不知吹人。"按:《文子·上德篇》作"倡"。氏:《文子·上德篇》作"工"。 厌:按压义。 君形:精神的主宰。已见本书《览冥训》、《说山训》。

〔3〕藜藿:两种野菜名。贫者所食。"自藜藿",《北堂书钞·饭篇二》作:"自食藜藿。"疑脱"食"字。

【译文】

如果古代所做的事情不能够变更,那么推车至今也进化不到蝉匷这样的车子。

使倡吹竽,让乐工按孔洞,即使是符合节拍,也不能入耳,失去了首要的精神主宰。

和死人得相同病的医生,很难成为高明的医生;和灭亡的国家的道术相同,难于一起同他计谋。

给客人做饭而自己吃野菜,重视仁义之名,比吃饭要重要得多。

乳狗之噬虎也，伏鸡之（捕）[搏]狸也，恩之所加，不量其力。⁽¹⁾

使景曲者，形也；使响浊者，声也。⁽²⁾情泄者中易测，华不时者不可食也。⁽³⁾

蹠越者，或以舟，或以车，虽异路，所极一也。⁽⁴⁾

佳人不同体，美人不同面，而皆说于目；梨、橘、枣、栗不同味，而皆调于（已）[口]。⁽⁵⁾

【注释】

〔1〕伏鸡：孵卵的母鸡。"捕"：《道藏》本、刘绩《补注》本作"搏"。据正。

〔2〕响：回声。

〔3〕"情泄者"句：高诱注："不闭其情欲，发泄于外，故其中心测度知也。"按：《文子·上德篇》："精泄者，中易残。"与正文异。"华不时"句：高诱注："华，实。若今八、九月食晚瓜，令人病疟，此之类，故曰'不食'。喻人多言，不时适，不可听用也。"

〔4〕蹠：至。 极：《广韵》"职"韵："至也。"

〔5〕"已"：《道藏》本、刘绩《补注》本作"口"。《庄子·天运》亦作"口"。

【译文】

喂奶的母狗可以去咬老虎，孵卵的母鸡可以同狸子搏斗，受到母爱的驱使，可以不去衡量自己的力量。

使影子弯曲的原因是形体，使回声变混浊的是浊音。情欲外露的人，心中的意向容易测知；果实不按时成熟，不能够食用。

到越国去的人，有的乘船，有的乘车，即使路途不同，所到的地方是一致的。

佳人的形体各不相同，美人的脸面各有特色，而都能使人欢悦；梨、橘、枣、栗各不同味，而都适合于食用。

人有盗而富者，富者未必盗；有廉而贫者，贫者未必廉。

蒿苗类絮，而不可为絮；[1] 虋不类布，而可以为布。[2]

出林者不得直道，行险者不得履绳。[3]

羿之所以射远中微者，非弓矢也。造父之所以追速致远者，非辔衔也。

【注释】

〔1〕蒿苗：高诱注："荻秀，楚人谓之蒿苗也。"按：蒿，同"荻"。即芦花絮。

〔2〕虋：高诱注："麻之有实者。"按：即大麻的果实。《齐民要术·种麻子》认为即"苴麻"。

〔3〕"出林者"：《文子·上德篇》作"步林者"。

【译文】

人们有偷盗而富裕的，但富有的人不一定都偷东西；有廉洁而贫穷的，但贫穷的人不一定都是廉洁的。

荻花类似棉絮，但是不可以做棉衣；虋不类似布，而可以织成布。

走出森林的人不能有直道，行走在险隘之地的人走路不能像踩绳墨那样直。

后羿能够射远，并能命中微小的地方，不是光凭弓箭；造父之所以能快速到达远方的原因，不是只靠鞍辔和马衔。

海内其所出，故能大；[1] 轮复其所过，故能远。

羊肉不慕蚁，蚁慕于羊肉，羊肉膻也；醯酸不慕蚋，蚋慕于醯酸。[2]

尝一脔肉，而知一镬之味；悬羽与炭，知燥湿之气，以小见大，以近喻远。

十顷之陂，可以灌四十顷；而一顷之陂，可以灌四顷，大小之衰然。[3]

【注释】

〔1〕"海内"二句：高诱注："雷雨出于海，复随沟渎还入，故曰'内其所出'。"

〔2〕"醯酸"几句：《太平御览·虫豸部》二："醯酸不慕蚋，蚋慕于醯，酸也。"可与此相参。醯酸，古代指醋。蚋，蚊子一类的昆虫。

〔3〕"可以"：王念孙《读书杂志》：当作"不可以"。衰：差别。

【译文】

大海能够容纳它所付出的一切，所以才能成为大海；轮子能够周而复始地转动，所以才能到达远方。

羊肉不喜爱蚂蚁，但是蚂蚁却喜爱羊肉，因为羊肉有膻味；醋酸不喜爱蚋虫，蚋虫却喜爱醋酸，因为醋酸有酸味。

品尝一块肉，就可以知道一锅里的滋味；在平衡物两边悬挂羽毛和木炭，就能测出湿度的变化，从小的差别而看到大的变化，从近处可以知道远方的事情。

十顷大的陂塘，可以灌溉四十顷的田地；而一顷的水塘，却不能灌溉四顷，这是大小差别的原因。

明月之光，可以远望，而不可以细书；甚雾之朝，可以细书，而不可以远望寻常之外。[1]

画者谨毛而失貌，射者仪小而遗大。[2]

治鼠穴而坏里间，溃小疱而发痤疽，若珠之有纇，玉之有瑕，置之而全，去之而亏。[3]

【注释】

〔1〕"远望"：王念孙《读书杂志》：旧本《北堂书钞·天部》二引此无"远"字。

〔2〕"画者"句：高诱注："谨悉微毛，留意于小，则失其大貌。" 仪：

《吕览·处方》高诱注:"望也。"即看见义。

〔3〕疱：皮肤上长出的小疙瘩，即痱子。 痤疽：高诱注:"痈也。"按：即毒疮。 纇：《道藏》本、刘绩《补注》本、《四库全书》本作"颣"。《老子》四十一章陆德明释文引简文云:"颣，疵也。"指瑕疵。

【译文】

明月的光芒，可以远望，但是不能够在月光下写小字；大雾的早晨，能够写小字，但是不能够看一丈远的距离。

画家意在微小之处，反而失去大貌；射手命中小目标，反而丢掉了大局。

挖掘鼠穴而破坏了里间，小疙瘩破溃而引发了痈疮，就像珍珠上有疵点，美玉上有微瑕，放置它可以保全，除去它会有残缺。

榛巢者处林茂，安也；〔1〕窟穴者托埵防者，便也。〔2〕

王子庆忌足蹑麋鹿，手搏兕虎；〔3〕置之冥室之中，不能搏龟鳖，势不便也。

汤放其主而有荣名，崔杼弑其君而被大（譊）[谤]，所以为之则同，其所以为之则异。〔4〕

吕望使老者奋，项托使婴儿矜，以类相慕。〔5〕

【注释】

〔1〕榛：草木聚集之处。《原道训》高诱注:"聚木曰榛。"

〔2〕埵防：高诱注:"高处防堤也。"

〔3〕蹑：踩、踏义。

〔4〕"汤放"句：高诱注:"汤，契后十二世主癸之子履。'放其主'，谓伐桀，为民除害，故有'荣名'也。" "譊"：《道藏》本、刘绩《补注》本作"谤"。当正。 "崔杼"句：高诱注:"崔杼，齐大夫崔野之子。弑君齐庄公也。"

〔5〕"吕望"句：高诱注:"吕望鼓刀钓鱼，年七十始学读书，九十为文王作师，佐武王伐纣，成王封之于齐。故老者慕之而自奋厉。" "项托"句：高诱注:"项托年七岁，穷难孔子而为之作师，故使小儿之畴自矜大

也。"按：事载《列子·汤问》、《战国策·秦五》等。

【译文】
丛生草木中筑巢的鸟儿，处于茂林之中，是很安宁的；挖掘窟穴的动物，依托在高堤岸旁，是很方便的。

王子庆忌，脚可以踩麋鹿，手能够同咒牛、老虎搏斗；但把他放到暗室之中，却不能捉住龟和鳖，这是因为所处的环境不能给他造成方便。

商汤流放夏桀而有美名，崔杼杀掉他的国君而受到谴责，所做的事情是一样的，他们这样做的目的则是不同的。

吕望（九十为军师出征纣王），使老年人奋激不已；项托（七岁难住孔子），使婴儿感到骄傲，这是按照不同的年龄类型而互相敬慕。

使叶落者风摇之，使水浊者鱼挠之。
虎豹之文来射，猿狖之捷来乍。[1]

行一棋，不足以见智；弹一弦，不足以见悲。三寸之管而无当，天下弗能满；[2]十石而有塞，百斗而足矣。

以篙测江，篙终而以水为测，惑矣。[3]

【注释】
〔1〕乍：通"斮"。《说文》："斮，斩也。"《缪称训》作"措"。化自《庄子·应帝王》、《天地》。
〔2〕当：高诱注："底也。"按：载于《韩非子·饬命》、《晏子春秋·内篇·谏下》。
〔3〕篙：撑船的竿。

【译文】
使树叶掉落的，是由于风的摇动；使水混浊的，是鱼的挠动。
虎豹的色彩招来人的射击，猿狖的敏捷招致人的射杀。
走一个棋子，不足以现出智慧；弹一根琴弦，不能够使人产生悲哀之情。三寸的管子而没有底,天下的东西也不能装满;装十石的容器有堵塞,只有百斗就足够了。

用撑篙来测量江水,篙到头而作为水的深度,就糊涂了。

渔者走渊,木者走山,所急者存也。朝之市则走,(遇)[过]市则步,所求者亡也。[1]

豹裘而杂,不若狐裘之粹;[2]白璧有考,不得为宝,言至纯之难也。[3]

战兵死之鬼憎神巫,盗贼之丑吠狗。[4]

无乡之社,易为黍肉;无国之稷,易为求福。

【注释】

[1]"遇":《道藏》本、刘绩《补注》本作"过"。《四库全书》本"过"上有"夕"字。《道藏》本、刘绩《补注》本无此字。疑脱。

[2]豹:《道藏》本、刘绩《补注》本同,《说山训》作"貂"。

[3]考:污点。《玉篇》:"考,瑕釁也。"

[4]丑:高诱注:"恶也。"按:刘绩《补注》本"丑"上有"辈"字,《道藏》本无。

【译文】

打鱼的人奔跑在深潭旁,砍柴的人奔走在山巅,因为他们心中存在紧急的任务。早晨到市场,需要跑快购物。晚上经过市场,只需缓慢步行,所要购买的东西已经没有了。

用毛色混杂的豹子皮制的裘,不如毛色纯粹的狐皮裘;白璧上面有瑕点,不能算作宝物,这是说要达到很纯粹的要求是很难的。

战争中被杀死的人,它的鬼魂畏惧神巫;盗贼之辈厌恶狗叫。

没有乡属的社神,祭祀容易准备黍米、肉食;没有国属的稷神,容易向它求福。

鳖无耳,而目不可以瞥,精于明也;[1]瞽无目,而

耳不可以察，精于聪也。⁽²⁾

遗腹子不思其父，无貌于心也；不梦见像，无形于目也。⁽³⁾

蝮蛇不可为足，虎豹不可使缘木。⁽⁴⁾

马不食脂，桑扈不啄粟，非云廉也。⁽⁵⁾秦通崤塞，而魏筑城也。⁽⁶⁾

【注释】

〔1〕瞥：《说文》："过目也。"即眼光掠过。《文子·上德篇》作"蔽"。
〔2〕察：《文子·上德篇》作"蔽"。
〔3〕"不梦"二句：高诱注："目初不见像，故曰无形于目也。"
〔4〕"蝮蛇"句：高诱注："蝮蛇皆有毒，螫人，不为足，为足益甚。"按：蝮，《集韵》"屋"韵："蛇名，广三寸，色如绶。鼻有针。"为毒蛇名。
〔5〕桑扈：鸟名，又叫青雀。　云：《道藏》本、刘绩《补注》本无此字。
〔6〕"秦通"二句：高诱注："魏徙都于大梁，闻秦通治崤关，知欲来东兼之，故筑城设守备也。"按：崤塞，即崤关。筑城，即魏徙都大梁（今河南开封）。

【译文】

鳖没有耳朵，而眼睛不能瞥看，是因为目光特别敏锐；瞽没有眼睛，而耳朵不能够堵塞，是因为耳朵特别灵敏。

遗腹子不想念他的父亲，因为在心里没有他父亲的形貌；梦中未见的形象，（因为平时没有见到过），所以在眼中就没有他的形体。

蝮蛇不能够长足，虎豹不能够使他们攀援树枝。

马不食油脂，桑扈不啄粟米，不是廉洁的原因。秦国打通崤山，而魏国筑大梁来抵御它。

饥马在厩，寂然无声，投刍其傍，争心乃生。
引弓而射，非弦不能发矢。⁽¹⁾弦之为射，百分之一也。

道德可常，权不可常。故遁关不可复，亡犴不可再。⁽²⁾
环可以喻员，不必以轮；绦可以为繶，不必以纼。⁽³⁾

【注释】
〔1〕引：张弓。
〔2〕遁：逃遁。 犴：监狱。
〔3〕绦：丝带，丝绳。 繶：饰屦的圆丝带。 纼：粗绳。

【译文】
饥饿的马在马厩里，平静得没有声音；把草料投到它们的身边，争食之心便产生了。

想拉弓射箭，没有弓弦，不能够发箭。而弓弦对于射程，不过是百分之一。

道德是能够长期存在的，而权变是不能够长期存在的。因此从关卡逃遁的人，不能再回来；犯人逃亡，不能再有侥幸之事。

环形可以用来比喻圆形，但是不能够做车轮；丝带可以装饰在鞋子上，但是不能够用来织绳子。

日月不并出，狐不二雄，神龙不匹，猛兽不群，鸷鸟不双。
循绳而斫则不过，悬衡而量则不差，植表而望则不惑。⁽¹⁾
损年则嫌于弟，益年则疑于兄，不如循其理，若其当。⁽²⁾
人不见龙之飞举而能高者，风雨奉之。⁽³⁾

【注释】
〔1〕衡：即秤。 表：圭表。
〔2〕损年：少报年岁。 嫌：《吕览·贵直》高诱注："近也。"即接近义。 若：顺。 当：高诱注："犹实也。"
〔3〕奉：扶助义。

【译文】

日、月不能同时并出,雌狐不能容许二雄,神龙没有匹配,猛兽不去合群,鸷鸟不会成双。

依照绳墨而砍削,那么就不会有差失;悬挂衡器来称量,那么就不会出差错;树立圭表来测定日影,那么就不会迷惑。

少报年龄就会和弟弟相近,多报年龄就会和兄长相似。不如遵循着事理,而依据实际情况来决定。

人没有看见龙飞举而能够升高的,是借风雨帮助才能飞升。

蠹众则木折,隙大则墙坏。[1]

悬垂之类,有时而(憏)[隧];[2] 枝格之属,有时而弛。[3]

当冻而不死者,不失其适;当暑而不喝者,不亡适。[4] 未尝适,亡适。[5]

汤沐具而虮虱相吊,大厦成而燕雀相贺,忧乐别也。

【注释】

[1]蠹:木中虫。
[2]"憏":《道藏》本、刘绩《补注》本作"隧"。通"坠",即坠落义。
[3]枝格:树木突出的枝条。《史记·律书》:"角者,言万物皆有枝格如角出。" 弛:即脱落义。
[4]喝:中暑。 "不亡适":《道藏》本同,刘绩《补注》本作"不亡其适"。
[5]"当冻"以下数句:化自《庄子·达生》。 "未尝适":王念孙《读书杂志》引之曰:当作"未尝不适,亡适"。此言"亡适",乃遗忘之忘。

【译文】

蠹虫多了木头就会折断,裂缝大了墙壁就会倒塌。

悬挂着的东西,有时会坠落下来;伸出的枝条,有时会脱落。

当受冻而没有死去的人,不会失去他的快适;受暑热而没有中暑死去的人，不会失去他的快适。不曾受冻，不曾中暑，还有什么不能快适的呢？

热水洗头的用具准备好了，而虮虱就会互相吊丧；大厦建成，而麻雀、燕子互相庆贺，忧愁、欢乐各自有区别。

柳下惠见饴，曰："可以养老。"[1] 盗跖见饴，曰："可以黏牡。"[2] 见物同，而用之异。

蚕食而不饮，二十二日而化；[3] 蝉饮而不食，三十日而蜕；蜉游不食不饮，三日而死。

人食礜石而死，蚕食之而不饥；[4] 鱼食巴菽而死，鼠食之而肥。[5] 类不可必推。

瓦以火成，不可以得火；竹以水生，不可以得水。[6]

【注释】

[1]"柳下惠"句：高诱注："柳下惠，鲁大夫，展无骇之子，名获，字禽。家有大柳树，惠德，因号柳下惠。一曰：柳下，邑。"按：春秋鲁大夫，食邑柳下，谥惠。曾掌管刑狱。　饴：用米、麦制成的糖浆。

[2] 牡：即锁钥。

[3]"二十二日"：《大戴礼记·易本命》卢辩注引《淮南子》作"三十二日"。

[4] 礜石：矿物名。有毒，苍、白二色可入药。《说文》："礜，毒石也，出汉中。"

[5] 巴菽：植物名，又叫巴豆，产于四川，果实可供药用。

[6]"竹以"二句：高诱注："竹得水浸则死矣。"

【译文】

柳下惠看到饴糖，就说："可以奉养老人。"盗跖看见饴糖，就会说："可以粘门上的锁钥。"所见的食物相同，而用法大有差异。

蚕吃桑叶而不饮水，二十二日而化为茧；蝉饮树汁而不吃树叶，三十日而脱壳；蜉蝣不饮不食，三日就要死亡。

人吃了礜石就要死亡，蚕吃了它却不饥饿；鱼吃巴豆而死，老鼠吃了它却长肥。事物类属关系不一定能推知清楚。

瓦用火烧成，不能再遇到火；竹子依靠水生长，但是不能够再用水浸。

杨堁而欲弭尘，披裘而以翣翼，岂若适衣而已哉？⁽¹⁾槁竹有火，弗钻不蘳；⁽²⁾土中有水，弗掘无泉。⁽³⁾蚖象之病，人之宝也；⁽⁴⁾人之病，将有谁宝之者乎？为酒人之利而不酤，则竭；⁽⁵⁾为车人之利而不僦，则不达。⁽⁶⁾握火提人，反先之热。⁽⁷⁾

【注释】

〔1〕杨：《道藏》本同，刘绩《补注》本作"扬"。《广雅·释言》："杨，扬也。" 堁：土尘。楚人称为堁。已见《主术训》、《齐俗训》。 翣：扇子。楚人谓之翣。 翼，《广韵》"职"韵："羽翼也。"这里有煽风义。

〔2〕蘳：古"然"字，燃烧。

〔3〕"无泉"：《文子·上德篇》作"不出"。

〔4〕蚖：高诱注："大蛤，中有珠。"按：同"蚌"。 象：郑良树《淮南子斠理》："'蚖象'当作'蚖蜃'。"

〔5〕竭：杨树达《淮南子证闻》：字假为"渴"。《说文》："渴，欲饮歠。"今字作"渴"。

〔6〕僦：《说文·新附》："赁也。"即雇车义。

〔7〕提：《集韵》"霁"韵："掷也。"

【译文】

扬起尘土而想消除灰尘，穿上皮裘而用扇子煽风，哪如穿上合适的衣服呢？

枯竹能生火，然而不钻火不能燃烧；土地深处有水，然而不掘开不见泉源。

蚌蛤的病态就是长了珍珠，然而却是人类的宝贝；人的疾病，将有谁把它作为宝贝呢？

因为卖酒的人得到便宜而不去打酒，那么人们就会干渴难忍；因为车老板沾到好处而不去雇车，那么就不能到达远方。拿着火去投向别人，反而让自己先受到热灼。

邻之母死，往哭之；妻死而不泣，有所劫以然也。[1]
西方之倮国，鸟兽弗辟，与为一也。
一脯炭（燧）[熯]，掇之则烂指；[2]万石俱（燧）[熯]，去之十步而死，同气异积。[3]大勇小勇，有似于此。
今有六尺之（广）[席]，卧而越之，下（林）[材]弗难；[4]植而逾之，上材弗易，势施异也。

【注释】

[1] 劫：胁迫。　然：这样。
[2] 脯：《广雅·释器》："脯也。"即干肉。"燧"：《道藏》本、刘绩《补注》本作"熯"。下同。熯，用火烘干。
[3] "死"：《道藏》本同。刘绩《补注》本、《四库全书》本"死"上有"不"字。疑脱。
[4] "广"：《四库全书》本同。《道藏》本、刘绩《补注》本作"席"。"林"：《道藏》本、刘绩《补注》本作"材"。当正。

【译文】

邻居的母亲死了，去哭吊她；自己的妻子死了却不哭泣，是由于怨恨妻子以情、色胁迫自己而造成这样。

西方的裸体之国，鸟兽与人不相回避，是和它们成为一体的原因。

一块肉放在炭火上烘烤，用手拿它就会烫伤手指；用万石一起去烘烤，距离它十步而不会烫死，同样用热气熏烤积聚的热量不同罢了。大的勇敢与小的勇敢，与这样的情形有些相同。

现在有六尺长的席子，平放在地上面，并且越过它，一般人都能做到；如果树立起来而想跳过它，上等才能的人也不易办到，这是由于平放、直立的安放形式不同造成的。

百梅足以为百人酸，一梅不足以为一人和。[1]

有以饭死者，而禁天下之食；[2]有以车为败者，禁天下之乘，则悖矣。

钓者静之，罞者扣舟，罩者抑之，罾者举之，为之异，得鱼一也。[3]

见象牙乃知其大于牛，见虎尾而知其大于貍，一节见而百节知也。[4]

【注释】

〔1〕"百梅"二句：高诱注："喻众能济少，少不能有所成也。"

〔2〕"有以"二句：化自《吕览·荡兵》。彼文作："夫有以饐死者。"

〔3〕"钓者"几句：高诱注："罞者，以柴积水中，以取鱼。扣，击。鱼闻击舟声，藏柴下，壅而取之。"王念孙《读书杂志》："罞"当为"罧"，字之误也。《说文》："罧，积柴水中以养鱼。"罾：《说文》："鱼网也。"即用竿支架渔网。

〔4〕"一节"句：高诱注："吴伐越，随会稽，独获骨节专车，见一节大，馀节不得小，故曰'百节知'。"按：高注见《国语·越语》，亦载于《史记·孔子世家》。

【译文】

一百个梅子完全能够使百人口中发酸，一个梅子不能给一个人调和口味。

有因为吃饭而噎死的，而禁止天下人吃饭；有因为车子而造成灾祸的，而禁绝天下人乘车，就违背事理了。

钓鱼的人静静地等着，罞鱼的人敲打船帮，罩鱼的人要提罩往下按，罾鱼的人要用竹竿把网张起来，各种做法是不同的，但得鱼的目的是一致的。

看到象牙才知道它比牛大，看到老虎尾巴才知道它比狸猫大，发现一节骨头而百节就可以知道了。

小国不斗于大国之间，两鹿不斗于伏兕之旁。

佐祭者得尝，救斗者得伤。荫不祥之木，为雷电所扑。[1]

或谓（家）[冢]，或为陇；[2] 或为笠，或谓簦。[3] 头"虱"与空木之"瑟"，名同实异也。[4]

【注释】

[1] 荫：隐蔽。 扑：打击。

[2] "家"：《道藏》本、刘绩《补注》本皆作"冢"。当正。 陇：《方言》卷十三："冢，秦晋之间或谓之陇。"即坟墓。

[3] 笠：斗笠。 簦：古时有柄的笠。即伞。《说文》："笠，簦无柄也。"王念孙《读书杂志》："或为簦"下，当有"名异实同也"五字。

[4] "头'虱'"二句：高诱注："头中'虱'，空木'瑟'，其音同，其实则异也。"按：二字上古读音相同，为入声质部。

【译文】

小国不参与大国之间的争斗，两个鹿儿不在伏着的兕牛旁抵角。

辅助祭祀的人可以得到食物，解救争斗的人往往受到伤害。隐蔽在不吉祥的大木之下，容易被雷电击倒。

有的地方叫冢，有的叫陇；有的称为笠，有的叫簦，（名称不同，但实际是相同的）。头上的"虱"与空木发声之"瑟"，读音相同，但内容不同。

日月欲明，而浮云盖之；兰芝欲脩，而秋风败之。[1]

虎有子不能搏攫者，辄杀之，为堕武也。[2]

龟纽之玺，贤者以为佩；[3] 土壤布在田，能者以为富。予拯溺者金玉，不若寻常之缳索。[4]

视书上有"酒"者，下必有"肉"；上有"年"者，下必有"月"，以类而取之。

【注释】

〔1〕芝：王念孙《读书杂志》：当为"芷"。

〔2〕堕：废弃。 武：威武。

〔3〕"龟纽"句：高诱注："龟纽之玺，衣印也。纽，系。佩，服也。"

〔4〕王："玉"之本字。纆：《说文》："索也。"即绳索。"予拯"句：《文子·上德篇》作"故与弱者金玉"，无"拯"字。

【译文】

日、月想放光明，但是浮云遮盖了它；兰草、江芷要长高，而秋风使它衰败。

老虎生子，不能捕捉动物的，就把它杀死，是因为它失去了威武的雄风。

装饰龟纽的玉玺，贤德的人作为自己的佩饰；松软的土壤分布在田间，勤劳的人能够从中得到收获。给拯救溺水的人金玉，不如一根长的绳索。

看到书册上面写"酒"字的，下面必定有"肉"；上面写有"年"字的，下面一定有"月"，按照同类而得出这样的结论。

蒙尘而眯，固其理也；为其不出户而理（埋）之也。〔1〕

屠者羹藿，为车者步行，陶者用缺盆，匠人处狭庐，为者不得用，用者弗肯为。〔2〕

毂立三十辐，各尽其力，不得相害。〔3〕使一辐独入，众辐皆弃，岂能致千里哉？

夜行者掩目而前其手，涉水者解其马载之舟，事有所宜，而有所不施。

【注释】

〔1〕理：《道藏》本、刘绩《补注》本作"埋"。当正。王念孙《读书杂志》引之曰：正文"为其不出户而埋之"下，当有"非其道"三字，而写者脱之也。

〔2〕羹藿：《太平御览·器物部》三引此，作"屠者藿羹"。"为者"二句：高诱注："为者不得用，以利动。用者不肯为，以富宠也。"

〔3〕"毂立三十辐"：《文子·上德篇》作"毂虚而中立三十辐"。

【译文】

蒙受灰尘而眯眼，这是符合常理的；因为他不出家门而灰尘迷了眼，（这就不符合常理了。）

屠宰牲畜的人喝野菜汤，造车子的人要步行，制陶的人用破盆，木匠住在狭小的房舍里，做工的人未必享用他的成果，享用的人又不肯去做工。

车毂四周树立三十个车辐，各自尽到自己的力量，相互不会危害。假使只有一个车辐进入车毂，其他的便全部废弃，怎么能到达千里之远呢？

夜行的人闭起眼睛而用手在前面探路，蹚水的人解下马匹放到船上，事情有所适宜的地方，也有所不能施行的地方。

橘柚有乡，藿苇有丛；〔1〕兽同足者相从游，鸟同翼者相从翔。

田中之潦，流入于海；附耳之言，闻于千里。〔2〕

苏秦步，曰："何故？"〔3〕趋，曰："何趋驰？"〔4〕有为则议，多事固苛。〔5〕

皮将弗睹，毛将何顾？畏首畏尾，身凡有几？〔6〕

【注释】

〔1〕藿：杨树达《淮南子证闻》："藿"字，景宋本同，刘家立《集证》作"藿"，是也。按：藿，即芦荻。《汉书·货殖传》颜师古注："藿，薍也。即今之荻也。"杨说未必是。

〔2〕附耳：近耳私语。

〔3〕步：徐行。

〔4〕"何趋驰"句：俞樾《诸子平议》：此当作"苏秦步，曰何步；趋，

曰何趋;驰,曰何驰。"按:此数句化自《庄子·田子方》。

〔5〕"有为"二句:高诱注:"苏秦为多事之人,故见议见苟也。"苟:于大成《说林校释》:"诃"字经传皆以"苟"为之。按:《广韵》"歌"韵:"诃,责也。"

〔6〕"畏首"二句:高诱注:"畏始畏终,中身不畏,凡有几何,言常畏也。"按:文载《左传·文公十七年》。

【译文】

橘、柚有生长之地,蓶、苇有丛聚之处;野兽足形相同的在一起遨游,鸟儿翅膀相同的在一块飞翔。

田地中的雨水,流入到海里;附耳的话,可以传到千里之外。

苏秦慢步走,别人问:"做什么?"快步走,有人问:"奔向何方?"有作为就会遭到非议,多做事情就会有人责难。

皮都不看,毛还值得重视吗?畏首畏尾,剩下的身子不畏惧还有多少?

欲观九(用)〔州〕之土,足无千里之行;[1] 心无政教之原,而欲为万民之上也,〔则难〕。[2]

的的者获,提提者射。[3] 故大白若辱,大德若不足。[4]

未尝稼穑,粟满仓;未尝桑蚕,丝满囊。得之不以道,用之必横。[5]

海不受流哱,太山不上小人,旁光不升俎,骈驳不入牲。[6]

【注释】

〔1〕"用":《道藏》本、刘绩《补注》本作"州"。当正。

〔2〕"而欲为"句:《道藏》本、刘绩《补注》本:"之上也"下有"则难"二字。《文子·上德篇》作"者难"。

〔3〕"的的"二句:高诱注:"的的,明。为众所见,故获。提提,安。言譬若鸟不飞,成放道,提提安时,故为人所射。"按:《说文》:"旳,明

也。从日勺声。"《广韵》"锡"韵:"的,明也。"《玉篇》:"的,明见也。"的、旳皆是。注文"成放道",《道藏》本作"兽不走"。

〔4〕"故大白"二句:见于《老子》四十一章。 辱:通"縟"。《集韵》"烛"韵:"縟,黑垢。"

〔5〕横:放纵义。

〔6〕"海不受"句:高诱注:"骨有皮曰骴,有不义之祥流入海,海神荡而出之,故曰'不受'。""太山"句:高诱注:"太山,东岳也。王者所封禅处,不令殈乱小人得上其上也。" 旁光:即膀胱。 俎:盛祭品的礼器。 骍:同"騂"。《说文》:"騂,赤马黑毛尾也。" 駁:毛色不纯。

【译文】

想看九州的土地,脚下没有千里之行;心中没有政治教化的根本方法,而想处在万民之上,这就困难了。

明显的猎物,容易被人捕获;安舒的鸟兽,常遭到射击。因此最好的洁白,好似污垢;最高的德行,好似不足。

不曾种植收获,粮食却堆满仓;不曾栽桑养蚕,却能丝满囊;不用正道得到的,使用起来必定放纵。

海神不让腐肉流进大海,太山不令小人去攀登,膀胱不能放入祭祀的礼器,毛色混杂的牲畜不能作为祭品。

中夏用箑快之,至冬而不知去;〔1〕褰衣涉水,至陵而不知下,未可以应变。〔2〕

有山无林,有谷无风,有石无金。〔3〕

满堂之坐,视钩各异,于环带一也。〔4〕

献公之贤,欺于骊姬;〔5〕叔孙之知,欺于竖牛。〔6〕故郑詹入鲁,《春秋》曰:"佞人来!佞人来!"〔7〕

【注释】

〔1〕箑:扇子。

〔2〕褰:撩起。 陵:陆地。《左传·定公六年》孔颖达疏:"南人谓陆为陵。"

〔3〕"有山"三句：高诱注："林生于山，山未必皆有林。风出于谷，谷未必皆有风。金生于石，石未必皆有金。喻圣人出众人，众人未必皆圣贤也。"

〔4〕钩：带钩。

〔5〕"献公"二句：高诱注："杀申生也。"按：事载《左传·僖公四年》。

〔6〕"叔孙"二句：事见《左传·昭公四年》、《韩非子·内储说上》。叔孙，春秋鲁相。竖牛，其宠信者。后叔孙有病，竖牛饿杀之，窃财物以奔齐。

〔7〕郑詹：春秋郑大夫。郑詹自齐入鲁。事见《春秋·庄公十七年》。

【译文】

炎夏用扇子使身体凉快，到冬天还不知收掉；撩起衣服过河，到了陆地还不知道放开，这样便不能适应变化。

有山，未必有林；有谷，未必有风；有石，未必有金。

满堂的座席上，看到各人的带钩是不同的，但腰带对于扣环的位置来说，则是一致的。

晋献公这样的贤君，却被骊姬所欺骗；以叔孙的智慧，却被竖牛欺瞒。因此郑詹进入鲁国，《春秋》记载说："谄媚的小人来了！谄媚的小人来了！"

君子有酒，鄙人鼓缶，虽不可好，亦不见丑。〔1〕

人性便丝衣帛，或射之，则被铠甲，为其所不便，以得所便。〔2〕

辐之入毂，各值其凿，不得相通，犹人臣各守其职，不得相干。〔3〕

尝被甲而免射者，被而入水；尝抱壶而度水者，抱而蒙火，可谓不知类矣。〔4〕

【注释】

〔1〕丑：丑恶。

〔2〕"丝衣帛"：于大成《说林校释》：朱弁本、宝历本（《文子·上德

篇》)并作"衣丝帛"。

〔3〕干：乱。

〔4〕壶：通"瓠"。《诗·豳风·七月》毛亨传："壶，瓠也。"即葫芦。知类：即懂得事物间的相似或相同关系，依此类推。

【译文】

君子得到美酒，鄙陋之人就击缶作歌，即使不见得美妙，也不会被认作丑恶。

人的本性便于穿丝帛，若有人要射击他，则要披上铠甲，因为它的不方便，而得到方便。

车辐安进车毂，各自进入它们被凿的位置，不能够互相通连，就像人臣各自守住它们的职位一样，不能互相干犯。

曾经穿上铠甲而免于被射的人，而却穿着它进入水中；曾经抱着瓠渡过水流的人，而却抱着它冲向烈火，可以说是不懂得物类之间的变化了。

君子之居民上，若以腐索御奔马；⁽¹⁾若碾薄冰，蛟在其下；⁽²⁾若入林而遇乳虎。

善用人者，若蚈之足，众而不相害；⁽³⁾若唇之与齿，坚柔相摩而不相败。

清醑之美，始于耒耜；⁽⁴⁾黼黻之美，在于杼柚。⁽⁵⁾

布之新，不如纻；⁽⁶⁾纻之弊，不如布。或善为新，或善为故。⁽⁷⁾

【注释】

〔1〕"君子"二句：高诱注："雍容恐失民之意。"按：语出《邓析子·转辞》，《新序·杂事四》、《说苑·政理》亦载相似之文。

〔2〕"蛟在"句：高诱注："蛟，鱼属，皮有珠，能害人，故曰'蛟在其下'。"

〔3〕蚈：马蚈，即百足虫。本书凡四见。

〔4〕酭：高诱注："清酒。"《说文》："醠，浊酒也。"《集韵》"荡"韵："醠，或作酭。"
〔5〕杼：织布机上的梭子。 柚：织布机上的用具，杼以持纬，柚以受经。
〔6〕绉：苎麻织成的布。
〔7〕善：适宜。

【译文】

君子处于百姓之上，就像用腐烂的绳子驾驭奔马；就像踩在薄冰之上，蛟龙在冰下一样；就像进入林中而遇到母老虎。

善于用人的国君，像马蚿的脚一样，虽然众多而不互相危害；像嘴唇和牙齿一样，坚硬、柔和互相摩擦，而不会毁坏。

清香的美酒，是从耒耜耕田开始的；色彩鲜艳的服饰，开始于织布机。

新的麻织物，不如苎麻织成的布；破旧的苎麻，却不如麻布。有的宜于做新的，有的适宜做旧的。

靥䩉在颊则好，在颡则丑。[1] 绣以为裳则宜，以为冠则讥。[2]

马齿非牛蹄，檀根非椅枝，故见其一本而万物知。[3]

石生而坚，兰生而芳，少［自］其（有）质，长而愈明。[4]

扶之与提，谢之与让，故之与先，诺之与已也，之与矣，相去千里。[5]

【注释】

〔1〕靥䩉：妇女嘴边的酒窝。 颡：额头。
〔2〕讥：王念孙《读书杂志》：本作"议"。《太平御览·布帛部》二引此，作"以为冠则议"。
〔3〕檀：木名，其材强劲。 椅：木名。又称山桐子、水冬瓜。材木亦可用。 知：分别。
〔4〕自：《道藏》本同，刘绩《补注》本作"有"。刘本是。

〔5〕扶：扶持。 提：投掷。《集韵》"霁"韵："提，掷也。" 谢：辞谢。 让：消让。 故：《尔雅·释诂》："今也。" 诺：许诺。 已：不许。《吕览·论威》高诱注："已，止也。" "也，之与矣"：《文子·上德篇》无此四字。以上化自《邓析子·转辞》。

【译文】
　　女子酒窝长在面颊上就很美，长在额头上则丑陋。刺绣的织品裁制衣裳就很适宜，做成帽子就会让人讥笑。
　　马的牙齿不是牛的蹄子，檀树的根也不是椅树的枝条，因此只要看到事物的根本，而万物就可以分辨清楚了。
　　石头生出就是坚硬的，兰草生长出来就是芳香的，开始的时候就具有这样的特质，长大以后就更加鲜明了。
　　扶持与投掷，辞谢与责备，当今和先前，应诺与拒绝，相距有千里之远。

　　（汗）〔汙〕准而粉其颡；[1]腐鼠在坛，烧薰于宫；[2]入水而憎濡，怀臭而求芳，虽善者弗能为工。
　　再生者不获；华大旱者，不胥时落。[3]毋曰不幸，甀终不堕井；抽簪招燐，有何为惊？[4]
　　使人无度河，可；中河使无度，不可。[5]
　　见虎一文，不知其武；见骥一毛，不知善走。

【注释】
〔1〕"汗"：《道藏》本同。刘绩《补注》本作"汙"。 准：鼻子。《广韵》"薛"韵："准，鼻也。"
〔2〕坛：高诱注："楚人谓中庭为坛。"
〔3〕旱：《道藏》本、刘绩《补注》本同。《文子·上德篇》作"早"。"不胥时落"句：高诱注："不待秋时而零落也。"按：胥，等待。《史记·廉颇蔺相如列传》司马贞索隐："胥、须古人通用。"
〔4〕燐：燐火。
〔5〕"中河"句：《文子·上德篇》作"使河无波不可"。

【译文】

　　玷污鼻子而粉饰额头；把腐臭的老鼠放在庭院之中，却在宫殿上烧火薰香；下水而憎恶沾湿衣裳，怀着臭味而寻求芳香，即使是巧妙的人，也不能做得精巧。

　　过时再生的庄稼不能又有收成；花提早开放的，不到秋时就要凋落。不要说这是不幸之事，烧饭的甑子不会掉在井里。抽下簪子可以招引燐火，这有什么值得吃惊的呢？

　　使人不渡河，是可以的；行至河中让人不渡过，则是不行的。

　　看见老虎身上的文饰，不知道它的威武；看到骐骥的一根毫毛，不知道它善于奔跑。

　　水虿为螅，(孑孑)[孑孑]为蚊，兔啮为蟹。〔1〕
　　物之所出，处于不意，弗知者惊，知者不怪。
　　铜英青，金英黄，玉英白；〔2〕蘖烛捔，膏烛泽也。〔3〕以微知明，以外知内。
　　象肉之味，不知于口；鬼神之貌，不著于目；捕景之说，不形于心。

【注释】

〔1〕水虿：蜻蜓的幼虫。　螅：即蜻蜓。已见本书《齐俗训》。"孑孑"：《道藏》本作"孑孑"。蚊子的幼虫。　兔啮：兔子所食之草。一说为虫名。　蟹：虫名，能啮人。《集韵》"代"韵："蟹，虫名，小虻也。"

〔2〕英：通"瑛"。《说文》："瑛，玉光也。"

〔3〕蘖烛：即用蘖麻点燃的烛火。　捔：暗昧。

【译文】

　　水虿变成蜻蜓，孑孑化成蚊子，兔子所吃的草可以生成蟹虫。

　　万物的生成变化，出自人们的意料之外，不知道的人感到吃惊，知道的人不感到奇怪。

　　铜的光泽是青色的，黄金的光泽是黄色的，玉的光泽是白色的；麋烛光芒昏暗，膏烛光泽柔和。从微暗中知道光明，从外部可以知道内部。

大象肉的味道，不能从口中得知；鬼神的形象，不能从眼睛中显露出来；捕捉影子的高兴，不能够在心里形成。

冬冰可折，夏木可结，时难得而易失。[1]

木方茂盛，终日采而不知；秋风下霜，一夕而殚。[2]

病热而强之餐，救暍而饮之寒，救经而引其索，拯溺而授之石，欲救之，反为恶。[3]

虽欲谨亡马，不发户辚；[4]虽欲豫就酒，不怀蓐。[5]

【注释】

〔1〕"冬冰"三句：于大成《说林校释》：《意林》引《太公金匮》："夏条可结，冬冰可释。"按：折，疑通"析"。《说文》："析，破木也。一曰折也。"即破裂、消释义。结，《文选·孙绰〈游天台山赋〉》薛综注："止也。"即停止。

〔2〕殚：尽。以上化自《吕览·首时》。

〔3〕"病热"句：《人间训》作"病湿而强之食"。 暍：《道藏》本、刘绩《补注》本作"喝"。《说文》："喝，伤暑也。"即中暑。

〔4〕辚：门槛。楚语。已见本书《说山训》、《氾论训》。

〔5〕豫：预备。 蓐：蓐垫。

【译文】

冬天的坚冰可以消释，夏天的茂木可以停止生长，时光难于得到而容易失去。

树木正在茂盛生长，终日采摘而好像不知减少；秋风到来，寒霜下降，一个晚上便全部脱落。

患热病而强迫他吃饭，救中暑而让他饮冰水，解救上吊的人而拉绳索，拯救落水的人而交给他大石头，想要解救他，反而害了他。

即使担心马逃走，也不能拆下门槛来阻挡；即使想要预备醉酒，也不会怀着蓐垫子。

孟贲探鼠穴，鼠无时死，必噬其指，失其势。⁽¹⁾

山云蒸，柱础润；⁽²⁾伏苓掘，兔丝死。

一家失熛，百家皆烧；⁽³⁾谗夫阴谋，百姓暴骸。

粟得水湿而热，甑得火而液；⁽⁴⁾水中有火，火中有水。

【注释】

〔1〕"孟贲"几句：高诱注："孟贲，勇士，探鼠于穴，故曰'失其势'。"

〔2〕础：柱石。

〔3〕熛：火焰。《玉篇》："熛，火飞也。"

〔4〕湿：吕传元《淮南子斠补》："湿"字当衍。《御览·百谷部四》引正无"湿"字。

【译文】

孟贲去探老鼠洞，老鼠不一会儿就要死去，但是必定要咬伤他的手指，因为失去了他的优势。

乌云在山巅升腾，梁柱的基石便要湿润了；茯苓被挖掘，菟丝便要死去。

一家失火，百家都会殃及；谗人诡计乱国，百姓就会暴尸旷野。

谷物得水浸湿便会发热，用火燃烧甑子食物便能煮化；水中有火，火中也有水。

疾雷破石，阴阳相薄。

汤沐之于河，有益不多；流潦注海，虽不能益，犹愈于已。⁽¹⁾

一目之罗，不可以得鸟；无饵之钓，不可以得鱼；⁽²⁾遇士无礼，不可以得贤。

兔丝无根而生，蛇无足而行，鱼无耳而听，蝉无口而鸣，有然之者也。⁽³⁾

【注释】

〔1〕已：停止。
〔2〕"无饵"二句：刘台拱《淮南子补校》：《广韵》"钅几"字引《淮南子》"无钅几之钩，不可以得鱼"。按：钅几，钩上的倒刺。
〔3〕然：高诱注："如是也。"

【译文】

迅雷可以劈开山石，阴、阳二气相互迫近而自然形成的。

把热水放到河里洗头，增加的热度不多；雨水注入大海，即使不能增长多少，还比静止要增加许多。

一个网眼的罗网，不能够捕到鸟儿；没有鱼饵的钓钩，不能够得到鱼儿；对士人没有礼貌，不能够得到贤人。

菟丝没有根而生长，蛇没有脚而行走，鱼没有耳朵而能听到声音，蝉没有嘴而鸣叫，有着形成这样的自然原因。

鹤寿千岁，以极其游；蜉蝣朝生而暮死，尽其乐。〔1〕纣醢梅伯，文王与诸侯（傋）[构]之；〔2〕桀辜谏者，汤使人哭之。〔3〕（任）[狂]马不触木，猘狗不自投于河，虽聋虫而不自陷，又况人乎？〔4〕

爱熊而食之盐，爱獭而饮之酒，虽欲养之，非其道。〔5〕

心所说，毁舟为杕；〔6〕心所欲，毁钟为铎。〔7〕

【注释】

〔1〕"尽其乐"：《道藏》本、刘绩《补注》本"尽"上有"而"字。
〔2〕"傋"：《道藏》本、刘绩《补注》本作"构"。当正。构，谋划。
〔3〕哭：高诱注："犹吊也。"按：即吊丧。
〔4〕"任"：《道藏》本、刘绩《补注》本作"狂"。 聋虫：指无知的禽兽。
〔5〕"爱熊"几句：高诱注："熊食盐而死，獭饮酒而败，故曰'非其道'也。"
〔6〕杕：高诱注："舟尾。"按：即舟舵。杕，即"柁"。
〔7〕铎：大铃。

【译文】

　　仙鹤可以活到千岁，而尽情遨游；蜉蝣早晨出生而晚上死去，也享受完了它的快乐。

　　商纣王把梅伯剁成肉酱，文王与诸侯开始谋图灭纣；夏桀以罪杀害劝谏的人，商汤使人凭吊他们。狂马不会碰到木头上，疯狗不会自己投到河中，即使无知的禽兽，也不会使自己陷入灭亡之地，何况是人呢？

　　喜欢熊而让他吃盐，喜欢水獭而让它饮酒，虽然想要养好它，但不符合它们生理的规律。

　　心中高兴，可以毁舟为舵；心里愿意，可以毁钟为铎。

　　管子以小辱成大荣，苏秦以百诞成一诚。〔1〕

　　质的张而弓矢集，林木茂而斧斤（大）〔入〕，非或召之，形势所致者也。〔2〕

　　待利而后拯溺人，亦必以利溺人矣。

　　舟能沉能浮，愚者不加足。

【注释】

　　〔1〕"管子"句：高诱注："管仲相子纠，不能死，为鲁所囚，是其辱。卒相桓公，以至霸，是其大荣也。"按：《史记·管晏列传》亦详载其事。诞：《吕览·应言》高诱注："诈也。"

　　〔2〕"大"：《道藏》本、刘绩《补注》本作"入"。当正。以上数句亦见于《荀子·劝学》、《大戴礼记·劝学》。

【译文】

　　管子用小的屈辱成就了大的荣誉，苏秦用百次的欺骗成就了一次诚信。

　　因此箭靶张开而弓矢便射向中心，林木茂盛而斧斤就要进入，不是有人召唤它们，这是自然形成的趋势所造成的。

　　等得到好处之后，再去拯救落水的人，他人也会用必须得到好处,才去拯救落水的人。

船体能沉能浮,就是愚笨的人也不敢乘坐。

骐骥驱之不进,引之不止,人君不以取道里。

刺我行者,欲与我交;[1] 訾我货者,欲与我市。[2]

以水和水不可食,一弦之瑟不可听。[3]

骏马以抑死,直士以正穷。[4] 贤者摈于朝,美女摈于宫。[5]

【注释】

〔1〕刺:有责难、非难之义。
〔2〕訾:诋毁。《集韵》"支"韵:"訾,毁也。"
〔3〕"一弦"句:高诱注:"以其失和,故不可听。刺专用也。"
〔4〕抑:压制。
〔5〕摈:高诱注:"弃也。"

【译文】

驱赶骐骥它不愿前进,牵引它却奔驰不停,国君也不会用它来赶路。

非议我的行止的,想与我交往。毁谤我的财货的,想与我交易。

用水调和水不能够食用;用一弦的瑟弹奏,不能中听。

骏马因为被抑制而死,耿介之士因为正直而穷困,贤明的人被摈弃在朝廷,美女被摈弃在宫殿之中。

行者思于道,而居者梦于床;慈母吟于巷,适子怀于荆。[1]

(亦)[赤]肉县则乌鹊集,鹰(集)[隼]鸷则众鸟散,物之散聚,交感以然。[2]

食其食者不毁其器,食其实者不折其枝。塞其源者

竭，背其（木）[本]者枯。⁽³⁾

交画不畅，连环不解，其解之不以解。⁽⁴⁾

【注释】

〔1〕"慈母"二句：《吕览·精通》高诱注："《淮南记》曰：慈母在于燕，适子念于荆。言精相往来也。"按：适，通"嫡"。适子，《礼记·内则》郑玄注："谓世子弟也。"这里指亲生儿子。

〔2〕"亦"：《道藏》本、刘绩《补注》本作"赤"。当正。"集"：《道藏》本、刘绩《补注》本作"隼"。

〔3〕"木"：《道藏》本、刘绩《补注》本作"本"。

〔4〕交画：即交相错画。 连环：环环相贯之玉环。此为战国名辩家的论题，见《庄子·天下》。亦载于《战国策·齐六》。并见于本书《人间训》。

【译文】

出外的人在路途上思念亲人，而居家的人在床上便有梦应；慈母在燕国叹息，亲生儿子便会在楚国思念。

悬挂赤肉，那么乌鹊便来聚集；鹰、隼搏杀，那么众鸟便会飞散，万物的聚集、分散，交相感应自然形成这个样子。

吃他的食物的人，不毁坏他的盛食物的器具；吃它的果实的人，不会折断果木的枝条。堵塞河的渊流，河水就会枯干；离开它的根本的，树木就会枯竭。

交相错画，不能畅通；像连环一样不能解开，解开的办法就是不去解它。

临河而羡鱼，不若归家织网。⁽¹⁾

明月之珠，蚌之病而我之利；虎爪象牙，禽兽之利而我之害。

易道良马，使人欲驰；⁽²⁾饮酒而乐，使人欲歌。

是而行之，固谓之断；⁽³⁾非而行之，必谓之乱。

【注释】

〔1〕羡:《说文》:"贪欲也。"

〔2〕易道：平坦大道。

〔3〕固:《道藏》本、刘绩《补注》本作"故"。《说文》段玉裁注:"固，即故之假借字也。" 断：决断。高诱注:"断，犹治也。"

【译文】

对着河流而想得到鱼儿，不如回家织网。

明月之珠，是蚌蛤的疾病，却成为人类的宝贝；虎爪、象牙，是兽类的利器，却是人类的祸害。

坦道骏马，使人想去奔驰；饮酒而快乐，使人想放歌。

正确的去推行它，所以称呼它叫治理；不正确的却实行它，必定称它为混乱。

矢疾，不过二里也，步之迟，百舍不休，千里可致。〔1〕
圣人处于阴，众人处于阳；圣人行于水，众人行于霜。〔2〕
异音者不可听以一律，异形者不可合于一体。
农夫劳而君子养焉，愚者言而知者择焉。〔3〕

【注释】

〔1〕"矢疾":《文子·上德篇》作"矢之疾"。几句载于《吕览·博志》。

〔2〕"圣人"二句：高诱注:"水有形而不可毁，故圣人行之无迹；霜雪履有迹，故众人行之也。"

〔3〕君子：高诱注:"国君。"按：语载《战国策·赵二》，《汉书·严助传》载淮南王上书，亦有此语。

【译文】

箭速快，不能超过二里；步行迟缓，百舍不停，千里也可以到达。

圣人处在阴面，众人处在阳面；圣人像行于水中，不见痕迹；众人像行于冰霜，形迹可见。

不同地域的音乐,不能够用一个音律来处理它;万物有不同的形体,不能用一个形体来等同它。

农夫辛劳,而养活了国君;愚人说话,而聪明的人加以选择。

舍茂木而集于枯,不弋鹄而弋乌,难与有图。

羵丘无壑,泉源不溥;⁽¹⁾寻常之溪,灌十顷之泽。⁽²⁾

见之明白,处之如玉石;见之暗晦,必留其谋。⁽³⁾

以天下之大,托于一人之才,譬若悬千钧之重于木之一枝。

负子而登墙,谓之不祥,为其一人陨而两人殇。⁽⁴⁾

【注释】

〔1〕羵:《方言》卷十二:"大也。"

〔2〕十:《道藏》本、刘绩《补注》本作"千"。

〔3〕留:高诱注:"犹思谋也。"张双棣《淮南子校释》:"留"无"思谋"义。"留"犹"尽"也。《周书·大匡》孔注:"留,尽也。"

〔4〕陨:坠落。 殇:《释名·释丧制》:"未二十而死曰殇。殇,伤也。"

【译文】

舍弃茂密的森林,而停留在枯木之上;不去射鸿鹄,而去射乌鸦,这样愚蠢的人,难以与他图谋。

大山丘没有沟壑,泉水源流不能广大;寻常的沟壑有源头,可以流灌十顷的大泽。

看见它很明白,处理它们就像玉、石一样清楚;看见它很暗昧,必定思考对它的谋略。

把偌大的天下,寄托在一人的才智上,就像把千钧重的物品悬挂在一个树枝上。

背着孩子去攀登高墙,称之为不吉祥,因为这样会使一人跌倒而两人受伤。

善举事者，若乘舟而悲歌，一人唱而千人和。

不能耕而欲黍梁，不能织而喜采裳，无事而求其功，难矣！〔1〕

有荣华者，必有憔悴；有罗纨者，必有麻蒯。〔2〕

鸟有沸波者，河伯为之不潮，畏其诚也。〔3〕故一夫出死，千乘不轻。

【注释】

〔1〕梁：《道藏》本同，刘绩《补注》本作"粱"。梁，通"粱"。

〔2〕罗纨：指华美的丝织品。　蒯：茅草。《广韵》"怪"韵："蒯，茅类。"

〔3〕"鸟有"三句：高诱注："鸟，大雕也。翱翔水上，扇鱼令出沸波，攫而食之，故河伯深藏于渊，畏其精诚，为不见。"

【译文】

善于举事的人，就像乘着船而唱起悲歌，一人唱而千人相和。

不去耕田而想得到黍米、高粱，不能织布而喜欢彩色衣裳，没有干事业而求得功劳，那是非常困难的啊！

有富贵荣华的，必有憔悴不堪之人；有身穿漂亮罗纨的，必有身穿麻布粗衣的人。

大雕掀起巨浪，河伯因此而不敢兴起大潮，是害怕它的精诚。因此一个战士拼死作战，千乘之国不可轻视。

蝮蛇螫人，(传)[傅]以和堇则愈，物固有重而害反为利者。〔1〕

圣人之处乱世，若夏(綦)[暴]而待暮；〔2〕桑榆之间，逾易忍也。〔3〕

水虽平，必有波；衡虽正，必有差；尺寸虽齐，必有诡。〔4〕

非规矩不能定方圆,非准绳不能正曲直。用规矩准绳者,亦有规矩准绳焉。⁽⁵⁾

【注释】
〔1〕"传":《道藏》本、刘绩《补注》本作"傅"。当正。 和堇:高诱注:"野葛,毒药。" "重而害":《道藏》本、刘绩《补注》本同,《道藏辑要》本作"重害而"。
〔2〕"圣人"二句:高诱注:"夏,日中甚热。暮,凉时。言圣人居乱世,忍以待凉。" 綦:《道藏》本作"暴"。当正。
〔3〕"桑榆"二句:高诱注:"言乱世将尽,如日在西方桑榆间,将夕,故曰'易忍'。" 逾:《文选·孙绰〈游天台山赋〉》吕向注:"甚也。"即更加义。
〔4〕诡:差别。
〔5〕"用规矩"二句:高诱注:"准平绳直之人,能平直耳。故曰'亦有规矩准绳'。"

【译文】
蝮蛇螫人,用和堇敷上就会痊愈,万物中有为害很大而反成为大利的。
圣人处在乱世之中,就像遇到夏天的酷热而等待日落一样;等到太阳处在桑榆之间,就更容易忍受了。
水面即使很平,必定有波澜;秤杆即使平正,必定有差错;尺寸即使很一致,必有不同。
没有规矩不能成方圆,没有准绳不能正曲直。使用准绳、规矩,也是有规矩、准绳的。

舟覆乃见善游,马奔乃见良御。⁽¹⁾嚼而无味者,弗能内于喉;视而无形者,不能思于心。
兕虎在于后,随侯之珠在于前,弗及掇者,先避患而后就利。⁽²⁾
逐鹿者不顾兔,决千金之货者,不争铢两之价。

弓先调而后求劲，马先驯而后求良，人先信而后求能。〔3〕

【注释】

〔1〕"舟覆"二句：高诱注："善游，故覆舟不溺；良御，马奔车不败。故见之。"

〔2〕"随侯之珠"二句：高诱注："随国在汉东，姬姓之侯。出游于野，见大蛇断在地，随侯令医以续傅断蛇，蛇得愈。去后衔大珠报，盖明月之珠，因号随侯之珠，世以为宝也。"按：随侯之珠，本书凡四见。　掇：拾取。

〔3〕"弓先调"三句：语载《荀子·哀公》，并见《韩诗外传》卷四、《说苑·尊贤》。

【译文】

船翻了才能见到善于游泳的人，马奔驰才能见到优秀的骑士。咀嚼而没有滋味的东西，不能进入喉中；观察没有形体的东西，不会在心里思考。

兕牛、老虎在后面，即使随侯之珠放在前面，也没有人来拾取，首先避开祸害而后才接近利益。

追逐野鹿的，不会顾及兔子；处理千金货物的，不在于铢两的价钱。

弓先调试，然后才能求到强弓；马先训练，然后才能求得良马；人先取信，然后才能求得贤人。

陶人弃索，车人掇之；屠者弃销，而（鍜）[锻]者拾之，所缓急异也。〔1〕

百星之明，不如一月之光；十牖毕开，不若一户之明。

矢之于十步，贯兕甲；及其极，不能入鲁缟。

太山之高，背而弗见；秋毫之末，视之可察。〔2〕

【注释】

〔1〕销:《文选·张协〈七命〉》李善注引《淮南子》许慎注:"销,生铁也。""锻":《道藏》本、刘绩《补注》本同。当作"锻"。

〔2〕察:辨别。

【译文】

陶工丢弃绳索,赶车人拾取它;屠夫丢掉生铁,而打铁的人捡起它,因为所使用的缓急有所区别。

百星的光明,不如一个月亮的光辉;打开十个窗子,不如开一扇门光亮。

箭在十步之内,可以贯通兕甲;等力量到了尽头,不能穿透鲁缟。

高耸的泰山,背朝着它看不见;秋毫的末梢,对着它可以考察清楚。

山生金,反自刻;[1]木生蠹,反自食;人生事,反自贼。[2]

巧(治)[冶]不能铸木,工匠不能斫金者,形性然也。[3]

白玉不雕,美珠不文,质有馀也。

故跬步不休,跛鳖千里;[4]累积不辍,可成丘阜。[5]城成于土,木直于下,非有事焉,所缘使然。[6]

【注释】

〔1〕刻:被刻镂。

〔2〕贼:败,害。以上亦载于《说苑·辩物》。

〔3〕"治":《道藏》本、刘绩《补注》本作"冶"。语载《公孙尼子》。

〔4〕跬:半步。高诱注:"跬,犹咫尺。"

〔5〕辍:停止。语载《荀子·修身》。

〔6〕缘:依循义。

【译文】

山里生出黄金,自己反而被刻镂;木头生出蠹虫,反而让自己被吃掉;人生出事端,反而使自己受害。

巧妙的冶工不能铸造木头,高明的木匠不能砍斫金属,这是由于不同事物形体的特性决定的。

白玉不要雕琢,美珠不要文采,天然的质朴就已经足够了。

因此不停地小步走,跛腿鳖也可以到达千里;堆积不停,可以形成高丘。城墙耸立由于土,木头挺拔由于根,不是有人规定它,所依循的自然规律使它形成这个样子。

凡用人之道,若以燧取火,疏之则弗得,数之则弗中,正在疏数之间。[1]

从朝视夕者移,从枉准直者亏。[2] 圣人之偶物也,若以镜视形,曲得其情。[3]

杨子见逵路而哭之,为其可以南,可以北;[4] 墨子见练丝而泣之,为其可以黄,可以黑。[5]

趋舍之相合,犹金石之一调,相去千岁,合一音也。[6]

【注释】

[1] 疏:《玉篇》:"远也。" 数:《孔子家语·贤君》王肃注:"近也。"高诱注:"疏,犹迟也。数,犹疾也。"按,高说有误。此言阳燧聚焦取火,与快、慢无关。

[2] 枉:邪。

[3] 偶:高诱注:"犹周也。"按:即周合、周遇义。 曲:《说文》:"象器曲受物之形。"引申有全部义。

[4] 杨子:战国魏人,哲学家。《列子》有《杨朱》,载其事。 逵路:九达之道。《尔雅·释宫》:"九达谓之逵。"其事载《列子·说符》、《荀子·王霸》。

[5] 练:高诱注:"白。"按:练丝,即把丝织品煮得柔软而洁白。其事见《墨子·所染》。

[6] 趋舍:取舍。本书《精神训》作"趣舍",《齐俗训》作"趋舍"。

【译文】

大凡用人的方法,就像用燧取火一样,距离它远了就得不到火,距离它近了就不能得中,正好在远近适中(即焦点)的时候才能燃着。

从早晨看晚上,太阳移动了;从斜的测量正的,就觉得有了亏缺。圣人周遇万物,就像用镜子看外物,全部得到万物的性情。

杨朱看到四通八达的道路而哭起来,因为它能够南行,也可以北行,(不知如何选择)。墨子看到洁白的生丝而抽泣,因为它可以染成黄色,也可以染成黑色,(人性也会受到了环境影响而变化)。

进退的互相取合,就像金钟、石磬的调式固定一样,相距千年,音调仍然不会发生变化。

鸟不干防者,虽近弗射;[1]其当道,虽远弗释。

酤酒而酸,买肉而臭,然酤酒买肉,不离屠沽之家,故求物必于近之者。[2]

以诈应诈,以谲应谲,若被蓑而救火,毁溃而止水,乃愈益多。[3]

西施、毛嫱,状貌不可同,世称其好,美钧也;[4]尧、舜、禹、汤,法籍殊类,得民心一也。

【注释】

〔1〕鸟:高诱:"燕之属是也。" 干防:触犯、冒犯。
〔2〕酤:买酒。 沽:通"贾"。《说文》:"贾,一曰坐卖售也。"
〔3〕谲:诡诈。《说文》:"谲,权诈也。"
〔4〕"不可同":于大成《说林校释》:"可"字疑衍。

【译文】

燕子之类不伤害人类,即使相距很近也没有人射伤;鸟类中挡道妨碍人类的,即使离人很远也不会放过它们。

买酒而发酸,买肉而变臭,但是打酒买肉仍然离不开屠坊酒店,因为寻求外物必定会去接近的地方。

用欺诈应对欺诈，用骗术对付骗术，就像披着蓑衣去救火，凿开沟渎而止水，会使混乱增加更多。

西施、毛嫱，形体、外貌很不相同，世人称赞她们的美艳则是相同的；尧、舜、禹、汤，法令典章是根本不同的，但是得到百姓拥护，则是一致的。

圣人者，随时而举事，因资而立功，潦则具擢对，旱则修土龙。〔1〕

临菑之女，织纨而思行者，为之悖戾。〔2〕室有美容，缯为之纂绎。〔3〕

徵羽之操，不入鄙人之耳；〔4〕（於）[抮]和切适，举坐而善。〔5〕

过府而负手者，希不有盗心。〔6〕故佁人之鬼者，过社而摇其枝。〔7〕

【注释】

〔1〕潦：雨水多。　擢对：高诱注："贮水器。"

〔2〕临菑：周代齐国都城。在今山东淄博东北。　悖戾：粗劣之义。

〔3〕纂绎：高诱注："不密致，志有感故。"按：纂，《广韵》"缓"韵："集也。"绎，《集韵》"昔"韵："释，或作绎。"纂绎，有松紧不一义。

〔4〕"徵羽"二句：高诱注："徵羽正音，小人不知，不入其耳。"按：操，乐曲。

〔5〕"於"：《道藏》本、刘绩《补注》本作"抮"。当正。"抮和"二句：高诱注："（於）[抮]，转。转其和，更作急歌，激楚之音，非正乐，故'举坐而善之'。"

〔6〕府：储藏财物、文书之所。　负手：反手于背。

〔7〕佁：有担心义。

【译文】

圣人随着时势变化而行事，按照资用而建立功勋，水涝时要准备贮水器具，干旱时就要修治土龙致雨。

临淄的女工，织绢时思念远方之人，就会织出粗劣的丝帛。室中有美貌之人，(心中不定)，织缯就不会细密。

徵、羽的高雅之声，不能进入小人的耳中；把掺转平和之音，改用急促的俗调，在坐的人都加以称赞。

经过府库而背着手的人，很少不存有盗窃之心的。因此害怕别人的鬼魂作祟而得病的，经过神社时就要摇动树枝。

晋阳处父伐楚以救江，故解（椊）[捽]者不在于捌格，在于批伉。⁽¹⁾

木大者根瞿，山高者基扶，蹠巨者志远，体大者节疏。⁽²⁾

狂者伤人，莫之怨也；婴儿詈老，莫之疾也，贼心亡止。⁽³⁾

尾生之信，不如随牛之诞，而又况一不信者乎？⁽⁴⁾

忧父之疾者子，治之者医，进献者祝，治祭者庖。

【注释】

〔1〕阳处父：春秋晋大夫。　江：古国名，在今河南正阳西南。"椊"：《道藏》本同。《四库全书》本作"捽"。《玉篇》："捽，击也。"解捽，即解决冲突。　捌格：有分别参与战斗之义。批伉：高诱注："批，击。伉，推。击其要矣。"按：伉，《道藏》本、刘绩《补注》本同。《道藏辑要》本作"伉"。通"亢"。《说文》："亢，人颈也。"批亢，即打击要害义。

〔2〕瞿：通"衢"。《说文》："四达谓之衢。"根瞿，即根系四布。　扶：扶佐。　志：王念孙《读书杂志》："志"当为"走"。

〔3〕"亡止"：《道藏》本、刘绩《补注》本作"峀"。按："止"为"也"字之误。

〔4〕"尾生"二句：高诱注："尾生效信于妇人，信之失。随牛、弦高矫君命为诞，虽然，以存国，故不如随牛之诞。"一：常。

【译文】

晋阳处父讨伐楚国来解救江国,因此解决冲突不在于参加战斗,而在于击中要害,(使争斗者被迫分开)。

树木大的根系分布广,山陵高大的根基牢固,脚步大的人能走远路,身体高大的骨节稀疏。

神经错乱的人伤了人,没有人埋怨他;婴儿骂老人,没有人憎恨他,因为害人之心不存在。

尾生的守信用,不如随牛的欺骗,更何况经常不守信用的人呢?

担忧父亲疾病的是儿子,给他治病的是医生,进献祝愿的是祝,筹办祭祀的是庖厨。

第十八卷 人间训

【题解】

　　本训以无比丰富的内容,论述了如何处理人世间的各种相互关系,其中有祸福、得失、益损、利害、功罪、取予、远近、誉毁、徐疾、赏罚、成败等内容,"使人知祸之为福,亡之为得,成之为败,利之为害也"。既生动有趣而又充满了深邃的哲理。

　　诚如解题中所说:"人间之事,吉凶之中,征得失之端,反存亡之几也。"而具有整体和宏观思维的"心",处理各种复杂问题的"术",把握和运用体现自然及社会规律的"道",三者全备,才是处理人世间各种复杂矛盾的关键。

　　陶方琦《淮南许注异同诂》:"序目下无'因以题篇'字,许注本也。取旧辑许注本与今本校之,说多同。"

　　清净恬愉,人之性也;仪表规矩,事之制也。知人之性,其自养不勃;[1]知事之制,其举措不或。

　　发一端,散无竟;[2]周八极,总一筦,谓之心。[3]

　　见本而知末,观指而睹归,执一而应万,握要而治详,谓之术。[4]

　　居智所为,行智所之,事智所秉,动智所由,谓之道。[5]道者,置之前而不錎,错之后而不轩,内之寻常而不塞,布之天下而不窕。[6]是故使人高贤称誉己者,心之力也;[7]使人卑下诽谤己者,心之罪也。

【注释】

〔1〕勃:《庄子·庚桑楚》成玄英疏:"乱也。"
〔2〕竟:终竟。
〔3〕总:《说文》:"聚束也。" 心:指人的思想意识。
〔4〕指:《原道训》高诱注:"所之也。"即所往之义。 术:指治政的谋略和权术。
〔5〕智:《广韵》"寘"韵:"知也。" 道:指事物的法则和自然规律。
〔6〕輂:《玉篇》:"前顿曰輂,后顿曰轩。"即车前低。 轩:《六书故》:"车前高也。"即前高后低。 窕:《吕览·适音》高诱注:"不满密也。"
〔7〕高贤:大贤。

【译文】

清静恬淡,是人的天性;法则规章,是对事物的规定。知道了人的天性,他的自身修养不会混乱;知道了事物的规定,他的举动行止不会感到困惑。

从一个端点出发,而可以消散在没有止境之地;遍及八方极远之处,而可以总括在一个洞管之中,这就是意识主宰"心"的作用。

看到根本,而知道终结;观察他的所往,而知道他的回归;执掌一方,而应对万端变化;把握要害,而治政周详,这就是权术的要义。

居处知道所干的事情,行动知道所去的方向,处事知道所执掌的准则,举止知道所做的原因,这就是"道"。道,放到前面而不觉得低,放在后面而不觉得高;放到寻常之内而不会堵塞,布散天下而不觉得有空隙。因此让人以大贤称誉自己的,是心的力量;使人以卑劣低下诽谤自己的,是心的罪过。

夫言出于口者,不可止于人;行发于迩者,不可禁于远。〔1〕

事者难成而易败也,名者难立而易废也。千里之堤,以蝼蚁之穴漏;百寻之屋,以突隙之烟焚。〔2〕尧戒曰："战战栗栗，日慎一日。"⁽³⁾人莫踬于山，而踬于垤。⁽⁴⁾是故人者轻小害，易微事，以多悔。⁽⁵⁾患至而后忧之，是由病者已惓，而索良医也，虽有扁鹊、俞跗之巧，犹不能生也。⁽⁶⁾

【注释】

〔1〕迩：《说文》："近也。"

〔2〕突：许慎注："灶突。"按：即烟囱。四句语出《韩非子·喻老》。王念孙《读书杂志》引之曰：《太平御览·虫豸部》四引此，作"突隙之熛"。

〔3〕战战：恐惧的样子。　栗栗：畏惧的样子。

〔4〕踬：跌倒。古楚语。并见《原道训》、《说山训》。　垤：许慎注："蚁封也。"按：《说文》同。即小土堆。语出《韩非子·六反》等。

〔5〕"者"：《道藏》本同。刘绩《补注》本作"皆"。《群书治要》有"者、皆"二字。

〔6〕由：《方言》卷十一戴震疏证："由、犹古通用。"惓：许慎注："剧。"按：同"倦"。《群书治要》引许注："惓，剧也。"《说文》："倦，罢也。"引申为病重义。　俞跗：黄帝时医家。亦载于《韩诗外传》卷十。《汉书·艺文志》"方技略"："扁鹊、俞拊方二十三卷。"

【译文】

言语从自己口中发出的，不能够被别人制止；行动从近处发生的，不能够在远处禁止它。

事业是难以成功而容易失败的，名誉是难以树立而容易毁弃的。千里长堤，常常因为蝼蛄、蚂蚁的洞穴渗漏而崩塌；百寻高的大厦，常常因为烟囱缝隙的火苗而被焚毁。尧自我警告说："恐惧戒慎，一天比一天小心。"人们没有被大山绊倒的，而却被蚁穴的小土堆绊倒。因此人们都是轻视小害，把小事看得容易而多有后悔。祸患来到才去忧虑，就像生病的人已经病重，而再寻求高明的医生，即使有扁鹊、俞跗这样的名医高手，也不能使他存活。

夫祸之来也，人自生之；福之来也，人自成之。祸与福同门，利与害与邻，非神圣人，莫之能分。凡人之举事，莫不先以其知规虑揣度，而后敢以定谋。⑴其或利或害，（比）［此］愚智之所以异也。⑵晓自然以为智，知存亡之枢机，祸福之门户，举而用之，陷溺于难者，不可胜计也。⑶使知所以为是者，事必可行，则天下无不达之涂矣。⑷是故知虑者，祸福之门户也；动静者，利害之枢机也。⑸百事之变化，国家之治乱，待而后成。是故不溺于难者成，是故不可不慎也。⑹

【注释】
〔1〕揣：许慎注："商量高下也。"按：《说文》："揣，量也。度高曰揣。"训同。即揣度、忖度义。
〔2〕"比"：《道藏》本、刘绩《补注》本作"此"。当正。
〔3〕"晓自然"句：王念孙《读书杂志》：今本"然"字误在"自"下，则更不可读矣。
〔4〕"所以"：《道藏》本、刘绩《补注》本无"以"字。　涂：通"途"。道路。
〔5〕枢机：喻指关键部位。
〔6〕"是故"句：杨树达《淮南子证闻》：八字与上文不贯，疑因下文"是故"句而衍。

【译文】
　　灾祸的到来，是人们自己使它产生的；幸福的到来，也是人们自己使它形成的。灾祸和幸福，同出一个门户；利益和患害，它俩是近邻。不是神明的圣人，是不能够分辨它们的。大凡人的行事，没有不是凭着自己的智慧，加以规划考虑，然后才敢于确定自己的计划。它们有的是利，有的是害，这就是愚蠢人和聪明人的主要区别。那种明白无误的样子，自以为很聪明，懂得了存在、灭亡的关键，掌握了灾祸、幸福的门户，如果举荐而使用他们，而沉溺于灾难之中的事，是不可胜数的。假使知道自己所干的是正确的，事情是一定能够可行的,那么天下就没有不能通达的大路了。因此说,智虑是祸福的门户,动静是利害的关键。百事的变化,国家的治乱,必定有待它才会成功,因此不能不谨慎啊!

天下有三危:少德而多宠,一危也;才下而位高,二危也;身无大功而有厚禄,三危也。⁽¹⁾故物或损之而益,或益之而损,何以知其然也?

昔者楚庄王既胜晋于河、雍之间,归而封孙叔敖,而辞不受。⁽²⁾病疽将死,谓其子曰:"吾则死矣,王必封女,女必让肥饶之地,而受沙石之间。⁽³⁾有寝丘者,其地确石之名丑。⁽⁴⁾荆人鬼,越人礼,人莫之利也。"⁽⁵⁾孙叔敖死,王果封其子以肥饶之地,其子辞而不受,(谓)[请]有寝之丘。⁽⁶⁾楚国之俗,功臣二世而爵禄,唯孙叔敖独存。⁽⁷⁾此所谓损之而益也。

何谓益之而损?昔晋厉公南伐楚,东伐齐,西伐秦,北伐燕,兵横行天下而无所缱,威服四方而无所诎,遂合诸侯于嘉陵。⁽⁸⁾气充志骄,淫侈无度,暴虐万民。内无辅拂之臣,外无诸侯之助。⁽⁹⁾戮杀大臣,亲近导谀。⁽¹⁰⁾明年出游匠骊氏,栾书、中行偃劫而幽之。⁽¹¹⁾诸侯莫之救,百姓莫之哀,三月而死。⁽¹²⁾夫战胜攻取,地广而名尊,此天下之所愿也,然而终于身死国亡,此所谓益之而损者也。

【注释】

〔1〕"天下"七句:语似出《国语·鲁语》,亦与本书《道应训》"狐丘丈人谓孙叔敖"语相近。

〔2〕"昔者"句:许慎注:"庄王败晋荀林父之师于邲。邲,河雍地也。"

按：事在楚庄王十七年夏六月（前597年）。载于《左传·宣公十二年》、《韩非子·喻老》、《列子·说符》、《吕览·异宝》,《史记·楚世家》亦载此事。河雍，黄河和雍州。雍，这里指邲，春秋属郑，在今河南荥阳北。

〔3〕痏：痛，《吕览·异宝》、《列子·说符》作"孙叔敖疾，将死"。《史记·滑稽列传》作"孙叔敖病且死"。无"痏"字。"沙石之间"：《韩非子·喻老》作"沙石之处"。又《吕览·异宝》作"楚、越之间有寝之丘者"，《列子·说符》作"楚、越之间有寝丘者"。知此处有脱误。

〔4〕"有寝丘"二句：许慎注："寝丘，今汝南固始也。前有垢谷，后有（庄）〔疝〕丘，名丑。"按：《楚文化考古大事记》："寝丘故城址在今固始县城郊北山口。楚庄王封孙叔敖之子侨"于此，建成寝丘邑。（文物出版社，1984年）确：《说文》："磐石也。"按：即石头坚硬义。 之：《道藏》本同。刘绩《补注》本作"而"。

〔5〕"荆人"句：许慎注："人事鬼也。" 祧：许慎注："祥也。"按：即福祥。《说文》："爨，鬼俗也。淮南传曰：吴人鬼，越人爨。"指迷信鬼神的活动。

〔6〕"谓"：《道藏》本、刘绩《补注》本作"请"。当正。

〔7〕"功臣"句：郑良树《淮南子斠理》："爵禄"上疑夺"收"字。《韩非子·和氏》："封君之子孙，三世而收爵禄。" "唯孙叔敖"句：《史记·滑稽列传》："封之寝丘四百户。后十世不绝。"

〔8〕"南伐楚"事：晋厉公六年（前575年）春晋、楚鄢陵之战，伤楚共王之目。 "西伐秦"事：晋厉公元年（前580年）败秦于麻隧。绻：屈曲义。 "合诸侯"事：前574年，晋、宋、曹、卫、邾等盟于嘉陵。《左传·成公十六年》作"柯陵"。嘉、柯上古音声、韵相同，可通。嘉陵在许昌南、临颍北三十里。

〔9〕拂：辅佐。通"弼"。《广雅·释诂四》："拂，辅也。"王念孙疏证："拂，读为弼。"

〔10〕"戮杀"句：指杀戮敢谏大臣伯宗。 亲近：指重用嬖臣胥童、夷羊五、长鱼矫、匠骊氏等人。 导谀：王念孙《读书杂志》：《史记·越王句践世家》："吴已杀子胥，导谀者众。""导谀"即"谄谀"也。"谄"与"导"，声之转。按：王说疑误。二字上古、中古声纽相近，而韵部相距甚远。导，引诱。

〔11〕明年：指晋厉公八年（前573年）。 匠骊氏：晋厉公嬖臣。居于绛城外二十里。 栾书：即栾武子。晋大夫，中军元帅。后逮捕厉公，立悼公。 中行偃：即荀偃。晋文公作三行（即三军），荀偃将中行。

〔12〕三月而死：晋厉公七年十二月被执，八年正月被杀，历时三月。

事载于《左传·成公十七年》、《国语·晋语》、《吕览·骄恣》,亦见于《史记·晋世家》。

【译文】

天下有三件危险的事情:缺少德性而多宠爱,一危;才能低下而官位高,二危;身无大功而俸禄丰厚,三危。因此事物中有的损减了却反而使它增加,有的增加了却反而使它减少,怎么知道是这样的呢?

从前楚庄王已经在郊地战胜了晋国,回国以后准备封赏孙叔敖,他推辞而不愿接受。孙叔敖得了恶疮,将要死去,对他的儿子说:"我就要死了,国君必然要封你。你必须让出肥美之地,而接受沙丘乱石那样的荒地。(楚、越之间)有个叫寝丘的,那里石硬地瘠,而且名声不好。楚国人信鬼,越国人信吉祥,两国没有人认为这个地方对他们有利。"孙叔敖死后,国君果然把肥饶之地封给他的儿子,他的儿子坚辞不受,请求允许赐给他寝丘之地。楚国的习俗,功臣两代之后便要收回爵禄,只有孙叔敖的封地独存。这就是所说的减损了而反使它增加。

什么叫使它增加而反而减少?从前晋厉公南面讨伐楚国,东面打败齐国,西边进攻秦国,北面侵犯燕国,军队横行天下而没有能够使他屈服的,威服四方没有不顺从的。于是便在柯陵会盟诸侯,傲气满胸,骄横异常,荒淫奢侈无度,暴虐万民,国内没有辅佐重臣,外部没有诸侯帮助,杀戮大臣,亲近佞人。第二年到匠骊氏之地出游,栾书、中行偃乘机劫持并把他囚禁起来。诸侯没有人救援,百姓没有人悲哀,最终在三个月后死去。战胜强国,攻城夺地,增广地盘,名声尊宠,这是天下人所盼望的,但是最终自己被杀,国家被消灭,这就是所说的使它增加却反而减损的例子。

夫孙叔敖之请有寝之丘、沙石之地,所以累世不夺也;晋厉公之合诸侯于嘉陵,所以身死于匠骊氏也。

众人皆知利利而病病也,唯圣人知病之为利,知利之为病也。[1]夫再实之木根必伤,掘藏之家必有殃,以

言大利而反为害也。⁽²⁾

【注释】

〔1〕"众人"三句：化自《老子》七十一章。
〔2〕"再实之木"：一年两次结果的树木。"掘藏"句：许慎注："掘藏，谓发冢得伏藏，无功受财。"按：《说文》："葬，藏也。"

【译文】

孙叔敖请求楚庄王允许封给他寝丘之地、沙丘乱石之处，这就是一代一代不被剥夺的原因；晋厉公在嘉陵会盟诸侯，这就是他身死匠骊氏的原因。

众人都知道利益是有利的，而认为疾病是有害的，只有圣人知道有害有时是有利的，有利有时是有害的。一年结两次果实的树木，根部必定受到伤害；挖掘坟墓获得财宝，必定有大的灾祸，说的就是想得到大的利益，而反成为大的祸害。

张武教智伯夺韩、魏之地而擒于晋阳；⁽¹⁾申叔时教庄王封陈氏之后而霸天下。⁽²⁾孔子读《易》至《损》、《益》，未尝不愤然而叹，曰："益损者，其王者之事与？"⁽³⁾

事或欲以利之，适足以害之；⁽⁴⁾或欲害之，乃反以利之。利害之反，祸福之门户，不可不察也。⁽⁵⁾

【注释】

〔1〕"张武"句：许慎注："张武，智伯臣也。擒于晋阳，为赵襄子所杀。"
〔2〕"申叔时"句：许慎注："申叔时，楚大夫也。庄王灭陈，已乃复之也。"按：事见《左传·宣公十一年》。
〔3〕《损》、《益》：《周易·系辞下》："《损》，德之修也。《益》，德之裕也。"故曰"王者之事"。 愤然：《说苑·敬慎》、《孔子家语·六本》作

"喟"。《太平御览·学部》三引此作"喟然而叹"。

〔4〕"欲以":《文子·微明篇》无"以"字。

〔5〕"门户":《文子·微明篇》无"户"字。

【译文】

张武教智伯侵夺韩、魏的土地,而被赵襄子在晋阳擒住;申叔时教庄王封陈氏之后,而使楚庄王称雄天下。孔子读《易》到《损》、《益》时,未尝不叹息地说:"增加与减少,这恐怕是国君的事情吧?"

事情中有的认为对他有利,恰好完全对他有害;有的认为对他有害,却反而对他有利。利害之间的反复变化,祸福的门径,不能不考察清楚。

阳虎为乱于鲁,鲁君令人闭城门而捕之,得者有重赏,失者有重罪。〔1〕围二(市)[帀],而阳虎将举剑而伯颐。〔2〕门者止之曰:"天下探之不穷,我将出子。"〔3〕阳虎因赴围而逐,扬剑提戈而走。门者出之,顾反取其出之者,以戈椎之,攘袪薄腋。〔4〕出之者怨之曰:"我非故与子反也,为之蒙死被罪,而乃反伤我,宜矣其有此难也!"〔5〕鲁君闻阳虎失,大怒,问所出之门,使有司拘之,以为伤者受重赏,而不伤者被重罪。此所谓害之而反利者也。

【注释】

〔1〕"阳虎"几句:许慎注:"阳虎,季氏之臣也。阳虎[叛]季氏,专鲁国也。"按:阳虎,名虎,字货,鲁孟氏后裔,春秋后期季氏家臣。曾挟持季氏而掌国政。拟废三桓,失败,出奔阳关。事见《左传·定公八年》。鲁君,鲁定公。名宋,在位十五年。

〔2〕二:《道藏》本、刘绩《补注》本作"三"。"市":《道藏》本、刘绩《补注》本作"匝"。市,当作"帀"。《说文》:"周也。"伯:许慎

注:"迫也。"按:《说文》:"迫,近也。" 颐:下巴。

〔3〕探:探究;索取。 穷:穷尽。

〔4〕椎:《说文》:"所以击也。" 攘:《慧琳音义》卷八十五注引《玉篇》:"除袂出臂曰攘,心愤发而气勇也。"有刺烂义。 袪:指袖口。薄:通"迫"。迫近。

〔5〕故:本来,平素。

【译文】

阳虎在鲁国作乱,鲁君命令闭上城门来逮捕他,捕到他的人有重赏,放走他的人有重罪。把阳虎整整围了三圈,阳虎准备用剑自杀而死。守门的人制止说:"天下如此之大,探求它是没有穷尽的,我将帮助你出逃。"阳虎乘势突出重围,举起剑提着戈而逃跑。看门人帮阳虎逃出后,他回过头来对着帮助自己出逃的人,用戈刺他们,刺烂袖口,迫近腋下。帮助阳虎出逃的人埋怨说:"我原本不是和你谋反的,现在为了帮助你,冒着死亡,遭受大罪,而你反刺伤我,我有这样的灾难是应该的啊!"鲁君听说阳虎逃走,大怒,问清了所出的城门,使主管官吏拘捕把守不力之人,对受伤的人给予重赏,对不伤的人处以重罪。这就是所说的危害了他而反对他有利。

何谓欲利之而反害之?楚恭王与晋人战于鄢陵,战酣,恭王伤而休。〔1〕司马子反渴而求饮,竖阳谷奉酒而进之。〔2〕子反之为人也,嗜酒而甘之,不能绝于口,遂醉而卧。恭王欲复战,使人召司马子反,子反辞以心痛。王驾而往视之,入幄中而闻酒臭。〔3〕恭王大怒,曰:"今日之战,不穀亲伤,所恃者司马也。〔4〕而司马又若此,是亡楚国之社稷,而不率吾众也,不穀无与复战矣。"〔5〕于是罢师而去之,斩司马子反为僇。〔6〕故竖阳谷之进酒也,非欲祸子反也,诚爱而欲快之也,而适足以杀之。〔7〕此所谓欲利之而反害之者也。

【注释】

〔1〕鄢陵：在今河南鄢陵西北。前575年，晋厉公大败楚于此。"伤而休"：许慎注："晋人射共王中目。"按：事载《左传·成公十六年》，并见于《韩非子·十过》、《饰邪》，亦载于《史记·晋世家》、《楚世家》及《说苑·敬慎》等。

〔2〕司马子反：即公子侧，楚中军元帅。 竖阳谷：竖，僮仆。阳谷，其名。

〔3〕臭：气味。

〔4〕不穀：许慎注："不禄也，人君谦以自称也。"按：《老子》三十九章："是以侯王自谓孤、寡、不穀。"不穀，即不善之义。

〔5〕亡：《吕览·权勋》、《韩非子·十过》作"忘"。 率：《吕览·权勋》、《韩非子·十过》作"恤"。即体恤义。杨树达《淮南子证闻》："率"、"恤"二字古通作。《书·多士》："罔不明德恤祀。"《史记·鲁世家》"恤"作"率"。

〔6〕僇：《吕览·当染》高诱注："辱也。"即耻辱义。《吕览·权勋》、《韩非子·十过》并作"戮"。

〔7〕适：恰好。

【译文】

什么叫想对他有利反而害了他？楚恭王和晋厉公在鄢陵大战。战斗正激烈之时，楚恭王被晋将魏锜射伤左眼而被迫休战。楚中军元帅司马子反口渴而寻求饮水，随身小侍竖阳谷捧着美酒进献给他。子反这个人，嗜酒如命，现在一饮，顿觉甘美异常，一发而不可收，于是便醉卧帐中。恭王准备再开战，派人召司马子反，子反推辞说心里疼痛。恭王亲自去察看他的病情，进入帷帐之中，而闻到一阵酒气。恭王大怒说："今日的战争，我亲自参战而负伤，所依仗的就是司马。而司马又像这个样子，这是忘记我们楚国的社稷，而不体恤我们大众了，我不能和晋军再战了。"于是结束了战争而回师楚国，斩司马子反以洗刷耻辱。因此竖阳谷之进献美酒，不是想给子反带来灾祸，实在是爱戴自己的主帅而想使他心情愉快，却恰好以此杀了他。这就是想对他有利而反害了他。

夫病温而强之食，病喝而饮之寒，此众人之所以为养也,而良医之所以为病也。[1] 悦于目,悦于心,愚者之所利也,然而有论者之所辟也。[2] 故圣人先忤而后合,众人先合而后忤。[3]

【注释】

〔1〕温:温病,是多种热病的总称。《黄帝内经·素问·生气通天论》张志聪集注:"温病者,冬伤于寒,先夏至日发者,为病温也。"

〔2〕"悦于目":《文子·微明篇》作"快于目"。"有论者":《文子·微明篇》作"有道者"。

〔3〕忤:违反,抵触。

【译文】

得了温病而强迫他吃饭,中了暑热而让他喝冰水,这是众人所认为用来养病的方法,但是良医认为这是所以造成疾病的原因。能使眼睛愉悦,使心里高兴,这是愚蠢的人认为有利的,但这是有道的人所要避开的。因此圣人做事先背离而后相合,众人是先相合而后背离。

有功者,(又)[人]臣之所务也;[1] 有罪者,人臣之所辟也。或有功而见疑,或有罪而益信,何也? 则有功者离恩义,有罪者不敢失仁心也。

魏将乐羊攻中山,其子执在城中,城中县其子以示乐羊。[2] 乐羊曰:"君臣之义,不得以子为私。"攻之愈急。中山因烹其子,而遗之鼎羹与其首。乐羊循而泣之曰:"是吾子。"[3] 已,为使者跪而啜三杯。[4] 使者归报,中山曰:"是伏约死节者也,不可忍也。"遂降之。为魏文侯(夫)[大]开地有功,自此之后,日以不信。[5] 此所谓有功而见疑者也。

何谓有罪而益信?孟孙猎而得麑,使秦西巴持归烹之。⁽⁶⁾麑母随之而啼。秦西巴弗忍,纵而予之。孟孙归,求麑安在,秦西巴对曰:"其母随而啼,臣诚弗忍,窃纵而予之。"孟孙怒,逐秦西巴。居一年,取以为子傅。⁽⁷⁾左右曰:"秦西巴有罪于君,今以为子傅,何也?"孟孙曰:"夫一麑而弗忍,又何况于人乎?"此谓有罪而益信者也。

【注释】

〔1〕"又":《道藏》本、刘绩《补注》本作"人"。当正。 务:务求。

〔2〕乐羊:魏将,曾为元帅,率魏兵灭中山国。据《史记·魏世家》,灭中山在魏文侯十六年(前430年)。 中山:国名。战国时其中心位于今河北正定一带。当时中山国君叫姬窟。

〔3〕循:通"揗"。抚摩。朱骏声《说文通训定声》:"循,叚借又为揗。"

〔4〕啜:喝。 三:杨树达《淮南子证闻》:"'三杯'当作'一杯',字之误也。《国策·魏一》、《韩非子·说林篇》、《说苑·贵德篇》字并作'一'。"

〔5〕"夫":《道藏》本、刘绩《补注》本作"大"。当正。

〔6〕孟孙:鲁桓公的孙子。其父为庆父,曾派人杀死两个国君,后自杀。鲁僖公立公孙敖继承庆父的地位,称为孟孙氏。 麑:幼鹿。 秦西巴:孟孙门客。

〔7〕"居一年":《韩非子·说林上》作"居三月"。此事亦载于《说苑·贵德》。

【译文】

建立功劳,这是人臣所务求的;犯下罪过,这是人臣所要回避的。有的立功反而被怀疑,有的犯罪反而更加得到信任,这是为什么?这是因为有功的人背离恩义,有罪的人不敢失去仁爱之心而造成的。

魏将乐羊攻打中山国,他的儿子乐舒被拘禁在城中,城中把他的儿子绑起来挂在城头给乐羊看。乐羊说:"君臣之间的大义,不能够因为儿子而徇私情。"攻打中山城更加急迫。中山国君于是下令烹了他的儿子，并送给乐羊一鼎肉汤和儿子的头。乐羊抚摩着他儿子的头哭着说："这是我的儿子。"接着为使者跪着喝了三杯。使者归报，中山君说："这是一个信守誓约为大节而死的人，不能够抑制他。"于是便投降了乐羊。他替魏文侯开拓疆土有功，从此以后，却一天天地不被信任。这就是所说的有功而被怀疑的例子。

什么叫有罪而更加得到信任？鲁国孟孙氏打猎得到一只幼鹿，派秦西巴带回去烹了它。母鹿追随着秦西巴而哀啼。秦西巴不忍心，放开它而让它回到母鹿身边。孟孙氏回来后，询问烧好的鹿肉在哪里，秦西巴回答说："小鹿的妈妈追在后面哀啼，我实在不忍心，私自放开它，让它随母鹿而去。"孟孙氏十分气愤，把秦西巴赶走了。过了一年，召回秦西巴并让他担任太子的师傅。左右的人说："秦西巴对您有罪，现在却让他担任您儿子的师傅，这是为什么？"孟孙说："他对待一只小鹿尚且那样不忍心，又何况对待我的儿子呢？"这就是所说的有罪过反而更加得到信任的例子。

故趋舍不可不审也，此公孙鞅之所以抵罪于秦，而不得入魏也。(1)功非不大也，然而累足无所践者，不义之故也。(2)

事或夺之而反与之，或与之而反取之。智伯求地于魏宣子，宣子弗欲与之。(3)任登曰："智伯之强，威行于天下，求地而弗与，是为诸侯先受祸也。不若与之。"(4)宣子曰："求地不已，为之奈何？"任登曰："与之使喜，必将复求地于诸侯，诸侯必植耳。(5)与天下同心而图之，一心所得者，非直吾所亡也。"魏宣子裂地而授之。又求地于韩康子，韩康子不敢不予，诸侯皆恐。又求地于赵襄子，襄子弗与。于是智伯乃从韩、魏，围襄子于晋阳。(6)三国通谋擒智伯，而三分其国。此所谓夺人而反为人所夺者。

【注释】

〔1〕"此公孙鞅"二句：许慎注："公孙鞅，商君也。为秦伐魏，欺魏公子卬而杀之，后有罪走魏，魏人不入也。"按：事亦见《史记·商君列传》等。

〔2〕累足：两足相迭，不敢正立。即无地容身之义。

〔3〕魏宣子：《战国策·魏一》、《史记·魏世家》作"魏桓子"，《韩非子·十过》、《说苑·权谋》作"宣子"。按：魏无"宣子"，当作"桓子"。

〔4〕任登：魏氏谋臣。《韩非子·说林》、《战国策·魏一》作"任章"，《说苑·权谋》作"任增"。

〔5〕植耳：耸耳细听。

〔6〕从：使跟从。

【译文】

因此对取舍不能不慎重考虑，这就是公孙鞅之所以在秦国触犯权贵，而不能够进入魏国的原因。功劳不是不大，但是不敢正身站立，没有可以立足的地方，是他实行不义政策的原因所造成的。

事情中有的夺取了它而反给予了他，有的给予了他而反夺取了它。智伯向魏宣子求地，魏宣子不想给他，谋臣任登说："智伯十分强大，威力横行天下，求地而不给予，这是替诸侯先承受灾祸啊！不如给予他。"宣子说："如果索取土地不停止，怎么办呢？"任登说："给他土地而使他欢喜，他必然再向其他诸侯国求地，诸侯必然耸耳细听。和天下诸侯同心协力对付他，以后我们所得到的土地，不仅仅只是我们所失去的一点点啊！"魏宣子割地并给了智伯。智伯又向韩康子求地，韩康子不敢不给，诸侯都十分恐慌。智伯又向赵襄子索地，赵襄子不给。这时智伯率领韩、魏大军，在晋阳包围了赵襄子。韩、赵、魏三国反而共同谋划，擒住了智伯，并把智伯土地分成三份，归入三国。这就是所说的夺取了别人的而反被别人所夺取。

何谓与之而反取之？晋献公欲假道于虞以伐虢，遗虞垂棘之（壁）[璧]与屈产之乘。⁽¹⁾虞公或于（壁）[璧]与马，而欲与之道。宫之奇谏曰："不可！夫虞之与虢，若车之有轮，轮依于车，车亦依轮。〔2〕虞之与虢，相恃而势也。〔3〕若假之道，虢朝亡而虞夕从之矣。"虞公弗听，遂假之道。荀息伐虢，遂克之。〔4〕还反伐虞，又拔之。此所谓与之而反取者也。

【注释】

〔1〕假：《说文》："借，假也。" 虞：今山西平陆县东北。 虢：在今河南三门峡市陕州区东南。灭于前655年。 垂棘：在今山西潞城市北。 屈产：在今山西吉县北。 "壁"：《道藏》本、刘绩《补注》本作"璧"。当正。

〔2〕宫之奇：虞臣。 轮：《韩非子·十过》、《吕览·权勋》作"辅"。《左传·僖公五年》：宫之奇谏曰："谚所谓辅车相依，唇亡齿寒者。"杜预注："辅，颊辅。"按：辅，指车两旁之板。

〔3〕而：《韩非子·十过》、《吕览·权勋》作"之"。

〔4〕荀息：晋大夫。此则见于《左传》僖公二年、五年，《韩非子·十过》、《喻老》，《吕览·权勋》，《史记·晋世家》，《战国策·秦策》，《说苑·善谋》等。

【译文】

什么叫给予他反而夺取它呢？晋献公想向虞借道来讨伐虢国，献公把垂棘产的璧玉和屈产出的良马赠送给虞君。虞公被美玉良马所迷惑，而想借道给晋国。虞大夫宫之奇劝谏说："不行！虞国和虢国，像车子有了轮子，轮子依托于车，车子也依靠轮子。虞国和虢国，相互依靠而形成威势。如果借道给他们，虢国早晨灭亡，而虞国晚上便要跟从它灭亡了。"虞君不听，于是就借道给晋国。晋大夫荀息讨伐虢国，便攻克了它。回师返回侵伐虞国，又夺得了虞地。这就是所说的给予他而反夺取了它。

圣王布德施惠，非求其报于百姓也；〔1〕郊望禘尝，非求福于鬼神也。〔2〕山致其高而云起焉，水致其深而蛟龙生焉，君子致其道，而福禄归焉。〔3〕

夫有阴德者，必有阳报；⁽⁴⁾有阴行者，必有昭名。⁽⁵⁾古有沟防不脩，水为民害。⁽⁶⁾禹凿龙门，辟伊阙，平治水土，使民得陆处。百姓不亲，五品不慎，契教以君臣之义，父子之亲，夫妻之辩，长幼之序。⁽⁷⁾田野不脩，民食不足，后稷乃教之辟地垦草，粪土种谷，令百姓家给人足。⁽⁸⁾故三后之后，无不王者，有阴德也。⁽⁹⁾周室衰，礼义废，孔子以三代之道，教导于世，其后继嗣至今不绝者，有隐行也。秦王赵政兼吞天下而已，智伯侵地而灭，商鞅支解，（季）[李]斯车裂。⁽¹⁰⁾三代种德而王，齐桓继绝而霸。故树黍者不获稷，树怨者无报德。

【注释】

〔1〕其：《说苑·贵德》无"其"字。

〔2〕郊：许慎注："祭天。"按：王者岁祭天于近郊五十里，故曰"郊"。望：许慎注："祭日月星辰山川也。"禘尝：许慎注："祭宗庙也。"按：《礼记·王制》："天子诸侯宗庙之祭，春曰礿，夏曰禘，秋曰尝，冬曰烝。"

〔3〕"云起"：王念孙《读书杂志》："云"下脱"雨"字。《太平御览·鳞介部》二引，正作"云雨起焉"。《说苑·贵德》、《文子·上德篇》并同。

〔4〕阴德：暗中施德于人。

〔5〕阴行：隐晦的德行。《文子·上德篇》、《说苑·贵德》并作"隐行"。

〔6〕有：《道藏》本同，刘绩《补注》本作"者"，《说苑·贵德》亦同。

〔7〕五品：即五伦。指君臣、父子、兄弟、夫妇、朋友之间的五种关系。　契：《尚书·胤征》陆德明释文："契，殷之始祖也。"

〔8〕后稷：《左传·襄公七年》杜预注："后稷，周始祖，能播植者。"粪土：给土地施肥。

〔9〕三后：许慎注："谓夏、商、周。"按：指三代开国之君。

〔10〕赵政：《史记·秦始皇本纪》："庄襄王为秦质于赵，见吕不韦姬，悦而取之，生始皇。……及生，名为政，姓赵氏。"已：终，尽。

"季":《道藏》本、刘绩《补注》本作"李"。当正。李斯,今河南上蔡人。荀卿学生。曾为秦丞相。后被秦二世、赵高腰斩于咸阳。

【译文】

圣明的国君布散德泽施予恩惠,不是为了向老百姓求得报答;祭祀天地、日月、星辰、山川、宗庙,不是为了向鬼神求取幸福。大山极尽它的高耸,于是云雨在这里兴起;水流极尽它的深沉,于是蛟龙在其中产生;君子极力推行他的大道,于是福禄便归向他。

积有阴德的,必定要公开的报答;具有隐行的,必定有显明的声誉。古时候沟渠堤防没有修治,洪水给人民造成灾害。大禹凿开龙门,劈开伊阙,治理好了水患,使人民得以在陆上安居。百姓不亲近,五伦不和顺,契用君臣之间的大义、父子之间的亲爱、夫妻之间的区别、长幼之间的秩序来教导百姓。田野得不到整治,百姓衣食不足,后稷于是教导百姓开垦土地,垦除荒草,施肥种谷,使百姓家家衣食充足。因此三代明君的后代,没有不称王的,积有阴德而造成的。周室衰败,礼义废弃,孔子用三代的道理,来教导世人,他的后嗣至今没有断绝,就是有隐行而造成的。秦王赵政吞并天下而灭亡,智伯扩张领土而亡国,商鞅被肢解,李斯遭车裂。三代种下恩德而称王,齐桓公使灭绝的世族继续存在而称霸。因此种黍的不会收获稷子,种下怨恨的人也不会得到恩德。

昔者宋人好善者,三世不解。⁽¹⁾家无故而黑牛生白犊,以问先生。⁽²⁾先生曰:"此吉祥,以飨鬼神。"⁽³⁾居一年,其父无故而盲,牛又复生白犊,其父又复使其子以问先生。其子曰:"前听先生言而失明,今又复问之,奈何?"其父曰:"圣人之言,先忤而后合,其事未究,固试往复问之。"其子又复问先生。先生曰:"此吉祥也,复以飨鬼神。"归致命其父。其父曰:"行先生之言也。"居一年,其子又无故而盲。其后楚攻宋,围其城。⁽⁴⁾当此之时,易子而食,析骸而炊之,丁壮者死,老病童儿皆上城，牢守而不下。楚王大怒，城已破，诸城守者皆屠之。此独以父子盲之故，得无乘城。〔5〕军罢围解，则父子俱视。夫祸福之转而相生，其变难见也。

【注释】

〔1〕"好善者"：《列子·说符》、《论衡·福虚》"好"上有"有"字。解：通"懈"。

〔2〕犊：小牛。 先生：《列子》、《论衡》作"孔子"。

〔3〕飨：祭祀义。

〔4〕"其后"二句：许慎注："楚庄王时，围宋九月。"按：事见《左传·宣公十四年》。又见《史记·楚世家》、《吕览·行论》。

〔5〕乘：登。《释名·释姿容》："乘，陞也，登亦如之也。"

【译文】

　　从前宋国有一个爱好行善的人，三代不松懈。家中无缘无故黑牛生出了白色的牛犊子，因此而询问前辈先生。先生说："这是吉利的事情，用它来祭祀鬼神。"过了一年，他的父亲无故眼睛瞎了，黑牛又生了一个白犊，父亲又让自己的儿子去问先生。他的儿子说："以前听先生的话而你却失明了，现在又去询问，干什么？"他的父亲说："圣人的话，先背离而后耦合，事情没有考察清楚，你姑且再试着问一次。"他的儿子又去问先生。先生说："这是吉祥的事情，再用它祭祀鬼神。"儿子回来传达给自己的父亲。他的父亲说："还按先生的话去做。"过了一年，他的儿子又无故眼睛瞎了。这事以后楚国攻打宋国，包围了宋的都城。在这个时候，互相交换孩子来杀死充饥，劈开骨头来烧火，青壮年战死，老弱病童上城守卫，牢牢地守城而未被攻下。楚王大怒，攻破城池，许多守卫城池的人都被屠杀。这父子俩独独因为眼瞎的缘故，没有上城把守。楚国罢兵围困解除，这父子俩的眼睛又重放光明了。灾祸、幸福的转化相生，它的变化是难以预见的。

近塞上之人，有善术者，马无故亡而入胡，人皆吊之。[1]其父曰:"此何遽不为福乎?"[2]居数月,其马将胡骏马而归,人皆贺之。其父曰:"此何遽不能为祸乎?"家富良马,其子好骑,堕而折其髀,人皆吊之。[3]其父曰:"此何遽不为福乎?"居一年,胡人大入塞,丁壮者引弦而战。[4]近塞之人,死者十九,此独以跛之故,父子相保。故福之为祸,祸之为福,化不可极,深不可测也。

【注释】

〔1〕塞上:指长城一带。 术:术数。古代指星相、占卜、医药等技艺。
〔2〕其:吴昌莹《经词衍释》:"其,指事之词,犹言此也,是也。"父:《广雅·释亲》:"翁,父也。"又《尚书·酒诰》孔颖达疏:"父者,尊之辞。"
〔3〕髀:大腿。
〔4〕引:开弓。

【译文】

靠近长城一带的居民,有一个擅长术数的人,他家的马无故跑到了匈奴的一边,人们都去慰问他。这位长者却说:"这难道不是一件好事吗?"过了几个月,他的马带领了一匹胡地的骏马归来,人们都去祝贺他。这位长者说:"这难道不是一件坏事吗?"他家里很富有,又得了良马,他的儿子爱好骑马,一次从马背上摔下来而折断了大腿,人们都去安慰他。这位长者说:"这难道不是一件好事吗?"过了一年,匈奴人大举入侵边塞地区,青壮年都拉起弓箭和敌人作战。边塞上的人,十分之九都战死了,他的儿子独独因为腿跛的原因,(没有参战),父子俩保全了性命。因此好事可以变成坏事,坏事也可以变成好事,它们的变化是不能穷尽的,深奥的道理是难以测度的。

或直于辞而不害于事者,或亏于耳以忤于心,而合于实者。[1]高阳魋将为室,问匠人。[2]匠人对曰:"未可也。木尚生，加涂其上，必将桡。〔3〕以生材任重涂，今虽成，后必败。"高阳魋曰："不然！夫木枯则益劲，涂干则益轻。以劲材任轻涂，今虽恶，后必善。"〔4〕匠人穷于辞，无以对，受令而为室。其始成，竘然善也，而后果败。〔5〕此所谓直于辞而不可用者也。

【注释】
〔1〕"或直于"句：刘绩《补注》："一作：直于辞而不可用者。"
〔2〕高阳魋：宋国大夫。《吕览·别类》作"高阳应"。
〔3〕桡：弯曲。
〔4〕恶：粗糙，不牢。《国语·齐语》韦昭注："恶，粗也。"
〔5〕竘然：许慎注："高壮类。"按：此则载于《韩非子·外储说左上》、《吕览·别类》。

【译文】
　　有的言辞正直却不能够被采用，有的逆耳背心而合乎实际情况的。高阳魋准备建造一套漂亮的住宅，去询问工匠。工匠说："还不行啊！木头还没有干，把涂泥加在它上面，必然将要弯曲。用未干的木料去承受重的涂泥，现在即使成功，以后也要倒掉的。"高阳魋说："不是这样的！木材干了更加坚韧，涂泥干了那么就更轻。用坚韧的木材去承受轻的涂泥，现在即使不好看，以后必定很好。"匠人理屈词穷，无言回答，接受命令而建造房子。开始造成的时候，美丽壮观，而后果然倒塌。这就是所说的言语正直而不能被别人采用的例子。

　　何谓亏于耳、忤于心而合于实？〔1〕靖郭君将城薛，宾客多止之，弗听。〔2〕靖郭君谓谒者曰："无为宾通言。"〔3〕齐人有请见者，曰："臣请道三言而已，过三言，请烹。"［靖］郭君闻而见之，宾趋而进，再拜而兴，因称曰："海、大、鱼"，则反走。[4] 靖郭君止之曰："愿闻其说。"宾曰："臣不敢以死为熙。"[5] 靖郭君曰："先生不远道而至此，为寡人称之。"宾曰："海大鱼，网弗能止也，钓弗能牵也；荡而失水，则蝼蚁皆得志焉。今夫齐，君之渊也。[6] 君失齐，则薛能自存乎？"靖郭君曰："善！"乃止不城薛。此所谓亏于耳、忤于心而得事实者也。

夫以"无城薛"止城薛，其于以行说，乃不若"海、大、鱼"。

【注释】

〔1〕亏耳：指逆耳。

〔2〕靖郭君：齐威王之子、孟尝君之父田婴的封号。　薛：今山东滕州市。

〔3〕谒者：负责传话的人。

〔4〕"郭君"：《道藏》本同，刘绩《补注》本作"靖郭君"，脱"靖"字。　兴：起。

〔5〕熙：许慎注："戏也。"按：熙，通"戏"。此则载于《战国策·齐一》、《韩非子·说林下》。

〔6〕渊：《韩非子·说林下》作"海"。

【译文】

什么叫逆耳背心而合乎实际？靖郭君打算在薛地筑城，宾客纷纷前来劝阻，他听不进去。靖郭君对担任传达的谒者说："不准给宾客通报！"齐国有人请求接见，说："我只要求讲三个字就行了，超过三个字，我宁愿被烹死。"靖郭君听说后，便接见了他，宾客快步走上前去，拜了两拜，而起身说："海、大、鱼"，然后掉头就跑。靖郭君拦住他说："我想听听你说的意思。"宾客说："我不敢以生命来开玩笑。"靖郭君说："先生不惜远道而来，还是为我说一说吧！"宾客说："海中大鱼，渔网不能够捉住它，钓竿不能够牵动它；一旦游动离开了水，那么蝼蛄、蚂蚁便得意洋洋起来。现在的齐国，就是您的大海，您失去了齐国，那么小小的薛地还能保存吗？"靖郭君说："好！"于是停止了在薛地的筑城。这就是所说的逆耳背心而能够符合事实的例子。

那种用直言说明不要在薛筑城、制止在薛筑城的办法，对于劝谏来说，不如用含有深刻寓意的"海、大、鱼"起作用。

故物或远之而近，或近之而远；或说听计当而身疏，或言不用、计不行而益亲，何以明之？三国伐齐，围平陆。〔1〕括子以报于牛子，曰："三国之地，不接于我，逾邻国而围平陆，利不足贪也，然则求名于我也，请以齐侯往。"〔2〕牛子以为善。括子出，无害子入。〔3〕牛子以括子言告无害子，无害子曰："异乎（臣）[臣]之所闻。"〔4〕牛子曰："国危而不安，患结而不解，何谓贵智？"无害子曰："臣闻之，有裂壤土以安社稷者，闻杀身破家以存其国者，不闻出其君以为封疆者。"牛子不听无害子之言，而用括子之计。三国之兵罢，而平陆之地存。自此之后，括子日以疏，无害子日以进。故谋患而患解，图国而国存，括子之智得矣。无害子之虑，无中于策，谋无益于国，然而心调于君，有义行也。〔5〕

【注释】

〔1〕三国：韩、赵、魏。　平陆：齐地，在今山东汶上县。
〔2〕括子、牛子：齐臣。
〔3〕无害子：齐臣。
〔4〕"臣"：《道藏》本、刘绩《补注》本作"臣"。当正。
〔5〕调：《文子·微明篇》作"周"。　义行：对国家、国君有忠义行为。

【译文】

因此说事物中有的距离远反而觉得近,有的距离近而觉得远;有的主张能够听从,计谋得当,却一天天被疏远;有的主张不被采用,计策不能实行,却更加亲近,怎么能够说明这个问题?韩、赵、魏三国讨伐齐国,包围了平陆。括子把这件事报告给了牛子,并且说:"这三个国家的土地,同我国不接壤,长途跋涉越过邻国来围平陆,所得到的利益是不值得贪恋的,既然如此,那么三国是想从我国这里得到威名,请允许由齐侯亲往劳军。"牛子认为这个办法很好。括子离开后,无害子来见牛子。牛子把括子的话告诉了无害子,无害子说:"这和我听到的说法不同。"牛子说:"国家面临危亡而不能安定,忧患聚结而不能解除,为什么还尊重智谋之士?"无害子说:"我听说,有割让土地来安定社稷的,有不惜牺牲自己、使家园残破来保存国土的,没有听说请出他的国君,犒劳敌军求和而安定疆土的。"牛子没有听从无害子的意见,而用了括子的计策。三国的军队停止了进攻,而平陆之地得以保存。从此以后,括子一天天被疏远,而无害子一天天被提升。因此考虑祸患而祸患得到解除,谋划国家而国家能够存在,括子的办法是成功的。无害子的办法,虽不符合计谋的要求,对国家没有益处,但是符合国君的心意,对国君个人是忠义行为。

今人待冠而饰首,待履而行地。[1]冠履之于人也,寒不能暖,风不能障,暴不能蔽也,然而戴冠履履者,其所自托者然也。[2]

(天)[夫]咎犯战胜城濮,而雍季无尺寸之功,然而雍季先赏而咎犯后存者,其言有贵者也。[3]故义者,天下之所赏也。[4]百言百当,不若择趋而审行也。

【注释】

〔1〕待:《史记·天官书·论赞》张守节正义:"须也。"
〔2〕"戴冠":《道藏》本、刘绩《补注》本作"冠冠"。 自托:自我

寄托。

〔3〕"天"：《道藏》本、刘绩《补注》本作"夫"。　咎犯：即狐偃，字子犯。晋文公之舅，因曰咎犯。咎与"舅"通。　城濮：在今山东鄄城西南临濮镇。前632年，晋、齐、宋等国在此打败楚军。　雍季：晋大夫。晋文公之子。城濮之战见于《左传·僖公二十八年》，并载于《韩非子·难一》、《吕览·义赏》等。

〔4〕赏：王念孙《读书杂志》："赏"当为"贵"。按：王说疑误。《资治通鉴·宋纪二》胡三省注："赏，褒嘉也。"又《隋纪六》胡注："赏，称奖也。"合于此义。

【译文】

现在人们必定戴上帽子来打扮头部，穿上鞋子来行走地下。帽子、鞋子对于人来说，寒冷时不能取暖，大风不能阻挡，暴晒不能遮蔽，但是要戴帽子、穿鞋子，它是用来自我寄托心意而形成这个样子。

咎犯在城濮战胜楚军，但雍季没有一点功劳，但是雍季首先受到奖赏，而咎犯后来才受到存恤，是因为雍季的话有值得珍视的地方。因此大义是天下人所褒扬的。百次所说百次妥当，不如选定趋向而审慎行事。

或无功而先举，或有功而后赏，何以明之？昔晋文公将与楚战城濮，问于咎犯曰："为奈何？"咎犯曰："仁义之事，君子不厌忠信；战陈之事，不厌诈伪。君其（许）[诈]之而已矣。"[1]辞咎犯，问雍季。雍季对曰："焚林而猎，愈多得兽，后必无兽。以诈伪遇人，虽愈利，后亦无复。君其正之而已矣。"于是不听雍季之计，而用咎犯之谋。与楚人战，大破之。还归赏有功者，先（维）[雍]季而后咎犯。[2]左右曰："城濮之战也，君行赏先雍季何也？"[3]文公曰："咎犯之言，一时之权也；雍季之言，万世之利也。吾岂可以先一时之权，而后万世之利也哉?"

【注释】

〔1〕"许":《道藏》本同,刘绩《补注》本作"诈"。
〔2〕"维":《道藏》本、刘绩《补注》本作"雍",当正。
〔3〕"城濮之战也":《道藏》本同,刘绩《补注》本、《四库全书》本下有"咎犯之谋也",当脱。此文载于《韩非子·难一》、《吕览·义赏》,亦见于《说苑·权谋》等。

【译文】

有的没有功劳而首先被举用,有的立下功劳而赏赐在后,怎么能说明这个问题呢?从前晋文公将和楚国在城濮大战,向咎犯问计说:"怎么对付他呢?"咎犯说:"对于仁义的事情,君子是不厌恶忠信的;对待战争之事,君子是不厌恶诈伪的。国君使用欺骗敌人的办法就行了。"辞别咎犯,又向雍季问计。雍季回答说:"焚林打猎,想多得到一些野兽,但是以后就没有野兽了。用诈伪的手法对待别人,即使更加有利,以后就不能再干事了。国君还是使用正当的办法对待这件事。"在这种情况下,晋文公没有听从雍季的话,而采纳了咎犯的计谋。和楚人交战,大败楚军。回师赏赐有功的人员,却首先是雍季而后才是咎犯。左右的人说:"城濮这场战争取胜,是采用了咎犯的计谋,国君实行赏赐,首先是雍季,这是为什么?"晋文公说:"咎犯的计谋,不过是一时的权宜之计;雍季的话,可以得到万代的利益。我怎么能把一时的权宜之计放在前面,而把万代的利益放在后面呢?"

智伯率韩、魏二国伐赵,围晋阳,决晋水而灌之,城下缘木而处,悬釜而炊。〔1〕襄子谓于张孟谈曰:"城中力已尽,粮食匮乏,大夫病,为之奈何?"〔2〕张孟谈曰:"亡不能存,危弗能安,无为贵智,臣请试潜行,见韩、魏之君而约之。"乃见韩、[魏]之君,说之曰:"臣闻之，唇亡而齿寒。"⁽³⁾今智伯率二君而伐赵，赵将亡矣。赵亡则君为之次矣。不及今而图之，祸将及二君。"二君曰："智伯（人）[之]为人也，粗中而少亲，我谋而泄，事必败，为之奈何？"⁽⁴⁾张孟谈曰："言出君之口，入臣之耳，人孰知之者乎？且同情相成，同利相死，君其图之。"⁽⁵⁾二君乃与张孟谈阴谋，与之期。张孟谈乃报襄子。至其日之夜，赵氏杀其守堤之吏，决水灌智伯。智伯军救水而乱，韩、魏翼而击之。襄子将卒犯其前，大败智伯军，（败）杀其身而三分其国。⁽⁶⁾襄子乃赏有功者，而高赫为赏首。⁽⁷⁾群臣请曰："晋阳之存，张孟谈之功也，而赫为赏首，何也？"襄子曰："晋阳之围也，寡人国家危，社稷殆，群臣无不有骄侮之心者，唯赫不失君臣之礼，吾是以先之。"由此观之，义者人之大本也，虽有战胜存亡之功，不如行义之（陆）[隆]。⁽⁸⁾故君子曰："美言可以市尊，美行可以加人。"⁽⁹⁾

【注释】

〔1〕晋水：源出太原西南，入汾河。 城下：王念孙《读书杂志》：《太平御览·兵部》五十二引此，"城下"作"城中"，是也。《赵策》及《韩子·十过篇》、《史记·赵世家》并作"城中"。按："围晋阳"事，在前455年。

〔2〕张孟谈：赵氏臣。

〔3〕"韩"：《道藏》本、刘绩《补注》本下有"魏"字，当补。

〔4〕"人"：《道藏》本、刘绩《补注》本作"之"。当正。 粗中：心内骄横。粗，通"忸"。《说文》："忸，骄也。"

〔5〕同情相成：指志趣、利益、目的相同，则可以把事情办好。

〔6〕"军，败"：《道藏》本同，刘绩《补注》本、《四库全书》本无"败"字。当衍。

〔7〕高赫：赵氏臣。

〔8〕"陆"：《道藏》本、刘绩《补注》本作"隆"。当正。

〔9〕"君子曰"句：见于《老子》六十二章。帛书《老子》甲、乙本作："美言可以市（持）奠（尊），行可以贺人。"依文例，"君"当为"老"。

【译文】

　　智伯率领韩、魏二国讨伐赵国，包围了晋阳，掘开晋水灌进城中，城中人民攀援树木而逃命，把釜悬挂起来而烧火。赵襄子对谋臣张孟谈说："城中财力已经用尽，粮食缺乏，大夫染病，对此怎么办呢？"张孟谈说："面临灭亡而不能保存国家，面对危急而不能够安定社稷，没有什么比使用智术之士能解决问题了，请允许我秘密出行，去见韩、魏二国之君，并同他们订约。"于是见到了二国之君，劝谏说："我听说，唇亡而齿寒。现在智伯率领二国君主讨伐赵国，赵将要灭亡了。赵国首先灭亡，那么下面将要轮到二国了。不趁现在图谋消灭智伯，灾祸将要赶上二君了。"二国国君说："智伯的为人，内心骄横而缺少仁爱之心，我们的谋划泄露出去，事情必然失败，对此怎么办呢？"张孟谈说："话从二君之口说出来，进入我的耳中，还有谁能知道它呢？而且感情相同的人，就能实现共同的目标；利益相同的人，就能互相去牺牲，希望二君很好地谋划这件事。"韩、魏二君便和张孟谈密订计谋，暗暗约定了行动的日期。张孟谈于是返回报告了赵襄子。等到联合行动的夜里，赵氏士卒杀掉智伯守卫大堤的官吏，把晋水反灌入智伯军中。智伯全军因为救水而陷入混乱。韩、魏二君率军从两翼攻击智伯军。赵襄子率领士卒冲在最前面，大败智伯军，杀死了智伯，并且三分了他的国家。赵襄子奖励有功的将士，高赫被定为首功。群臣向赵襄子请求说："保存晋阳，是张孟谈的功劳，而高赫为头功，这是为什么？"赵襄子说："晋阳被包围，我们国家窘迫，社稷危险，群臣中无人没有骄上、轻侮之心的，只有高赫没有失去君臣的礼节。我因此把他列为首功。"从这里可以看出，道义是人的根本啊！即使有战胜强敌保存国家之功，不如推行大义受人尊重。因此《老子》中说："美好的言词可以换取尊贵的官爵，美好的德行可以有益于人。"

或有罪而可赏也，或有功而可罪也。西〔门〕豹治邺，廪无积粟，府无储钱，库无甲兵，官无计会，人数言其过于文侯。[1]文侯身行其县，果若人言。文侯曰："翟璜任子治邺而大乱，子能道，则可；[2]不能，将加诛于子。"西门豹曰："臣闻王主富民，霸主富武，亡国富库。今君欲为霸王者也，臣故稸积于民。君以为不然，臣请升城鼓之，一鼓，甲兵粟米，可立具也。"[3]于是乃升城而鼓之。一鼓，民被甲括矢，操兵弩而出；再鼓，负辇粟而至。[4]文侯曰："罢之。"西门豹曰："与民约信，非一日之积也。一举而欺之，后不可复用也。燕常侵魏八城，臣请北击之，以复侵地。"[5]遂举兵击燕，复地而后（皮）[反]。[6]此有罪而可赏者也。

【注释】

〔1〕西门豹：复姓西门，名豹。战国魏文侯时任邺令，治政极为成功。　邺：今河北临漳县西南邺镇。　廪：仓库。

〔2〕翟璜：魏大夫。"子能道"：王念孙《读书杂志》：《太平御览·治道部》八引，作"子能变道"，是也。变道，谓易其道也。

〔3〕升：登。

〔4〕括：许慎注："箭也。"按：《类篇》："箭末曰括。"此处当为捆束义。《慧琳音义》卷一注引《韩诗》："括，束也。"　负：通"服"。驾牛车。　辇：《吕览·本生》高诱注："人引车曰辇。"

〔5〕常：通"尝"。曾经。

〔6〕"皮"：《道藏》本、刘绩《补注》本作"反"。当正。此则载于《韩非子·外储说左上》。

【译文】

有的有罪而能够受到赏赐，有的有功反而要加罪。西门豹担任邺令时，仓库里没有积粮，府库里没有储钱，兵库里没有武器，官衙里没有账目，人们多次向魏文侯告状。文侯亲自到这个县察看，果然像人们所说的那样。文侯说:"翟璜任用你治理邺县,而现在一片混乱,你能改变这种局面,那么就算了;如果不能改变,我将对你施加刑罚。"西门豹说:"我听说打算称王的君主使百姓富裕,称霸的君主使武备强盛,亡国的君主使仓库堆满。现在君主要想成就霸业,我因此积蓄财力在百姓之中。君主如果不相信,我请求允许登城击鼓,武器、粮食,能够立即准备好。"于是就登上城楼击起战鼓。一鼓声落,百姓身披铠甲,手握兵弩而奔来;第二次击鼓,百姓拉车背粮前来待命。文侯见状,说:"让他们回去吧!"西门豹说:"和老百姓立下的誓约,不是一天积累成的。一次击鼓欺骗了他们,以后就不能再听从指挥了。燕国曾经侵略魏国,占领八城,我请求攻打他们,夺回被侵领土。"于是举兵讨伐燕国,夺回侵地后才返回邺地。这是有罪而能够受赏的例子。

解扁为东封,上计而入三倍,有司请赏之。[1]文侯曰:"吾土地非益广也,人民非益众也,入何以三倍?"对曰:"以冬伐木而积之,于春浮之河而鬻之。"[2]文侯曰:"民春以力耕,暑以强耘,秋以收敛,冬间无事,以伐林而积之,负釱而浮之河,是用民不得休息也。[3]民以弊矣,虽有三倍之入,将焉用之?"此有功可罪者。

【注释】
〔1〕解扁:魏文侯臣。 东封:管理东部边界的官。 计:指账簿。
〔2〕鬻:卖。
〔3〕"暑以强耘":王念孙《读书杂志》:当从《齐民要术》所引,作"夏以强耘"。 间:《左传·昭公五年》杜预注:"暇也。" 釱:驾车时套在牲口脖子上的曲木。

【译文】
解扁为魏国管理东部疆界,向上交的赋税比往年增加三倍,主管官吏请求给他赏赐。魏文侯说:"我国的土地没有扩大,人口也没有增加，收入为何增加了三倍？"官吏回答说："用冬季的时间在山里伐木，堆聚起来，在春天顺河漂浮而下，然后卖掉，因此增加了收入。"魏文侯说："百姓春天勤力耕种，暑天尽力除草耕耘，秋天收割贮藏，冬天闲暇无事，砍伐树木积聚起来，装在车子上运到河边，顺流运往城邑，这样是使老百姓一年四季得不到休息。百姓已经十分疲惫了，即使有三倍的收入，将来又有什么用处？"这是有功而反被加罪的例子。

贤主不苟得，忠臣不苟利，何以明之？中行穆伯攻鼓，弗能下。[1]馈闻论曰："鼓之啬夫，闻伦知之，请无罢武大夫，而鼓可得也。"[2]穆伯弗应。左右曰："不折一戟，不伤一卒，而鼓可得也，君奚为弗使？"穆伯曰："闻伦为人，佞而不仁，若使闻伦下之，吾可以勿赏乎？若赏之，是赏佞人。佞人得志，是使晋国之武，舍仁而为佞。虽得鼓，将何所用之？"攻城者，欲以广地也。得地而不取者，见其本而知其末也。

【注释】

〔1〕中行穆伯：即荀吴，晋大夫。 鼓：国名，姬姓，白狄之别种，时属鲜虞。在今河北晋州市境内。

〔2〕"馈闻论"：《道藏》本、刘绩《补注》本、《群书治要》作"伦"。 啬夫：古代官名。疑此为"鼓"之邑官。 罢：通"疲"。劳累。武大夫：士大夫。指中行穆伯之将军。此则出于《左传·昭公十六年》，《说苑·贵德》亦载之。

【译文】

贤明的君主不苟且求得，忠臣不苟且求利，怎么能说明这个问题？晋大夫中行穆伯攻打鼓地，没有能够攻下。这时晋臣馈闻伦进言说："鼓地的啬夫，我知道他，（只要由他做内应），不需要劳累将士，而鼓地可以得到。"穆伯没有表示意见。左右的人说:"(这个办法不错),不折断一件兵器,不伤害一个士卒,而鼓地不攻而得,你为什么不派他去呢?"穆伯说:"馈闻伦这个人,巧言谄媚而不讲仁义。假使让他得到了鼓地,我难道不赏赐他吗?如果赏赐他,这是奖励佞人。佞人得志,这就将使晋国的将士们,舍弃仁义而追随奸佞。即使得到鼓地,又将有什么用呢?"攻城的目的,是想扩张土地。能够得到土地而不取得,是看到它的根本而就知道它的末叶了。

秦穆公使孟盟举兵袭郑,过周以东。^{〔1〕}郑之贾人弦高、蹇他相与谋曰:"日师行数千里,数绝诸侯之地,其势必袭郑。^{〔2〕}凡袭国者,以为无备也。今示以知其情,必不敢进。"乃矫郑伯之命,以十二牛劳之。^{〔3〕}三率相与谋曰:"凡袭人者,以为弗知,今已知之矣,守备必固,进必无功。"^{〔4〕}乃还师而反。晋先轸举兵击之,大破之殽。^{〔5〕}郑伯乃以存国之功赏弦高。弦高辞之曰:"诞而得赏,则郑国之信废矣。^{〔6〕}为国而无信,是俗败也。赏一人败国,俗者弗为也;^{〔7〕}以不信得厚赏,义者弗为也。"遂以其属徙东夷,终身不反。^{〔8〕}故仁者不以欲伤生,知者不以利害义。

【注释】
〔1〕孟盟:秦穆公左相百里奚之子,叫孟明视,为秦大将。
〔2〕蹇他:许慎注:"弦高之党。"按:《吕览·悔过》作"奚施"。日:《道藏》本、刘绩《补注》本无此字,疑衍。 绝:经过。
〔3〕郑伯:春秋郑君,即郑穆公,前627至前607年在位。
〔4〕三率:孟明视为主将,西乞术、白乙丙为副将。《说文》:"衛,将卫也。"段玉裁注:"衛,今之率字,率行而衛废矣。"《集韵》"至"韵:"衛,通作帅、率。"
〔5〕先轸:春秋时晋国执政。城濮之战,大败楚军。晋襄公时,击败

秦军。　殽：《左传·僖公三十二年》陆德明释文："殽，本又作崤。"崤山，在今河南洛宁县北。

〔6〕诞：欺骗。

〔7〕"败国俗者"：《道藏》本同，刘绩《补注》本作"败国俗，仁者"。

〔8〕东夷：三代时对东方各族的总称。此节化自《左传·僖公三十二年》及三十三年、《吕览·悔过》。

【译文】

　　秦穆公派孟明视举兵偷袭郑国，经过东周而向东进发。郑国的商人弦高、蹇他一起谋划说："秦军行进数千里之地，多次通过诸侯的地盘，它的势头必定偷袭郑国。大凡偷袭别的国家，都认为别国是没有防备的。现在如果表示已经知道了秦军的内情，秦军必然不敢前进。"于是他们假托奉郑君之命，用十二头牛犒劳秦军。三位主帅互相商量说："大凡偷袭其他的国家，以为人家不知道。现在已经知道了，防备必然坚固，再前进必然无功。"于是班师回秦。晋军主帅先轸举兵奇袭秦师，在崤山大败秦军。郑伯知道这件事，便以保存国家的功劳赏赐弦高。弦高推辞说："欺骗而能得到奖赏，那么郑国的信用便要废止了。立国而没有信用，这样是使风俗败坏。赏赐一个人而败坏国俗，仁爱的人是不干的；不守信用而得到丰厚的奖励，讲大义的人是不做的。"于是便带领他的部属迁徙到遥远的东方，终身不再返回。因此仁惠的人不因为欲望伤害天性，聪明的人不因为利益危害大义。

　　圣人之思修，愚人之思叕。⁽¹⁾忠臣者务崇君之德，谄臣者务广君之地。何以明之？陈夏徵舒弑其君，楚庄王伐之，陈人听令。⁽²⁾庄王已讨有罪，遣卒戍陈，大夫毕贺。⁽³⁾申叔时使于齐，反还而不贺。⁽⁴⁾庄王曰："陈为无道，寡人起九军以讨之，征暴乱，诛罪人，群臣皆贺，而子独不贺，何也？"⁽⁵⁾申叔时曰："牵牛蹊人之田，田主杀其人而夺之牛。⁽⁶⁾罪则有之，罚亦重矣。今君王以陈为无道，兴兵而攻，因以诛罪人，遣人戍陈。诸侯闻之，以王为非诛罪人也，贪陈国也。盖闻君子不弃义以取利。"王曰："善！"乃罢陈之戍，立陈之后。诸侯闻之，皆朝于楚。此务崇君之德者也。

【注释】

〔1〕叕：许慎注："（矩）［短］。"按：《说文》："叕，缀联也。"通"豖"，《广韵》"术"韵："吴人呼短。"古吴方言。

〔2〕陈：周代妫姓，国名，都宛丘（即今河南淮阳）。 夏徵舒：陈大夫夏御叔之子，其母夏姬，与大夫孔宁、仪行父、国君陈灵公通奸，徵舒弑灵公，楚庄王举兵讨之。事载《左传·宣公十一年》。

〔3〕"戍陈"事：前598年，楚庄王灭陈为县，以公子婴齐为陈公。

〔4〕申叔时：楚臣。时齐惠公薨，世子无野即位，是为顷公，申叔时去吊丧和贺喜。

〔5〕九军：庄逵吉《淮南子校刊》：《御览》"九军"作"六军"。

〔6〕蹊：《通俗文》："邪道曰蹊。"

【译文】

圣人思考长远大计，愚蠢的人思考眼前小利；忠臣务求提高国君的道德，谄臣务求增广国君的土地。怎么能说明这个问题？陈国夏徵舒杀了他的国君灵公，楚庄王讨伐他，陈人服从庄王的命令。楚庄王以讨伐有罪之国为由，（灭陈为县），派兵戍守陈国，大夫纷纷表示祝贺。申叔时从齐国出使归来，（听说此事），并不来祝贺。庄王说："陈国是无道之国，我派九军去讨伐它，征服暴乱，诛杀有罪之人，群臣都来庆贺，而独独你不来庆贺，这是为什么？"申叔时说："一个人牵着牛而踩了人家的田地，田主杀了这个人，并夺取了他的牛。这个人是有过错，但是处罚也太重了。现在国君认为陈是无道之国，起兵攻打，趁机来诛杀有罪之人，派兵占领陈国。诸侯听说此事，认为君主不是诛杀罪人，而是贪图陈国的土地。我听说君子不抛弃正义而取得暂时的胜利。"庄王听了，说："好！"于是撤回了对陈的戍守，立陈侯午为君。诸侯听说，都向楚国朝拜。这是务求使国君的德泽尊崇的例子。

张武为智伯谋曰:"晋六将军,中行文子最弱,而上下离心,可伐以广地。"⁽¹⁾于是伐范、中行,灭之矣。又教智伯求地于韩、魏、赵。韩、魏裂地而授之,赵氏不与。乃率韩、魏而伐赵,围之晋阳二年。⁽²⁾三国阴谋同计,以击智氏,遂灭之。此务为君广地者。

夫为君崇德者霸,为君广地者灭。故千乘之国,行文德者王,汤、武是也;万乘之国,好广地者亡,智伯是也。

【注释】

〔1〕张武:智伯之臣。 六将军:指晋国的范氏、中行氏、智氏、赵、韩、魏六人。

〔2〕二:《道藏》本、刘绩《补注》本作"三"。事已见于本书《主术训》、《齐俗训》、《氾论训》。

【译文】

张武向智伯献计说:"晋国的六将军中,范氏、中行氏力量最弱,而且上下离心离德,可以消灭他们来扩充地盘。"于是便侵伐范氏、中行氏,并且消灭了他们。又让智伯向韩、赵、魏三家索取土地,韩、魏割地给了智伯,而赵襄子却不给。于是智伯率领韩、魏去讨伐赵襄子,包围了晋阳城三年。三个国家秘密设谋,而合击智氏,于是消灭了他。这就是务求为国君扩充土地而被消灭的例子。

使国君德泽尊崇的能够称霸,给国君增广土地的要被消灭。因此千乘的诸侯国,推行文德的称王,商汤、周武王就是这样;万乘之国,爱好扩张土地而灭亡,智伯就是这样。

非其事者勿仞也,非其名者勿就也,无故有显名者勿处也,无功而富贵者勿居也。⁽¹⁾夫就人之名者废,仞人之事者败,无功而大利者后将为害。譬犹缘高木而望四方也，虽偷乐哉，然而疾风至，未尝不恐也。〔2〕患及身，然后忧之，六骥追之，弗能及也。是故忠臣事君也，计功而受赏，不为苟得；积力而受官，不贪爵禄。其所能者，受之勿辞也；其所不能者，与之勿喜也。辞而能则匿，欲所不能则惑；〔3〕辞所不能而受所能则得。〔4〕无损堕之势，而无不胜之任矣。

昔者智伯骄，伐范、中行而克之，又劫韩、魏之君而割其地，尚以为未足，遂兴兵伐赵，韩、魏反之，军败晋阳之下，身死高梁之东，头为饮器，国分为三，为天下笑，此不知足之祸也。〔5〕《老子》曰："知足不辱，知止不殆，可以修久。"〔6〕此之谓也。

【注释】
〔1〕仞：《别雅》卷四："认也。"《列子·周穆王》殷敬顺释文："仞，一本作认。"仞，通"认"。承担，承认。　就：有依靠义。
〔2〕偷：《道藏》本同，刘绩《补注》本作"愉"。偷，通"愉"。偷乐，即愉乐，欢悦快乐。《楚辞·九章·思美人》："吾将荡志而愉乐兮。"
〔3〕而：《道藏》本同，刘绩《补注》本改作"所"。　匿：匿情，隐匿真情。
〔4〕"则得"：于大成《人间校释》、刘典爵《淮南子韵读》断作"则得无损堕之势"，误。此断法与文义不合。匿、惑、得，上古入声职部。
〔5〕高梁：春秋晋地，故城在今山西临汾东北。　饮器：《韩非子·喻老》作"溲器"，《难三》作"饮杯"。溲器，即溺器。
〔6〕"《老子》曰"句：见于《老子》四十四章。修，《老子》作"长"，当避淮南王父讳而改。

【译文】
不是他的事情不要多去承担；不是他应得的名誉不要去靠近；没有缘故而取得显要的名誉，不要去接受；没有功劳而得到富贵的，不要处于那样的地位。依靠他人名位的人要被废黜，承担他人之事的就要失败，没有功劳而得到大利的人将要受到危害。比如就像攀援高木而眺望远方，即使很快乐，但是疾风吹来，不会不感到恐惧。等到祸患来到身上，然后才去忧虑它，即使是六匹马追赶它，也来不及了。因此忠臣事奉国君，计算功劳多少而得到赏赐，不算苟且贪得；积累功绩而接受官爵，不算贪得官位俸禄。是他能够办到的，接受它不要推辞；是他不能够办到的，即使给予他也不要欢喜。如果辞去所能办到的，那么就是隐匿真情；如果想要从事不能办到的，那么就会困惑；辞去所不能办到的，而接受所能办到的，那么才会有所得。没有减损、堕落的趋势，那么便没有不能胜任的事情。

从前智伯十分骄横，侵伐范氏、中行氏并战胜他们。又挟持韩、魏二国之君，并割取他们的土地，还不能感到满足，于是便起兵讨伐赵襄子，韩、魏二君反戈一击，智氏军败晋阳城下，身死在高梁的东边，头颅被作为溺器，国家分成三份，被天下人取笑，这是不知足所带来的祸患。因此《老子》中说："知道满足，不会遭到困辱；知道适可而止，不会遇到危险，可以长久安全。"说的就是这个意思。

或誉人而适足以败之，或毁人而乃反以成之，何以知其然也？费无忌从于荆平王曰："晋之所以霸者，近诸夏也。"(1)而荆之所以不能与之争者，以其僻远矣。楚王若欲从诸侯，不若大城城父，而令太子建守焉，以来北方，王自收其南，是得天下也。"(2)楚王悦之，因命太子建守城父，命伍子奢傅之。(3)居一年，伍子奢游人于王侧，言太子甚仁且勇，能得民心，王以告费无忌。(4)无忌曰："臣固闻之，太子内抚百姓，外约诸侯，齐、晋又辅之，将以害楚，其事已构矣。"(5)王曰："为我太子，又尚何求？"曰："以秦女之事怨王。"(6)王因杀太子建而诛伍子奢。(7)此所谓见誉而为祸者也。

【注释】

〔1〕费无忌：楚臣。曾陷害太子建及伍奢，导致楚国的内乱。《左传·昭公二十年》作"费无极"。 从：《道藏》本、刘绩《补注》本作"复"。复，报告、禀告。 荆平王：春秋楚君，名弃疾，在位十三年。靠阴谋弑兄杀弟而上台。 诸夏：指周王室所分封的中原各国。

〔2〕"楚王"：王念孙《读书杂志》："王"上不当有"楚"字。 从：使追随。 城父：楚北方城邑，在今安徽亳州东南。《吕览·慎行》高诱注："城父，楚北境之邑，今属沛国。" 太子建：楚平王居蔡之时，由蔡女所生。 来：安抚来者。 北方：指宋、郑、鲁、卫各国。

〔3〕伍子奢：春秋楚大夫，平王时为太师。伍员之父。

〔4〕游人：游说之人。

〔5〕构：构成。

〔6〕秦女之事：指平王二年，派无忌到秦为太子建娶妇，女子美，无忌让平王自娶之。

〔7〕杀太子建：据《左传·昭公二十年》：伍奢被执，太子建逃往宋国。此节并见《吕览·慎行》。《史记·伍子胥列传》载之甚详。

【译文】

有的赞誉人而恰好使人失败，有的毁谤人却反而能够使人成功，怎么知道是这样的呢？楚佞臣费无忌报告楚平王说："晋国所以能够称霸，是因为靠近中原各诸侯国。而楚国之所以不能够同他们争夺，是因为楚国偏僻而距离诸夏遥远。君王如果想要使诸侯追随自己，不如把城父扩大，并命令太子建守护它，以便招徕北方俊杰，而君王自己收复南方，这样便可以得到天下了。"楚王非常高兴，于是命令太子建把守城父，任命伍子奢为太子的师傅。隔了一年，伍子奢派人到楚王跟前游说，说太子建十分仁惠而且勇敢，深得民心。楚王把这些话告诉了费无忌。无忌说："我本来已经听说，太子建在内安抚百姓，在外结约诸侯，齐、晋两个强国又辅助他，将要危害楚国，他的事情已经谋划好了。"楚王说："他是我的太子，还有什么要求呢？"无忌答道："是因为秦女的事情怨恨君王。"楚王于是杀掉太子建和他的师傅伍子奢。这就是所说的被称誉而遭到祸害的例子。

何谓毁人而反利之？唐子短陈骈子于齐威王，威王欲杀之。(1)陈骈子与其属出亡奔薛。孟尝君闻之,使人以车迎之,至而豢以刍豢黍粱,五味之膳日三至。(2)冬日被裘罽,夏日服绨纻,出则乘牢车,驾良马。(3)孟尝君问之曰:"夫子生于齐,长于齐,夫子亦何思于齐?"对曰:"臣思夫唐子者。"孟尝君曰:"唐子者,非短子者耶?"曰:"是也。"孟尝君曰:"子何为思之?"对曰:"臣之处于齐也,粝粱之饭,藜藿之羹,冬日则寒冻,夏日则暑伤。自唐子之短臣也,以身归君,食刍豢,饭黍粱,服轻暖,乘牢良,臣故思之。"(4)此谓毁人而反利之者也。是故毁誉之言,不可不审也。

【注释】

〔1〕唐子:齐大夫。 陈骈:即田骈,战国哲学家。《汉书·艺文志》"道家"有《田子》二十五篇,已亡。 齐威王:战国齐君,田氏,名因齐,在位三十七年。本文疑作"湣王"。

〔2〕孟尝君:即田文,战国齐贵族,袭父爵封于薛。曾为齐相,又任过秦相、魏相。 豢:《道藏》本、刘绩《补注》本同。《四库全书》本作"养"。 粱:《说文通训定声》:"叚借为粱。"

〔3〕罽:《道藏》本同,刘绩《补注》本作"氎"。氎,一种毛织品。《后汉书·杜笃传》李贤注:"氎,毛布也。" 绨:《说文》:"细葛也。"即细葛布。 纻:用苎麻织成的布。

〔4〕粱:《道藏》本、刘绩《补注》本同。王念孙《读书杂志》:"粱"当为"粱"。

【译文】

什么叫诋毁人而反有利于他?唐子在齐威王面前说陈骈子的坏话,齐威王要杀掉他。陈骈子率领他的家族逃亡出奔到了薛地。孟尝君听说,派人用车子迎接他,到达以后,用美味佳肴来奉养他,每天三次供给丰盛的饭食。冬天穿的是轻暖的毛衣皮裘,夏天穿的是凉爽的葛麻衣饰,出门便乘着坚固的车子,驾着奔驰的骏马。孟尝君问他说："先生生在齐国，长在齐国，您对齐国的土地和人民一定很思念吧？"陈骈子说："我思念那个唐子。"孟尝君说："唐子不是说你坏话的那个人吗？"骈子答："正是！"孟尝君说："先生为什么思念他？"骈子说："我在齐国的时候，吃的是粗米饭，喝的是野菜汤，冬无御寒衣，夏则中暑伤。自从唐子诽谤我之后，我逃离故土，投靠君门，吃的是米饭肉食，穿的是轻暖衣服，乘坐的是坚车良马，我因此思念他。"这说的是诋毁人而反有利于人的例子。因此毁谤、赞誉的话，不能不审慎地对待它。

或贪生而反死，或轻死而得生，或徐行而反疾，何以知其然也？鲁人有为父报仇于齐者，刳其腹而见其心。坐而正冠，起而更衣，徐行而出门，上车而步马，颜色不变。[1] 其御欲驱，抚而止之曰："今日为父报雠以出死，非为生也，今事已成矣，又何去之？"[2] 追者曰："此有节行之人，不可杀也。"解围而去之。使被衣不暇带，冠不及正，蒲伏而走，上车而驰，必不能自免于千步之中矣。[3] 今坐而正冠，起而更衣，徐徐而出门，上车而步马，颜色不变，此众人所以为死也，而乃反以得活。[4] 此所谓徐而驰迟于步也。[5] 夫走者，人之所以为疾也；步者，人之所以为迟也。今反乃以人之所为迟者反为疾，明于分也。有知徐之为疾，迟之为速者，则几于道矣。故黄帝亡其玄珠，使离珠、剧索之，而弗能得之也。[6] 于是使忽怳，而后能得之。[7]

【注释】

〔1〕步：徐行。
〔2〕出死：出身致死。
〔3〕被：《道藏》本、刘绩《补注》本同。刘家立《淮南内篇集证》

作"彼"。　蒲伏：伏地膝行。

〔4〕徐徐：《道藏》本同，刘绩《补注》本作"徐行"。

〔5〕"此所谓"句：蒋礼鸿《淮南子校记》云："徐"下脱"速于疾"三字。

〔6〕玄珠：黑色明珠。"使离珠"二句：许慎注："离朱明目，剟捷疾利搏，善拾于物，二人皆黄帝臣也。"按：《道藏》本正文与此同，刘绩《补注》本作"捷剟"。而《脩务训》作"攫掇"。

〔7〕"于是使"二句：许慎注："忽怳，黄帝臣也。忽怳，善亡之人。"按：以上数句亦载于《庄子·天地》。

【译文】

　　有的贪生反而死去，有的轻生反而得生，有的慢行反而很快，怎么知道是这样的呢？鲁国有人到齐国为父报仇，剖开仇人的肚子，而露出了心脏。他坐着整了整帽子，起来更换了衣服，慢慢步行出了仇家的门，上了车，而让马缓步而行，神色一点也没有变化。赶车人想要打马奔驰，他按住车夫的手加以制止说："今天为父报仇，本来就打算死去，并不想活着回去。现在事情已经办成了，又何必匆忙离开呢？"追赶的人说："这是品格高尚的人，不能杀他。"解除包围而让他离去。假使他穿衣服来不及系带子，帽子来不及扶正，伏地爬着而逃走，上车而急驰，必定不能在千步之内脱身。现在坐着扶正帽子，站起来更换衣服，慢慢行走而出门，上车而让马缓步而行，神色一点也没有改变，这是众人所认为必定要死的，但是却反而得活。这就是所说的慢行比疾行要快，而奔驰比步行要慢。快跑是人们所认为快的，步行是人们所认为迟缓的。现在反而把人们认为是迟缓的作为迅疾的，这是明辨了快与慢的分别。能够知道缓慢的有时是急速的，迟缓的有时是迅疾的，那么就接近"道"了。因此黄帝失去了他的黑色明珠，派明目的离朱、身手敏捷的捷剟去寻找，而都没有找到。在这时派善忘的忽怳去寻找，而后终于得到了它。

　　圣人敬小慎微，动不失时；⁽¹⁾百射重戒，祸乃不滋；⁽²⁾计福勿及，虑祸过之。

同日被霜，蔽者不伤；愚者有备，与知者同功。

夫爝火在缥烟之中也，一指之所能息也；⁽³⁾ 塘漏若鼷穴，一撲之所能塞也。⁽⁴⁾ 及至火之燔孟诸而炎云台，而水决九江而渐荆州，虽起三军之众，弗能救也。⁽⁵⁾

【注释】

〔1〕敬小慎微：对细小之事也持谨慎的态度。

〔2〕射：许慎注："象。"吴承仕《淮南旧注校理》："象"当为"豫"，形坏作"象"也。豫、射，上古音韵部相同，声纽相近，故注以"豫"训"射"。本书《说山篇》注云："豫，备也。"

〔3〕爝火：即火炬、火把。

〔4〕鼷：《说文》："小鼠也。" 撲：《道藏》本、刘绩《补注》本同，黄锡禧本作"璞"。

〔5〕燔：燃烧。 孟诸：许慎注："宋大泽。"按：已见本书《地形训》。 云台：许慎注："高至云也。"杨树达《淮南子证闻》："台"当为"梦"，字之误也。《地形》："楚之云梦，宋之孟诸。" 九江：长江中游的九大支流。 渐：《玉篇》："入也。" 荆州：《尚书·禹贡》荆州位于今湖北、湖南境内。

【译文】

圣人警惕细小的事情发生，行动不会失去机会；百种预防，重重戒备，灾祸才不会发生；考虑好事不必仔细，防备祸患却宁可过分周到。

同在一天受到严霜侵蚀，有遮蔽的东西不会受到伤害；愚蠢的人有了准备，就和聪明的人功业相同。

小小的火星在冒着轻烟的时候，一个指头就能够熄灭它；水塘出现像鼷鼠穴那样的漏洞，一个土块就能把它堵住。等到烈火焚烧了孟诸而冲上云台，洪水冲决了九江而涌向荆州，即使动员千军万马，也不能解救它。

夫积爱成福，积怨成祸，若痈疽之必溃也，所浼者

多矣。⑴

　　诸御鞅复于简公曰："陈成常、宰予二子者，甚相憎也。⑵臣恐其构难而危国也，君不如去一人。"简公不听，居无几何，陈成常果攻宰予于庭中，而弑简公于朝。⑶此不知敬小之所生也。

【注释】
　　⑴浼：污染。《说文》："浼，汙也。"
　　⑵诸御鞅：齐臣。《史记·齐太公世家》作"御鞅"，执御之官。简公：齐简公，名壬，春秋末齐君，在位四年，被陈成常杀死。宰予：孔子弟子，仕于齐。曾任临淄大夫。
　　⑶"弑简公于朝"句：《史记·齐太公世家》："田常弑简公于徐州。"事载《左传·哀公四年》、《吕览·慎势》、《史记·田敬仲完世家》、《说苑·正谏》亦载之。

【译文】
　　爱抚积累就能成为幸福，怨恨积累就能成为灾祸，就像痈疽的溃烂，所污染的地方必定很多。
　　诸御鞅报告齐简公说："陈成常、宰予二人，相互之间仇恨很深。我担心他们造成灾难而危害国家，君主不如去掉其中的一个人。"齐简公没有听从，隔了没有多长时间，陈成常果然在庭院中杀死宰予，并在朝廷上杀死齐简公。这是不知道谨慎处理小事而产生的恶果。

　　鲁季氏与郈氏斗鸡，郈氏介其鸡，而季氏为之金距。⑴季氏之鸡不胜，季平子怒，因侵郈氏之宫而筑之。郈昭伯怒，伤之鲁昭公曰："祷于襄公之庙，舞者二人而已，其馀尽舞于季氏。⑵季氏之无道无上久矣，弗诛必危社稷。"公以告子家驹。⑶子家驹曰："季氏之得众，三家为一。⁽⁴⁾其德厚，其威强，君胡得之？"昭公弗听，使郈昭伯将卒以攻之。仲孙氏、叔孙氏相与谋曰："无季氏，死亡无日矣。"遂兴兵以救之。郈昭伯不胜而死，鲁昭公出奔齐。故祸之所从生者，始于鸡定。⁽⁵⁾及其大也，至于亡社稷。⁽⁶⁾

【注释】

〔1〕季氏：季平子，鲁国大夫，时为执政者。　郈氏：郈昭伯，鲁大夫。　斗鸡：古代的一种游戏，类似斗蟋蟀。此则载于《左传·昭公二十五年》，《吕览·察微》，《说苑·正谏》等亦载其事。"介其鸡"：许慎注："以芥菜涂其鸡翅。"按：《吕览·察微》高诱注："介，甲也，作小铠著鸡头也。"许、高说不同。　金距：许慎注："施金芒于距也。"按：即在雄鸡距后面突出的部分裹上金饰。

〔2〕伤：诋毁、中伤义。　鲁昭公：春秋鲁君，名裯，在位三十二年。其中在国外流亡七年。　祷：祭祀求福。刘文典《淮南鸿烈集解》："祷"疑当作"禘"。《说文》："禘，祭也。"《吕览·察微》、《左传·昭公二十五年》作"禘"。　襄公：鲁襄公，昭公之父，在位三十一年。"舞者二人"句：许慎注："时鲁祷先君襄公，六佾之舞庭者凡二人也。"按：古代祭祀祖先，天子用八佾（六十四人）、诸侯用六佾（四十八人）、大夫用四佾（三十二人）。而季平子仅用二人（疑为"二八"，即十六人）祭鲁襄公。

〔3〕子家驹：鲁大夫。

〔4〕三家：许慎注："孟氏、叔孙、季氏。"

〔5〕鸡定：《道藏》本同，刘绩《补注》本作"鸡足"，《四库全书》本同。《广韵》"径"韵："定，题额。"鸡定，即鸡头。刘氏改字误。

〔6〕太：《道藏》本、刘绩《补注》本作"大"。太、大通。　"亡社稷"事：《史记·鲁周公世家》："三家共伐公，公遂奔。"

【译文】

（鲁昭公二十五年），季平子和郈昭子两家近邻举行斗鸡比赛，郈氏在鸡身上涂上拌有芥菜籽的混合物，而季氏斗鸡的脚距上裹有锋利的金套子。季氏的斗鸡（被食物所引诱），而不能取胜，季平子大怒，趁势侵占郈氏的宫室，并且修建了住房。郈昭伯十分气愤，向鲁昭公中伤季氏，说："在祭祀襄公宗庙的时候，仅用两个人舞蹈，其余的人全部都在季氏宫廷里跳舞。季氏无道无君已经很久了，不杀掉他必定危害社稷。"鲁昭公把此事告诉了子家驹，子家驹说："季氏得到很多人的拥戴，三家结为同伙。他们施予的恩德深厚，他的威力十分强大，君主怎么能打胜他？"鲁昭公不听，派郈昭伯率兵攻打季氏。仲孙氏、叔孙氏互相商量说："没有季氏，我们灭亡不会很久了。"于是起兵赶来援救。郈昭伯战败而死，鲁昭公出逃到齐国。因此灾祸产生的地方，开始于鸡头的芥子。等到酿成大祸，就达到危害社稷的地步了。

　　故蔡女荡舟，齐师大侵楚；⑴两人构怨，廷杀宰予，简公遇杀，身死无后，陈氏伐之，齐乃无吕；⑵两家斗鸡，季氏金距，郈氏作难，鲁昭公出走。⑶故师之所处，生以荆楚；⑷祸生而不蚤灭，若火之得燥，水之得湿，浸而益大。痈疽发于指，其痛遍于体。故蠹啄剖梁柱，蚊虻走牛羊，此之谓也。⑸

【注释】
　　〔1〕"故蔡女"二句：许慎注："齐桓公与蔡姬乘舟，姬荡舟，公惧，止之，不可。公怒，归于蔡。蔡人嫁之。公伐楚，召陵而胜之也。"按：事见《左传·僖公三年》及四年。
　　〔2〕构怨：结怨。　伐：《道藏》本同，刘绩《补注》本改作"代"。"齐乃无吕"：《史记·齐太公世家》："二十六年（前379年）康公卒，吕氏遂绝其祀。"田氏卒有齐国，为齐威王，称强于天下。
　　〔3〕氏：《道藏》本、刘绩《补注》本皆作"公"。
　　〔4〕"故师之"二句：化自《老子》三十章。帛甲作："师之所居，楚朸（棘）生之。"　楚：许慎注："大荆也。"按：楚，为一种带刺的小灌木。
　　〔5〕啄：刘台拱《淮南子校补校》：《说苑·谈丛》作"蠹蝼仆柱梁"。按：《说文》："蠔，刘歆说：蠔，虮蜉子。"即白蚁。

【译文】

因此蔡国的公主荡舟戏耍齐桓公,导致桓公派兵灭蔡、侵楚;陈成常、宰予二人结怨,导致在庭院杀死宰予,齐简公被杀,自身惨死,后代残灭,陈氏代齐,齐国便不存在吕氏;季氏、郈氏两家斗鸡,季氏在鸡距上裹以利器,郈氏发难,昭公出逃。因此军队驻扎过的地方,长满了荆棘;灾祸产生而不尽早扑灭,像烈火遇到干柴,大水得到湿润的土地,逐渐会蔓延开去。痈疽长在手指上,它引起的疼痛遍于全身。因此蠹虫、白蚁可以毁坏柱梁,蚊虫、牛虻可以叮跑牛羊,说的就是这样的情况。

人皆务于救患之备,而莫能知使患无生。夫得患无生,易于救患,而莫能加务焉,则未可与言术也。[1] 晋公子重耳过曹,曹君欲见其骿胁,使之(祖)[袒]而(補)[捕]鱼。[2] 厘负羁止之曰:"公子非常也,从者三人,皆霸王之佐也。[3] 遇之无礼,必为国忧。"君弗听。重耳反国,起师而伐曹,遂灭之。身死人手,社稷为墟。祸生于袒而捕鱼。齐、楚欲救曹,不能存也。听厘负羁之言,则无亡患矣。今不务使患无生,患生而救之,虽有圣知,弗能为谋。

【注释】

〔1〕得:《道藏》本同,刘绩《补注》本作"使"。 加务:有努力务求之意。《脩务训》"名可务立",《文子·精诚篇》作"名可强立"。"务"有"强"义。

〔2〕骿胁:《说文》:"骿,并胁也。"为一种生理缺陷,肋骨相合,类似鸡胸。此事载于《左传·僖公二十三年》及二十四年、《国语·晋语》、《韩非子·十过》,亦见于《史记·晋世家》。 "祖":《道藏》本、刘绩《补注》本作"袒"。 "補":《道藏》本、刘绩《补注》本作"捕"。

〔3〕厘负羁:曹臣。 "非常":《韩非子·十过》作"非常人"。 三人:指狐偃、赵衰、胥臣。

【译文】

现在的人都从事于解救祸患的准备工作,但却不懂得使祸患不要产生。使祸患不要产生,比解救祸患容易,如果不努力在这方面达到要求,那么便不能和他谈论策略的重要。晋公子重耳流亡经过曹国,曹君想看他的骈胁,让他光着身子到河里捕鱼。曹大夫厘负羁制止他说:"公子不是普通的人,随从的三个人,都有霸王辅佐之才。对他们没有礼貌,以后必定成为国家的忧患。"曹君没有听从。重耳流亡十九年后返回晋国,起兵讨伐曹国,于是便消灭了曹国。曹君身死他人之手,国家变为废墟。灾祸产生在让人赤身裸体到河里捕鱼这件事上。即使齐、楚想要援救曹国,也不能保住他。假如能听进厘负羁的话,那么就不会有祸患发生了。现在不务求使祸患不要发生,祸患发生之后才去解救它,即使有圣人的才智,也不能够替他谋划了。

且患祸之所由来者,万端无方。是故圣人深居以避辱,静安以待时。小人不知祸福之门户,妄动而绖罗网,虽曲为之备,何足以全其身?⁽¹⁾譬犹失火而凿池,被裘而用箑也。⁽²⁾且塘有万穴,塞有十,鱼何遽无由出?⁽³⁾室有百户,闭其一,盗何遽无从入?夫墙之坏也于隙,剑之折必有啮,圣人见之蚤,故万物莫能伤也。⁽⁴⁾

大宰(予)[子]朱侍饭于令尹子国,令尹子国啜羹而热,投卮浆而沃之。⁽⁵⁾明日,太宰子朱辞官而归。其仆曰:"楚太宰未易得也,辞官去之,何也?"子朱曰:"令尹轻行而简礼,其辱人不难。"明年,伏郎尹而笞之三百。⁽⁶⁾夫仕者先避之,见终始微矣。⁽⁷⁾

【注释】

〔1〕绖:阻碍。《玉篇》:"绖,止也。"
〔2〕箑:扇子。《精神训》高诱注:"楚人谓扇为箑。"

〔3〕"且塘有"句：许慎注："堤也，言堤之有万穴。" "有十"：《道藏》本同，刘绩《补注》本作"其一"。 何遽：怎么，如何。

〔4〕"也于"：《道藏》本、刘绩《补注》本同。郑良树《淮南子斠理》：当作"必于"。《记纂渊海》五二引"也"正作"必"。 啮：缺口。

〔5〕大宰：官名，掌管王家内外事物。 "予"《道藏》本、刘绩《补注》本作"子"。子朱、子国，楚国大夫。 啜：喝。《广雅·释诂二》："啜，食也。" 投：王念孙《读书杂志》：旧本《北堂书钞·酒食部》三引此，"投"作"援"。援，引也。 卮：酒器。

〔6〕伏：折服。 郎尹：许慎注："主郎官之尹也。"按：即帝王侍从官之长。

〔7〕"夫仕者"二句：王念孙《读书杂志》：《文子·微明篇》作"故上士先避患而后就利，先远辱而后求名。太宰子朱"。

【译文】

患祸所发生的地方，头绪万端，没有方向。因此圣人居住在深静的地方，用来躲避耻辱，宁静安定而等待时机。小人不知道祸福产生的途径，盲目活动而陷入罗网之中，即使周密地为他防备，又怎么能够保全自身呢？比如就像失了火再去凿池蓄水，穿上皮裘而去用扇子。况且水塘有上万孔穴，堵塞其中一个，鱼怎么不能游出呢？房屋有上百个门户，关闭其中一个，强盗怎能没办法进入呢？墙壁的毁坏在于孔隙，利剑折断必定有缺口。圣人提早发现它们，所以万物不能够伤害它。

太宰子朱陪着令尹子国进食，令尹子国喝了一口汤，而觉得烫嘴，拿起盛酒器舀起酒浇下去。第二天，太宰子朱辞掉官职而离去，他的仆人说："在楚国太宰是一个不可多得的官职，辞官归去，这是为什么？"子朱说："令尹子国的行为轻狂而礼节怠慢，他侮辱别人并不困难。"第二年，制服郎官尹而打他三百下。有见识的人能够首先避免患难，太宰子朱能够看到从开始到结束的微妙变化。

夫鸿鹄之未孚于卵也，一指篾之，则靡而无形矣。〔1〕及至其筋骨之已就，而羽翮之所成也，则奋翼挥䎝，凌

乎浮云，（皆）[背]负青天，膺摩赤霄，翱翔乎忽荒之上，析惕乎虹霓之间，虽有劲弩利矰微缴，蒲沮之子巧，亦弗能加也。〔2〕

江水之始出于岷山也，可攓衣而越也，及至其下洞庭，骛石城，经丹徒，起波涛，舟杭一日不能济也。〔3〕是故圣人者，常从事于无形之外，而不留思尽虑于成事之内，是故患祸弗能伤也。〔4〕

【注释】

〔1〕筬：通"伐"。《说文》："伐，击也。"有按、压义。　靡：粉碎。

〔2〕羽翮：羽毛和翅膀。　翽：许慎注："六翮之末也。"按：指鸟羽茎的末端。　"皆"：《道藏》本、刘绩《补注》本作"背"。当正。　赤霄：许慎注："飞云。"　析惕：《道藏》本同，刘绩《补注》本作"彷徉"。于大成《人间校释》："析惕"即"徙倚"，刘绩本不解其义，改为"彷徉"。"之子"：刘绩《补注》本作"子之"。

〔3〕攓：捋起。通"搴"。《说文》："攓，抠衣也。"　洞庭：即今洞庭湖。　骛：奔驰。《说文》："骛，乱驰。"　石城：许慎注："在丹阳。"按：即今南京。　丹徒：许慎注："在会稽。"按：即今江苏镇江。　杭：舟船。《类篇》："杭，方舟。"与"航"同。

〔4〕无形之外：指事故还没有形成的时候。

【译文】

天鹅没有孵出卵的时候，一个指头按压它，便可以使它粉碎而失去原形。等到它的筋骨已经长成，而羽毛、翅膀已经丰满，那么就要挥动羽翼，冲上云霄，背负青天，抚摩赤霄，翱翔在无穷的太空，徘徊在虹霓之间，即使有强弩、利箭、微缴，具有蒲沮子的奇技，也不能施加在它身上。

长江从岷山开始流出的时候，可以捋起裤子越过它，等到它奔向洞庭，驰过石城，经过丹徒，掀起万丈波涛，航行一天也不能够渡过它。因此圣德之人，常常在事故没有形成的时候行事，而不把思虑停留在已经成功的事情上，因此祸患不能够伤害他。

人或问孔子曰:"颜回何如人也?"曰:"仁人也,丘弗如也。""子贡何如人也?"曰:"辨人也,丘弗如也。""子路何如人也?"曰:"勇人也,丘弗如也。"宾曰:"三人皆贤夫子,而为夫子役,何也?"[1]孔子曰:"丘能仁且忍,辨且讷,勇且怯。[2]以三子之能,易丘一道,丘弗为也。"孔子知所施之也。[3]

【注释】

〔1〕役:指弟子。

〔2〕讷:《说文》:"言难也。"即语言迟钝。 怯:有退让义。

〔3〕施:指施行教化。以上化自《列子·仲尼》,《说苑·杂言》,《论衡·定贤》,《孔子家语·六本》亦有记载。

【译文】

有人向孔子询问道:"颜回是怎样一个人?"孔子说:"是个品行高尚的人,我不如他。""子贡是怎样的人?"孔子说:"是个能言善辩的人,我不如他。""子路是个什么样的人?"孔子说:"是个勇敢刚强的人,我不如他。"宾客说:"三个人都超过了你,而却为你的弟子,这是为什么?"孔子说:"我情操高尚而能忍耐,能说会道而言语适度,勇敢坚定而能退让。用他们三个人的才能,交换我一个人的道术,我不能够做到。"孔子知道他所施教的地方。

秦牛缺径于山中而遇盗,夺之车马,解其橐笥,施其衣被。[1]盗还反顾之,无惧色忧志,欢然有以自得也。[2]盗遂问之曰:"吾夺子财货,劫子以刀,而志不动,何也?"秦牛缺曰:"车马所以载身也,衣被所以掩形也,圣人不以所养害其养。"[3]盗相视而笑曰:"夫不以欲伤生,不以利累形者,世之圣人也,以此而见王者,必且以我为事也。"还反杀之。此能以知知矣,而未能以知不知也;能勇于敢,而未能勇于不敢也。凡有道者,应卒而乏,遭难而能免,故天下贵之。⁽⁴⁾今知所以自行也,而未知所以为人行也,其所论未之究者也。⁽⁵⁾人能由昭昭于冥冥,则几于道矣。⁽⁶⁾《诗》曰:"人亦有言,无哲不愚。"⁽⁷⁾此之谓也。

【注释】
　　〔1〕秦牛缺:许慎注:"隐士。"按:《吕览·必己》、《列子·说符》并作"上地之大儒"。　径:经过。　橐:口袋。　笥:盛饭及衣服的竹器。　施:朱骏声《说文通训定声》:"叚借为拖。"《说文》:"拖,曳也。"《广韵》"歌"韵:"俗作拖。"即夺取义。
　　〔2〕欢然:高兴的样子。　自得:自以为得意。
　　〔3〕所养:所用来养生的东西。指车马、衣物等。　养:修养、德性。
　　〔4〕卒:通"猝"。急速、突然。　"而乏":《道藏》本同,刘绩《补注》本作"不乏"。
　　〔5〕究:尽。
　　〔6〕"人能"二句:亦见本书《道应训》、《要略》、《泰族训》。
　　〔7〕"《诗》曰"句:见《诗·大雅·抑》。此则化自《列子·说符》、《吕览·必己》。

【译文】
　　饱学先生秦牛缺从山道上经过,而遇到了强盗,抢去了他的车马,解下了他的口袋、箱子,夺去了他的衣被。强盗回过头来看看他,没有畏惧和忧虑的神色,还高高兴兴地自以为很得意。强盗于是就询问道:"我们抢夺了你的财物,用刀子劫迫你,而你神色不动,这是为什么?"秦牛缺说:"车马是用来装载身体的,衣被是用来掩蔽形体的,圣人不用这些养生的外物,来妨害自己修养的德性。"强盗听了互相笑了笑,说:"不因为欲望伤害生命,不因为利益拖累形体的,是世上的圣人,他要用这个样子去见国君,必将认为我们有罪。"就回过头来又把他杀了。这个人能凭着聪明知道人、物关系的道理，而不能凭聪明适应时势的变化；对果敢之事很有勇气，而对不果敢之事就没有勇气了。凡是掌握了大道的人，应对突然变化而不缺少应变能力，遭到患祸而能免除灾祸，因此天下人会尊重他。现在知道自己用来行事的方法，而不知道他人用来行事的方法，他所说的道理还未达到彻底的程度。人能够由光明进入到昏暗之中，那么就接近"道"了。《诗》中说："人家有过这样的话，没有聪明人不像愚蠢的。"说的就是这个意思。

事或为之，适足以败之；或备之，适足以致之。⁽¹⁾何以知其然也？秦皇挟《录图》，见其传曰："亡秦者，胡也。"⁽²⁾因发卒五十万，使蒙公、杨翁子将，筑修城。⁽³⁾西属流沙，北击辽水，东结朝鲜，中国内郡挽车而饷之。⁽⁴⁾又利越之犀角、象齿、翡翠、珠玑，乃使尉屠睢发卒五十万，为五军，一军塞镡城之岭，一军守九嶷之塞，一军处番禺之都，一军守南野之界，一军结馀干之水，三年不解甲弛弩。⁽⁵⁾使监禄无以转饷，又以卒凿渠而通粮道，以与越人战，杀西呕君译吁宋。⁽⁶⁾而越人皆入丛薄中，与禽兽处，莫肯为秦虏。相置桀骏以为将，而夜攻秦人，大破之。杀尉屠睢，伏尸流血数十万，乃发適戍以备之。⁽⁷⁾当此之时，男子不得脩农亩，妇人不得剡麻考缕，嬴弱服格于道，大夫箕会于衢。⁽⁸⁾病者不得养，死者不得葬。于是陈胜起于大泽，奋臂大呼，天下席卷，而至于戏。⁽⁹⁾刘、项兴义兵，随而定，若折槁振落，遂失天下。祸在备胡而利越也。欲知筑修城以备亡，而不知筑修城之所以亡也。发適戍以备越，而不知难之从中发也。

夫鹊先识岁之多风也，去高木而巢扶枝，大人过之则探鷇,婴儿过之则挑其卵,知备远难而忘近患。〔10〕故秦之设备也,乌鹊之智也。

【注释】
〔1〕致:招致。
〔2〕秦皇:秦始皇(前259—前210),即嬴政,一称赵政。秦王朝建立者,前246—前210年在位。"秦皇"几句:许慎注:"挟,铺也。秦博士卢生使入海,还奏《录图书》于始皇帝。"吴承仕《淮南旧注校理》:"挟"当为"披"。《广雅》:"披,张也。铺,陈也。" 传:解说的文字。
〔3〕蒙公:即蒙恬。秦初名将,被秦二世逼迫而自杀。 杨翁子:秦将。 脩城:即长城。
〔4〕"西属"句:许慎注:"起陇西临洮县。"按:即甘肃临洮,地近大沙漠。 击:顾广圻《校淮南子》:疑当作"系"。属、系、结同义。按:朱骏声《说文通训定声》:"击"段借又为"繋",实为"系"。辽水:指辽河,今辽宁凌河以东。 朝鲜:许慎注:"乐浪。"按:指今朝鲜平安南道、平安北道等地。 挽:拉,牵。《说文》:"輓,引之也。"《广韵》"阮"韵:"輓,同挽。"
〔5〕越:指今中国南方岭南一带。 翡翠:许慎注:"翡,赤雀;翠,青雀。" 珠玑:圆者为珠,不圆者为玑。 尉屠睢:许慎注:"秦将。"按:《史记·平津侯主父列传》:"又使尉(佗)屠睢将楼船之士南攻百越,使监禄凿渠运粮。"《史记》索隐:"尉,官也。他,赵他也。屠睢,人姓名。"依《史记》所载,当为两人。 镡城:许慎注:"在武陵西南,接郁林。"按:古县名,治所在今湖南靖州县西南。 九嶷:许慎注:"在零陵。"按:在湖南宁远县南。 番禺:许慎注:"在南海。"按:今广东广州市南。南野:许慎注:"在豫章。"按:今江西南康西南章水南岸。 馀干:许慎注:"在豫章。"按:在今江西东北部,信江下游,西滨鄱阳湖。
〔6〕监禄:秦将。《史记·平津侯主父偃列传》:"使监禄凿渠运粮。"《史记》集解韦昭注:"监御史名禄也。""无以":王念孙《读书杂志》:"无以"二字,后人所加。《困学纪闻》引此,无"无以"二字。"凿渠"事:许慎注:"凿通湘水、离水之渠也。"按:即今广西兴安境内之灵渠。沟通湘江和漓水,联系珠江和长江水系,长34公里。为古代著名水利、航运工程。 西呕:古越人一支,秦汉时分布在岭南广大地区。译吁宋:西呕君主。
〔7〕适戍:被谪贬获罪戍边的人。

〔8〕剡麻：用麻编织。　考：成。　格：通"辂"。挽车之横木。箕会：许慎注："以箕于衢会敛。"按：即苛敛民财义。衢：四通八达之路。

〔9〕陈胜：字涉。许慎《兵略训》注谓"汝阴"人。（明）李贤等撰《明一统志》卷七：凤阳府，阳城，在宿州南。秦县，陈胜生于此。《史记·陈涉世家》："陈胜者，阳城人也。"　大泽：今安徽宿州市埇桥区大泽乡镇。　戏：许慎注："地名，在新丰。"按：在今陕西临潼西。

〔10〕鹊：王念孙《读书杂志》："鹊"上脱"乌"字。《初学记·天部上》、《太平御览·天部》九、《白帖》二引此，皆有"乌"字。扶：旁。　㝅：幼鸟。《尔雅·释鸟》陆德明释文："㝅，鸟子须哺而食者，燕雀之属也。"

【译文】
　　事情有的想干成它，却恰好能够使它失败；有的想防备它，却能够招致它到来。怎么知道是这样的呢？秦始皇展现方士送来的《录图书》，看到上面记载说："灭亡秦朝的是'胡'。"因此征发士卒五十万，派蒙恬、杨翁子为将，率兵修筑长城。西部连接流沙，北面连缀辽水，东部连接朝鲜，中国各地拉着车子转运粮饷。又想得到越地的犀角、象齿、翡翠、珠玑之类，于是派尉屠睢率兵五十万，分为五路大军，一军占领镡城的峻岭，一军把守九嶷的险塞，一军镇守番禺，一军守卫南野的边界，一军结集在馀干洞庭之畔，三年不解下兵甲，放松弓弩。因派监禄无法转运粮饷，又发动士卒开凿渠道，沟通湘江、漓水，使粮道畅通，来和越人作战，杀死西呕君主译吁宋。而越人都潜入深山密林之中，和禽兽相处，没有人肯当秦人的俘虏。越人互相设置勇武之人作为首领，在夜间袭击秦兵，大败秦军，杀死尉屠睢，秦军伏尸流血数十万，于是又征发戍卒来防备越人。在这个时候，男子不能够整治农田，妇女不能够剥麻纺线，老弱都在道上拉车，大夫在道路上公开苛敛民财。生病的人无法奉养，死亡的人不能得到安葬。在这种情况下，陈胜率领戍卒九百人，在大泽乡起兵反秦，奋臂大呼，天下席卷响应，并且一直打到秦都附近。刘邦、项羽兴起义兵，天下随着而平定，就像折断槁木、摇落枯叶一样，秦二世便失去了天下政权。祸患在于防备"胡"人，而贪图越地的奇珍。想筑起长城来防备胡人，不知道修筑长城正是导致灭亡的原因。发动戍卒来防备越人，而不知道灾难正是从中产生的。

喜鹊预先知道年内风的大小，离开高的树枝而在近枝上筑巢，大人经过就会伸手抓取小鸟，婴儿经过也会拨动鸟卵，知道防备远方的灾难，而忘记近处的患祸。因此秦国的设置防备，不过是乌鹊的智慧罢了。

或争利而反强之，或听从而反止之，何以知其然也？鲁哀公欲西益宅，史争之，以为西益宅不祥。〔1〕哀公作色而怒，左右数谏，不听，乃以问其傅宰折睢，曰："吾欲益宅，而史以为不祥，子以为何如？"〔2〕宰折睢曰："天下有三不祥，西益宅不与焉。"〔3〕哀公大悦而喜。顷复问曰："何谓三不祥？"对曰："不行礼仪，一不祥也；嗜欲无止，二不祥也；不听强谏，三不祥也。"哀公默然深念，愤然自反，遂不西益宅。〔4〕夫史以争为可以止之，而不知不争而反取之也。

知者离路而得道，愚者守道而失路。〔5〕夫兒说之巧，于闭结无不解。〔6〕非能闭结而尽解之也，不解不可解也。至乎以弗解之者，可与及言论矣。〔7〕

【注释】

〔1〕鲁哀公：春秋鲁国最后一个国君，名将，在位二十七年。　史：史官，掌管记事、祭祀等。　"西益宅"：许慎注："筑旧宅之西，更以为田宅，不止益。"按：《风俗通义》认为，西益宅妨害家长。

〔2〕宰折睢：许慎注："傅姓名。"

〔3〕三不祥：亦见于《说苑·君道》，晏子云"国有三不祥"。

〔4〕默然：沉思的样子。　愤然：沉痛的样子。《论衡·四讳》作"慨然自反"。刘文典《淮南鸿烈集解》：《御览》百八十引，"愤"作"喟"。

〔5〕"愚者"句：依前文意，当作：愚者守路而失道。

〔6〕兒说：宋国大夫。

〔7〕"弗解之"：《道藏》本同，刘绩《补注》本作"弗解解之"，当是。　言论：议论，谈论。以上亦载于《论衡·四讳》、《新序》卷五、《孔子家语·正论》。

【译文】

有的以利益谏争而反使之固执己见，有的听从他反而能制止，怎么知道是这样的呢？鲁哀公想向西扩大自己的房宅，史官据理阻止，认为向西扩大住宅不吉祥。鲁哀公变了脸色而大发脾气，左右的人多次劝谏都不听从，于是便向他的师傅宰折睢问说："我想增加房宅的面积，而史官认为这样做不吉祥，你认为怎样？"宰折睢说："天下有三件事不吉祥，向西扩大房宅不在其中。"鲁哀公听了十分高兴，紧接着又问："什么是三不祥？"回答说："不实行礼义，一不吉祥；嗜欲无度，二不吉祥；不听强力劝说，三不吉祥。"哀公听了，沉默了一会，反复思考自己的举动，很沉痛地自我反省，于是不再向西扩大房宅了。史官用争辩的办法认为可以制止他，而不知道不争辩反而可以达到这样的效果。聪明的人背开小路而得到大道，愚蠢的人遵循小路而失去大道。兒说的巧技，对于闭结没有什么解不开的。但是并非他真的能将所有的闭结全部解开，而是不去解不能够解开的解（以不解为解）。等到用不解来解开闭结，便能够和他谈论道了。

或明礼义、推道礼而不行，或解构妄言而反当，何以明之？〔1〕孔子行遊，马失，食农夫之稼，野人怒，取马而系之。〔2〕子贡往说之，卑辞而不能得也。〔3〕孔子曰："夫以人之所不能听说人，譬犹以大牢享野兽，以《九韶》乐飞鸟也，予之罪也，非彼人之过也。"〔4〕乃使马圉往说之，至见野人曰："子耕于东海，至于西海，吾马之失，安得不食子之苗？"〔5〕野人大喜，解马而与之。

说若此其无方也，而反行；事有所至，而巧不若拙。故圣人量凿而正枘。夫歌《采菱》,发《阳阿》,鄙人听之,不若此《延路》、《阳局》。⁽⁶⁾非歌者拙也,听者异也。故交画不畅,连环不解,物之不通者,圣人不争也。⁽⁷⁾

【注释】

〔1〕礼:《道藏》本同,刘绩《补注》本改作"理",《四库全书》本作"体"。礼,《说文》:"履也,所以事神致福也。"《白虎通·礼乐》:"礼者,身当履而行也。"即履行、实行义。又《玉篇》:"礼,理也。"知"礼"字是。改作"理"、"体"皆误。 解构:附会;诡曲义。

〔2〕失:《说文》:"逸,失也。"即逃逸。

〔3〕"子贡往"二句:王念孙《读书杂志》:"子贡"上脱"使"字。《太平御览》引此有"使"字。"卑"当为"毕",字之误也。《吕氏春秋》作"毕辞"。

〔4〕大牢:许慎注:"三牲。"按:古代祭祀以牛、羊、豕三牲齐备为大牢。 《九韶》:传说的虞舜乐名。见于《列子·周穆王》。《尚书·益稷》有《箫韶》九成。即《九韶》。

〔5〕马圉:养马的人。

〔6〕《采菱》、《阳阿》:古曲名。已见本书《说山训》。 《延路》、《阳局》:许慎注:"鄙歌曲也。"

〔7〕畅:畅通。

【译文】

有的阐明礼义推行道术而行不通,有的附会胡说反而适当,怎么能说明这个问题?孔子到外面出游,马跑散了,并且吃了农夫的庄稼,农夫非常愤怒,拉住马而扣了起来。孔子派善于辞令的子贡去劝说,好话说尽了但是却不能牵回马。(回报给孔子),孔子说:"用别人听不进去的话去劝说,比如就像准备三牲大礼给野兽享用,用高雅的《九韶》去让飞鸟欣赏,这是我的罪过,不是那个人的过错啊。"于是派养马的人去劝说,到达以后,见到在田野里耕作的农夫说:"您在东海边耕田,土地一直到达西海,我的马逃散,怎么能不吃你的禾苗呢?"农人听了非常欢喜,解下马交给了养马人。

像这样劝说别人，是没有道理的，却反而能行得通；一切事情都有它所要达到的要求，奇巧反而不如笨拙。因此圣人衡量凿子大小才能放下榫头。唱起了《采菱》，又连缀了《阳阿》，卑俗人听了，不如那些低下的《延路》、《阳局》更合乎人的口味。不是唱歌的人笨拙，是因为听的人欣赏能力有所不同。因此交相错画不能畅通，像连环一样不能解开，这些万物之中不能通达的事情，圣人是不去争取的。

仁者，百姓之所慕也；义者，众庶之所高也。为人之所慕，行人之所高，此严父之所以教子，而忠臣之所以事君也。然世或用之而身死国亡者，不同于时也。〔1〕

昔徐偃王好行仁义，陆地之朝者三十二国。〔2〕王孙厉谓楚庄王曰："王不伐徐，必反朝徐。"〔3〕王曰："偃王有道之君也，好行仁义，不可伐。"王孙厉曰："臣闻之，大之与小，强之与弱也，犹石之投卵，虎之啗豚，又何疑焉？〔4〕且也为文而不能达其德，为武而不能任其力，乱莫大焉。"〔5〕楚王曰："善！"乃举兵而伐徐，遂灭之。此知仁义而不知世变者也。

【注释】

〔1〕同：《文子·微明篇》作"周"。

〔2〕陆地：沿着陆路。"三十二"：《韩非子·五蠹》、《后汉书·东夷传》、《博物志》、《水经注》并作"三十六国"。

〔3〕王孙厉：楚臣。 楚庄王：《韩非子·五蠹》作"荆文王"。《说苑·指武》作"楚文王"。楚文王，春秋楚君，在位十三年。 徐：春秋时大国，中心在今江苏泗洪一带。

〔4〕啗：《说文》："食也。"

〔5〕"且也"：《道藏》本、刘绩《补注》本同。《四库全书》本作"且夫"。

【译文】

仁惠的人，是百姓所仰慕的；讲大义的人，是大众所崇敬的。做人民所仰慕的事情，实行人民所认为崇高的行为，这是严厉的父亲所用来教育儿子，忠臣所用来侍奉国君的准则。然而世间有的采用了它而身死国灭的，这是因为时代不同的缘故。

从前徐偃王爱好仁义，当时沿着陆路而来朝拜的有三十二个国家。王孙厉对楚王说："君王不讨伐徐国，必定要反过来朝拜徐国。"庄王说："偃王是有道的君主，爱好仁义，不能够侵伐。"王孙厉说："我听说，楚国和徐国，在大对于小，强对于弱方面，（差距很大），（对付徐国），就像用石头投向鸡蛋，老虎吃小猪一样，又有什么疑虑的呢？况且推行文德而不能遍施他的德泽，从事武力而不能用尽他的力量，惑乱没有比这更大的了。"楚王说："好！"于是举兵侵伐徐国，于是便很快把它消灭了。这是只知道推行仁义而不知道世道变化的例子。

　　申茶、杜茞，美人之所怀服也，及（惭）〔渐〕之于滫，则不能保其芳矣。⑴古者五帝贵德，三（五）〔王〕用义，五霸任力。⑵今取帝王之道，而施之五霸之世，是由乘骥（遂）〔逐〕人于榛薄，而蓑笠盘旋也。⑶

　　今霜降而树谷，冰泮而求获，欲其食则难矣。⑷故《易》曰"潜龙勿用"者，言时之不可以行也。⑸故"君子终日乾乾，夕惕若厉，无咎"。⑹终日乾乾，以阳动也；夕惕若厉，以阴息也。因日以动，因夜以息，唯有道者能行之。

　　夫徐偃王为义而灭，燕子哙行仁而亡，哀公好儒则削，代君为墨而残，灭亡削残，暴乱之所致也。⑺而四君独以为仁义儒、墨而亡者，遭之时务异也，非仁义儒、墨不行。⑻非其世而用之，则为之擒矣。

【注释】

〔1〕苃：《道藏》本、刘绩《补注》本同。苃，同"茮"、同"椒"。申苃，香草名。《楚辞·离骚》："杂申椒与菌桂兮。"《四库全书》本作"菽"。　杜茝：香草名。　怀服：怀藏，佩戴。　惭：《道藏》本、刘绩《补注》本作"渐"。当正。　滫：臭汁，污水。以上化自《荀子·劝学》。

〔2〕"五"：《道藏》本、刘绩《补注》本作"王"。

〔3〕"遂"：《道藏》本、刘绩《补注》本作"逐"。当正。　蓑笠盘旋：像竹笠那样，绕之盘旋。

〔4〕树：种植。　泮：解冻。

〔5〕潜龙勿用：喻人隐居不出，静处不动。见《周易·乾卦》"初九"爻辞。

〔6〕乾乾：勤勉努力。　惕若：警惕的样子。　厉：危险。　咎：灾祸。见"九三"爻辞。

〔7〕"燕子哙"句：许慎注："子哙，燕王也。苏代说子哙让国，遂专政，齐伐燕，大败之，哙死也。"按：载《战国策·燕策》，亦载于《史记·燕召公世家》。　哀公：鲁哀公。与孔子同时，曾数次被齐侵犯而割地。　则：《道藏》本同，刘绩《补注》本作"而"。代：古国名，前475年为赵襄子所灭，在今河北蔚县一带。

〔8〕"以为"：《道藏》本、刘绩《补注》本无"为"字。　"之时"：《道藏》本同，刘绩《补注》本作"时之"。

【译文】

申苃、杜茝，是美人所怀藏、佩戴的，等到把它浸渍到臭水之中，那么便不能保持它的芳香了。古时候五帝以德性为贵，三王重视道义，五霸任用武力。现在采用五帝三王之道，而在五霸之世施行，这样就像乘着千里马在树木草丛中追逐人群，而只能像竹笠那样盘旋。

如今在霜降时去种谷子，冰雪解冻时而求得收获，想要收获果实就难了。因此《周易》中说，人隐居不出，静处不动，说的是时节不合不能够施行。因此君子昼则勤勉，夜则警惕，虽处险境，也没有灾殃。昼则勤勉，是按照阳气行动；夜则警惕，是按照阴气休息。按照白天而活动，按照夜间而休息，只有掌握了道术的人才能实行它。

徐偃王因为推行大义而被消灭，燕子哙实行仁德而灭亡，鲁哀公爱好儒术而使国家削弱，代君信奉墨子学说而遭残杀，灭亡、削残，是暴乱所造成的。而这四个国君只是因为推行仁义、儒墨而灭亡，也是由于时代形势的变化不同而形成的，不是说仁义、儒墨不能实行。不是在适宜的时代而使用它，那么就要被人擒住了。

夫戟者，所以攻城也；镜者，所以照形也。宫人得戟，则以刈葵；⁽¹⁾盲者得镜，则以盖卮，不知所施之也。故善鄙不同，诽誉在俗；趋舍不同，逆顺在君。⁽²⁾

狂谲不受禄而诛，段干木辞相而显，所行同也，而利害异者，时使然也。⁽³⁾故圣人虽有其志，不遇其世，仅足以容身，何功名之可致也？

【注释】

〔1〕宫人：指宦官和侍从。　刈：砍，割。
〔2〕"故善鄙"以下数句：《文子·微明篇》："故善否同，非誉在俗；趋行等，逆顺在时。"
〔3〕"狂谲"句：许慎注："狂谲，东海之上人也。耕田而食，让不受禄。大公以为饰虚乱民而诛。"按：《论衡·非韩》亦载其事。段干木：战国魏隐士，受魏文侯礼敬。本书凡四见。

【译文】

长戟是用来攻城的，明镜是用来照形的。宦者得到戟，只能用来砍冬葵；瞎子得到镜子，就用来盖酒器，不知道它们所施用的地方。因此好坏不同，诽谤、赞誉在于世俗；取舍不同，悖逆、顺从在于国君。

狂谲高洁，不受姜太公俸禄而被杀；段干木清高，辞去相位而名显天下。这二人所具有的品行是相同的，但是利害是这样的不同，是时代造成了这个样子。因此圣人即使有他的志向，没有遇到合适的时代，仅仅能够容得一身，功业名位怎么能够得到呢？

知天之所为，知人之所行，则有以任于世矣。⑴知天而不知人，则无以与俗交；知人而不知天，则无以与道遊。

单豹倍世离俗，岩居谷饮，不衣丝麻，不食五谷，行年七十，犹有童子之色。⑵卒而遇饥虎，杀而食之。张毅好恭，过宫室廊庙必趋，见门闾聚众必下，斯徒马圉，皆与伉礼，不终其寿，内热而死。⑶豹养其内而虎食其外，毅脩其外而疾攻其内。故直意适情，坚强贼之；⑷以身役物，则阴阳食之，此皆载务而戏乎其调者也。⑸

得道之士，外化而内不化。外化所以入人也，内不化所以全其身也。⑹故内有一定之操，而外能诎伸，嬴缩卷舒，与物推移，故万举而不陷。⑺所以贵圣人者，以其能龙变也。⑻今捲捲然守一节，推一行，虽以毁碎灭沉，犹且弗易者，此察于小好，而塞于大道也。⑼

【注释】

〔1〕任：行事。《汉书·韩安国传》颜师古注引如淳曰："任，事也。"《文子·微明篇》作"经"。亦有行义。

〔2〕单豹：鲁国隐士。事载《庄子·达生》、《吕览·必己》。不食五谷：指导引行气。《史记·留侯世家》："乃学辟谷，道引轻身。"

〔3〕张毅：好礼之人。　恭：恭敬有礼。　廊庙：代指朝廷。斯徒：服劳役供使唤之人。斯，通"厮"。《道藏》本作"斯"，刘绩《补注》本作"厮"。　马圉：养马的人。　伉礼：彼此以礼相待。　内热：心火过盛之病。

〔4〕直意适情：任凭心意而适合自己行事。

〔5〕役物：役使外物，即外物归我所有。　食：《释名·释天》："日月亏曰食。"引申为亏损、伤害义。　载务：全力追求。载，《诗·大雅·生

民》朱熹《诗集传》:"满也。"戏:顾广圻《校淮南子》:"戏"疑作"亏"。

〔6〕"入人":《文子·微明篇》作"知人"。以上数句化自《庄子·知北游》。

〔7〕嬴:通"赢"。《说文》:"赢,有馀贾利也。"《国语·越语下》韦昭注:"嬴缩,进退也。"

〔8〕龙变:像龙一样万端变化。

〔9〕捲捲然:勤苦用力的样子。《慧琳音义》卷十七注引《毛诗传》:"捲,力也。"一行:一种德行。也指特殊行为。

【译文】

　　知道天道所具有的规律,知道人们所行的方向,那么在世界上便有用来行事的目标了。如果只知道天道而不知道人事,那么便没有办法与世俗交往;知道人事而不知道天道,那么便不能与"道"一起遨游。

　　鲁隐士单豹离开人世,告别世俗,居住在山穴之中,喝的是山泉之水,不穿丝帛和麻布,不吃五谷粮食,到了七十岁的时候,还有儿童一样的容貌。最后碰到一只饥饿的老虎,遭到扑杀而被吃掉。张毅是一个特别讲究礼义的人,经过贵族的宫室、君王的朝廷,必定跑步离开;看到里间聚集众人的地方,必定恭敬地下车;就是遇到服役、养马的人,都向他们行礼问安,但是最终不得长命,因引起内热而死。单豹善于修炼他的内心,而老虎却吃了他的形体;张毅善于修炼自己的外表,但是利火攻破它的内部。因此任凭心意适合性情而行事,那么坚韧刚强的东西就要残害他;拿自己本身去役使外物,那么阴阳变化就会伤害他,这些人都是全力追求一个方面的利益,而使自己的和气受到亏损。

　　得道的人,外部变化而内部不加变化。外部行为经常变化,是为了与世人和谐相处;内部不变化,是用来保全他的身心。因此内部有固定的操守,而外部就能够屈伸变化,或长或短,或卷曲或舒展,与外物一起变迁,因此即使有万种举动也不会陷入失败。所以尊重圣人的原因,是因为他们能像龙一样的变化。现在辛勤地持守一种节操,推行一种德行,即使是达到粉身碎骨的程度,也还不能改变初衷,这只是见到了小的好处而在大道上却被堵塞了。

赵宣孟活饥人于委桑之下，而天下称仁焉；⁽¹⁾荆伎非犯河中之难，不失其守，而天下称勇焉。⁽²⁾是故见小行则可以论大体矣。

田子方见老马于通，喟然有志焉，以问其御曰："（比）[此]何马也？"⁽³⁾其御曰："此故公家畜也，老罢而不为用，出而鬻之。"⁽⁴⁾田子方曰："少而贪其力，老而弃其身，仁者弗为也。"束帛以赎之。⁽⁵⁾罢武闻之，知所归心矣。⁽⁶⁾

齐庄公出猎，有一虫举足将搏其轮，问其御曰："此何虫也？"⁽⁷⁾对曰："此谓螳螂者也。其为虫也，知进而不知却，不量力而轻敌。"⁽⁸⁾庄公曰："此为人，必为天下勇武矣。"回车而避之。勇武闻之，知所尽死也。

故田子方隐一老马，而魏国载之；⁽⁹⁾齐庄公避一螳螂，而勇武归之；汤教祝网者，而四十国朝；⁽¹⁰⁾文王葬死人之骸，而九夷归之；⁽¹¹⁾武王荫喝人于樾下，左拥而右扇之，而天下怀其德；⁽¹²⁾越王句践一决狱不辜，援龙渊而切其股，血流至足，以自罚也，而战武士必其死。⁽¹³⁾故圣人行之于小，则可以覆大矣；审之于近，则可以怀远矣。

孙叔敖决期思之水，而灌雩娄之野，庄王知其可以为令尹也；⁽¹⁴⁾子发辩击剧而劳佚齐，楚国知其可以为兵主也。⁽¹⁵⁾此皆形于小微，而通于大理者也。

圣人之举事，不加忧焉，察其所以而已矣。

【注释】

〔1〕委桑：阴翳下垂的桑树。此条载于《左传·宣公二年》、《吕览·报更》。本书凡三见。

〔2〕河:《吕览·知分》、本书《道应训》作"江"。

〔3〕田子方:魏人,学于子夏,为魏文侯师。 通:许慎注:"道。"按:《孙子兵法·地形》梅尧臣注:"通,道路交达。" 喟然:叹息的样子。 "比":刘绩《补注》本作"此"。当正。

〔4〕罢:通"疲",羸弱。

〔5〕束帛:帛五匹为束。古代用作聘问的礼物,也用作婚丧、朋友相赠的礼品。

〔6〕罢武:老病军人。此则亦载于《韩诗外传》卷八。

〔7〕齐庄公:春秋齐君,名光,在位六年。因淫乱被杀。

〔8〕"其为虫"几句:指赞其勇武轻视敌人。此则亦见《韩诗外传》卷八。《庄子·人间世》载其事,喻不自量力。

〔9〕隐:哀痛。《广韵》"隐"韵:"隐,痛也。" 载:通"戴"。爱戴。

〔10〕"汤教"句:许慎注:"昔汤出,见四面张网者,汤教去其三面,祝曰:'欲上者上,欲下者下,无入吾网'。"按:此则载于《吕览·异用》,《史记·殷本纪》及《新序》五亦载之。

〔11〕"文王"句:许慎注:"文王治灵台,得死人之骨,夜梦死人呼而请葬。于旦,文王反葬以五大夫之礼。"按:此则载于《吕览·异用》。贾谊《新书》亦载之。

〔12〕"武王"句:许慎注:"武王哀暍者之热,故荫之于樾下。樾下,众树之虚也。"按:樾,古楚语,指树荫。

〔13〕越王句践:春秋越君,前479至前465年在位。曾被吴王夫差击败,屈辱求和,入臣于吴。后回国,卧薪尝胆,转弱为强,灭亡吴国,并成为诸侯霸主。 不辜:《说文》:"辜,皋也。"不辜,即无罪。 龙渊:宝剑名。为欧冶子、干将所造。见于《越绝书·记宝剑》。 必:通"毕",全部。

〔14〕期思之水:即淠水,又名泚水。利用源于泚山之水,汇于芍陂(今寿县安丰塘为其一部分)。 雩娄之野:许慎注:"今庐江是。"按:故址在今河南固始东。庐江、金寨、固始、商城相毗邻。期思、雩娄灌区,是我国古代最早大型水利工程,至今受益。(详见陈广忠《淮南子科技思想》,安徽大学出版社2001年版)。

〔15〕"子发"二句:许慎注:"辨,次第也。击剧,次第罢劳之赏,各有等齐也。或曰:子发辨击之劳佚齐。子发筑设劳逸之节,是以楚知可为兵。齐,同。"按:辨,《说文》:"判也。"即辨别次第等级之意。击,《战国策·齐一》高诱注:"击,一也。"亦有"相当"义。剧,《后汉书·曹世叔妻传》:"剧,犹难也。"

【译文】

赵宣孟救活了在桑树荫下饥饿的人，天下称颂他的仁惠；荆国伙非触犯江中的大害，没有失去他的勇气，天下称颂他的勇敢。因此见到小的行止，那么便可以论及大的取向了。

田子方在路上看到一匹老马，深有感触地叹息了一声，问那牵马的人说："这是一匹什么马？"牵马的人说："这原是你家喂养的一匹马，因为年老体衰而不中用了，所以拉出来卖掉它。"田子方说："年轻的时候图它的力气，老了就抛弃它，这是有仁德的人所不愿做的。"于是用五匹丝绸把它赎了回来。年老疲弱的军人听到这件事，知道自己的心愿该归附何方了。

齐庄公外出打猎，有一个虫子举起它的脚将要跟庄公的车轮搏斗，庄公问他的御夫说："这是什么虫子？"御夫回答说："这是一种叫螳螂的虫子。这种虫子，知道前进而不知道后退，它不估计自己的力量而敢于轻视它的敌人。"庄公说："它要是作为一个人的话，必定是天下很勇敢的人了。"于是庄公便倒转车子来回避它。那些勇敢的人听到这件事，都懂得自己应该怎样为国效力了。

因此田子方哀怜一匹老马，而魏国的人拥戴他；齐庄公回避一个螳螂，而天下勇武的人归向他；商汤让兽网撤去三面，而四十个国家朝拜他；周文王用礼节安葬死人骨骸，而九夷归附他；周武王把中暑的人安置在树荫之下，左面拥抱着，右边给他搞扇子，而天下的人怀念他的恩德；越王句践一次断案错杀无罪之人，拿起龙渊之剑切开自己的大腿，血流至脚，用来自我惩罚，而战斗的武士就有了必死的决心。因此圣人在小处推行其政，那么便可以影响到大众；在近处行事审慎，那么就可以使远方的人归附了。

孙叔敖决开期思之水，来灌溉雩娄的田地，楚庄王知道他可以担任令尹；子发能够辨别难易优劣的名次，使劳逸各自得到等同的待遇，楚君知道他可以成为领兵的主帅。这些都是在微小的地方体现出了他们的美德，而在大的道理上便可以通达了。

圣人的行事，不会增加自己的忧虑，观察他的行止和目的就清楚了。

今万人调钟，不能比之律，诚得知者，一人而足矣。

说者之论，亦犹此也。诚得其数，则无所用多矣。夫车之所以能转千里者，以其要在三寸之辖。⁽¹⁾夫劝人而弗能使也，禁人而弗能止也，其所由者非理也。⁽²⁾

昔者卫君朝于吴，吴王囚之，欲流之于海者。⁽³⁾说者冠盖相望而弗能止。鲁君闻之，撤钟鼓之县，缟素而朝。⁽⁴⁾仲尼入见，曰："君胡为有忧色？"鲁君曰："诸侯无亲，以诸侯为亲；大夫无党，以大夫为党。今卫君朝于吴王，吴王囚之，而欲流之于海，孰卫君之仁义而遭此难也。吾欲免之而不能，为奈何？"仲尼曰："若欲免之，则请子贡行。"鲁君召子贡，授之将军之印。子贡辞曰："贵无益于解患，在所由之道。"敛躬而行，至于吴，见太宰嚭。⁽⁵⁾太宰嚭甚悦之，欲荐之于王。子贡曰："子不能行能行说于王，奈何？⁽⁶⁾吾因子也。"太宰嚭曰："子焉知嚭之不能也？"子贡曰："卫君之来也，卫国之半曰：'不若朝于晋'；其半曰：'不若朝于吴。'然卫君以为吴可以归骸骨也，故束身以受命。⁽⁷⁾今子受卫君而因之，又欲流之于海，是赏言朝于晋者，而罚言朝于吴也。且卫君之来也，诸侯皆以为蓍龟。⁽⁸⁾兆今朝于吴而不利，则皆移心于晋矣。⁽⁹⁾子之欲成霸王之业，不亦难乎？"太宰嚭入，复之于王，王报出（今）[令]于百官曰："比十日，而卫君之礼不具者，死。"⁽¹⁰⁾子贡可谓知所以说矣。

【注释】

〔1〕辖：《说文》："一曰：辖，键也。"即安装在车轮末端的挡铁，用以挡住车轮，不使脱落。

〔2〕所由者：指所采用的方法。

〔3〕卫君：即卫出公，姬姓，名辄。春秋末卫君，在位十二年。"朝于吴"事，在卫出公十年（前483年）。并载于《左传·哀公十二年》。吴王：即吴王夫差。　"者"：《道藏》本同，刘绩《补注》本无"者"字。

〔4〕鲁君：即鲁哀公。　缟素：指丧服。

〔5〕敛躬：收敛身形。指秘密出使。　太宰嚭：伯氏，名嚭，春秋楚人，后奔吴，任为太宰，得吴王宠幸。

〔6〕"能行"：《道藏》本同，刘绩《补注》本无。疑衍。

〔7〕束身：比喻归顺，投案。

〔8〕"诸侯"句：许慎注："以为蓍龟，以卜朝吴之吉凶也。"

〔9〕兆：《道藏》本同，刘绩《补注》本移"蓍龟"下，《四库全书》本同。

〔10〕"今"：《道藏》本、刘绩《补注》本作"令"。　比：等到。

【译文】
　　现在万人调试大钟，不能和六律相协调，如果明白其中的音理，一个人就足够了。游说者的论辩，也像这样。如果能掌握其中的方法，那么不必要说很多话便可以办到了。车子之所以能够运行千里的原因，是因为它的要害在于三寸长的车辖。劝说人但不能使他心服，禁止人但不能使他停止，是他所采用的方法没有道理而造成的。

　　从前卫出公到吴国会盟，吴王把他囚禁起来，要把他流放到海岛上。游说劝谏的人一路上络绎不绝，都不能制止。鲁哀公听说这件事，撤掉悬挂着的钟鼓，穿着白色素服来上朝。仲尼上朝拜见哀公说："国君为什么有忧虑的神色？"鲁哀公说："诸侯没有亲近的，把诸侯作为最亲近的；大夫没有亲族，把大夫作为亲族。现在卫君到吴国朝见，吴王把他囚禁起来，而要流放到海岛上去，没有想到卫君这样的仁义之人，却遭到这样的灾难。我想使他免除灾难却办不到，对这件事怎么办呢？"孔子说："如果想使卫君免除灾难，那么就请子贡出使一趟。"鲁哀公召见了子贡，授给他将军的印玺。子贡推辞说："高贵的地位对解除祸患没有帮助，在于所实行的方法。"他便秘密出行，到了吴国，拜见太宰嚭。太宰嚭十分高兴，想把他推荐给吴王。子贡说："您自己不能够劝说吴王听从，我怎么依靠您引见呢？"太宰嚭说："您怎么知道我不能劝说吴王呢？"子贡说：" 卫君到吴国来的时候，卫国中的一半人说：'不如去向晋国朝拜'；另一半说：'不如去向吴国朝拜。'但是卫君认为吴国能够归还自己的骸骨，因此归顺吴国并接受了命令。现在您接受了卫君却把他囚禁起来，又要把他流放到海岛上去，这是奖励那些主张向晋国朝拜的人，而惩罚那些主张向吴国朝拜的人。况且卫君来的时候，诸侯都认为占卜出现吉兆。现在表明朝拜吴国大为不利，那么都会把心意转向晋国方面去。你们想要成就霸王之业，不也是很困难的吗？"太宰嚭入宫，把子贡的话报告给吴王，吴王对百官发出命令说："等到十天，如果招待卫君的礼节不全备的话，处以死罪。"子贡可以说是知道用来游说的方法。

鲁哀公为室而太，公宣子谏："室大，众与人处则哗，少与人处则悲，愿公之适。"⁽¹⁾公曰："寡人闻命矣。"筑室不辍。⁽²⁾公宣子复见曰："国小而室大，百姓闻之，必怨吾君；诸侯闻之，必轻吾国。"鲁君曰："闻命矣。"筑室不辍。公宣子复见曰："左昭而右穆，为大室以临二先君之庙，得无害于子乎？"⁽³⁾公乃令罢役除版而去之。⁽⁴⁾鲁君之欲为室，诚矣。公宣子止之，必矣。然三说而一听者，其二者非其道也。

夫临河而（钧）[钓]，日入而不能得一儵鱼者，非江河鱼不食也，所以饵之者非其欲也。⁽⁵⁾及至良工执竿，投而擐唇吻者，能以其所欲而钓者也。⁽⁶⁾夫物无不可奈何，有人无奈何。⁽⁷⁾铅之与丹，异类殊色，而可以为丹者，得其数也。⁽⁸⁾故繁称文辞，无益于说，审其所由而已矣。⁽⁹⁾

【注释】

〔1〕太：与"大"同。《道藏》本作"大"。　公宣子：鲁大夫。

〔2〕辍：停止。

〔3〕"左昭"句：许慎注："昭、穆，先君宗庙。"按：《礼记·祭统》："夫祭有昭穆。昭穆者，所以别父子、远近、长幼、亲疏之序，而无乱也。"

〔4〕版：筑墙用的夹板。

〔5〕"钧"：《道藏》本、刘绩《补注》本作"钓"。当正。 儵鱼：鱼名，即小白鱼。并见本书《览冥训》。《庄子·秋水》陆德明释文引李云："儵鱼，白鱼也。"

〔6〕擐：有穿透义。《玉篇》："擐，贯也。"

〔7〕"夫物无"二句：许慎注："言物皆可术而治也。事有人材所不及，无奈之何也。"

〔8〕"铅之于丹"几句：道家用铅与丹进行化学反应，可以得到一种丹。古代道家用作养生之药物。

〔9〕"繁称文辞"句：即烦琐的称说，美丽的文辞。

【译文】

鲁哀公想建造一个大的宫室，大夫公宣子劝谏说："宫室规模巨大，和众人相处，则喧闹不堪；与少数人相处，就会孤独冷清，希望国君考虑合适的方案。"鲁哀公说："我知道了。"继续施工不停止。公宣子第二次又劝谏说："国家小而修建的宫室大，百姓听说，必定埋怨君主；诸侯听说，一定轻视君主。"鲁哀公说："我知道了。"仍然筑室不停止。公宣子第三次又劝告鲁哀公说："左边是先祖的宗庙，右边是先君之庙，你建的宫室夹在中间，难道对你没有妨碍吗？"鲁哀公听了，于是便下令遣散劳工，拆除版筑，而撤离工地。鲁君想修建宫室，是诚心诚意的。公宣子制止他，也是必要的。但是三次劝说却只有一次能听从，是因为两次劝说不符合大礼。

在黄河边钓鱼，一整天不能够得到一条小白鱼，不是长江、黄河的鱼不食饵，而是所用的钓饵不符合它们的食性。等到高明的钓者，竿子投到水中，就能够穿通鱼的唇吻，这是因为跟鱼的食欲相一致而钓上来的。其实，万物中没有不能够用术数来治理的，有的人力达不到，对它没有办法而已。就像铅粉和丹砂，不同的种类，两种色彩，但是可以转化生成丹，只有得到它的变化规律才能办到。因此烦琐的称说,美丽的辞藻,对于劝谏是没有任何帮助的,只要观察清楚它的解决途径就可以了。

物类之相摩近而异门户者,众而难识也。⑴故或类之而非,或不类之而是;或若然而不然者,或不若然而然者。

谚曰:"鸢堕腐鼠,而虞氏以亡。"⑵何谓也?曰:虞氏,梁之大富人也。家充盈殷富,金钱无量,财货无赀。⑶升高楼,临大路,设乐陈酒,积博其上,游侠相随而行楼下。⑷博上者,射朋张中,反两而笑。⑸飞鸢适堕其腐鼠,而中游侠。⑹游侠相与言曰:"虞氏富乐之日久矣,而常有轻易人之志。吾不敢侵犯,而乃辱我以腐鼠。如此不报,无以立务于天下。⑺请与公僇力一志,悉率徒属,而必以灭其家。"⑻此所谓类之而非者也。

【注释】

〔1〕摩:《说林训》高诱注:"近也。"《广雅·释诂三》:"摩,近也。"刘典爵《淮南子韵谱》断作:"物类之相摩,近而异门户者",疑非。

〔2〕鸢:老鹰。

〔3〕梁:许慎注:"今之陈留浚仪也。"按:在今河南开封东南。 赀:估量、计算。《管子·山至数》尹知章注:"赀,价也。"

〔4〕积:《列子·说符》作"击",即敲、打之义。 博:一种赌博游戏。击博共十二棋,六黑六白,两人相博,每人六棋。 "楼下":《列子·说符》作"楼上博者"。疑"下"当作"上"。并断为下句。

〔5〕"博上者":"上"字疑衍。 "射朋"二句:许慎注:"射朋张,上棋中之,以一反两也。"按:游戏时能取中的叫射。 朋:疑为"明"。《列子·说符》叫明琼,棋子名。 张中:即投中。 反:翻。 两:即两鱼,棋子名。《列子·说符》作"反两檎鱼而笑",更准确。

〔6〕游侠:古代指重义轻生、解救人难的一类人。《史记》有《游侠列传》,专述其人其事。

〔7〕务:许慎注:"势"。按:《列子·说符》作"懂"。王念孙《读书

杂志》引之曰:"务"当为"矜",字之误也。"懂"与"矜"古同声而通用。张湛注《列子》:"懂,勇也。""势"与"勇"亦同义。

〔8〕傡:通"勍"。《说文》:"勍,并力也。"《列子·说符》:"至期日之夜,聚众积兵以攻虞氏,大灭其家。"

【译文】

万物种类之间互相接近而门径不同的现象,因为种类繁多而难于识别。因此有的相类似而实际不是,有的不类似而实际相似;有的像这样而不是这样,有的不像这样而实际是这样。

俗谚说:"老鹰口中掉下臭老鼠,而虞氏因此灭亡。"说的是什么意思? 说的是:姓虞的人家,是开封的大富豪,家里富贵至极,金钱无法计算,财货无法估量。一天登上高楼,对着大路,摆起酒宴,歌妓作乐,赌起博来。游侠相随从下面经过。楼上赌博时,投射明琼而中,翻过两鱼,大笑不止。恰好老鹰飞过,衔着的臭老鼠落在游侠身上。游侠互相商议说:"姓虞的富裕享乐的日子已经很久了,而且经常有看不起人的意思。我们不敢侵犯他,他却用臭老鼠来污辱我。如果这样我们却不敢去报复,就没有办法在天下站住脚跟了。请求大家齐心合力,率领全部徒众,一定消灭虞氏。"这就是所说的类似但实际不是的事例。

何谓非类而是? 屈建告石乞曰:"白公胜将为乱。"〔1〕石乞曰:"不然! 白公胜卑身下士,不敢骄贤,其家无筦籥之信,关楗之固,大斗斛以出,轻斤两以内,而乃论之以不宜也?"〔2〕屈建曰:"此乃所以反也。"居三年,白公胜果为乱,杀令尹子椒、司马子期。〔3〕此所谓弗类而是者也。

【注释】

〔1〕屈建:楚大夫。
〔2〕筦籥:钥匙。其形似古代乐器笙箫,用铁制成。 关楗:闭门的横木和加锁的木闩。 斛:十斗为一斛。
〔3〕子椒、子期:许慎注:"皆白公之季父。"按:已见本书《道应

训》,《说苑·权谋》亦载之。

【译文】

什么叫不类似却是这样的？屈建告诉石乞说："白公胜将要作乱。"石乞说："不是这样！白公胜礼贤下士，不敢对贤才有任何骄傲的表示，他的家里没有作为信物的钥匙，门户不加门闩，用大斗卖出去，用小斗收进来，怎么却用这么不适宜的话来议论他？"屈建说："这就是所用来作乱的征兆。"等了三年，白公胜果然作乱，杀掉令尹子椒、司马子期。这就是所说的不类似却是这样的例子。

何谓若然而不然？子发为上蔡令，民有罪当刑，狱断论定，决于令尹前。[1]子发喟然有凄怆之心。[2]罪人已刑而不忘其恩。此其后，子发盘罪威王而出奔，刑者遂袭恩者，恩者逃之于城下之庐。[3]踹足而怒曰："子发视决吾罪而被吾刑，吾怨之憯于骨髓，使我得其肉而食之，其知厌乎？"[4]追者皆以为然，而不索其内，果活子发。此所谓若然而不若然者。

【注释】

〔1〕上蔡：今河南上蔡西南。周初蔡叔封地。 尹：王念孙《读书杂志》：《太平御览·刑法部》二引此，无"尹"字。

〔2〕凄怆：悲感的样子。

〔3〕"子发"句：许慎注："盘，辟也。发得罪，辟于威王也。"按：盘，通"般"。《说文》："般，辟也。"辟，通"避"。 威王：战国楚君，在位十二年。

〔4〕踹足：许慎注："蹀足。"按：即顿足义。《道藏》本同，刘绩《补注》本"踹足"上有"追者至"三字。疑脱。 视：王念孙《读书杂志》："视"当为"亲"，字之误也。 憯：许慎注："痛也。"按：即痛恨义。《说文》："憯，痛也。"训同。

【译文】

　　什么叫像这样却不是这样呢？子发担任上蔡令，百姓中有犯罪的应当判罪，判决结案之后，送到县令面前决定。子发叹了一口气，露出悲伤的神色。罪人已经服刑但是没有忘记他的恩德。以后子发避罪楚威王而出逃，从前服刑的罪人便掩护对他有恩的子发，子发在城墙下的茅屋里躲藏起来。追赶的官吏来到，服刑的人顿足而愤恨地说："子发亲自判我的罪并给我施加刑法，我痛恨他已入骨髓，假使我得到他而吃他的肉，恐怕也不会满足！"追赶的人以为确实是这样，而没有搜索茅屋内室，果然救活了子发。这就是所说的像这样却不是这样的例子。

　　何谓不然而若然者？昔越王句践卑下吴王夫差，请身为臣，妻为妾；奉四时之祭祀，而入春秋之贡职；委社稷，效民力；居隐为蔽，而战为锋行；礼甚卑，辞甚服，其离叛之心远矣。然而甲卒三千人，以擒夫差于姑胥。⁽¹⁾此四策者，不可不审也。

　　夫事之所以难知者，以其窜端匿迹，立私于公，倚邪于正，而以胜惑人之心者也。⁽²⁾若使人之所怀于内者，与所见于外者，若合符节，则天下无亡国破家矣。夫狐之捕雉也，必先卑体弭耳，以待其来也。⁽³⁾雉见而信之，故可得而擒也。使狐瞋目植睹，见必杀之势，雉亦知惊惮远飞，以避其怒矣。⁽⁴⁾夫人伪之相欺也，非直禽兽之诈计也。物类相似若然，而不可从外论者，众而难识矣。是故不可不察也。

【注释】

〔1〕姑胥：山名、台名。在今苏州西南。

〔2〕窜端匿迹：掩饰事由真相。　胜：通"称"。称，好。

〔3〕捕:《太平御览·人事部》一百三十五、《兽部》二十一引作"搏"。 雉:一种鸟,也叫野鸡。《说文》载有十四种。

〔4〕植睹:许慎注:"柱尾也。"吴承仕《淮南旧注校理》:疑本文"睹"当作"脽"。注文当云:"植脽,柱尾也。"柱尾,犹言竖尾矣。

【译文】

　　什么叫不是这样而像这样?从前越王句践被吴王夫差打败,卑身侍奉吴王,请求允许自己当奴仆,妻子当贱妾;供奉四时祭祀的礼品,春秋之时献上贡品;社稷托付给吴王,百姓献出自己的力量;吴王深居时,给他作蔽障;在战斗的时候,给他作前锋;礼节非常卑下,言辞非常恭顺,这个样子距离背叛之心已经很远了。虽然这样,但是却以甲卒三千人,在姑胥山活捉了吴王夫差。这四个计策,不能够不审慎地对待它。

　　凡事之所以难于知道的原因,因为它们的事由真相被掩盖了。在公的后面大搞私货,在正的背后专搞邪道,而却以美言迷惑人心。如果使人的内心所怀藏的,能和在外面所表现的,像符节一样吻合,那么天下便没有灭亡的诸侯国和破败的大夫之家了。狐在捕杀野鸡的时候,必定首先低下身子、耷下耳朵,(而表示服帖),等待野鸡的到来。野鸡相信了狐不会伤害它,因此狐就能够擒住野鸡了。假使狐瞪大眼睛,竖起尾巴来对着它,野鸡见到这副凶残的样子,就会惊恐地高飞而去,以便避开狐的怒气。人们用虚伪来欺骗对方,还不仅仅像飞禽走兽那样欺诈的伎俩。万物类别之间类似的情况就像这样,而不能够从外部认识它,一般大众是很难识别的。因此不能够不审慎加以考察。

第十九卷　脩务训

【题解】

脩务,就是勉励人们要致力事业,及时奋进,为济救万民而立功。本篇是《淮南子》的重要内容之一。

本训首先对"无为"、"有为"进行了准确的解释。无为,就是按自然和社会规律办事;有为,就是背离自然。它第一次对《老》、《庄》中的消极无为的思想进行了彻底的改造,赋予了崭新的内容。其次,文中强调要学习和自强。认为"学不可以已";"不自强而功成者,天下未之有也"。要达到学习、自强的要求,不要随波逐流,要有自己的独立见解,持之以恒,"不为古今易志",方能成就事业。同时对世俗"贵古贱今"、"重名轻实"的现象进行了批判。

陶方琦《淮南许注异同诂》:(此)"高注本也。"

或曰:"无为者,寂然无声,漠然不动,引之不来,推之不往,如此者乃得道之像。"⑴ 吾以为不然,尝试问之矣:⑵

若夫神农、尧、舜、禹、汤,可谓圣人乎?有论者必不能废。⑶ 以五圣观之,则莫得无为明矣。

古者民茹草饮水,采树木之实,食蠃蚌之肉,时多疾病毒伤之害。⑷ 于是神农乃(如)[始]教民播种五谷,相土地宜燥湿肥垆高下;⑸ 尝百草之滋味,水泉之甘苦,令民知所避就。当此之时,一日而遇七十毒。

尧立孝慈仁爱，使民如子弟。西教沃民，东至黑齿，北抚幽都，南道交趾。〔6〕放讙兜于崇山，窜三苗于三危，流共工于幽州，殛鲧于羽山。〔7〕

舜作室，筑墙茨屋，辟地树谷，令民皆知去岩穴，各有家室。南征三苗，道死苍梧。〔8〕

禹沐浴霪雨，栉扶风，决江疏河，凿龙门，辟伊阙；〔9〕脩彭蠡之防，乘四载，随山栞木，平治水土，定千八百国。〔10〕

汤夙兴夜寐，以致聪明，轻赋薄敛，以宽民氓；〔11〕布德施惠，以振困穷；吊死问疾，以养孤孀；〔12〕百姓亲附，政令流行。乃整兵鸣条，困夏南巢，谯以其过，放之历山。〔13〕

此五圣者，天下之盛主，劳形尽虑，为民兴利除害而不懈。奉一爵酒，不知于色；〔14〕挈一石之尊，则白汗交流。〔15〕又况赢天下之忧，而海内之事者乎？〔16〕其重于尊亦远矣。且夫圣人者，不耻身之贱，而愧道之不行；不忧命之短，而忧百姓之穷。是故禹之为水，以身解于阳盱之河；〔17〕汤旱，以身祷于桑山之林。〔18〕圣人忧民如此其明也，而称以"无为"，岂不悖哉？〔19〕

【注释】

〔1〕"或曰"以下几句：高诱注："或人以为先为术如此，乃可谓为得道之法也。"

〔2〕"吾以为"二句：高诱注："以为不如或人之言。尝问之于圣人矣。"

〔3〕"有论"句：高诱注："言五人可谓圣人耶？有论者何能废其道也。"

〔4〕茹：《尔雅·释诂》："食也。"有吞咽义。

〔5〕"如"：《道藏》本、刘绩《补注》本作"始"。当正。 五谷：

菽、麦、黍、稷、稻。　相：省视。　垆：土壤坚硬贫瘠。

〔6〕沃民：西方之国。已见本书《地形训》。　黑齿：东方之国。已见《地形训》。　幽都：高诱注："阴气所聚，故曰幽都，今雁门以北是。"按：已见《地形训》。　交趾：南方之国。指五岭以南。

〔7〕放：放逐。　讙兜：尧时佞臣。据《山海经·海外南经》及郭璞注，亦为南方国名。　崇山：南极之山。此数句亦见《尚书·尧典》《孟子·万章上》《庄子·在宥》，及《大戴礼记·五帝德》等。　三苗：见《地形训》。本书凡七见。　三危：西极之山名。本书凡五见。　共工：尧时有共工官。本书凡七见。　鲧：禹之父。治水不成，尧殛之。　羽山：东极之山。

〔8〕苍梧：高诱注："时舜死苍梧，葬于九嶷之山，在苍梧冯乘县东北，零陵之南千里也。"按：在今湖南宁远南。

〔9〕扶风：疾风。二句见于《庄子·天下》。"决江疏河"二句：高诱注："决巫山，令江水得东过，故曰'决'。疏道东注于海，故言'疏'。龙门本有水门，鲔鱼游其中，上行得上过者，便为龙，故曰'龙门'。禹辟而大之，故言'凿'。伊阙，山名，禹开截山体，令伊水得北过，入雒水，故言'阙'也。"

〔10〕彭蠡：即今洞庭湖。　四载：高诱注："山行用蔂，水行用舟，陆行为车，泽行用蒫。"按：已见《齐俗训》。　栞：斩除。载《尚书·皋陶谟》《禹贡》。栞木，即表木。刊木立为表记。

〔11〕氓：高诱注："野民曰氓也。"按：指流动之民。

〔12〕"以养"句：高诱注："幼无父曰孤。孀，寡妇。雒家谓寡妇为孀妇。"

〔13〕鸣条：地名。在今山西运城安邑镇北。　南巢：高诱注："今庐江居巢是。"按：在今安徽巢州市西南。　谯：责备。《方言》卷七："谯，让也。"　历山：在今安徽和县境。即历阳之山。

〔14〕知：《吕览·自知》高诱注："犹见也。"

〔15〕挈：提起。

〔16〕赢：《汉书·刑法志》颜师古注："担负也。"　"海内"：《道藏》本、刘绩《补注》同。王念孙《读书杂志》："海内"上脱"任"字。《艺文类聚·人部》四、《杂器物部》引，皆有"任"字。

〔17〕解：高诱注："祷，以身为质。"按：指祈祷以身为人质。"阳盱之河"：高诱注："在秦地。"按：《道藏》、刘绩《补注》本、《四库全书》本亦作"盱"。《地形训》作"阳纡"，《吕览·有始》作"阳华"。盱，当为"旴"之误。旴，同盱。

〔18〕桑山之林：已见《主术训》。

〔19〕悖：荒谬。

【译文】

有的人说:"无为,就是静寂地没有声音,淡漠地没有行动,招引它不来,推动它不去。像这样,才是掌握了道的样子。"我认为不是这样。试试说一说我的考察结果:

如果说到神农、尧、舜、禹、汤,可以说是圣人了吧!提出论题的人必定都不能废弃他们的观点。从五圣来看,那么他们都没有做到"无为",这是很明显的。

古时候人们吃野草,喝生水,采集树木的果实,吃蚌蛤的肉,当时人民经常发生疾病、毒伤的灾害。在这个时候,神农便开始教导百姓播种五谷,察看土地的适宜情况,根据干旱燥湿、肥沃贫瘠、高丘平原,因地制宜;品尝百草的滋味,以及水泉的甘苦,指导百姓避开有害的而接近有益的。在这个时候,神农一天遇到有毒的植物和水源七十次。

尧建立孝慈、仁爱的道德规范,役使百姓就像对待自己的子弟一样。在西部教导沃民,东方到达黑齿,北边安抚幽都,南方到达交趾,(亲自以仁义教导他们)。把讙兜流放到崇山,将三苗驱逐到三危,把共工流放到幽都,把鲧处死在羽山。

舜教民筑墙造屋,用茅草盖房,开辟土地,种植五谷,使百姓都知道离开岩洞,而各自建立家室。到遥远的南方去征服三苗,死在经过苍梧山的路途之中。

禹冒着淫雨,顶着疾风,(劳苦奔波),疏通长江、黄河,凿通龙门,劈开伊阙,修筑彭蠡的堤防,乘着四种交通工具,顺着山势,砍削大木作标志,整治水土,安定了天下一千八百多个诸侯国。

商汤起早睡晚忧心国事,极尽自己的聪明智慧;轻纳赋税,少征财物,以便使百姓富裕;广布德泽,施予恩惠,用来赈救困穷之人;慰问死者亲属,恤问患病之人,抚养孤儿寡妇;百姓亲近归附,政教法令通行天下。于是在鸣条整治军队,把夏桀围困在南巢;为了责罚他的罪过,并把他流放到历山。

这五位圣君,是天下最具盛德的天子,疲劳形体,竭尽思虑,为百姓兴利除害而不松懈。捧起轻轻的一爵酒,脸上不见有难色;提起重一石的酒樽,那么就会汗流浃背。又何况担负起天下人的忧虑,胜任海内的大事呢?它比一樽的重量已超出很远了。况且对于圣人，不以自身低贱为耻辱，而以大道没有推行为羞愧；不担心生命的短暂，而忧虑百姓的穷困。因此大禹为了治水，亲自到阳盱之水作祈祷；汤时面临七年大旱，他亲自到桑林向天神祈求降雨。圣人忧虑百姓像这样清楚明白，而用"无为"来称说他们，难道不是十分荒谬的吗？

且古之立帝王者，非以奉养其欲也；圣人践位者，非以逸乐其身也。〔1〕为天下强掩弱，众暴寡；诈欺愚，勇侵怯；怀知而不以相教，积财而不以相分，故立天子以齐之。〔2〕为一人聪明而不足以遍烛海内，故立三公、九卿以辅翼之。〔3〕绝国殊俗、僻远幽间之处，不能被德承泽，故立诸侯以教诲之。〔4〕是以地无不任，时无不应，官无隐事，国无遗利，所以衣寒食饥，养老弱而息劳倦也。〔5〕

若以布衣徒步之人观之，则伊尹负鼎而干汤，吕望鼓刀而入周，伯里奚转鬻，管仲束缚，孔子无黔突，墨子无暖席。〔6〕是以圣人不高山、不广河，蒙耻辱以干世主，非以贪禄慕位，欲事起天下利，而除万民之害。〔7〕盖闻传书曰："神农憔悴，尧瘦臞，舜霉黑，禹胼胝。"〔8〕由此观之，则圣人之忧劳百姓甚矣。〔9〕故自天子以下至于庶人，四肢不动，思虑不用，事治求赡者，未之闻也。〔10〕

【注释】
〔1〕践：承袭。　逸乐：安乐。
〔2〕"齐之"：《道藏》本、《四库全书》本同。刘绩《补注》本、《文子·自然篇》作"齐一之"。且本文注有："齐，等。一，同也。"当脱

"一"字。

〔3〕辅翼:辅佐。

〔4〕绝:远。

〔5〕"官无隐事"二句:高诱注:"言官无隐病、失职之事,以利民,故无所遗亡也。"

〔6〕"伊尹"句:高诱注:"伊尹处于有莘之野,执鼎俎,和五味以干汤,欲其调阴阳,行其道。"按:伊尹,《淮南子》凡七见。"吕望"句:高诱注:"吕望,姜姓,四岳之后。四岳佐禹治水有功,赐姓曰姜氏,有吕望其后,居殷,乃屠于朝歌,故曰'鼓刀入周'。自殷而往,为文王太师,佐武王伐纣,成王封之于齐也。"按:《楚辞·离骚》:"吕望之鼓刀兮,遭周文而得举。""伯里奚"句:高诱注:"伯里奚,虞臣,自知虞公不可谏而去,转行自卖于秦,为穆公相而秦兴也。"按:其事已见本书《缪称训》、《氾论训》。"管仲束缚"句:高诱注:"管仲傅相齐公子纠,不死于纠之难而奔鲁,束缚以归齐,桓公用之而霸也。""孔子"以下二句:高诱注:"默,言其突灶不至于黑,坐席不至于温,历行诸国,汲汲于行道也。"按:默,《道藏》本同。刘绩《补注》本、《四库全书》本作"黔"。《广雅·释器》:"默,黑也。"《说文》:"黔,黎也。"《广雅·释器》:"黔,黑也。"其义同。

〔7〕"是以"以下几句:高诱注:"圣人盖谓禹、稷,不以山为高,不以河为广,言必蹈渡之。事,治也。""欲事起"二句:《文子·自然篇》作:"将欲起天下之利,除万民之害也。""利"上有"之"字。

〔8〕臞:《说文》:"少肉也。"即瘦弱义。 胼胝:手脚上的老茧。

〔9〕甚:《吕览·知士》高诱注:"犹深。"

〔10〕胑:同"肢"。《说文》:"胑,体四胑也。肢,胑或从支。"动:《道藏》本同。《文子·自然篇》、刘绩《补注》本作"勤"。

【译文】
　　况且古代拥立帝王的目的,不是用来供养他们的嗜欲;圣人承袭君位的目的,不是用来使他们的身子安乐。为的是天下有强大的压迫弱小的,众多的欺凌人少的;巧诈的欺骗愚昧的,勇敢的侵犯怯弱的;怀藏知识而不能用来互相教导,积累财富而不能分配众人,因此拥立天子来使他们等同一致。因为一个人的聪明才智并不能够遍照海内,所以设立三公、九卿来辅佐帮助他们。因为远方的国家,不同习俗的民族,荒远偏僻的地方,不能够承受德泽,所以建立诸侯来教诲他们。因此土地没有不发挥地力的，天时没有不与作物相适应的；官吏没有失职之事，国家没有遗失之利，以便用来使寒冷的人有衣穿，饥饿的人有食物，老弱的人得以奉养，而劳倦的人得以休息。

如果用普通百姓的身份来看，那么伊尹背着鼎去为汤效劳，吕望击刀而进入周地，百里奚被转卖，管仲被囚禁于桎梏之中，孔子所用过的烟囱没有变黑的，墨子的坐席没有变暖的。因此圣人不以大山为高，不以黄河为宽，蒙受耻辱来求得当时国君的任用，不是贪图俸禄，羡慕爵位，而是想担当兴起天下之利，而消除万民之害的重任。曾经听到书传中说："神农面色憔悴，尧瘦弱，舜身上霉黑，禹手足结成老茧。"从这里可以看出，圣人忧劳百姓是多么深重呵！因此从天子到庶人，四肢不勤劳，思虑不使用，而政事得到治理，需求得到满足的，从来没有听说过。

夫地势水东流，人必事焉，然后水潦得谷行；[1] 禾稼春生，人必加功焉，故五谷得遂长。[2] 听其自流，待其自生，则鲧、禹之功不立，而后稷之智不用。[3] 若吾所谓"无为"者，私志不得入公道，耆欲不得枉正术；[4] 循理而举事，因资而立 [功]；[5] 权自然之势，而曲故不得容者；[6] 政事而身弗伐，功立而名弗有。[7] 非谓其感而不应，攻而不动者。[8] 若夫以火熯井，以淮灌山，此用己而背自然，故谓之有为。[9] 若夫水之用舟，沙之用（肆）[鸠]，泥之用輴，山之用樏；[10] 夏渎而冬陂；因高为田，因下为池，此非吾所谓为之。[11]

【注释】

〔1〕"夫地势"三句：高诱注："水势虽东流，人必事而通之，使得循谷而行也。" 潦：《说文》："雨水大儿。"

〔2〕加功：高诱注："加功，谓'是藨是蒌'，耘耔之也。"按：《春秋

左传注》杨伯峻云:"穮音标,田中除草。蓘音滚,培土附苗根。"加功,即耕耘之义。　遂:成。

〔3〕鲧、禹:王叔岷《淮南子斠证》:《齐民要术·种谷》第三引此作"大禹"。

〔4〕耆:《道藏》本、刘绩《补注》本、《文子·自然篇》作"嗜"。《汉书·景帝纪》颜师古注:"耆,读曰嗜。"

〔5〕"立":《道藏》本、刘绩《补注》本、《四库全书》本同。王念孙《读书杂志》:"因资而立"下脱一字,当依《文子·自然篇》作"因资而立功"。《氾论训》、《说林训》皆作"因资而立功"。

〔6〕权:《道藏》本、刘绩《补注》本同。王念孙《读书杂志》:当依《文子》作"推自然之势",字之误也。于大成《脩务校释》云:日本宝历本《文子》江忠囿序引此文,字正作"推"。　曲故:巧诈。

〔7〕政:《道藏》本同。刘绩《补注》本、《四库全书》本作"事成而身弗伐"。无"政"字,有"成"字。王念孙《读书杂志》:"政"当作"故",字之误也。　伐:高诱注:"自矜,大其善。"按:《广韵》:"月"韵:"自矜曰伐。"即自我夸耀。

〔8〕攻:《道藏》本、刘绩《补注》本同。王念孙《读书杂志》引之曰:"攻"当为"敀"。敀,今"迫"字也。故《文子》作"迫而不动"。

〔9〕"若夫"以下四句:高诱注:"火不可以燀井,淮不可以灌山,而以用之,非其道,故谓之'有为'也。"按:燀,《说文》:"干凫。"有为,即违背自然规律,肆行妄为之义。

〔10〕"肆":《文子·自然篇》作"駤"。亦见本书《齐俗训》。《字汇补》引杨慎曰:"恐如今之山东皮帮鞋,漏水不漏沙之义。"　輴:古代用于泥路的交通工具。《尚书·益稷》孔颖达疏:"辅,《汉书》作'橇',以板置泥上。"　欙:登山的用具。通"樏"。《说文》:"樏,山行所乘者。"《汉书·沟洫志》作"梮"。颜师古注:如淳曰:"梮谓以铁为椎头,长半寸,施之履下,以上山,不蹉跌也。"韦昭曰:"梮,木器,如今舆床,人举以行也。"知有两说。

〔11〕"因高"几句:高诱注:"此皆因其宜用之,故曰'非吾所谓为',言无为。"按:《文子·自然篇》作"因高为山"。以上载于《吕览·审分》。

【译文】

按照地势,水是向东流的,人们必须根据地势来治理它,然后流水才能沿着低洼山谷穿行;禾苗春天生长,人们就要按照这个特点耕耘除草,因此五谷才能得以生长。听凭它自然流动,等待它自然生长,那么鲧、禹之功不会建立,而后稷的才智也不会被使用。像我所说的"无为",指的是偏私的念头不能够进入公道之中,嗜欲爱好不能使正道歪曲;根据道理而行事,按照资用而建立功劳;推究自然的规律,那么巧诈便没有容身之地了;事业成功而自己不夸耀,功名建立而不称说有功。而不是所说的感动而不响应,压迫而不活动的情形。至于像用火来烤干井水,把淮水引上八公山,这只是凭主观想象而违背自然规律,因此称它叫"有为"。像水行用舟船,沙地用𬤊,泥地用辆,山地用蔂;夏天形成川流,而冬天蓄为陂塘;按照高低而建成梯田,沿着低洼之地而修建池塘,这不是我所说的"有为"。

圣人之从事也,殊体而合于理,其所由异路而同归,其存危定倾若一,志不忘于欲利人。[1]何以明之?

昔者楚欲攻宋,墨子闻而悼之。[2]自鲁趋而十日十夜,足重茧而不休息,裂衣裳裹足,至于郢。[3]见楚王曰:"臣闻大王举兵将攻宋,计必得宋而后攻之乎?[4]忘其苦众劳民,顿兵刓锐,负天下以不义之名,而不得咫尺之地,犹且攻之乎?"[5]王曰:"必不得宋,又且为不义,曷为攻之?"墨子曰:"臣见大王之必伤义而不得宋。"王曰:"公输,天下之巧士,作为云梯之械,设以攻宋,曷为弗取?"[6]墨子曰:"(今)[令]公输设攻,臣请守之。"[7]于是公输般设攻城之械,墨子设守宋之备,九攻而墨子九却之,弗能入。于是乃偃兵,辍不攻宋。[8]

【注释】

〔1〕从事:行事,处理事务。 体:事体。 定倾:扶助倾危,使之安定。
〔2〕宋:周初微子启的封地,都商丘(今河南商丘)。 悼:悲伤。

此条见于《墨子·公输》,《吕览·爱类》,《慎大》。

〔3〕郢:高诱注:"楚都也,今南郡江陵北[十]里郢是也。"按:在今湖北江陵西北,遗址称纪南城。

〔4〕计:谋划。

〔5〕忘:《吕览·爱类》作"亡"。忘、亡通。忘其,还是。 刲:辱折。《说文》:"刲,折伤也。"

〔6〕"公输"以下几句:高诱注:"公输,鲁班号,时在楚。云梯,攻城具,高长,上与云齐,故曰'云梯'。" 巧士:《吕览·爱类》作"巧工"。

〔7〕"今":《道藏》本、刘绩《补注》本作"令"。当正。

〔8〕辍:停止。

【译文】

　　圣人处理事务,事体不同而都能符合道理;他们所经过的道路不同而归向一致;使危亡得到保存、使倾覆变成安定的目的一致,心中不忘让天下之人得到利益。怎么能说明这个问题?

　　从前楚惠王准备攻打北方弱小的宋国,墨子听了非常悲伤。(决定亲自去制止战争)。他从鲁国急行十天十夜,脚下磨出层层老茧,却不愿意休息;撕裂衣裳包裹磨烂的双脚,一直到达郢都。拜见楚王说:"我听说大王准备发兵攻打宋国,你盘算一定能够得到宋国,才攻打它呢?还是使他的民众痛苦,万民疲惫,军队劳顿,精锐挫伤,在天下背负不义的名声,而得不到一尺土地,这样还将要攻打它呢?"楚王说:"如果一定不能够攻下宋,又将是不义的举动,那还攻打它做什么?"墨子说:"我预见大王必定损伤大义而又不能够得到宋国。"楚王说:"公输般,是天下著名的巧匠,制造了攻城用的云梯,安排用来攻打宋国,为什么不能取胜呢?"墨子说:"让公输般设置攻城的器械,请允许我来守卫它。"在这个时候,公输般设置了攻打宋城的器械,墨子布置了守卫宋城的设施,公输般攻打九次,而墨子九次都使他退却下来,根本无法进入宋城。在这时双方才停止了交兵,楚王也停下来不再攻打宋国。

　　段干木辞禄而处家,魏文侯过其间而轼之。[1]其仆曰:"君何为轼?"文侯曰:"段干木在,是以轼。"其仆曰："段干木布衣之士,君轼其闾,不已甚乎?"文侯曰："段干木不趋势利,怀君子之道,隐处穷巷,声施千里,寡人敢勿轼乎?"⁽²⁾段干木光于德,寡人光于势;⁽³⁾段干木富于义,寡人富于财。势不若德尊,财不若义高。干木虽以己易寡人,不为。⁽⁴⁾吾日悠悠惭于影,子何以轻之哉?"⁽⁵⁾其后秦将起兵伐魏,司马庾谏曰："段干木贤者,其君礼之,天下莫不知,诸侯莫不闻,举兵伐之,无乃妨于义乎?"⁽⁶⁾于是秦乃偃兵,辍不攻魏。

夫墨子跌蹏而趋千里,以存楚、宋;⁽⁷⁾段干木阖门不出,以安秦、魏。⁽⁸⁾夫行与止也,其势相反,而皆可以存国,此所谓异路而同归者也。⁽⁹⁾

今夫救火者,汲水而趣之,或以瓮瓴,或以盆盂,其方员锐椭不同,盛水各异,其于灭火,钧也。⁽¹⁰⁾故秦、楚、燕、魏之歌也,异转而皆乐;⁽¹¹⁾九夷八狄之哭也,殊声而皆悲,一也。⁽¹²⁾夫歌者乐之征也,哭者悲之效也,愤于中则应于外,故在所以感。⁽¹³⁾夫圣人之心,日夜不忘于欲利人,其泽之所及者,效亦大矣。⁽¹⁴⁾

【注释】
〔1〕段干木:复姓段干,战国魏人。师事子夏,文侯请以为相,辞不受。文侯以师事之。　闾:里闾。　轼:有凭轼致敬义。
〔2〕施:行。
〔3〕光:光耀显明。
〔4〕"干木":《道藏》本、刘绩《补注》本同。何宁《淮南子集释》:"干木"上应有"段"字。段干复姓。　"干木"二句:高诱注:"使干木之己贤,易寡人之尊,不肯为之矣。"
〔5〕悠悠:忧思的样子。
〔6〕司马庾:战国秦大夫。《吕览·期贤》作司马唐。《史记·魏世

家》亦载其事。

〔7〕趹：高诱注："疾行也。" 蹄：高诱注："趋（步）[走]也。"王念孙《读书杂志》引之曰："趹"当为"駃"。《广雅》："駃，奔也。""赽，疾也。""駃"、"赽"并与"趹"通。疾行谓之趹蹄。

〔8〕阖：关闭。

〔9〕"此所谓"句：高诱注："异路，谓行与止也。同归，谓归于存国。"

〔10〕瓴：《说文》："瓮似瓶者。"古代一种盛水瓦器。 盂：饮水器。

〔11〕转：高诱注："音声也。"按：指曼声念、唱。

〔12〕九夷：高诱注："东方之夷九种。" 八狄：高诱注："北方之狄八类。"按：其说本《尔雅·释地》。九夷，亦见于《后汉书·东夷传》。

〔13〕征：征验义。 效：效应。 愤：指郁结于心。 "感"：《道藏》本、刘绩《补注》本同，《文子·精诚篇》作"感之也"。

〔14〕效：功效。

【译文】

段干木辞去高官厚禄避居家中，魏文侯每次经过段干木的门间，总是凭轼致敬。他的仆人说："您为什么要凭轼致敬呢？"魏文侯说："段干木住在那里，因此要凭轼致敬。"他的仆人说："段干木是个普通百姓，国君对他的门间凭轼致敬，不是太过分了吗？"魏文侯说："段干木不趋炎附势，具有君子的高尚德性，隐居在陋巷的茅草房内，名声传遍千里之外，我怎么能够不尊重他呢？段干木在道德上光耀显明，我在权势上光耀显明；段干木最富于大义，我对财物占有最多。而权势不如道德尊宠，财富不如大义高贵。段干木即使来和我交换位置，他也是不干的。我对待自己的形象还整天忧思羞愧，你怎么能轻视他呢？"在这以后，秦军准备起兵侵略魏国，秦大夫司马庚劝谏道："魏国段干木是天下有名的贤人，他的国君对他十分尊敬，天下没有人不知道这件事的，诸侯国也没有不清楚的，举兵侵伐这样的国家，恐怕对推行大义有妨碍吧？"这样秦君便停止了起兵的念头，不再攻打魏国。

墨子奔走千里去制止楚国不要攻打宋国，段干木闭门不出而能安定秦、魏。奔走与家居，它们的情势正好相反，但是都可以保存国家，这就是所说的道路不同，但是归向都是一样的道理。

现在救火的人，有的打了水而奔跑，有的用瓮瓴，有的用盆、盂，它们的方圆、尖椭形状是各不相同的，盛水多少也各有差异，但是对于灭火，则是一致的。因此秦、楚、燕、魏各地的民歌，声调不同而都能使人快乐；九夷、八狄之人的痛哭，声音不同，但都是表达了悲哀之情，这是一致的。歌唱是快乐的验证，哭泣是悲哀的反映，悲、喜之情发于心中，就会在外部表现出来，因此情感存在就是外部表现的原因。圣人的心中，日夜思念对人民谋利。他的恩泽所施及的地方，产生的功效也是很大的。

世俗废衰，而非学者多："人性各有所修短，若鱼之跃，若鹊之驳，此自然者，不可损益。"[1]吾以为不然。

夫鱼者跃，鹊者驳也，犹人马之为马，筋骨形体，所受于天，不可变。[2]以此论之，则不类矣。[3]

夫马之为草驹之时，跳跃扬蹄，翘尾而走，人不能制；[4]龁咋足以噆肌碎骨，蹶蹄足以破卢陷匈。[5]及至圉人扰之，良御教之，掩以衡扼，连以辔衔，则虽历险超堑弗敢辞。[6]故其形之为马，马不可化；其可驾御，教之所为也。马，聋虫也，而可以通气志，犹待教而成，又况人乎？[7]

且夫身正性善，发愤而成，帽凭而为义，性命可说，不待学问而合于道者，尧、舜、文王；[8]沉湎耽荒，不可教以道，不可喻以德，严父弗能正，贤师不能化，丹朱、商均也；[9]曼颊皓齿，形夸骨佳，不待脂粉芳泽而性可说者，西施、阳文也；[10]嗜朕哆吻，籧蒢戚施，虽粉白黛黑，弗能为美者，嫫母、仳倠也。[11]夫上不及尧、舜，下不及商均，美不及西施，恶不若嫫母，此教训之所俞，而芳泽之施。[12]

且子有弑父者，然而天下莫疏其子，何也？爱父者众也。儒有邪辟者，而先王之道不废，何也？其行之者多也。今以为学者之有过而非学者，则是以一饱之故，绝谷不食；(13) 以一蹎之难，辍足不行，惑也。(14)

【注释】

〔1〕非：非难。 驳：《集韵》"觉"韵："杂也。"即混杂义。

〔2〕"犹人马之为马"：《道藏》本同，刘绩《补注》本作"犹人马之为人马"。刘文典《淮南鸿烈集解》：疑本作"犹人之为人，马之为马"。

〔3〕"以此"二句：高诱注："言人自为人，马自为马，不相类也。"

〔4〕草驹：高诱注："马五尺已下为驹，放在草中，故曰草驹。"按：指未加驯服的小马。 翘：通"趫"。《说文》："趫，举足也。"

〔5〕龁：《说文》："啮也。"即咬穿义。 咋：高诱注："啮也。"按：有咬住义。 嚼：高诱注："穿也。"按：引申为咬穿义。 卢：朱骏声《说文通训定声》："叚借又为颅。"

〔6〕圉人：养马人。 扰：驯服。 掩：《说文》："敛也。小上曰敛。"指套上。 扼：通"轭"。搁在牛马颈上的曲木。

〔7〕蠢虫：指无知的动物。

〔8〕"成"：《道藏》本同，刘绩《补注》本、《四库全书》本作"成仁"。 帽凭：高诱注："盈满积思之貌。"王念孙《读书杂志》："帽"当为"悒"，字之误也。《广雅》："悒悙，忼慨也。"《离骚》："喟凭心而历兹。"喟凭与悒凭，义亦相近。 "性命"二句：高诱注："言有善性命可教说者，圣人不学而知之者，尧、舜、文王也。"

〔9〕沉湎：沉溺。 耽荒：淫乐，放纵。 丹朱：尧之子。因居于丹水，故名。 商均：舜之子。《帝王世纪》载："娥皇无子，女英生商均。"《史记·五帝本纪》亦载丹朱、商均之事。

〔10〕曼：《史记·司马相如列传》张守节正义引文颖曰："曼者，其色理曼泽也。"即细腻而有光泽。 夸：高诱注："弱也。"按：《类篇》："夸，美皃。"有柔美义。 粉：指铅粉、米粉。涂皮肤使光洁柔滑。 性：高诱注："犹姿也。"按：指人的姿态。 西施：春秋越国美女。 阳文：春秋时楚国美女。

〔11〕㱿：杨树达《淮南子证闻》："㱿"当为"齤"之或字。《说文》："齤，缺齿也。一曰曲齿。读若权。" 朕，当作"睒"，形近字误也。

《说文》:"瞑,目不相听也。"哆,《说文》训"张口",高训"大口",与许说同。呥,当为"㾮"之或作。《说文》:"㾮,口呙也。""呙,口戾不正也。"籧篨:高诱注:"偃。"戚施:高诱注:"偻。"按:《诗·邶风·新台》马瑞辰《毛诗传笺通释》:"籧篨与戚施盖丑恶之通称。" 黛:青黑色颜料,用以画眉。 嫫母、仳倠:古代丑女。

〔12〕俞:高诱注:"导也。"按:《道藏》本、刘绩《补注》本作"喻"。俞,通"喻"。有喻导、引导义。 "施":《道藏》本同。刘绩《补注》本作"所施"。

〔13〕饱:王念孙《读书杂志》:"饱"当为"飹",字之误也。"飹"与"噎"同,《说文》:"噎,饭窒也。"《说苑·说丛》:"一噎之故,绝谷不食。"语即本于《淮南》。

〔14〕蹪:高诱注:"蹪踬,楚人谓踬也。"按:即跌倒义。 "今以为"以下数句:高诱注:"言以饱而不食,蹪而不行,喻丹朱、商均不可教化而复学,故谓之惑也。"

【译文】

社会的习俗废弛衰败,而非难学习的人增多:"人的天性有高低的差别,就像鱼的跳跃高度不同,喜鹊的羽毛混杂不一,这都是自然形成的,不能够增加减少,(因此不必要学习)。"我认为不是这样。

那种认为鱼的跳跃,喜鹊的羽毛驳杂,就像人就是人,马是马一样,它们的筋骨形体,是天然形成的,不能够变更。用这种观点来讨论学习,那么就不好同类而言了。

马在草驹之时,扬起蹄子,时跳时跃,举起尾巴而奔跑,人们不能禁止它;牙齿可以咬穿人的肌肉,咬碎骨头,翘起蹄子可以踢破人的脑袋,踢通胸骨。等到养马人把它驯服之后,再用高明的驭手训练它,用衡、轭来控制它,用䪞、衔把它羁绊起来,那么即使让它越过险阻,跨过堑壕也不敢违抗。因此它的形体是马,马的样子不能够变化,但是它能够被人驾驭,这是教训它所造成的。马是个无知的动物,但是都可以通达人的气志,还要有待教训才能成功,更何况是人呢?

至于那些身心端正,性情美好,发愤而成就仁惠,慷慨而成就大义,善性能使人欢悦,不需要等待学习求教,而能够合乎大道的人,就是尧、舜、周文王这样的人;那些沉溺于酒色,放纵无度,不能够用大道来教诲，不能够用德性来晓谕，严厉的父亲不能够使他正直，贤明的师长不能使他转化的，是丹朱、商均这样的人；面颊细嫩，牙齿洁白，体态柔美，骨架匀称，不需要施加胭脂铅粉芳香，而姿态让人欢悦的，是西施、阳文这样的美女；齿缺、耳聋、嘴歪、臃肿、驼背，即使脸上涂抹白粉，画上青黑色的眉毛，也不能够成为美人的，是嫫母、仳倠这样的丑女。至于高贵不如尧、舜，卑下不像商均，绝美不如西施，丑陋不像嫫母的中人，就需要用教训来引导他们，用芳香的油脂来打扮他们了。

再说有杀死父亲的儿子，但是天下并没有人因此而疏远他们的儿子，这是为什么呢？因为儿子爱父亲的还是占多数。儒生中有行为不轨的，但是先王的学说不因此而废止，为什么是这样的呢？因为推行先王之道的人是多数。现在认为学习的人有过错而非难学习，这样就像因为一次吃噎了，而拒绝吃饭；一次跌倒，而止步不前一样，真是太糊涂了。

今曰良马，不待箠策而行；[1] 驽马虽两策之不能进。为此不用箠策而御，则愚矣。[2] 夫怯夫操利剑，击则不能断，刺则不能（人）[入]；[3] 及至勇武，攘捲一捣，则摺胁伤干。[4] 为此弃干将、镆邪而以手战，则悖矣。所为言者，齐于众而同于俗。今不称九天之顶，则言黄泉之底，是两（未）[末] 之端义，何可以公论乎？[5]

夫橘柚冬生，而人（日）[曰] 冬死，死者众；[6] 荠、麦夏死，人曰夏生，生者众多。[7] 江、河之回曲，亦时有南北者，而人谓江、河东流；摄提、镇星，日月东行，而人谓星辰日月西移者，以大氐为本。[8] 胡人有知利者，而人谓之駤；[9] 越人有重迟者，而人谓之訬，以多者名之。[10]

若夫尧眉八彩，九窍通洞，而公正无私，一言而万民齐;〔11〕舜二瞳子,是谓重明,作事成法,出言成章;〔12〕禹耳参漏,是谓大通,兴利除害,疏河决江;〔13〕文王四乳,是谓大仁,天下所归,百姓所亲;〔14〕皋陶马喙,是谓至信,决狱明白,察于人情;〔15〕禹生于石;〔16〕契生于卵;〔17〕史皇产而能书;〔18〕羿左臂修而善射。〔19〕若此九贤者,千岁而一出,犹继踵而生。〔20〕今无五圣之天奉,四俊之才难,欲弃学而循性,是谓犹释船而欲蹍水也。〔21〕

夫纯钩、鱼肠剑之始下型,击则不能断,刺则不能入,及加之砥砺,摩其锋锷,则水断龙舟,陆刽犀甲。〔22〕明镜之始下型,矇然未见形容,及其粉以玄锡,摩以白旃,鬓眉微毫,可得而察。〔23〕夫学,亦人之砥锡也,而谓学无益者,所以论之过。

【注释】

〔1〕曰:《道藏》本作"日",刘绩《补注》本改作"有"。　册:通作"策"。《说文》:"策,马箠也。"锲:马鞭端的刺针。
〔2〕"为此"二句:高诱注:"为良马能自走,不复用箠,得驽马,无以行之,故曰'愚'也。"
〔3〕"人":《道藏》本、刘绩《补注》本作"入"。当正。
〔4〕勇武:勇士。　攘:《广韵》"阳"韵:"揎袂出臂曰攘。"即捋、揎义。　捲:通"拳"。拳头。　捣:冲击,攻打。　摺:高诱注:"折也。"
〔5〕九天:高诱注:"八方、中央,故曰九。"　"末":《道藏》本同。刘绩《补注》本作"末"。当正。　义:《道藏》本、刘绩《补注》本作"议"。义,通"议"。
〔6〕柚:南方果木名,果实即柚子。　"日":《道藏》本、刘绩《补注》本作"曰"。
〔7〕荼:荼菜。花小,白色,嫩叶可食。《玉篇》:"荼,甘菜。"多:《道藏》本同。刘绩《补注》本无"多"字,而刘本有注:"众,多也。"
〔8〕"摄提"以下几句:高诱注:"岁星在寅(日)[曰]摄提。镇星,中央土星,镇四方,故曰'镇'。氐,犹更。言其馀星辰皆西行,故

曰'大氏为本'也。"按：摄提，已见本书《天文训》。《楚辞·离骚》："摄提贞于孟陬兮。"亦指纪年中的摄提格。镇星，五星之一，即土星。大氏，大略，大概。氏，通"抵"。《慧琳音义》卷八十二注引《考声》："抵，略也。"高诱注"氏，犹更也"，不确。

〔9〕"胡人"二句：高诱注："驵，忿戾恶理不通达。胡人性皆然，亦举多。"按：驵，有蛮横、固执义。

〔10〕诊：高诱注："轻利急。"按：《文选·左思〈吴都赋〉》李善注引高诱注："诊，轻利急疾也。"有矫健、敏捷义。

〔11〕"若夫尧"几句：高诱注："尧母庆都，盖天帝之女，寄伊长孺家，年二十无夫。出观于河，有赤龙负图而至，曰赤龙受天下之图。有人赤衣、光面、八彩、鬓须长。赤帝起，成元宝，奄然阴云。赤龙与庆都合而生尧，视如图，故眉有八彩之色。"按：八彩，八种色彩。洞，通达。齐，整肃义。于大成《脩务校释》：此文本之《子思子》，见《金楼子·立言篇》引。亦见于《援神契》、《元命苞》、《演孔图》、《白虎通·圣人篇》、《论衡·骨相篇》、《金楼子·兴王篇》、《尚书大传》等。

〔12〕重明：即重瞳子。"舜二瞳子"条，出于《尸子》。亦见于《荀子·非相》、《尚书大传》、《论衡·骨相》等。

〔13〕参漏：每耳上有三个洞穴。"禹耳"条，亦见于《金楼子·兴王》、《论衡·骨相》等。

〔14〕"文王四乳"几句：高诱注："乳，所以养人，故曰'大仁'也。文王为西伯，遭纣之虐，三分天下而有二，受命而主，故曰'百姓所亲'。"按：四乳，四个乳头。此条上二句载于《尸子》，亦见于《白虎通·圣人》、《论衡·骨相》、《春秋繁露·三代改制篇》等。

〔15〕"皋陶"几句：高诱注："喙若马口，出言皆不虚，故曰至信。"按：亦见于《白虎通·圣人》、《论衡·骨相》等。

〔16〕"禹生于石"：高诱注："禹母脩纪，感石而生禹，折胸而出。"按：王念孙《读书杂志》引之云：遍考诸书，无"禹生于石"之说。"禹"当为"启"。郭璞注《中山经》泰室之山云："启母化为石而生启，在此山，见《淮南子》。"是《淮南》古本有作"启生于石"者。《汉书·武帝纪》师古注："事见《淮南子》。"

〔17〕"契生于卵"句：高诱注："契母，有娀氏之女简翟，吞燕卵而生契，幅背而出。"按《诗·商颂·玄鸟》略载其事，并见于《史记·夏本纪》等。

〔18〕"史皇"句：高诱注："史皇，苍颉，生而见鸟迹，知著书，故曰史皇，或曰颉皇。"按：事载《随巢子》。《汉书·艺文志》"六艺略"收李

斯作《苍颉》一篇。

〔19〕"羿"句：高诱注："羿，有穷之君也。"庄逵吉《淮南子校刊》云：羿，有穷君，不得云"贤者"。此乃尧时之羿耳。

〔20〕"若此"三句：载于《韩非子·难势》，《战国策·齐三》略同。

〔21〕奉：佑助，扶助。"四俊"句：高诱注："才千人为俊，谓皋陶、稷、契、史皇。"王念孙《读书杂志》引之云：四俊盖即契、启、史皇、羿也。

〔22〕纯钩、鱼肠：利箭名。亦见于《越绝书·外传记》、《吴越春秋》。纯钩，并见本书《齐俗训》、《览冥训》，均作"淳"。 型：铸造器物的模子。 劘：刀剑之刃。今作"锷"。 刓：割，截。《广雅·释诂一》："刓，断也。"

〔23〕玄锡：用水银和锡化合而成的液体，今称锡汞合剂，用作抛光之用。（详见陈广忠《淮南子科技思想》，安徽大学出版社，2001年）。1980年上海博物馆和中科院上海材料研究所用锡、汞、矾、明矾、枯矾、鹿角灰等配成"磨镜药"，疑与"玄锡"相似。 白旃：白色的毛毡。

【译文】

现在有一匹良马，不需要挥动鞭子就能奔跑；而低等的劣马，即使用两个刺针扎它，也不能够前进。因为这样而不用马鞭、刺针来驾驭，那么就是愚蠢的了。就像怯懦的人手执利剑，砍杀也不能断开，刺杀也不能进入；等到勇武之人，挥拳一击，那么就能折断筋骨，打伤躯干。因为这样而抛弃干将、镆邪，而来徒手肉搏，那么就违背常理了。所发表的议论要同大众相一致，而和习俗相齐同。而现在发表言论的，不是夸到九天的顶端，就是贬到黄泉的底部，这样从两个极端来发议论，怎么能够得到公平的结论呢？

橘、柚是冬天生长的，而人们通常说植物在冬天死亡，是因为植物在冬天死亡的多；荠菜、麦类是在夏天枯死的，人们通常说植物夏天生长，是因为植物在夏天生长的多。长江、黄河曲折往复，也有时出现南北走向，但是人们认为长江、黄河都是向东流；岁星、镇星，日、月都是向东运行的，而人们认为星辰、日月向西移动，是以大概情况作为依据的。北方胡人有能明白利害的，但是人们认为他们蛮横无理；南方越国人有行动迟缓的，但是人们认为他们身手矫健，这是用居多数的情况来称说他们。

至于像尧眉宇有八种色彩，九窍通达，而公正无私，一句仁义之言而使万民肃整；舜眼珠中有两个瞳子，这叫做重明，作出的事情成为后世的规范，发表言论成为后世的章法；禹的耳朵有三个洞穴，这叫做大通，兴利除患，疏决长江、黄河；周文王有四个乳头，这叫做大仁，天下的人归向他，庶民百姓亲近他；皋陶有一副马嘴，这叫做至信，判案明白无误，熟知民情；禹母感石而生，契母含玄鸟卵而孕，史皇生下来便能画图，羿左臂长而善于射箭。像这样九个圣贤，世上千年才出现一个，但就好像一个接一个产生一样。现在没有像尧、舜、禹、汤、文王五圣的上天之助，没有皋陶、稷、契、史皇这样难得的贤才，却想要抛弃学习而因循天性，这样就叫做抛弃渡船而要蹚水过河，（其结果是可想而知的了）。

像纯钩、鱼肠这样的宝剑，开始倒出模型的时候，用来砍杀则不能断开，用来击刺则不能进入。等到放在磨刀石上，磨快它的锋刃，那么在水中可以斩断龙舟，在陆地上可以截断犀甲。又像明镜在开始倒出模具的时候，模糊地看不清面容，等到用玄锡来抛光，用白色毛毡加以摩制，那么鬓发眉毛，一点极小的差别，都可以看得很清楚。学习也是人的磨刀石和玄锡，而有人却说学习没有益处，这是提出这种观点的人的过错。

知者之所短，不若愚者之所脩；贤者之所不足，不若众人之有馀。何以知其然？

夫宋画吴冶，刻刑镂法，乱脩曲出，其为微妙，尧、舜之圣不能及；[1]蔡之幼女，卫之稚质，梱纂组，杂奇彩，抑黑质，杨赤文，禹、汤之智不能逮。[2]

（天）[夫]天之所覆，地之所载，包于六合之内，托于宇宙之间，阴阳之所生，血气之精，含牙戴角，前爪后距，奋翼攫肆，蚑行蛲动之虫，喜而合，怒而斗，见利而就，避害而去，其情一也。[3]虽所好恶，其与人无以异。然其爪牙虽利，筋骨虽强，不免制于人者，知

不能相通,才力不能相一也。各有其自然之势,无禀受于外,故力竭功沮。〔4〕

夫雁顺风,以爱气力;〔5〕衔芦而翔,以备矰弋。〔6〕蚁知为垤,貛貉为曲穴,虎豹有茂草,野彘有艽莦,槎栉堀虚,连比以像宫室,阴以防雨,景以蔽日,此亦鸟兽之所以知求合于其所利。〔7〕今使人生于辟陋之国,长于穷檐漏室之下,长无兄弟,少无父母,目未尝见礼节,耳未尝闻先古,独守专室而不出门,使其性虽不愚,然其知者必寡矣。〔8〕

【注释】

〔1〕"夫宋画"以下几句:高注:"宋人之画,吴人之冶,刻镂刑法,乱理之文,脩饰之功,曲出于不意也。"按:刻刑,刻木作为模式。刑,通"型"。镂法,镂金作为法规,乱,指扰乱文理的色彩。曲出,出其不意。

〔2〕蔡:蔡国,今河南上蔡西南。　卫:周初卫国为康叔封地,建都朝歌。即今河南淇县。　稚质:少女。　梱:《孟子·滕文公上》赵岐注:"捆,犹叩掟也。"字作"捆"。即敲打,使之齐平。纂组:指红色的绶带。《说文》:"纂,似组而赤。"　杨:《道藏》本、刘绩《补注》本作"扬"。有突起义。　赤文:红色的花纹。

〔3〕"天":《道藏》本、刘绩《补注》本作"夫"。当正。　攫:搏击。　肆:高诱注:"极。"于省吾《淮南子新证》:"肆,极"不词,注说非是。"肆"应读作"杀",二字音近相假。　蚑行蛲动:指爬行蠕动的动物。已见本书《原训道》、《俶真训》等。

〔4〕势:高诱注:"力也。"按:指形势和力量。"无禀受"句:高诱注:"无有学问,受谋虑于外,以益其思也。"　竭:枯竭。　沮:高诱注:"败也。"按:即失败。

〔5〕"顺风":王念孙《读书杂志》:"顺风"下有"而飞"二字。《艺文类聚·鸟部》中、《白帖》九十四、《太平御览·羽族部》四引此并作"从风而飞"。《说苑·说丛》作"顺风而飞"。

〔6〕"衔芦"二句:高诱注:"未秀曰芦,已秀曰苇。矰,矢。弋,缴。

衔芦，所以令缴不得截其翼也。"按：矰，《广韵》"登"韵："弋射矢也。"即带有丝绳的箭。缴，《史记·楚世家》张守节正义："缴，丝绳，系弋射鸟也。"

〔7〕垤：蚂蚁做窝时堆在洞口的小土堆。《说文》："垤，蚁封也。"貛：形如家狗而脚短，穴居野出的动物。有狗貛、猪貛。貉：似狸，尖头尖鼻，昼伏夜出。 芜：《广韵》"尤"韵："兽蓐也。"即野兽窟穴中的垫草。 菁：《说文》："恶草兒。"即野生的杂草。 槎：《说文》："衺斫也。"即斜砍义。 枥：《说文》："梳比之总名。"即梳篦的总称。槎枥，即阻挡野兽的栅栏。 堀虚：即窟穴。堀，段玉裁《说文》注：俗字作"窟"。 连比：连接。 景：《说文》："光也。"《玉篇》："景，照也。"即光照义。

〔8〕辟：高诱注："远。"按：即偏远。 陋：高诱注："鄙小也。" 櫩：屋檐。同"檐"。 专室：高诱注："小室。"

【译文】

聪明人有缺陷，不如愚笨人有长处；贤德的人所不足的地方，不如众人所有馀的地方。怎么知道是这样的呢？

宋国人的绘画，吴国人的冶炼，可以刻在木上作为模式，镂在金器上作法规。色彩灿烂，构思奇巧，它的技法之巧妙，就是尧、舜这样的圣人也达不到；蔡国的少女，卫国的姑娘，织出的红色绶带，间杂着奇异的色彩，先织上黑色的底色，再突出红色的花纹，就是禹、汤的智慧也不能达到。

苍天所覆盖的，大地所运载的，包容在六合之内，寄托在宇宙之间，阴阳所产生的，是带有血气的精灵。嘴含利牙，头长触角，前有钩爪，后有尖距的兽类；奋翼而飞，自由搏击的鸟类；爬行蠕动的爬行类。高兴时就会合在一起，愤怒时便相互争斗；看到利益就争着靠近，遇到危险便各自离去，它们的性情是一样的。虽然动物有好恶，(在这一点上)，与人没有什么差异。然而飞禽走兽的爪牙虽然很尖利，筋骨虽然很强健，但是还免不了要被人制服，因为它们的智慧不能沟通，才智和力量不能互相协同。虽然各自都具有它们的天然特性，但在外部没有接受学问来增加它们的智慧，因此它们精力枯竭，而功效必然失败。

大雁顺风飞行，以便爱惜它的气力；口衔芦苇而飞翔，用来防备射伤。蚂蚁知道在巢穴口垒成土堆;貛子、貉子挖掘曲折的洞穴;虎、豹躲在茂密的草丛中;野猪窝里垫有杂草,用木栏遮掩,连通窟穴,就像宫室一样,阴天可以防雨,晴天用来挡太阳。这些鸟兽也知道用来求得对它们有利的事情。现在使人生活在荒凉偏僻的国度里,生长在破烂不堪的房舍里,长大没有兄弟,少时没有父母,眼睛里不曾见到礼仪,耳朵里不曾听说圣贤之道,独自困守在隔绝的房子里而不能出门,这样即使他的天性不愚蠢,那么他的知识也一定是很少的。

昔者仓颉作书,容成造历,胡曹为衣,后稷耕稼,仪狄作酒,奚仲为车,此六人者,皆有神明之道,圣智之迹。[1]故人作一事而遗后世,非能一人而独兼有之。各悉其知,贵其所欲达,遂为天下备。今使六子者易事,而明弗能见者何?万物至众,而知不足以奄之。[2]周室以后,无六子之贤,而皆修其业;当世之人,无一人之才,而知其六贤之道者何?教顺施续,而知能流通。[3]由此观之,学不可已,明矣。[4]

【注释】
〔1〕"容成"句:高诱注:"容成,皇帝臣,造作历,知日月星辰之行度。"按:《世本·作篇》:"容成作调历。" 胡曹:黄帝臣。其事亦见《世本》、《吕览·勿躬》。 仪狄:禹臣。其事见《世本》、《战国策·魏一》。 "奚仲"句:高诱注:"《传》曰:'奚仲为夏车正,封于薛也'。"按:引文见《左传·定公元年》。《吕览·君守》亦载其事。薛,今山东滕州南四十里。
〔2〕奄:包裹、覆盖义。
〔3〕教顺:教训。顺,通"训"。已见本书《道应训》。 施:杨树达《淮南子证闻》:施者,延也。《礼记·乐记》注云:"施,延也。"按:施续,即连续义。
〔4〕"学不"句:见于《荀子·劝学》。

【译文】

　　从前仓颉创造文字,容成制造历法,胡曹教人做衣裳,后稷种植五谷,仪狄造酒,奚仲制造车子,这六个人,都是掌握了变化莫测的道理,具有超人的才智,而留下光辉的业绩。因此人能干出一件大事而遗留给后代,但不能一个人单独具有许多发明。各人拿出他们的全部智慧,可贵的是他们把心中的想法全部表达出来,这样便能供给天下人的需用了。现在如果使六个人改变他们所从事的工作,而他们的明智就不能显现出来,这是为什么?世间万物是纷纭复杂的,而个人的智慧是不能够覆盖他们的。周朝以后,没有出现六子这样有才能的人,而都能继承他们的事业;当代的人,没有一个人具有六子这样的才智,而都能了解六子的技艺,这是为什么?一代代的教训使他们的技艺延续下来,而凭着知识才能够代代流传下去。从这里可以看出,学习是不可以停止的,这是十分明确的。

　　今夫盲者目不能别昼夜,分白黑,然而搏琴抚弦,参弹复徽,攫援摽拂,手若蔑蒙,不失一弦。[1]使未尝鼓瑟者,虽有离朱之明,攫掇之捷,犹不能屈伸其指,何则?[2]服习积贯之所致。[3]故弓待檄而后能调,剑待砥而后能利。[4]玉坚无敌,镂以为兽;首尾成形,磋诸之功。[5]木直中绳,揉以为轮;其曲中规,隐栝之力。[6]唐碧坚忍之类,犹可刻镂,揉以成器用,又况心意乎?[7]

　　且夫精神滑淖纤微,倏忽变化,与物推移,云蒸风行,在所设施。[8]君子有能精摇摩监,砥砺其才,自试神明,览物之博,通物之壅,观始卒之端,见无外之境,以逍遥仿佯于尘埃之外,超然独立,卓然离世,此圣人之所以(诗)[游]心。[9]若此而不能,闭居静思,鼓琴读书;追观上古及贤大夫,学问讲辩,日以自娱;[10]

苏援世事，分白黑利害；⁽¹¹⁾筹策得失，以观祸福；设仪立度，可以为法则；⁽¹²⁾穷道本末，究事之情；立是废非，明示后人；（北）[死]有遗业，生有荣名。⁽¹³⁾如此者，人才之所能逮。⁽¹⁴⁾然而莫能至焉者，偷慢懈惰，多不暇日之故。⁽¹⁵⁾夫瘠地之（吴）[民]多有心者，劳也；⁽¹⁶⁾沃地之民多不才者，饶也。⁽¹⁷⁾由此观之，知人无务，不若愚而好学。自人君公卿至于庶人，不自强而功成者，天下未之有也。《诗》云："日就月将，学有缉熙于光明。"⁽¹⁸⁾此之谓也。

【注释】

〔1〕搏：拍，打。 抚：拍，弹。 参弹：高诱注："（无）[并]弦。"按：古代弹琴的一种手法。 复徽：高诱注："上下手。"按：即手指上下移动。徽，琴徽，琴弦音位标志。琴徽是琴曲演奏艺术高度发展的产物。 攫援：高诱注："掇。"按：即收拢、拉长。 摽拂：高诱注："敷也。"按：即铺陈之义。攫援、摽拂，古代弹琴的二种指法。 蔑蒙：高诱注："言其疾学之习[举之皃]。"按：《辞通》收"蠛蠓"、"蔑蠓"、"蔑蒙"。蠛蠓乃一种微小之虫，随风飞扬，上升霄汉。喻指法之熟练、迅疾。

〔2〕瑟：俞樾《诸子平议》："瑟"当为"琴"。 "虽有"几句：高诱注："离朱，黄帝时人，明目，能见百步之外、秋毫之末。攫掇，亦黄帝时捷疾者也。"按：亦见《人间训》。彼文作"捷剟"。

〔3〕服习：熟习。 积贯：积久而习惯。即熟能生巧之意。

〔4〕撒：高诱注："矫弓之材。"按：即矫正弓弩的器具。撒，通"檄"。 砥：磨刀石。

〔5〕磋诸：治玉之石。

〔6〕隐栝：隐，通"檃"。《说文》："檃，栝也。"矫正竹木弯曲的工具。以上三句，又见于《荀子·劝学》。

〔7〕唐碧：坚硬的玉石。 忍：《类篇》："坚柔也。" 揉：《道藏》本、刘绩《补注》本同，然似有脱文。杨树达《淮南子证闻》以"揉"为衍文，不可取。

〔8〕滑淖：柔和。《兵略训》："夫能滑淖精微。" 纤微：细微。 倏忽：

迅速。　推移：转易。

〔9〕精摇：《要略》高诱注："楚人谓精进为精摇。"精进，即专心进取之义。　摩监：即反复磨炼之义。　试：杨树达《淮南子证闻》："试"当作"诚"，形近误也。《说苑·建本》云"自诚神明"，即本《淮南》之文，字正作"诚"。　尘埃：高诱注："犹窈冥也。"　超然：超脱世俗的样子。　卓然：高远的样子。"诗"：《道藏》本、刘绩《补注》本作"游"，当正。游心，注意、留心。又有遨游精神之义。

〔10〕及：《说苑·建本》作"友"。　贤：《道藏》本、《四库全书》本同。刘绩《补注》本作"贤士"。"学问"二句：高诱注："讲论辩别然否，自娱乐。"

〔11〕"苏援"二句：高诱注："苏，犹索。援，别。分别白黑，知利害之所在。"按：苏，通"穌"。《说文》："穌，把取禾若也。"《广雅·释诂一》："穌，取也。"即求取、求索义。援，吴承仕《淮南旧注校理》："别"当为"引"，"援"训为"引"，经传之常诂。苏援，即探求义。《说苑·建本》作"疏远世事，分明利害"。

〔12〕"可以"：《说苑·建本》无"可"字。

〔13〕"北"：《道藏》本、刘绩《补注》本作"死"。当正。

〔14〕逮：高诱注："及也。"按：即达到义。

〔15〕偷慢：苟且怠惰。《尔雅·释言》："偷，苟且也。"

〔16〕"吴"：《道藏》本、刘绩《补注》本作"民"。当正。

〔17〕饶：安逸。以上数句出自《国语·鲁语》。

〔18〕"《诗》云"几句：高诱注："言为善者，日有所成就，月有所奉行，当学之是明，此勉学之谓也。"按：引文见《诗·周颂·敬之》。　缉熙：积渐。《说文》："缉，绩也。"《文选·曹植〈求通亲亲表〉》张铣注："缉，熙也。"

【译文】

现在眼睛瞎了的人，不能分辨白天和黑夜，分不清白色和黑色，但是弹琴抚弦，运用复弹、复徽等手法，时而收拢、拉长，时而铺陈，指法熟练，不会弹错一弦。假使不曾鼓过琴的人，即使有离朱那样明亮的眼睛，攫掇那样敏捷的手指，也不能自由伸缩，为什么这样呢？长期积累而养成了习惯，才达到这样的效果。因此弓弦必须等待檠的矫正才能调整好，宝剑必须等待磨刀石的砥砺才能锋利。美玉坚硬无比，可以雕镂成为兽形；有首有尾，形象逼真，这就是磋诸的功劳。木头取直要符合绳墨的要求，经过煣制才可以成为车轮；它的弯曲要符合规的要求，这就是檃括的力量。唐碧是坚硬的玉石，还可以雕刻，木头煣制可以成器用，又何况心志能不可以改变吗？

　　至于人的精神柔顺微妙，思绪神速，和万物一起转移变化，像乌云上升，狂风便要跟随一样，存在于你所施用的一切事物之中。君子精力能够专心进取，反复磨炼，锻炼他的才能；使自己的精神清明，可以观察广博的万物，通达万物的壅塞；观察开始和结束的端倪，看到无穷无尽的境界，来自由逍遥徘徊在尘世之外，超脱世俗而独处，高远地离开人世，这就是圣人所用来遨游精神的地方。如果不能像君子那样，那么可以避人独居而安静思索，鼓琴读书；探求观察上古之道，以贤士大夫为友，学习研究，讲论辩证，每天自己都能得到快乐；探索分析人世之事，分别黑白，知道利害；筹划得失，而观察祸福变化；设置规划，确立法度，把它们作为行动的准则；探求道的根本，考察事情的来龙去脉；确立正确的，排除错误的，用来明白告诫后人；死后有遗留下来的业绩，活着有显荣的名声。像这样，是人的才力所能够达到的。但是却没有人能够达到这样的境界，则是由于松懈懒惰，而口称没有闲暇来这样做的缘故。贫瘠土地上的人，多有创业之心，这是身心疲劳的结果；肥沃土地上的人，多有不成器的人，这是富裕享乐的结果。从这里可以看出，聪明的人不能成事，不如愚笨的人好学深思。从国君、公卿，直到庶民百姓，自己不能发愤图强而能够使大功告成的，在天下是没有的。因此《诗》中说："日日有所成就，月月有所奉行，积累学习，就能到达光明。"说的就是这样的事。

　　名可务立，功可强成。(1) 故君子积志委正，以趣明师；(2) 励节亢高，以绝世俗。(3) 何以明之？

　　昔于南荣畴耻圣道之独亡于己，身淬霜露，敕蹻跌，跋涉山川，冒蒙荆棘，百舍重跰，不敢休息，南见老聃，受教一言。(4) 精神晓泠，钝闻条达，欣若七日不食，如飨大牢。(5) 是以明照四海，名施后世，达略天地，察分秋毫,称誉叶语,至今不休。(6)此所谓名可强立者。

吴与楚战,莫嚣大心抚其御之手曰:"今日距强敌,犯白刃,蒙矢石,战而身死,卒胜民治,全我社稷,可以庶几乎?"(7)遂入不返,决腹断头,不旋踵运轨而死。(8)申包胥竭筋力以赴严敌,(休)[伏]尸流血,不过一卒之才,不如约身(早)[卑]辞,求救于诸侯。(9)于是乃赢粮跣走,跋涉谷行。(10)上峭山,赴深溪,游川水,犯津关,猎蒙笼,蹶沙石,蹠达膝,曾茧重胝,七日七夜,至于秦庭。(11)鹤跱而不食,昼吟宵哭,面若死灰,颜色霉黑,涕液来集,以见秦王,曰:"吴为封豨脩蛇,蚕食上国,虐始于楚。(12)寡君失社稷,越在草茅。(13)百姓离散,夫妇男女,不遑启处,使下臣告急。"(14)秦王乃发车千乘,步卒七万,属之子虎。(15)逾塞而东,击吴浊水之上,果(不)[大]破之,以存楚国。(16)烈藏庙堂,著于宪法,此功之可强成者也。(17)

【注释】

〔1〕务:《广韵》"遇"韵:"强也。"即勉力义。务、强二字同义。

〔2〕积志:积蓄志气。 委正:积累正事。

〔3〕励节:勉励成就高尚的节操。 亢高:德行高尚。

〔4〕于:《道藏》本、刘绩《补注》本作"者"。 南荣畤:鲁人,庚桑楚弟子。 淬:高诱注:"浴。"按:有侵入、冒受义。 敕:《道藏》本、刘绩《补注》本作"敕"。高诱注:"犹著。"《说文》:"敕,击地曰敕。"有插栽义。引申有穿着义。而"敕",《说文》:"吮也。"即吮吸义。 蹻:高诱注:"履。"按《史记·平原君虞卿列传》裴骃集解引徐广曰"蹻,草履也。"通"屩"。《说文》:"屩,屐也。"麻鞋叫屩,木鞋叫屐。陆德明《经典释文·庄子音义》作"敕蹻跂步",蹻作"蹻",本文疑脱"步"字。 跌:高诱注:"趣。"按:即疾行义。 舍:高诱注:"百里

一舍。"按:《吕览·不广》高诱注:"军行三十里为一舍。"两说不同。　　跰:高诱注:"足胝生。"王念孙《读书杂志》:"重跰"当为"重骈",字之误也。《庄子·天道》释文:"跰,司马云:胝也。"按:王说误。《广韵》"先"韵:"跰,同胼。""胼,胼胝,皮上坚也。"即老茧。　　"南见"二句:高诱注:"老聃,老子,字伯阳,楚苦县赖乡曲里人。今陈国蒙濑乡(存)〔有〕祠存。据在鲁南,故曰'南见'老子聃。"按:苦县,在今河南鹿邑东及安徽涡阳境内。此事载于《庄子·庚桑楚》、贾谊《新书》。

〔5〕"精神"二句:高诱注:"晓,明。泠,犹了。钝闻,犹钝悟。"按:《文子·精神篇》作"晓灵",即明了解悟之意。钝闻,《文子·精诚篇》作"屯闵"。有迟钝、昏聩义。　　欣若:喜悦的样子。《道藏》本、刘绩《补注》本作"欣然"。　　大牢:高诱注:"三牲具曰大牢也。"按:三牲,即猪、牛、羊。

〔6〕施:延续。　　略:高诱注:"犹数也。"按:即术数。《文子·精诚篇》作"智络天地"。　　"称誉"二句:高诱注:"叶,世。言荣畴见称(文)〔誉〕,世传相语,至今不止。"按:《广雅·释言》:"叶,世也。"

〔7〕"吴与楚"句:高诱注:"吴王阖闾与楚昭王战于伯举。"按:楚昭王,名珍,平王子。在位二十五年。伯举,在今湖北麻城。此战楚人大败,吴军占领郢都。　　"莫嚣"以下几句:高诱注:"莫,大也。嚣,众也,主大众之官,楚卿大夫。心,楚成得臣子玉之孙。强〔敌〕,谓吴。蒙,冒。石,矢弩也。一曰矢石也。"按:莫嚣,楚官名,低于令尹。《战国策·楚一》作"莫敖"。梁玉绳《校庄本淮南子》、王绍兰《淮南子札记》对"大心"皆有考证。子玉之孙到伯举之战时(鲁定公四年),梁氏认为已一百二十馀岁,知为另一称"大心"之人。高注有误。　　庶几:差不多。

〔8〕"遂入"几句:高诱注:"言入吴不旋踵(因)〔回〕轨而死。"按:运轨,回轨,即回车。

〔9〕申包胥:春秋时楚贵族,又称王孙包胥。与伍子胥为友。高诱注:"子胥之亡,谓申包胥曰:'我(心)〔必〕复楚国。'申包胥曰:'子能复亡,我必兴之。'及昭王败于伯举,奔随,申包胥如秦乞师,故曰'不如求救于诸侯'。"按:此事载于《左传·定公四年》、《吴越春秋》、《史记·楚世家》等。《战国策·楚一》作"棼冒勃苏"。　　严敌:指吴军。此时已占领郢都。　　"休":《道藏》本、刘绩《补注》本作"伏"。　　"早":《道藏》本、刘绩《补注》本作"卑"。当正。

〔10〕赢:高诱注:"裹。一曰囊。"按:即背负义。　　跣:赤脚。

〔11〕峭山:高山。　　猎:《道藏》本、《四库全书》同。刘绩《补

注》本作"躐"。《说文》段玉裁注:"猎,今之躐字,践也。"按:即越过义。 蒙笼:草木丛生义。一曰蒙笼山。 蹳:《文选·扬雄〈羽猎赋〉》李善注:"踏也。" 蹱:高诱注:"足。"按:即脚。

〔12〕"鹤跱"几句:高诱注:"(禅峙)[鹤跱],跱立。言不动不食,霉黑其面色,欲速得秦救也。"按:跱,直立。 液:《道藏》本、刘绩《补注》本作"流"。 来:《道藏》本、刘绩《补注》本作"交"。 秦王:指秦哀公。春秋末秦君,在位三十六年。 封豨:大野猪。 脩蛇:大蟒蛇。已见《本经训》。 上国:中原之国。

〔13〕寡君:楚昭王。 越:远。指昭王远逃到随国。

〔14〕遑:闲暇。 启处:指安居。启,跪。

〔15〕千乘、七万:高诱注:"《传》曰:'率车五百乘以救楚',凡三万七千五百人。此曰'千乘',步卒'七万',不合也。"按:《战国策·楚一》作"出革车千乘,卒万人"。 子虎:高诱注:"秦大夫子车铖虎。"王绍兰《淮南子札记》:子车铖虎殉葬秦穆公。秦师救楚之年,铖虎已百三十七岁,可知子虎非铖虎也。

〔16〕塞:指函谷关。 浊水:源出今湖北襄樊市北,南流注入白河。高诱注"浊水盖江水"有误。 "不":《道藏》本同,刘绩《补注》本作"大"。

〔17〕烈:功业。

【译文】

名声是能够勉力求得的,功业是可以努力成就的。因此君子含蓄正气,积累善事,而投向高明的老师;勉励自己树立高尚的节操,培养自己美好的德行,来杜绝世俗的干扰。怎么能说明这个问题呢?

从前鲁国南荣畴对圣王之道在自己身上失去,感到十分羞耻,于是他踏着霜露,穿着草鞋,快步疾行,跋涉山川,穿过荆棘,越过千里,脚上磨起层层老茧,也不敢休息,向南去求见老聃,受到了一句话的教诲。精神顿时开朗,昏聩的心绪,彻底清楚了,高兴得七天也没有吃东西,还像享用了太牢一样。因而他的光辉照遍了四海,名声传到了后代;道术通达天地,明察分辨秋毫,世人称誉颂赞之语,到现在也不停止。这就是所说的美名是可以勉力求得的。

吴国和楚国在伯举展开大战,莫嚣大心抚摸着他的车夫的手说:"今天抵御强大的敌人,冒着敌人的刀枪,受着箭矢、礌石袭击,血战而身死,最终获得胜利,保全人民,使社稷完整,自己也差不多可以瞑目了!"于是冲入吴阵而没有返回,腹部被剖开,头颅被割下,御者也没有回头,随着而壮烈牺牲。(吴军攻破郢都,楚昭王狼狈逃窜),申包胥心想:自己竭尽全力冲入敌阵,尸体倒地,流血牺牲,不过是斩杀一卒的功劳,不如低声下气,去向诸侯国求救。于是申包胥背着干粮,来不及穿上鞋子,跋山涉水,沿着山谷穿行。爬上陡峭的山峦,奔向深不见底的沟壑,渡过大川,闯过渡口、关塞,越过草丛,践踏沙石,脚掌溃烂一直到膝盖,磨出层层老茧,经过七天七夜的跋涉,到达秦朝王庭。他像鹤一样直立而不食,白天呻吟,晚上哭泣,神情像死人一般,脸色呈黑灰色,泪流满面,而求见秦哀公,说:"吴国是野猪、毒蛇,蚕食中国土地,首先为害楚国。我国君失去了国家,奔走在草莽之中。百姓妻离子散,男女老少,不能够安居。派我向君王告急求救。"于是秦哀公出动兵车千辆,步兵七万,由勇将子虎率领。越过关塞向东进发,在浊水和吴军交锋,果然大破吴军,从而保存了楚国。申包胥光辉的功绩保藏在庙堂之上,记载在大法之中,这是功业可以努力完成的例子。

　　夫七尺之形,心致忧愁劳苦,肤之知痛疾寒暑,人情一也。[1]圣人知时之难得,务之可趣也,苦身劳形,焦心怖肝,不避烦难,不违危殆。[2]盖闻子发之战,进如激矢,合如雷电,解如风雨,员之中规,方之中矩,破敌陷陈,莫能雍御,泽战必克,攻城必下。[3]彼非轻身而乐死,务在于前,遗利于后。故名立而不堕,此自强而成功者也。[4]

　　是故田者不强,囷仓不盈;官御不厉,心意不精;[5]将相不强,功烈不成;侯王懈惰,后(出)[世]无名。[6]《诗》云:"我马唯骐,六辔如丝。载驰载驱,周爰咨谋。"[7]以言人之有所务也。

【注释】

〔1〕致：传达。 一：相同。
〔2〕务：指事业。 怵肝：高诱注："犹戒惧。"按：有惶恐义。
〔3〕子发：楚威王将军。本书凡八见。 壅御：堵塞，抵御。
〔4〕自强：奋发图强。
〔5〕官御：官府的御者。
〔6〕"出"：《道藏》本、刘绩《补注》本作"世"。当正。朱弁本《文子·精诚篇》作"没世无名"。
〔7〕《诗》云"以下几句：见《诗·小雅·皇皇者华》。骐，马淡黑色。囯，《道藏》本、刘绩《补注》本作"辔"。周，忠信之义。咨，询问。谟，谋划。

【译文】

　　人有七尺的形体，心中传达忧愁劳苦，皮肤知道疾病寒暑，人的情感是相同的。圣人知道时光难得，事业是可以促成的，因此劳苦心思，疲劳形体，心中焦虑，惶恐不宁，不会躲开烦琐危难之事，不回避危险的事情。曾经听说楚威王时著名将领子发在指挥作战之时，前进像飞快的利箭，合围就像惊雷闪电，分散就像雨随风势；摆开阵势，圆阵符合规的要求，方阵符合矩的规定，攻破敌人，冲锋陷阵，没有人能够阻挡抵御。在湖泽中作战必定能战胜，在陆地上攻打城邑一定能夺取。他们不是轻视生命而喜欢去死，而是把成就大事放在前面，把利益遗留给后代。因此名声树立而不会失落，这就是奋发图强而成就功业的例子。

　　因此种田的人不去拼命出力，仓库就不会充满；给官府驾驭的人不磨炼技艺，心意就不能专一；将相不自强奋斗，功业就不会建立；侯王松懈懒惰，身后就不会留下好名声。《诗》中说："我们的马是淡黑色的，六根缰绳好像六道柔丝。马儿奔跑疾驰着，很忠实地广为询问谋划。"说的就是人对事业要有所追求。

　　通于物者不可惊怪，喻于道者不可动以奇，察于辞者不可耀以名，审于形者不可遁以状。〔1〕世俗之人，多尊古而贱今。故为道者，必托之于神农、黄帝而后能入

说。⑵ 乱世暗主，高远其所从来，因而贵之。为学者，蔽于论而尊其所闻，相与危坐而称之，正领而诵之，此见是非之分不明。⑶

夫无规矩，虽奚仲不能以定方圆；无准绳，虽鲁班不能以定曲直。是故钟子期死而伯牙绝弦（被）[破]琴，知世莫赏也；⑷惠施死而庄子寝说言，见世莫可为语者也。⑸

【注释】

〔1〕"惊怪"：《道藏》本同。刘绩《补注》本、《四库全书》本作"惊以怪"。"通于物"句：高诱注："通，达。言怪物不能惊之也。" 喻：晓谕，明白。 奇：高诱注："非常曰奇。" 耀：高诱注："眩。"按：有炫耀、显扬义。 名：高诱注："虚实之名。"按：即虚名。 通：高诱注："欺也。"按：即欺骗义。

〔2〕"故为道"二句：高诱注："说，言。言为二圣所作，乃能入其说于人，人乃用之。"按：说，指学说、理论。《汉书·艺文志》中有《黄帝五家历》、《神农大幽五行》、《黄帝内经》、《神农教田相土耕种》等，1973年长沙马王堆汉墓帛书有《黄帝四经》。本文论之有据。以上大意，亦见于《庄子·外物》。

〔3〕危坐：端坐。 正领：摆正头部及领部。

〔4〕"被"：《道藏》本、刘绩《补注》本作"破"。当正。 "是故"句：高诱注："（针）[钟]，（宫）[官]氏。子，通称。期，名。达于音律。伯牙，楚人，睹世无有知音若子期，故绝弦破其琴也。"按：事载《列子·汤问》、《吕览·本味》、《说苑·谈丛》、《汉书·司马相如传》等亦载之。

〔5〕"惠施"句：高诱注："惠施，宋人，仕于梁，为惠王相。庄子，名周，宋蒙县人，作（者）[书]三十三篇，为道家之言也。"按：《汉书·艺文志》"名家"《惠子》一篇。《庄子·天下》："惠施多方，其书五车。"《汉书·艺文志》"道家"《庄子》五十二篇。今存郭象注三十三篇。以上载于《庄子·徐无鬼》、《吕览·本味》，《韩诗外传》卷九亦载之，"庄子"事《史记》有传。 寝：《说文》："卧也。"朱骏声《说文通训定声》："寝，犹息也，止也。"《玉篇》："寝，或作寑。""庄子寝说言"，《说苑·说丛》作"庄子深瞑不言"。

【译文】

通达万物变化的人,不能够用怪物来使他们惊恐;明确大道的人,不能够用奇巧来惑乱他;明察言论的人,不能够用虚名来向他炫耀;洞察形体的人,不能用万物的形貌来欺哄他。世俗之人,大多尊重古代而轻视现代,因此创立学说的人,必定托辞于神农、黄帝,而后才能建立自己的学说。乱世昏君,把他们自己的来源说得高深遥远,因而要人们尊重他们。从事学习的人,也被这种观点所蒙蔽,而对他们的见闻很尊重,相互端正地坐着来加以称颂,摆正衣领而诵读它们,他们对于是非,是这样的分辨不清。

没有规矩,即使奚仲也不能确定出方圆的尺寸;没有准绳,即使鲁班也不能够来确定曲直。因此钟子期死后,而伯牙毁琴断弦,知道世上没有人能欣赏他的琴音了;惠施死了,而庄子不再说话,是因为看到世上没有人可以同他交谈了。

夫项托年七岁为孔子师,孔子有以听其言也。(1)以年之少,为闾丈人说,救敲不给,何道之能明也?(2)

昔者谢子见于秦惠王,惠王说之,以问唐姑梁。(3)唐姑梁曰:"谢子,山东辨士,固权说以取少主。"(4)惠王因藏怒而待之。后日复见,逆而弗听。非其说异也,所以听者易。

夫以徵为羽,非弦之罪;以甘为苦,非味之过。楚人有烹猴而召其邻人,以为狗羹也而甘之。后闻其猴也,据地而吐之,尽写其食。(5)此未始知味者也。

邯郸师有出新曲者,托之李奇,诸人皆争学之,后知其非也,而皆弃其曲。(6)此未始知音者也。

鄙人有得玉璞者,喜其状,以为宝而藏之。(7)以示人,人以为石也,因而弃之。此未始知玉者也。

故有符于中,则贵是而同今古;(8)无以听其说,则

所从来者远而贵之耳。⁽⁹⁾此和氏之所以泣血于荆山之下。⁽¹⁰⁾

【注释】

〔1〕"夫项托"二句：载于《战国策·秦五》，并见本书《说林训》。

〔2〕间：乡里。 丈人：老人。 给：《汉书·王莽传下》颜师古注："暇也。"即来不及义。

〔3〕谢子：山东辩士。 秦惠王：即惠文王。战国秦君，在位十三年。 唐姑梁：秦大夫。《吕览·去宥》作"唐姑果"。二人属墨家。

〔4〕权说：《吕览·去宥》作"奋说"。即强于辩说。于大成《脩务校释》；《春秋繁露·玉英》："权，谲也。"权说者，谲诈之说。故高释为"巧说"。 少主：高诱注："谢子之君。一曰谓惠王。惠王，秦孝公之子也。"按：高注似有未明处。《吕览·去宥》高诱注："少主，惠王也。"陈奇猷《吕氏春秋集释》："少主"即"小主"。《史记·秦本记》："惠公十二年，子出子生。十三年，惠公卒，出子立。"是惠公卒，秦小主夫人奉幼小之太子用奄变，可知小主即太子也。

〔5〕据：有依凭、按着之义。 写：《说文义证》：俗作泄。

〔6〕师：乐师。 李奇：赵国善于创作歌曲的人。

〔7〕鄙人：乡野农人。

〔8〕符：符验。 是：事实，实际。 "故有符"二句：高诱注："言中心能明实是者则贵之，古今一也，故曰同也。"

〔9〕"无以"二句：高诱注："言无中心明验，无以听人说之是否，但见其言远古之事，便珍贵之耳。近世之事，有可贵者亦不贵之也。"

〔10〕"此和氏"句：高诱注："荆人和氏得美玉之璞于荆山之下，献楚武王，武王以为石，刖其左趾。及文王即位，复献之，如是，乃泣血，证之为宝。文王曰：'先王轻于刖足而重剖石。'遂为剖之，毕如和言，因号为和氏之璧也。"按：事载《韩非子·和氏》。已见于本书《览冥训》。

【译文】

项托七岁成为孔子的老师，孔子认为有值得听取他的意见的地方；凭着这么小的年纪，对乡里老者说这种话，老人会敲着他的头，自己连躲避还来不及，还有什么主张能够得到充分表达呢？

从前墨子信徒谢子西行见秦惠王，惠王非常高兴，并就此询问唐姑梁的意见。唐姑梁说:"谢子是山东的辩士,本来是想凭游说而讨得少主的欢心。"惠王因此压起怒气而等待谢子。后天谢子又来拜见惠王,惠王背朝着他而不再听他的意见了。不是他所说的内容变了,而是听的对象思想起了大的变化。

把徵音作为羽音,不是弦的过错;把甜的作为苦的,不是味道的过错。楚国有人杀了一只猴子,而召请他的邻人来品尝,邻人以为是狗肉汤,而觉得味道很鲜美。吃过以后听说是猴肉,伏在地上而吐了起来,一直到全部吐光。这说明邻人并不懂得真正的味道。

邯郸的乐师谱制了新的曲子,假托是著名音乐家李奇所作,于是许多人都争着去学唱。后来知道不是的,便都把那曲谱抛弃了。这说明那些人并不懂得真正的音乐。

有个乡下人得到一块未雕琢的美玉,喜爱它的外貌,认为是宝贝而珍藏起来。一次他拿出来给人看,人们认为是石头,因此他把玉璞扔掉了。这说明这个人并不懂得真正的美玉。

因此在心中有了明确的标准,那么就能尊重实际,把今天的、古代的等同看待;没有标准来听取别人的学说,那么便认为它的来历很久远,而加以盲目崇拜。这就是卞和在荆山之下哭泣成血,却无人识宝的原因。

今剑或绝侧嬴文,啮缺卷铩,而称以顷襄之剑,则贵之争带之;⁽¹⁾琴或拨剌枉桡,阔解漏越,而称以楚庄之琴,侧室争鼓之。⁽²⁾苗山之铤,羊头之销,虽水断龙舟,陆刜兕甲,莫之服带;⁽³⁾山桐之琴,涧梓之腹,虽鸣廉隅脩营,唐牙[莫之鼓也]。⁽⁴⁾

通人则不然。⁽⁵⁾服剑者期于铦利,而不期于墨阳、莫邪;⁽⁶⁾乘马者期于千里,而不期于华骝、绿耳;⁽⁷⁾鼓琴者期于鸣廉、脩营,而不期于滥胁、号钟;⁽⁸⁾诵《诗》、《书》者期于通道略物,而不期于《洪范》、《商颂》。⁽⁹⁾圣人见是非,若白黑之于目辨,清浊之于耳听。⁽¹⁰⁾众

人则不然。中无主以受之，譬若遗腹子之上陇，以礼哭泣之，而无所归心。〔11〕

故夫李子之相似者，唯其母能知之；〔12〕玉石之相类者，唯良工能识之；书传之微者，唯圣人能论之。今取新圣人书，名之孔、墨，则弟子句指而受者必众矣。〔13〕故美人者，非必西施之种；通士者，不必孔、墨之类。晓然意有所通于物，故作书以喻意，以为知者也。〔14〕诚得清明之士，执玄鉴于心，照物明白，不为古今易意，（樐）〔摅〕书明指以示之，虽阖棺亦不恨矣。〔15〕

昔晋平公（今）〔令〕官为钟，钟成而示师旷，师旷曰："钟音不调。"〔16〕平公曰："寡人以示工，工皆以为调，而以为不调，何也？"师旷曰："使后世无知音者则已，若有知音者，必知钟之不调。"故师旷之欲善调钟也，以为后之有知音者也。〔17〕

【注释】

〔1〕"今剑或"几句：高诱注："绝无侧，羸无文，啮缺卷铻，钝弊无刃。托之为楚顷襄王所服剑，故贵人慕而争带之。一说：顷襄王，善为剑人名。"按：绝，《广雅·释诂一》："断也。"侧，侧边。羸，《说文》："瘦也。"即光秃义。啮缺，缺刃。如被啮咬状。铻，卷曲。顷襄，楚顷襄王，战国楚王，在位三十六年。之，《道藏》本同。刘绩《补注》本作"人"。

〔2〕"琴或"几句：高诱注："拨刺，不正。枉桡，曲弱。阔解，坏。漏越，音声散。托之为楚庄王琴，则侧室之宠人争鼓之也。侧室，或作庙堂也。"按：拨刺，似指音声不正。漏越，《泰族训》"朱弦漏越"许慎注："漏，穿；越，琴瑟两头也。"与高注异。侧室，帝王的偏房。刘典爵《淮南子韵谱》："侧"当作"则"。"室"上疑脱一字。

〔3〕"苗山"几句：高诱注："苗山，楚山，利金所出。羊头之销，白羊子刀。虽有利用，无所称托，故无人服带也。"按：铤，《说文》："小矛也。"即铁把短矛。羊头之销，三棱类似羊头的箭镞。刓，《广雅·释诂

一〉：" 断也。"

〔4〕"山桐"几句：高诱注："伐山桐以为琴，溪涧之梓以为腹。言其鸣，音声有廉隅、脩营，音清凉，声和调。唐犹堂。"按：桐，桐树。梓，梓树。木质轻而易割，可作乐器。鸣廉隅脩营，《广雅·释乐》中列有琴名"鸣廉、修营"，则"隅"为衍字。唐牙，《道藏》本、《道藏辑要》本同。刘绩《补注》本、《四库全书》本"唐牙"下有"莫之鼓也"四字。金其源《淮南子管见》：《文选·〈七发〉》"使师堂操畅，伯牙为之歌"。则"唐"谓师堂，"牙"谓伯牙也。于大成《脩务校释》："唐牙□□"亦当为琴名。刘绩补四字，"莫之"二字当是，"鼓也"与上"服带"不对。

〔5〕通人：即通达事物变化的人。

〔6〕铦利：锋利。 墨阳、莫邪：高诱注："美剑名也。"按：又有匠名、地名之说。以上几句化自《吕览·察今》。

〔7〕华骝、绿耳：千里马名。

〔8〕滥胁、号钟：高诱注："滥胁，音不和。号钟，高声，非耳所及也。"按：《广雅·释乐》琴名有："蓝胁、号钟。"与高注异。

〔9〕略物：通达事物。 《洪范》：《尚书》篇名，意为大法。为商朝灭亡后箕子向周武王所陈。 《商颂》：《诗》章名，共收五篇。

〔10〕清浊：高诱注："清，商也。浊，宫也。"按：清浊，指高音和低音。

〔11〕陇：通"垄"，坟墓。《方言》卷十三："冢，秦晋之间谓之坟，或谓之垄。" "无所归心"句：高诱注："目不识父之颜，心不哀也。"

〔12〕孪子：双生子。二句见于《战国策·韩三》、《吕览·疑似》。

〔13〕"今取"二句：高诱注："眩于孔、墨之名而或，不知其实非孔、墨所作也。"按：句指，即研讨旨义。颜师古《匡谬正俗》卷八："检覆得失谓之句。"指，《孟子·告子下》焦循正义："与旨同。"

〔14〕喻：说明，表明。 "故作书"二句：高诱注："作书者以明古今传代之事，以为知者施也。"

〔15〕玄鉴：高诱注："玄，水也。鉴，镜也。"按：指玄妙的心境。照物：即观照万物。 㩼：《道藏》本、刘绩《补注》本作"摅"。即抒发义。 恨：有遗憾义。

〔16〕"今"：《道藏》本、刘绩《补注》本作"令"。当正。 "昔晋平公"以下几句：高诱注："平公，晋悼公之子彪。师旷识音。故知其不调也。"按：不调，不符合音律要求。此节本于《吕览·长见》。

〔17〕"以为"句：高诱注："喻上句作书，为知音施也。"

【译文】

现在有的剑破裂得侧边不正,光秃而没有文采,锋口卷曲,就像被啃咬过似的,但如果称它是楚顷襄王佩带的宝剑,那么人们必定珍视并争着佩带它;有的琴弯曲不正,琴弦已坏,弹不出乐曲,但如果说它是楚庄王用过的名琴,那么后宫嫔妃争着弹奏它。苗山的短把铁矛,三棱的箭镞,即使能在水里斩断龙舟,在陆上刺穿犀甲,也没有人佩带它;以山陵的桐木做成的琴,以涧溪的梓木制成的琴腹,即使声音清和纯正,师堂、伯牙也不会弹奏它。

通达事理的人,则不是这样贵古慕名。佩带宝剑只希望它能够锋利,而不一定具有墨阳、莫邪那样的美名;乘马只希望能够到达千里,而不一定都是华骝、绿耳那样的千里马;鼓琴只希望清和纯正,而不希望滥胁、号钟那样的名琴;诵读《诗》、《书》,只希望通晓事理、掌握事物的变化,而不希望它是《洪范》、《商颂》那样的佳作。圣人观察是非,就像眼睛辨别白黑,耳朵分清清、浊一样,(不会有一点差错)。普通人则不是这样。心中没有主见来接受外物,就像遗腹子去上坟一样,按照礼节来哭泣,而心中并不把悲哀放到思念父亲上面。

因此双生子形貌相似,只有他们的母亲能够区别开;美玉和石头相类似,只有高明的工匠能够加以辨别;书、传中的微言大义,只有圣人能够论列清楚。现在拿来"新圣人"的著作,称它们是孔、墨的作品,那么必定有很多弟子研究而接受它。因此成为美人的,不一定是西施的后代;学识渊博的人,不一定都是孔、墨一类的人。心中对于万物变化规律有所通晓,因此就能著书来表明自己的心意,用来传给知音的人。果真能得到思想清明的人,掌握万物的变化像明镜一样清晰,照映万物明白无误,不因古今陈说改变自己的独立见解,并将自己的观点抒发在著作之中,让人们从中明了旨意,这样就是死了也没有什么遗憾了。

从前晋平公命令乐官铸造了一口大钟,制成以后请师旷来检验。师旷说:"钟的音调不符合声律要求。"平公说:"我已经让乐工看了,他们都认为合乎音律要求,而你认为不符合音律要求,这是为什么?"师旷说:"假使后代没有懂得音律的人,就算了;如果有通晓音律的人,一定知道这只钟的音律不合规定。"(后来音乐家师涓见到这口钟，与师旷的见解一致）。因此师旷想把这只大钟的音律调整好，是因为后代有懂得音乐的人。

三代与我同行，五伯与我齐智。⑴彼独有圣知之实，我曾无有闾里气闻、穷巷之知者何？⑵彼并身而立节，我诞谩而悠忽。⑶

今夫毛嫱、西施，天下之美人，若使（人）［之］衔腐鼠，蒙蝟皮，衣豹裘，带死蛇，则布衣韦带之人，过者莫不左右睥睨而掩鼻。⑷尝试使之施芳泽，正娥眉，设笄珥，衣阿锡，曳齐纨，粉白黛黑，佩玉环，榆步，杂芝若，笼蒙目视，冶由笑，目流眺，口曾挠，奇牙出，靥䩉摇，则虽王公大人，有严志颉颃之行者，无不惮悇痒心而悦其色矣。⑸今以中人之才，蒙愚惑之智，被污辱之行，无本业所修，方术所务，焉得无有睥面掩鼻之容哉？⑹

今鼓舞者，绕身若环，曾挠摩地，扶于猗那，动容转曲，便媚拟神，身若秋药被风，发若结旌，骋驰若鹜。⑺木熙者，举梧槚，据句枉，猿自纵，好茂叶，龙夭矫，燕枝拘，援丰条，舞扶疏，龙从鸟集，搏援攫肆，䠂蒙踊跃。⑻且夫观者莫不为之损心酸足。⑼彼乃始徐行微笑，被衣修擢。⑽夫鼓［舞］者非柔纵，而木熙者非眇劲，淹浸渍渐靡使然也。⑾

是故生木之长，莫见其益，有时而修；⑿砥砺礛监，莫见其损，有时而薄。⒀藜藿之生，蠕蠕然日加数寸，不可以为栌栋；⒁楩楠豫章之生也，七年而后知，故可以为棺舟。⒂夫事有易成者名小，难成者功大。君子修美,虽未有利,福将在后至。故《诗》云:"日就月将,学有缉熙于光明。"此之谓也。

【注释】

〔1〕我:高诱注:"谓作书。"

〔2〕气:《道藏》本同。刘绩《补注》本作"之"。贾谊《新书·劝学》亦作"之"。 "彼独有"二句:高诱注:"我则无声名宣闻于闾里,穷巷之人无有知我之贤,何故也?"

〔3〕"彼并身"二句:高诱注:"彼谓三代、五伯。并身同行,而五伯也立节,我谓诞谩倨敖,悠悠忽遊荡轻物。"按:刘绩《补注》本注文作"悠忽"。并身,身心专一。诞谩,放纵,散漫。悠忽,轻忽,放荡,指消磨时间。

〔4〕"人":《道藏》本同。刘绩《补注》本作"之"。 "今夫"以下数句:高诱注:"言虽有美姿,人(恐)[恶]闻其臭,故睥睨掩其鼻。孟子曰:'西子之蒙不洁,则人皆掩鼻而过之'是也。"按:韦带,皮带。熟皮曰韦,生皮曰革。睥睨,斜视。左视曰睥,右视曰睨。注文之引文出《孟子·离娄下》。

〔5〕"尝试使之"以下数句:高诱注:"笄,妇人首饰。珥,瑱。阿,细縠。锡,细布。纨,素,齐所出。体摇动,挠足行。杂,佩。芝若,香草。笼蒙,由妙睹,目视也。冶由笑,巧笑。流眺,不精眄。曾,则也。挠,弱也。口则弱挠,冒若将笑,故好齿出。厣齮,颊边文,妇人之媚也。憛悇,贪欲。痒心,烦闷也。"按:娥眉,古代女子的眉饰,如蚕蛾之形。《楚辞·离骚》:"众女嫉余之蛾眉兮。"笄,簪子。珥,用玉石作的耳环。阿锡,一说为山东东阿产的细布。锡,通"緆"。《说文》:"緆,细布也。"高从许说。曳,拉,牵。齐纨,齐地产的细绢。揄,朱骏声《说文通训定声》:"叚借为摇。"即摇动义。芝,刘绩《补注》:按《列子》"杂芷若",则"芝"当作"芷"。笼蒙,微视,偷看。"笼蒙目视"刘绩《补注》本云衍"目"字。王念孙《读书杂志》:此当衍"视"字。高注:"目,视也。"冶由,妖媚的神态。流眺,转目斜视。挠,张嘴笑的样子。通"桡"。厣齮,女子脸上的酒窝。颉颃,倔强,倨傲。憛悇,贪欲强烈的样子。痒,《集韵》"养"韵:"肤欲搔也。"与瘁同。痒心,指喜其色,而欲得到的焦躁心情。

〔6〕污辱:耻辱。 方术:指医卜星相之术。 睥面:《道藏》本、刘绩《补注》本同。吕传元《淮南子斠补》:"睥"下当脱"睨"字,"面"

当为"而"。此承上文"左右睥睨而掩鼻"言也。

〔7〕"今鼓舞"几句：高诱注："鼓舞或作郑舞。郑者，郑袖，楚怀王之幸姬，善歌攻舞，因名郑舞。一说郑重攻舞也。"按：鼓舞，即合乐而舞。曾，重叠。通"层"。挠，通"桡"。有弯曲义。曾挠，屈曲的样子。摩，接近。《战国策·齐一》高诱注："摩，相摩。"扶于，周旋义。猗那，柔美的样子。动容，摇荡。又有改变仪容之义。转曲，旋转，曲屈。便媚，轻盈柔美的样子。《后汉书·边让传》："形便媚以婵媛兮"拟，有模拟之义。药，高诱注："白芷，香草。"被风，有随风摇摆义。结旄，高诱注："屈而复舒。"按：即屈曲而又舒展。旄，古时用五色羽毛装饰的旗帜。鹜，疾速。《玉篇》："鹜，疾也。"王念孙《读书杂志》："鹜"当作"骛"。《太平御览》引此，正作"骋驰若骛"。

〔8〕木熙：缘木为戏。古代的爬竿、顶竿之类的游戏。熙，通"戏"。梧：梧桐。槚：梓木。据：依靠。句枉：弯曲的枝条。纵：放任。"猿自纵"二句：高诱注："言舞者若猿，不复践地，好上茂木之枝叶。"夭矫：屈伸自如。"燕枝拘"句：高诱注："言其著树如燕附枝也。"按：枝拘，有屈曲义。"龙夭矫"句：于省吾《淮南子新证》：与"燕枝拘"对文，言舞之姿势，如龙蟠夭矫、燕飞屈曲也。援：持。丰条：大的枝条。扶疏：蹒跚。形容旋转的舞姿。"龙从"句：高诱注："言其舞体如龙附云，如鸟集山。"搏援：攀援攫取。已见本书《主术训》。攫肆：尽情抓取。"覆蒙踊跃"句：高诱注："言其疾也。"按：覆蒙，迅疾。踊跃，跳跃。

〔9〕"且夫"句：高诱注："观者见其微妙危险，皆为之损动中心，酸酢其足也。"按：损心酸足，即提心吊胆之意。

〔10〕"彼乃"二句：高诱注："彼，彼舞者，更复徐行小笑，被倡衣，脩擢舞，为后曲也。"按：擢，通"掉"。即《掉羽》。舞名。

〔11〕"夫鼓者"：《道藏》本同。刘绩《补注》本、《四库全书》本作"夫鼓舞者"。当脱"舞"字。柔纵：柔弱，委曲。眇劲：即轻劲义。《文选·左思〈吴都赋〉》李善注引高诱《淮南子注》曰："诊，轻利急疾也。"则正文作"诊"字。淹：长久。浸渍：长久的磨炼。渐靡：渐进教化。靡，通"摩"。《庄子·马蹄》陆德明释文引李云："靡，摩也。"又王念孙《读书杂志》："渍"字涉注文而衍。淹浸、渐靡，皆两字连读，不当有"渍"字。

〔12〕有时：高诱注："积时。言非一日。"

〔13〕礲䃺：《说文》："礲，石硙也。"今省作"磨"。䃺，通"磋"。即磋诸，治玉的磨石。礲䃺，即磨砺、磨炼义。前文"精摇摩䃺"，亦

为其义。

〔14〕藜藿：王念孙《读书杂志》：当为"藜藋"，字之误也。"藜藋"皆一茎直上，形似树而质不坚，若"藿"则非其类矣。《太平御览·百卉部》引此，正作"藜藋"。　蠕蠕然：蠕动的样子。　栌栋：斗拱、大梁。

〔15〕梗：黄梗木。　枏：楠木。　豫章：木名，樟木类。

【译文】

　　夏商周三代的君主和我们品行相同，春秋五霸的智慧和我们一样。他们独有圣贤智慧的名实相副的声誉，而我们则没有闻名于乡里的名气，不被穷巷之人所了解，这是为什么？因为他们都能身心专一地树立名节，而我们却放纵散漫而游荡轻浮。

　　现在都把毛嫱、西施看作天下的美人，假若让她们嘴里衔着臭老鼠，蒙着刺猬皮，穿着豹皮裘衣，佩带死蛇，那么平民百姓经过她们，没有不把头转向一边而捂住鼻子的。试着给她们涂上发油，描画蛾眉，戴上玉簪、耳环，穿上东阿名缯裁制之衣，拖起齐地细绢做的长裙；敷上白粉，描绘黛眉，佩带玉环，轻移细步；头插香草，凝眸微盼；面带微笑，目送秋波；樱口微张，奇牙露出，酒窝忽现，那么即使是王公大人，有严正的志向、行止高傲的人，也没有不产生贪欲、心中焦躁，而陶醉在她们的美色之中的。现在凭着平常人的才智，智慧被愚昧惑乱所覆盖，品行被污秽所玷污，没有本业来修治，更无有一技之长，怎么会没有让人扭头捂鼻子的面容呢？

　　现在合乐起舞的人，转动身体就像圆环一样，腰肢弯曲时而靠近地面，旋转舞动，柔美多姿，屈曲结束，改换仪容，轻盈起舞，宛如神女，腰肢像香草随风摇摆，乌发时而盘结，时而舒展，舞姿变化迅速，如同受惊而狂奔的骏马。表演木戏杂技的人，举起两根大木，演员依据弯曲的枝条，像猿猴一样自由跳跃，特别喜好茂密的树叶；像龙一样屈伸自如，像燕子一样蹲立枝头；攀援大木枝，表演起旋转的舞姿；像云层托住蛟龙，像飞鸟聚集山林；攀援抓取，自由自在；跳跃穿行，迅疾而过。那些观看奇妙惊险表演的人，没有人不替他们提心吊胆的。表演完一段，他们慢慢微笑着走过来，穿起舞衣，又表演起《掉羽》之舞。那些起舞的人，不是天生的柔弱委纵；而表演杂技的人，也不是生就绝妙的强健敏捷，是因为长久的磨炼，逐渐的教化，而练就了这样的妙技。

因此木头的生长，没有人见到它的增加，而经过一些时间可以长成巨木；石磨经过不停地研磨和粉碎加工，没有见到它的减少，而经过一段时间可以变薄。藜藿的生长，就像蠕动一样，每天都生长数寸，最终不能够成为房屋的栋梁；楩柟、豫章的生长，虽然到七年后才能感觉它的高大，所以最终能够制成棺木、舟船。事情容易办成的名声小，难于成功的名声大。君子修治善道，即使当时没有得到利益，好处必将在以后到来。因此《诗》中说："日日有所成就，月月有所奉行，学习积累达到光明。"说的就是这样的事。

第二十卷　泰族训

【题解】

　　曾国藩《淮南子读书录》:"族,聚也。群道众妙之所聚萃也。泰族者,聚而又聚者也。"泰,通"大"。"泰族"是对全书理论体系的总结。本训是体现黄老道家自然天道观和治国理论的重要篇章。

　　本训集中讨论自然规律和人类之间的天人关系,并把它们归纳到"道"这个总规律之中。自然规律是客观存在的,是不可抗拒的。它不但"化生万物",同时,"天之与人,有以相通也",违背自然规律,就要受到惩罚。因此,"能因,则无敌于天下"。"因",就是要按照规律办事。

　　人类社会的礼乐、伦理、法律制度等,都是以自然规律为指导的。

　　圣人治政要懂得张与弛、物极必反的辩证关系。要采取"兼用,财制",亦即兼收并蓄、择善而从的办法,才能避免失败。

　　圣人治政要注意掌握根本,不能舍本求末。国家大治,"得贤"与"得人心",是最根本的要求。圣主要能"举贤而立功","得天下之心"。得贤与失贤,得人心与失人心,其结果截然相反。

　　陶方琦《淮南许注异同诂》:"序目无'因以题篇'字,许注本也。取旧辑许注与今本较之,说多同。"

　　天设日月,列星辰,调阴阳,张四时;日以暴之,夜以息之,风以干之,雨露以濡之。[1]其生物也,莫见其所养而物长;其杀物也,莫见其所丧而物亡,此之谓神明。[2]圣人象之。[3]故其起福也,不见其所由而福起;其除祸也,不见其所以而祸除。远之则迩,延之则

疏;⁽⁴⁾稽之弗得，察之不虚;⁽⁵⁾日计无筭，岁计有馀。⁽⁶⁾

【注释】

〔1〕濡：浸渍。

〔2〕神明：指自然界有规律的运动及化生万物的作用。《经法·明理》："道者，神明之原也。""其生物也"至"而祸除"，当化自《尸子·贵言》。

〔3〕象：有依循、效法义。《说文》："效，象也。"

〔4〕延：接近义。《文选·王褒〈圣主得贤臣颂〉》张铣注："延，接也。"

〔5〕稽：《广雅·释言》："考也。"即考核义。

〔6〕"日计"二句：化自《庄子·庚桑楚》。《文子·精诚篇》作"日计不足"。筭，《说文》："长六寸，计历数者。"筭，算之借字。

【译文】

上天设置了日、月，摆列了星辰，协调阴阳变化，设立了一年四季；用阳光来照射万物，用黑夜来使万物休息；用风使它们干燥，用雨露来使它们滋润。上天在使万物生长的时候，没有见到它在抚育，而万物自然生长；上天在消灭万物的时候，没有见到它在杀害，而万物灭亡，这就叫"神明"。圣人依循这个规律。因此他在兴起幸福的时候，没有见到他起步而幸福便得到了；他在消除祸害的时候，没有见到他的行动而祸患解除了。远远离开它，反而距离很近；伸手接近它，又很疏远；考察它又不能得到，观察它又不是虚幻；每天计算它，又无法算出来；以一年来计算，又感到有馀。

夫湿之至也，莫见其形，而炭已重矣;⁽¹⁾风之至矣，莫见其象，而木已动矣；日之行也，不见其移；骐骥倍日而驰，草木为之靡;⁽²⁾县烽未转，而日在其前。⁽³⁾故天之且风，草木未动而鸟已翔矣;⁽⁴⁾其且雨也，阴曀未集而鱼已唸矣：以阴阳之气相动也。⁽⁵⁾故寒暑燥湿，以类相从；声响疾徐，以音相应也。故《易》曰："鸣鹤在阴，其子和之。"⁽⁶⁾

【注释】

〔1〕"夫湿之"三句：古代测量湿度之法。已见本书《天文训》、《说山训》、《说林训》。

〔2〕"骐骥"二句：疑位置应颠倒，方与上下文义相合。

〔3〕"县燧"二句：许慎注："县烽，边候见房举烽，转相受，行道里最疾者。"按：《说文》："烽，燧也，候表也。边有警则举火。"二注义同。夜里点火叫烽，白天烧烟叫燧。燧同"烽"。

〔4〕"故天之"二句：许慎注："鸟巢居，知风也。"

〔5〕"阴曀"句：许慎注："鱼潜居，知雨也。"按：曀，《说文》："阴而风也。"唅：《说文》："唅喁，鱼口上见也。"即鱼出头呼吸。

〔6〕"故《易》曰"：引文见《周易·中孚卦》"九二"爻辞。阴，通"荫"。树荫。和，应和。

【译文】

当湿气来到的时候，没有人见到它的形迹，而平衡物上的木炭已经重了；大风到来的时候，没有人见到它的迹象，而树木已经摇动了；太阳不停地运行，看不到它在移动位置，草木却因之而枯萎；千里马以比太阳运行加倍的速度奔驰，悬挂燃烧的烽燧，还没转到下一站，而太阳已经行到了马的前面。因此天空将要起风的时候，草木没有摇动而鸟类已经高翔归巢了；将要下雨的时候，阴沉的云层没有会合，而游鱼已经呼吸急迫了：这是因为阴阳二气互相感动而造成的。因此严寒酷暑、干燥湿润，依照其类型互相依从；声响、回声，根据快慢而互相呼应。所以《周易》中说："老鹤在树荫下鸣叫，它的子女便来应和。"

高宗谅暗，三年不言；⁽¹⁾四海之内，寂然无声；一言声然，大动天下。⁽²⁾是以天心呿唫者也。⁽³⁾故一动其本而百枝皆应，若春雨之灌万物也，浑然而流，沛然而施，无地而不澍，无物而不生。⁽⁴⁾故圣人者怀天心，声然能动化天下者也。⁽⁵⁾故精诚感于内，形气动于天，则景星见，黄龙下，祥凤至，醴泉出，嘉谷生，河不满溢，海不溶波。〔6〕故《诗》云："怀柔百神，及河峤岳。"〔7〕逆天暴物，则日月薄蚀，五星失行，四时干乘，昼冥宵光，山崩川涸，冬雷夏霜。〔8〕《诗》曰："正月繁霜，我心忧伤。"〔9〕天之与人，有以相通也。〔10〕故国危亡而天文变，世惑乱而虹霓见，万物有以相连，精祲有以相荡也。〔11〕故神明之事，不可以智巧为也，不可以筋力致也。〔12〕

【注释】

〔1〕高宗：殷代中兴帝王，名武丁。在位五十九年。　谅暗：又作"谅阴"，居丧时所居之室，又叫凶室。又一说指天子、诸侯居丧之称。帝小乙崩，武丁立，服三年之丧。二句化自《尚书·无逸》，亦载于《论语·宪问》、《礼记·丧服四制》。

〔2〕声然：振动的样子。《战国策·魏三》鲍彪注："声，威声。"

〔3〕天心：指天然的规律。　呿唫：开闭。《吕览·重言》高诱注："呿，开；唫，闭。"

〔4〕浑然：混浊的样子。　沛然：源源不断的样子。　澍：《说文》："时雨，澍生万物。"有润泽义。

〔5〕动化：震动，感化。

〔6〕景星：杂星名，也叫瑞星、德星。　黄龙：传说中吉祥的龙。醴泉：甘美的泉水。　溶：《说文》："水盛也。"《文子·精诚篇》作"海不波涌"。

〔7〕"故《诗》云"：引文见《诗·周颂·时迈》。　怀柔：安抚之义。　峤岳：高山。峤，《说文·新附》："山锐而高也。"

〔8〕薄蚀：日月相掩食。并见《精神训》。　干乘：干犯，侵凌。《小尔雅·广言》："乘，凌也。"《道藏》本、刘绩《补注》本作"乖"。非是。

〔9〕《诗》曰：引文见《诗·小雅·正月》。　正月：指夏历四月。《毛诗正义》："正月，大夫刺幽王也。"毛亨传："正月，夏之四月。"而《竹书纪年统笺》："幽王，四年夏六月陨霜。"

〔10〕"天之"二句：天人相通之观点，并见本书《天文训》、《览冥训》。

〔11〕精祲：许慎注："气之侵入者也。"按：《说文》："祲，精气感祥。"指阴阳灾害之气。训义同。

〔12〕筋力：有强力之义。

【译文】
　　殷高宗守孝住在凶庐，三年不说话。在四海之内，也都寂静无声；一句话发布，便震动天下。这是按照天然的规律来决定开闭的。因此，草木动摇一下根本，千枝万叶都要因应而动，就像春雨灌溉万物一样，混混浊浊地奔流着，源源不断地施与万物，没有土地不被润泽的，没有生物不能生长的。因此圣人心中怀藏自然的法则，所以声威能震动感化天下。因此专一真诚能在内心感发，形体和精神就会感动上天，那么就会有瑞星出现，黄龙下降，祥瑞的凤凰来翔，醴泉涌出，美禾产生；黄河水不会漫溢，大海不会掀起狂涛。因此《诗》中说："用祭祀来安抚百神，并祭高山大川的神灵。"如果背离天道，暴虐万物，那么就会发生日、月相蚀，五星失去正常运行规律；四季互相干犯，白天黑暗，夜里光明；大山崩摧，深壑干涸；冬天雷声隆隆，夏季白霜遍地。《诗》中说："夏历四月多霜，我的心里忧伤。"上天和人类，有用来互相感应的地方。因此国家灭亡而天象就会发生变化，世道混乱就会有虹霓出现，万物中都有互相联系的地方，阴阳灾害之气也有与此相激荡的地方。因此天道的规律变化，不能够用智巧来对待它，不能用人力来招致它。

　　天地所包，阴阳所呕，雨露所濡，以生万物，瑶碧玉珠，翡翠玳瑁，文彩明朗，润泽若濡，摩而不玩，久而不渝，奚仲不能旅，鲁般不能造，此之谓大巧。〔1〕
　　宋人有以象为其君为楮叶者，三年而成，茎柯豪芒，锋杀颜泽，乱之楮华之中，而不可知也。〔2〕列子曰："使天地三年而成一叶，则万物之有叶者寡矣。"〔3〕夫天地之施化也，呕之而生，吹之而落，岂此契契哉？〔4〕故凡可度者小也，可数者少也，至大非度之所能及也，至众非数之所能领也。故九州不可顷亩也，八极不可道里也，太山不可丈尺也，江海不可斗斛也。

故大人者，与天地合德、日月合明，与鬼神合灵，与四时合信。〔5〕故圣人怀天气，抱天心，执中含和，不下庙堂而衍四海，变习易俗，民化而迁善，若性诸己，能以神化也。〔6〕《诗》云："神之听之，终和且平。"〔7〕夫鬼神视之无形，听之无声，然而郊天、望山川，祷祠而求福，雩兑而请雨，卜筮而决事。〔8〕《诗》云："神之格思，不可度思，矧可射思。"〔9〕此之谓也。

【注释】

〔1〕瑶碧：玉名。　翡翠：鸟名，羽毛华美，可作装饰品。雄赤曰翡，雌青曰翠。　玳瑁：动物名，似龟，甲片可作装饰品。　玩：马宗霍《淮南旧注参正》："玩"盖"刓"之借字。"刓"引申之，则犹损也，缺也。　旅：许慎注："部旅也。"按：其义与此文不合。《文选·陈琳〈为袁绍檄豫州〉》刘良注："旅，助也。"即辅助、帮助义。俞樾《诸子平议》："旅"字无义，疑"放"字之误。《广雅·释诂》："放，效也。"金其源《读书管见》：《孔子家语·子贡问》注："旅，施也。"谓奚仲不能施工也。

〔2〕象：象牙。《列子·说符》作"玉"。　楮：木名，叶似桑，多涩毛，果实圆红色。　茎柯：叶柄。柯，《说文》："斧柄也。"　锋杀：《韩非子·喻老》作"丰杀"。隆起为"丰"，低平者为"杀"。指肥瘦。"丰"与"锋"通。　颜泽：色泽。《韩非子·喻老》作"繁泽"。　华：《道藏》本、刘绩《补注》本同。《列子·说符》、《韩非子·喻老》作"叶"。

〔3〕列子：战国前期郑国人，道家。《汉书·艺文志》"道家"有《列子》八篇。其事迹亦见于《庄子·列御寇》。

〔4〕呕：呵气使温暖。《文选·扬雄〈剧秦美新〉》李善注引郑玄曰："'以气曰煦'。煦与呕同。"呕，通"煦"。　契契：勤苦的样子。

〔5〕"故大人"几句：化自《周易·乾卦·文言》。《文子·精诚篇》"日月"前有"与"字。

〔6〕衍：蔓延，扩展。《文子·精诚篇》作"行"。

〔7〕"《诗》云"：引文见《诗·小雅·伐木》。　终：既。

〔8〕郊：古代帝王每年冬至在南郊祭天叫"郊"。 望：祭祀山川之神为望。 雩：古代求雨之祭。《时则训》高诱注："雩，旱祭也。" 兑：许慎注："说也。"按：周代祭名。《周礼·春官·大祝》："掌六祈以同鬼神示：一曰类，……六曰说。"郑玄注："皆祭名。"

〔9〕"《诗》云"：引文见《诗·大雅·抑》。 格：毛亨传："至也。"即来到义。 矧：况且。 射：朱熹《诗集传》："射，斁通，厌也。"按：即厌倦。

【译文】

天地包蕴，阴阳抚育，雨露滋润，因而产生了万物，珍珠碧玉，翡翠玟瑰，（出于自然），色彩鲜明，光泽像浸渍过一样，抚摩它而不会损坏，经久而不会改变，奚仲不能助成它，鲁般不能制造它，这就叫大巧。

宋国有人用象牙为他的国君雕刻楮树叶子，三年才雕成，叶柄的粗细，叶尖的锋利，叶沿的平斜，叶子的光泽，与真楮叶一模一样，而无法分辨出来。列子听到后说："假使天地也像这个宋国人一样，三年才长成一片叶子，那么万物之中有叶子的就很少了。"天地施与化育万物，抚育它而生长，风吹它而凋落，难道需要像这样勤苦吗？因此凡是能够用来度量的东西是很小的，能够计算出来的东西是很少的；最大的不是度量所能够达到的，最多的不是数量所能够计算的。所以九州之大，不能够用顷亩来比量；八极之远，不能够用道里来计算；太山之高，不能够用丈尺来测量；广阔的长江、大海，不能够用斗斛来盛量。

因此品行高尚的君子，和天地的德性一致，和日月一起普照万物，和鬼神一起掌握吉凶祸福，和四季一起循环往复。因此圣人怀着天地的阴阳正气，怀抱着自然的规律，执掌中正，饱含和气，不需要走下庙堂，而德泽便可以扩展到四海之外，移风易俗，百姓就会随之转化向善，就像他们效法自己的性情一样，这是因为能够用神明来感化他们。《诗》中说："神听到人的相互友爱，就会赐以和平之福。"鬼神看起来没有形体，听起来没有声音，但是冬至帝王在南郊祭祀上天、望祭山川，以求吉祥和幸福；祈祷旱神普降雨水，进行卜筮而决定大事。《诗》中说："神的到来，不可揣测，人们哪可厌倦不信呢？"说的就是这个意思。

天致其高，地致其厚，月照其夜，日照其昼，阴阳化，列星期，非有道而物自然。〔1〕故阴阳四时，非生万物也；雨露时降，非养草木也。神明接，阴阳和，而万物生矣。故高山深林，非为虎豹也；大木茂枝，非为飞鸟也；流源千里，渊深百仞，非为蛟龙也。〔2〕致其高崇，成其广大，山居木栖，巢枝穴藏，冰潜陆行，各得其所宁焉。〔3〕

夫大生小，多生少，天之道也。故丘阜不能生云雨，荥水不能生鱼鳖者，小也。〔4〕牛马之气蒸，生虮虱；虮虱之气蒸，不能生牛马。〔5〕故化生于外，非生于内也。夫蛟龙伏寝于渊，而卵剖于陵；〔6〕腾蛇雄鸣于上风，雌鸣于下风，而化成形，精之至也。〔7〕故圣人养心，莫善于诚，至诚而能动化矣。〔8〕今夫道者，藏精于内，栖神于心，静漠（活）〔恬〕淡，讼缪匈中，邪气无所留滞；〔9〕四枝节族，毛蒸理泄，则机枢调利，百脉九窍，莫不顺比。〔10〕其所居神者，得其位也，岂节柎而毛脩之哉？〔11〕

【注释】

〔1〕期：《道藏》本同。刘绩《补注》本、《文子·精诚篇》作"朗"。《说文》："期，会也。"即会合义。如五星连珠。朗，《说文》："明也。"而"列星"未必"朗"。以"期"为胜。　"非有道"句：《道藏》本同。刘绩《补注》本作"正其道而物自然"，《文子·精诚篇》作"非有为焉，正其道而物自然"。　道：《释名·释言语》："道，导也，所以通导万物也。"有引导、主导义。

〔2〕"流源"、"渊深"：王念孙《读书杂志》：《太平御览·鳞介部》二引此，"流源"作"源流"，"渊深"作"深渊"。

〔3〕冰：《道藏》本、《道藏辑要》本同。刘绩《补注》本作"水"。

〔4〕荥：《说文》："绝小水也。"

〔5〕"牛马"以下四句：《吕览·谕大》高诱注：《淮南记》："牛马之气烝生虮虱，虮虱气烝不能生牛马。"

〔6〕"夫蛟龙"二句：许慎注："蛟龙，鼋属也。乳于陵而伏于渊，其卵自孕也。"按："鼋"当作"龙"。"孕"当作"孚"。剖，破。

〔7〕腾蛇：传说中能飞的蛇。《尔雅·释鱼》郭璞注："龙类也，能兴云雾而游其中。"

〔8〕动化：感动而致教化。

〔9〕栖神：义同栖真。道家以性命之根为"真"。栖真为保其根本，养其元气。 "活"：《道藏》本、刘绩《补注》本作"恬"。当正。 讼：许慎注："容也。"按：通"容"，接纳。 缪：许慎注："静也。"按：通"穆"。《玉篇》："穆，和也。"《文子·精诚篇》作"悦穆胸中"。

〔10〕节族：节指骨节，族为骨肉交错聚结的部位。《广雅·释诂三》："族，聚也。" 毛蒸理泄：毛孔、腠理有所蒸发、泄流。理，腠理。 脉：指血液运行的通道。 顺比：和顺，连接。

〔11〕柎：《道藏》本、刘绩《补注》本同。柎，假借为"拊"。《说文》："拊，揗也。"即抚摸义。 脩：通"修"。《说文》："饰也。"《玉篇》："治也。"即修治义。王念孙《读书杂志》：当为"循"。有和顺义。

【译文】

上天极尽它的高远，大地极尽它的深厚，明月照亮黑夜，太阳照耀白昼，阴阳相互变化，星辰按期交会，并非有什么主宰，而万物都是自然形成的。因此阴阳变化和四时交替，不是为了产生万物；甘雨清露，按时降落，不是为了养育草木。天道规律的不停变化，阴阳之气的互相融合，那么万物便自然产生了。所以高山深林，不是专为虎豹设置的；乔木茂叶，不是专给飞鸟安排的；泉流千里，深渊百丈，不是专门为蛟龙准备的。大山极尽它的高崇，江河极尽它的广大；有的栖息山上，有的居住在木枝；有的筑巢，有的造穴；有的潜入水中，有的陆上爬行，这是各自得到它们适宜的生存环境罢了。

至于大的可以产生少的，多的可以生出小的，这是自然的规律。因此山丘不能产生云雨，浅水不能生长鱼鳖，是因为范围狭小的原因。牛马的气味蒸发，产生了虮子和虱子；虮虱的气味散发，却不能生出牛马。因此阴阳二气交感变化，可以在外部产生万物，不是产生在阴阳二气的内部。蛟龙之属在深渊中潜伏,但是却在丘陵之中产卵;雄性螣蛇在上风鸣叫,雌性在下风鸣叫,而可以受孕孵化成后代,这是精气能够感应的缘故。所以圣人修养身心,没有比真诚更美好的了,最高的真诚能够使他人感动变化。现在掌握大道的人,把精气藏于内部,把元神栖息在心中,安宁淡泊,身心平和,邪气就没有办法滞留了;四肢关节,毛发腠理,蒸发散泄,那么全身要害部位都得到调节,所有经络和孔窍,没有不和顺协调的。他所安处的精神,得到了合适的位置,难道还需要抚摩关节和修治毛发吗?

圣主在上位,廓然无形,寂然无声,官府若无事,朝廷若无人;无隐士,无轶民,无劳役,无冤刑。(1)四海之内,莫不仰上之德,象主之指,夷狄之国,重译而至。(2)非户辨而家说之也,推其诚心,施之天下而已矣。(3)《诗》曰:"惠此中国,以绥四方。"(4)内顺而外宁矣。

大王亶父处邠,狄人攻之,杖策而去,百姓携幼扶老,负釜甑,逾梁山,而国乎歧周,非令之所能召也。(5)秦穆公为野人食骏马肉之伤也,饮之美酒;韩之战,以其死力报,非券之所责也。(6)密子治亶父,巫马期往观化焉,见夜渔者,得小即释之,非刑之所能禁也。(7)孔子为鲁司寇,道不拾遗,市买不豫贾,田渔皆让长,而班白不戴负,非法之所能致也。(8)

夫矢之所以射远贯牢者,弩力也;其所以中的剖微者,正心也;(9)赏善罚暴者,政令也;其所以能行者,精诚也。故弩虽强,不能独中;令虽明,不能独行,必自精气所以与之施道。(10)故摅道以被民,而民弗从者,诚心弗施也。(11)

【注释】

〔1〕轶民：指隐居避世的人。轶，通"佚"。《说文》："佚，佚民也。"《群书治要》引作"逸"。

〔2〕象：《广雅·释诂三》："象，效也。"即效法义。 指：旨意。通"旨"。

〔3〕辨：《荀子·王霸》王先谦集解引郝懿行曰："古辩字。"户辨，向家家户户辩说。

〔4〕"《诗》曰"：引文见《诗·大雅·民劳》。 绥：安抚。以上与《新语·至德》文意相近。

〔5〕梁山：今陕西乾县西北。 歧周：即今陕西岐山。

〔6〕券：许慎注："契也。"按：《说文》："券，契也。"训同。即契约、凭证。 责：通"债"，债务。于大成《泰族校释》：《喻林》六十二引"责"上有"能"字。

〔7〕密子：已见本书《齐俗训》。何宁《淮南子集释》：《齐俗篇》作"宓子"。"密"乃"宓"之误。按：密、宓上古同音，可通假。何氏说有误。

〔8〕买：王念孙《读书杂志》："买"字即"贾"字误而衍者也。《览冥篇》云"市不豫贾"。 豫贾：即抬高物价。豫，有欺骗义。《经义述闻·周礼·诳豫》："豫，亦诳也。" 班白：许慎注："头有白发。"按：《道藏》本作"斑"，刘绩《补注》本作"班"。《说文》："辩，驳文也。"今作"斑"。班，通"斑"。以上内容，亦略见于《荀子·儒孝》。

〔9〕正心：王念孙《读书杂志》：《群书治要》、《太平御览·工艺部》二引此，并作"人心"。

〔10〕自：《群书治要》引作"有"。

〔11〕摅：《群书治要》引作"总"。《文子·精诚篇》同。摅，阐明，抒发义。

【译文】

英明的君主处在高位，空阔的样子好像没有形体，寂静的样子好像是没有声音，官府里好像是没有事情可做，朝廷里好像空虚无人。国中没有隐居不仕之人，山野没有避世的遗民，没有劳役，没有冤狱。四海之内，没有人不仰慕国君的恩德，依顺君主的意旨，东夷北狄等远方之国，经过多次翻译而来到中央之国。不是靠向家家户户辩白说明，而是把他的真诚之心，施行天下罢了。《诗》中说："爱抚国中百姓，就可以进而安抚四方。"这样，内部和顺而外部就会安宁了。

太王亶父居住在邠地的时候,狄人来攻打,亶父驱马离开了邠地,百姓扶老携幼,背着锅甑,跨过了梁山,并在岐周建立了国家,这不是靠命令所能够号召他们的。(秦穆公的御马跑散了,而被乡野之人煮吃了),穆公担心他们吃了马肉伤害身体,让他们饮了美酒以解毒;后来在韩地发生恶战时,他们拼死保护穆公,这不是凭借券契所能偿还的债务。密子贱治理亶父的时候,巫马期去暗暗考察他的政绩变化,看到他管理的地方有夜间捕鱼的,得到小鱼便放回水里,这不是靠刑法所能禁止的。孔子担任鲁国司寇的时候,道路没有人拾取遗失之物,市场买卖不抬高物价,种田、打鱼的都谦让长者,而头发花白的老年人,也不再背负东西,这不是靠法律所能达到的。

箭能够射向远方贯通牢固的铠甲,这是弩的力量;但它所以能够射中目标穿透细微的地方,是人的心智的作用;奖励善事惩罚残暴,这是政令的威力;政令之所以能够被推行,是精诚努力的结果。因此弩即使很强硬,也不能单独射中目标;政令即使很明确,还是不能够单独来施行。必定靠相通的精微之气,才能用来对它们施行大道。因此阐明大道来施于万民,而百姓却不跟从,这是因为对他们没有施行真诚之心。

天地四时,非生万物也,神明接,阴阳和,而万物生之。圣人之治天下,非易民性也,枒循其所有,而涤荡之。⑴ 故因则大,化则细矣。⑵ 禹凿龙门,辟伊阙,决江濬河,东注之海,因水之流也;⑶ 后稷垦草发菑,粪土树谷,使五种各得其宜,因地之势也;⑷ 汤、武革车三百乘,甲卒三千人,讨暴乱,制夏、商,因民之欲也。⑸ 故能因,则无敌于天下矣。

夫物有以自然,而后人事有治也。故良匠不能斫金,巧冶不能铄木,金之势不可斫,而木之性不可铄也。埏埴而为器,窬木而为舟,铄铁而为刀,铸金而为钟，因其可也。⁽⁶⁾驾马服牛，令鸡司夜，令狗守门，因其然也。

民有好色之性，故有大婚之礼；有饮食之性，故有大飨之谊；⁽⁷⁾有喜乐之性，故有钟鼓筦弦之音；有悲哀之性，故有衰绖哭踊之节。⁽⁸⁾故先王之制法也，因民之所好，而为之节文者也。⁽⁹⁾因其好色而制婚姻之礼，故男女有别；因其喜音而正《雅》、《颂》之声，故风俗不流；因其宁家室、乐妻子，教之以顺，故父子有亲；⁽¹⁰⁾因其喜朋友，而教之以悌，故长幼有序。然后脩朝聘以明贵贱，飨饮习射以明长幼，时蒐振旅以习用兵也，入学庠序以脩人伦。⁽¹¹⁾此皆人之所有于性，而圣人之所匠成也。⁽¹²⁾故无其性，不可教训；有其性无其养，不能遵道。茧之性为丝，然非得工女煮以热汤，而抽其统纪，则不能成丝。⁽¹³⁾卵之化为雏，非慈雌呕暖覆伏，累日积久，则不能为雏。⁽¹⁴⁾人之性有仁义之资，非圣王为之法度而教导之，则不可使乡方。⁽¹⁵⁾

故先王之教也，因其所喜以劝善，因其所恶以禁奸。故刑罚不用，而威行如流；政令约省，而化耀如神。故因其性，则天下听从；拂其性，则法县而不用。

【注释】
〔1〕柎循：安抚，抚慰。柎，通"拊"。《说文》："拊，揗也。"《荀子·富国》杨倞注："拊循，慰悦之也。" 涤荡：《文子·自然篇》作"条畅"。即条达通畅义。
〔2〕"故因"二句：许慎注："能循，则必大也；化而欲作，则小矣。"按：因，按照规律办事。《老子》三十七章："化而欲作。"《文子·自然篇》："故因即大，作即小。"又《原道训》："故曰因则大，作则细矣。""化"

与"作"义近。指违背规律行事，即人为造作。

〔3〕濬：疏通河道。通"浚"。

〔4〕发菑：开荒。《说文》："菑，不耕田也。" 五种：即五谷。

〔5〕夏、商：夏桀、商纣。

〔6〕"埏埴"句：化自《老子》十一章。《老子》河上公注："埏，和也。埴，土也。和土以为饮食之器。" 窬：《氾论训》高诱注："空也。"即凿空义。 刀：《道藏》本、刘绩《补注》本作"刃"。

〔7〕谊：通"仪"，礼仪。

〔8〕衰绖：丧服。披在胸前和戴在头上的布条。《说文》："缞，服衣，长六寸，博四寸，直心。"衰，通"缞"。绖，《说文》："丧首戴也。" 哭踊：丧礼的仪节。顿足、搥胸以表哀痛。 "民有好色"以下数句：亦载于《汉书·礼乐志》。

〔9〕节文：节制修饰。已见《齐俗训》。

〔10〕顺：《群书治要》作"孝"。

〔11〕朝聘：古代诸侯定期朝见天子。《礼记·中庸》："朝聘以时。" 飨饮：即乡饮酒之礼。《礼记》有《乡饮酒礼》。《说文》："飨，乡人饮酒也。从食，从乡，乡亦声。"王念孙《读书杂志》："飨"当为"乡"，字之误也。按：王氏失校。 "时蒐振旅"句：许慎注："蒐，简车马也。出曰治兵，入曰振旅也。"按：蒐，通"搜"，检阅车马。《左传·宣公十四年》杜预注："蒐，简阅车马。"振旅，整顿部队。 庠序：古代地方所开设的学校。《说文》："夏曰校，殷曰庠，周曰序。"

〔12〕匠成：培养造成。

〔13〕统纪：指头绪。《说文》："统，纪也。""纪，别丝也。"

〔14〕呕暖：生育抚养之义。

〔15〕乡：通"向"。向着。 "茧之"以下数句：亦载于《韩诗外传》卷五。

【译文】

天地四时，不是为了产生万物；大道规律的不断变化，阴阳之气的互相融合，而万物便产生了。圣人治理天下，不是改变百姓的性情，而是要抚慰他们已有的品德，而使之条达通畅。所以按照规律行事，就会逐渐扩大；人为地违背规律，就会逐渐缩小。禹凿开龙门，劈开伊阙山，疏通长江、黄河，向东注入大海，是按照水流规律行事的；后稷开垦荒地，施肥种植农作物，使五谷生长各自得到适宜的条件,是按照土壤的情势决定的;商汤、周武使用兵车三百乘、甲卒三千人,讨伐暴乱,制伏夏桀、商纣,是按照百姓的愿望进行的。所以能够遵循规律行事,就会无敌于天下。

万物有用来生长的天然规律,而后人事便可按照这个规律进行治理。因此高明的木匠不能来砍斫金属,巧手的冶工也不能来冶炼木头。因为金属的特性不能够被砍削,而木头的特性不能够被熔化。和泥制作陶器,凿空木头而作舟船,熔化铁器而制兵刃,冶炼铜液而铸钟,这都是遵循万物的规律而制成的。驾驭骏马,套牛拉车,让公鸡打鸣,使狗守护门户,是按照它们的天然特性而进行的。

人类有爱好异性美色的本性,因此就制定了婚娶的礼节;有喜欢饮食的爱好,因此就规定了大飨的礼仪;有爱好音乐的特性,因此就制造了钟鼓、管弦来演奏;有悲哀的感情,因此就有了衰经、哭踊等丧礼的规定。所以先王制定法规,是按照百姓的喜好而为他们进行节制修饰。按照他们爱好异性美色的本性而制定了婚姻的礼节,因此男女之间才有了区别;依照他们喜爱音乐的特性,而有了纯正的《雅》、《颂》之声,所以风气习俗不致趋于下流;根据他们需要家室安宁、妻儿快乐的要求,用和顺来教导他们,因此父子之间讲究孝道;依照他们喜爱结交朋友,而用弟从兄来教诲他们,所以长幼之间讲究"悌"。然后便制定诸侯朝见天子的礼节,来明确贵贱的等级;用乡饮和教习射术,来表明长幼关系;按时检阅车马、整顿军队来熟习用兵;进入学校学习,来修治人伦道德。这些都是人性之中本来就具有的,而圣人把它们完备化了。因此人如果没有这种本性,便不能够加以教训;有这种本性而不加以修养,便不能够遵循大道。就像茧的特性可以织成丝,但是如果没有女工用热水漂煮,来抽出它的头绪,便不能够成丝;蛋可以化为雏禽,但是如果没有慈禽用温暖的身体进行孵化,积累很长的时间,便不能成为幼禽。人的天性中有仁爱的资质,但是如果不是圣人替他们建立法度而教导他们,便不可能使他们通向正直。

因此先王的教化,是按照百姓所喜爱的,来勉励他们推行善事;根据他们所厌恶的,来禁止奸邪。所以刑罚虽不使用,而威严像流水一样畅通;政令简约明了,而感化照耀像神灵一样迅速。所以按照百姓的天性,那么天下人民就会听从;违背他们的天性,那么就是悬挂法律,也不会被使用。

昔者五帝、三王之莅政施教,必用参五。⁽¹⁾何谓参五?仰取象于天,俯取度于地,中取法于人。乃立明堂之朝,行明堂之令,以调阴阳之气,而和四时之节,以辟疾病之菑。⁽²⁾俯视地理,以制度量,察陵陆水泽肥墽高下之宜,立事生财,以除饥寒之患。⁽³⁾中考乎人德,以制礼乐;行仁义之道,以治人伦而除暴乱之祸。乃澄列金木水火土之性,故立父子之亲而成家;⁽⁴⁾别清浊五音六律相生之数,以立君臣之义而成国;察四时季孟之序,以立长幼之礼而成官。此之谓参。⁽⁵⁾制君臣之义,父子之亲,夫妇之辨,长幼之序,朋友之际。⁽⁶⁾此之谓五。乃裂地而州之,分职而治之,筑城而居之,割宅而异之,分财而衣食之,立大学而教诲之,夙兴夜寐而劳力之,此治之纪纲已。⁽⁷⁾然得其人则举,失其人则废。

尧治天下,政教平,德润洽,在位七十载,乃求所属天下之统,令四岳扬侧陋。⁽⁸⁾四岳举舜而荐之尧,尧乃妻以二女,以观其内;⁽⁹⁾任以百官,以观其外。既入大麓,烈风雷雨而不迷。⁽¹⁰⁾乃属以九子,赠以昭华之玉,而传天下焉。⁽¹¹⁾以为虽有法度,而朱弗能统也。⁽¹²⁾

【注释】

〔1〕莅:《吕览·孝行》高诱注:"临也。"莅政,处理政事。 参五:错综比较,以为验证。《周易·系辞上》:"参伍以变,错综其数。"并见本书《要略》、《主术训》。

〔2〕"乃立"句:蒋礼鸿《淮南子校记》:"'乃立'上脱'仰□天□

一句。"行明堂"句：许慎注："明堂，布政之宫，有十二月之政令也。" 菑：通"灾"。祸害。《荀子·修身》杨倞注："菑，读为灾。"

〔3〕墢：《说文》："硗也。"指土地坚硬贫瘠。《集韵》"效"韵："墢，土不平。或作垅。" 生财：指开发财源。

〔4〕澄：许慎注："清也。" "故立父子"句：《文子·上礼篇》作"以立"。

〔5〕参：即列五行，成家；别五音，成国；察四时，成官。

〔6〕辨：别。以上数句可与《孟子·滕文公上》相参。

〔7〕职：《文子·上礼篇》作"国"。 大学：即太学。《周礼·夏官·诸子》孙诒让正义："太学为教国子之学。" 力：勤力。 "已"：《道藏》本同。刘绩《补注》本作"也"。

〔8〕洽：有广博、普遍之义。 四岳：古时分掌四时、方岳的部落首领。《史记·五帝本纪》集解引郑玄曰："四岳，四时官，主方岳之事。" 扬：举荐。 侧陋：偏僻简陋。引申为微贱。《尚书·尧典》："明明扬侧陋。"

〔9〕二女：娥皇、女英。

〔10〕"既入"二句：许慎注："林属于山曰麓。尧使舜入林麓之中，遭大风雨不迷也。"按：以上数句，化自《尚书·尧典》。《史记·五帝本纪》《尚书大传》亦载之。

〔11〕九子：尧有九男。《吕览·去私》："尧有子十人。" 昭华：传国之玉名。

〔12〕朱：尧长子，名丹朱。

【译文】

从前五帝、三王统治天下施行教化，必定采用"参五"之法。什么叫"参五"呢？向上取法于天的形象，向下取法于大地的法度，中间取法于人的法规。(仰观天象)，于是建立明堂朝廷，颁行十二个月的政令，用来调节阴阳之气，协调四季的节令变化，从而避开疾病带来的灾祸。向下俯视地理，用来制定度量的标准，考察丘陵、陆地、水流、沼泽的肥沃、贫瘠、高低适宜的情况，确定从事的内容，创造生活财富，来解除饥饿带来的祸患。在中间考察人的道德，来制定出礼乐制度；实行仁义之道，来治理人伦的道德关系，而消除暴乱产生的祸害。于是清楚地摆列金木水火土五行的特性，来确立父子之间的亲缘关系，并建立家室；分别清浊、五音、六律相互产生的数量关系,来建立君臣之间的道义关系,并成立国家;考察四季及孟仲季之间的变化次序,来确立长幼之间的礼节,并建立官职制度。这些就叫做"参"。规定君臣之间的大义,明确父子间的亲缘关系,分清夫妇之间的区别,建立长幼之间的次序,讲究交友之间的信任,这就叫"五"。于是帝王分割土地而建立州国,分清职守而加以治理,修筑城市而使人民居住,划分田宅而相互区别,分配财物而使他们得到衣食,建立"大学"而教诲他们,起早睡晚而使他们辛勤劳作,这些就是治理国家的大纲要领。但是这样的纲领得到贤人就能举兴,失去贤人就会废弃。

尧治理天下的时候,政治教化非常平和,德泽普施百姓,统治天下七十年,于是在他所统领的范围内,命令四方长官推荐哪怕低贱之人代他统领天下。四岳一致把舜推荐给尧。尧于是把两个女儿嫁给他,用来观察他的理家能力;并把统治百官的重任交付给他,来观察他的治国能力。让舜进入大森林,他面临狂风暴雨,却不迷失方向。于是尧把自己的九个儿子嘱托给舜,又赠给他昭华美玉,并把天下传给了他。尧认为即使国家有法度,而长子丹朱也不能够统领天下。

　　夫物未尝有张而不弛、成而不毁者也。唯圣人能盛而不衰,盈而不亏。神农之初作琴也,以归神;⑴及其淫也,反其天心。⑵夔之初作乐也,皆合六律而调五音,以通八风;⑶及其衰也,以沉湎淫康,不顾政治,至于灭亡。⑷苍颉之初作书,以辩治百官,领圣万事,愚者得以不忘,智者得以志远;⑸至其衰也,为奸刻伪书,以解有罪,以杀不辜。汤之初作囿也,以奉宗庙鲜犕之具,简士卒,习射御,以戒不虞;⑹及至其衰也,驰骋猎射,以夺民时,罢民之力。⑺尧之举禹、契、后稷、皋陶,政教平,奸宄息,狱讼止而衣食足,贤者劝善而不肖者怀其德;⑻及至其末,朋党比周,各推其与,废公趋私，外内相推举，奸人在朝，而贤者隐处。⑼ 故《易》之失也卦，《书》之失也敷，《乐》之失也淫，《诗》之失也辟，《礼》之失也责，《春秋》之失也刺。⑽

天地之道，极则反，盈则损。⑾ 五色虽朗，有时而渝；⑿ 茂木丰草，有时而落。物有降杀，不得自若。⒀ 故圣人事穷而更为，法弊而改制，非乐变古易常也，将以救败扶衰，黜淫济非，以调天地之气，顺万物之宜也。⒁

【注释】

〔1〕神：指神明，精神清明。

〔2〕天心：无为自化，清静自理，谓之天心。即天然的规律。《群书治要》摘引《文子·上礼篇》："圣人初作乐也，以归神杜淫，反其天心；至其衰也，流而不反，淫而好色，至以亡国。"可与本文相参。

〔3〕夔：许慎注："尧典乐臣也。"按：较早见于《尚书·舜典》。

〔4〕淫康：淫乐过度。 政治：指政事，治政措施。

〔5〕"作书"：《道藏》本同。刘绩《补注》本"书"下有"也"字。 辩治：治理。《说文》："辩，治也。"《韩诗外传》卷五："君者，善辩治人者也。" 圣：《道藏》本、刘绩《补注》本作"理"。《说文》："圣，通也。"即通达义。 志远：《文子·上礼篇》作"记事"。

〔6〕囿：畜养禽兽的园地。 鲜轿：许慎注："生肉为鲜，干肉为轿。"按：轿，疑通"槁"。《国语·鲁语上》韦昭注："槁，干也。" 简：《左传·襄公三年》杜预注："选练。" 不虞：没有预料的事。

〔7〕"罢民"句：《文子·上礼篇》作"以罢民力"。《初学记》卷二十四《苑囿第十二》："以夺人之时，劳人之力。""民"，避唐讳改作"人"。

〔8〕奸宄：为非作歹之人。《说文》："宄，奸也。外为盗，内为宄。"

〔9〕与：党与。 "相推举"：《文子·上礼篇》无"推"字。

〔10〕"故《易》"以下六句：本书《诠言训》有"《诗》之失僻，《乐》之失刺，《礼》之失责"三句。下文又有六句，其义相近，疑有衍文。卦：指依靠卦占。《周易·说卦传》："观变于阴阳而立卦。" 敷：铺陈、扩展义。《小尔雅·广诂》："敷，布也。" 辟：邪僻。 责：责罚。 刺：责难。《诗·大雅·瞻卬》毛亨传："刺，责也。"

〔11〕极、盈：指事物发展达到某种极限。 反、损：指事物要向相

反方向转化。《鹖冠子·环流》："物极则反。"

〔12〕渝：即改变义。

〔13〕降杀：《道藏》本同。刘绩《补注》本改作"隆"，非。《说文》："降，下也。""隆，丰大也。从生，降声。"二字上古同音。降，通"隆"。降杀，即厚薄、增减义。　自若：保持原样。

〔14〕黜：贬下。　济：制止。《天文训》高诱注："济，止也。"

【译文】

　　万物不曾有紧张而不松弛，成功而不毁坏的情况。只有圣人能够盛大而不衰败，充满而不亏损。神农开始制作琴的时候，使人归向精神清明；等到暗主使用的时候，淫乱过分，就违反了天然的规律。夔在开始制作乐器的时候，都是合乎六律而使五音协调，来通达八方之风；等到昏君使用的时候，沉湎酒色放纵无度，不管政事，而至于灭亡。苍颉开始创造文字的时候，用来治理百官，统领管理天下之事，使愚笨的人不会遗忘，聪明的人能够记载远方风物；等到暗主使用的时候，就用来私自刻写骗人的文书，以解脱有罪之人，而杀死无罪者。商汤开始作围畜养禽兽的时候，用来准备奉献给宗庙祭祀用的干鲜肉食，选练士卒，学习射御，用来防备意外的战事发生；等到昏君使用的时候，用来奔驰打猎，而占用百姓生产的季节，使民力疲惫不堪。尧举用禹、契、后稷、皋陶，刑德教化平和，奸人止息，诉讼案件断绝，而百姓衣食充足；贤德的人劝勉推行善事，而不肖的人感怀他的德泽。等到陶唐朝代的末世，结党营私，排除异己，各自推举他们的党与；废弃公道，专营私利，朝廷内外互相推举，奸佞小人把持朝政，而贤德之人隐处山野。因此《易》的丧失旨意，只重卦占；《尚书》失去主旨，只重视铺陈；《乐》失掉旨意，成为淫乱的工具；《诗》失掉主旨，使人走上邪辟之路；《礼》丧失根本，变成互相责罚；《春秋》失掉精髓，被用来进行责难。

　　天地的自然法则，发展到极端就会走向反面，满溢就要亏损。五色虽然很鲜艳，时间长了就会改变颜色；茂密的树林，丰盛的野草，秋后就要落叶。万物有繁盛衰败的时候，不能够保持原样。因此圣人事业失败了就要重新做起，法制失败了而要改革制度，这并不是喜欢改变古法变革常规，而是要用来挽救失败解救衰退，罢黜淫乱拯救失败，以便协调天地的和气，顺应万物的适宜变化。

圣人天覆地载，日月照，阴阳调，四时化，万物不同，无故无新，无疏无亲，故能法天。⁽¹⁾天不一时，地不一利，人不一事，是以绪业不得不多端，趋行不得不殊方。⁽²⁾五行异气，而皆适调；六艺异科，而皆同道。⁽³⁾温惠柔良者，《诗》之风也；淳庞敦厚者，《书》之教也；⁽⁴⁾清明条达者，《易》之义也；恭俭尊让者，《礼》之为也；⁽⁵⁾宽裕简易者，《乐》之化也；刺几辩义者，《春秋》之靡也。⁽⁶⁾故《易》之失鬼，《乐》之失淫，《诗》之失愚，《书》之失拘，《礼》之失忮，《春秋》之失訾。⁽⁷⁾六者圣人兼用而财制之。⁽⁸⁾

失本则乱，得本则治；其美在调，其失在权。⁽⁹⁾水火金木土谷，异物而皆任；规矩权衡准绳，异形而皆施；丹青胶漆，不同而皆用。各有所适，物各有宜。轮员舆方，辕从衡横，势施便也；骖欲驰，服欲步，带不厌新，钩不厌故，处地宜也。⁽¹⁰⁾《关雎》兴于鸟，而君子美之，为其雌雄之不乖居也；⁽¹¹⁾《鹿鸣》兴于兽，君子大之，取其见食而相呼也；⁽¹²⁾泓之战，军败君获，而《春秋》大之，取其不鼓不成列也；⁽¹³⁾宋伯姬坐烧而死，《春秋》大之，取其不逾礼而行也。⁽¹⁴⁾成功立事，岂足多哉？方指所言，而取一概焉尔。⁽¹⁵⁾

【注释】
〔1〕法天：以天道为法则。《老子》二十五章："人法地，地法天，天法道，道法自然。"
〔2〕绪业：事业，遗业。
〔3〕"五行"以下四句：王念孙《读书杂志》：《太平御览·学部》二

引作"五行异气而皆和,六艺异科而皆道"。

〔4〕淳庞:淳朴宽大。庞,《玉篇》:"厚也。" 敦厚:诚朴宽厚。

〔5〕尊让:揖让,谦让。

〔6〕刺几:指责,讽刺。几,通"讥"。 靡:《文选·枚乘〈七发〉》吕向注:"美也。"

〔7〕"故《易》"句:许慎注:"《易》以气定吉凶,故鬼也。""《乐》之"句:许慎注:"乐变之于郑声,淫也。""《诗》之"句:许慎注:"诗人怒,怒近愚也。""《书》之"句:许慎注:"《书》有典谟之制,拘以法也。""《礼》之"句:许慎注:"《礼》尊尊卑卑,尊不下卑,故忮也。"按:忮,《说文》:"很也。"即嫉恨之义。 "《春秋》之"句:许慎注:"《春秋》贬绝不避王人,书人之过,相訾也。"按:訾,非议,诋毁。以上数句,当化自《礼记·经解》,亦见《孔子家语·问玉》。

〔8〕财:通"裁"。《广雅·释言》:"裁,制也。"

〔9〕调:《文子·上礼篇》作"和"。

〔10〕骖:许慎注:"骈。"按:《说文》:"骖,驾三马也。""骈,骖,旁马。"训义同。 服:许慎注:"车中马也。"按:《吕览·爱士》高诱注:"四马车,两马在中为服。"

〔11〕不乘居:居处和谐。《玉篇》:"乖,戾也,背也。"即违背,不协调义。《诗·周南·关雎》序云:"《关雎》,后妃之德也。是以《关雎》乐得淑女以配君子。""德"与"乐",体现"不乘居"之义。王念孙《读书杂志》:"乖"当为"乘",字之误也。乘者,匹也,言雌雄有别,不匹居也。《广雅》曰:"双、耦、匹、乘,二也。"《列女传·仁智传》:"夫雎鸠之鸟,犹未尝见其乘居而匹处也。"按:王说似与《诗》"序"不合。

〔12〕《鹿鸣》:《诗·小雅》篇名。为宴会宾客时所作的乐歌。

〔13〕"泓之战"几句:许慎注:"宋襄公与楚战于泓,楚人败之,襄公获也。"按:泓,古水名,在今河南柘城县。前638年成为霸主的宋襄公与楚战于泓水。楚军强大,襄公自称"仁义之师",要等待楚军渡河摆列阵势再战,结果自己伤股,军队大败。第二年不治而死。见《左传·僖公二十三年》。亦载于《韩非子·外储说左上》,并见《史记·宋世家》。 获:《广雅·释诂三》:"辱也。"

〔14〕"宋伯姬"三句:许慎注:"伯姬,宋共公夫人。夜失火,待傅母,不至不下堂,而及火死之也。"按:事见《左传·襄公三十年》。亦见《汉书·五行志》、《列女传·贞顺传》等。

〔15〕方:《仪礼·聘礼记》郑玄注:"板也。"即版牍。指书籍。指:通"旨"。旨意。 一概:一端,一节。

【译文】

圣人之德像上天覆盖一切，如大地运载万物，像日月照耀，阴阳和调，四时变化，对待不同的万事万物，没有旧的，没有新的；没有亲近的，没有疏远的，因此能够效法天道。上天不会只有一个季节，大地不会只有一种利益，人也不能从事一样的事情，因此事业不能够不是多方面的，奔驰行走也不得不是不同的方向。五行具有不同的气色而都能适宜协调，六艺具有不同的科目，而都符合大道。温柔仁惠，是《诗》的风格；质朴宽厚，是《书》的教义；清新畅达，是《易》的大义；恭敬谦让，是《礼》的要求；宽容简易，是《乐》的感化主旨；讽刺弊政，辩明要义，是《春秋》的美义。因此《易》义的丧失，注重鬼神；《乐》旨的失去，成为淫乱；《诗》义的丧失，使人愚蠢；《书》旨的失去，使人拘泥；《礼》仪的丧失，使人嫉恨；《春秋》失去大要，使人相互非议。六种经典圣人同时采用而加以裁定。

如果失去根本，就会造成混乱；掌握根本，就能得到大治。它的精美之处在于和调，它的失败在于权变。水火金木土谷，种类不同而都能得到使用；规矩、权衡、准绳，形体不同而都能得到施行；丹青、胶漆，性质不同而都能被使用。各种物品都有适宜的标准，万物各自有适宜的地方。圆的轮子，方的车子；纵放的是辕，横摆的是衡，按照不同的情势得到不同的便利。车两边的骖马要奔驰，中央的服马却要一步步行走；衣带是不厌烦新的，带钩是不讨厌用旧的，各自处于不同的地方，有不同的适宜特点。《关雎》一篇从鸟起兴，而君子赞美它，因为它们雌雄居处和谐；《鹿鸣》一篇从兽起兴，而君子重视它，取用的是它们看见食物便相互打招呼；泓水之战的时候，宋军失败而国君被辱，而《春秋》肯定他，是取用他的不击鼓不摆阵势，希望双方不去开战的仁心；宋伯姬坐不离开席位，活活被烧死，《春秋》赞扬她，取用的是她不越礼仪而随便行动。成就功名，建立事业，哪里需要做更多的事情呢？典籍记载中所说的观点，只是取用其中一个方面罢了。

王乔、赤松，去尘埃之间，离群慝之纷，及阴阳之和，食天地之精，呼而出故，吸而入新，喋虚轻举，乘云游雾,可谓养性矣,而未可谓孝子也;⁽¹⁾周公诛管叔、蔡叔,以平国弭乱,可谓忠臣也,而未可谓弟也;⁽²⁾汤放桀,武王诛纣,以为天下去残除贼,可谓惠君,而未可谓忠臣矣;乐羊攻中山未能下,中山烹其子,而食之以示威,可谓良将,而未可谓慈父也。⁽³⁾故可乎可,而不可乎不可;不可乎不可,而可乎可。

舜、许由异行而皆圣,伊尹、伯夷异道而皆仁;箕子、比干异趋而皆贤。故用兵者,或轻或重,或贪或廉,此四者相反,而不可一无也。轻者欲发,重者欲止,贪者欲取,廉者不利非其有。故勇者可(贪)[令]进斗,而不可令持牢;⁽⁴⁾重者可令埴固,而不可令凌敌;⁽⁵⁾贪者可令进取,而不可令守职;廉者可令守分,而不可令进取;信者可令持约,而不可令应变。五者相反,圣人兼用而财使之。⁽⁶⁾

【注释】

〔1〕赤松:即赤诵子。古代传说的得道仙人。已见本书《齐俗训》。 噁:许慎注:"恶也。"按:即邪恶。 及:《道藏》本、刘绩《补注》本作"吸"。及,通"汲"。有汲取义。 喋:《道藏》本、刘绩《补注》本作"蹀"。《史记·魏豹彭越列传》司马贞索隐:"喋,犹践也。"通"蹀"。《广雅·释诂一》:"蹀,履也。"《龙龛手鉴》:"蹀,正;蹀,今。"蹀虚,脚踏空虚,即飞升之义。 轻举:轻身升起。

〔2〕弭:制止。 弟:弟弟顺从兄长。后作"悌"。

〔3〕示威:表示威武。

〔4〕"贪":《道藏》本同。刘绩《补注》本、《文子·自然篇》作"令"。 持牢:把稳、固守。《文子·自然篇》作"持坚"。刘典爵《淮南子韵谱》:"盖许注本避吴讳改。"

〔5〕埴固:坚牢。《墨子·尚贤中》孙诒让间诂引毕沅云:"埴训粘土,坚牢之意。"

〔6〕财:通"裁"。裁定义。

【译文】

　　王乔、赤松子，离开尘垢污秽，避开世间邪恶的纷争，呼吸阴阳的和气，食用天地的精华，呼出陈旧的气体，吸进新鲜空气，踏着虚空，轻身飞起，驾着白云，遨游在雾气之中，可以说是达到养性的境界了，但是却不能够称为孝子；周公杀掉管叔、蔡叔，来平定国内的叛乱，可以说是国家的忠臣，但是不符合"悌"的要求；商汤流放夏桀，武王讨伐商纣王，而为天下除去残贼之人，可以说是仁惠之君，但不能说是忠臣；乐羊攻打中山不能夺取，中山国君烹了他的儿子，乐羊怒而吃了肉羹，而表示决不屈服，可以称得上是良将，但是不能称得上是慈父。所以要肯定正确的，而不肯定不正确的；不肯定不正确的，而肯定正确的。

　　舜、许由行为相异而都有圣名，伊尹、伯夷道路不同而都有仁行；箕子、比干趋向不同而都称其贤德。因此用兵的人，有的用轻敌，有的用慎重；有的用贪婪，有的用廉洁，这四个方面，完全相反而缺一不可。轻敌的人想要发兵，慎重的人却要停止；贪婪的人想要夺取，廉洁的人对不归己有的不去求利。因此勇敢的人可以使他前进冲锋，而不能使他防守阵地；慎重的人可以让他把守，而不能使他冲锋杀敌；贪婪的人可以使他们进取，而不能使他们坚守职责；廉洁的人可以使他们安守本分，而不能使他们进击；持守信用的人可以让他们坚持要约，而不能使他们应对变化。五种人完全相反，圣人各有所取而加以裁定。

　　夫天地不包一物，阴阳不生一类；[1] 海不让水潦以成其大，山不让土石以成其高。夫守一隅而遗万方，取一物而弃其馀，则其所得者鲜，而所治者浅矣。[2]

　　治大者道不可以小，地广者制不可以狭，位高者事不可以烦，民众者教不可以（苟）[苛]。[3] 夫事碎难治也，法烦难行也，求多难赡也。寸而度之，至丈必差；铢而称之，至石必过；石秤丈量，径而寡失；简丝数米，烦而不察。[4] 故大较易为智，曲辩难为惠。[5] 故无益于治，而有益于烦者，圣人不为；无益于用，而有益于费者，智者弗行也。故功不厌约，事不厌省，求不厌寡。功约易成也，事省易治也，求寡易赡也。众易之，于以任人易矣。孔子曰："小辩破言，小利破义，小义破道，小见不达，必简。"〔6〕

【注释】
〔1〕"夫天地"二句：化自《吕览·贵公》。
〔2〕一隅：一个角落。
〔3〕"苟"：《道藏》本同。刘绩《补注》本、《文子·上仁篇》作"苛"。苛，即苛刻义。
〔4〕"简丝"二句：许慎注："言事当因大法，如简阅丝数米，则烦而无功也。"按：《集韵》"产"韵："简，阅也。"即查阅、检查义。
〔5〕大较：《史记·律书》司马贞索隐："大较，大法也。" 曲辩：曲意辩说。 惠：通"慧"，聪明。《道藏》本作"慧"。
〔6〕小辩：巧辩之言。 言：指规律。 小义：《道藏》本、《文子·上仁篇》、《大戴礼记·小辨》同。刘绩《补注》本作"小艺"。 小见：略见。 "必简"：《大戴礼记·小辨》作"通道必简"，《文子·上仁篇》作"道小必不通，通必简"。刘绩《补注》本作"达必简"。疑脱"通"或"达"字。 简：《尔雅·释诂上》："大也。"

【译文】
　　天地之间不只包含一种事物，阴阳不仅仅只产生一个物类；海水不辞让雨水而成为大海，高山不辞让土石而能成为大山。只持守一个角落而遗弃四方，只求取一件物品而抛弃其他物类，那么他所得到的少，而所能治理的就很肤浅了。
　　治理大的国家，道术不能够偏小；地域广阔的国度，制度不能够狭隘；处高位的人，行事不能够烦琐；百姓众多的地方，不能够进行苛刻的教化。事情琐细的难以治理，法令繁苛的难以实行；贪求过多的难以满足。一寸寸地去度量，到达一丈远必定有差错；一铢铢地去称量，到了一石必定有过错；大的物体用石秤、用丈量，直截了当失误少；像检查丝的根数，数清米粒那样来计量，只会烦琐而无功。因此大法容易运用智慧，曲意辩说难以成为聪明。所以对于国家治理没有帮助，而增加烦扰的，圣人是不去干的；对于使用没有益处，而只会浪费财物的，聪明的人是不去实行的。因此成就功业，不厌恶简约；事业成功，不厌烦减省；求取，不厌恶寡少。功业简约就容易成就，事务减省就容易治理，求取寡少就容易满足。在许多方面都容易做到，对于用人也就容易了。孔子说："辩析之言容易破坏大的规律，小的利益会破坏大的义理，小的道义会破坏大的道理，粗疏的见解不能通达大道，通达大道必行圣人之道。"

河以逶蛇，故能远；⑴山以陵迟，故能高；⑵阴阳无为，故能和；⑶道以优游，故能化。⑷夫彻于一事，察于一辞，审于一（投）[技]，可以曲说，而未可广应也。⑸蓼菜成行，甂瓯有堤，称薪而爨，数米而炊，可以治小，而未可以治大也。⑹员中规，方中矩，动成兽，止成文，可以愉舞，而不可以陈军；⑺涤杯而食，洗爵而饮，盥而后馈，可以养少，而不可以飨众。⑻

今夫祭者，屠割烹杀，剥狗烧豕，调平五味者，庖也；陈簠簋，列樽俎，设笾豆者，祝也；⑼齐明盛服，渊默而不言，神之所依者，尸也。⑽宰祝虽不能，尸不越樽俎而代之。⑾故张瑟者，小弦急而大弦缓；⑿立事者，贱者劳而贵者逸。⒀舜为天子，弹五弦之琴，歌《南风》之诗，而天下治；周公肴臑不收于前，钟鼓不解于悬，而四夷服。⒁赵政昼决狱夜理书，御史冠盖接于郡县，覆稽趋留，戍五岭以备越，筑脩城以守胡，然奸邪萌生，盗贼群居，事愈烦而乱愈生。⒂故法者，治之具也，而非所以为治也；而犹弓矢，中之具，而非所以中也。

【注释】

〔1〕逶蛇：弯曲绵延。

〔2〕陵迟：延缓的斜坡。《汉书·诸侯王表》颜师古注："陵夷，言如山陵之渐平。"又《匡谬正俗》卷八："史籍或言陵迟，或言陵夷，其义一也。"

〔3〕"阴阳无为"二句：王念孙《读书杂志》：《太平御览·地部》二十六引《淮南》无此二句。《说苑·说丛》、《文子·上仁篇》并同。

〔4〕优游：既远且长之义。

〔5〕彻：《说文》："通也。"即通达义。"投"：《道藏》本作"枝"，刘绩《补注》本作"技"，《文子·上仁篇》作"伎"。文从刘说。 曲说：片面之说。以上几句化自《管子·宙合》。

〔6〕瓯：刘绩《补注》本。绩按：瓯，补玄切。小盆大口而卑小。本书《诠言训》作"瓯瓯有堤"。"堤"谓瓶瓯下案也。按：《诠言训》作"瓶瓯有堤"。许慎注："堤，瓶瓯下安也。"《说林训》有"狗彘不择瓯瓯而食"。瓶，古代汲水器。瓯，小瓦盆。瓯，小盆。堤，通"堤"。即盆盂下面的底座。

〔7〕"动成兽"二句：《诠言训》作"行成兽，止成文"。 愉舞：戏乐。

〔8〕盥：洗手。《说文》："澡手也。" 馈：《说文》："饷也。"即进食。

〔9〕簠簋：许慎注："器方中者为簠，圆中者为簋也。"按：为古代宴饮以盛稻粱的器具。 樽俎：酒器，食器。 笾豆：古代祭祀时用以盛果脯的竹制食器，形如豆，故笾豆连称。

〔10〕齐明：斋戒严整。齐，通"斋"。《说文》："斋，戒洁也。" 渊默：深沉不言。又通"玄默"。《主术训》："天道玄默。"

〔11〕"宰祝"二句：化自《庄子·逍遥游》。

〔12〕"故张瑟"二句：《缪称训》："大弦组〔绲〕则小弦绝矣。"许慎注："组〔绲〕，急也。"

〔13〕立：通"莅"。掌管。

〔14〕肴膈：做好的膳食等。《文选·张衡〈西京赋〉》薛综注："肴，膳也。"膈，《广韵》"之"韵："煮熟。"

〔15〕赵政：许慎注："秦始皇帝。"按：秦始皇于秦昭王四十八年（前259年）正月元旦，生于赵都邯郸，寄姓赵氏，名政（正）。 御史：御

史大夫。主管监察、执法的高级行政长官，仅次于丞相。　覆稽：反复稽查。　五岭：镡城之岭、九疑之塞、番禺之都、南野之界、射干之水。今指越城、都宠、萌诸、骑田、大庾五岭。

【译文】

　　黄河因为它绵延曲折，所以才能通达远方；大山因为起伏不平，所以才能显示它的高峻；阴阳二气各自按照规律运行，所以才能和谐；大道因为深远而悠长，所以才能化育万物。因此通达一件事情，明察一个词语，通晓一种技艺，只可以知道片面之说而不能够广泛应对万物。像蓼菜一样摆列成行，像甊瓯一样有底座，称量薪柴而烧火，清数米粒而做饭，可以治小家而不可以治大国；圆形符合规的要求，方形符合矩的要求，行动模仿兽类，停止时整齐划一，能够戏乐玩耍而不能够摆列阵势；洗净杯子而吃饭，刷洗酒杯而饮酒，洗手后才进食，能够奉养少数人，而不能够用来招待大众。

　　现在准备祭祀，屠宰烹煮，剥去狗皮，烧熟肥猪，调和五味，是庖厨的责任；陈列簠簋，摆列酒器食器，陈设笾豆，是祝的工作；斋戒严整，穿上盛美的礼服，深沉而不言，神灵要依托他，这是尸的责任。宰祝即使不能做好自己的工作，尸也不能越过樽俎而代替他们。因此弹奏瑟的人，小弦急促而大弦舒缓；管理事务的人，贫贱的来劳作而富贵的得安逸。舜担任天子，弹起五弦琴，唱起了《南风》之诗，而天下得到治理；周公饭食放到面前来不及去吃，钟鼓悬挂着来不及解下来，而四夷归服。赵政白天判决案件，而晚上处理书牍，御史的车马直接到达郡县，反复稽查奔走不停，派兵戍守五岭用来防备越人，遣人修筑长城来守边备胡，但是奸邪还不断滋生，盗贼聚居占据山寨，事情越来越烦琐，而且混乱越来越多。因此，法律是治理的工具，而不是实现治理的目的；就像弓矢是射中目标的工具，而不是射中的原因一样。

　　黄帝曰："芒芒昧昧，因天之威，与元同气。"[1] 故同气者帝，同义者王，同力者霸，无一焉者亡。[2] 故人主有伐国之志，邑犬群嗥，雄鸡夜鸣，库兵动而戎马惊。[3]

今日解怨偃兵,家老甘卧,巷无聚人,妖菑不生,非法之应也,精气之动也。[4] 故不言而信,不施而仁,不怒而威,是以天心动化者也;[5] 施而仁,言而信,怒而威,是以精诚感之者也;施而不仁,言而不信,怒而不威,是以外貌为之者也。[6] 故有道以统之,法虽少,足以化矣;无道以行之,法虽众,足以乱矣。

【注释】
　　[1]芒芒昧昧:淳朴广大的样子。　元:义同"玄",上天。　同气:性质相近或相同。《周易·乾卦》:"同声相应,同气相求。"
　　[2]同力:协力。
　　[3]"故人主"几句:许慎注:"伐国,逆天之行,则时必有大祸。戎马,兵马也。鸡夜鸣而兵马起,气之感动也。"按:伐国,指无故侵略他国。
　　[4]妖菑:妖祸,灾害。《玉篇》:"菑,害也。"
　　[5]动化:感应而变化。
　　[6]外貌:表面现象及形状。

【译文】
　　黄帝说:"淳朴广大啊,凭借着上天的威力,和上天同出一气。"因此和天同气的可以称帝,和天同义的可以称王,和天同力的可以称霸,哪一个方面都没有的就会灭亡。因此人君有侵伐别国的志向,那么城邑的狗便成群噪叫,雄鸡在夜间鸣叫,府库兵器振动,战马惊叫。即日解除怨恨,停息战争,家中长老会甜蜜地睡去,里巷不会有聚集思念出征之人,妖祸也不会产生,这些都不是法律所起的效应,而是精气感动的结果。因此不说话而能得到信任,不施与而能得到仁惠,不发怒而能显出威风,这是因为自然规律感应而引起的变化;施与得到仁惠,说话得到信任,发怒而显出威风,这是真诚感动的结果;施与而得不到仁惠,说话而不被信任,发怒而没有威风,这是使用表面手段而造成了这个样子。所以用道术来统领他们,法则即使很少,完全能够使人们感化;没有道术来推行它,法律即使很多,也只能引起混乱。

治身，太上养神，其次养形。治国，太上养化，其次正法。⁽¹⁾神清志平，百节皆宁，养性之本也；⁽²⁾肥肌肤，充肠腹，供嗜欲，养生之末也。民交让争处卑，委利争受寡，力事争就劳，日化上迁善而不知其所以然，此治之上也。⁽³⁾利赏而劝善，畏刑而不为非，法令正于上而百姓服于下，此治之末也。上世养本，而下世事末，此太平之所以不起也。夫欲治之主不世出，而可与兴治之臣不万一，以〔不〕万一求不世出，此所以千岁不一会也。⁽⁴⁾

水之性淖以清，穷谷之污，生以青苔，不治其性也。⁽⁵⁾掘其所流而深之，茨其所决而高之，使得循势而行，乘衰而流，虽有腐髊流渐，弗能污也。⁽⁶⁾其性非异也，通之与不通也。风俗犹此也。诚决其善志，防其邪心，启其善道，塞其奸路，与同出一道，则民性可善，而风俗可美也。

所以贵扁鹊者，非贵其随病而调药，贵其摩息脉血，知疾之所从生也；⁽⁷⁾所以贵圣人者，非贵随罪而鉴刑也，贵其知乱之所由起也。若不脩其风俗，而纵之淫辟，乃随之以刑，绳之法，法虽残贼天下，弗能禁也。⁽⁸⁾禹以夏王，桀以夏（止）〔亡〕；⁽⁹⁾汤以殷王，纣以殷亡。非法度不存也，纪纲不张，风俗坏也。

【注释】

〔1〕养化：即施行教化。　正法：建立正常法制。
〔2〕性：通"生"。《文子·下德篇》作"生"。
〔3〕"治之上"：《文子·下德篇》作"治之本"。

〔4〕"夫欲治"几句：《吕览·观世》高诱注：《淮南记》曰："欲治之君不世出，可与治之臣不万一，以不万一待不世出，何由遇哉？"《文子·下德篇》二句作："可与治之臣不万一，以不世出求不万一。"知"与兴治"无"兴"字，"万一"作"不万一"。 会：时机。

〔5〕污：停积不流的水。 青苔：许慎注："水垢也。"按：即苔藓类植物。也叫地衣。

〔6〕茨：许慎注："积土填满也。"按：《广雅·释诂三》："聚也。"又《释诂一》："积也。"即聚积义。杨树达《淮南子证闻》："茨"，乃假为"垐"。《说文》："垐，以土增大道上。" 衰：许慎注："下也。"按：《左传·襄公二十五年》杜预注："衰，差降。" 腐骴：许慎注："骨也。"按：即肉未烂完的骸骨。《广韵》"寘"韵："骴，枯骨。" 渐：许慎注："水也。"庄逵吉《淮南子校刊》：《太平御览》"渐"作"渐"，"渐"字为是。按：《广雅·释诂三》："渐，渍也。"又《礼记·曲礼下》郑玄注："死之言渐也。"骴骨、死尸并列，疑为《太平御览》引文之义。

〔7〕"贵其"二句：许慎注："言人之喘息，脉之，病可知。"按：摩息：按脉，也叫切脉。《说文》："摩，一指按也。" 脉血：指脉搏。《类篇》："脉，血理分衺行体者。"《汉书·艺文志》"方技略""医经"有《扁鹊内经》九卷。《隋书·经籍志》收有《扁鹊偃侧针灸图》三卷等。

〔8〕淫辟：放纵与邪恶。 "绳之法"：《道藏》本同。刘绩《补注》本作"绳之以法"。

〔9〕止：《道藏》本、刘绩《补注》本作"亡"。当正。

【译文】

治理自身，最上等的是保养精神；其次是保养形体。治理国家，最上等的是施行教化；其次是建立正常法制。神志如果清平，百节就会安宁，这是养生的根本；肌肤肥胖，大腹便便，满足自己的嗜欲，这是养生的末节。百姓交互谦让争处卑位，舍弃厚利争得较少的利益，从事劳作争干辛苦的事儿，每天都在变化，逐渐走上善道，而不知道这样做的原因，这是达到治国的最高要求。赏赐好处而劝人行善，畏惧刑罚而不干非法之事，上面颁布正确的法令，而下面百姓服从，这是治国的下等方法。上古之时注重保养根本，而末世只是从事末节，这是太平盛世不能出现的原因。那些想要把国家治理好的君王，不是每个时代都能出现的，而能和君王一起振兴国家的贤臣万中无一，用万中无一的贤臣去求得不是每个时代出现的明君，这就是一千年也难得有一次明君贤臣配合造成治世的原因。

　　水的特性，柔和而清净，但是幽谷的污水，会长出青苔，这是不按照水的特性处理而造成的。按照它流动的方向而深掘，把它冲决的地方堵塞而增加水位，使水能够按照流势而运行，依照逐步向下的势头而奔流，即使有腐朽的尸骨流入浸泡，也不会变臭。水的特性没有变化，水流畅通与不畅通造成了这个样子。民间风俗也像这样。果真推行美好的志向，防止邪心出现；开发行善之路，堵塞奸邪之道，与水性同出一途，那么百姓的性情便向往善道，而风俗可以变得美好了。

　　因此尊重扁鹊的原因，不是看重他按照疾病而配药，而是尊重他能够按脉问病，知道疾病产生的根源；所以尊重圣人的原因，不是尊重他根据罪行而定刑，而是尊重他知道祸乱产生的原因。如果不整治民间风俗，而放纵淫乱邪恶，却接着使用刑法，并用法律标准来处罚；法令虽然能在天下诛杀邪恶，却不能禁止邪恶不发生。禹建立夏朝而称王，桀为夏天子而灭亡；汤凭着殷而称王，纣王因为殷朝而灭亡。不是法令制度不存在了，而是法纪不能够伸张，风俗已经败坏了。

　　三代之法不亡，而世不治者，无三代之智也；六律具存，而莫能听者，无师旷之耳也。故法虽在，必待圣而后治；律虽具，必待耳而后听。故国之所以存者，非以有法也，以有贤人也；其所亡者，非以无法也，以无圣人也。

　　晋献公欲伐虞，宫之奇存焉，为之寝不安席，食不甘味，而不敢加兵焉。赂以宝玉骏马，宫之奇谏而不听，言而不用，越疆而去。荀息伐之，兵不血刃，抱宝牵马而去。故守不待渠堑而固，攻不待冲降而拔，得贤之与失贤也。[1] 故臧武仲以其智存鲁，而天下莫能亡也；[2] 璩伯玉以其仁宁卫，而天下莫能危也。《易》曰："丰其屋，蔀其家，窥其户，阒其无人。"[3] 无人者，非无众庶也,言无圣人以统理之也。

【注释】

〔1〕渠壍:深沟,天堑。 冲降:攻城用的兵车。《兵略训》作"冲隆",《氾论训》作"隆冲"。降、隆上古同音通假。《说文》:"隆,丰大也。从生,降声。"以上亦载于《公羊传·僖公二年》。

〔2〕臧武仲:春秋鲁大夫,仕成公、襄公、昭公,很有智慧。

〔3〕"《易》曰":引文见《周易·丰卦》"上六"爻辞。丰,大。蔀,《广韵》"厚"韵:"席也。"有搭席棚义。闃,《说文·新附》:"静也。"即空静义。

【译文】

夏、商、周三代的法纪没有丧失,而社会未得到治理的原因,是没有三代君主的智慧;六律全部存在,而没有人能够听得明白,是没有师旷的耳朵。因此法令即使存在,必定等待圣人才能得到治理;六律即使全备,必须需要耳朵才能听清。因此国家所以存在的原因,不是因为有了法令,是因为有了贤人;国家所以灭亡的原因,不是因为没有法律,而是没有贤人的缘故。

晋献公准备侵占虞国,由于虞大夫宫之奇在位,晋献公对此事睡不安,吃不甜,而不敢擅自出兵。献公用美玉骏马贿赂虞君,(虞君同意借道),宫之奇劝谏,而虞公不听;又出谋划策,不被接受,于是宫之奇越过疆界而离去。晋大夫苟息灭虢以后,又灭了虞国,军队没有一点伤亡,便抱着美玉、牵着骏马离开虞国。因此守卫国家不一定依靠深沟天堑才能巩固,攻打别国也不需要冲车进攻去夺取,而得到贤人与失去贤人才是关键。因此臧武仲凭借着他的智慧保存了鲁国,而天下诸侯没有人能使鲁灭亡;璩伯玉用他的仁惠安定了卫国,而天下列强不能危害卫国。《周易》中说:"扩大他的宫室,又搭起了席棚,但窥视他们的门户,却空无一人。"没有人,不是没有大众,说的是没有圣人来管理它。

民无廉耻,不可治也,非修礼义,廉耻不立。[1]民不知礼义,法弗能正也;非崇善废丑,(而)[不]向礼义。⁽²⁾无法不可以为治也，不知礼义，不可以行法。法能杀不孝者，而不能使人为孔、曾之行；⁽³⁾法能刑窃盗者，而不能使人为伯夷之廉。⁽⁴⁾孔子弟子七十，养徒三千人，皆入孝出悌，言为文章，行为仪表，教之所以成也；墨子服役百八十人，皆可使赴火蹈刃，死不还踵，化之所致也。夫刻肌肤、镵皮革，被创流血，至难也，然越为之，以求荣也。⁽⁵⁾圣王在上，明好恶以示之，经诽誉以尊之，亲贤而进之，贱不肖而退之，无被创流血之苦，而有高世尊显之名，民孰不从？⁽⁶⁾

【注释】
〔1〕修：《道藏》本、刘绩《补注》本作"脩"。《群书治要》亦作"脩"。当是。
〔2〕"而"：《道藏》本同。刘绩《补注》本、《文子·上礼篇》作"不"。当是。
〔3〕"孔、曾"：《群书治要》引作此"孔、墨"。
〔4〕"伯夷之廉"事：指伯夷、叔齐兄弟让国，不食周粟而死。其事见《孟子·万章下》，亦载于《史记·伯夷列传》。
〔5〕镵：《说文》："锐也。"有刺伤义。"然越"句：许慎注："越人以箴刺皮为龙文，所以为尊荣之也。"按：《群书治要》引作"越人"。
〔6〕经：度量，衡量。　尊：《道藏》本同。刘绩《补注》本、《群书治要》作"导"，《文子·上礼篇》同。

【译文】
百姓没有廉耻之心，是不能够治理的；不去修治礼义，廉耻的观念是不能够建立起来的；百姓不知道礼义，法令也不能使他们进入正道；不崇尚美好，废弃丑陋，那么百姓不会向往礼义。没有法令是不能够治理的，不懂得礼义，不能够推行法律。法律能够杀死不孝者，但是不能使人达到孔子、曾子的高尚品行；法律能够惩罚盗窃之人，而不能使人像伯夷那样廉洁。孔子弟子中贤人七十，培养的门徒三千人，都能做到入家讲孝，出门讲悌，言辞具有文采，行为可作表率，这也是教育所达到的效果；信奉墨子学说的百八十人，都可使他们扑向烈火，脚踏利刃，至死不回头，这也是教化而养成的。刻画肌肤，刺烂皮肉，蒙受创伤，不惜流血，可以说是大的灾难了；但是越国人却把断发文身作为尊荣的标志。圣明的君主处在高位，明确好恶来指示给百姓，衡量诽誉来加以引导，亲近贤才而举用他们，鄙视奸佞而斥退他们，没有蒙受创伤、流血的痛苦，而有高于世人尊贵显要的名声，百姓谁能够不跟从他们呢？

古者法设而不犯，刑错而不用，非可刑而不刑也。⁽¹⁾百工维时，庶绩咸熙，礼义脩而任贤得也。⁽²⁾故举天下之高，以为三公；⁽³⁾一国之高，以为九卿；一县之高，以为二十七大夫；一乡之高，以为八十一元士。⁽⁴⁾故知过万人者谓之英，千人者谓之俊，百人者谓之豪，十人者谓之杰。⁽⁵⁾明于天道，察于地理，通于人情，大足以容众，德足以怀远，信足以一异，知足以知变者，人之英也。⁽⁶⁾德足以教化，行足以隐义，仁足以得众，明足以照下者，人之俊也。⁽⁷⁾行足以为仪表，知足以决嫌疑，廉可以分财，信可使守约，作事可法，出言可道者，人之豪也。⁽⁸⁾守职而不废，处义而不比，见难不苟免，见利不苟得者，人之杰也。英俊豪杰，各以小大之材，处其位，得其宜，由本流末，以重制轻，上唱而民和，上动而下随，四海之内，一心同归。背贪鄙而向义理，其于化民矣，若风之摇草木，无之而不靡。⁽⁹⁾

【注释】
〔1〕错：通"措"。《说文》："措，置也"。即放置义。
〔2〕"百工"二句：见于《尚书·皋陶谟》。百工，指百官。时，善。

庶，众。绩，功绩。熙，《皋陶谟》作"凝"，成就。　得：通"德"。

〔3〕高：高才，指贤德之人。

〔4〕元士：商、西周、春秋时最低一级官员，有元士、上士、中士、下士等。以上与《礼记·王制》内容相近。

〔5〕英：《战国策·齐二》高诱注："才胜万人曰英。"　俊：《说文》："材千人也。"　豪：《吕览·功名》高诱注："才过百人曰豪。"　杰：《吕览·孟夏》高诱注："千人为俊，万人为杰。"知"英"、"杰"高氏说法不一。

〔6〕变：刘典爵《淮南子韵谱》：《太平御览》（卷432）引作"权"，今本《淮南》作"变"，盖许注本避吴讳改。出土《文子》编号（0198）亦作"权"。

〔7〕隐义：有符合仪度义。《兵略训》作"隐议"，《俶真训》作"隐仪"。《广雅·释诂三》："隐，度也。"

〔8〕嫌疑：疑惑。

〔9〕义理：《文子·上礼篇》作"仁义"。　靡：倒下。《文选·左思〈吴都赋〉》吕向注："靡，倒也。"

【译文】

古时候设立法规而百姓不去触犯，设置刑律而不去使用，不是能够使用刑罚而不去使用。百官都能干好自己分内之事，许多功业便可以建成了，这是修治礼义而任用贤人所达到的效果。因此举用天下的高才，任为天子三公；举荐一国的高才，任为九卿；举用一县的高才，用为二十七大夫；举用一乡的高才，任为八十一元士。所以智慧超过万人的，称作"英"；才智超过千人的，称作"俊"；智慧超过百人的，叫作"豪"；才能超过十人的，称为"杰"。明白天道，洞察地理，通达人情，博大能够容纳众人，德泽能够使远方归服，信誉能够统一异国，智慧能够通达权变，这就是"英"的标准。德行能够教化大众，品行能够符合仪度，仁惠能够得到群众，光明能够照耀大众的，是人才之"俊"的要求。言行能够作为仪表，智慧能够决定疑难，廉洁能够把财物分给众人，信用能使人守住誓约，做事能够成为法式，出言能够符合大道，这是人才中"豪"的要求。持守职责而不废弃，处理事务符合大义而不互相勾结，看见困难不苟且求得避免，见到利益不苟且得到，这是人才中"杰"的标准。英、俊、豪、杰，各自凭着他们大小才能处于自己的位置，得到发挥才能的适宜处所，这样可以从根本延伸到末节，用重的来制服轻的，君主倡导而百姓应和，国君行动而臣下跟随，四海之内，意念归往一处。背离贪婪之心，而归向大道，这对于感化百姓，就像疾风摇动草木，没有不倒下的。

今使愚教知，(便)[使]不肖临贤，虽严刑罚，民弗从也。[1]小不能制大，弱不能使强也。故圣主者，举贤以立功；不肖主举其所与同。[2]文王举大公望、召公奭而王，桓公任管仲、隰朋而霸，此举贤以立功也；[3]夫差用太宰嚭而灭，秦任李斯、赵高而亡，此举所与同。[4]故观其所举，而治乱可见也；察其党与，而贤不肖可论也。[5]

夫圣人之屈者，以求伸也；枉者，以求直也。故虽出邪辟之道，行幽昧之涂，将欲以直大道、成大功。[6]犹出林之中，不得直道；(极)[拯]溺之人，不得不濡足也。[7]伊尹忧天下之不治，调和五味，负鼎俎而行，五就桀、五就汤，将欲以浊为清，以危为宁也；[8]周公股肱周室，辅翼成王，管叔、蔡叔奉公子禄父而欲为乱，周公诛之以定天下，缘不得已也；[9]管子忧周室之卑，诸侯之力征，夷狄伐中国，民不得宁处，故蒙耻辱而不死，将欲以忧夷狄之患，(乎)[平]夷狄之乱也；[10]孔子欲行王道，东西南北，七十说而无所偶，故因卫夫人、弥子瑕而欲通其道。[11]此皆欲平险除秽，由冥冥至炤炤，动于权而统于善者也。

【注释】

〔1〕"便"：《道藏》本、刘绩《补注》本作"使"。当正。 临：《战国策·赵四》鲍彪注："犹制也。"有制约、治理义。

〔2〕与同：指同类。

〔3〕召公奭：姬姓，名奭。周武王灭商纣王，封召公于燕。《史记·燕召公世家》载其事。　隰朋：春秋齐国大夫。

〔4〕赵高：秦始皇时宦官。曾控制朝中大权，伪造诏书，杀害公子扶苏、丞相李斯，并杀死秦二世，立子婴。后被子婴杀死。见《史记·秦始皇本纪》。

〔5〕党与：指结党亲附之人。

〔6〕直：《群书治要》作"兴"。

〔7〕"极"：《道藏》本、刘绩《补注》本作"拯"。当正。

〔8〕"伊尹"以下几句：许慎注："伊尹七十说汤而不用，于是负鼎俎，调五味，仅然后得用。"按："五就桀、五犹汤"事，疑指伊尹从事反间工作。《国语·晋语一》："妹喜有宠，于是乎与伊尹比而亡夏。"

〔9〕股肱：大腿和胳膊。喻辅佐大臣。　公子禄父：商纣王子武庚，字禄父，周初与三监一起叛乱。

〔10〕"忧夷狄之患"：陶鸿庆《读淮南子札记》：当作"忧中国之患"。"乎"：《道藏》本、刘绩《补注》本作"平"。当正。

〔11〕偶：相合。《慧琳音义》卷二十五注引《尔雅》："偶，合也，遇也。"　卫夫人：许慎注："卫灵公夫人南子也。"按：事载《论语·雍也》。《史记·孔子世家》亦载其事。　弥子瑕：许慎注："卫之嬖臣。"

【译文】
　　现在使愚蠢的教导聪明的，使不肖的制约贤德的，即使施用严酷的刑罚，百姓也不会跟从。因为小的不能制服大的，懦弱的不能命令强大的。因此圣明的君主，举用贤才而建立功劳；不肖的国君，举用与自己兴趣相同的人。周文王举用太公望、召公奭而称王，齐桓公任用管仲、隰朋而称霸，这是举用贤才而建立了功劳；夫差重用太宰嚭而灭国，秦国任用李斯、赵高而灭亡，这是举用了和自己兴趣相同的人。因此观察他们举用人才的情况，而治乱的结果便可以看清了；考察他们的党与亲疏，而贤人、不肖者就能够论说清楚了。

　　圣人的委屈，是为了求得伸展；弯曲是为了得到伸直。因此即使出现在邪僻的小道上，行走在幽暗的路途中，也是将要用来兴起大道，成就大的功业。就像出自树林之中，不能有直道；拯救落水的人，不得不沾湿脚一样。伊尹忧虑天下得不到治理，调和五味，背着鼎俎而奔走，五次接近桀，五次靠近汤，是想要把混浊变为清澄，把危险变成安宁的缘故；周公辅佐王室，翼护成王，管叔鲜、蔡叔度拥戴公子禄父叛变周朝，周公诛灭了他们而平定了天下，只是迫不得已罢了；管子忧虑周王室的卑微，诸侯的互相征伐，夷狄侵略中国，百姓不得安宁，因此他蒙受耻辱而不去死，是因为忧虑夷狄造成的祸患，平定夷狄的侵略；孔子想推行王道，奔走东西南北，游说七十个国君而没有人同他相合，因此通过卫夫人南子和弥子瑕来通达他的大道。这些人都是为了想平定危险，清除污秽，由昏暗进入光明，在权变上采取行动，而最终在善道上得到了统一。

夫观逐者于其反也，而观行者于其终也。⁽¹⁾故舜放弟，周公杀兄，犹之为仁也；⁽²⁾文公树米，曾子架羊，犹之为知也。⁽³⁾当今之世，丑必托善以自为解，邪必蒙正以自为辟。⁽⁴⁾游不论国，仕不择官，行不辟污，曰"伊尹之道也"；⁽⁵⁾分别争财，亲戚兄弟搆怨，骨肉相贼，曰"周公之义也"；⁽⁶⁾行无廉耻，辱而不死，曰"管子之趋也"；行货赂，趣势门，立私废公，比周而取容，曰"孔子之术也"。此使君子小人纷然殽乱，莫知其是非者也。⁽⁷⁾

故百川并流，不注海者不为川谷；⁽⁸⁾趋行蹢驰，不归善者不为君子。⁽⁹⁾故善言归乎可行，善行归乎仁义。⁽¹⁰⁾田子方、段干木轻爵禄而重其身，不以欲伤生，不以利累形；李克竭股肱之力，领理百官，辑穆万民，使其君生无废事，死无遗忧，此异行而归于善者。⁽¹¹⁾张仪、苏秦家无常居，身无定君；约从横之事，为倾覆之谋；浊乱天下，挠滑诸侯，使百姓不遑启居；⁽¹²⁾或从或横,或合众弱,或辅富强,此异行而归于丑者也。〔13〕故君子之过也,犹日月之蚀,何害于明?〔14〕小人之可也,犹狗之昼吠,鸱之夜见,何益于善?

【注释】
　　〔1〕逐:《说文》:"追也。"即今赛跑。
　　〔2〕"舜放弟"事:载于《孟子·万章上》。《韩非子·忠孝》谓舜杀弟。
　　〔3〕"文公树米"句:许慎注:"文公,晋文公也。树米,而欲生之。"按:《太平御览》卷八百二十三、《艺文类聚》卷二十一、《新语·辅政》、《说苑·杂言》作"种"。　"曾子架羊"句:许慎注:"架,连架,所以备知也。"按:架,通"枷"。即枷锁。《意林》作"曾子枷羊",以此使羊知道事理。《新语·辅政》、《说苑·杂言》作"驾"。即驾驭义。
　　〔4〕辟:通"譬"。《说文》:"譬,谕也。"有说明、辨明义。
　　〔5〕论:张双棣《淮南子校释》:"论"与"抡"通,选择也。《荀子·王霸》杨倞注:"论,选择也。"
　　〔6〕搆怨:结怨。《资治通鉴·汉纪十八》胡三省注引师古曰:"搆,结也。"
　　〔7〕敊乱:混乱、杂乱。《道藏》本、刘绩《补注》本作"殽"。《说文》:"殽,相杂错也。"
　　〔8〕"川谷":《文子·上义篇》作"谷",无"川"字。
　　〔9〕踦驰:背道而驰。《慧琳音义》卷八十四注引许叔重注《淮南子》云:"踦,相背也。"
　　〔10〕可:适宜。
　　〔11〕"田子方"以下八句:许慎注:"田子方、段干木、李克,皆魏文侯臣,故皆归于善。"按:辑穆,和睦。
　　〔12〕挠滑:扰乱。　遑:《诠言训》高诱注:"暇也。"即闲暇。
　　〔13〕合众弱:指苏秦联合六国以攻秦。　辅富强:指张仪主张连横以强秦。
　　〔14〕"故君子"以下二句:亦载于《论语·子张》。

【译文】
　　观看赛跑,要看赛跑者返回时的表现;观看走路,要看行者到达终点的表现。因此舜流放弟弟,周公杀掉兄长,还能算是仁义之举;晋文公种植稻米,曾子给羊带上枷,还能算作有智慧。在现在这个社会,丑恶的东西,必定寄托善事之中,来进行解脱;邪术必定打着正直的幌子,来为自己辩说。游说不选择国度,做官不选择官职,行动不避污秽,说这是伊尹所走的道路;分离时争夺财物,亲戚兄弟之间结成怨恨,骨肉之间相互残杀,说这是周公推行的大义;行动不讲廉耻,受辱而不去死,说这是管子的志向;行贿赂,奔走权势之门,谋求私利,废弃公道,相互勾结而取悦国君,说这是孔子的方法。这样一来,把君子和小人的界限,混乱地颠倒过来了,没有人知道他们的是非了。

因此百川并流,不能注入大海的不能成为大溪谷;奔跑行走,或背道而驰,不归向善道的不算作君子。因此美好的言论归结到适宜的行动之中,美好的行为归纳到仁义之中。田子方、段干木轻视爵位、俸禄而看重自身,不因为贪欲伤害自己的生命,不因为利益拖累自己的形体;李克竭尽自己的辅佐之力,统领百官,和睦万民,使他的国君生前没有废弃的事业,死后没有遗留的忧虑,这是行为不同而都归向善事的例子。张仪、苏秦,家居没有固定的地方,事奉没有固定的国君;谋划合纵、连横之事,从事倾覆的阴谋;使天下混乱,诸侯挠动,使百姓没有安居之时;有时纵有时横,有时联合众弱攻一强,有时辅助强大攻打弱小,这是行为不同而都归向丑恶的例子。因此君子的过错,就像发生日、月之蚀一样,对于光明又有什么妨害呢?小人认为的正当之事,就像狗白天叫唤,猫头鹰夜里目光锐利,对于善事又有什么帮助呢?

夫知者不妄发,择善而为之,计义而行之,故事成而功足赖也,身死而名足称也。[1]虽有知能,必以仁义为之本,然后可立也。知能蹐驰,百事并行,圣人一以仁义为之准绳,中之者谓之君子,弗中者谓之小人。[2]君子虽死亡,其名不灭;小人虽得势,其罪不除。使人左据天下之图而右刎喉,愚者不为也,身贵于天下也;[3]

死君亲之难，视死若归，义重于身也。天下大利也，比之身则小；身所重也，比之义则轻，义所全也。⁽⁴⁾《诗》曰："恺悌君子，求福不回。"⁽⁵⁾言以信义为准绳也。

欲成霸王之业者，必得胜者也；能得胜，必强者也；⁽⁶⁾能强者，必用人力者也；能用人力者，必得人心者也；能得人心者，必自得者也。故心者身之本也，身者国之本也。未有得己而失人者也，未有失己而得人者也。故为治之本，务在宁民；宁民之本，在于足用；足用之本，在于勿夺时；勿夺时之本，在于省事；省事之本，在于节用；⁽⁷⁾节用之本，在于反性。未有能摇其本而静其末，浊其源而清其流者也。

故知性之情者，不务性之所无以为；知命之情者，不忧命之所无奈何。故不高宫室者，非爱木也；不大钟鼎者，非爱金也。直行性命之情，而制度可以为万民仪。⁽⁸⁾（令自）［今目］悦五色，口嚼滋味，耳淫五声，七窍交争，以害其性，日引邪欲而浇其身。⁽⁹⁾夫调身弗能治，奈天下何？⁽¹⁰⁾故自养得其节，则养民得其心矣。

【注释】
〔1〕"夫知者"句：《群书治要》作"夫智者不妄为，勇者不妄发"。
〔2〕"蹖驰"：同上。《群书治要》皆作"蹐"。《说文》："蹐，小步也。"与文义不合。
〔3〕"使人"以下四句：《吕览·知分》高诱注：《淮南记》曰："左手据天下之图，右手刎其喉，愚夫弗为，生贵于天下也。"《不侵》高诱注：《淮南记》曰："……愚夫不为也。"词语稍异。
〔4〕"天下大利"以下数句：当化自《墨子·贵义》。
〔5〕"《诗》曰"句：引文见《诗·大雅·旱麓》。恺悌，和乐简易。回，邪僻。朱熹《诗集传》："回，邪也。"

〔6〕"能得胜"：《道藏》本同，黄锡禧本"胜"下有"者"字。

〔7〕"节用"：北魏贾思勰《齐民要术》卷一："省事之本，在于节欲（节，止；欲，贪）；节欲之本，在于反性。"

〔8〕直：只。

〔9〕"令自"：《道藏》本作"令目"。刘绩《补注》本作"今目"，黄锡禧本同。当是。 浇：《广雅·释诂》："渍也。"即浸渍义。 "浇其身"：《文子·下德篇》作"日引邪欲竭其天和"。

〔10〕调：《道藏》本、刘绩《补注》本同。《说林训》高诱注："调，适也。"王念孙《读书杂志》谓"夫调"为"天和"之误。

【译文】

  聪明的人不妄自行动，必然选择善事而从事它，衡量符合大义而后推行它，因此事业成功而功业可以依赖，自身死后而名声值得称颂。即使有智慧才能，必定要以仁义作为根本，然后才能够树立。智慧才能，相背而行；各种事情，一起到来，圣人统一用仁义作为准绳，符合的就叫做君子，不符合的就是小人。君子即使死亡，他的名声不会磨灭；小人即使得势，他的罪过也不会消除。假使有人左手拿着占有天下的地图，而右手用剑去割他的咽喉，就是愚蠢的人也不干，因为自身性命比得到天下要可贵得多；但要是为国君及亲人的患难而死，就会把死看作回归本宅一样，这是大义比生命更重要。据有天下，虽是最大的利益，但同自身相比就显得很小了；生命是重要的，生命同大义相比，就是轻的了，大义是要保全的。《诗》中说："平易的君子，求福不走邪道。"说的是用信义作为准绳。

  想要成就霸王之业的，必定是取得胜利的人；能够得到胜利的，必定是强大的人；能够强大的，必定是能够善于任人的人；能够善于用人的人，必定是得人心的人；能得人心的，必定是自得善性的人。因此心是身体的根本，身体是国家的根本。没有得到自己的天性而失去贤人的，也没有失去自己天性而能得到贤人的。因此作为治国的根本，在于务求安定百姓；安定百姓的根本，在于有足够的用度；满足用度的根本，在于不要占用农时；不要耽误农时的根本，在于减少事务；减少事务的根本，在于节约用度；节约用度的根本，在于返回本性。没有能够动摇根本而安定末节的，也没有使水的源头混浊而水流仍然清澈见底的。

因此懂得生命真性的人，不务求性命所没有办法达到的东西；知道命运真情的人，不担忧命运中没有办法实现的目标。因此不去建筑高大宫室的人，并不是爱护木头；不去铸造大的钟鼎的人，并不是爱护铜铁。只有依循性命的真情，那么法令制度便可以作为万民的仪表了。现在眼睛里欣赏五颜六色，口中咀嚼美味佳肴，耳朵中听到的是靡靡之乐，人身七窍互相争夺，而危害自己的性情，每天招引邪恶的欲念来侵蚀自身。调节自身都不能做到，治理天下又怎么能办到呢？因此自己养身能够得到调节，那么保养万民就会得到他们的真心了。

所谓有天下者，非谓其履势位，受传藉，称尊号也，言运天下之力，而得天下之心。(1) 纣之地，左东海，右流沙，前交阯，后幽都，师起容阅，至浦水，士亿有馀万，然皆倒矢而射，傍戟而战。(2) 武（左）[王] 左操黄钺、右执白旄以麾之，则瓦解而走，遂土崩而下。(3) 纣有南面之名，而无一人之德，此失天下也。(4) 故桀、纣不为王，汤、武不为放。(5)

周处酆、镐之地，方不过百里，而誓纣牧之野，入据殷国，朝成汤之庙，表商容之闾，封比干之墓，解箕子之囚，乃折抱毁鼓，偃五兵，纵牛马，挺鬯而朝天下。(6) 百姓歌讴而乐之，诸侯执禽而朝之，得民心也。

阖闾伐楚，五战入郢，烧高府之粟，破九龙之钟，鞭荆平王之墓，舍昭王之宫；(7) 昭王奔随，百姓父兄携幼扶老而随之，乃相率而为致勇之寇，皆方面奋臂而为之斗。(8) 当此之时，无将卒以行列之，各致其死，却吴兵，复楚地。灵王作章华之台，发乾溪之役，内外搔动，百姓罢弊，弃疾乘民之怨而立公子比，百姓放臂而去之，饿于乾溪，食莽饮水，枕块而死。〔9〕楚国山川不变，土地不易，民性不殊，昭王则相率而殉之，灵王则倍畔而去之，得民之与失民也。

故天子得道，守在四夷；天子失道，守在诸侯。诸侯得道，守在四邻；诸侯失道，守在四境。故汤处亳七十里，文王处（礼）[酆]百里，皆令行禁止于天下。〔10〕周之衰也，戎伐凡伯于楚丘以归。〔11〕故得道则以百里之地令于诸侯，失道则以天下之大畏于冀州。〔12〕故曰：无恃其不吾夺也，恃吾不可夺。行可夺之道，而非篡弑之行，无益于恃天下矣。〔13〕

【注释】

〔1〕藉：《道藏》本、刘绩《补注》本作"籍"。《墨子·号令》孙诒让间诂："藉，与籍通。"《说文》："籍，簿书也。"传藉，指符印、图籍。《汉书·宣帝纪》颜师古注："传，传符也。"

〔2〕阅：《道藏》本、刘绩《补注》本作"关"。庄逵吉《淮南子校刊》：《太平御览》"关"作"间"。于大成《泰族校释》：《御览》八十三引《帝王世纪》亦作"间"。 浦水：水名。 "士亿有"二句：《左传·昭公二十四年》："纣有亿兆夷人，亦有离德。"可与此相参。 傍：于大成《泰族校释》：《帝王世纪》作"倒戈而战"。于省吾《淮南子新证》："傍"应读"方"。《孟子·梁惠王》"方命虐民"注："方犹逆也。"按："方命"，即"背命"。方戟而战，犹言背戟而战。

〔3〕"左"：疑作"王"。《道藏》本作"主"，刘绩《补注》本改作"武王"。

〔4〕德：《文子·下德篇》作"誉"。

〔5〕放：流放。

〔6〕酆：周文王的都城，在陕西户县东。 镐：周武王迁都于镐，在今长安西北。 牧之野：即牧野，在今河南淇县南。 殷国：指商朝末期都城朝歌，即今河南淇县殷墟。 抱：《道藏》本同，刘绩《补注》本作"枹"。《说文》："枹，击鼓杖也。" 挺刃：《道藏》本、刘绩《补注》本作

"挺肕"。刘注:"按:一作擂笏。"王念孙《读书杂志》:"挺"当为"捷"。"肕"当作"习"。按:"捷"与"插"古通用。《礼记·乐记》:"裨冕搢笏。"郑玄注:"搢,犹插也。"陆德明释文:"捷,本又作插。"习,《说文》:"一曰佩也。"《穆天子传》卷一洪颐煊校:"习,古笏字。" 朝:使朝拜。

〔7〕高府:大仓。 九龙之钟:许慎注:"楚为九龙之簴以县钟也。"按:用九条龙装饰的大钟。 "鞭荆平王"句:许慎注:"荆平王杀子胥之父,故鞭平王之墓以复仇。"按:事载《吕览·首时》《贾子·耳痹》,《史记·伍子胥列传》详载其事。于大成《泰族校释》:《艺文类聚》七十三引作"鞭昭王之墓",则"荆"字后人所加。 "舍昭王"句:许慎注:"吴之入楚,君舍乎君室,大夫舍大夫室也。"按:事载《左传·定公四年》及《谷梁传》。

〔8〕随:古国名,姬姓,在今湖北随州。 致:极尽。《后汉书·荀爽传》李贤注:"致,犹尽也,极也。" 方面:《道藏》本、刘绩《补注》本同。黄锡禧本作"方命"。方,《说文》:"并船也。"方命,即同命。又《广韵》"阳"韵:"方,四方也。"方面,即四面。

〔9〕灵王:春秋楚君,楚共王之子,用屠杀手段夺得王位,后被政变杀死,在位十二年。 乾溪:在今安徽亳州东南。灵王在此修建别宫,仍名章华台。 乾溪之役:许慎注:"灵王伐徐以恐吴,次于乾溪也。"按:载于《左传·昭公十二年》,亦见于《史记·楚世家》。 弃疾:楚共王子,楚灵王之弟。联合共王之子,杀死灵王。后又设计杀死另外二子,自立为君,是为楚平王。在位十三年。昭王为其子。 公子比:灵王之弟。曾一度为王。 放:《玉篇》:"散。"有甩开义。 莽:许慎注:"草。"按:《说文》:"莽,众艸也。"训同。刘文典《淮南鸿烈集解》:《太平御览·果部》十二引作"食菱饮水"。 "枕块"句:《史记·楚世家》:"王(灵王)行遇其故涓人,王因枕其股而卧。涓人又以土自代,逃去。"

〔10〕亳:《史记·殷本纪》:"汤始居亳。"裴骃集解皇甫谧曰:"梁国谷熟为南亳,即汤都也。"谷熟在今河南虞城,安徽亳州有汤陵。 "礼":《道藏》本、刘绩《补注》本作"鄷"。当正。

〔11〕"周之衰"几句:许慎注:"凡伯,周大夫,使于鲁,而戎伐之楚丘。"按:凡,国名。周公之后,在今河南辉县市一带。凡伯曾历为周王室卿士。 楚丘:在今山东曹县东南三十里。"戎伐凡伯"事,见《春秋·隐公七年》。

〔12〕冀州:《尔雅·释地》:"两河之间曰冀州。"《览冥训》高诱注:"冀,九州中,谓今四海之内。"

〔13〕篡弑:杀君夺位。

【译文】

所说的据有天下，并不是说他掌握了天子的权势和地位，接受符印和图籍，有高贵的称谓和爵号；而说的是他能运用天下的力量，得到天下的民心。商纣王的土地，左边到达东海，右边到达流沙，前面是交趾，后边是幽都，军队从容阔出发，一直可以达到浦水，士卒有上亿人，但是却是掉转箭头，射向纣王，反戟而击杀纣军。周武王左手执黄钺、右手拿着白旄来指挥他们，而纣军像瓦解而逃散，像土崩而倒下。商纣王虽然有天子之名，却没有一人称誉他，就这样失去了天下。因此桀、纣如果不担任天子，商汤、周武王也不会流放他们。

周人处在酆、镐之间，土地方圆不过百里，而在牧野誓师伐纣，占领了商朝的领土，接着朝拜商汤的宗庙，旌表商容的里间，加高比干的墓地封土，解放被囚禁的箕子，而后更折断鼓槌，毁弃军鼓，停止使用各种兵器，放开军马；使官员身插笏板，接受天下朝拜。百姓载歌载舞来庆贺，诸侯手执珍禽来朝见，这是得到民心的结果。

吴王阖闾讨伐楚国，经过五次战斗，打入郢都，焚烧高府的粮食，砸破铸有九龙的巨钟，鞭打楚平王的尸骨，驻扎在楚昭王的宫殿里；昭王狼狈逃往随国，百姓父兄扶老携幼跟随他，于是便相互率领着竭尽勇敢指向吴寇，同心一致奋力同吴军搏斗。在这个时候，虽然没有将帅、士卒来组成行列，然而各自却献出自己的生命，来抵御吴军追袭，从而恢复了楚国的土地。楚灵王建立了豪华的章华之台，又发动乾溪之战，来讨伐徐国，内外骚动不安，百姓疲敝不堪，其弟弃疾借着百姓怨恨之机，而拥立灵公之弟公子比。百姓甩开手臂而离开灵王，灵王在乾溪之宫饥饿难忍，吃野草，喝生水，头枕土块而死。楚国山川没有改变，土地没有更换，百姓性情也没有不同，昭王逃难百姓相互带领而为他殉葬，对灵王则背叛而去，这是得民心与失民心的区别。

因此天子得到道义，把守天下的人在四夷；天子失去道义，把守的人在诸侯国；诸侯得到道义，那么守护国家的人在四方之邻；诸侯失去道义，守护的人在四方境内。因此商汤处在亳地七十里，文王占有酆百里之地，而他们能够在天下令必行禁必止。周朝衰败的时候，戎人在楚丘拦截报聘鲁国的凡伯，并把他活捉而归。因此得道可以凭借百里之地号令天下；失道，即使有天下之权，对冀州一地的诸侯也十分害怕。因此说：不要靠他们不会侵伐我们，要依靠的是我们不能够被人侵夺。实行能够被人夺取的办法，而又非议篡弑的行为，对于持守天下就没有任何益处了。

凡人之所以生者，衣与食也。今囚之冥室之中，虽养之以刍豢，衣之以绮绣，不能乐也，以目之无见，耳之无闻。穿隙穴，见雨零，则快然而叹之，况开户发牖，从冥冥见炤炤乎？[1] 从冥冥［见炤炤］，犹尚肆然而喜，又况出室坐堂，见日月光？[2] 见日月光，旷然而乐，又况登太山，履石封，以望八荒，视天都若盖，江、河若带，又况万物在其间者乎？[3] 其为乐岂不大哉？

且聋者耳形具而无能闻也，盲者目形存而无能见也。夫言者所以通己于人也，闻者所以通人于己也。喑者不言，聋者不闻，既喑且聋，人道不通。故有喑聋之病者，虽破家求医，不顾其费，岂独形骸有喑聋哉？心志亦有之。[4] 夫指之拘也，莫不事申也；[5] 心之塞也，莫知务通也，不明于类也。[6] 夫观六艺之广崇，穷道德之渊深，达乎无上，至乎无下，运乎无极，翔乎无形，广于四海，崇于太山，富于江、河，旷然而通，昭然而明，天地之间，无所系戾，其于以监观，岂不大哉？[7]

【注释】

〔1〕叹：即喜乐之义。朱骏声《说文通训定声》："叹，叚借为歎。"《说文》："歎，吟也。"段玉裁注："古'歎'与'叹'义别。'歎'与喜乐为类，'叹'与怒哀为类。"《玉篇》："歎，歎美也。"《正字通》："称美曰歎。"

《文选·曹植〈与吴季重书〉》李周翰注:"歎,歌也。"王念孙《读书杂志》谓"叹"当作"笑",其理校不可信。

〔2〕"从冥冥":《道藏》本同。刘绩《补注》本有"见炤炤",又补"从冥冥"三字。　　肆然:纵情的样子。　　"光":《道藏》本同。刘绩《补注》本作"光乎"。

〔3〕旷然:开朗的样子。　　石封:登泰山封禅刻石记功,仪式有金册石函之封,故名石封。　　八荒:八方荒远之处。　　天都:天空。　　"又况":刘绩《补注》:"衍此二字。"

〔4〕"心志":《文子·符言篇》作"心",无"志"字。

〔5〕拘:通"句"。《说文》:"句,曲也。"有痉挛、不能伸直之义。

〔6〕"莫知务通":《文子·符言篇》作"莫知所通"。以上数句化自《孟子·告子上》、《庄子·逍遥遊》。

〔7〕广崇:高深,广博。　　系戾:马宗霍《淮南旧注参正》:"'系'与'击'通,'系戾'犹'击戾'也。'击戾'义犹乖隔。'无所击戾',即无所乖隔也。按:已见《主术训》。"　　监观:有照视之义。

【译文】

大凡人们用来养生的,是衣服和食物。现在把人囚禁在暗室之中,即使用佳肴来供养他,给他穿锦绣的衣服,也不能使他快乐。因为眼睛看不到光明,耳朵听不到声音。透过孔隙,见到零落的细雨,他就会快意地高兴起来,何况打开门窗,从黑暗见到光明呢?从黑暗见到光明,还要放纵地高兴起来,又何况出了内室坐在厅堂之上,见到日月的光明呢?见到日月的光明,开怀而乐,又何况登上泰山,脚踏石封,放眼八荒,看到天空像盖子,江河像银带,万物在其间生存呢?它作为快乐不是更大吗?

聋子虽然耳朵形体具备,但是却不能够听到声音;瞎子眼睛形体存在,但是却看不到东西。说话的人能够把自己同别人沟通,听话的人能够把别人同自己沟通;哑巴不说话,聋子听不到声音,既哑又聋,人的情感就不能沟通了。因此有聋哑之病的人,即使是破费家产也要求得医治,不顾忌它的费用。难道只有人的形体有聋哑之病吗?人的心意中也存在这样的疾病。手指头痉挛弯曲,没有人不想使它伸直的;心志的堵塞,却没有人知道务必使它畅通,这是不明辨事物类别的缘故。观察六艺的博大精深,探究道德的渊源,向上到达无穷的高度，向下达到无尽的深度；运行起来没有极限，翱翔起来没有形体；广大达到四海，高崇超过太山，丰富胜过江、河；旷远地无所不通，明亮地光照四海，天地之间，没有什么能阻隔它，用它来照视的，难道不是很大吗？

人之所知者浅，而物变无穷，曩不知而今知之，非知益多也，问学之所加也。夫物常见则识之，尝为则能之，故因其患则造其备，犯其难则得其便。夫以一（出）[世]之寿，而观千岁之知，古今之论，虽未尝更也，其道理素具，可不谓有术乎？(1)

人欲知高下而不能，教之用管准则说；(2) 欲知轻重而无以，予之权衡则喜；欲知远近而不能，教之以金目则射快，又况知应无方而不穷哉？(3) 犯大难而不摄，见烦缪而不惑，晏然自得，其为乐也，岂直一说之快哉！(4) 夫道，有形者皆生焉，其为亲亦戚矣；(5) 享谷食气者皆受焉，其为君亦（患）[惠]矣；(6) 诸有智者皆学焉，其为师亦博矣。射者数发不中，人教之以仪则喜矣，又况生仪者乎？(7)

人莫不知学之有益于己也，然而不能者，嬉戏害人也。(8) 人皆多以无用害有用，故知不博而日不足。以凿观池之力耕，则田野必辟矣；以积土山之高脩堤防，则水用必足矣；以食狗马鸿雁之费养士，则名誉必荣矣；以弋猎博弈之日诵《诗》读《书》，闻识必博矣。(9) 故不学之与学也，犹喑聋之比于人也。

【注释】

〔1〕"出"：《道藏》本、刘绩《补注》本作"世"。当正。　素：向来。
〔2〕管准：本书《齐俗训》："而求之乎浣准。"许慎注："浣准，水望

之平。"孙诒让《札迻》:"管"所以远视,"准"即水平,非一物也。

〔3〕金目:许慎注:"深目,所以望远近射准也。"按:近代发现居延汉简中常有"金目"一词,清姚范《援鹑堂笔记》四八《杂识》疑"金目"类似后世眼镜之物。 "射快":《道藏》本同,刘绩《补注》本作"快射"。何宁《淮南子集释》:"射"字即"则"字之误而衍。

〔4〕摄:《道藏》本作"慑",刘绩《补注》本作"摄"。朱骏声《说文通定声》:"摄,叚借又为懾。" 烦缪:烦乱,谬误。 晏然:安谧的样子。

〔5〕戚:《小尔雅·广诂》:"近也。"《礼记·曲礼上》孔颖达疏:"亲指族内,戚言族外。"

〔6〕食气:服气。古代的一种练功长寿的方法。亦见本书《地形训》。 "患":《道藏》本同,刘绩《补注》本作"惠"。《文子·符言篇》同。当正。

〔7〕仪:《说山训》高诱注:"仪,射法。"按:又指弩射头。即所"发"者。《齐俗训》:"一仪不可以百发。"许慎注:"弩招颜〔头〕也。"

〔8〕"嬉戏"句:《群书治要》引作"嬉戏害之也"。"人"作"之"。

〔9〕博弈:指六博和围棋。 "闻识"句:《群书治要》引作"则闻识必博矣"。有"则"字。

【译文】

人们所知道的东西,都是很肤浅的,而万物的变化是无穷无尽的。过去不知道而现在知道,不是智慧增多了,而是靠学习研究增加了知识。万物中经常见到的就能认识它,经常做的就能掌握它。因此根据产生的祸患,就能制定出相应的防备措施;接触到它的困难,就能得到便利的解决方法。凭着一生的寿命,而想观察得到千年以来的知识,通晓古今的论说,即使知识内容上不曾改变,其中的道理向来已经具备,难道能够说这样的人没有一定的方法吗?

人们想知道高、下而不能够做到,教他们使用管、准就高兴了;想要知道轻、重而没有办法,给他使用权、衡就欢喜了;想要知道远、近而不能够办到,教他使用金目就痛快了。又何况知道应对没有极限无穷无尽的事物呢?触犯大难而不害怕,看到纷繁谬误而不迷惑,安然自得,它作为快乐,难道仅仅是一种见解的快乐所能相比的吗!"道"是无形的,有形的物体都是从此产生的,它们作为亲缘关系当是很亲近的了；享用谷物的凡人和食气的仙人都能接受它，"道"作为化生万物的主宰，恩惠也是很大的了；许多有智慧的人都向他学习，它作为老师来说也是很博学的了。射箭的人多次发射而不能命中，人们教他使用仪标那么就欢喜了，又何况教他制造仪标的办法呢？

没有人不知道学习是有益于自己的，然而却不能够做到它，其原因就是嬉戏危害了他。人们大多都用无用的外物来妨害有用的学习，因此智慧不广博而每天都感到不够用。拿挖凿水池的力量来耕作，那么田野必定能开辟了；用堆积高高的土山的力量来修筑堤防，那么水用必定充足了；用喂养狗、马、鸿雁的食粮来奉养士人，他的名誉就必定显耀了；拿打猎、下棋的时间诵读《诗》、《书》，他的见识就必定是十分广博的了。因此不学习和学习之间的差别，就像聋哑人和正常人一样。

凡学者能明于天下之分，通于治乱之本，澄心清意以存之，见其终始，可谓知略矣。[1]

天之所为，禽兽草木；人之所为，礼节制度；构而为宫室，制而为舟舆是也。治之所以为本者，仁义也；所以为末者，法度也。凡人之所以事生者，本也；其所以事死者，末也。本末，一体也；其两爱之，一性也。[2] 先本后末，谓之君子；以末害本，谓之小人。君子与小人之性非异也，所在先后而已矣。草木洪者为本，而杀者为末；[3] 禽兽之性，大者为首，而小者为尾。末大于本则折，尾大于要则不掉矣。[4] 故食其口而百节肥，灌其本而枝叶美，天地之性也。天地之生物也有本末，其养物也有先后，人之于治也，岂得无终始哉？

故仁义者，治之本也。（令）[今]不知事脩其本，而务治其末，是释其根而灌其枝也。[5] 且法之生也，以辅仁义。今重法而弃义,是贵其冠履而忘其头足也。故仁义者,为厚基者也。不益其厚而张其广者毁,不广其基而增其高者覆。赵政不增其德而累其高,故灭;知伯不行仁义而务广地,故亡。其《国语》曰:"不大其栋,不能任重。重莫若国,栋若莫德。"[6]国主之有民也,犹城之有基,木之有根;[7]根深即本固,基美则上宁。

【注释】

〔1〕"天下":《道藏》本同。刘绩《补注》本作"天人",《文子·上义篇》同。天人,指天与人、天道与人道、自然与人为之间的关系。《荀子·天论》:"明于天人之分,则可谓至人矣。" 存:《尔雅·释诂下》:"察也。" 略:谋略。

〔2〕"一性也":《道藏》本同。刘绩《补注》本于"性"上增"一"字。《文子·上义篇》无"一"字。

〔3〕洪:《尔雅·释诂上》:"大也。"即茁壮义。 杀:有衰败义。《吕览·长利》高诱注:"衰,杀也。"

〔4〕"尾大于"句:尾巴大于腰,则摇动不灵。见《左传·昭公十一年》。 掉:《说文》:"摇也。"

〔5〕"令":《道藏》本、刘绩《补注》本作"今"。当正。

〔6〕《国语》:书名。《汉书·艺文志》"六艺略":"《国语》二十一篇。左丘明著。"《史记·太史公自序》:"左丘失明,厥有《国语》。"引文见《鲁语》,词语稍异。

〔7〕"国主":《文子·上义篇》作"人主"。

【译文】

凡是求学的人,能够明确天道人事的区别,通达治乱的根本,使心情清净、意念清新来观察事物,能够搞清楚终始的变化,可以称得上是知道略要了。

上天所自然形成的,有飞禽走兽和花草树木;人类所制订的,是礼节制度。构筑的是宫室,制造的是舟船。治理国家最根本的,是仁义;治理国家用作末节的,是法度。凡是人们用来从事生存的，是根本；用来奉事死亡的，是末节。本末，是一个整体；对两方面都爱护它，一样都是天性。先求根本而后求末节，叫做君子；用末节妨害根本，叫做小人。君子和小人的特性是没有差异的，在于本末先后的差别罢了。草木茁壮的是根本，而衰败的是末节；飞禽走兽的特性，其身体以大的为头部，而以小的为尾巴。末节大于根本的就会折断，尾部大于腰部就摇不动。因此从口中喂养就会百节肥壮，浇灌它的根本就会枝叶茁壮，这是天地的特性。天地产生万物有本末，生养万物有先后，人们对于治理国家，难道就没有根本和末节的区别吗？

因此仁义是治理国家的根本。现在不懂得致力修治根本，而务求治理末节，这样是放弃根本而浇灌它的枝叶。况且法令的产生，是用来辅助仁义的。现在重视法律而放弃仁义，这样是珍视他的鞋帽而忘记他的头和脚。因此仁义是治国的深厚基础。不增加它的厚度，而扩张它的广度，那么就会毁坏；不增广它的基础，而增加它的高度，那么就会倾覆。赵政不增加他的德性而增加他的高度，所以灭亡；智伯不推行仁义而务求扩张土地，因此被消灭。《国语》中说："不增大它的栋梁，不能负担重物。重物没有比国家更重要的了，栋梁没有比道德要大的了。"国君拥有万民，就像城墙有基础，树木有根系一样；根深那么树木稳固，基础坚实那么上部才能安宁。

五帝三王之道，天下之纲纪，治之仪表也。今商鞅之《启塞》，申子之《三符》，韩非之《孤愤》，张仪、苏秦之从横，皆掇取之权，一切之术也，非治之大本、事之恒常、可博内而世传者也。[1] 子囊北而全楚，北不可以为庸；[2] 弦高诞而存郑，诞不可以为常。今夫《雅》、《颂》之声，皆发于词，本于情，故君臣以睦，父子以亲。故《韶》、《夏》之乐也，声浸乎金石，润乎草木。今取怨思之声，施之于弦管，闻其音者，不淫则悲；淫则乱男女之辩，悲则感怨思之气，岂所谓乐哉？赵王迁流于房陵，思故乡，作为《山水》之呕，闻者莫不殒涕；[3] 荆轲西刺秦王，高渐离、宋意为击筑而歌于易水之上，闻者莫不瞋目裂眦，发植穿冠。[4] 因以此声为乐而入宗庙，岂古之所谓乐哉？故弁冕辂舆，可服而不可好也；[5] 大羹之和，可食而不可嗜也；[6] 朱弦漏越，一唱而三叹，可听而不可快也。[7] 故无声者，正其可听者也；其无味者，正其足味者也。吠声清于耳，兼味快于口，非其贵也。[8]

故事不本于道德者，不可以为仪；言不合乎先王者，不可以为道；音不调乎《雅》、《颂》者，不可以为乐。故五子之言，所以便说掇取也，非天下之通义也。[9]

【注释】

〔1〕《启塞》：许慎注："启之以利，塞之以禁，商鞅之术也。"按：《启塞》为《商君书》篇名。今作《开塞》。《汉书·艺文志》"法家"有"《商君》二十九篇"。 《三符》：许慎注："申不害治韩，有三符验之术也。"按：《汉书·艺文志》"法家"有"《申子》六篇"。注："名不害，京人，相韩昭侯，终其身诸侯不敢侵韩。"《三符》亦见《论衡·效力》，已佚。 "韩非之"句：许慎注："韩非说孤生之愤志。"按：《汉书·艺文志》"法家"有"《韩子》五十五篇"。《孤愤》，《史记·老子韩非列传》司马贞索隐："《孤愤》，愤其孤直不容于时也。" "张仪、苏秦"句：许慎注："苏秦，合六国为从；张仪说为横。"按：《汉书·艺文志》"纵横家"："《苏子》三十一篇。《张子》十篇。"《史记》有《列传》。 掇取：拾取，抄掠。 一切：权宜。 内：《道藏》本同。刘绩《补注》本作"闻"。何宁《淮南子集释》："内"即"纳"字。"博内而世传"，谓广博采纳而世传之也。

〔2〕"子囊北"二句：许慎注："子囊，楚大夫。北，逐走。庸，常也。"按：子囊，楚庄王之子，共王之弟公子贞，曾为令尹。事载《左传·襄公十四年》、《吕览·高义》。

〔3〕赵王：许慎注："秦灭赵，王迁之汉中房陵也。"按：赵王，指赵代王。名嘉，在位六年。 房陵：地名，治所在今湖北房县。其事亦见

于《史记·赵世家》。 《山水》之讴：许慎注："《山水》之讴，歌曲。"王念孙《读书杂志》：《史记·赵世家》集解、正义及《文选·〈恨赋〉》注引此，并作"山木"。

〔4〕荆轲：许慎注："燕人，太子丹之客也，丹怨秦王，故遣轲刺之也。"按：荆轲，战国末年卫人，燕太子丹尊为上卿。击刺秦王未中，被杀。亦载于《史记·刺客列传》。 高渐离、宋意：太子丹之门客。善击筑。《论衡·书虚》、《史记·刺客列传》、《战国策·燕三》载其以筑击秦始皇事，未果而被杀。 筑：许慎注："筑曲二十一弦。"按：外形似筝，有五弦、十二弦、十三弦或二十一弦不等。 歌：《史记·刺客列传》：又前而为歌曰："风萧萧兮易水寒，壮士一去兮不复还。" 易水：许慎注："燕之南水也。"按：在今河北易县境内。 瞋目：发怒时睁大眼睛。 眦：眼眶。裂眦，形容极其愤怒的神态。 植：竖立。

〔5〕弁冕：许慎注："冠也。"按：弁，《说文》："冕也。"冕，《说文》："大夫以上冠也。"训同。 辂舆：大车。

〔6〕大羹：许慎注："不和五味。"按：亦见《诠言训》。

〔7〕朱弦：许慎注："练丝。"按：即乐器上的红色丝弦，使音浊。漏越：许慎注："漏，穿；越，琴瑟两头也。"按：意即使琴瑟底孔加大，使音缓。当本之《吕览·适音》、《礼记·乐记》、《荀子·礼论》，亦见于《史记·礼书》。《脩务训》"阔解漏越"。高诱注："音声散。"许、高注异。 叹：应和之义。

〔8〕吠：王念孙《读书杂志》："吠"当为"呋"，字之误也。"呋"与"咬"同。《玉篇》："呋，婬声。"《广韵》："咬，淫声。"按：《广雅·释诂二》："呋，鸣也。"即鸣叫义。亦通。

〔9〕五子：许慎注："谓商鞅、申子、韩非、苏秦、张仪也。" 便说：牵强附会之说。

【译文】
　　五帝三王的学说，是统治天下的纲领，治世的法则。现在商鞅的《启塞》，申不害的《三符》，韩非子的《孤愤》，张仪、苏秦的纵横之说，都是拾取的权变之术，实行的是权宜之计，不是治理国家的根本大法，也不是事物的常规，不能够广博的采纳而流传于世。楚相子囊败北而保全了楚国，但败北不能够作为常法；弦高用欺骗手段保存了郑国，但是欺骗不能够作为榜样。现在演唱的《雅》、《颂》之声，都发于言词，本于真情，因此君臣用它来和睦关系，父子用它来相互亲近。因此《九韶》、《大夏》这样的音乐，声音可以浸透到金石之内，滋润到草木之中。现在采用幽怨哀思内容的音乐，在弦管上弹奏出来，听到它的声音，不是淫乱就是感到悲伤；放纵就会扰乱男女大伦，悲伤就会使人感染哀怨的气氛，这难道就是所谓的音乐吗？秦皇把赵王流放到房陵，思念自己的故乡，创作了《山水》之歌，听到的人没有不流下眼泪的；荆轲向西刺杀秦王，高渐离、宋意为他击筑送别，在易水之上唱起了悲歌，听到弹唱的人，没有不瞪大眼睛，眼角裂开，头发直立，冲起帽子。如果因此而把这种声调作为佳乐送进宗庙，难道就是古代的所谓音乐吗？因此古代的弁冕、大车，可以使用而不能爱好它；调好的大羹，可以食用而不能够嗜求；乐器上红色的丝弦，穿越琴瑟两头，一人演唱而三人应和，可以谛听而不能够使人快乐。因此没有声音的音乐，使那些可以听的音乐得到修正；没有味道的滋味，使那些鲜美的味道得到纠正。鸣叫能使耳感清新，合味能使口感痛快，但是不能够使它尊贵。

　　因此事情不以道德做根本，不能够成为仪表；言辞不合乎先王之意的，不能够成为大道；声音不同《雅》、《颂》协调的，不能够作为正乐。因此上述五子的观点，只是牵强附会的抄袭之言，不是统治天下普遍适用的道理。

　　圣王之设政施教也，必察其终始；其县法立仪，必原其本末，不苟以一事备一物而已矣。见其造而思其功，观其源而知其流，故博施而不竭，弥久而不垢。[1]夫水出于山而入于海，稼生于田而藏于仓，圣人见其所生，则知其所归矣。故舜深藏黄金于崭岩之山，所以塞贪鄙之心也；[2]仪狄为酒，禹饮而甘之，遂疏仪狄而绝嗜酒，所以遏流湎之行也；[3]师延为平公鼓朝歌北鄙之音，师旷曰："此亡国之乐也！"大息而抚之，所以防淫辟之风也。[4]故民知书而德衰，知数而厚衰，知券契而信衰，知械机而空衰也。[5]巧诈藏于胸中，则纯白不备，而神德不全矣。

琴不鸣，而二十五弦各以其声应；〔6〕轴不运，而三十辐各以其力疾。〔7〕弦有缓急小大，然后成曲；车有劳轶动静，而后能致远。〔8〕使有声者，乃无声者也；能致千里者，乃不动者也。故上下异道则治，同道则乱。位高而道大者从，事大而道小者凶。〔9〕故小快害义，小慧害道，小辩害治，苟削伤德。〔10〕大政不险，故民易道；〔11〕至治宽裕，故下不相贼；〔12〕至中复素，故民无匿情。〔13〕

【注释】

〔1〕造：《吕览·大乐》高诱注："始也。" 垢：《说文》："浊也。"有被玷污义。

〔2〕崭岩：险峻的样子。本于《新语·术事》。已见《原道训》高诱注。

〔3〕"仪狄"几句：化自《战国策·魏二》。

〔4〕"师延"以下几句：许慎注："卫灵公宿于濮水之上，闻琴音，召师涓而写之，盖师延所为纣作朝歌北鄙之音也。灵公进新声平公，平公以问师旷，师旷曰：'纣子师延作靡靡之乐，纣亡，师延东走，自投濮水而死。得此音必于濮上也'。"按：事载《韩非子·十过》，并载《史记·乐书》、《论衡·纪妖》。已见《原道训》。"师延"当作"师涓"。北鄙，北部边鄙。《史记·乐书》作"北者败也，鄙者陋也"，解异。大：《集韵》"过"韵："大，太也。"《道藏》本同。"抚之"：《史记·乐书》作"抚而止之"。《韩非子·十过》、《论衡·纪妖》同。 淫辟：淫乱邪僻。

〔5〕械机：指机巧心智。 空：许慎注："质也。"按：《道藏》本同。刘绩《补注》本、《文子·微明篇》作"实"。蒋礼鸿《淮南子校记》："空"与"硿"义同。《庄子·人间世》释文云：简文云："(硿)，慤实貌。"字又从"心"作"悾悾"。《广雅·释训》："悾悾，诚也。"

〔6〕琴：《道藏》本同。刘绩《补注》本、《文子·微明篇》作"瑟"。

〔7〕疾：《道藏》本同。刘绩《补注》本作"旋"。何宁《淮南子集释》："旋"当作"疾"。《玉篇》："疾，速也。"

〔8〕轶：通"逸"。《吕览·重己》高诱注："逸，安也。"

〔9〕道大：指道术高深。 道小：指道行浅薄。

〔10〕"苟"：《道藏》、《道藏辑要》本同，刘绩《补注》本作"苛"，《文子·微明篇》、《群书治要》同。"苟"字疑误，当作"苛"。苛，《说文》："自急敕也。"《玉篇》："急也。"合本文之义。

〔11〕道：《群书治要》作"遵"，《文子·微明篇》作"导"。

〔12〕"下不相贼"：《群书治要》同，《文子·微明篇》作"下不贼"。

〔13〕"至中"：《文子·微明篇》作"至忠"。 "复素"：《文子·微明篇》同，《群书治要》作"朴素"。 情：《群书治要》、《文子·微明篇》无此字。

【译文】

　　圣明的君主施行政治推行教化，一定要考察它的终始变化；他们悬挂法规，树立仪表，必定先探究清楚它的本末，不因为一件事情而苟且，不只是为了防备一件事物的发生罢了。看到事物的开始而思考它的成功，考察它的源头而知道它的流向；因此广泛施行而不会枯竭，历时长久而不会被玷污。水从群山出发而进入大海，庄稼生于田间而果实藏于粮仓。圣人看到它的生长，那么便知道它的归向了。因此舜把黄金隐藏在险峻的大山之中，用来堵塞贪鄙之人的欲望；仪狄造酒，禹品尝以后觉得十分甜美，于是便疏远了仪狄而禁绝美酒，用来遏制沉湎于酒的行为；师涓为晋平公弹奏朝歌、北鄙的靡靡之音，师旷说："这是使国家灭亡的音乐啊！"叹了口气而加以制止，用来防止淫乱邪僻的风气。因此老百姓知道了书籍，而他们的道德就会衰败；知道技艺而纯厚之性就消亡了；懂得契约凭证而信誉就淡泊了；掌握了机巧而诚实就衰微了。机巧诈伪隐藏在心中，那么纯粹洁白的心就不再完美；而精神、德性便不会全备了。

　　琴本身没有声音，而二十五弦各自都按照自己的声音相应和；轴没有运转，而三十个车辐各自以它的力量疾行。琴弦有缓急、小大的区别，然后才能成为歌曲；车子有劳逸动静的不同，而后才能到达远方。能够产生声音的，却是没有声音的琴身；能够到达千里的，却是不动的车轴。因此君臣道术不同就能得到治理，道术相同就会混乱；地位高而道行深的人，百姓便会相从；从事大业而道术浅薄的人，就会遇到危险。所以小的痛快就会危害大义，小的聪明便会妨害大道，小的巧辩就会危害大治，急切刻削的法令就会损伤大德。大的德政不险恶，因此百姓容易遵循；最好的大治是宽裕的，因此百姓不会相互残害；最大的忠实是朴实的，因此人民不会隐匿真情。

商鞅为秦立相坐之法，而百姓怨矣；[1]吴起为楚减爵禄之令，而功臣畔。[2]商鞅之立法也，吴起之用兵也，天下之善者也。然商鞅以法亡秦，察于刀笔之迹，而不知治乱之本也；吴起以兵弱楚，习于行陈之事，而不知庙战之权也。

晋献公之伐骊，得其女，非不善也，然而史苏叹之，见其四世之被祸也。[3]吴王夫差破齐艾陵，胜晋黄（地）[池]，非不捷也，而子胥忧之，见其必擒于越也。[4]小白奔莒，重耳奔曹，非不困也，而鲍叔、咎犯随而辅之，知其可与至于霸也。[5]句践（捷）[栖]于会稽，脩政不殆，谟虑不休，知祸之为福也。[6]襄子再胜而有忧色，畏福之为祸也。[7]故齐桓公亡汶阳之田而霸，知伯兼三晋之地而亡。[8]圣人见祸福于重闭之内，而虑患于九拂之外者也。[9]

【注释】

〔1〕相坐之法：许慎注："相坐之法，一家有罪，三家坐之。"按：《史记·商君列传》又叫"连坐"。

〔2〕减爵禄之令：许慎注："减爵者，收减群臣之爵禄。"按：《韩非子·和氏》有相关之记载。亦见《道应训》。"畔"：《道藏》本同，刘绩《补注》本作"畔矣"。

〔3〕"晋献公"以下几句：许慎注："晋献公得骊姬，使史苏占之，史苏曰：'侠以衔骨，齿牙为祸也'。"按：史苏，晋臣，占卜之官。此记载

本于《国语·晋语一》，亦见于《史记·晋世家》。

〔4〕"地"：《道藏》本、刘绩《补注》本作"池"。当正。 捷：许慎注："军之所获为捷。"按：《说文》："捷，猎也，军获得也。"训同。

〔5〕小白：即齐桓公。 莒：地名，在今山东莒县。 鲍叔：春秋齐大夫，以知人著称。曾推举管仲为相。

〔6〕"捷"：《道藏》本、刘绩《补注》本作"栖"。当正。 谟虑：谋划运筹。

〔7〕"襄子"二句：许慎注："赵襄子再胜，谓伐狄，胜二邑也。"按：事载《国语·晋语九》，已见《道应训》。

〔8〕"故齐桓公"句：许慎注："鲁庄公使曹子劫桓公，取汶阳之田，桓公不背信，诸侯朝之也。"按：汶阳，古地名，在今山东泰安西南一带。因处汶水之阳，故名。事载《公羊传·庄公十三年》。

〔9〕"祸福"：《文子·微明篇》无"祸"字。 九拂：许慎注："九曲，是折投拂不见处也。"按：《大学》朱熹章句："拂，逆也。"即曲折义。

【译文】

商鞅给秦孝公建立连坐之法，而遭到百姓怨恨；吴起为楚国制定削减爵禄的法令，而功臣背叛。商鞅的建立法律，吴起的用兵作战，都是天下最好的人才。但是商鞅的法律使秦朝灭亡，这是由于它在笔墨之间考察清楚了，而不知道治理祸乱的根本措施；吴起因为用兵而削弱了楚国，这是由于他只熟悉战阵之事，而不知道朝廷斗争的权术。

晋献公讨伐骊戎氏，夺得了骊君之女，不能说不好；但是史苏对此事却不住的哀叹，预见到晋国四代将蒙受灾祸。吴王夫差在艾陵打败齐国，在黄池战胜晋君，不能说不是大捷；但是伍子胥忧虑这件事，预见到吴王必定被越王擒俘。公子小白逃到莒国，重耳流亡经过曹国，不是没有遇到困窘；但是鲍叔牙、咎犯跟随着辅佐他们，知道帮助他们可以成为天下的霸主。句践栖留在会稽山，修治政事不懈怠，谋划运筹不停止，知道灾祸可以带来幸福。赵襄子轻易地夺取了狄人的二座城邑，而面露忧色，是害怕好事会变成灾祸。因此齐桓公退还鲁国汶阳之田而称霸诸侯，智伯并吞三晋之地而自身灭亡。圣人在重重封闭之中看到好事，而在反复曲折之外考虑到祸患。

螈蚕一岁再收，非不利也，然而王法禁之者，为其残桑也；⁽¹⁾离先稻熟，而农夫耨之，不以小利伤大获也；⁽²⁾家老异饭而食，殊器而享，子妇跣而上堂，跪而斟羹，非不费也，然而不可省者，为其害义也；⁽³⁾得媒而结言，聘纳而取妇，初绕而亲迎，非不烦也，然而不可易者，所以防淫也；⁽⁴⁾使民居处相司，有罪相觉，于以举奸，非不掇也，然而伤和睦之心，而构仇雠之怨。⁽⁵⁾故事有凿一孔而生百隙，树一物而生万叶者。所凿不足以为便，而所开足以为败；所树不足以为利，而所生足以为沴。⁽⁶⁾愚者惑于小利，而忘其大害。⁽⁷⁾昌羊去蚤虱，而人弗席者，为其来蛉穷也；⁽⁸⁾貍执鼠，而不可脱于庭者，为搏鸡也。⁽⁹⁾故事有利于小而害于大，得于此而亡于彼者。

故行棋者，或食两而路穷，或（子）〔予〕踦而取胜。⁽¹⁰⁾偷利不可以为行，而知术可以为法。故仁、知，人材之美者也。所谓仁者，爱人也；所谓知者，知人也。爱人则（天）〔无〕虐刑矣，知人则无乱政矣。⁽¹¹⁾治由文理，则无悖谬之事矣；⁽¹²⁾刑不侵滥，则无暴虐之行矣。⁽¹³⁾上无烦乱之治，下无怨望之心，则百残除而中和作矣，此三代之所昌。⁽¹⁴⁾故《书》曰："能哲且惠，黎民怀之，何忧讙兜？何迁有苗？"⁽¹⁵⁾知伯有五过人之材，而不免于身死人手者，不爱人也；⁽¹⁶⁾齐王建有三过人之巧，而身虏于秦者，不知贤也。⁽¹⁷⁾故仁莫大于爱人，知莫大于知人。二者不立，虽察慧捷巧，劬禄疾力，不免于乱也。⁽¹⁸⁾

【注释】

〔1〕螈：许慎注："再。"按：螈，通"原"。《尔雅·释言》："螈，再也。"原蚕，即夏秋第二次孵化的蚕。 收：王念孙《读书杂志》："收"本作"登"，此后人以意改之也。刘文典《淮南鸿烈集解》：《意林》引，"收"作"熟"，"收"之为误字益明矣。按："收"字不误。《群书治要》："原蚕一岁再收。"

〔2〕"离先"几句：许慎注："稻米随地而生者为离，与稻相似。耨之，为其少实。"按：离，通"秜"。《说文》："秜，稻今年落，来年自生谓之秜。"又通"稆"。《资治通鉴·晋纪十一》胡三省注："禾自生曰稆。"耨：锄草。

〔3〕享：《群书治要》作"烹"。 跣：赤脚。

〔4〕聘纳：古代婚礼内容之一。即问名、纳币。 初绖：孙诒让《札迻》："初"当为"袀"，形近而误。袀绖者，谓玄衣而冕。《礼记·郊特牲》说昏礼云："玄冕斋戒。"钧冕即玄冕也。《齐俗训》注云："钧，纯服。"是其义也。按：绖，冕。古代帝王、诸侯及卿大夫所戴的礼帽。

〔5〕司：通"伺"，探察。 觉：《群书治要》作"告"。 掇：《说文》："拾取也。"有选取义。 "然而"二句：《群书治要》作："然而不可行者，为伤和睦之心，而搆仇雠之怨也。"

〔6〕涝：《群书治要》作"秒"。《广韵》"废"韵："秒，恶也。"即失败义。

〔7〕"愚者"二句：《群书治要》有"不可以为法也"。

〔8〕昌羊：即菖蒲。已见《说林训》。 庠：王念孙《读书杂志》："庠"当为"席"，字之误也。《太平御览·虫豸部》八引此，正作"席"。 蛉穷：蛐蜓。能入耳中。

〔9〕搏：有抓扑义。

〔10〕行棋：许慎注："谓（大）〔六〕博也。"按：即下棋，着棋。 两：两个棋子。 "子"：《道藏》本、刘绩《补注》本作"予"。予踦，许慎注："予对家奇一棋也。"

〔11〕"天"：《道藏》本、刘绩《补注》本作"无"。当正。

〔12〕悖谬：背理及谬误之事。

〔13〕侵滥：侵淫而泛滥。

〔14〕中和：中正平和。

〔15〕"故《书》曰"：引文见《尚书·皋陶谟》。哲，《说文》："知也。"即聪明之义。 黎民：指百姓。 "何忧"二句：许慎注："讙兜、有苗，舜所放徙〔人〕也。"

〔16〕"知伯"几句：许慎注："知伯美须长大，一材也；射御足力，二材也；材艺毕给，三材也；（功）〔巧〕文辩慧，四材也；强毅果敢，五材也。"

〔17〕"齐王建"几句：许慎注："力能引强，走先驰马，超能越高。王建任用后胜之计，不用淳于越之言也。"按：齐王建，战国齐君，前221年投降秦始皇。亦载于《史记·田敬仲完世家》。

〔18〕劬禄：苦身劳心之义。亦见《主术训》，彼文作"劬录"。《说文》："劬，劳也。"录，《集韵》"御"韵："通作虑。"即思虑义。

【译文】

二茬蚕在一年中可以再抽丝一次，这不是没有好处，但是王法禁止这样做，因为它危害桑树生长；落地而生的稻子比种植的稻子先熟，但是农民要锄掉它，不因为小利伤害大的收获；家中老人要吃与家人不同的饭食，用特殊的器具烹调，媳妇要赤脚登入厅堂，跪着给他倒进肉汤，不是不耗费精力，但是不能够省去，因为省了会危害大义；等待媒人而订约，男方送去求婚的聘礼才娶媳妇，穿上礼服到女家迎新娘，不是不麻烦，但是不能够改变它，是用来防止淫乱的发生；使百姓居处互相督察，有人犯罪能够互相发觉，对于用来检举奸人，不是不可以采取的，但是不能这样做，因为容易伤害和睦之心，而造成敌对的怨恨情绪。因此事物中有的凿开一个孔隙就能裂出百个孔洞，栽下一棵树苗而能生出千枝万叶的情形。所凿开孔洞的不能带来便利，而所开掘的孔隙能够造成失败；所栽种的树木不能够带来利益，而所生出的枝叶能够造成污秽。愚蠢的人被小利所迷惑，而忘记了大的祸害。菖蒲可以使跳蚤、虱子逃走，而人们不能够作席子，因为它会招来蛉穷；狸子能够捉住老鼠，但是不能够让它离开庭院，因为它会抓住小鸡。因此事情中有的对小处有利而对大处有害，有的在这里有所得到而在它处有所失去。

因此下棋的人有时吃了两个棋子，而却面临困境；有的让出对方一个棋子，却反而能够取胜。苟且求利的做法不能成为德行，而智术能够成为法式。因此仁慈和智慧，是人才中的优美品质。所说的仁慈，是爱护别人；所说的智慧，就是能够知道别人。爱护别人，那么就没有暴虐的刑法了；知道别人，那么就没有混乱的政治了。治国根据礼仪，那么就没有背理和错误的事情了；刑罚不侵凌泛滥，那么就没有残暴的行为了。国君没有烦琐杂乱的治理，臣民没有怨恨的心情，那么各种残酷的法令可以解除，而和平就会产生了。这就是三代之所以昌盛的原因。所以《书》中说："能够聪明而有恩惠，百姓就会怀念他，还忧虑什么讙兜？何必迁徙有苗呢？"智伯有五种超出常人的才能，而最后免不了死在别人手中，不爱护百姓是根本原因；齐王建有三方面过人的巧技，而自己被秦国俘虏，不知道贤人是主要原因。因此仁慈没有比爱护他人更重大的了；智慧没有比知道别人更重要的了。这两方面如果不能够确立，即使能明察秋毫，才华过人，敏捷灵巧，勤劳政事，用力辛苦，也免不了要造成混乱。

第二十一卷　要略

【题解】

许慎解题:"凡鸿烈之书二十篇,略数其要,明其所指,(字)[序]其微妙,论其大体。"这是一篇作者的自序,也是全书的纲要。

作者的写作目的是"纪纲道德,经纬人事","统天下,理万物,应变化,通殊类",为汉代治国安邦提供理论依据。

本书写作原则是"道"、"事"结合。"道"指的是自然规律,"事"指的是社会的典章制度、伦理道德、风俗习惯以及人们的活动。因此作者对二十篇的主要内容及其辩证关系,进行了全面的论述;最后作者对先秦儒家、墨家、纵横家、刑名家以及管晏学说的产生背景、历史条件进行了分析,认为是救时弊而生。

这部书的创作要求是:"非循一迹之路,守一隅之指",也就是要自成一家之言,走学术创新之路,而立于诸子之林。看来,这个目的是达到了。

陶方琦《淮南许注异同诂》:(此)"许注本也。"

夫作为书论者,所以纪纲道德,经纬人事,上考之天,下揆之地,中通诸理。〔1〕虽未能抽引玄妙之中才,繁然足以观终始矣。〔2〕总要举凡,而语不剖判纯朴,靡散大宗,则为人之惽惽然弗能知也,故多为之辞,博为之说。〔3〕又恐人之离本就末也,故言道而不言事,则无以与世浮沉;〔4〕言事而不言道,则无以与化游息。〔5〕故著二十篇，有《原道》，有《俶真》，有《天文》，有《地形》，有《时则》，有《冥览》，有《精神》，有《本经》，有《主术》，有《缪称》，有《齐俗》，有《道应》，有《氾论》，有《诠言》，有《兵略》，有《说山》，有《说林》，有《人间》，有《脩务》，有《泰族》也。〔6〕

【注释】

〔1〕书论：指论说的文章。　纪纲：治理。　经纬：规划、治理。　揆：度量，考察。《广韵》"旨"韵："揆，度也。"以上几句，与《吕览·序意》相似。

〔2〕抽引：抽绎、提出。　玄妙：深奥，玄秘。　才：通"哉"。《集韵》"咍"韵："哉，古作才。"　繁然：繁盛的样子。

〔3〕总要：总其要领。　举凡：举其大要。《小尔雅·广诂》："凡，要也。"　剖判：辨析，分析。　纯朴：许慎注："太素也。"按：指未经雕琢的材料。　靡散：散碎，消散。　大宗：许慎注："事本也。"按：即事物的本源。　则：《道藏》本同。刘绩《补注》本改作"惧"。　惛惛然：糊涂的样子。

〔4〕浮沉：盛衰，得失。

〔5〕化：造化。　游息：流动，停息。

〔6〕"冥览"：《道藏》本同。刘绩《补注》本改作"览冥"。

【译文】

著书立说的目的，是用来整治道德，规划人事，向上考察天道的变化规律，向下研究大地上的万事万物，在中间能够贯通各种事理。即使这部书不能把深奥玄妙的道理提炼出来，但涉猎广泛，也完全能够观察事物的终始变化了。如果只是提纲挈领地说明大概的意思，而文章中不去剖析最基本的材料，分清事物的本来面貌，担心别人会对基本理论糊里糊涂地搞不清楚，因此较多地增加了一些文字，广泛地加以阐述说明。又害怕别人脱离根本而去追求末节，所以如果只谈论大道而不谈人事，那么便没有办法和社会一起共处；光谈论人事而不谈大道，那么便不能和自然变化一起行止。因此著作二十篇，分别是：《原道》、《俶真》、《天文》、《地形》、《时则》、《冥览》、《精神》、《本经》、《主术》、《缪称》、《齐俗》、《道应》、《氾论》、《诠言》、《兵略》、《说山》、《说林》、《人间》、《脩务》、《泰族》。

《原道》者，卢牟六合，混沌万物，象太一之容，测窈冥之深，以翔虚无之轸；[1] 托小以苞大，守约以治广，使人知先后之祸福，动静之利害。诚通其志，浩然可以大观矣。[2] 欲一言而寤时，则尊天而保真；[3] 欲再言而通，则贱物而贵身；欲参言而究，则外欲而反情。执其大指，以内洽五藏，濊濊肌肤，被服法则，而与之终身。[4] 所以应待万方，览耦百变也。[5] 若转丸掌中，足以自乐也。[6]

【注释】

〔1〕卢牟：许慎注："由规模也。"按：朱骏声《说文通训定声》："按卢牟即炉模。"有规划义。 混沌：阴阳未分。指探索混沌之时。 象：拟象。 太一之容：许慎注："北极之气，合为一体也。"按：即指上天，又指元气。《文子·自然篇》作"太乙"。 窈冥：深远，奥妙。《老子》二十一章："窈兮冥兮，其中有精。" 轸：许慎注："道畛也。"按：朱骏声《说文通训定声》："叚借又为畛。"《小尔雅·广诂》："畛，界也。"即界域义。

〔2〕浩然：广博、众多的样子。 大观：洞达透彻的观察。

〔3〕寤：许慎注："觉。" 时：《道藏》本同。刘绩《补注》本无此字。疑衍。

〔4〕洽：许慎注："润。" 濊濊：浸渍。《说文》："濊，渍也。"《别雅》卷二："濊濊，浸渍也。" 被服：以被服之不离身，喻亲身感受。

〔5〕览：通"揽"。《广雅·释诂三》："揽，持也。"即持取义。 耦：许慎注："通也。"按：通"偶"。《尔雅·释诂上》："偶，合也。"

〔6〕转丸：即弄丸，类似今手技抛球。《庄子·徐无鬼》有"弄丸"之记载。

【译文】

《原道》的内容,规划了天地四方,探索万事万物的形成规律,拟象元气的形状,探测大道的深远,而翱翔在虚无的境界之内;虽然寄托在小处但包容深广,持守简约但治理广大,使人们懂得祸福发生的先后次序,也可以了解行、止的利害关系。果真能够通达它的旨意,对广博纷繁的事物便可以得到透彻的了解了。想要用一句话来明白其中的道理,那么就是尊重天道而保持本真;如果用第二句话来说明其中的道理,就是轻视外物而重视自身;想用第三句话来探究其中的奥秘,就是抛开私欲而返回真情。掌握了其中的要领,可以对内润泽五脏,对外浸渍肌肤,亲身体验到这个自然的法则,可以和它伴随终身。可以用来应对万方,揽合百变。对待万方百变,就像弄丸掌中,自己也完全可以得到其中的乐趣。

《俶真》者,穷逐终始之化,嬴坪有无之精,离别万物之变,合同死生之形,使人知遗物反己。[1] 审仁义之间,通同异之理,观至德之统,知变化之纪,说符玄妙之中,通迴造化之母也。[2]

【注释】

〔1〕嬴:许慎注:"绕币也。"按:通"婴"。《说文》:"婴,颈饰也。"《汉书·贾谊传》颜师古注:"婴,绕也。"即环绕义。 坪:许慎:"坪,摩烦也。"按:正文当作"垺"。《道藏》本、刘绩《补注》本亦作"坪"。《本经训》高诱注:"垺,形也。"即形兆、兆朕义。 合同:会合,齐同。 遗物:超然物外。

〔2〕符:符验。 迴:《道藏》本、刘绩《补注》本同。王念孙《读书杂志》:"通迴"二字,义不相属。"迴"当为"迵",字之误也。迵亦通也。通迵造化之母,谓通乎造化之原也。 造化之母:许慎注:"元气太一初也。"按:即自然变化的根源。

【译文】

《俶真》的内容,探求自然界起始终结的演化规律,包容了微妙的有、无相生的精髓，辨别万物的变化规律，等齐合同生死的形体关系，使人明白超然物外而返回真性的道理。审察清楚仁义的得失，沟道相同与差别之间的联系，观察最高的道德的领属关系，寻求千变万化的头绪，解说清楚深奥玄妙的符验，通达自然变化的根源。

《天文》者，所以和阴阳之气，理日月之光，节开塞之时，列星辰之行；[1]知逆顺之变，避忌讳之殃；[2]顺时运之应，法五神之常。[3]使人有以仰天承顺，而不乱其常者也。[4]

【注释】
〔1〕开塞：开通和闭藏。如《小学蒐佚·纂要》："正月孟春亦曰开春。"
〔2〕逆顺：行星朝东运行称为"顺行"，朝西运动称为"逆行"。
〔3〕时运：即四时的运行。　五神：即五星之神。
〔4〕仰天：仰慕天道。　承顺：顺从，顺应。

【译文】
《天文》的内容，是用来协调阴阳二气的关系，理顺日月运行的规律，掌握开启闭藏的季节变化，排列星辰运行的顺序；知道逆行、顺行的变化，避开忌讳和祸殃的发生；顺从天时规律的对应变化，效法五星之神活动的规则。使人能够尊奉天道、顺应变化，而不会扰乱它的正常规律。

《地形》者，所以穷南北之脩，极东西之广，经山陵之形，区川谷之居，明万物之主，知生类之众，列山渊之数，规远近之路，使人通迥周备，不可动以物，不可惊以怪者也。[1]

【注释】

〔1〕脩：刘典爵《淮南子韵谱》：今本作"脩"者，盖避淮南王讳改。当作"长"。"长"与"广"为韵。　极：《楚辞·离骚》蒋骥注："标准也。"　经：划分，度量。　居：指流向。《广雅·释言》："居，据也。"即所占据的地方。　生类：生物的种类。　山渊：郑良树《淮南子斠理》：《记纂渊海》引此作"山川"。　周备：周详全备。

【译文】

《地形》的内容，是用来探究南北的长度，确定东西的宽度，度量山陵的形势，区别大川深谷的流向，明确万物的根本，知道生物繁多的种类，罗列山川的数量，规划远近的道路，使人能够通达周详，不可以因外物而妄动，不能够因为怪物而惊恐。

《时则》者，所以上因天时，下尽地力；据度行当，合诸人则；[1]刑十二节，以为法式；[2]终而复始，转于无极；[3]因循仿依，以知祸福。操舍开塞，各有龙忌；[4]发号施令，以时教期。[5]使君人者知所以从事。[6]

【注释】

〔1〕据：依据、据守义。　度：即六度，准、绳、规、矩、权、衡。　人则：人类生命的准则。《天文训》："天有十二月以制三百六十日，人亦有十二肢以使三百六十节。"

〔2〕刑：《道藏》本、刘绩《补注》本作"形"。《广雅·释诂一》王念孙疏证："刑，亦通作形。"　十二节：许慎注："一月为人一节也。"

〔3〕"终而"句：许慎注："岁终十二月，从正月始也。"

〔4〕操舍：执持、舍弃。　龙忌：许慎注："中国以鬼神之（士）[事]日忌，北胡、南越皆谓之请龙。"

〔5〕教期：教化、教训。俞樾《诸子平议》："期"当读为"惎"。宣二年《左传》杜注曰："惎，教也。"

〔6〕"从事"：郑良树《淮南子斠理》"从事"下当有"者也"二字。

【译文】

《时则》的内容，是说上面要依循自然运行的时序，下面要尽力发挥土地的潜力；据守六度的法则，实行适当的节令，符合人类生命的规律；形成十二个月的节令，作为共同遵循的准则；（年年月月），周而复始，循环不已；按照自然法则，依样效法，便知祸福产生的规律；持守和舍弃，开启和闭藏，各自都有鬼神的禁忌；国君发布政令，按时教化百姓。这样可以使统治天下的国君，知道治理政事的方法。

《览冥》者，所以言至精之通九天也，至微之沦无形也，纯粹之入至清也，昭昭之通冥冥也。[1]乃始揽物物引类，览取挢掇，浸想宵类。[2]物之可以喻意象形者，乃以穿通窘滞，决渎壅塞，引人之意，系之无极，乃以明物类之感，同气之应。[3]阴阳之合，形埒之朕，所以令人远观博见者也。[4]

【注释】

〔1〕至精：最微细的精气。 至微：最微小的事物。 纯粹：纯一不杂，精美无瑕。 至清：最洁净的境地。

〔2〕揽：挹取，采摘。 "物物"：《道藏》本、刘绩《补注》本同。黄锡禧本仅一"物"字。 引类：招引同类。 览：通"揽"。有撮持义。 挢：《道藏》本、刘绩《补注》本作"挢"。《荀子·儒效》："以挢饰其情性。"卢文弨校："挢，宋本作挢。" 挢掇，许慎注："挢，取也。掇，拾也。"按：《广雅·释诂一》："挢，取也。"《说文》："掇，拾取也。"训同。 浸：许慎注："微视也。"按：《广韵》"沁"韵："浸，渐也。" 想：朱骏声《说文通训定声》："叚借为像。"《说文》："像，象也。"即形象义。 宵类：许慎注："宵，物似也。类，众也。"按：宵，通"肖"。《广韵》"笑"韵："肖，似也。"

〔3〕喻意：表明意旨。 象形：描画事物的形状。 穿通：贯通。窘滞：困迫，凝滞。《说文》："窘，迫也。" 引：引导。

〔4〕形埒：形迹，形兆。 朕：征兆。

【译文】

　　《览冥》的内容，是用来说明最精微之气可以上通九天，最微小的事情可以沦没在无形之中，纯洁精粹之物可以进入最洁净的境地，光明的东西可以通向黑暗之中。于是便可以把取万物，招引同类，撮持积聚，渐渐形成物象及类似的事物。万物中能够表明意旨，用形象摹画出来的事物，可以用来贯通凝滞，像疏决川渎，堵塞险要一样，引导人们的意志，同无穷无尽的事物联系起来，用来表明万物种类之间的互相感应关系，说明阴阳相同之气可以互相应和。阴阳二气的互相融合，而能显露天地之间的各种征兆，可以用来使人观察遥远而广博的事物。

　　《精神》者，所以原本人之所由生，而晓寤：其形骸九窍取象，於天合同；⁽¹⁾ 其血气，与雷霆风雨比类；⁽²⁾ 其喜怒，与昼宵寒暑并明。⁽³⁾ 审死生之分，别同异之迹，节动静之机，以反其性命之宗。所以使人爱养其精神，抚静其魂魄，不以物易己，而坚守虚无之宅者也。⁽⁴⁾

【注释】

　　〔1〕晓寤：领会、理解。以下六句各本断句较乱，然皆难通。　於：《战国策·齐三》鲍彪注："於，犹与。"黄锡禧本作"与"。　合同：即会和齐同之义。

　　〔2〕比类：比照类推。

　　〔3〕明：《尔雅·释诂下》："成也。"有形成义。　宵：许慎注："夜。"按：《说文》："宵，夜也。"训同。

　　〔4〕虚无之宅：指大道的根本。

【译文】

　　《精神》的内容，用来探讨人类产生的本源，而要明白：人的形骸、九窍所仿效的，是与上天齐同的；人体的血液、精气，是和自然界的雷霆风雨相比照的；人的喜怒哀乐，是和白天黑夜、严寒酷暑相互一起变化的。辨明死生的分别，区别相同、不同的迹象，调节动静的机能，以返回到性命的根本之处。以便用来使人爱护保养他的精神，抚慰安定他的魂魄，使人不因为外物而改变自己的天性，而坚守大道的根本。

《本经》者，所以明大圣之德，通维初之道，埒略衰世古今之变，以褒先圣之隆盛，而贬末世之曲政也。[1] 所以使人黜耳目之聪明，静精神之感动，樽流遁之观，节养性之和，分帝王之操，列小大之差者也。[2]

【注释】

〔1〕维初：开初。 埒略：略列征兆。《本经训》高诱注："埒，形也。" 曲政：弊政，即腐败之政。

〔2〕樽：许慎注："止也。"按：《道藏》本同。刘绩《补注》本作"撙"。《荀子·儒效》杨倞注："撙，抑。" 流遁：许慎注："披散也。"按：《本经训》高诱注："流，放也。遁，逸也。"《广雅·释诂三》："披，散也。"即淫逸放纵之义。 操：操守。

【译文】

《本经》的内容，是用来彰明圣人的美好德行，通达古代圣贤开创的道德规范，略列衰世道德的颓败和古今道德的变化，用来褒扬先世的隆盛，而贬斥末世的弊政。用来使人废黜耳目的聪明，安定精神上引起的激动，抑制由于情欲而产生的淫逸，用来调节养性的天和，分清帝王所具有的不同操守，罗列操守大小之间的差别。

《主术》者，君人之事也，所以因作任督责，使群臣各尽其能也。[1] 明摄权操柄，以制群下；[2] 提名责实，考之参伍，所以使人主秉数持要，不妄喜怒也。[3] 其数直施而正邪，外私而立公；[4] 使百官条通而辐辏，（名）[各]务其业，人致其功。[5] 此主术之明也。

【注释】

〔1〕作:《道藏》本、刘绩《补注》本同。王念孙《读书杂志》:今本"作"字即"任"字之误而衍者耳。"因任督责",谓因任其臣而督责其功也。

〔2〕摄:执掌。

〔3〕提:许慎注:"挈也。"按:《说文》:"提,挈也。"训同。即提举义。 责实:督责实施。《韩非子·定法》:"因任而授官,循名而责实。"

〔4〕施:有邪曲义。《齐俗训》高诱注:"施,微曲也。"下文许慎注:"施,邪。"

〔5〕"名":《道藏》本同。刘绩《补注》本作"各"。当正。

【译文】

《主术》的内容,是讲国君统治天下之事。国君按照百官任职,督察责罚,使群臣各自尽到自己的才能。说明国君应执掌权柄,用来控制臣下;掌握名分,按照实际督责检查,并且互相参照考核,以便使国君掌握权术,抓住要害,不致妄生喜怒之情。他的统治术使邪曲变得正直,排除私欲而树立公道;可以使百官像枝条通往树干,如车辐辏聚车轴,各自力求干好本业,人人便可以建立他们的功业。这就是国君统治的聪明之处。

《缪称》者,破碎道德之论,差次仁义之分,略杂人间之事,总同乎神明之德。〔1〕假象取耦,以相譬喻;〔2〕断短为节,以应小具。所以曲说攻论,应感而不匮者也。〔3〕

【注释】

〔1〕破碎:破分,解析。 差次:等级次序,顺序安排。 总同:聚集、会同。

〔2〕假象:借助外物的形象。 耦:耦合。《时则训》高诱注:"耦,合也。" 譬喻:比喻。

〔3〕节:符节。 小具:小的预备。 曲说:周曲解说。 攻:通"工"。《广雅·释诂三》:"工,巧也。"攻论,即巧论。马宗霍《淮南旧注参正》谓:"攻论"疑当作"巧论",攻、巧形近,传写乱之。按:此说不确。 应感:应对,感通。 匮:许慎注:"乏。"

【译文】

《缪称》的内容,剖析道德的理论,排列仁义的区别,稍微杂列人世间的事情,而全部汇集在变化莫测的大道之中。假借外物的形象,来取得耦合的例证,以便用来相互比方验证;就像截断小的竹子作为符节,用来适应小的需求一样。以便用来周曲解说和精巧论述,感通应对外物而不致缺乏理论依据。

《齐俗》者,所以一群生之短脩,同九夷之风气,通古今之论,贯万物之理,财制礼义之宜,擘画人事之终始者也。[1]

【注释】

[1] 群生:一切生物。 脩:刘典爵《淮南子韵谱》:"脩"当为"长",盖避淮南王讳改。 风气:王念孙《读书杂志》:"风气"本作"风采"。《文选·〈魏都赋〉》李善注:《淮南子》曰:"同九夷之风采。"高诱注:"风,俗也;采,事也。"何宁《淮南子集释》:原本《玉篇》"言"部"谭"字引作"通古今之风气,以贯谭万物之理"。 财:通"裁"。财制,即裁制。 擘:许慎注:"分。"按:《广雅·释言》:"擘,剖也。"擘画,即筹划、处理之义。

【译文】

《齐俗》的内容,是用来齐一万物的长短优劣,齐同九夷的风气,沟通古今不同的论说,贯通万物生存的道理,裁定礼义的适宜内容,规划人世间事情的终始。

《道应》者,揽掇遂事之踪,追观往古之迹,察祸福利害之反,考验乎老、庄之术,而以合得失之势者也。[1]

【注释】

[1] 遂事:已经完成的事。《吕览·去私》高诱注:"遂,成也。" 察:

郑良树《淮南子斠理》:"察"上疑当有"明"字。

【译文】

　　《道应》的内容，选取成功之事的事迹，追寻观察往古之时的印迹，考察祸福利害间的正反关系，而同老子、庄子的学说相验证，以便符合得失的趋势。

　　《氾论》者，所以箴缕糸察纇之间，榍楔呢齲之郤也。[1]接径直施，以推本朴，而兆见得失之变，利病之文，所以使人不妄没于势利，不诱惑于事态，有符曒晲，兼稽时世之变，而与化推移者也。[2]

【注释】

　　[1]箴：缝衣的工具。同"针"。　缕：丝线，麻线。箴缕，有缝缀义。　糸察：许慎注："绡煞也。"按：《说文》："㡎，残帛也。"朱骏声《说文通训定声》："㡎，字亦作糸察。"　纇：同"黻"。《集韵》"骇"韵："黻，嬾黻，衣破，或从糸。"糸察黻，即衣服残破。喻认识缺陷。　榍：许慎注："薛也。"《道藏》本、刘绩《补注》本作"撤"。黄锡禧本作"攧"。吴承仕《淮南旧注校理》：文当作"榍楔"。《说文》："榍，楔也。"榍楔呢齲之郤，谓以木札楔入呢齲而固著之，与上文"箴缕糸察纇"，义正相配。薛，即楔字假。《考工记》郑司农云："蓺，楔也。"是其义。　楔：许慎注："塞也。"按：《说文》："楔，榍也。"即楔子。　呢齲：许慎注："错牾也。"按：呢，通"齯"。《说文》："齯，老人齿。"齲，《说文》："齿不正也。"指牙齿参差不齐。　郤：即间隙。马宗霍《淮南旧注参正》：上句取喻于衣缝，下句取喻于齿郤，盖言《氾论篇》持论之密，无微不入，无孔不弥也。

　　[2]接：通"捷"。《楚辞·离骚》："夫唯捷径以窘步。"洪兴祖补注："捷，邪出也。"　径：《集韵》"径"韵："直也。"　施：许慎注："邪。"接、施同义，径、直义同。　文：《道藏》本、刘绩《补注》本同。《庄子·应帝王》成玄英疏："文，象也。"《天文训》高诱注："文者，象也。"即兆征义。黄锡禧本、庄逵吉本作"反"，疑误。　曒晲：马宗霍《淮南旧注参正》："曒晲"连文，盖状日行之貌。日行不失次谓之曒晲。　稽：考核。《广雅·释言》："稽，考也。"

【译文】

《氾论》的内容，是像用针线穿插在衣缝之间，如同木楔补缀在齿缝之隙，（来补正认识上的缺失）。从而使邪路变成直道，以便推论事物的本来面目，而预见得失的变化，利害的征兆，以便用来使人不盲目沉沦在势利之中，不被事态的变化所迷惑；而又符合天道运行的规律，并且兼顾考察时代社会的变化，而能够与自然一起转移变迁。

《诠言》者，所以譬类人事之指，解喻治乱之体也；[1]差择微言之眇，诠以至理之文，而补缝过失之阙者也。[2]

【注释】

[1] 诠言：阐明事理的言论。　类：类此。　解喻：解释、晓谕。
[2] 差择：比较、选择。《广韵》"麻"韵："差，择也。"　眇：《汉书·扬雄传下》颜师古注："眇，读曰妙。"即奥妙义。　阙：过失，缺点。《广韵》"月"韵："阙，失也，过也。"

【译文】

《诠言》的内容，是用来比类人世之事的意旨，解释辨明国家治乱的根本；比较深微之言的奥妙，用最根本的道理加以解释，并用来补救治政的过失。

《兵略》者，所以明战胜攻取之数，形机之势，诈谲之变，体因循之道，操持后之论也。[1]所以知战阵分争之非道不行也，知攻取坚守之非德不强也。诚明其意，进退左右无所击危，乘势以为资，清静以为常，避实就虚，若驱群羊，此所以言兵也。[2]

【注释】

[1] 形机之势：指形成机变的态势。　诈谲：欺骗，诡计。"操持后"句：许慎注："持后者，不敢为主而为客也。"按：《老子》六十九章：

"用兵有言，吾不敢为主而为客。"六十七章："三曰不敢为天下先。"持后，即重视后发制人。

〔2〕击危：王念孙《读书杂志》："危"与"诡"同。击诡，犹今人违碍也。谓进退左右，无所违碍也。《睽》释文曰："诡，戾也。"《主术篇》曰"无所击戾"，其义一也。按：朱起凤《辞通》、《荀子·修身》及《淮南子·主术训》、《泰族训》皆作"戾"，戾、危草书相似，故误"戾"为"危"。 避实就虚：《孙子·虚实》："兵之形，避实而就虚。"

【译文】

《兵略》的内容，是用来说明战胜敌人、攻取敌阵的方法，形势机变的态势，欺诈多变的战术；体察军事斗争的规律，采取后发制人的策略。以用来表明战争的胜负，没有大道是行不通的；知道夺取敌阵、坚守城池，没有德性是不能强大的。如果真正明了这个意旨，前进后退，左冲右突都没有什么违碍。乘着有利的时机，以此来作为凭借；而把清净作为准则，避开实力，攻击虚弱之敌，就像驱赶牛羊一样，这就是所说的用兵问题。

《说山》、《说林》者，所以窈窕穿凿百事之壅遏，而通行贯扃万物之窒塞者也。[1]假譬取象，异类殊形，以领理人之意，懈堕结细，说捍抟困，而以明事埒事者也。[2]

【注释】

〔1〕窈窕：有贯通之义。 穿凿：穿通。 壅遏：阻塞。 贯扃：贯通。 窒塞：堵塞。《说文》："窒，塞也。"

〔2〕领理：领会，理解。 懈堕：解脱。《广雅·释诂四》："堕，脱也。" 结细：《道藏》本、刘绩《补注》本同。即纽结。王念孙《读书杂志》："细"当为"纽"，字之误也。纽亦结也。 说：通："脱"。 捍：《道藏》本、刘绩《补注》本同。王念孙《读书杂志》："捍"当为"择"，字之误也。"择"与"释"同。"脱"、"释"皆解也。 抟：许慎注："圆也。"按：《说文》同。《楚辞·桔颂》王逸注："楚人名圆为抟。" 困：许慎注："茾也。"按：《说文》："廩之圆者。"又《说文》："茾，草覆蔓。"即覆盖

为圆形之义。挦困,有卷束义。 垗:许慎注:"兆联也。"即征兆义。"明事垗事":《道藏》本、刘绩《补注》本同。王念孙《读书杂志》:下"事"字因上"事"字而衍。"明事垗"者,明百事之形垗以示人也。刘家立《淮南内篇集证》:疑此"事"字本在"人"字之下,写者误衍于"事垗"下。"以领理人事之意",即所谓假譬取象,异类殊形,皆人事也。

【译文】
　　《说山》、《说林》的内容,是用来打通百事的堵塞,而使万物的障碍畅通无阻。借用比喻来选择对象,联系不同的种类和殊别的形体,用来领会人世间事物的要义。解开纽结,辨释疑团,而用来阐明百事变化的征兆。

　　《人间》者,所以观祸福之变,察利害之反,钻脉得失之迹,标举终始之坛也。⁽¹⁾分别百事之微,敷陈存亡之机,使人知祸之为福,亡之为得,成之为败,利之为害也。⁽²⁾诚喻至意,则有以倾侧偃仰世俗之间,而无伤乎谗贼螫毒者也。⁽³⁾

【注释】
　　〔1〕钻脉:推究事理。章太炎《膏兰室札记》:按"钻"借为"鑽"。《方言》:"鑽,解也。"《周语》注:"脉,理也。"鑽谓解之也,脉谓理之也。　标:许慎注:"末也。"按:《说文》:"标,木杪末也。"训同。标,通"幖"。《说文》:"幖,帜也。"有标志义。标举,即揭示义。　坛:许慎注:"场也。"按:《说文》:"坛,祭场也。"训同。疑通"嬗"。《史记·屈原贾生列传》裴骃集解引服虔曰:"嬗,谓变蜕也。"有变化、更替义。
　　〔2〕敷陈:铺叙,详加论列义。
　　〔3〕喻:理解。　至意:深远之意。　倾侧:倾倒,偏侧。《史记·陈丞相世家》:"倾侧扰攘。"　偃仰:俯仰。　谗贼:说别人坏话的人。

【译文】
　　《人间》的内容,是用来观察祸福的变化,考察利害的正反演变,按照事理研究得失之迹,揭示事物终始的更替关系。分清各种事物的微小区别,陈述存在、灭亡的机变,使人们知道坏事可以变成好事,失去可以变为得到,成功可以变为失败,有利可以变为有害。果真理解了它的深义,那么就可以在世俗之间俯仰屈伸,而不会被谗佞和坏人所伤害。

《脩务》者,所以为人之于道未淹,味论未深,见其文辞,反之以清净为常,恬愉为本,则懈随分学,纵欲适情,欲以偷自佚,而塞于大道也。⁽¹⁾今夫狂者无忧,圣人亦无忧。圣人无忧,和以德也;⁽²⁾狂者无忧,不知祸福也。故通而无为也,与塞而无为也同,其无为则通,其所以无为则异。⁽³⁾故为之浮称流说,其所以能听,所以使学者孳孳以自几也。⁽⁴⁾

【注释】

〔1〕淹:《尔雅·释诂下》:"淹,久也。"有精深、广博义。 味:指旨趣、意义。 随:《道藏》本、刘绩《补注》本作"堕"。《管子·白心》:"其事也不随。"王念孙《读书杂志》:"随,当为堕。"按:懈随,松懈、堕落义。 分:《庄子·渔父》陆德明释文引司马云:"离也。"即离开。 偷:马虎,得且且过。《广韵》"侯"韵:"偷,苟且。" 自佚:自我放纵。《论语·季氏》刘宝楠正义:"佚,犹放也。"

〔2〕和:协调。

〔3〕同:《道藏》本、刘绩《补注》本同。王念孙《读书杂志》认为是衍文。 通:《道藏》本同。刘绩《补注》本作"同"。

〔4〕浮称:虚浮不实的称说。 流说:没有根据的言论。《吕览·知度》:"不好淫学流说。" 孳孳:同"孜孜",勤勉不懈。 几:许慎注:"庶几也。"按:即差不多义。

【译文】

《脩务》的内容,是用来针对有人对"道"没有精深的理解,对其旨意没有深入探索，只看到那些文辞，反而误把清净作为法则，把恬淡作为根本，那么就会松懈堕落而放弃学业，放纵情欲，满足安逸，想用得过且过的态度，自我放纵，从而堵塞了大道。现在疯子是没有忧虑的，圣人也是没有忧虑的。圣人没有忧虑，是用德性来协调；疯子没有忧虑，是不知道祸、福的发生。因此通晓大道的人实行"无为"，和根本不懂的人实行"无为"，他们的"无为"是一样的，他们所以用来实行"无为"的原因则是不同的。这就是对有些人称说虚浮不实和没有依据的言论，他们所能够听从的原因。所以使求学的人能不断勤勉努力自己也就差不多达到要求了。

　　《泰族》者，横八极，致高崇，上明三光，下和水土，经古今之道，治伦理之序，总万方之指，而归之一本，以经纬治道，纪纲王事。〔1〕乃原心术，理情性，以馆清平之灵，澄澈神明之精，以与天和相婴薄。〔2〕所以览五帝三王，怀天气，抱天心，执中含和，德形于内，以莙凝天地，发起阴阳；〔3〕序四时之正流方；〔4〕绥之斯宁，推之斯行。〔5〕乃以陶冶万物，游化群生；唱而和，动而随；〔6〕四海之内，一心同归。故景星见，祥风至，黄龙下，凤巢列树，麟止郊野。〔7〕德不内形，而行其法藉，用制度，神祇弗应，福祥不归，四海弗宾，兆民弗化。〔8〕故德形于内，治之大本。此《鸿烈》之《泰族》也。〔9〕

【注释】
　　〔1〕经：理清。《原道训》高诱注："理也。"
　　〔2〕心术：指人的思想意识。《汉书·礼乐志》颜师古注："心术，心之所由也。"　馆：许慎注："馆，舍。"按：《说文》："客舍也。"有安置、安顿义。　澄澈：许慎注："澄，清也。澈，澄，别清浊也。"按：澄澈，分

别,澄清义。　婴:许慎注:"绕抱也。"按:《说文》:"婴,颈饰也。"引申为环绕义。　薄:《广雅·释言》:"附也。"即依附义。与环绕义近。

〔3〕"怀天气,抱天心":《文子·精诚篇》有"怀天心,抱地气"之语,可与此相参。　莙凝:凝结。莙,疑通"窘"。《文选·谢灵运〈拟魏太子邺中集诗〉》吕向注:"窘,束也。"　发起:开启,启发。

〔4〕之:《道藏》本同,刘绩《补注》本无"之"字。　流方:传布四方。

〔5〕绥:安抚。

〔6〕游化:流行,感化。

〔7〕景星:许慎注:"在月之旁,则助日月之明也。"按:《史记·天官书》:"天精而见景星。景星者,德星也。其状无常,常出于有道之国。"西汉时指德星。　祥风:许慎注:"风不鸣条也。"按:吉祥之风。鸣条,风吹树枝发声。《古文苑》十一董仲舒《雨雹对》:"太平之世,则风不鸣条。"

〔8〕藉:《道藏》本、刘绩《补注》本同。藉,通"籍"。　"用制度":《道藏》本、《道藏辑要》本同,刘绩《补注》本"用"上有"专"字。刘家立《淮南内篇集证》作"用其"。　神祇:天地之神。天曰神,地曰祇。

〔9〕《鸿烈》:许慎注:"鸿,大也;烈,功也。凡二十篇,总谓之《鸿烈》。"按:高诱"叙"云:"鸿,大也;烈,明也。以为大明道之言也。"许、高注有别。

【译文】

《泰族》的内容,是说"道"充满四方八极,达到至高无上的境地,上面使日月星大放光明,下面使水土和调,理清古今之道的规律,给伦理关系确定顺序,总括万方的要旨,而把它们归向根本——"道",以便用来规划治理天下,管理统治天下之事。于是便要探索思想和意识的源流,理顺人的情性,用来安置清净平正的灵魂,彻底澄清变化莫测的精神,以便能同自然祥和之气相融合。用来观览五帝三王的业绩,他们含怀着上天的意旨,怀抱着大地之气;执掌公正,包含和气;大德在内心形成,而正气凝结在天地之中,引发阴、阳二气;规定了四季的时序,正气传布四方;用它来安抚天下就会安宁,推广它就能得到施行。于是便用来化育万物,流行感化一切生物;就像唱歌就有和声,活动就有跟随一样,天下之内，万众一心。因此瑞星出现，吉祥之风来临，黄龙随之降下，凤凰在树上筑巢，麒麟在郊野停息。如果大德没有在内心形成，而只是推行他的法令，使用他的制度，那么天地之神也不会响应，幸福吉祥不会来临；四海之内不能宾服，亿万人民不能归顺。因此大德在内心形成，这是治理天下的最大根本。这就是《鸿烈》中的《泰族》所要表达的内容。

凡属书者，所以窥道开塞，庶后世使知举错取舍之宜适，外与物接而不眩，内有以处神养气，宴炀至和，而己自乐，所受乎天地者也。[1] 故言道而不明终始，则不知所仿依；言终始而不明天地四时，则不知所避讳；[2] 言天地四时而不引譬援类，则不识精微；[3] 言至精而不原人之神气，则不知养生之机；原人情而不言大圣之德，则不知五行之差；言帝道而不言君事，则不知小大之衰；[4] 言君事而不为称喻，则不知动静之宜；以称喻而不言俗变，则不知合同大指；[5] 已言俗变而不言往事，则不知道德之应；知道德而不知世曲，则无以耦万方；[6] 知氾论而不知诠言，则无以从容；通书文而不知兵指，则无以应卒；已知大略而不知譬喻，则无以推明事；知公道而不知人间，则无以应祸福；知人间而不知修务，则无以使学者劝力。[7] 欲强省其辞，览总其要，弗曲行区入，则不足以穷道德之意。[8] 故著书二十篇，则天地之理究矣，人间之事接矣，帝王之道备矣。[9] 其言有小有巨，有微有粗，指奏卷异，各有为语。[10] 今专言道，则无不在焉。然而能得本知末者，其唯圣人也。今学者无圣人之才，而不为详说，则终身颠顿乎混溟之中，而

不知觉寤乎昭明之术矣。〔11〕

【注释】

〔1〕属书：著书。　窥：有观察、探究之义。　庶：希望。《广韵》"御"韵："庶，冀也。"　错：通"措"。《说文》："措，置也。"即放置义。　宴炀：宴，《左传·闵公元年》陆德明释文："宴，本又作晏。"《小尔雅·广言》："晏，阳也。"炀，《庄子·徐无鬼》成玄英疏："温也。"即温暖义。　至和：最高的和气。

〔2〕避讳：回避忌讳。

〔3〕援：《说文》："引也。"

〔4〕衰：等次。《玉篇》："衰，等衰也。"

〔5〕以：《道藏》本同。刘绩《补注》本作"言"。何宁《淮南子集释》："以字是也。""以"通"已"。此则谓已为之称誉而不言俗变，若作"言"则与称誉义不相属。　称喻：陈说，譬喻。　大指：大意，大要。

〔6〕耦：《释名·释亲属》："遇也。二人相对遇也。"即应对义。

〔7〕劝：有勤勉义。《说文》："劝，勉也。"

〔8〕曲行区入：婉转而行，屈曲而入。《集韵》"虞"韵："区，屈也。"

〔9〕究：《说文》："穷也。"即穷尽义。　接：《广雅·释诂二》："徧也。"有全备义。

〔10〕指奏：旨趣。

〔11〕颠顿：颠沛，困顿。　混溟：杂乱，昏暗。　觉寤：觉醒，省悟。　昭明：光明。以上二句化自《邓析子·转辞》。

【译文】

大凡著书的目的，是用来观察大道的开启和闭藏，希望后代能够懂得举止、取舍的适当做法。在外部和万物交接而不致迷惑，在内部能够用来静处精神颐养元气，温煦最高的和气，而自己也能够从中得到快乐，这些都是从天地之中得到的。因此谈论大道而不明白事物的终始变化，便不知道所学习效仿的对象；谈论事物的始终转化，而不明白天地四时的变化，便不知道回避灾祸和忌讳的事情；谈说天地四时之间的变化，而不去引用譬喻援引类似的例证，便不知道精微奥妙的事物；谈论人的最微妙的精气，而不探索人的神气发生的原因，便不知道养生的机变；探索人之常情而不谈论最高的道德，便不知道在五种行为方面的差失；谈论天子之道而不说诸侯国君之事，便不知道大小的等次；谈论国君之事而不去陈说譬喻，便不知道掌握动静的适度；谈论陈说譬喻而不论及习俗的变化，便不知道会合大要；谈论习俗变化而不谈往古之事，就不了解道德的对应变化；了解道德的对应变化而不知道世事的曲折，便不能应对各种变故；知道广博地论说而不知道阐明精微之言，便不能从容不迫；通晓书籍文章而不知道用兵的要旨，便没有办法应对突然的变故；知道大要而不知道使用引证譬喻，就没有办法推论明白事理；了解公正之道而不知道人间曲直，便不能应对祸福；知道人间之事而不了解修业进取，便不能来使学者勤奋努力。想尽力减少它的文字，概括它的要点，如果不经过委婉曲折地引入境地，便不能够穷尽道德的旨意。因此著书二十篇，这样天地之间的道理便探究清楚了，人世间的事情业已齐全了，帝王统治天下的方法也就完备了。书中的论说有的谈及小事，有的涉及大事；有细微之说，也有粗疏之言，每卷旨趣都是不同的，各自都有论述的内容。现在如果专门谈论"道"，那么是没有地方不存在的。但是能够得到"道"的根本而且能知道事物末节的，恐怕只有圣人了。现在读书的人没有圣人之才，如果不替他们详细解说，那么就会终身困顿在杂乱昏暗之中，而不知道行进在光明道路上的方法。

今《易》之《乾》、《坤》，足以穷道通意也，八卦可以识吉凶、知祸福矣，然而伏戏为之六十四变，周室增以六爻，所以原测淑清之道，而揽逐万物之祖也。[1]夫五音之数，不过宫、商、角、徵、羽，然而五弦之琴不可鼓也，必有细大驾和，而后可以成曲。[2]今画龙首，观者不知其何兽也，具其形，则不疑矣。今谓之道则多，谓之物则少；谓之术则博，谓之事则浅，推之以论，则无可言者。所以为学者，固欲致之不言而已也。

夫道论至深，故多为之辞，以杼其情；[3]万物至众，故博为之说，以通其意。辞虽坛卷连漫，绞纷远援，所以洮汰涤荡至意，使之无凝竭底滞，卷握而不散也。[4]夫江、河之腐胔不可胜数，然祭者汲焉，大也；[5]一杯酒白，蝇渍其中，匹夫弗尝者，小也。[6]诚通乎二十篇之论，睹凡得要，以通九野，径十门，外天地，捭山川，其于逍遥一世之间，宰匠万物之形，亦优游矣。[7]若然者，挟日月而不烑，润万物而不耗。[8]曼兮洮兮，足以览矣；[9]藐兮浩浩，旷旷兮，可以游矣。[10]

【注释】

〔1〕《乾》、《坤》：《周易》中两个卦名；又六十四卦之名。乾，象征天，阳性；坤，象征地，阴性。 八卦：《周易》中的八种符号，名称是乾、坤、震、巽、坎、离、艮、兑。《周易·系辞下》："古者包牺氏之王天下也，于是始作八卦，以通神明之德，以类万物之情。" 伏戏：古代传说中的部落酋长。相传始作八卦，教民渔猎，以充庖厨。又作庖牺、宓羲等，皆通假。 六十四变：许慎注："八八变为六十四卦，伏羲示其象。"按：即六十四卦。八卦中之两卦相重，则为六十四卦。 周室：许慎注："谓文王也。"按：《汉书·艺文志》："文王……于是重《易》六爻，作上下篇。" 六爻：《周易》把组成长、短两画叫爻，分阳爻、阴爻。重卦，即由三画到六画，叫六爻。 原：推根求源。 淑清：有明朗、纯净义。 攓逐：穷追，远溯。攓，同"搴"。马宗霍《淮南旧注参正》：余疑"攓"盖"寋"之借字。《说文》："寋，迫也。"引申义则为穷。《说文》："逐，追也。"犹言穷追万物之祖也。穷追即远溯之义。

〔2〕细：高音。《国语·周语下》："细不过羽。" 大：低音。相对"细"而言。《国语·周语下》："大不逾宫。" 驾：有"更"义。驾和，即更相调和。

〔3〕杼：《道藏》本、刘绩《补注》本作"抒"。《方言》卷二：钱绎笺疏："杼、抒，义相同也。"

〔4〕坛卷：互相牵连。坛，通"邅"。有缠绕义。 连漫：散乱的样子。 绞纷：纷纭交缠。 远援：遥远，松缓。援，通"缓"。 洮汰：《后汉书·陈元传》李贤注："洮汰犹洗濯也。"有消除、淘汰义。 涤荡

洗涤、清除。　底滞：停留，闭塞。《玉篇》："底，滞也。"　握：掌握。

〔5〕腐骴：腐烂之尸。

〔6〕白：《本经训》高诱注："白，素也。"即本色、纯粹义。王念孙《读书杂志》："一杯酒白"，"白"字义不可通。《艺文类聚·器物部》引此，"白"作"甘"。俞樾《诸子平议》："酒白"二字文不成义，疑本作"白酒"，而传写误倒之。　渍：浸泡。

〔7〕九野：许慎注："八方中央也。"　俓：《释名·释道》："经也，人所经由也。"与"径"同。　十门：许慎注："八方上下也。"　捭：许慎注："屏去也。"按：捭，离开。《广雅·释诂三》："捭，开也。"　宰匠：执掌，主宰。以上二句化自《邓析子·转辞》。

〔8〕挟：许慎注："至也。"按：通"帀"。有环行义。　姚：许慎注："光也。"孙诒让《札迻》："姚"者，"窕"之借字。《本经训》高诱注："窕，不满密也。"即间隙义。　耗：消耗。

〔9〕曼兮：漫布的样子。　洮兮：润泽的样子。

〔10〕藐兮：高远的样子。　浩浩：广大的样子。黄锡禧本"浩浩"后有"兮"字。

【译文】

　　现在《周易》中的《乾》和《坤》，完全能够穷尽道术通达旨意了，八卦可以识别吉凶知道祸福了，但是伏羲氏还为它演变成六十四个卦象，周文王又增加到六爻，用来探究测度明清之道，远溯万物的本源。五音的数量，不过宫、商、角、徵、羽，但是五弦的琴不能够弹奏，必须有高音、低音的更相调和，然后才能成为曲子。现在只画一个龙头，观看的人不知道是什么野兽，画完它的全部形状，就不会有疑惑了。现在说到"道"的，就会谈得很多；说到万物的，就会谈得很少；谈到统治之术的，就会议论很广泛；而谈到具体事物的，就很浅薄。如果从理论来推求，便觉得无话可说了。所以从事教学的人，本来想要指引他们，如此也只好"不言"罢了。

　　大道的学问是最深的，所以要多多地替它说明，以便表达它的实际情况；万物是纷纭复杂的，所以要广博地为它论说，以便通达它的意旨。言辞即使很曲折散乱，纷纭交错而又遥远松缓，但用来淘汰清除个人牢固的意念，使之没有凝结闭塞，那么在掌握之中不会松散了。在长江、黄河里的腐烂尸骨是数不清的,但是祭祀的人会从中汲水,因为它广大;一杯纯酒,苍蝇淹没在其中,连常人都不去品尝,因为它狭小。果真能够通达二十篇的论述,看到大概得到要领,可以用来通达九野,经历十门,把天地排除在外,抛开山川,对于逍遥于人世之间,执宰万物之形,也可以说能悠闲自得了。如果能像这样,包容日月而不会有间隙,润泽万物而不会有消耗。漫布大地呵,润泽万物呵,完全可以用来纵情观览了;深远无边呵,无比旷远呵,可以遨游在无垠的天宇了!

文王之时,纣为天子,赋敛无度,戮杀无止,康梁沉湎,宫中成市,作为炮格之刑,刳谏者,剔孕妇,天下同心而苦之;[1]文王四世累善,脩德行义,处歧周之间,地方不过百里,天下二垂归之。[2]文王欲以卑弱制强暴,以为天下去残余贼而成王道,故太公之谋生矣。[3]

文王业之而不卒,武王继文王之业,用太公之谋,悉索薄赋,躬擐甲胄,以伐无道而讨不义,誓师牧野,以践天子之位。[4]天下未定,海内未辑,武王欲昭文王之令德,使夷狄各以其贿来贡。[5]辽远未能至,故治三年之丧,殡文王于两楹之间,以俟远方。[6]武王立三年而崩,成王在襁褓之中,未能用事。[7]蔡叔、管叔,辅公子禄父,而欲为乱。[8]周公继文王之业,持天子之政,以股肱周室,辅翼成王。惧争道之不塞,臣下之危上也,故纵马华山,放牛桃林,败鼓折枹,搢笏而朝,以宁静王室,镇抚诸侯。[9]成王既壮,能从政事,周公受封于鲁,以此移风易俗。孔子脩成、康之道,述周公之训,以教七十子。[10]使服其衣冠,脩其篇藉,故儒者之学生焉。[11]

【注释】

〔1〕康梁：许慎注："耽乐也。"按：《史记·汉兴以来诸侯王年表》司马贞索隐引萧该云："好乐怠政曰康。"梁，通"良"。《集韵》"阳"韵："良，甚也。" 沉湎：许慎注："淫酒也。"按：困于酒之义。 "成市"：许慎注："言集者多。"炮格：为铜格，布火于下，置人于上。

〔2〕四世：许慎注："大王、王季、文王、武王凡四世也。"

〔3〕王道：《尚书·洪范》："无偏无党，王道荡荡。"儒家主张，要用"仁政"来进行统治，称为"王道"。 余：《道藏》本、刘绩《补注》本作"除"。《尔雅·释天》邵晋涵正义："余，本又作除。"余、除上古同音通假。 太公之谋：许慎注："太公为周陈《阴符》兵谋也。"按：《汉书·艺文志》"道家"有《太公》二百三十七篇，《谋》八十一篇，《言》七十一篇，《兵》八十五篇。《隋书·经籍志》有《太公阴符钤录》一卷。

〔4〕业：《广雅·释诂一》："始也。" 卒：终。 薄：许慎注："少也。"按：有少量义。 赋：许慎注："兵也。"按：古代按田地出兵车、甲士，故称"赋"。悉索薄赋，指倾注全国兵力。 躬：《说文》："身也。" 擐：许慎注："贯著也。"按：《说文》："擐，贯也。"训同。即穿义。 誓师：出兵时告诫将士。

〔5〕辑：安定。 贿：即财币。

〔6〕"殡文王"句：许慎注："殡，大敛也。两楹，堂柱之间。宾主夹之。"按：已见《氾论训》。

〔7〕褓襁：婴儿布带和布兜。

〔8〕公子禄父：许慎注："纣之兄子，周封之以为殷后，使管、蔡监之。"按：《史记·周本纪》作"封商纣子禄父殷之馀民"。

〔9〕"故纵马"二句：见于《尚书·武成》。华山，即今西岳华山。桃林，在今河南灵宝以西、陕西潼关以东地区。 抱：《道藏》本同，刘绩《补注》本作"枹"。"枹"，鼓槌。

〔10〕成、康：即周成王、周康王父子。

〔11〕"故儒者"句：《汉书·艺文志》："儒家者流，祖述尧舜，宪章文武，宗师仲尼。""游文于六经之中，留意于仁义之际。"

【译文】

周文王的时候，商纣王是天子，搜刮民财没有限度，杀戮不止，沉溺于淫乐美酒之中，宫廷之中就像集市一样；制造了炮格之刑，挖掉劝谏的贤人之心，剖开孕妇的肚子，天下人一心痛恨他；

周文王四代积累善事,修治德行,推行大义,处在岐周之地,土地方圆不过百里,但是天下三分之二的诸侯归向了他。周文王打算以卑下弱小的地位战胜强暴的纣王,为天下人民除去凶残之君,而成就王道,因此姜太公的兵谋便产生了。

周文王从事讨伐的事业,刚开始便去世了,周武王继承文王的大业,采用太公的谋略,倾注全国很少的兵力,亲自穿上甲胄,来讨伐无道之君,声讨不义之事,在牧野会合天下诸侯,誓师伐纣,终于踏上了天子之位。这时天下没有平定,海内没有安宁,武王打算使文王的美德昭明天下,使夷狄各自带着他们的财物前来进献;道路遥远的地方不能按时到达,于是便规定三年之丧,把文王的尸体殓在大堂两个楹柱之间,用来等待远方之人。周武王立国三年而驾崩,周成王还在襁褓之中,不能执政。蔡叔、管叔,辅助纣公子禄父,而要发动叛乱。周公旦继承父兄文王、武王的事业,掌握了天子的权力,用来安定周王室,辅佐成王,(平定天下叛乱)。周公担心争斗不停止,臣下危及天子,因此便把军马释放到华山,把牛散放到桃林,打破战鼓,折断鼓槌,身插笏板而朝见,以便安定周王室,镇压安抚天下诸侯。成王已经长大,能够处理政事,周公便到鲁国受封,用这个办法转移风气改变习俗。孔子修治成、康的主张,祖述周公的教训,用来教导七十个学生。使他们穿戴起周王朝的衣冠,研究遗留下来的典籍,于是儒学便产生了。

墨子学儒者之业,受孔子之术,以为其礼烦扰而不悦,厚葬靡财而贫民,服伤生而害事。[1]故背周道而用夏政。禹之时,天下大水,禹身执虆臿,以为民先,剔河而道九歧,凿江而通九路,辟五湖而定东海。[2]当此之时,烧不暇㨹,濡不给扢,死陵者葬陵,死泽者葬泽,故节财、薄葬、间服生焉。[3]

【注释】

〔1〕悦:许慎注:"易也。"王念孙《读书杂志》:"悦"当为"侻"。

《本经篇》彼注云："俔，简易也。"义与此注同。 "服"：《道藏》本、刘绩《补注》本同。王念孙《读书杂志》："服"上当有"久"字，厚葬、久服相对为文。

〔2〕虆：同"蔂"。盛土笼。 臿：铁锹。《道藏》本、刘绩《补注》本作"垂"，误。 剔：许慎注："泄去也。" 九歧：许慎注："河水播歧为九，以入海也。" 九路：许慎注："江水通别为九。" 辟五湖：许慎注："使水辟人而相从也。"按：许注"辟"通"避"，有避开义。本文当为：辟，开通。

〔3〕捘：许慎注："排去也。"按：有清除义。 抆：许慎注："拭也。"按：即擦拭义。 间服：《文选·潘岳〈夏侯常侍诔〉》李善注：《淮南子》曰："节财薄葬，简服生焉。"即简易之服丧制度。

【译文】
墨子学习儒家的学说，接受孔子的思想，但是认为他的礼节烦琐而不简易；丰厚的葬礼，耗费了资财，而使百姓贫困，长久的服丧，伤害生命而妨碍政事。因此不用周朝的法规而使用夏朝的法令。夏禹的时候，天下发了大水，禹亲自拿着畚箕和木锹，来给百姓作出表率。疏通黄河并分成九个支流，凿通长江而沟通众多的河流，开通五湖而注入东海。在这个时候，烧火的馀烬来不及排除，衣服沾湿了来不及擦拭，死在山陵葬在山陵，死在湖泽葬在湖泽，因此节省财物、简单的葬礼和简易的服制便产生了。

齐桓公之时，天子卑弱，诸侯力征，南夷北狄，交伐中国，中国之不绝如线。〔1〕齐国之地，东负海而北障河，地狭田少，而民多智巧。〔2〕桓公忧中国之患，苦夷狄之乱，欲以存亡继绝，崇天子之位，广文、武之业，故管子之书生焉。〔3〕

【注释】
〔1〕线：许慎注："细丝也。"按：《说文》："线，缕也。"训同。
〔2〕障：《说文》："隔也。"即阻隔义。
〔3〕"故管子"句：《汉书·艺文志》"道家"列《筦子》八十六篇。

【译文】

齐桓公的时候，天子的地位卑下，势力弱小；诸侯用武力互相征伐，南夷北狄，交互侵伐中原，中原各国没有断绝，但仅像细丝一样。齐国之地，东边背靠大海，而北面有黄河作阻塞，土地狭小，田地很少，而百姓多有智术和巧诈。桓公忧虑中国的祸患，苦于夷狄的战乱，想来保存灭亡的国家，继续绝嗣的宗族，使天子的地位尊崇起来，增广文、武的事业，因此管子的著作便产生了。

齐景公内好声色，外好狗马，猎射忘归，好色无辨，作为路寝之台，族铸大钟，撞之庭下，郊雉皆响，一朝用三千钟赣，梁丘据、子家哙导于左右，故晏子之谏生焉。〔1〕

【注释】

〔1〕"好色"：刘家立《淮南内篇集证》：疑"好色"乃"好贤"之误。谓景公知好贤而不能辨别其人，如梁丘据、子家哙与晏子并用，贤愚不分也。作"好色"则义不可通也。 辨：许慎注："（引）[别]也。" 路寝之台：天子、诸侯所居的正室。 族：许慎注："聚也。"按：即聚集义。 "郊雉"句：许慎注："大钟声似雷震，雉应而响鸣也。"按：响，鸟鸣声。《史记·殷本纪》张守节正义："响，雉鸣也。" "一朝用"句：许慎注："钟，十斛也。赣，赐也。一朝赐郡臣之费三万斛也。"按：钟，《左传·昭公三年》杜预注、《管子·轻重乙》尹知章注："六斛四斗曰钟。"知注文"十斛"误。又《说文》："斛，十斗也。"据此，六十四斗为一钟。而《左传·昭公三年》："釜十则钟。"知"斛"当作"釜"。赐，《说文》："赣，赐也。"训同。 梁丘据、子家哙：许慎注："二人，景公臣也。" 导：许慎注："谦也。"按："导"无"谦"义。疑为"诱"字之误。《说文》："导，导引也。"《论语·为政》皇侃疏："导，谓诱引也。" "故晏子"句：《汉书·艺文志》"儒家"载《晏子》八篇。

【译文】

齐景公在宫廷内贪恋音乐美色，在外爱好走狗、跑马，射箭打猎，时常忘记归来。虽然喜欢贤人，但是常常不能辨别真伪。建立起豪华的路寝之台，聚集铜铁铸起了大钟，在庭下撞击之后，引起远郊的野鸡鸣叫，一个早上便赐给群臣三千钟粮食。梁丘据、子家哙等佞臣在左右引诱齐景公，因此晏子的讽谏便产生了。

晚世之时，六国诸侯，溪异谷别，水绝山隔，各自治其境内，守其分地，握其权柄，擅其政令，下无方伯，上无天子，力征争权，胜者为右，恃连与国，约重致，剖信符，结远援，以守其国家，持其社稷，故纵横脩短生焉。〔1〕

【注释】

〔1〕方伯：一方诸侯之长。"恃连与国"：许慎注："恃性连与之国。"按：连与，联合。"故纵横"句：《汉书·艺文志》"纵横家"有《苏子》三十一篇，《张子》十篇。收纵横十二家，百七篇。脩短，指纵横家的言论和著作。《汉书·艺文志》"春秋"类列《战国策》三十三篇。王应麟《汉志考证》：刘向《校书录》序云："中书本号，或曰《国策》、或曰《国事》、或曰《短长》、或曰《事语》、或曰《长书》、或曰《修书》。"

【译文】

战国的时候，六国诸侯的地域各不相同，大水阻断，高山隔绝，各自治理自己的境内，守卫着各自分割的土地，掌握着他们的大权，擅自发布政令，下面没有诸侯之长，上面没有天子统治，用武力争夺权力，胜利的为尊，依仗联合之国，约定能够招致的重兵，剖开符契，连接远方的援兵，用来防守他们的国家，护卫他们的社稷。因此纵横长短之术便产生了。

申子者，韩昭釐之佐。〔1〕韩，晋别国也。〔2〕地墩民险，而介于大国之间。〔3〕晋国之故礼未灭，韩国之新法

重出；先君之令未收，后君之（今）[令]又下。⁽⁴⁾新故相反，前后相缪，百官背乱，不知所用，故刑名之书生焉。⁽⁵⁾

【注释】
〔1〕申子：即申不害（？前385—前337），战国中期法家。韩昭侯八年（前355）被任为相，直至卒年，使韩国"国治兵强"。 韩昭釐：战国韩昭侯，在位三十年。昭釐，谥号。其事并见《吕览·任数》、《韩非子·内储说下》等。
〔2〕韩：战国七雄之一。开国君主韩景侯，为春秋晋大夫韩武子之后。与赵、魏瓜分晋国，前403年周王室承认其为诸侯。前230年被秦所灭。
〔3〕墝：贫瘠。《说文系传》："墝，谓多小石地。"
〔4〕"今"：《道藏》本、刘绩《补注》本作"令"。当正。
〔5〕缪：抵触。《集韵》"宥"韵："戾也。"通"谬"。 "故刑名"句：刑名，法家一派，强调循名责实，以强化上下关系。《汉书·艺文志》"法家"有《申子》六篇。章学诚《校雠通义》"内篇"三：刘向《别录》："申子学号刑名，以名责实，尊君卑臣，崇上抑下。"

【译文】
　　申不害，是韩昭侯的辅佐。韩，原是由晋分割而建立的，土地贫瘠，民风险恶，而又介于大国之间。晋国原来的礼仪没有废止，韩国的新法又重新出现；先君的命令没有收回，后君的命令又接着而下。新旧相反，前后抵触，百官相背而混乱，不知如何使用，因此刑名之学便产生了。

　　秦国之俗，贪狼强力，寡义而趋利；⁽¹⁾可威以刑，而不可化以善；可劝以赏，而不可厉以名。⁽²⁾被险而带河，四塞以为固；⁽³⁾地利形便，畜积殷富。孝公欲以虎狼之势，而吞诸侯，故商鞅之法生焉。⁽⁴⁾

【注释】

〔1〕狼：许慎注："荒也。"按：《孟子·梁惠王下》："从兽无厌谓之荒。"狼、荒声训。有无厌义。又《广雅·释诂三》："狼，很也。"有凶狠义。

〔2〕厉：通"励"。《广韵》"祭"韵："劝勉也。"

〔3〕四塞：四面关塞。

〔4〕孝公：秦孝公（前381—前338），战国秦君，在位二十三年。任用商鞅，实行变法，使秦国走向富强。 "故商鞅"句：《汉书·艺文志》"法家"载《商君》二十九篇。

【译文】

秦国的习俗，贪狠如狼，竭尽武力，缺少大义，而追逐利益；可以用刑法来施行威严，而不能够用教化让他们行善；可以用奖励来勉励他们，而不能用名誉来劝勉他们。覆盖险阻而以黄河为带，四周有险关堵塞；地理形势极为有利方便，积蓄充足。秦孝公想以虎狼般的优势，来吞并天下诸侯。因此商鞅的法家思想就产生了。

若刘氏之书，观天地之象，通古今之论，权事而立制，度形而施宜，原道之心，合三王之风，以储与扈冶。〔1〕玄眇之中，精摇靡览，弃其畛挈，斟其淑静，以统天下，理万物，应变化，通殊类。〔2〕非循一迹之路，守一隅之指，拘系牵连于物，而不与世推移也。〔3〕故置之寻常而不塞，（市）〔布〕之天下而不窕。〔4〕

【注释】

〔1〕"若刘氏之书"句：许慎注："淮南王自谓也。" 论：《道藏》本、刘绩《补注》本作"事"。 "原道"：《道藏》本、刘绩《补注》本同。顾广圻《校淮南子》云："道"下疑当有"德"字，与下句对文也。《精神训》"深原道德之意"亦可证。 "以储与"句：许慎注："储与，犹摄业。扈冶，广大也。"按：《俶真训》高诱注："储与扈冶，褒大意也。"注文"摄业"，亦作"摄叶"。《楚辞·严忌〈哀时命〉》："衣摄叶以储与兮。"王逸章

句:"摄叶、储与,不舒展貌。"与高注不同,不合本文之旨。

〔2〕精摇:许慎注:"楚人谓精进为精摇。"按:即精心进取之义。靡览:许慎注:"靡小皆览之。"按:览,当通"监"。《说文》:"览,观也。从见、监,监亦声。"监、览上古同音。《脩务训》:"君子有能精摇摩监。"即磨炼义。许注疑误。 眅挈:许慎注:"楚人谓泽浊为眅挈。"按:即垢浊义。 淑静:清澈,明净。

〔3〕拘系:拘泥,束缚。 牵连:牵绊。

〔4〕"市":《道藏》本、刘绩《补注》本作"布"。当正。 "(市)[布]之天下"句:许慎注:"窕,缓也。布之天下,虽大不窕。"按:窕,空隙。以上二句亦见于《大戴礼记·王言》。

【译文】

至于像刘氏的著述,观察天地的形象,通达古今的学说,权衡事理而建立法规,度量形势而施行合宜的措施;探索人们的道德规范,使之符合三王的风气,以便扩大道旨。在幽深微妙之中,探索精妙美好的政教;抛弃了它的混浊,斟取它的精髓,而用来统一天下,治理万物,适应变化,来沟通不同的物类。不是依循一个车轨形成的路子,恪守一个角落的偏见,拘泥牵制于具体的事物,不知随世道的变迁而转移。因此放置到狭小之地而不会阻塞,布散到天下而不会有空隙。

参考文献

《道藏》本（明正统十年〔1445〕刊），文物出版社、上海书店、天津古籍出版社联合影印，1988年。

《道藏辑要》本（清光绪三十二年〔1906〕成都二仙庵重刻），巴蜀书社，1985年。

《淮南鸿烈解》，明刘绩《补注》本，明弘治十四年〔1501〕王溥刻本。

《淮南鸿烈解》，北宋小字本，清道光间刘泖生抄本。《四部丛刊》收上海涵芬楼景印本，上海古籍书店影印，1984年。

《淮南鸿烈解》，明万历七年（1579）临川朱东光刻《中都四子》本。

《淮南鸿烈解》，[明]黄锡禧校本，收《汉魏丛书》，又收《丛书集成初编》，中华书局，1985年。

《淮南子》，[汉]高诱注，清文渊阁《四库全书》本，上海古籍出版社影印，1987年。

《淮南鸿烈解》，清乾隆五十三年（1788）庄逵吉校刊本。浙江书局《二十二子》本，上海古籍出版社，1985年。

《淮南鸿烈集解》，刘文典著，中华书局，1989年。

《淮南子集释》，何宁撰，中华书局，1998年。

《淮南子校释》（增订本），张双棣撰，北京大学出版社，2013年。

《淮南子斠理》，郑良树著，嘉新水泥公司文化基金会，1969年。

《淮南子斠证》、《补遗》、《续补》，王叔岷撰，台湾世界书局，1964年。

《淮南子论文三种》，于大成著，台湾文史哲出版社，1965年。

《淮南子校释》，于大成撰，《文史哲学报》等，1974年等。

《淮南子韵读》,刘典爵撰,《中文学刊》等,2006年等。

《淮南子韵谱》,〔清〕王念孙撰,《高邮王氏遗书》本,江苏古籍出版社,2000年。

《汉魏晋南北朝韵部演变研究》,罗常培、周祖谟合著,科学出版社,1958年。

《经籍旧音辨证》,吴承仕著,中华书局,1986年。

《淮南子天文训补注》,〔清〕钱塘撰,刘文典《淮南鸿烈集解》附,中华书局,1989年。

《读书杂志》,〔清〕王念孙著,北京市中国书店,1985年。

《校淮南子》,〔清〕顾广圻撰,王念孙《读书杂志》附,北京市中国书店,1985年。

《淮南子校勘记》,〔清〕汪文台撰,光绪十一年(1885)湖北崇文书局刻本。

《诸子平议》,〔清〕俞樾著,上海书店据商务印书馆旧版本影印,1988年。

《淮南内篇集证》,刘家立纂,中华书局,1924年。

《淮南子点勘》,吴汝纶撰,莲池书社排印本,1921年。

《淮南许注异同诂》、《续补》、《补遗》,〔清〕陶方琦撰,光绪七年(1881)湘南使院本。

《淮南子正误》,〔清〕陈昌齐撰,嘉庆间刻本。

《淮南子读书录》,〔清〕曾国藩撰,载《曾国藩全集》,辽宁民族出版社,1997年。

《淮南子札记》,章太炎撰,载《章太炎全集》,上海人民出版社,1982年。

《札迻》,〔清〕孙诒让著,中华书局,1989年。

《校淮南子》,〔清〕于鬯著,载《香草续校书》,中华书局,1963年。

《淮南旧注校理》,吴承仕著,北京师范大学出版社,1985年。

《淮南旧注参正》,马宗霍著,齐鲁书社,1984年。

《淮南子新证》,于省吾著,中华书局,1962年。

《淮南子证闻》,杨树达著,上海古籍出版社,1985年。

《淮南子校记》，蒋礼鸿著，载《怀任斋文集》，上海古籍出版社，1968年。

《淮南子书录》，吴则虞撰，《文史》第2辑，1962年。

《淮南子通检》，中法汉学研究所编，上海古籍出版社影印，1986年。

《淮南王书》，胡适著，台湾商务印书馆，1962年。

《淮南子考》，仓石武四郎撰，载《先秦经籍考》（下），商务印书馆，1933年。

《三余杂记》，刘文典撰，黄山书社，1990年。

《淮南子译注》，陈广忠译注，吉林文史出版社，1990年；台湾建宏出版社，1996年。

《刘安评传》，陈广忠著，广西教育出版社，1996年。

《淮南子科技思想》，陈广忠著，安徽大学出版社，2000年。

《淮南子楚语考》，陈广忠，台湾师范大学国文学系编辑，《儒道国际学术研讨会——两汉论文集》，2004年。

《全本全注全译淮南子》，陈广忠译注，中华书局，2015年，第6次印刷本。

《淮南文集》，陈广忠著，中国文史出版社，2014年。

《淮南子与文子考辨》，丁原植著，台湾万卷楼图书有限公司，1999年。

《跋日本古钞卷子本淮南鸿烈兵略间诂第廿》，王叔岷撰，载《诸子斠证》，台湾世界书局，1964年。

《群书治要》，[唐]魏徵等，上海古籍书店影印《四部丛刊》本，1987年。

《意林》，[唐]马总撰，上海古籍书店影印《四部丛刊》本，1987年。

《淮南鸿烈间诂》，叶德辉辑，《续修四库全书》本，上海古籍出版社，2001年。

《玉函山房辑佚书》，[清]马国翰辑，上海古籍出版社，1989年。

《淮南万毕术》，[清]孙冯翼辑，载《问经堂丛书》，嘉庆间刊本。

中国古代名著全本译注丛书

周易译注
尚书译注
诗经译注
周礼译注
仪礼译注
礼记译注
左传译注
春秋公羊传译注
春秋穀梁传译注
论语译注
孟子译注
孝经译注
尔雅译注
考工记译注

国语译注
战国策译注
贞观政要译注
晏子春秋译注

孔子家语译注
荀子译注
中说译注
老子译注
庄子译注
列子译注

孙子译注
六韬·三略译注
管子译注
韩非子译注
洗冤集录译注
齐民要术译注
农桑辑要译注
东鲁王氏农书译注
饮膳正要译注
金匮要略译注
食疗本草译注
救荒本草译注
周髀算经译注
九章算术译注
茶经译注
酒经译注
天工开物译注
墨子译注
尸子译注
淮南子译注
颜氏家训译注
人物志译注
梦溪笔谈全译
山海经译注
世说新语译注

楚辞译注　　　　　　文心雕龙译注
唐诗三百首注评　　　千家诗译注
宋词三百首译注　　　花间集译注
古文观止译注　　　　人间词话译注